한국유학의

철학적 탐구

지은이

김우형 金祐螢, Kim Woo-hyung

연세대 근대한국학연구소 HK연구교수. 연세대학교에서 독문학과 철학을 수학하였고(문학사), 한국학중앙연구원 한국학대학원에서 주자와 사단칠정논쟁에 관한 논문으로 석사학위를 받았으며(문학석사), 연세대학교 대학원 철학과에서 「주희의 지각론 연구」로 철학박사를 수여받았다. 주요 저서로는 박사학위논문을 수정하여 출판한 『주희철학의 인식론-'지각(知覺)'론의 형성과정과 체계』(심산, 2005) 외에도 『새로운 유학을 꿈꾸다-내일을 위한 신유학강의』(공저, 살림, 2006), 『심경철학사전』(공저, 한국학중앙연구원, 2014), 『성리학의 우주론과 인간학』(공저, 한국학중앙연구원, 2018) 등의 저서가 있고, 『주자어류(권1~13)』(공역, 소나무, 2001) 등의 역서가 있으며, 다수의 논문을 썼다. 주요 관심사는 송대성리학과 조선성리학의 인식론과 도덕철학, 가치론적 형이상학의 체계적인 이해와 현대적 의미 탐색에 있으며, 근래에는 동아시아와 한국의 근현대 철학사상에 대해서도 관심을 가지고 연구하고 있다.

한국유학의 철학적 탐구

초판인쇄 2021년 12월 10일 **초판발행** 2021년 12월 25일

글쓴이 김우형 **펴낸이** 박성모 **펴낸곳** 소명출판 **출판등록** 제13-522호

주소 서울시 서초구 서초중앙로6길 15, 2층

전화 02-585-7840 **팩스** 02-585-7848

전자우편 somyungbooks@daum.net **홈페이지** www.somyong.co.kr

값 38,000원 ⓒ 김우형, 2021

ISBN 979-11-5905-660-4 93150

(재)한국연구원은 학술지원사업의 일환으로 연구비를 지급, 그 성과를 한국연구총서로 출간하고 있음.

한국연구총서 103

한국유학의

김우형 지음

철학적 탐구

PHILOSOPHICAL INVESTIGATION
OF KOREAN NEO-CONFUCIANISM

이 책은 저자가 지금까지 근 15년간에 걸쳐 수행한 중국 송대성리학과 조선성리학에 관한 연구를 종합한 결과물이다. 이 책의 주요 주제는 송대성리학의 철학적 문제가 한국유학에서 어떻게 전개되고 어떤 새로운 해법이 제기되었는지에 관한 것으로서, 인식과 도덕의 문제가 주요 테마를 이루되 가치론적 형이상학의 문제가 배경에 깔려 있다. 주제의 폭은 확장되었지만, 저자의 박사학위논문을 보완하여 2005년에 출판한『주희철학의 인식론-'지각知覺'론의 형성과정과 체계』의 후속 연구이자 자매편이라고 할 수 있겠다.『주희철학의 인식론』이후 저자는 성리학과 한국유학에 대한 연구를 계속 진행해 나갔고 언젠가는 한국유학에 관한 책을 써야겠다고 마음먹고 있었는데, 마침 한국연구원에서 한국학에 관한 저술 작업을 지원하는 프로그램이 계기가 되어 구체적인 저술 작업에 착수하게 된 것이다. 성리학과 한국유학에 관한 연구 논문 가운데 인식과 도덕의 문제로 접근한 성과들을 종합하고 미흡한 곳은 보수補修하되 많은 부분을 새로 써야 했다. 이 책에서 활용한 저자의 기존 연구들은 아래와 같다.

먼저 제1장 제2절은「주희 인심도심론의 윤리학적 성격에 대한 고찰-본체론 비판 및 '지각'론의 정립과 관련하여」『동서철학연구』69, 2013에 기반해서 재집필한 것이다. 제2장은「『天命圖說』에서 우주론과 도덕론의 문제-「太極圖說」과의 비교를 중심으로」『퇴계학보』139, 2016를 수정하고 보완한 것이다. 제3장 제2절은「이황의 마음 이론에서 '지각知覺'과 '의意'」『정신문화연구』28 : 2, 2005를, 제3절은「귀신鬼神과 지각知覺의 문제를 통해 본 율곡 성리학」『율곡사상연구』15, 2007을 발전시켜 쓴 글이다. 제4장 제1절은「愚潭 성리학의 특징과 大山 李象靖에 미친 영향」『한국철학논집』 26, 2009에 근거해서 집필한 것이고, 제2절은 "Analysis of Seongho Yi Ik's Theory of Cognition" *KOREA JOURNAL* 56:3, 2016을 번역 수정한 것이며, 제4절은 「김창협의 지각론과 퇴율절충론의 관계에 대한 일고찰－知覺과 智의 분리에 따른 도덕심리학적 견해」『한국철학논집』 40, 2014을 수정 보완한 것이다. 제5장 제1절은 「우계 성혼의 퇴율절충론의 철학적 함의－리기일발설理氣一發說의 존재론적 해석」『유학연구』 31, 2014을, 제2절은 「霞谷 鄭齊斗의 知覺論과 倫理學－주자학과 양명학의 독창적인 결합」『양명학』 20, 2008을 각각 수정 보완하여 실은 것이다. 제6장 제1절은 「정약용의 귀신론－귀신의 재해석과 새로운 마음 개념」『동양철학』 30, 2008과 "Moral Agent and Practical Functions in Cheong Yagyong's Theory of Mind" 『국제판 유교문화연구』 22, 2014를 기반으로 재구성한 것이고, 제2절은 「다산 윤리학의 실천적 특성과 이론적 한계－사단칠정과 인심도심 그리고 덕德의 문제를 중심으로」『다산학』 20, 2012를 수정한 것이다. 결론의 1절은 「장지연張志淵의 조선유학사 이해 과정과 그 특징－다카하시 도루高橋亨와의 논쟁과 상호 영향관계를 중심으로」『동방학지』 190, 2020의 핵심 내용을 요약 정리한 것이다. 모쪼록 저자가 미처 인지하지 못했거나 잘못 생각하고 있는 오류들에 대해 제현諸賢들의 많은 지적이 있기를 바란다.

본래 이 책은 전통철학과 근현대철학의 연속적 관점 속에서 근현대 한국철학의 일부를 포함하는 것으로 기획했지만, 나중에 좀 더 연구가 축적된 후 별도의 단행본으로 출판하는 것이 바람직하다고 판단되어 제외시켰다. 다만 한 가지 언급하고 싶은 것은, 근래에 저자가 전통 성리학보다는 근현대 철학사상에 더 많은 관심을 가지고 연구하고 있는데, 연구를 하면 할수록 점점 더 분명하게 떠오르는 생각 하나가 있다는 것이다. 그것은 앞으로 조선성리학 전통이 오히려 점점 더 중요한 것으로서 주목받게 될 것이라는 점이다. 일찍이 박은식 선생은 19세기와 20세기는 서양문명이 크게 발달한 시기였다면 "21세기와 22세기는 동양문명이 크게 발달할 시기"가 될 것이라고 말한 바 있는데「유교구신론」, 오늘날 미국에 버금가는 중국의 G2로의 부상을 생각해보면, 조금 성급할지 몰라도, 그의 언급은 선견지명이라 할 만하다. 그런데 그가 이렇게 말한 것은 어떤 종교적인 신앙이나 신비로운 영적 예감에 의한 것이 아니라, 동아시아와 조선 리학理學의 철학적 가능성에 대한 나름의 확신이 있었기 때문이다. 아마도 근대기에 사상적 대전환을 겪은 후, 동아시아 특히 한국은 조선 리학의 전통에 의거해서 한국철학과 동아시아 철학을 세계에 널리 알리고 문명을 진보시키며 인류에게 나아갈 방향과 비전을 제시하게 될 것이라고 본 듯하다. 저자는 이러한 전망에 대한 이해에 있어 이 책이 조금이라도 기여할 수 있기를 바랄 뿐이다.

이 책이 나올 수 있었던 것은 여러 선생님들과 동료 학자들의 도움이 있었기에 가능했기에, 먼저 그분들께 감사의 말씀을 올린다. 또한 한국연구원의 지원이 없었다면 저술 작업은 힘들었을 것이다. 이 자리를 빌려 한국연구원의 김상원 원장님을 비롯한 관계자 여러분께 감사드린다. 또한 이 책의 출판을 위해 수고해주신 소명출판 관계자 여러분께도 감사의 말씀을 드린다. 그리고 친가와 처가의 어르신들께도 감사드린다. 무엇보다 항상 나를 응원하고 지지해주는 아내 수영과 딸 소윤에게는 특별한 감사의 정情을 보낸다.

2021년 8월 19일
석성산 아래에서 김우형 씀

차례

서론

한국유학, 성리학, 그리고 한국철학

이 책에서 저자가 다루고자 하는 대상은 한국적인 유학으로서의 '한국유학', 그 가운데서도 특히 철학적 성격이 강한 성리학性理學이다. 중국 송대宋代에 형성되기 시작한 '새로운 유학'으로서의 성리학은 고려 말 우리나라에 수용된 후 중국과도 차별되는 독특한 특색을 지닌 한국성리학으로서 발전해 나갔다. 다만, 송대 성리학의 철학적 문제들이 조선에서 집중적으로 논의되고 심화되기 때문에, 정주程朱성리학에 대한 개괄적인 이해가 필수적이라고 하지 않을 수 없다. 이에 본서는 정주성리학까지 함께 다루었다.

정주성리학과 한국성리학의 전개에 대해 저자는 그것을 하나의 유학사儒學史의 시각에서 바라보기보다는, 철학적 시각으로부터 접근하고자 한다. 성리학의 역사는 단지 그것을 역사적 대상으로서 조명하는 것만으로는 그 철학적인 면모와 의미를 온전히 파악하기 힘들다고 보기 때문이다. 즉, 철학적 관점에서 한국유학과 성리학에 접근하고 탐구하는 것이 요청되는 것이다. 그렇다면 한국유학에 접근하는 적합한 철학적 관점과 방법이란 무엇인가? 이 문제를 논하기 전에 먼저 유학의 한 흐름인 성리학에 관한 몇 가지 용어들에 대해 살펴볼 필요가 있다.

성리학과 신유학의 의미

성리학은 중국 송나라 때인 11세기 무렵 새롭게 흥기하기 시작한 유학의 한 경향을 가리키는데, 그 창시자라 할 수 있는 정이程頤, 1033~1107, 호는 이천(伊川)의 "성은 곧 이치이다[性卽理]"라는 말에서 유래한 것이다. 정이는 그의 형 정호程顥, 1032~1085, 호는 명도(明道)의 사상을 이어서 새로운 철학을 구상하고 제시하였는데, 그들은 자신들의 학문을 '도학道學'이라 불렀다. 여기서 '도학'이란 형이상의 존재를 인식하는 학문, 즉 형이상학形而上學을 의미한다. 성리학은 또한 "도를 알고 자신을 인식해서 실천하려는 학문"으로서 정의될 수 있다.[1] 자기인식이라는 상당히 내성적인 경향에 주목한 위와 같은 성리학에 관한 규정은 다분히 남송시대 주희朱熹, 1130~1200, 주자(朱子)라고 하는 가장 유명한 성리학자의 철학적 영향을 받은 것이다. 주희는 정이의 철학을 중심으로 이른바 북송오자北宋五子라는 북송시대 대표적인 다섯 명의 유학자들의 사상을 종합하여 방대한 철학적 체계를 수립하였다. 흔히 '주자학朱子學'이라고 하는 말은 북송시대 유학을 종합한 주희의 학문과 그를 계승한 이후의 사상 조류를 폭넓게 지칭한다. 따라서 주자학 가운데 좀 더 철학적인 내용을 가진 것을 성리학(도학)이라고 칭할 수 있다.

1　이것은 성리학에 대한 정약용(丁若鏞)의 언급에서 발견된다. "성리학은 도를 알고 자기를 인식해서 스스로 노력하는 것이니, 올바른 도리를 실천하는 데 의의가 있다(性理之學, 所以知道, 認己以自勉, 其所以踐形之義也)." 『詩文集』, 「五學論(一)」(『與猶堂全書』 1집, 11권), 281_241a).

한편, 성리학은 중국에서 송 왕조 이후 원元, 명明, 청淸 왕조를 거쳐 현대에 이르기까지 계속 철학적인 발전을 거듭해 왔으며, 비단 중국만이 아니라 한국과 일본, 베트남 등 동아시아 여러 국가들에도 전파되어 각자 고유한 발전을 이루게 된다. '신유학新儒學, Neo-Confucianism'이라는 말은 이와 같은 송대 이후 동아시아 유학의 발전사를 전체적으로 지시하는 용어이다. 본디 '신유학'이라는 용어는 동아시아에 원래부터 있던 개념이 아니라 서양의 중국학자들이 공맹孔孟의 고전 유학Classical Confucianism에 대해 그 '새로운' 측면에 주목해서 만들어낸 신조어인데, 동아시아에서 이를 다시 수용하여 '신유학'이라는 말로 번역하여 유행시킨 것이다. 유의할 점은, 오늘날에도 활동하고 있는 '현대 신유가New Confucianist'가 신유학의 철학을 많이 계승하긴 했지만, 역사적으로 양자의 용어는 명확히 구분되어야 한다는 점이다.

이와 관련해서 '신유학'이 가리키는 외연을 두 가지로 나누어 볼 수 있다. 첫 번째는 매우 포괄적이어서 송대 리학理學과 명대明代 심학心學, 그리고 청대淸代 고증학考證學과 기학氣學, 심지어 현대 신유가 철학까지 모두 포함할 수 있다. 이와 같은 의미의 '신유학'은 말 그대로 송대 이후 등장한 새로운 유학의 조류들 전체를 가리키는 말로서 규정된 것이라고 하겠다. 이러한 의미의 신유학은 주로 공시적인 철학적 관점에서 사용된다.[2] 두 번째로, 만약 신유학의 근대 사상사적 맥락에 있어 '송학宋學, 송명시대 유학'과 '한학漢學, 한나라 때의 경학 전통을 계승한 청대 고증학'의 대립 구도를 염두에 둔다면, 이때의 '신유학'은 '한학'과 대조되는 의미를 지니는 '송학'만을 지칭할 수 있다.

2　'신유학'의 철학적 관점에 관해서는 다음을 참조. 陳榮捷(Wing-Tsit Chan), *Neo-Confucianism, Etc. Essays*, Messachusetts : Harvard University Press, 1969.

즉, 두 번째 의미의 '신유학'은 송명시대의 유학을 가리키며, 첫 번째에 비해 좀 더 역사적 맥락과 관점을 고려한 것이다.[3] 역사적 관점은 필수적인 것이지만, 조선성리학에 대한 철학적 이해라는 목적을 위해서는 철학적 관점이 반드시 요청된다고 하겠다.

한편, 송명시대 성리학은 '송명리학宋明理學'으로 칭하기도 하는데, 형이상학적인 리 개념을 중시하기 때문이다. 송명리학이 공맹孔孟의 고전유학과도 다르고, 훈고학訓詁學과 사장학詞章學 중심의 한당유학漢唐儒學과도 큰 차이를 보이는 것은, 단연 리 개념에 기인한다. 정이와 주희는 리를 중심으로 기존의 유학을 완전히 새롭게 재구성했기 때문이다. 이런 이유에서 정씨 형제와 주희의 정주성리학을 정주리학程朱理學이라고도 하는데, 종종 '정주리학'은 육구연陸九淵, 1139~1193, 호는 상산(象山)과 왕수인王守仁, 1472~1529, 호는 양명(陽明)의 철학을 가리키는 '육왕심학陸王心學'과 대조적으로 사용되곤 했다. 다만 그들 학문은 모두 '송명리학'으로 통칭되듯 '심'과 '리'에 기초한 주관주의적이고 관념론적인 철학이므로, 정주리학과 육왕심학을 대립시키는 것은 특정한 맥락에만 한정시킬 필요가 있다.

한국유학사의 반성

이제 명칭과 개념에 대한 이해를 바탕으로 지난 20세기동안 계속 이어

---

3 '신유학'의 역사적 관점에 입각한 연구로는 다음을 참조. 시마다 겐지(島田虔次), 『주자학과 양명학』, 서울 : 까치, 1986; 고지마 쓰요시(小島毅), 『사대부의 시대 – 주자학과 양명학 새롭게 읽기』, 서울 : 동아시아, 2004; 피터 볼(Peter K. Bol), 김영민 역, 『역사 속의 성리학』, 서울 : 예문서원, 2010.

졌던 한국유학과 조선성리학에 대한 유학사적 연구에 대해 살펴보자. 최초의 '근대적'인 한국유학사의 효시로 여겨지는 저서는 장지연張志淵, 1864~1921, 호는 위암(韋庵)의 『조선유교연원朝鮮儒敎淵源』이다. 이 책이 나온 이래로 지난 1백여 년 동안 계속해서 현상윤玄相允, 1893~?, 호는 기당(幾堂)의 『조선유학사』가 출판되었고, 그 후 배종호裵宗鎬, 1919~1990, 호는 지산(智山), 이병도李丙燾, 1896~1989, 호는 두계(斗溪), 최영성, 윤사순 등의 한국유학사 저술이 이어졌다.[4] 유학사보다는 철학사가 많이 저술되었던 중국과는 대조적으로 지난 1백 년간 우리나라에서는 유학사 연구가 두드러졌다고 하겠다. 이는 우리나라 학자들이 한국유학에 대해 부분적으로는 서양의 '철학'적 틀을 가지고 접근하기도 했지만, 대체로 한국사상사의 큰 울타리 속에서 한국유학의 역사적 해명에 주력해왔음을 의미하는 것이다. 물론 한국유학에 대한 사상사적 해명은 기초적 연구로서 매우 중요하고 필수적이라고 할 수 있지만, 그러나 이와 같은 역사적 접근과 함께 철학적인 관점에서의 연구도 반드시 필요하다. 왜냐하면 역사적 접근만으로는 성리학의 체계적인 이해에 도달하기 힘들 뿐만 아니라 그 철학적 함의를 드러내는 데 있어서도 한계가 있기 때문이다. 지금까지 많은 한국유학사가 나왔음에도 불구하고 오늘날 '한국철학'의 연구가 부진하다는 점이 이 점을 간접적으로 말해준다고 하겠다.[5]

단적으로, 장지연의 『조선유교연원』은 설총 이래로 우리나라 유교의 연

---

4 張志淵, 『朝鮮儒敎淵源』, 京城 : 匯東書館, 1922; 玄相允, 『朝鮮儒學史』, 서울 : 民衆書館, 1949; 裵宗鎬, 『韓國儒學史』, 서울 : 연세대 출판부, 1974; 이병도, 『韓國儒學史』, 서울 : 亞細亞文化社, 1987; 최영성, 『한국유학통사』, 서울 : 심산, 2006; 윤사순, 『한국유학사』, 서울 : 지식산업사, 2012.

5 정확히 말해서, 한국유학사의 문제는 '역사학적' 연구의 한계라고 하기보다는 '유학'의 틀에 갇힌 한계라고 볼 수 있다.

원과 역사를 시대적 순서에 맞춰 인물별로 개괄적인 소개를 하고 있다. 사단칠정논변四端七情論辨 같은 중요한 부분에서는 관련 왕복서한 등 원문을 발췌 수록하여 독자의 이해를 돕고자 했지만, 전체적으로 유학자들의 학설을 시대 순으로 발췌하여 소개하는 전통적 학안學案의 형식에 머물고 있어서 유학자들 각각의 철학적 관점이나 견해에 대한 상세한 분석은 부재하다고 할 수 있다.[6]

현상윤의 『조선유학사』는 최초의 체계적인 유학사상사라고 할 수 있다. 『조선유교연원』에 비해 상세한 설명과 분석, 사상사적인 서술이 많이 보강되었다. 다만, 통시적인 유학사상사의 틀에 많은 유학자들의 학설을 개괄적으로 소개하는 학안적 방식을 결합함으로써 근본적으로 장지연의 서술방식을 벗어나지 못했다고 할 수 있다. 예를 들어, 제5장 "성리학"에서는 저명한 성리학자 10인을 선별하여 소개하였으며, 그 이외 24명의 성리학자들은 제6장 "이황·이이 전후의 일반 명유名儒"에서 해설하고 있다. 또한 제7장 "예학 중심의 유학"에서 따로 8인을 소개하였고, "당쟁시대의 유학"9장, "호락학파의 분열"11장, "경세학파의 출현과 풍동風動"12장 등 이어지는 장들에서도 주요 유학자들에 대한 개괄적인 소개가 주를 이룬다. 요컨대, 통시적인 유학사상사의 틀에 전통적 학안의 방식을 결합한 서술 방식은 장지연과 다르지 않으며, 이후 한국유학사는 정도의 차이만 있을 뿐 대체로 현상윤의 방식을 따르고 있다고 할 수 있다.

조선유학 외에도 삼국시대와 고려시대 유학까지 보완하여 상세히 해설한 이병도의 『한국유학사』는 현상윤의 『조선유학사』를 한 단계 업그레이

---

6 장지연의 『조선유교연원』에 대한 검토는 결론에서 다시 하고 있으므로 이 부분을 참조할 것.

드 시킨 것이다. 전체적인 서술방식과 틀은 현상윤과 거의 같지만, 개별 유학자들의 사상을 범주화시켜서 나누어 설명한 점이 눈에 띈다. 예를 들어, 제11장 "퇴계·율곡과 동시대의 성리학"에서는 이황과 이이의 유학사상을 이기론理氣論, 심성론心性論, 격물론格物論, 수양론修養論, 경세론經世論 등으로 나누어 해설하고 있다. 그 밖에 '경세학파'를 '실학'으로 바꾸었다는 점, '서학'대신 '구주歐洲문화'의 전래와 갈등으로 해설하고 있다는 점 등이 주목된다. 전체적으로, 이병도의 저서는 현상윤보다 좀 더 체계성이 보강되었다고 생각되지만, 유학사상사의 틀에 유학자들의 학설을 소개하는 한국유학사 서술 방식을 근본적으로 벗어나지 못했다.[7]

배종호의 『한국유학사』도 앞서 말한 한국유학사의 서술 방식을 근본적으로 벗어나지 못하지만, 그러나 한 가지 주목할 점이 있다. 즉, 다른 한국유학사와 달리 배종호는 이황과 이이의 '주리主理'와 '주기主氣'라는 두 입장을 전체적인 서술의 틀로 사용하여 설명함으로써 차별성을 보이고 있다는 것이다. '주리'와 '주기' 개념은 비록 장지연 이래로 거의 모든 유학사에서 사용되었던 것이지만, 배종호는 주리론과 주기론을 대립시키고 여기에 양대 입장에 속하지 않는 절충론을 설정하되, 각 입장에 속하는 유학자들을 그 아래에 분류하여 있다. 다만, 주리와 주기라고 하는 조선성리학의 주요한 두 관점이 과연 무엇을 의미하는지에 대해서는 분명한 설명이 보이지 않는다. 한국유학의 쟁점을 정확히 밝히기 위해 책의 서두에서 그 연원이 되는 정주성리학을 개괄적으로 설명하고 있는데, 거기서 이기

---

7   이러한 서술 방식은 정도의 차이는 있지만 이후 최영성의 『한국유학통사』나 윤사순의 『한국유학사』에서도 그대로 재연된다고 할 수 있다. 이는 '한국유학사'라는 제목을 유지하는 한, 근본적으로 탈피할 수 없는 한계로 보인다.

론, 심성론, 수양론과 더불어 '인식이론' 1장 3절으로 나누어 성리학의 특성을 설명하고 있다. 그는 "유학은 라려羅麗와 조선조 초기까지의 실천적 도덕학 정치학에서 일약 이론적 형이상학에로 진입하게 된다"[8]라고 말함으로써 주리와 주기 개념이 형이상학적인 주제에 관련된다는 점을 밝히고 있다. 즉 주리와 주기를 사단칠정론이나 인심도심론이라는 심성론의 형이상학적 근거가 되는 본체론이나 존재론의 문제로 보았던 것이다. 이런 이유에서인지 배종호는 경세가 혹은 실학자들의 철학사상에 대해서는 다루지 않았다.[9]

그러나 주리와 주기 개념이 본체론이나 존재론의 문제인지는 좀 더 따져볼 필요가 있다. 리와 기 자체는 본체론이나 존재론에서 기원한 개념이라고 할 수 있지만, 주리와 주기 개념은 사단칠정론이나 인심도심론이라고 하는 마음과 심성의 문제에 관련된 것이기 때문이다. 즉, 주리와 주기는 마음의 인지 기능을 지칭하는 '지각知覺, cognition'의 문제에 관련되는 것으로 볼 필요가 있다는 것이다. 이와 관련하여 성리학의 윤리학이나 도덕철학도 존재론보다는 **심성과 지각의 문제**에 보다 더 밀접히 관련되어 있다고 할 수 있다.

결론적으로, 지금까지의 한국유학사 서술은 사상사의 틀 안에서 유학자들을 전통적 학안처럼 소개하는 방식을 벗어나지 못했다고 말하지 않을 수 없다. 이와 같은 유학사적인 접근 방식으로는 한국유학과 성리학의 철학적 문제를 체계적으로 일목요연하게 파악하기 어렵다고 생각된다. 비록 주리

---

8   裵宗鎬, 『韓國儒學史』, 159쪽.
9   조선 후기 실학자들은 경세의 문제에 집중했지 이기론 같은 존재론적 주제들은 다루지 않았다고 생각한 것 같다. 그러나 실학자들의 경세론이 인식론이나 윤리학 같은 철학적 기초 없이 형성되었다고 보기는 힘들다.

와 주기 개념으로써 학설들의 철학적 입장 차이를 중심으로 서술한 배종호의 방식은 다른 유학사에 비해서는 비교적 철학적 문제나 주제들을 잘 드러내 보여주고 있다고 할 수 있지만, 그러나 그 역시 주리와 주기 개념의 철학적 함의를 온전히 해명하지 못했을 뿐만 아니라, 궁극적으로 기존 유학사의 한계를 벗어나지 못했다고 말하지 않을 수 없다. 과연 한국유학에 대해 유학사의 형식에 구애받지 않고 철학적으로 접근함으로써 우리의 철학적 사유에 기여할 수 있는 방법은 없는가? 만약 있다면 그것은 무엇인가? 저자가 생각하기에, 그것은 한국유학 가운데에서도 가장 철학적인 부분이라 할 수 있는 성리학의 이론적인 논의들에 대한 고찰로부터 문제 해결의 열쇠를 얻을 수 있다.[10]

방법으로서의 성리학 이론

한국유학에 대한 철학적 접근법을 보다 구체화하기 위해서 성리학의 기초적인 몇 가지 이론들을 살펴보자. 우리나라에서 성리학은 실용학이나

---

10 한국유학사와 한국철학사는 중첩되는 부분도 있을 것이지만, 이 둘의 관점과 방법은 다르다고 보는 것이 중요하다. 한국유학사는 역사학의 한 분야로서 '한국사상사'에 포함되는 것인 반면, 한국철학사는 유학은 물론 불교와 도교사상까지 포함하되 그 철학적 측면에 초점을 맞춘 것이다. 일반적으로, 사상사는 사상의 역사에 대해 **통시적**이고 **과학적**으로 접근하는 반면, 철학사는 그것에 **공시적**이고 **철학적인** 접근을 결합한다고 말할 수 있다. 철학적 접근은 한국유학을 하나의 **분과학문의 대상**으로서 다루기보다는 분과학문들의 **기초학**으로 간주하여 접근함을 의미한다. 지금까지 나온 한국철학사로는, 여러 저자들의 공저인 한국철학회 편, 『한국철학사』(상·중·하), 서울 : 동명사, 1987이 있고, 근래에는 전호근, 『한국철학사』, 서울 : 메멘토, 2018가 있지만, 이들 철학사들이 철학적 접근에 충실했는지는 의문이다. 저자는 성리학의 기초이론을 방법론으로 삼아 한국유학에 접근한다.

분과학과 대비되는 학문으로서 주로 철학적인 영역이나 분야를 가리키는 용어로서 통용되었다. 철학적 성격이 강한 성리학은 리기심성理氣心性에 관한 논의가 큰 비중을 차지하는데, 그것은 다시 본체론本體論과 지각론知覺論, 인심도심론人心道心論이라는 주제와 영역으로 나뉠 수 있다. 물론 이 세 가지 외에도 정치철학이나 미학적인 주제들도 성리학에 포함될 것이지만, 여기서는 방법론적으로 일단 이 세 가지 이론 영역에 한정시켜서 리기심성론을 파악하려고 한다. 지각론과 인심도심론이라고 하는 리기심성론의 두 축이 좀 더 명확하게 해명될 수 있다면, 한국유학에 대한 철학적 접근법이 보다 더 구체적으로 드러나게 될 것이다.

일찍이 동아시아 철학 전통에는 인식론이 부재하다는 인식이 널리 통용되어 왔다. 대표적으로 펑유란馮友蘭, 1895~1990은 그의 『중국철학사』에서 중국철학을 우주론과 인간론, 방법론으로 분류하였고, 중국철학에는 우주론과 인간론은 있지만 인식론은 거의 존재하지 않았으며 송명리학에는 기껏해야 학문 방법론만이 있을 뿐이라고 말했다.[11] 서양의 '철학'에 해당되는 중국의 학술에는 위진 현학과 송명 도학, 청대의 의리지학義理之學을 들 수 있는데, 중국의 철학에는 인식론이 발달하지 못했기 때문에 방법론만을 말할 수 있되, 그 방법론도 지식을 구하는 방법이 아니라 선善을 구하는 수양론적 방법이라는 것이다.[12] 그러나 이러한 견해는 성리학에 나타나는 '지각'에 관한 논의들을 충분히 고려하지 못한 선입견에 불과하다. 성리학의 창시자라 할 정이에게서는 이미 '지각'의 입장이라고 하는 관점이 나타나며, 주희에 이르면 '지각'에 관한 논의가 그의 철학에서 매우 큰

---

11 馮友蘭, 박성규 역, 『중국철학사(상)』, 서울 : 까치, 1999, 11쪽.
12 馮友蘭, 『중국철학사(상)』, 8쪽.

비중을 차지하고 있음을 발견할 수 있다.[13] 성리학에 있어 지각론의 비중
은 펑유란이 말한 것과 달리 매우 크다고 하겠다. 대체로 성리학에 있어
지각론은 본체론과 대립하는 성격을 지니며, 인심도심에 관한 도덕철학
은 본체론보다는 지각론에 밀접히 관련되어 있다. 이 점을 이해하기 위해
세 가지 이론 영역에 대해 개괄적으로 살펴보자.

　먼저 본체론에 대해 살펴보면, 사전적 의미에서 '본체本體, original sub-
stance'란 "우주, 생명, 그리고 세계 안의 만물을 생성시키는 실재의 근원
이자 만물을 형성하고 변화시키며 끊임없이 유지하고 완성해 나가는 것"
을 가리킨다.[14] 따라서 본체에 관한 철학적 논의로서의 '본체론'은 우주의
근본 실체나 궁극적 존재를 다루는 우주론cosmology이나 존재론ontology을
포괄하는 것이라고 할 수 있다. 본체론적 사유는 매우 오랜 역사를 지니고
있어서 『주역周易』이나 도가道家사상에 내재해 있다가 우주생성론과 존재론
으로 분화 발전하게 되었는데, 특히 후자는 불교를 중국적인 것으로 토착
화시키는 데 결정적인 역할을 하게 된다. 이와 같은 본체론은 주로 체용體
用 관계에 기반해서 인간을 포함한 우주만물을 본체와 현상작용의 틀로써
설명하는 존재론의 경향을 나타낸다. 그러나 하나의 철학 분야로서의 '본
체론'은 근세 성리학을 거쳐 오늘날 현대신유가에 이르러서야 비로소 정
립되었다고 할 수 있다.[15]

　'지각'은 성리학에 있어 인간의 앎과 인식을 지시하는 용어로서 인지 기

13　김우형, 『주희철학의 인식론-지각(知覺)론의 형성과정과 체계』, 서울 : 심산, 2005 참
　조. 성리학에 나타나는 '知覺' 개념에 관한 철학적 논의를 '知覺論'이라고 칭할 수 있으며,
　이하에서 이 용어를 사용하기로 한다.
14　Chung-ying Cheng, "Ti-yung", in Antonio S. Cua (ed.), *Encyclopedia of Chinese Philosophy*,
　NewYork : Routledge Publisher, 2003, p.718.
15　'본체론'의 정립은 梁啓超와 熊十力에 의해 이루어졌다고 할 수 있다.

능cognitive function 일반을 포괄적으로 의미한다. 따라서 '지각'에 관한 철학적 이론으로서의 '지각론'은 대체로 서양철학에서 인간의 인식 작용과 지식에 대해 고찰하는 인식론epistemology에 비견되는 분야라고 할 수 있다.[16] 지각론적 사유 역시 본체론적 사유와 마찬가지로 그 뿌리와 연원은 깊지만, 지각에 대한 논의를 획기적으로 발전시킨 사람은 주희였다. 주희는 **심물**心物 **관계**에 기반해서 주체–객체 관계 중심의 지각론적 사유를 체계화시킴과 동시에, '본체' 개념을 새로이 도입하되 그것을 리理에 한정시키면서 지각론의 체계에 편입시켰다. 다시 말해서, 주희에 있어 본체로서의 리는 노불의 본체론에 대한 비판과 지각론의 구성이라는 맥락에서 도출된 것이다. 그에 의하면, 지각 작용은 다른 현상적인 존재와 마찬가지로 원리principle로서의 리와 물질–에너지matter-energy로서의 기氣가 결합하여 성립하는데, 이때의 리는 지각을 가능하게 하는 형식적 원리이자 지각된 지식내용의 출처를 뜻하고 기는 지각에 있어서 감각적인 질료를 의미한다. 이와 같은 지각론적인 맥락의 리와 기는 우주론적인 맥락과는 의미상 다르다고 하겠다.

주희 이후 조선성리학은 이러한 지각론적 논의를 이어받아서 발전시킨다. 그런데 지각의 두 요소 가운데 리를 중시하는 이황李滉, 1501~1570, 호는 퇴계(退溪)은 주리主理적 입장으로, 기를 중시하는 이이李珥, 1536~1584, 호는 율곡(栗谷)는 주기主氣적 입장으로 각각 대립하게 된다. 주리론과 주기론 모두 지각에 있어서 리와 기 어느 하나라도 없어서는 안 된다는 필수불가결성을 전제로 하지만, 사단四端 즉 불행한 이를 측은히 여기는 마음[惻隱之心], 불의를

---

16 김우형, 『주희철학의 인식론─지각(知覺)론의 형성과정과 체계』, 18쪽.

미워하는 마음[羞惡之心], 양보하는 마음[辭讓之心], 시비를 가리는 마음[是非之心] 등 네 가지 도덕적인 감정을 설명할 때 입장이 나뉘게 된다. 즉, 주리론은 '기의 발현[氣發]'과는 다른 '리의 발현[理發]'으로써 사단을 설명하는 입장인 반면, 주기론은 칠정七情(기쁨[喜]·분노[怒]·슬픔[哀]·두려움[懼]·사랑[愛]·증오[惡]·욕망[欲])이라는 일반감정과 마찬가지로 오로지 '기의 발현'만으로 사단을 설명하려는 입장을 띤다. 이러한 차이는 지각론적 입장의 차이를 나타낸다. 주리론은 지각에 있어 일반적인 경험적 감각과 차별되는 도덕적인 내용을 가진 지각四端에 주목하고 그 출처로서의 리에 근거하여 선험적으로 설명하려는 입장이라면, 주기론은 도덕적인 지각과 감각적인 지각을 모두 기의 발현으로써 통괄하여 경험적으로 설명하려는 입장이라고 할 수 있다.

'인심'과 '도심'은 『서경書經』「대우모大禹謨」에 나오는, 성리학에서는 '16자 심법心法'이라고 알려져 있는 구절[17]에서 나온 말이다. 주희는 이 구절에 대해 『중용장구中庸章句』의 「서序」에서 자신의 지각론에 의거하여 새로운 도덕철학을 제시하였다. 즉, '인심'이란 개인의 육체로부터 생기는 감각이나 감정, 식욕이나 성욕 등의 감각적 지각 내용을 지시하는 반면, 이와 대조되는 '도심'은 마음에 내재한 '도덕성의 명령[性命]'에서 근원한 도덕적 지각 내용을 가리킨다. 다시 말해서, 인심과 도심은 지각된 내용에 따라 구분한 것으로서 각각 일반적인 의식과 도덕적인 의식에 해당되는 것이다. 주희는 인심이 이기적인 인욕人欲으로 변화하여 도심과 대립하게 되는 상황에서 도심을 선택하여 인심을 통제하는 방법에 관해 논함으로써

---

17 『書經』, 「大禹謨」. "인심은 위태롭고 도심은 미미하니, 정밀히 하고 한결같이 하여 그 중을 잡아라(人心惟危, 道心惟微, 惟精惟一, 允執厥中)."

도덕철학의 신기원을 열게 된다. 이후 조선성리학에서도 지각론과 연계되어 있는 인심도심의 문제에 대해 저마다 다른 해법을 제기하고 토론하였다. 이미 언급했듯이, 이황은 지각 내용에 의거하여 사단과 칠정을 도심과 인심으로 간주하되 각각 '리의 발현'과 '기의 발현'으로 양자를 구분했던 반면, 이이는 사단과 칠정을 '기의 발현'이라는 하나의 심리 과정을 통해 이루어지는 것으로서 설명하되 감정에 의意의 계산하고 비교하는 사고가 더해져야 인심과 도심의 구분이 생기게 된다고 본다. 나중에 정약용丁若鏞, 1762~1836, 호는 다산(茶山)은 이황과 이이의 상반된 인심도심론을 종합−지양하면서 덕德을 중심으로 하는 새로운 윤리학을 제시하게 된다.

　한국유학에 대한 철학적 접근법은 외부로부터 어떤 것을 가져와서 새롭게 고안해야 할 것이 아니라, 성리학 내에 이미 존재하는 철학적 문제들로부터 실마리를 찾아야 한다. 성리학의 본체론과 지각론, 인심도심론의 주제들은, 비록 정확히 꼭 들어맞지는 않더라도, 서양철학의 존재론우주론, 인식론, 윤리학에 대체로 해당되는 것이기 때문에, 이러한 주제들에 초점을 맞춰 한국유학을 조명하는 것은 전지구적 세계철학이나 보편철학을 염두에 두면서 소통과 통합을 추구하는 일이기도 하다. 말하자면 성리학의 주제들과 이론들은 세계철학과 소통할 수 있는 공통분모를 함유하고 있는 것이다. 따라서 성리학의 문제와 이론에 의거하여 살펴보는 것이야말로 곧 한국유학에 대한 가장 적절하고 합당한 철학적 접근법이라고 할 수 있다.

　이와 관련하여 부언해두고 싶은 것은, 한국유학에 대한 성리학적 접근을 통해 추구해야 할 궁극 목표는 단순한 민족주의적nationalistic '한국철학'일 수 없다는 것이다. 물론 '한국철학'의 독자성이 어디에 있는지에 대해 여전히 이견이 제기될 뿐만 아니라, 이웃인 중국철학이나 일본철학에 비해 국제적인 인지도 면에서도 열세인 것이 현실이다.[18] 분명히 민족주의적 동기에서라도 '한국철학'의 독자성[19] 정립과 세계화를 위해 한국 학자들이 더욱 분발할 필요가 있다. 그러나 '한국철학'만의 특성 정립과 세계화가 궁극적 목표일 수는 없다. 성리학의 문제와 이론을 통한 한국철학으로의 전환은 민족주의를 넘어선 객관적 관점에서의 철학을 목표로 하는 것이다. 다시 말하면, 한국철학은 중국철학이나 일본철학과 더불어 동아시아 철학의 한 구성원을 이루되, 구체성 속에서 보편을 향한 '철학하기philosophizing'[20]를 수행할 수 있어야 한다는 것이다. 방법론으로서의 성리학적 문제들과 이론들은 자국중심주의나 자민족중심주의보다는 객관주의적이고 보편주의적인 입장에서 문제들에 접근하도록 인도할 것이다.

---

18 단적인 예로, *Stanford Encyclopedia of Philosophy*(https://plato.stanford.edu/index.html)에는 "Chinese Philosophy"나 "Japanese Philosophy"에 대한 많은 항목들이 있으나, "Korean Phiosophy"에 대한 항목은 거의 보이지 않는다. 물론 이는 한국철학의 부재를 의미하기보다는, 최근 들어 서양학계에 한국철학을 알리려는 노력이 저조했음을 말해준다.

19 윤사순의 『한국유학사』는 "한국유학의 특수성 탐구"라는 부제에서 나타나듯 중국과 다른 한국유학만의 특수성 규명을 목표로 삼으면서 한국유학이 지니는 특수현상 3가지와 특수사상 12가지를 제시하고 있다(7쪽). 다만 이는 '한국유학사'의 특수성일 뿐, '한국철학'의 특수성과는 거리가 있다.

20 "철학하기"란 칸트가 다음처럼 말한 것에서 비롯된 것이다. "결코 철학은—무릇 역사적인 것이라면 모를까—배울 수 없으며, 이성과 관련해서는 기껏해야 **철학함**(philosophieren)만을 배울 수 있다(칸트(Kant, I.), 백종현 역, 『순수이성비판』 2, 서울: 아카넷, 2006, 959쪽(B865))." 철학은 일정한 지식 체계를 가리키는 것이 아니라 철학하기의 행위일 뿐이며, 그것은 단지 자신의 이성을 사용하는 방법을 스스로 터득하려는 공부를 의미한다는 것이다.

책의 개요

앞에서 말한 방법론에 의거하여 저자는 다음 몇 가지 점들을 밝히고자한다. 첫째, 송대 정주는 당시 주류 형이상학의 지위를 차지했던 노불老佛의 본체론에 대해 비판하면서 새로운 철학적 경향을 보이기 시작했는데, 이는 지각론과 인심도심론이 기존의 본체론적 형이상학을 대신하여 점차 부상하게 되었음을 의미한다. 둘째, 조선시대의 성리학은 송대 정주성리학의 철학적 문제의식, 즉 지각론과 인심도심론의 정립이라는 문제를 핵심 과제로 삼아 철학적 논의를 전개해나갔다는 것이다. 조선성리학의 사단칠정논쟁은 사실상 지각론과 인심도심론에 관련된 토론이었으며, 그 과정에서 나타나는 주리와 주기의 두 입장도 지각론에서의 상반된 두 가지 입장을 의미하는 것이다. 셋째, 조선성리학의 주류적 두 흐름, 즉 주리론과 주기론을 종합 – 지양하고 새로운 철학을 제시한 사람은 정약용이다. 그는 조선성리학의 지각론을 비판하되 상제귀신上帝鬼神의 본체론존재론에 입각하여 새로운 인심도심의 윤리학을 모색하였는데, 그 결과는 주리론의 동기주의와 주기론의 결과주의를 종합 – 지양한, 덕德 중심의 윤리학virtue ethics을 제시하게 되었다는 것이다.

이 책은 총 6장으로 구성되어 있는데, 전체적인 내용은 위의 세 가지 핵심 논지를 벗어나지 않는다. 제1장에서는 정주성리학의 대체적인 구조와 성격을 다루었다. 정이의 성리학은 북송시대 유학의 기본적인 틀이라 할 수 있는 우주론과 인간론으로 나누어 살펴보았다. 그러나 주희에서 두드러지는 철학적 특징, 즉 지각론의 관점이 정이에 있어서도 발견된다. 달리 말하면, 정이 역시 본체 – 현상의 체용體用 관계보다는 주체 – 객체의 심물心

物 관계가 사유의 기초를 이루게 된다. 주희는 기존의 본체론을 비판하면서 심물 관계를 중심으로 하는 지각론적 사유를 정립시킨다. 그러나 그는 지각론에만 머물러 있지 않았으며, 이전과는 완전히 다른 새로운 도덕철학을 구성하기를 원했다. 결국, 주희는 지각론과 연결된 인심도심의 도덕학을 새롭게 구성하게 되는데, 그 주요한 특징은 인심과 도심 사이에서 도덕적 선善을 택할 수 있는 자유의지를 긍정했다는 데 있다.

제2장은 한국성리학의 발단이 되는 『천명도설天命圖說』의 우주론을 다루었고 제3장은 그로 인해 야기되는 사단칠정논변과 '주리'와 '주기'라고 하는 지각론적 두 입장의 분기를 다루었다. 『천명도설』은 『태극도설太極圖說』과 마찬가지로 우주와 인간에 대해 포괄적으로 다루고 있는 우주론적 저작이다. 다만, 객관적인 '태극' 개념과 달리 '천명'은 주관적인 마음 내부로부터 자각해야 한다는 차이점이 있으며, 이로 인해 이황은 점차 천명의 관점으로 나아가게 된다. 즉, 그는 우주론에서 지각론의 관점으로 전환하게 되는 것이다. 사단칠정논변에서 제기하게 된 호발설互發說의 명제는 이와 같은 지각론적 관점에 입각한 도덕론이라 할 수 있다. 이와 달리, 이이는 호발설의 '리발理發'은 비판하고 '기발이승일도설氣發理乘一途說, 기가 발하되 리가 올라타는 하나의 경로만이 있다'을 내세우면서 새로운 주기론의 입장을 수립한다. 이이는 주기론적 경험주의와 천지만물과 인간은 동일한 경로와 방식으로 작동한다는 자연주의적 입장에서 예禮라고 하는 외적 규범과의 합치 여부를 중시하는 인심도심론을 제시하였다.

제4장은 퇴율 이후 주리파와 주기파의 전개 양상을 조명해보았다. 주리론을 나타내는 퇴계학파는 처음에 주기론을 일방적으로 비판하였지만, 나중에 점차 주기론의 일부 견해를 수용하는 경향을 나타낸다. 마찬가지

로 주기론을 띠는 율곡학파도 호발설을 비판하면서 율곡학설을 따랐지만, 주리론의 일부 견해를 수용하는 움직임도 발견된다. 이와 같은 상대 진영의 일부 견해를 수용하려는 움직임은 지각론에서 본체론존재론적 관점으로의 점진적 이동을 암시한다. 다만 지각론에 있어서의 발전은 계속되었는데, 퇴계학파에서는 이익李瀷, 1681~1763, 호는 성호(星湖)이 율곡학파에서는 김창협金昌協, 1651~1708, 호는 농암(農巖)이 각각 주리론과 주기론의 지각론을 발전시키게 된다. 그럼에도 불구하고 주리와 주기의 지각론적 관점을 거부하면서 본체론적 사유를 중시하는 경향성은 점점 더 강화되었는데, 제5장에서는 그와 같은 본체론적 사유를 기반으로 하는 절충론折衷論을 다루었다. 여기서 절충론이라 함은 주리와 주기를 모두 비판하면서 양자를 포괄하는 대안을 모색하는 입장을 말한다. 한국의 양명학파라 할 수 있는 강화학파는 이러한 절충론의 맥락 속에서 파악될 수 있다.

제6장에서는 위와 같은 절충론의 맥락에서 이황과 이이의 두 지각론적 도덕론의 입장을 비판하고 종합한 정약용의 귀신론과 인심도심론을 다룬다. 정약용은 천주교의 영향을 받아 전통적인 상제귀신설을 새롭게 부각시킨다. 귀신은 리나 기도 아니며, 새로운 제3의 존재로서 인간과 세계의 본체에 해당한다. 그는 이러한 상제귀신의 본체론에 입각해서 주리와 주기의 지각론을 비판하되, 덕 개념에 입각한 새로운 인심도심의 윤리학을 모색하게 된다. 그에 의하면, 인심은 육체의 감각적 성향에 대한 자각을 말하고, 도심이란 귀신과 영지靈知의 본체가 지닌 덕을 좋아하는 성향을 자각함을 가리킨다. 다만, 정약용의 인심도심론은 주희의 인심과 도심이라는 프레임과 동기주의를 근본적으로 벗어나지 못했다.

결론에서는 근현대기에 있어 한국유학사에 대한 인식 문제를 논한 뒤,

본서의 내용을 요약하며 마무리하였다. 원래 이 책은 근현대 한국유학까지 다루려 하였으나, 그것은 좀 더 많은 연구와 별도의 지면이 필요하다고 생각되어 생략했다. 다만, 한국유학사에 대한 인식의 전환과 철학적 탐구의 필요성에 관해 문제를 제기하기 위해서 장지연의『조선유교연원』을 검토하였다. 결론의 요지는, 이 책 전체를 관통하는 주제이기도 한데, 한국유학을 단지 대상적으로 연구하는 것에서 끝나지 말고 철학하기를 통해 한국철학의 구성으로 나아가야 한다는 것이다. 여기서 한국유학을 어떻게 한국철학으로 전환시킬 수 있는지에 관한 방법론적인 문제가 다시 제기될 수 있지만, 그것은 앞서 언급한 한국유학에 어떻게 철학적으로 접근해야 하는지에 관한 방법론과 연동되어 있다. 고중세의 유학이 근대근세 성리학으로 전환되었던 역사로부터 힌트를 얻을 수 있듯이, 성리학의 지각론이나 인심도심론은 근대 철학적 성격을 띠면서 형성되어 왔기 때문에, 이를 계승하여 현대적 관점에서 조명하고 발전시키면 한국철학의 새로운 전망을 기대할수 있을 것이다.

제1장

정주성리학의 개관

정주성리학이라 함은 정호·정이 형제와 주희의 철학적 성격을 지닌 유학 사상을 하나로 묶어서 가리키는 말이다. 정이의 성리학을 살펴보기에 앞서, 먼저 그의 형과의 동이同異 문제를 언급할 필요가 있다. 주희는 정씨 형제 가운데 특히 동생인 정이의 철학을 계승했지만, 정호로부터도 많은 영향을 받았기 때문이다. 형인 정호는 성품이 온화하고 친근하여 마치 봄날의 햇살과 같은 반면, 동생인 정이는 매우 엄격하고 단호하여 가을서리와 같다고 일컬어지듯이, 두 형제는 성격 면에서 큰 차이가 있었던 것 같다. 또한 학문적 스타일 면에서도 정호는 혼륜渾淪적이고 종합적이라면, 정이는 분개分開적이고 분석적이라고 할 수 있다. 그러나 이와 같은 차이에도 불구하고, 철학적 관점과 견해에서 그들은 대체로 일치한다. 전통적으로 대다수 성리학자들은 정이를 그의 형인 정호와 더불어 구별 없이 일반적으로 '이정二程' 혹은 '정자程子'로 통칭하였으며, 그들의 저작도 현재 『이정집二程集』이라는 하나의 전집으로 통합되어 있다.[1] 『이정집』에 수록된 『이정유서二程遺書』와 『이정외서二程外書』, 그리고 『이정수언二程粹言』 중에는 두 사람 중 어느 쪽의 말인지를 확인할 수 없는 것이 많이 있다. 이 같은 저작의 혼합적 성격 때문인지, 성리학 전통에서는 대체로 정호와 정이의 학설에 큰 차이가 없는 것으로 간주해 왔던 것이다.

그런데 양명학 계열에서는 이따금 정호와 정이를 구분하여 보는 경우가 발견된다.[2] 이 같은 예에 근거해서 금세기 가장 유명한 중국철학자 중 한 사람인 펑유란은 『중국철학사』에서 정호는 이후 등장하는 심학으로 발전하고 정이는 리학으로 이어진다고 주장한 바 있다.[3] 그는 이것을 자신이 최초로 밝힌 것이라고 말하기도 하였다. 이와 유사하게, 모우쫑산牟宗三, 1909~1995은 그의 저서 『심체와 성체』에서 정호를 중심으로 한 정통 유학의 주류와는 달리 정이와 주희는 정통에서 벗어난 하나의 '곁가지' 학파일 뿐이라고 주장하였다. 즉, 정이와 주희는 정통 유학에서 상정해왔던 초월적 심체心體와 성체性體를 동일한 것으로 보지 않고 분리시키되, 심心을 심리학적인 인식심認識心으로만 간주했기 때문에 유학의 정통 사상에서 벗어

---

1 현재 가장 대표적인 판본으로는 『二程集』, 北京 : 中華書局, 1984을 들 수 있다. 이 책에는 『河南程氏遺書』, 『河南程氏外書』, 『河南程氏文集』, 『河南程氏粹言』, 『河南程氏易傳』 등이 모두 수록되어 있는데, 본서에서는 각각의 저작을 『二程遺書』처럼 일반적인 예를 따라 표기할 것이다. 『이정유서』와 『이정외서』는 정씨 형제의 가장 중요한 저작들로서 주희에 의해 편집된 일종의 語錄이다. 주희는 정호와 정이 중 누구의 말인지 확실한 것은 분명하게 표기하였으나, 그렇지 않은 것은 그대로 두었다. 국내 번역본으로 이향준·조우진·장복동·류근성 역, 『이정유서』(Ⅰ-Ⅲ), 광주 : 발해그래픽스, 2019와 이향준·정영수 역, 『이정외서』, 광주 : 발해그래픽스, 2019이 있다. 본서의 인용문은 이 번역본을 부분적으로 참조하였다.

2 예를 들어, 명말청초의 유학자 黃宗羲(1610~1695)의 『宋元學案』에서는 정호와 정이를 「明道學案」과 「伊川學案」으로 나누어 서술하고 있다(『黃宗羲全集』(3), 杭州 : 浙江古籍出版社, 1990, 646~689쪽).

3 馮友蘭, 『중국철학사』(하), 506쪽. 이후 출간된 馮友蘭의 『中國哲學史新編』(北京 : 人民出版社, 1988)도 여전히 이러한 관점을 고수하고 있다. 정씨 형제를 구분하는 경향은 구스모토 마사쓰구(楠本正繼), 김병화·이혜경 역, 『송명유학사상사』, 서울 : 예문서원, 2005에서도 보인다.

났다는 것이다.[4]

그러나 이와 같은 견해들은 무엇이 정통이고 무엇이 비정통이냐라는 소모적이고 비철학적인 논쟁만 일으킬 뿐, 철학사적 이해를 증진시키거나 철학적 사유를 계발하는 데 도움이 되지 않는다. 정호와 정이 철학을 구분하고 각각 육왕심학과 정주리학의 창립자로 간주하여 양자를 날카롭게 대조시키는 것은, 펑유란과 모우쫑산이 자신들의 철학적 입장을 선명하게 밝히고 정당화하려는 의도에서 기인한 것으로 보인다. 사실 정씨 형제는 노불老佛의 형이상학에 대한 자신들의 문제의식과 대안으로서 제시한 도학의 철학적 입각점이나 지향성 등에서 의견이 일치했다고 할 수 있다. 정이는 분명하게 "나의 도는 명도정호와 같다"고 말하고 있기 때문이다.[5] 따라서 정씨 형제간의 철학적 차이는 관점에서의 차이보다는 단순한 스타일 측면에서의 차이로 보는 것이 바람직하다.

두 번째로, 정씨 형제는 자신들의 도학에 대해 성학聖學 즉 '배워서 성인이 될 수 있는 학문'임을 선포했다는 점은 주목할 만하다. 일찍이 맹자孟子와 순자荀子는 일반인이 학문과 수양을 통해 성인에 이를 수 있음을 최초로

---

4 이것이 이른바 '別子爲宗說(서자가 정종의 지위를 차지했다)'로서, 그의 『心體與性體』(臺北：正中書局, 1967)의 핵심 주장이다. 비록 牟宗三의 心學的 관점은 馮友蘭의 理學的 관점과 대조되지만, 정호와 정이를 구분하는 馮友蘭의 견해는 받아들여서 발전시킨 것이다. 이 견해는 한동안 철학계 일각에서 정설처럼 간주되기도 했지만, 오늘날 이에 대해서는 비판적인 관점이 우세하다. 다만, 『心體與性體』는 전체적으로 참고할 만한 훌륭한 논저라 할 수 있다. 이 책의 번역서로는 김기주 외역, 『심체와 성체』(1-7), 서울：소명출판, 2012이 있다.

5 程顥·程頤, 二程遺書, 附錄「伊川先生年譜」. "선생은 일찍이 장역에게 말씀하셨다. '나는 예전에 명도선생의 행장을 지었는데, 나의 도는 대체로 명도와 같으니, 다른 때에 나를 알고자 하는 자는 이 글(행장)에서 찾으면 된다'(先生嘗謂張繹曰：我昔狀明道先生之行, 我之道蓋與明道同. 異時欲知我者, 求之於此文可也)." 이런 이유에서 본서는 정주성리학에 대해 정이를 중심으로 살펴보았다.

말했다. 맹자는 모든 사람의 도덕적 본성은 동일하다는 성선설性善說에 근거해서 "사람은 모두 요순堯舜이 될 수 있다"[6]고 말했다. 순자는 인간의 인지적 실천적 능력으로써 예법禮法를 학습하여 악한 본성을 변화시키고 우禹와 같은 성인이 될 수 있다고 하였다.[7] 성인 개념과 성인이 될 수 있는 근거에 있어서 두 사람의 견해에는 약간의 차이가 있지만, 학문과 수양을 통해 일반인이 성인이 될 수 있다고 본 점은 일치한다.

맹자와 순자 이후 위와 같은 성학의 이념, 즉 일반인이 학문을 통해 성인이 될 수 있다는 것을 분명하게 주장하게 된 것은 정씨 형제를 중심으로 하는 송학에 이르러서였다. 물론 송학 이전에도 한유韓愈, 768~824의 이른바 성삼품설性三品說과 같이 중간 성품의 일반인이 학문을 통해 상승할 수 있는 가능성을 제시한 적은 있었다. 한유에 의하면, 인간의 본성은 상上·중中·하下 삼품으로 구분되는데 그 가운데 상지上智와 하우下愚의 품성은 바뀌지 않는다고 말함으로써 상지인 성인과 일반인으로서 중인中人, 그리고 가장 어리석은 부류인 하우를 엄격히 구분했다.[8] 이는 공자의 "성은 서로 가깝지만 습관에 의해 서로 멀어진다. 오직 상지와 하우는 바뀔 수 없다"[9]는 언급에 근거한 것이다. 비록 중인은 자신의 노력과 다른 사람의 도움 여하에 따라 상지도 될 수 있고 하우도 될 수 있지만, 상지와 하우는 바뀔 수 없다는 것이다. 한유의 이 같은 견해는 맹자의 성선설이나 순자의 성악설을 인성의

---

6 『孟子集註』, 「告子下」, 2장. "曹交問曰, 人皆可以爲堯舜, 有諸? 孟子曰, 然."
7 『荀子』, 「性惡」. "塗之人可以爲禹, 曷謂也? 曰, 凡禹之所以爲禹者, 以其爲仁義法正也. 然則仁義法正有可知可能之理, 然而塗之人也, 皆有可以知仁義法正之質, 皆有可以能仁義法正之具, 然則其可以爲禹明矣. 今以仁義法正爲固無可知可能之理邪? 然則唯禹不知仁義法正, 不能仁義法正也."
8 韓愈, 『韓昌黎文集』, 「原性」. "性之品有上中下三. 上焉者善焉而已矣. 中焉者可導而上下也. 下焉者惡焉而已矣."
9 『論語集註』, 「陽貨」, 2장. "子曰, 性相近也, 習相遠也. 子曰, 唯上知與下愚, 不移."

한쪽만을 본 불완전한 인성론이라고 비판하면서 종합한 것이라고 할 수 있다. 성삼품설은 중인이 학문을 통해 성인의 경계로 진입할 수 있는 가능성을 내포하긴 하지만, 성품이 상중하의 세 단계로 엄격히 구분되고 상품과 하품은 변하지 않는다고 본 점에서 일정한 한계를 내보인다.

위와 같은 한유의 인성 개념과 성학의 문제를 해결한 것이 바로 정이다. 그는 초년의 저작인 「안자소호하학론顔子所好何學論」에서 "성인은 배워서 이를 수 있다"고 말했다.[10] 그는 이 가르침을 주돈이周敦頤, 1017~1073, 호는 염계(濂溪)로부터 받은 것으로 보이는데, 왜냐하면 주돈이도 성인은 배움을 통해 이룰 수 있다는 점을 언급했기 때문이다.[11] 한편, 장재張載, 1020~1077, 호는 횡거(橫渠)도 학문을 통해 성인에 이를 수 있다는 말을 남겼다.[12] 그러나 이들에 비해 정이는 성학을 색다르고 체계적으로 확립시켰다.[13] 정이는 감정을 도덕성으로 통제하는 것이 중요하다고 하면서 다음처럼 말한다. "무릇 학문의 도란, 그 마음을 바르게 하고 그 본성을 기를 뿐이다. 중정中正하여 성실誠하면 성인이다. 군자의 학문은 반드시 먼저 마음을 밝히고 기를 바를 안 연후에 힘써 행하여 성인에 이를 것을 구하니, 이른바 밝음으로부터 성실해진다는 것이다. 그러므로 학문은 반드시 그 마음을 극진히 해야 하니, 그 마음을 극진히 하면 그 본성을 알게 되고, 그 본성을 알아서 돌이켜보아 성실히 하면 성인인 것이다."[14]

---

10 程顥·程頤, 『二程文集』 권9, 「顔子所好何學論」. "然則顔子所獨好者, 何學也. 學以至聖人之道也. 聖人可學而至歟? 曰, 然."

11 周敦頤, 『通書』 권2, 「聖學第二十」.

12 張載, 『張載集』, 「附錄」, 「呂大臨橫渠先生行狀」. "學者有問, 多告以知禮成性變化氣質之道, 學必如聖人而後已."

13 이향준·조우진 역, 『이정유서』(Ⅰ), 「해제」, 15쪽.

14 程顥·程頤, 『二程文集』 권9, 「顔子所好何學論」. "凡學之道, 正其心養其性而已. 中正而誠則聖矣. 君子之學, 必先明諸心, 知所養〈一作往〉, 然後力行以求至, 所謂自明而誠也. 故學必

정이가 나중에 발전시키게 되는 심성론은 그의 「안자소호하학론」에서 정립된 성학의 이념과 구상을 체계적으로 정립한 것에 불과하다. 핵심만 간추린 다면, 정이는 맹자의 성선설에 입각하되 인지 능력에 의거하여 성인이 될 수 있다는 순자의 견해도 흡수하여 이원론적인 본성론으로 종합한 것이다. 즉, '성의 근본[性之本]'과 기질지성氣質之性으로 본성을 이원화함으로써 한유의 성삼품설을 비판하고 리에 근거하는 성학을 새롭게 체계화 시켰다. 이로써 정이는 성인이 될 수 있는 학문의 도덕적, 인식론적 근거를 리에 기초한 심성론으로써 해명할 수 있었다. 일반인이 학문을 통해서 도덕적 인격으로서의 성인이 될 수 있다는 정이의 선언은 격물格物 이론과 함께 성리학의 주요 사상적 특징이자 이념을 나타낸다. 인간이 외부의 신비하고 초월적인 존재에 의해 구원받고 해방되는 것이 아니라 자신의 노력으로써 스스로 성인이 될 수 있다는 주장은 종교로부터 인간을 지적으로 해방시킴과 동시에 인간을 자율적인 존재로서 간주하는 것이다. 이후 주희는 이러한 성학의 이념과 방법을 전폭적으로 수용하게 되며, 더 나아가 인식론적이고 도덕론적인 영역에서의 반성적 고찰을 통해 이론적으로 체계화시킴으로써 근대성modernity[15]의 시원을 이루게 된다. 물론 조선 성리학에서도 이러한 근대적 사유는 계속 확산되고 발전해나갔다.

盡其心, 盡其心則知其性, 知其性, 反而誠之, 聖人也."

[15] 여기서 '근대성'에 대해 복잡한 논의를 할 필요는 없지만, 저자는 '근대적' 사유의 핵심을 대상적 탐구와 도덕적 인격의 성취에 대한 **반성적** 사고 성향으로 본다. 근대성의 이 같은 주된 특징은 주희에게서 단적으로 뚜렷하게 나타난다. 한편, 유교적 근대성을 다중근대성(multiple modernities)의 일환으로서 접근하는 견해에 대해서는 다음을 참조. 김상준, 『맹자의 땀, 성왕의 피―중층근대와 동아시아 유교문명』, 서울 : 아카넷, 2011, 33~79쪽.

1. 정이의 우주론과 인간학

정씨 형제의 도학성리학이 이전의 형이상학과 완전히 다르다고 말할 수 있다면, 그것은 아마도 그들 학문의 중심에 놓여 있는 리理 개념에 말미암은 결과일 것이다. 그 정도로 리는 그들의 철학을 그 이전과 뚜렷이 구분 짓도록 하는 중요한 개념이다. 일찍이 정호는 "나의 학문은 비록 전수받은 것이 있지만, '천리天理' 두 글자는 오히려 나 스스로 체험해서 알아낸 것이다"[16]라고 말한 적이 있다. 이 언급은 도학이 리 개념을 핵심으로 하며, 체험을 통해서 그것을 확실하게 인식하는 것을 목표로 하고 있음을 말해준다. 또한 정호는 리에 대해 다음처럼 말한다. "천리라고 하는 것은 이 하나의 도리이니, 다시 무슨 한계가 있겠는가? 요임금 때문에 존재하는 것도 아니요, 폭군인 걸왕 때문에 없어지는 것도 아니다. 그것을 체득한 자는 출세한다고 해서 증가시킨 것이 아니며, 궁핍하게 거하여도 덜어낸 것이 아니다. 이것에 다시 어떻게 존재하고 없어짐과 더하고 뺌을 말할 수 있겠는가? 그것은 원래 부족함이 없는 것이니, 수많은 이치가 구비되어 있다."[17]

위의 말로부터 천리란 수많은 이치들을 모두 함축하고 있고 인위적으로 변화시킬 수 없으며 어디에나 두루 존재하는 것임을 알 수 있다. 또한 천리는 개별자의 성性을 이루되 외부와 내부의 차이가 없다.[18] 천리는 우주와 인

---

16 程顥·程頤, 『二程外書』 12:25. "吾學雖有所受, '天理'二字, 却是自家體貼出來."
17 程顥·程頤, 『二程遺書』 2상:117. "天理云者, 這一箇道理, 更有甚窮已? 不爲堯存, 不爲桀亡. 人得之者, 故大行不加, 窮居不損, 這上頭來, 更怎生說得存亡加減? 是佗元無少欠, 百理具備." 누구인지 표기되어 있지 않지만 정호로 추정됨. 이하의 언급도 같음.
18 程顥·程頤, 『二程文集』 권2, 「答橫渠先生定性書」. "性之無內外."

간이 함께 의존하고 따르지 않으면 안 되는 형이상의 실재로서 형이하의 기氣와 더불어 우주 만물을 구성한다. 천리는 사물을 이룰 때 기를 규정하고 통제하지만, 기로 구성된 구체적인 사물 안에 내재해 있다. 이 점에서 형이상의 존재인 리는 형이하의 기와 구분되면서도 기로 이루어진 구체적인 사물[器]과의 간격은 없다. 정호는 다음처럼 말한다. "형이상은 도道이고 형이하는 기器이니, 반드시 이렇게 말해야 한다. 그러나 기 또한 도이고, 도 또한 기이니, 도의 소재를 터득한다면 현재와 미래, 나와 남에 구애받지 않는다."[19] 요컨대, 정씨 형제의 도학은 리와 기의 실재를 긍정하는 이원론이라고 할 수 있다. 그러므로 그들은 "성(리)을 논하되 기를 논하지 않으면 갖춰지지 않으며, 기를 논하되 성을 논하지 않으면 분명하지 않다"[20]고 말한다.

다만, 이와 같은 정호의 형이상학적 언급들에 대한 보다 분명하고 체계적인 설명은 정이를 기다려야 했다. 여기서는 정씨 형제의 성리학에 관한 기존 연구들에 의거하되, 정이의 도학을 우주론과 인간학으로 나누어 살펴보고자 한다.[21] 주돈이의 『태극도설』에서 나타나는 것처럼, 북송시대 유학자들의 형이상학을 우주론과 인간학으로 나누어 살펴보는 것은 적절한 접근법이기 때문이다.[22]

19　程顥·程頤, 『二程遺書』 1:15. "形而上爲道, 形而下爲器, 須著如此說. 器亦道, 道亦器, 但得道在, 不繫今與後, 己與人."

20　程顥·程頤, 『二程遺書』 6:20. "論性, 不論氣, 不備, 論氣, 不論性, 不明."

21　정씨 형제의 철학에 대한 연구로는 다음을 참조. A. C. Graham, *Two Chinese Philosophers*, London : Lund Humphries, 1958(이현선 역, 『정명도와 정이천의 철학』, 서울 : 심산, 2011); 市川安司, 『程伊川哲學の研究』, 東京 : 東京大出版會, 1964; 徐復觀, "A Comparative Study of Chu Hsi and the Ch'eng Brothers", *Chu Hsi and Neo-Confucianism*, Honolulu : Univ. of Hawaii Press, 1986; 陳榮捷, "論朱熹與程顥之不同", 『新儒學論集』, 臺北:中央研究院 中國哲學研究所, 1994; 박양자, 「二程의 사상적 특성—본체론과 수양론을 중심으로」, 『孔子學』 창간호, 서울 : 한국공자학회, 1995.

22　이같은 분류는 구스모토 마사쓰구(楠本正繼)의 『송명유학사상사』를 비롯한 많은 연구들

1) 우주론

정이의 이기이원론理氣二元論의 우주론은 장재의 기일원론氣一元論을 비판하면서 등장한 우주론이다. 이 점 에서 정이의 우주론을 살펴보기에 앞서 먼저 장재의 기의 우주론을 살펴볼 필요가 있다. 또한 북송시대에 주돈이나 소옹邵雍, 1011~1077, 호는 강절(康節)의 새로운 우주론적 견해들이 등장하게 된 사상적 배경에 대해서도 파악하지 않으면 안 된다.

일찍이 장재는 "기의 모이고 흩어짐과 태허太虛의 관계는 얼음이 얼고 녹는 것과 물과의 관계와 같으니, 태화太和가 곧 기여서 무無는 없음을 알 수 있다"[23]고 말했다. 여기서 "태허"란 텅 비어 있는 큰 공간이란 뜻으로서 일정한 조화를 지닌 것이므로 "태화"라고도 칭한다. 장재는 이러한 텅 빈 공간태허, 태화이 진공 상태처럼 아무것도 없는 것이 아니라 물질－에너지로서의 기가 채워져 있는 것으로 보았다. 물질－에너지로서의 기는 응축하여 사물을 이루다가, 그 사물이 사멸하면 그것을 구성했던 기는 다시 분산하여 태허의 우주로 복귀한다는 것이다. 이는 마치 물이 얼어서 얼음이 되었다가 다시 얼음이 녹으면 물로 되는 것과 같다는 것이다.

장재의 언급에서 핵심이 되는 포인트는 "무는 없다"는 것인데, 이는 무의 본체本體를 상정하는 도가의 우주론을 겨냥하여 비판한 언급이다. 텅 비어 있는 허공은 무의 진공상태가 아니라, 사물을 이룰 수 있는 기로 채워져 있다는 것이다. 기는 원래부터 항상 존재해왔던 것이고 앞으로도 존재할 것이기 때문에, 도가에서 말하는 만물을 낳는 근원으로서의 본체는 별도로 상정할 필요가 없다는 것이다. 이런 맥락에서 장재는 원래부터 존재

이 사용해왔다.

23 張載, 『正蒙』, 「太和」. "氣之聚散於太虛, 猶氷凝釋於水, 知太和卽氣則無無."

하는 기의 모체母體나 저장고로서의 태허를 "기의 본체"로서 새롭게 규정한다. "태허는 형체가 없으니, 기의 본체이다."[24] 태허의 기로부터 흘러나온 기가 응결하여 천지만물의 모든 개별자들을 생성했다가, 다시 개별자가 사멸한 뒤에는 그 형체를 이룬 기가 흩어져서 태허의 기로 복귀한다는 것이 장재의 우주론의 골자인 것이다. 이와 같은 우주론에 근거해서 장재는 노자의 본체론을 다음처럼 비판한다. "만약 '허공이 능히 기를 생기게 한다'고 말한다면, 허공은 끝이 없을 것이고 기는 한계가 있게 되어, 본체와 작용현상이 현격히 달라져서 단절될 것이니, 노씨의 '유有는 무無에서 생겨난다'는 자연론에 빠져서 이른바 유와 무가 혼연히 통일되어 있는 [우주의] 항상성을 알지 못하게 될 것이다."[25]

위에서 장재 비판의 핵심은 "허공이 능히 기를 생기게 한다"는 이른바 노자의 "유는 무에서 생겨난다"는 우주생성론이다. 노자의 우주생성론에 의하면, 허虛나 무無로 형용되는, 그러나 궁극적으로 언어로써는 합리적으로 설명이 불가능한 어떤 본체가 있고, 그것으로부터 기가 생겨 나와서 천지만물을 이루게 된다는 것이다. 장재가 볼 때, 이는 잘못된 우주론이다. 그에 의하면, 기를 낳는 신비한 어떤 본체가 따로 존재하는 것이 아니라 기는 원래부터 항상 존재해 있는 것이고, 그것이 우주의 텅 빈 공간을 채우고 있으며, 이 같은 태허의 기 일부가 응결하여 천지와 만물을 구성하게 된다. 이러한 우주론은 송대의 혼천설渾天說[26]이라고 하는 우주론을 배경으

---

24 張載, 『正蒙』, 「太和」. "太虛無形, 氣之本體."
25 張載, 『正蒙』, 「太和」. "若謂'虛能生氣', 則虛無窮, 氣有限, 體用殊絶, 入老氏'有生於無'自然之論, 不識所謂有無混一之常."
26 渾天說이란 기존의 蓋天說을 비판하고 나온 것으로서, 우주를 계란 모양의 天球로 생각하는 모델을 말한다. Joseph Needham, *Science and Civilisation in China, vol. 3,* Cambridge : Cambridge University Press, 1956, pp.210~228.

로 하는 것으로서, 당시로서는 첨단적이고 합리적으로 우주를 설명하는 최신의 우주론이라고 할 수 있다. 장재는 이 같은 과학적 우주론에 근거해서 유한한 현상세계를 발생시키지만 그로부터 단절된, 어떤 모종의 신비로운 초월적 본체를 상정하는 노자의 우주생성론을 비판했던 것이다.

이 같은 장재의 일기一氣를 중심으로 하는 우주론에는 오늘날 열역학 제1법칙과 매우 유사한, 일기의 존재는 영원히 보존된다는 견해가 함축되어 있다. 즉, 물질－에너지로서 기의 총량은 일정하게 변하지 않고 유지된다는 것이다. 장재가 개별자의 기[客形之氣]와 우주의 태허지기太虛之氣의 관계를 얼음과 물의 관계로 비유한 것은 이러한 일기 보존의 법칙에 근거해 있다. 물이 얼음이 되었다가 다시 녹으면 물로 돌아가듯이, 개별자가 소멸한 뒤 그것을 이루는 기는 다시 그 근원인 태허로 되돌아가기 때문에 일기의 총량은 일정하다는 것이다.

정이는 장재와 마찬가지로 기의 총량 보존이라는 우주론적 원칙에 근거하여 노자의 본체론적 우주론을 비판한다. 정이는 "시간에 관계없이 존재하는 것은 존재하고, 없는 것(무)은 없다"[27]고 말한다. 없던 것이 무로부터 새롭게 생겨날 수는 없다는 것이다. 이 전제 위에서 그는 장재와 마찬가지로 "노자의 '허공으로부터 기를 발생시킨다'는 말은 틀렸다"[28]고 말함으로써 노자의 본체론을 정면으로 공격했다. 말하자면, 영원히 존재하는 것으로서 물질－에너지인 기의 총량은 일정하게 유지되기 때문에, 기를 생성시키는 신비로운 어떤 실체를 따로 상정할 필요는 없다는 것이다. 정이는 장재와 같은 맥락에서 노자의 본체론적 우주생성론을 비판했던 것이다.

---

27 程顥・程頤, 『二程遺書』 2하:32. "有卽有, 無卽無, 無古今前後."
28 程顥・程頤, 『二程遺書』 15:124. "老氏言'虛而生氣', 非也."

그러나 정이는 노자의 본체론에 대한 비판에서는 장재와 보조를 맞추면서도 그의 기일원론에 대해서는 다음처럼 비판한다. "'맑고 텅 비었으며 하나이고 큰 것'을 세워서 만물의 근원으로 삼은 것은, 아마도 타당하지 않은 것 같다."[29] 여기서 "맑고 텅 비었으며 하나이고 큰 것"이란 '태허'로서의 일기를 지칭하는데, 정이는 그것이 만물의 유일한 근원이 될 수는 없으며, 기와 본질적으로 다른, 또 하나의 근원적 실체로서의 리理를 상정해야만 한다고 주장했던 것이다.

이 같은 리의 존재에 대한 주장은 1차적으로 우주론적인 근거를 가진다. 정이가 볼 때, 우주는 장재가 물과 얼음의 관계로 비유한 것처럼 근원적 태허의 기로부터 나와서 사물을 이루었다가 다시 태허로 회귀하는 순환적 작용을 하는 것이 아니라, 사물을 구성하기 위해 한번 모였다가 분산된 기는 다시 모일 수 없는 상태로 소진하여 우주의 가장자리로 멀리 흩어져 버린다는 것이다. 그는 말한다. "일반적으로 사물의 분산은 그 기가 마침내 소진한 것이니, [기가] 본원으로 다시 되돌아가는 이치란 없다. 천지 사이는 큰 화로와 같아서, 비록 막 생겨난 사물이라도 녹아서 역시 소진하니, 하물며 이미 분산된 기가 어찌 다시 존재할 수 있겠는가? 천지의 조화가 어찌 이런 이미 분산된 기를 다시 사용하겠는가? 그 조화 작용하는 것은 자연히 생한 기이다."[30]

정이가 말한 '조화'라는 것은 '기화氣化' 작용을 가리키는데, 운동과 정지, 음과 양의 기氣의 작용을 통해 사물을 생성하는 것을 말한다. 즉, 우주

---

29 程顥·程頤, 『二程遺書』 2상:61. "立淸虛一大爲萬物之源, 恐未安."

30 程顥·程頤, 『二程遺書』 15:146. "凡物之散, 其氣遂盡, 無復歸本原之理. 天地間如洪鑪, 雖生物, 銷鑠亦盡, 況旣散之氣, 豈有復在? 天地造化又焉用此旣散之氣? 其造化者自是生氣."

의 조화 작용에서는 항상 새로운 기가 사물을 생성하지, 이미 한번 사물을 구성했었던 기가 다시 우주 조화에 참여할 수는 없다. 이미 사물을 구성했다가 '분산된 기'는 '큰 화로'와도 같은 우주에서 완전히 소진하여 우주 끝으로 흩어져 버리기 때문에, 더 이상 사물을 구성하는 유용한 기가 될 수 없다는 것이다. 여기서 '큰 화로'로 비유되는 정이의 우주 모델은 '물과 얼음'으로 비유되는 장재의 우주론과 완전히 대조된다고 하지 않을 수 없는 것이다. 그러나 정이와 장재 우주론의 가장 중요한 차이점은, 정이가 물질-에너지적 기와 다른 또 하나의 실재로서 리를 상정한다는 데 있다. 정이는 다음처럼 말한다.

만약 이미 돌아가 버린 기가 다시 장차 바야흐로 퍼질 기가 되고 반드시 이 것에 근거해야 한다고 말한다면, 이는 천지의 조화와는 전혀 같지 않다. 천지 의 조화는 자연히 생하고 생하여 끝이 없으니, 어찌 이미 무너진 형체와 이미 돌아가 버린 기에 다시 근거하는 것을 조화라고 하겠는가? (…중략…) 기는 자연히 생한다. 인간의 기는 진원에서 생하고 생한다. 하늘의 기 또한 자연히 생하고 생하여 끝이 없다. (…중략…) [기가] 자연히 생하여 갔다가 오고 접혔 다 퍼질 수 있는 것은 단지 리 때문이다. 성하면 곧 쇠함이 있고, 낮이면 곧 밤 이 있으며, 가면 곧 옴이 있다. 천지 안은 큰 화로와 같으니 어떤 사물이 녹아 타지 않겠는가?[31]

---

31 程顥・程頤, 『二程遺書』 15:168. "若謂旣返之氣復將爲方伸之氣, 必資於此, 則殊與天地之 化不相似. 天地之化, 自然生生不窮, 更何復資於旣斃之形旣返之氣, 以爲造化? (…중략…) 氣則自然生. 人氣之生生於眞元. 天之氣, 亦自然生生不窮. (…중략…) 自然能生, 往來屈伸 只是理也. 盛則便有衰, 晝則便有夜, 往則便有來. 天地中如洪鑪, 何物不銷鑠了?"

위에서 정이는 인간과 천지의 기는 "자연히 생한다"고 말하였는데, 이때 "자연히 생한다"는 것은 노자처럼 무로부터 기가 생성된다는 것이 아니라, 원래 존재하는 기가 새로 사물의 생성에 참여하되 이미 참여했던 기는 소진하여 흩어져 버린다는 것이다. 이처럼 기가 새로운 사물로 생성되고 소진되는 과정에 있어서 이것을 가능하게 하는 어떤 요인이 있어야만 하는데, 정이는 이를 리라고 지칭한 것이다. 즉, 기 자체만으로 우주의 조화는 설명되기 어렵기 때문에, 기 이외에 따로 리를 상정해야만 한다는 것이다. 이같이 우주론적 추론에 의해 상정된 리는 사물 생성의 까닭이나 소이所以라는 의미를 지닌다. 정이가 『주역』 「계사전」의 "한번 음이 되고 한번 양이 되는 것을 도라 한다"는 구절에 대해 "도는 음양이 아니라, 한번 음이 되고 한번 양이 되는 까닭이 도이다"[32]라고 해석한 것은 이러한 우주론적 사유에 따른 것이다.

또한 정이는 같은 맥락에서 다음처럼 말한다. "음양을 떠나면 더 이상 도는 존재하지 않는다. 음양 작용하는 까닭이 도이다. 음양은 기이고, 기는 형이하자이다. 도는 형이상자이니, 형이상자는 은밀한 것이다."[33] 이 말도 『주역』에 나오는 '형이상의 도'를[34] 우주론적 원리나 법칙, 이유로서의 리로 새롭게 해석한 것이다. 형이상의 존재인 도는 '무'나 '허'로 형용되는 신비로운 본체도 아니요, 그렇다고 음양의 기라는 질료적, 물질적 존재도 아니라는 것이다. 도는 기가 음양 작용하는 까닭이자 원리, 법칙을 가리키는 리라는 것이다. 이 같은 리는 기와 더불어 우주의 조화 작용을 이룬다는 점

---

32 程顥·程頤, 『二程遺書』 3:105. "'一陰一陽之謂道', 道非陰陽, 所以一陰一陽, 道也."
33 程顥·程頤, 『二程遺書』 15:137. "離了陰陽更無道. 所以陰陽者是道也. 陰陽氣也, 氣是形而下者. 道是形而上者, 形而上者則是密也."
34 『周易』 「繫辭上」 12장. "形而上者謂之道, 形而下者謂之器."

에서 관념적 실재를 의미한다. 앞에서 "은밀하다"라고 한 것은 형이상의 실체인 리가 현상적 세계 이면에 숨겨져 있다고 보기 때문이다.

이때 주목할 것은, 형이상의 리는 하나이지만 그 안에는 현상계 만물의 특수한 수많은 원리들을 모두 함축하고 있다는 점이다.[35] 이로 인해 리는 기와 결합하여 사물을 이룰 때 그것의 본성과 특수한 원리들로 변환되어 작용하게 된다. 이것이 곧 "리는 하나이지만 나뉜 것은 다르다[理一而分殊]"는 형이상학적 언표가 의미하는 것이다. 형이상의 실재인 리는 하나이지만 기와 결합하여 현상계 만물에 내재할 때는 특수한 원리로서 존재한다는 것이다. 이것은 표면적으로 화엄종에서 말하는 "본체와 현상 사이에 간격이 없다[理事無礙]"는 주장과 같은 것처럼 보이지만, 화엄종에서 말하는 것은 본체와 현상이 존재론적으로 일원론인 것과 달리 인식론적으로는 단절되어 있다. 이러한 단절을 뛰어넘어 본체를 깨닫기 위해서는 내적인 관조와 실천적 수행을 통한 초월적 비약이 요청된다. 반면, 정이는 현상적 사물에 본체인 리가 내재해 있고, 특수한 원리들을 탐구하여 지식을 얻되 근원적 일리—理를 이해understanding하는 것도 가능하다고 본다. 말하자면, 존재론적 이원론을 나타내지만 인식론적으로는 특수한 원리에 대한 인식과 보편적 일리의 이해가 리에 의해 연결되어 있다. 따라서 정이의 유명한 언급인 "본체와 현상은 근원을 하나로 하고, 드러난 것과 은밀한 것은 간

---

35 程顥·程頤,『二程遺書』15:78. "텅 비고 아득하여 아무런 조짐도 없지만 만상이 빽빽하게 이미 갖추어져 있으니, 반응하지 않았다고 해서 앞서는 것이 아니요 반응했다고 해서 뒤서는 것도 아니다. 예를 들어, 백 척의 나무는 뿌리에서 가지와 잎에 이르기까지 모두 하나로 꿰뚫려 있는 것과 같다. 형이상 한 층의 일은 형체도 없고 조짐도 없으니, 오히려 사람이 즉시 안배하여 끌어들여서 궤도에 진입시키는 것이라고 말할 수는 없다. 이미 궤도라면 단지 하나의 궤도일 뿐이다(沖漠無朕, 萬象森然已具, 未應不是先, 已應不是後. 如百尺之木, 自根本至枝葉, 皆是一貫, 不可道上面一段事, 無形無兆, 却待人旋安排引入來, 敎入塗轍. 旣是塗轍, 却只是一箇塗轍)."

격이 없다"[36]는 말은 노자나 화엄종과 마찬가지로 중국철학 전통에서의 본체와 현상의 합일적 사유를 나타내는 것이긴 하지만, 지각론적 관점에서 현상계 사물에는 형이상의 본체인 리가 관통되어 있음을 말하고 있는 것이기 때문에 기존의 형이상학과 성격을 근본적으로 달리 하고 있는 것이다.

요컨대, 장재의 기일원론과 정이의 이기이원론으로 대표되는 송대의 우주론은 당시 형이상학의 주류를 이루었던 노불의 본체론을 비판하면서 등장한 것이다. 특히, 정이는 장재의 기론을 일정부분 승인함으로써 노자의 우주생성론에 대한 비판에 동참하였지만, 더 나아가서 기일원론을 비판하고 이기이원론을 제시함으로써 새로운 우주론을 제시한 것이다. 특히 정이의 이기이원론적 우주론은, 주희도 주장한 것처럼, 주돈이의 『태극도설』과 합치되는 부분이 있다고 할 수 있다.[37] 아마도 정이는 정호와 함께 주돈이에게 수학할 때 그로부터 일정한 영향을 받았지만, 이후 자신들의 이원론 체계를 수립하면서 독자적인 길을 가게 된 것으로 보인다. 어쨌든 기존의 본체론이 우주의 시작점으로서 모종의 초월적인 본체를 상정하고 이것으로부터 기를 포함한 천지만물이 생성되어 나온다고 보았던 반면, 주돈이와 장재, 그리고 정이의 우주론은 공통적으로 물질–에너지로서의 기가 원래부터 항상 존재해 왔다는 견해를 나타낸다. 특히 정이는 기와 더불어 우주론적 원리나 법칙으로서 리의 존재를 상정함으로써 이후 철학적 발전에 크게 기여했다고 할 수 있다. 무엇보다 리의 존재에 관

---

36 程頤, 『二程文集』, 권8, 「易傳序」. "至微者理也, 至著者象也. 體用一源, 顯微無間."

37 송대 우주론에 대해서는 김우형·이창일·김백희, 『성리학의 우주론과 인간학』, 성남 : 한국학중앙연구원, 2018, 89~140쪽 참조.

한 정이의 철학적 견해는 우주론에 국한되어 있는 것이 아니라, 인간의 마음과 본성에 관한 논의에서 좀 더 중요한 위치를 차지한다.

2) 인간학

정이는 도가와 더불어 당시 형이상학의 양대 축을 이루고 있었던 불교에 대해 비판하면서 우주론에서처럼 새로운 인간관과 심성론을 구축하였다. 당시 불교는 중국화된 불교로서 화엄종과 선종이 주류의 지위를 차지하고 있었는데, 그들의 심성 개념은 심리학적인 인간의 마음과 본성을 가리키기보다는 오히려 본체론적인 의미를 나타낸다. 말하자면, 성性은 현상적으로 드러나지 않은 불생불멸의 본체[體]이고, 심心은 본체가 현상적으로 드러난 작용[用]을 가리킨다. 현상적 세계는 발현된 의식과 일치되는 것이고, 그 안에는 그러한 현상을 일으키는 원인으로서 본체인 성이 내재해 있다. 그러나 본체와 작용의 관계는 마치 바다 자체와 파도와 물거품이 일어나는 현상적 바다가 다르지 않고 하나인 것처럼 일체一體를 이루고 있다. 이것이 바로 노자와도 상통하는 일원론적인 본체론이다. 노자의 본체론에 대한 정이의 비판은 앞서 살펴본 바와 같이 새로운 우주론적 모델을 제시하는 것이었다면, 불교의 본체론에 대한 비판은 새로운 심성 개념을 제시하는 것으로 귀결된다.

(1) 심성의 개념

먼저, 정이는 심을 주체적인 의식과 마음으로 규정한다. 세계를 환상이나 거짓으로 여기는 불교적 허무주의[38]는 근본적으로 이치나 원리들의 총합으로서 실재하는 리에 대해 제대로 인식하지 못했기 때문에 야기된 것이다. 만약 리의 실재함을 알게 된다면 회의주의나 허무주의는 극복될 수 있다. 그런데 리의 실재를 아는 주체는 곧 마음이다. 정이는 마음을 1차적으로 "나를 주재하는 곳" 즉 주체의식으로서 규정한다.[39] 주체의식이 있어야 사물에 대한 인식도 가능하고 그것에 반응할 수도 있다. 정이는 또한 마음을 타인의 불행에 대한 공감이나 이타적인 감정으로서의 측은지심惻隱之心으로 규정한다. 마음은 현상세계와 동일시되는 수동적인 의식 상태에 불과한 것이 아니라, 주동적으로 삶을 살게 하는 까닭이자 근거가 된다. "마음은 사는 길이다. 이 마음이 있으면 이에 이 형체가 있게 되어 사는 것이니, 측은해하는 마음은 사람이 살아가는 길이다."[40]

정이가 말하는 마음은 측인지심이라고 하는 일종의 도덕적 감정을 본질로 하는 것으로서, 불교에서 말하는 본체[性]의 발현태로서의 심心과는 같지 않다. 마음은 우주의 모든 사태들을 감응할 수 있는 주체로서 인간만이 가진 것이다. 정이는 다음처럼 말한다. "'고요히 움직임이 없으나 감하면 마침내 통한다'[41]는 것은 이미 인간 차원에서의 일을 말한다. 만약 도를 논한다면 수많은 이치는 모두 구비되어 있어서 더 이상 감응과 감응하지 않음을 말할 필요가 없다."[42] 좀 더 중요한 것은, 감응의 주체로서 마음은 측은한 감정을 일으킬 수 있는 내용적인 실체를 그 안에 가지고 있어야 한다는 점이다. 그것은 바로 리이다. 장재가 기의 감응을 중심으로 마음의 지각을 설명한 것과 대조적으로, 정이는 마음속에 내재한 리의 감응으로

---

38 程顥·程頤, 『二程外書』10 : 51. "其說始以世界爲幻妄, 而謂有天宮, 後亦以天爲幻, 卒歸之無."
39 程顥·程頤, 『二程遺書』18 : 6. "心是所主處."
40 程顥·程頤, 『二程遺書』21하 : 12. "心, 生道也. 有是心, 斯有是形以生, 惻隱之心, 人之生道也."
41 『周易』「繫辭上」10장.
42 程顥·程頤, 『二程遺書』15 : 125. "'寂然不動, 感而遂通,' 此已言人分上事. 若論道, 則萬理皆具, 更不說感與未感."

써 측은지심과 지각 작용이 이루어진다고 본 것이다.[43] 이때 리는 마음이 감응하는 바의 대상이면서 동시에 감응이 가능한 소이所以가 된다. 정이는 다음처럼 말한다.

> 마음이 느껴 통하는 것은 오직 리일 뿐이다. 천하의 일은 있는 것은 있고 없는 것은 없으니, 옛날이나 지금이나 이전이나 이후에도 차이가 없음을 알아야 한다. 예를 들어, 잘 때 꿈속에서는 모두 형체가 없으니, 오직 이 리만 있을 뿐이다. 만약 형체나 소리 따위에 관련된 것을 말한다면, 그것은 기이다. 사물이 태어남은 기가 모인 것이고, 사멸함은 흩어져 완전히 돌아간 것이다. 목소리가 있다면 반드시 입이 있어야 하고, 이미 감촉함이 있다면 반드시 몸이 있어야 한다. 그 바탕이 이미 무너졌다면, 다시 어찌 이것이 있을 수 있겠는가? 이에 이 리가 없다는 것은 믿을 수 없음을 알 수 있다.[44]

정이에 따르면, 마음이 감응하고 느껴서 의미가 통하게 되는 대상은 오히려 내부에 있다. 비록 감통과 지각의 대상으로서 기로 이루어진 사물이 외부에 실재함을 부정할 수 없다고 하더라도, 그 사물을 느껴서 의미를 통할 수 있는 것은 마음 내재적인 리 때문이라는 것이다. 리는 감통과 지각의 대상이면서 동시에 그것이 가능한 까닭이자 근거가 되기 때문에, 모든 감응은 내감內感이라 할 수 있다.[45] 위의 인용문에서 말한 것처럼, 꿈속 사물들

---

43 김우형, 『주희철학의 인식론―지각(知覺)론의 형성과정과 체계』, 70~71쪽.
44 程顥·程頤, 『二程遺書』 2하 : 32. "心所感通者, 只是理也. 知天下事有卽有, 無卽無, 無古今前後. 至如夢寐皆無形, 只是有此理. 若言涉於形聲之類, 則是氣也. 物生則氣聚, 死則散而歸盡. 有聲則須是口, 旣觸則須是身, 其質旣壞, 又安得有此? 乃知無此理, 便不可信." 이것은 누구 말인지 밝혀져 있지 않지만, 정이의 말로 볼 수 있다.
45 김우형, 『주희철학의 인식론―지각(知覺)론의 형성과정과 체계』, 71쪽.

은 기로 이루어진 형체를 지니지 않지만 실제처럼 지각된다는 점이 이 같은 리에 의한 내감을 증명하는 것이다. 다만, 정이는 사물이 태어나고 사멸하는 것은 기의 모임과 흩어짐에 따른 것이라고 말함으로써 장재의 기론을 받아들인다. 이 점에서 정이는 이기이원론을 일관되게 유지하고 있다. 그러나 정이에 있어 감통과 지각의 대상, 그리고 그 이유까지 오직 내적인 리로 설명됨으로써 기보다는 리의 역할이 절대적으로 중요해진다.

정이는 이 같은 리가 사물에 부여되어 기질과 결합된 상태를 성性이라고 본다. 그가 "성은 곧 리이다"[46]라고 말한 것은, 리가 사물에 부여되어 그 사물의 본성을 이루기 때문에 인간이 그것을 궁구하여 그 사물의 특수한 이치를 알 수 있다는 것을 함축한다. 물론 인간에게도 리가 부여되어 인간의 본성을 이루는데, 이때 인간의 경우는 특별히 심이라고 부른다. 정이는 맹자의 '심'·'성'·'천'에 대해 해석하는 대목에서 다음처럼 말한다.

> 백온伯溫의 질문 : 맹자가 심·성·천을 말한 것은 단지 하나의 리理 아닙니까?
> 대답 : 그렇다. 리로부터 말하면 천이라 하고, 품수 받은 것으로부터 말하면
>   성이라 하며, 인간에게 보존된 것으로부터 말하면 심이라고 한다.
> 다시 질문 : 일반적으로 운용되는 곳은 심 아닙니까?
> 대답 : 그것은 의意 : 의향이다.
> 체棣의 질문 : 의는 심이 발현한 것 아닙니까?
> 대답 : 심이 있은 후에 의가 있다.[47]

---

46 程顥·程頤, 『二程遺書』 22상 : 71. "性卽理也."
47 程顥·程頤, 『二程遺書』 22상 : 97. "伯溫又問 : 孟子言心·性·天, 只是一理否? 曰 : 然. 自
    理言之, 謂之天. 自稟受言之, 謂之性. 自存諸人言之, 謂之心. 又問 : 凡運用處是心否? 曰 :
    是意也. 棣 問 : 意是心之所發否? 曰 : 有心而後有意."

위의 인용문은 맹자에 대한 해석에 근거해서 정이가 심성 개념을 새롭게 재규정하고 있음을 말해준다. 즉, 천리가 만물에 부여된 것을 성이라 하고, 인간에게 보존된 것을 심이라고 규정하기 때문에, 인간에 있어 심과 성은 사실상 같은 것을 지시한다. 즉, 인간의 본성은 마음인 셈이다. 이러한 마음은 리로서의 실체[體]와 인간만이 지니는 특수한 작용[用]의 두 측면으로 나누어 말할 수 있다.[48] "마음은 하나이지만, 실체를 가리켜 말한 것이 있고(고요하여 움직이지 않는다는 것이 이것이다), 작용을 가리켜 말한 것이 있으니(감응하면 천하의 까닭에 통한다는 것이 이것이다), 오직 그 보는 바가 무엇인지를 살필 뿐이다."[49]

마음의 실체적 측면인 본성은 다시 '성의 근본'과 '기질지성'이라는 두 수준으로 구분된다. 맹자가 말한 인간의 선한 본성은 '성의 근본'에 해당하는 것이요, '기질지성'은 특정한 기질과 결합된 본성으로서 맹자와 논쟁했던 고자告子의 '타고난 바의 성'이 이에 해당된다.

질문 : '타고난 것을 일러 성이라 한다'[50]는 말은 어떻습니까?

대답 : 일반적으로 성을 말한 곳은 반드시 그가 의도한 것이 무엇인지 살펴야 한다. 예를 들어 '인성은 선하다'라고 말한 경우는 성의 근본이다. '타고난 것을 일러 성이라 한다'는 것은 그 품수 받은 것을 논한

---

48 한때 정이는 "일반적으로 심이라고 말한 것은 이미 발동한 것을 가리켜서 말한 것이다(凡言心者, 指已發而言, 『二程文集』 권9)"라고 설명한 적이 있다. 그러나 발동하기 전의 본성도 여전히 주체적 마음 안에 있는 것으로 보아야 한다고 생각한 뒤 이러한 초기 견해를 부정하게 된다.

49 程顥·程頤, 『二程文集』 권9. "心一也, 有指體而言者, (寂然不動是也) 有指用而言者, (感而遂通天下之故是也) 惟觀其所見如何耳."

50 『孟子集註』, 「告子」상, 3장. "告子曰, 生之謂性."

것이다. 공자가 '성은 서로 가깝다'[51]고 말했는데, 그 근본을 논하면 어찌 서로 가깝다고 말할 수 있겠는가? 단지 그 품수 받은 것을 논했을 뿐이다. 고자가 말한 것은 진실로 옳긴 하지만, 맹자가 그것을 물었을 때 그가 설명한 것은 곧 옳지 않다.[52]

정이는 여기서 맹자가 말한 선한 인성을 '성의 근본'이라고 설명하고, 그것을 고자의 '타고난 성'이나 '품수 받은 성'과 대비시키고 있다. 정이에 따르면, '타고난 성'이란 만물이 각자 지닌 고유한 본성을 가리킨다. 예를 들어, 말과 소는 각자 선천적으로 본성이 정해져 있기 때문에, "말은 말의 성이 되지 다시 소의 성이 되지 않으며, 소는 소의 성이 되지 말의 성이 되지 않는다"[53]는 것이다. 이때 사물들의 본성은 기질과 연관되어 있고 그것을 그와 같이 되도록 하는 까닭[所以然]이 된다. 정이는 이러한 소이연의 본성이라는 개념으로써 '타고난 성'과 '품수 받은 성', 그리고 공자의 '서로 가까운 성'을 해석한 것이다. 이러한 성들은 타고난 본성이 그것의 기질과 결합하여 서로 연관되는 것이기 때문에 '기질지성'이라고 칭해진다.[54]

한편, 이 같은 '기질지성'은 어떤 사물이 다른 것이 아닌 바로 그 사물이 되게 하는 이유[소이연]로서 특수한 원리가 되는데, 그 특수한 원리에는 근원적인 하나의 원리가 함축되어 있다. 즉, "리는 하나이지만 나뉜 것은 다르

---

51 『論語集註』, 「陽貨」, 2장. "孔子曰, 性相近也, 習相遠也."
52 程顥·程頤, 『二程遺書』 18 : 103. "'生之謂性.' 凡言性處, 須看他立意如何. 且如言人性善, 性之本也. 生之謂性, 論其所稟也. 孔子言性相近, 若論其本, 豈可言相近? 只論其所稟也. 告子所云固是, 爲孟子問佗, 他說便不是也."
53 程顥·程頤, 『二程遺書』 2상 : 110. "循性者, 馬則爲馬之性, 又不做牛底性, 牛則爲牛之性, 又不爲馬底性."
54 程顥·程頤, 『二程遺書』 18 : 103. "'性相近也, 習相遠也', 性一也, 何以言相近? 曰 : 此只是言性(一作氣)質之性. 如俗言性急性緩之類, 性安有緩急? 此言性者, '生之謂性'也."

다"는 형이상학적 전제에 근거하여 한 사물의 본성분수리에는 보편적인 일리一理가 내재해 있다는 것이다. 그런데 사물들의 경우 기질의 제약으로 인해 특수한 원리의 상태만을 유지하는 데 비해, 인간은 마음 안에 내재된 일리를 활성화시킬 수 있다. 정이는 바로 이 마음에 잠재해 있는 근원적 일리를 '성의 근본'이라고 지칭한 것인데, 이를 또한 '궁극적인 본원의 성'이라고 설명하기도 한다.[55] 이러한 성의 이원적 구조는 장재의 '천지지성'과 '기질지성'의 구조와도 유사하지만, 장재의 경우는 기에 근거해 있는 반면 정이는 리에 의거해서 설명한다는 점이 다르다. 나중에 다시 설명하겠지만, '성의 근본'을 회복하는 방법에 있어서도 차이를 보이는데, 즉 정이는 인간의 앎의 능력이 '기질지성'에서 '성의 근본'까지 포괄하므로 지식의 확충을 중시한다.

한편, 마음이 발현하여 작용한 측면에는 지각과 사려思慮, 감정[情]과 의향[意] 등이 포함된다.[56] 그런데 주의할 것은 감정에 맹자의 측은지심과 같은 이른바 사단四端의 도덕감은 포함되지 않는다는 점이다. 측은지심은 애愛와 같은 마음의 발용태이긴 하지만, 인仁의 원리가 그대로 발현한 것이어서 오히려 마음의 실체적인 측면에 가깝다. 다음의 문답은 이 점을 말해준다.

---

55 程顥·程頤, 『二程遺書』 3 : 56. "맹자가 성을 말한 것은 마땅히 글에 따라서 보아야 한다. 고자의 '타고난 것을 성이라 한다'는 것을 옳지 않다고 여기지 않은 것은, 이 또한 성이기 때문이다. 받아서 생한 이후를 명하여 성이라고 할 뿐이므로 [맹자와] 같지 않다. 이어서 '개의 성은 소의 성과 같고 소의 성은 사람의 성과 같은가'라고 하였지만, 하나가 되는 데 문제가 없다. 맹자가 선하다고 말한 것은 궁극적인 본원의 성이다(孟子言性, 當隨文看. 不以告子生之謂性爲不然者, 此亦性也, 彼命受生之後謂之性爾, 故不同. 繼之以'犬之性猶牛之性, 牛之性猶人之性與.' 然不害爲一. 若乃孟子之言善者, 乃極本窮源之性)."

56 그레이엄은 이러한 '심'의 작용이 ① 인식(knowledge) ② 감정(passions) ③ 의지(purpose)와 의도(intention)으로 3등분될 수 있다고 본다(그레이엄, 『정명도와 정이천의 철학』, 131~132쪽). 정이는 이같이 명백히 구분하여 말하지는 않았지만, 인식(지각)에 사려 작용을 포함시킨다면 대체로 타당하다고 생각된다.

질문: 인仁과 마음은 어떻게 다릅니까?

대답: 마음은 주재하는 것이고 인은 일에 나아가 말한 것이다.

질문: 이와 같다면 인은 마음의 작용입니까?

대답: 진실로 옳다. 그러나 만약 '인한 것은 마음의 작용이다'라고 말한다면 옳지 않다. 마음은 비유하자면 몸과 같고 사단은 사지와 같다. 사지는 진실로 몸이 사용하는 것이니, 단지 몸의 사지라고 말할 수 있을 뿐이다. 사단은 진실로 마음에 구비되어 있지만, 그것을 곧 마음의 작용이라고 말할 수는 없다.

질문: 비유하면 오곡의 씨앗이 반드시 양기를 기다렸다 생장하는 것과 같을 것입니다.

대답: 옳지 않다. 양기가 발현한 것은 도리어 감정이다. 마음은 비유하면 곡식의 씨앗과 같고, 생장하려는 본성이 곧 인이다.[57]

마음은 하나의 리를 가지고 있는데, 그 가운데 생장의 원리를 인이라 한다. 인은 모든 개별적 원리들을 포괄할 수 있다. 인에서 발용한 측은지심을 비롯한 사단은 마음과 일체로 되어 있어서, 마치 몸에 사지가 있는 것처럼 마음에는 사단이 있다는 것이다. 이러한 설명은 이해하기가 쉽지 않지만, 정이의 의도는 외부 환경에 의해 발현된 감정과 마음의 일부분을 이루는 사단을 구별하려는 것이다. 비록 정이는 측은지심을 사랑의 감정과 동일한 것처럼 말한 적도 있지만,[58] 이것은 본성과 감정을 명확히 구별하

---

57 程顥·程頤, 『二程遺書』18 : 6. "問 : 仁與心何異? 曰 : 心是所主處, 仁是就事言. 曰 : 若是, 則仁是心之用否? 曰 : 固是. 若說仁者心之用, 則不可. 心譬如身, 四端如四支. 四支固是身所用, 只可謂身之四支. 如四端固具於心, 然亦未可便謂之心之用. 或曰 : 譬如五穀之種, 必待陽氣而生. 曰 : 非是. 陽氣發處, 却是情也. 心譬如穀種, 生之性便是仁也."

고 측은지심과 사랑이 모두 본성이 발현된 작용적 차원에 속한 것임을 밝히기 위해서였다. 그럼에도 정이의 설명에는 여전히 애매함이 남기 때문에, 이후 조선성리학에서 사단과 칠정의 구분을 둘러싸고 논쟁이 일어나게 되었던 것이다.

어쨌든 본성과 감정의 구분, 그리고 감정 가운데 희로애락의 일반감정과 사단 같은 도덕감의 차이에 관한 논의들에서 정이의 윤리학적 견해를 발견할 수 있다. 천리는 그 자체로 도덕적 가치론적 의미를 지니고 있으며, 그 안에 수만 가지 개별적인 이치들을 함축하고 있다. 이와 마찬가지로 본성은 오상五常, 仁義禮智信이라는 다섯 가지 도덕적 원리들로 나뉠 수 있으며, 다시 오상은 수만 가지 이치들로 분화될 수 있다. 본성은 선하고 그것이 발현하여 감정이 되기 때문에, 인간의 수많은 감정들은 근본적으로 선하다고 하지 않을 수 없다. 다만, 오상이 발현한 사단의 마음은 그 자체로 선한 것으로서 간주될 수 있는 반면,[59] 희로애락의 감정들은 상황에 적절한 중절中節의 상태가 아니라 과도하거나 부족한[過不及] 상태가 발생할 수 있다. 실재하는 악은 이처럼 원리들로부터 이탈한 경우에 생겨난다. 이 점에서 선악의 기준은 리라고 할 수 있으며, 그것에 의해 과불급의 상태를 나쁘고 악한 것으로서 규정하게 된다.[60]

선악에 관한 이 같은 견해는 『서경』에 나오는 인심도심 개념[61]과도 관

---

58 程顥·程頤, 『二程遺書』18 : 1. "惻隱固是愛也. 愛自是情, 仁自是性, 豈可專以愛爲仁?"

59 인·의·예·지는 각각 측은·수오·사양·시비의 마음으로 발현된다. 단, 信은 감정이 모종의 이치에 근거해 있음을 믿는 마음의 상태라 할 수 있다. 이에 관해서는 그레이엄, 『정명도와 정이천의 철학』, 120~125쪽 참조.

60 程顥·程頤, 『二程遺書』22상 : 71. "天下之理, 原其所自, 未有不善. 喜怒哀樂未發, 何嘗不善? 發而中節, 則無往而不善. 凡言善惡, 皆先善而後惡, 言吉凶, 皆先吉而後凶, 言是非, 皆先是而後非."

61 『書經』, 「大禹謨」. "인심은 위태롭고 도심은 미미하니, 오직 정밀하게 하고 한결같이 하여

련된다. 정이는 이 고전적인 구절에 대해 "인심은 사욕이므로 위태롭고,
도심은 천리이므로 정미하니, 사욕을 없애면 천리는 밝아진다"[62]고 함으
로써, 인심을 사욕[인욕]에 도심을 천리에 연관시켜서 해석하였던 것이다.
또한 정이는 인심도심에 대해 다음처럼 말한다.

> 인심은 사욕이고, 도심은 바른 마음이다. '위태로움'은 불안하다는 것을 말
> 하고, '은미함'은 정미하다는 것을 말한다. 오직 이와 같기 때문에 '정일精一'해
> 야 하는 것이다. '오직 정밀하게 하고 오직 한결같이 한다'는 것은 오로지 그것
> 을 정밀하게 하고 한결같이 해야 한다는 것이다. 그것을 정밀하게 하고 한결같
> 이 하면, 비로소 '진실로 그 중을 잡게 되니,' '중'은 지극한 곳이다.[63]

『서경』의 해당 구절에 대한 위와 같은 해석에서 눈에 띄는 곳은, 도심을
천리 대신에 "바른 마음"으로써 해석한 것이다. 그것은 도심을 현상적인
마음의 발현태로 간주했음을 말해준다. 그리고 "오직 정밀하게 하고 오직
한결같이 한다"에 대해서는 '중'의 지극한 곳으로서 천리를 실천하는 방
법으로 해석하고 있다.[64] 다만, 정이는 '정일'의 방법이 구체적으로 어떤

그 중을 잡으라(人心惟危, 道心惟微, 惟精惟一, 允執厥中)."
62　程顥·程頤, 『二程遺書』24：9. "人心私欲, 故危殆, 道心天理, 故精微. 滅私欲, 則天理明矣."
　　정호도 다음과 같은 말을 남겼다. 程顥·程頤, 『二程遺書』11：103. "人心惟危, 人欲也. 道心
　　惟微, 天理也. 惟精惟一, 所以至之, 允執厥中, 所以行之." 여기서 人欲은 私欲과 의미가 같다.
63　程顥·程頤, 『二程遺書』19：54. "人心私欲也. 道心正心也. '危'言不安, '微'言精微. 惟其如
　　此, 所以要精一. '惟精惟一'者, 專要精一之也. 精一之, 始能'允執厥中', '中'是極至處."
64　程顥·程頤, 『二程遺書』21하：24. "'인심은 위태롭고 도심은 은미하니,' 마음은 도가 있는
　　곳이요 은미함은 도의 실체이다. 마음과 도는 혼연히 하나이다. 그 양심을 잃어버린 것에 상
　　대해서 말하면 도심이라 하고, 그 양심을 잃어버리면 위태롭다. '오직 정밀하게 하고 한결같
　　이 함'은 도를 행하는 방법이다('人心惟危, 道心惟微', 心, 道之所在, 微, 道之體也. 心與道,
　　渾然一也. 對放其良心者言之, 則謂之道心, 放其良心, 則危矣. '惟精惟一', 所以行道也)."

것인지 자세히 말하지 않았는데, 그것은 결국 격물과 경을 의미할 것이다. 정이에 의하면, 모든 원리들을 함축하고 있는 천리는 마음 내부와 외부에 모두 실재하고, 사물의 원리를 탐구하면 어떤 상황에 합당한 도덕적 원리들이 내부의 본성(인)으로부터 발출된다. 이러한 도덕적 원리를 인식하고 실천하면 곧 사욕을 없애고 천리를 실현할 수 있다. 즉, 사물의 원리를 올바로 인식하면, 그에 따라 합당한 행동의 원칙도 알 수 있다는 것이다.[65] 이 점에서 인식론은 곧바로 윤리학으로 연결된다. 이렇게 볼 때, 인심도심과 '정일'의 방법에 대한 정이의 해석에는 내부를 성찰하여 인심과 도심을 변별하고 그 가운데 도심을 선택한다는 의미는 없다고 할 수 있다. 정이는 사물의 원리에 대한 탐구를 거친 후에는 사물에 대처하는 도덕적 원리를 인식할 수 있게 되고, 궁극적으로는 천리에 대한 직관적 이해도 가능하다고 보기 때문에, 인심과 도심을 구별하기 위해 내적으로 성찰할 필요가 없는 것이다. 격물적 탐구와 경의 수양을 통해 합당한 도덕적 원리를 인식하고 실천하면 되는 것이다. 인심과 도심을 윤리학적 이론으로 심화 발전시키게 되는 것은 주희에 이르러 비로소 가능해진다.[66]

한편, 희로애락을 대표로 하는 일반적 감정에 연관해서 '미발未發'과 '이발已發'이라는 개념이 매우 중요하게 다루어지기 시작한다. 『중용』제1장에서 유래된 이 개념들은 본래 희로애락의 감정이 발현되기 이전과 이후를 서술하는 술어에 불과했지만, 정이에 이르러 그것은 대상에 대한 마음

---

65 이것은 "사물에 있는 것은 리라 하고, 사물에 대처하는 것은 의라 한다(在物爲理, 處物爲義)"는 것으로 말해질 수 있다. 즉, 사물의 이치는 인식적인 영역이요, 그것에 대처하는 것은 도덕적이고 당위적인 영역의 문제라는 것이다. 단, 『이정집』에는 위 언급이 보이지 않으며 『孟子集註』, 「고자」 상, 7장 주희의 주석에 인용되어 있다. "程子曰, 在物爲理, 處物爲義, 體用之謂也."
66 이에 대해서는 제1장 제2절 이하 참조.

의 인식에 긴밀히 연관되어 설명된다. 즉, 대상에 대한 생각이나 감정이 촉발되지 않은 상태는 '미발의 중'이고, 이미 촉발된 상태는 '이발'이다. 다만, '미발'은 본성과 동일한 것이 아니라, 그것을 함축하고 있는 마음의 상태로서 '재중在中'이라고 지시함으로써 본성과 구분하고 있다. 이에 대해 제자인 소병蘇昞, 호는 季明이 다시 질문하자 정이는 "희로애락의 불발不發이 중이다"라고 말함으로써 마음인 '미발'을 우주론적인 도道로서의 '불발'과 구분하여 설명했다.[67] 또한 희로애락이 발동한 이후에 상황에 적절하고 절도에 맞는[中節] 상태를 화和라고 한다는 것에 대해서도, 그것이 본성의 원리로부터 나온 이상 조화로운 감정들은 사단처럼 도덕적으로 선한 것으로 간주된다.[68]

'미발'과 '이발' 개념은 결국 대상에 대한 인식으로서 지각[69]의 문제에 관련된 것으로 볼 수 있다. 대상에 대하여 지각하지 않은 마음의 상태는 곧 '미발'이요, 지각한 상태는 '이발'이다. 다만, '미발'의 상태에서는 대상에 대한 사유와 감정 같은 대상적 지각이 없을 뿐이지 완전한 무의식의 상태라고는 할 수 없다. 그러나 이 같은 미발 상태에서 마음에 내재한 중中의 원리를 구하려고 한다면未發之前求中, 그것을 구하려고 하자마자 곧 이발의 상태가 되기 때문에 불가능하다고 말한다. '미발' 상태에서는 단지 경건한 마음

67　程顥·程頤, 『二程遺書』 18 : 83. "季明問 : 先生說喜怒哀樂未發謂之中是在中之義, 不識何意? 曰 : 只喜怒哀樂不發, 便是中也." 이에 대해서는 김우형, 『주희철학의 인식론』, 78~79쪽 참조.

68　程顥·程頤, 『二程遺書』 18 : 91. "질문 : 희로의 감정은 성에서 나옵니까? 대답 : 진실로 옳다. 살아 있다는 의식이 있으면 성이 있고, 성이 있으면 정이 있게 된다. 성이 없으면 어찌 정을 얻겠는가?(問 : 喜怒出於性否? 曰 : 固是. 纔有生識, 便有性, 有性便有情. 無性安得情?)"

69　程顥·程頤, 『二程遺書』 18 : 83. 曰 : "謂之無物則不可, 然自有知覺處. 曰 : 旣有知覺, 却是動也, 怎生言靜?"

으로 집중하여 주체성을 함양涵養할 수 있을 뿐, 중의 도中之道와 본성을 찾으려 해서는 안 된다. 원리들을 살피고 탐구할 수 있는 상태는 '이발'에 한정된다. 전체적으로 볼 때, 대상적 인식으로서 지각 개념에 대해서는 많은 언급을 하고 있지 않으며, 따라서 지각에 관한 심도 있는 철학적 논의와 이론화는 인심도심 개념과 마찬가지로 주희를 기다려야 했다.

(2) 수양의 방법 – 격물치지와 경

정이는 철학사상 최초로 『대학』에 나오는 격물치지格物致知를 마음의 '이발' 상태에서 대상적 원리들을 궁구하고 인식하는 방법으로 간주하고 지각론적으로 설명하였다. 그에 의하면, "천하의 사물들은 모두 리로써 비출 수가 있으니, '사물이 있으면 반드시 법칙이 있다'고 하니 한 사물에는 반드시 하나의 리가 있다".[70] 마음은 그것을 궁구하여 알 수 있는 능력이 있기 때문에 '격물'함으로써 사물의 이치를 알 수 있다.[71] 대상적 탐구로서 격물치지에 대해 정이는 다음처럼 말한다.

'격'은 궁구한다는 것이고, '물'은 이치와 같으니, '그 이치를 궁구한다'고 말하는 것과 같을 뿐이다. 그 이치를 궁구한 후에야 앎을 지극히 할 수 있으니, 궁구하지 않으면 지극히 할 수가 없다. '격물'이라는 것은 도에 나아가는

---

70 程顥·程頤, 『二程遺書』 18 : 50. "天下物皆可以理照, '有物必有則', 一物須有一理."
71 程顥·程頤, 『二程遺書』 25 : 2. "앎은 내가 본래 가지고 있는 것이지만, 그러나 지극히 하지 않으면 그것을 얻을 수가 없다. 그런데 앎을 지극히 함에는 반드시 방법(도)이 있으니, 그러므로 '앎을 지극히 함은 격물에 달려 있다'고 말한 것이다(知者吾之所固有, 然不致則不能得之, 而致知有道, 故曰'致知在格物')."

시작이니, 사물을 궁구하고자 생각했다면 진실로 이미 도에 가까운 것이다. 이것은 무엇 때문인가? 그 마음을 거두어 들여서 풀어놓지 않기 때문이다.[72]

사물의 이치에 대한 탐구와 지식의 축적은 정이가 추구하는 도학을 위해서 필수적인 방법이 된다. 이렇게 볼 때 도학은 대상에 대한 탐구의 학이라는 의미를 나타내며, 거기에는 역사학을 비롯한 인문학과 천문과 지리를 포함하는 자연학 등이 모두 포함된다. 다만, 이러한 외물에 관한 학문들은 부차적인 지위에 놓이며, 단지 '하나의 리'를 최종적으로 인식하기 위한 과정으로 간주된다.[73] 그러나 그렇다고 해서 외부 사물의 탐구를 무가치하게 여기거나 도외시해서는 안 된다. 비록 마음 내부의 근원적인 '하나의 리'를 반성적으로 깨닫는 것이 가장 중요하지만, 외부 사물의 이치에 대한 탐구는 그러한 궁극적 인식에 도달하기 위한 필수불가결한 과정이기 때문이다. 다음의 대화는 이를 말해주고 있다.

> 질문 : 사물을 보고 자기에게서 살핀다는 것은, 또한 사물을 보는 것으로
> 말미암아 돌이켜 자신에게서 구하는 것입니까?
> 대답 : 반드시 그렇게 말할 필요는 없다. 사물과 나는 하나의 리이기 때문
> 에, 저것을 밝히자마자 이것을 깨닫게 되니, 내부와 외부를 합하는
> 도이기 때문이다. 큰 것을 말한다면 천지의 높고 두터움까지, 작은
> 것을 말한다면 한 사물의 그러한 까닭에 이르기까지 배우는 자는 모

72 程顥·程頤, 『二程遺書』25 : 1. "'格'猶窮也, '物'猶理也, 猶曰窮其理而已也. 窮其理, 然後
    足以致知, 不窮則不能致也. 格物者, 適道之始, 欲思格物, 則固已近道矣. 是何也? 以收其心
    而不放也."
73 程顥·程頤, 『二程遺書』18 : 27 · 15 : 104.

두 마땅히 이해해야 한다.

질문 : 지식을 넓히는 것은 먼저 사단에서 구한다는 것은 어떻습니까?

대답 : 본성과 감정에서 구하는 것은 진실로 자신에게 절실하지만, 그러나 한 포기 풀과 한 그루 나무에도 모두 이치가 있으니 반드시 살펴야 한다.[74]

위에서 "사물과 나는 하나의 리이다"는 말은 사물과 내가 공통적으로 하나의 리에 근거해 있다는 뜻이다. 즉 모든 사물들은 각각 구체적이고 개별적인 원리들을 가지고 있지만, 그것은 하나의 리가 사물에 따라 변형된 형태일 뿐이다. 또한 그것들을 인식하는 주체인 내 마음에도 하나의 리가 내재해 있고 그것에 사물들과 동일한 원리들이 함축되어 있다. 결국 인식 대상인 외물과 인식주체인 마음은 공통적으로 하나의 리에 근거하여 존재해 있는 것이며, 이 점에서 정이는 그것을 "내부주체와 외부객체를 합하는 도"로서 말했던 것이다. 그것은 외물의 이치에 관한 인식이 가능하게 되는 이유가 되는 것이다. 원래 "내부와 외부를 합하는 도"란 『중용』에 나오는 말인데,[75] 정이는 그것을 인식론적 맥락에서 끌어들여서 격물을 설명하고 있는 것이다. 즉, "내부와 외부를 합하는 도"에 의거해서 사물의 탐구인 격물이 가능해지고, 다시 알아낸 이치에 근거해서 궁극적인 하나의

---

74 程顥·程頤, 『二程遺書』 18 : 48. "問 : 觀物察己, 還因見物, 反求諸身否? 曰 : 不必如此說. 物我一理, 纔明彼卽. (…중략…) 曉此, 合內外之道也. 語其大, 至天地之高厚, 語其小, 至一物之所以然, 學者皆當體會. 又問 : 致知, 先求之四端, 如何? 曰 : 求之性情, 固是切於身, 然一草一木皆有理, 須是察."

75 『중용』, 25장. "성이란 것은 자기를 이룰 뿐만이 아니라 외물도 이루는 것이니, 자기를 이룸은 인이요 외물을 이룸은 지로서, 성의 덕이요 내외를 합하는 도이다. 그러므로 때에 맞춰 조치함이 마땅한 것이다(誠者, 非自成己而已也, 所以成物也, 成己, 仁也, 成物, 知也, 性之德也, 合內外之道也. 故 時措之宜也)."

리에 대한 인식도 가능해진다는 것이다. 이러한 일련의 과정에서 사물의 이치를 격물궁리할 때 그것을 모두 내적으로 환원시켜 찾을 필요는 없으며, 반드시 "천지의 높고 두터운 이유"나 "사물의 소이연"처럼 외부 사물의 이치를 객관적으로 탐구해야 한다는 것이다. 정이는 불교에서 내적 관조[觀心]와 돈오[頓悟]를 중시하는 것에 대해 비판하면서, 내적인 반성과 성찰도 중요하지만 모든 것을 돌이켜 마음 내부로 향해서는 안 되며 반드시 천지만물의 이치를 객관적으로 궁구해야 한다고 보았던 것이다.

그럼에도 불구하고 종국적으로는 정이에 있어 자기 내부에 관한 앎이 외물에 관한 객관적 지식보다 더 중요하다. 정이는 격물에 의한 앎을 '견문지지見聞之知'와 '덕성지지德性之知'로 구분하였는데,[76] 전자는 사물에 대한 감각지각과 그것에 근거한 객관적 지식을 가리키고 후자는 자기 내부의 덕성에 관한 반성적 앎을 의미한다. 정이에 의하면, 견문지는 단지 박학의 수준에 이를 수 있을 뿐 더 이상의 고차원적인 앎의 차원으로 나아가는 데 한계가 있다고 본다. 그것은 내적인 본성이나 덕과는 관련이 없는 앎일 따름이다. 결국 정이는 내부의 덕성에 관한 앎이 더 중요하며, 이에 근거해서 궁극적인 하나의 리에 대한 앎도 가능해진다고 보았던 것이다. 덕성지는 감각경험을 필요로 하지 않으며, 오로지 내적 탐구와 부단한 실천으로써 획득될 수 있다고 정이는 생각했던 것 같다. 이러한 논의는 경험적 과학과 도덕적 형이상학의 구분을 암시한다고 할 수 있는데, 이러한 문제의식은 이후 주희에게로 이어지게 된다.

---

76 程顥·程頤, 『二程遺書』 25 : 13. "견문지지는 덕성지지가 아니다. 물(사물)과 물(감각기관)이 만나면 그 앎은 내부에 대한 것이 아니니, 지금의 이른바 사물을 널리 알고 다방면으로 능하다는 자가 이 경우이다. 덕성지지는 견문을 빌리지 않는다(聞見之知, 非德性之知. 物交物, 則知之非內也, 今之所謂博物多能者, 是也. 德性之知, 不假見聞)."

정이는 격물치지와 더불어 수양의 방법으로서 경敬을 제시한다. 격물치지가 대상을 궁리하여 그 이치를 인식하는 학문의 방법이라면, 경은 마음의 주체의식을 기르는 수양법이다. 경으로 주체의식을 함양하고 격물치지로 학문을 진전시키는 것은 수양 방법상의 두 축을 이룬다. 정이는 "함양은 반드시 경으로 해야 하고, 학문을 진보시키는 것은 치지에 달려 있다"[77]고 말했는데, 이러한 양대 방법론은 이후 세부적인 조정이 가해지긴 하지만 주희에 의해 수용된다. 또한 두 방법 중에서도 "도에 들어감은 경만한 것이 없으니, 능히 치지하되 경에 달려 있지 않은 경우는 없기"[78] 때문에, 마음의 주체성을 기르는 경의 함양법이 격물치지의 토대를 세우는 공부법으로서 좀 더 중시된다.[79] 정이는 경으로써 마음의 주체의식을 확고히 세워야 한다는 자신의 견해가 도가나 불교의 수양론과 극명하게 대조를 이룬다고 주장하면서 다음처럼 말한다.

배우는 자가 먼저 힘써야 할 것은 진실로 마음의 의지에 있다. 보고 들으며 알고 생각하는 것을 물리쳐서 없애고 싶다고 말하는 것은, '성인을 끊고 지혜를 버리는 것'[80]이다. 사려함을 물리쳐서 없애려 하고 생각이 혼란스러운 것을 근심하는 것은, 반드시 [선종의] 좌선하여 깨달음의 상태로 들어가려는 것이다. (…중략…) 인간의 마음은 만물과 교감하지 않을 수 없으니, 또한 그것으로 하여금 사려하지 않게 만들기는 어렵다. 이것을 면하고자 한다면, 오

---

77 程顥·程頤,『二程遺書』18 : 28. "涵養須用敬, 進學則在致知."
78 程顥·程頤,『二程遺書』3 : 98. "入道莫如敬, 未有能致知而不在敬者."
79 물론 경에 대한 이 같은 중시도 주희에 의해 계승된다. 김우형,『주희철학의 인식론-지각(知覺)론의 형성과정과 체계』, 75쪽.
80 『道德經』, 19장. "絶聖棄智, 民利百倍."

직 마음에 주체성이 있어야 한다. 어떻게 주체가 되는가? 경할 뿐이다.[81]

　　나의 주체의식으로서 마음은 본디 사물을 감각하고 그에 대해 생각할
수 있는 지각 능력을 지닌다. 만약 원래부터 지니고 있는 이러한 마음의
지각 기능을 일부러 막거나 없애려고 한다면, 이는 자연적인 인간의 본성
을 저해하는 일이다. 위에서 "보고 들으며 알고 생각하는 것을 물리쳐서
없애"려는 것과 "사려함을 물리쳐서 없애려 하고 생각이 혼란스러운 것을
근심하여 좌선하려는 것"과 같은 도가와 불가의 수양법은 인간의 자연스
런 본성을 해치는 것에 다름 아니다. 인간의 마음은 원래 만물과 교감하고
그것에 대해 생각하는 지각 기능을 가지기 때문에, 이를 억지로 막거나 없
애려 해서는 안 된다는 것이다. 다만, 만물과 교감하고 사려할 때 인간은
그것에 이끌려서 혼란스러워지기 쉽다. 이때 외물에 현혹되지 않고 자기
가 생각한 대로 행하기 위해서는 무엇보다 주체성이 있어야 한다는 것이
다. 정이는 그러한 마음의 주체성을 기르는 방법을 경이라고 본 것이다.

　　경은 일찍이 『주역』에서 외적 행동을 곧게 하는 의義와 더불어 "내부를
곧게 하는" 수양법으로서 말해졌던 것인데,[82] 정이는 이를 주체성 함양의
방법으로 중시함으로써 대상적 탐구법인 격물치지와 더불어 두 가지 주요
한 수양법으로서 강조했던 것이다. 정씨 형제에 있어 경은 흔히 성誠, 성실함,
전일성이라고 하는 마음의 상태와 더불어 말해지곤 하는데,[83] 성이 리와 혼

81　程顥·程頤, 『二程遺書』, 15 : 177. "學者先務, 固在心志. 有謂欲屛去聞見知思, 則是絶聖棄
　　智. 有欲屛去思慮, 患其紛亂, 則須是坐禪入定. (…중략…) 人心不能不交感萬物, 亦難爲使
　　之不思慮. 若欲免此, 惟是心有主. 如何爲主? 敬而已矣."
82　『周易』「坤·文言」. "敬以直內, 義以方外."
83　그레이엄, 『정명도와 정이천의 철학』, 141~152쪽.

연일치된 마음의 성실하고 진정한 상태를 가리킨다면, 경은 마음이 그러한 성의 상태가 되도록 하는 구체적인 방법이다. 제자 한 명이 구체적으로 어떻게 경할 수 있는지에 대해 질문하자 정이는 '하나에 집중함[主一]'이 가장 좋은 해법이라고 대답했다.[84] 만약 어떤 대상에 집중하지 못하고 생각이 계속 불안정하고 혼란스러운 상태에 있게 된다면, 그로부터 마음은 성실해지지 못하고 점차 본성과 괴리가 생기게 된다는 것이다. 따라서 마음의 주체성을 확립하기 위한 가장 좋은 방법은 어떤 대상에 집중하는 것이다. 정이는 하나에 집중함을 뜻하는 경에 대해 다음처럼 말한다.

> 일반적으로 인간의 마음이란 두 가지로 작용할 수는 없다. 하나의 일에 마음을 쓰면 다른 일은 다시 들어올 수 없으니, 일이 주인이 되기 때문이다. 일이 주인이 되더라도 오히려 사려가 어지러워지는 근심이 없는데, 경이 주인이 된다면 또 어찌 이런 근심이 있겠는가? 이른바 경이라는 것은, '하나에 집중함'을 경이라 한다. 이른바 '하나'라는 것은, 다른 데로 가지 않는 것을 하나라고 한다. 우선 '하나에 집중한다'는 뜻에 깊이 젖어들려고 해야 하니, 하나가 되면 둘과 셋으로 나뉨은 없다.[85]

위의 인용문에서 언급한 것처럼, 어떤 하나의 대상에 집중하여 그 일이 주인이 되면 사려가 어지러워지는 근심이 없게 되니, 경이 주인이 되는 경우는 말할 필요도 없이 사려가 어지러워지지 않는다는 것이다. 경으로 주

---

84 程顥·程頤, 『二程遺書』 18 : 83. "或曰 : 敬何以用功? 曰 : 莫若主一."
85 程顥·程頤, 『二程遺書』 15 : 177. "大凡人心不可二用, 用于一事, 則他事更不能入者, 事爲之主也. 事爲之主, 尙無思慮紛擾之患, 若主于敬, 又焉有此患乎? 所謂敬者, 主一之謂敬. 所謂一者, 無適之謂一. 且欲涵泳主一之義, 一則無二三矣."

체성을 확고히 한 상태는 다른 것에 한 눈 팔지 않고 어떤 대상에 집중할 수 있다는 것이다. 이러한 집중을 통해서 사물의 이치를 인식하고, 더 나아가 이치들의 근원적인 하나의 리[一理]까지 이해할 수 있을 것이다. 요컨대, 경의 함양과 격물치지의 탐구로써 정이가 추구했던 것은 하나의 리에 대한 완전한 이해였으며, 그것은 곧 학문을 통해 이치들을 파악하고 도덕적으로 행위하는 성인의 경지에 이를 수 있음을 함축하는 것이다.

2. 주희의 지각론과 인심도심론의 구조와 특성

동아시아의 근대를 개시한 정주성리학, 특히 주희 철학의 전체적인 구조와 근본 성격에 관한 물음은 매우 오랜 역사를 지니고 있다. 비록 중국과 일본에서도 그렇겠지만, 조선시대 유학사에서 그것은 특히 더 뜨거운 논쟁의 주제였다. 이황과 이이에서 시작된 사단칠정과 인심도심에 관한 논변부터 이후 조선 후기 성리학자들의 지치지 않는 탐구와 토론, 그리고 정약용의 비판과 해법에 이르기까지 조선성리학은 주희의 학문에 대한 치밀하고 집요한 분석과 검증에 몰두했던 것이다. 특히, 주희의 철학에서 핵심이 되는 지각의 문제와 인심·도심의 구분에 관련된 도덕철학적 문제는 조선시대 유학사를 관통하는 주요 테마였다. 지각과 인심도심의 문제는 심성론을 이루는 두 축이 되며, 이에 대한 분석적이고 자세한 탐구는 중국의 심성론과도 다른 한국성리학만의 특색을 나타낸다고 할 수 있는 것이다. 그것은 실로 주희 철학의 핵심 구조를 드러내는 것이었다.

정이를 포함한 북송 신유학자들의 철학은 우주론과 인간론의 두 영역으로 나누어 살펴보는 것이 적절했지만, 주희는 그와 같은 구조를 탈피하여 성리학의 새로운 이론 틀을 정립했다. 정이는 이전의 체용 관계 중심의 형이상학본체론을 심물 관계 중심의 도학으로 전환시켰지만, 주희는 그와 같은 심물 관계론 자체를 반성적으로 탐구함으로써 새로운 철학적 사유를 출범시켰던 것이다. 그러한 새로운 철학적 사유는 '지각'이라고 하는 인간의 인지 기능에 대한 반성적 탐구와 그 같은 지각에 근거한 도덕철학적 탐구를 의미했다. 주희의 지각 이론에 대해서는 이미 전문적으로 다룬 바 있으므로,[86] 여기에서는 한국유학의 철학적 문제와 흐름을 해명하기 위한 목적에 관련시켜서 간략히 살펴보는 것으로 충분하다.

한편, 주희의 지각론에 입각한 도덕철학은 '인심'과 '도심'이라는 두 개념을 중심으로 이루어진다. 그의 도덕철학이 지각론에 입각해 있다고 말한 이유는, 그가 인심과 도심을 지각된 내용에 근거해서 구분하고 있기 때문이다. 지각에 관한 인식론적 탐구와 인심도심에 관한 도덕철학적 논의는 주희 심성론의 두 축을 이루고 있다. 따라서 이전 북송신유학의 우주론과 인간론이라는 접근법은 주희에 있어서는 지각론과 인심도심론이라는 프레임으로 대치될 필요가 있는 것이다. 여기서는 먼저 주희 지각론의 형성과정을 송대 이전의 전통 형이상학이라 할 본체론에 대한 비판이라는 맥락에서 조명한 뒤, 그의 지각 이론이 지니는 체계와 성격을 개괄적으로 살펴볼 것이다. 그리고 지각된 내용에 근거하여 구성하게 되는 인심도심론의 형성 과정과 구조, 특징 등을 살펴볼 것이다. 이 같은 탐색을 통해 주희는 궁극적으로 새로운 도덕철학과 정이가 추구했던 도덕적 형이상학의

---

86 김우형, 『주희철학의 인식론―지각(知覺)론의 형성과정과 체계』를 참조할 것.

완성을 완성을 목표로 했다는 점이 해명될 것이다.

1) 본체론 비판과 지각론의 형성

근래까지 한국과 중국, 일본을 포함한 동아시아 철학 전통에는 인식론이 부재하다고 알려져 있었다. 기존의 많은 연구들은 이런 이유에서 동양 철학을 우주론과 인간론, 방법론 등으로 나누어 연구해왔다. 이와 같은 연구 경향은 펑유란馮友蘭의 『중국철학사』에서 많은 영향을 받은 것이다. 그에 의하면, 중국철학에 우주론과 인간론은 있지만 인식론은 거의 존재하지 않았으며, 송명리학에는 기껏해야 학문 방법론만이 있다는 것이다.[87] 서양의 '철학'에 해당되는 중국의 학술에는 위진 현학과 송명 도학, 청대의 의리지학義理之學을 들 수 있는데, 중국 철학에는 인식론이 발달하지 못했기 때문에 방법론만을 말할 수 있되, 그 방법론도 지식을 구하는 방법이 아니라 선善을 구하는 수양론적 방법이라는 것이다.

그러나 펑유란의 이 같은 인식은 정확하지 못한 것일 뿐만 아니라, 지나친 서양 철학 의존적 관점이라고 하지 않을 수 없다. 그는 중국 철학과 동아시아 철학의 인식론적 양상과 특수성을 파악하지 못한 채 서양 인식론

---

87 馮友蘭, 『중국철학사(상)』, 8쪽. "앞에서 말한 철학의 내용을 보면 서양에서 말하는 철학은, 중국의 위진인(魏晉人)이 말한 현학(玄學), 송명인(宋明人)이 말한 도학(道學), 그리고 청인(淸人)이 말한 의리지학(義理之學)이란 것과 그 연구대상이 대체로 같다고 할 수 있다. (…중략…) 우리는 철학을 우주론과 인간론 그리고 방법론의 세 부문으로 나눌 수 있다. (…중략…) 오직 서양철학 중의 방법론 부문만은 중국사상사에서 자학시대(子學時代)에는 그래도 논급되었으나, 송명시대 이후로는 연구자가 없다. 어떤 면에서 보면, 후기의 이 의리지학 역시 방법론이 있다. 즉, '학문의 방법(爲學之方)'에 대한 논의가 바로 그것이다. 그러나 이 방법론이 논한 것은 지식을 구하는 방법이 아니라 수양하는 방법, 즉 진리가 아니라 선을 추구하는 방법이었다." 펑유란은 명가나 묵가에 논리학이나 인식론 관련 사상이 얼마간 있긴 했지만, 이후 계속 발전하지 못했기 때문에 중국철학에는 인식론이 부재했다고 본다.

과 정확히 같은 것만을 찾으려 했기 때문에 이와 같은 오류를 낳게 되었던 것이다. 우리는 기본적으로 동아시아 철학과 서양 철학이 다르다는 것을 전제로 삼아야 하되, 또한 그러한 철학적 특수성 속에서 보편성도 찾아야 할 것이다. 말하자면, 우주와 인간에 대한 지적 호기심과 그것을 해결하기 위한 노력은 동서양이 공통적으로 지닌다는 것이다. 다만 그것을 해결하는 양상이 다를 뿐이다. 여기서 살펴볼 주희의 심성론에는 인식론에 해당하는 지각론이라는 영역이 존재하며, 윤리학도덕철학도 지각의 개념과 밀접히 연관되어 있다. 지각 내용에 따라 구분되는 인심과 도심에 관한 논의가 도덕철학에 해당되는 것이다.

정이의 도학과 성리학에 대한 접근법은 우주론과 인간론으로 나누어 살펴보는 것이 보다 적합했던 반면, 주희의 경우에 있어서는 지각과 인심도심의 문제가 가장 큰 철학적 문제로서 간주될 수 있다. 비록 이전 철학과 달리 심물 관계를 중심으로 하는 지각의 관점이 정이의 우주론과 인간론에 관통해 있다고 할 수 있지만, 지각과 인심도심이라는 인식론과 도덕론의 문제를 전면적이고도 반성적으로 사유하게 된 것은 다름 아닌 주희에 이르러서였다. 다시 말해서, 주희는 우주와 인간에 대해 범범하게 사유했다기보다는, 정이의 성리학에 근거하되 지각과 도심의 문제를 자각적으로 성찰하고 천착했다는 데 그 철학적 독창성이 있다. 즉, 정이의 지각론적 관점을 계승하되 그에 비해 지각과 도심의 문제에 내향적으로 집중하게 되는 것이다.

따라서 주희의 성리학에 접근하기 위해서는 우주론과 인간론보다는, 지각론과 인심도심론의 틀로써 나누어 살펴보는 것이 훨씬 더 적절하다. 주희는 처음에 본체에 대한 인식 문제에 골몰하다가 극적으로 본체 직관을 비판하는 입장으로 돌아서게 되는데, 이는 체용 관계에 근거한 본체론에서 심물 관계에 근거한 지각론으로의 전환을 의미한다. 따라서 주희의 지각론적 사유와 인심도심론을 이해하기 위해서는 본체 인식에 관한 비판적 사유부터 살펴볼 필요가 있다.

(1) 본체론 비판

이제 본체론이란 무엇이고, 주희는 본체 인식의 문제에 골몰하다가 왜 그것을 비판하게 되었는지 살펴보기로 하자. 본체론은 주희 당시까지 주류의 지위를 차지하고 있었던 우주론적이고 존재론적인 도가와 불교의 형이상학을 가리킨다. 사전적 의미에서 본체本體, original substance란 "우주, 생명, 그리고 세계 안의 만물을 생성시키는 실재의 근원이자 만물을 형성하고 변화시키며 끊임없이 유지하고 완성해 나가는 것"이며, "모든 사물의 궁극적 실재ultimate reality로서 자신을 드러내는 것"이라 할 수 있다.[88] 따라서 본체론이란 이와 같은 궁극적 실재 혹은 근원적 실체에 관한 철학적 이론으로서, 우주의 생성과 존재의 근원에 대해 하나의 근원적 일자一者를 상정하는 우주론이나 존재론을 가리킨다고 하겠다. 사실 '본체'라는 말 자체는 주희에 의해 본격적으로 사용되기 시작한 것이지만, 본체론적 사유의 연원은 그 뿌리가 깊다. 본체론적 사유의 연원은 『주역』으로까지 소급될 수 있지만,[89] 가치론과 단절된 순수한 본체론은 『노자』에서 대체

---

88 Chung-ying Cheng, "Ti-yung", p.718.

89 배종호, 「東洋 本體論 序說」, 『東洋哲學의 本體論과 人性論』, 7쪽. 배종호는 본체론의 연원이 『주역』으로까지 소급되지만, 본체론이 본격적으로 다루어지고 정립된 것은 송대철학(宋代哲學)에 이르러서였다고 본다. 비록 주희에 의해 '본체' 개념이 자주 사용된 것은 사실이지만, 정작 그는 노불의 본체론을 리(理)의 지각(知覺)이라는 관점에 입각해서 비판적으로 바라보고 있다. 그는 지각론의 입장에서 노불의 본체론을 비판했던 것이다. 이

적인 형태가 이루어진다.[90] 즉, 노자의 도道 개념이 본체론의 핵심으로서 자리 잡고 있는 것이다.

본체론은 두 가지 성격의 논의를 포함하고 있는데, 하나는 우주와 만물의 근원과 생성을 논하는 우주생성론이고 다른 하나는 존재의 근거를 따지는 존재론이다. 먼저 우주생성론은 우주의 생성과 기원에 대해 하나의 근원적 실체인 본체를 상정하고 그로부터 만물이 산출되어 나온다고 주장한다. 『노자』에서 말한 '도'나 '무극無極'은 한계가 없는 무한한 근원이자 모든 실재[有]를 생출生出하는 근원으로서의 무無를 의미한다. 『노자』에 의하면, "만물은 유에서 생하고, 유는 무에서 생하며,"[91] 이러한 무로서의 도로부터 물리적 실재인 일기一氣가 생성되어 나오고, 다시 일기에 의해 만물이 생성된다.[92] 이처럼 무의 본체로부터 물리적 실재인 기가 생성되어 나오고, 다시 기에 의해 만물이 생출된다고 보는 견해는 언뜻보면 그럴듯한 우주생성론인 것처럼 보이지만, 실상 무로서의 도는 과학적으로 설명 불가능한 어떤 것이다. 그것은 언어로써 합리적으로 설명하는 것이 불가능한 존재이다. 따라서 『노자』에 나타나는 우주생성론은 종교적이고 신비주의적인 성격을 띤다. 이와 같은 종교적이고 신비주의적인 우주생성론을 '본체론적 우주생성론'이라고 명명할 수 있을 것이다.

북송 신유학자들과 남송의 주희는 이와 같은 본체론적 우주생성론을 철저하게 비판한다. 노자의 우주생성론에 대한 장재와 정이의 비판은 앞서

점에서 주희는 이기론으로 본체론을 정립한 장본인이라기보다는, 오히려 본체론을 처음으로 대상화하고 그 문제점을 드러낸 철학자라고 할 수 있다.

90 류인희, 「老・莊의 本體論」, 『東洋哲學의 本體論과 人性論』, 48쪽.
91 『老子』, 40장. "天下萬物生於有, 有生於無."
92 『老子』, 42장. "道生一, 一生二, 二生三, 三生萬物."

살펴본 바와 같은데, 주희도 장재와 정이의 관점을 계승하여 본체론적 우주생성론을 비판한다. 그는 주돈이의 『태극도설』을 "무에서 유가 나왔다"는 본체론적 우주생성론과 완전히 다른 입장에서 해석한다. 즉, 주희는 주돈이가 말한 무극無極이 태극太極과 동일하다고 주장하면서,[93] 물리적 실재인 기는 원래부터 존재해 있는 것이며, 아울러 기를 주재하는 원리나 법칙으로서의 리 또한 원래부터 기에 내재해 있어야 한다는 우주론으로 해석했던 것이다. "유에서 유가 나왔다"는 주희의 이기론적 해석은 주돈이의 『태극도설』을 면밀히 연구한 결과로서 얻은 것이며, 본체론적 우주생성론에 대한 장재나 정이의 비판에 부합하는 것이다. 심지어 주희는 정이의 이기이원론이 주돈이에게서 연원한다고 주장했다. 전체적으로 볼 때, 주희의 우주론은 합리적이고 과학적인 설명이 불가능한 무의 본체를 상정하는 대신에, 설명 가능한 우주론적인 원리나 법칙으로서의 리를 본체로 간주한다는 점에서 과학적인 우주론이라고 할 수 있다.[94]

본체론의 두 번째 측면은 본체-현상이라는 체용 관계에 근거한 존재론을 가리킨다. 현상적으로 존재하는 사물들의 존재 근거로서 본체를 상정하는 '본체론적 존재론'은 『대승기신론大乘起信論』이래로 전개되는 중국불교에서 단적으로 나타난다고 할 수 있는데, 그 사유의 연원은 또한 『주역』과 『노자』에게로 소급될 수 있는 것이다. 사실 본체론적 우주생성론과 체용 관계에 근거한 존재론은 명료하게 나누기 힘들지만, 후자가 시간적

---

93 無極과 太極의 동일시는 주희의 『태극도설해』에 보인다. "'上天之載, 無聲無臭', 而實造化之樞紐, 品彙之根柢也. 故曰'無極而太極.' 非太極之外, 復有無極也." 번역서로는 곽신환·윤원현·추기연 역, 『태극해의』(소명출판, 2012, 온라인 전자판)을 참조.
94 주희의 『태극도설』 해석과 우주론에 대해서는 김우형·이창일·김백희, 『성리학의 우주론과 인간학』, 89~140쪽 참조.

생성과 근원보다는 현존하는 사물의 존재 근거로서 본체를 말한다는 점에서 구분할 수 없는 것도 아니다. 어쨌든 본체론적 존재론은 본체와 현상이라는 체용 관계에 집중하지, 주체와 객체라는 심물 관계를 중심으로 하는 사유와는 거리가 멀다. 주—객 미분未分적 사유로서 본체론은 도가로부터 많은 영향을 받은 화엄종華嚴宗과 선종禪宗에서 주로 발견되는데,[95] 중국 불교의 시원으로 간주되는 『대승기신론』에서 의식과 세계, 현상과 본체를 동일시하는 경향이 단적으로 나타난다. 즉, "하나의 마음이 두 개의 문을 연다[一心開二門]"는 것은 의식이자 세계인 일심一心이 본체계[眞如門]와 현상계[生滅門] 두 측면을 포괄한다는 것을 의미한다. 성性은 의식과 세계의 근거로서 본체[體]를 가리키며, 심心은 본체가 일으키는 현상적 의식과 세계를 지시한다. 그러나 성과 심은 마치 바다 자체와 파도가 일고 물거품이 나는 현실적 바다의 관계처럼 일체一體일 뿐이다. 심과 성, 본체와 현상은 다른 것이 아니다.[96] 이 같은 심성의 합일 구조에 따라 현상적 심을 내적으로 관조하여[觀心] 본체로서의 성을 직관적으로 깨닫는 돈오頓悟가 선종의 수양법이자 그 목표가 된다.

북송 신유학자들과 남송의 주희는 첫 번째의 본체론적 우주생성론은 강하게 비판했지만, 두 번째의 체용론적 존재론은 부분적으로 수용했다. 정이의 "체와 용은 근원이 하나이고, 드러난 현상과 은미한 본체는 간격이 없다"는 언급에서 단적으로 나타나는 것처럼, 성리학은 철학적 사유에서 체

---

95 류인희, 「老·莊의 本體論」, 52쪽.
96 중국 현대 신유가 철학자인 熊十力은 이와 같은 중국철학적 특징을 '체와 용은 둘이 아니다[體用不二]'로 표현했다. 牟宗三은 이와 같은 체용일체의 본체론을 계승하여 양층존재론(兩層存有論)을 제시하였다. 熊十力, 『신유식론』(상·하), 김제란 역주, 서울: 소명출판, 2007; 牟宗三, 『現象與物自身』, 長春: 吉林出版集團, 2010를 참조할 것.

용 범주를 수용하고 사용했던 것이다. 그러나 여기서 기억하지 않으면 안 될 것은, 성리학은 체용보다는 심물 관계를 중심으로 하는 사유에 보다 더 입각해 있다는 점이다. 주희가 생존하던 남송 사회는 불교의 체용 관계를 중심으로 하는 본체론적 사유가 매우 성행했던 시대였기에, 주희도 그로부터 많은 영향을 받았던 것은 사실이다. 그러나 주희는 본체론의 문제점을 제기하면서 정이의 심물 관계 중심의 지각론적 관점을 확고히 정립하게 된다. 能능, 주체—所소, 객체 관계를 말하는 불교의 일부 학설들은 지각론의 형성에 일정한 영향을 끼친 것으로 보이지만, 그럼에도 불구하고 당시 선종과 화엄종은 대체로 본체론적 사유를 나타낸다. 이와 같은 본체론에 대해 주희는 본체 직관에 있어 결정적인 문제가 있다고 보고 비판하게 된 것이다.

주지하듯, 주희는 당시 도학의 한 분파였던 도남道南학파의 이통李侗, 1093~1163, 호는 연평(延平)으로부터 전수받은 '미발기상체인未發氣象體認, 대상 인식 이전 마음의 상태로부터 본체를 직접 인식함'에 실패하자, 당시 또 다른 도학 일파였던 호남湖南학파의 영수 장식張栻, 1133~1180, 호는 남헌(南軒)을 찾아가 호남학의 본체론과 수양론에 대해 문의하게 된다. 그러나 호남학 역시 불교의 본체론과 수양론으로부터 많은 영향을 받았는데, "성은 본체이고 심은 작용현상이다[性體心用]"라는 명제는 그 단적인 예이다. '성체심용설'은 『대승기신론』의 "하나의 마음이 두 개의 문을 연다"와 선종의 "작용은 성이다[作用是性]"라는 본체론적 사유의 영향을 받은 것이다. 또한 호남학의 "이미 발현한 마음의 단초를 내적으로 살핀다[已發察識]"는 수양법 역시 불교의 관심법과 거의 일치하는 것이다.

도남학과 호남학의 공통적인 문제점은 본체와 현상이 **존재론적으로는** 일체를 이루지만, **인식론적으로는** 격절되어 있어서 불교의 돈오처럼 본체를 체득하기 위한 비약적인 인식이나 깨달음을 필요로 한다는 점이다. 주희는 40세를 기점으로 이러한 문제점을 자각한 뒤 도남학과 호남학 모두에 대해 비판적인 입장으로 돌아선다.[97] 정이처럼 인지 기능지각에 근거한 하나의 근원적 리에 대한 이해가 가능하다는 입장으로 선회하게 된 것이다. 주희의 중화논변中和論辨은 이와 같은 입장 변화의 과정을 나타내는데, 이른바 중화구설中和舊說이란 주로 호남학에 동조했던 자신의 이전 견해를 가리키고, 중화신설中和新說이란 정이의 관점에 입각하여 본체론에 영향 받은 견해들을 비판하는 입장을 말한다. 요컨대, 중화논변은 '성체심용'으로 대변되는 체용 관계 중심의 본체론적 사유에서 '심통성정心統性情, 마음은 성과 정을 통괄한다'에 나타나는 마음의 주체성을 중시하는 사유, 즉 심물 관계를 중심으로 하는 **지각론적 사유로의 전환**을 의미하는 것이다.

중화논변 이후 주희는 호남학의 "깨달음으로써 인을 해석한다[以覺訓仁]"는 학설[98]이 본체로서의 인仁과 그것에 대한 도약적 직관[直覺]으로서의 지각 개념에 본체론의 영향이 깊이 반영되어 있다고 날카롭게 비판하게 된다. 주희에 의하면, 호남학에서는 대상적인 본체(인)와 주체의 능력인 지각을 구분하지 않음으로써 혼란이 야기되는데, 이는 불교의 본체론적 사

---

97 주희의 본체 인식과 중화설의 변천과정에 대해서는 김우형, 『주희철학의 인식론』, 92~107쪽 참조. 원래 정이에 있어 미발과 이발의 구분은 실천적 공부법을 설명하기 위한 것이 아니라, 단지 지각을 기준으로 주체(심)의 선험성을 설명하기 위한 것이었다. 그런데 정이 이후 도남학과 호남학이 불교의 영향으로 미발과 이발에서의 수양법을 각자 고안하여 강조하였던 것이고, 이에 대해 주희는 중화신설 이후 지각론적 입장에서 일괄적으로 비판하게 된다. 즉, 주희는 미발과 이발이라는 의식의 두 국면에서의 실천적 수양공부를 敬으로 수렴하기 때문에, 未發涵養이나 已發省察 등을 구분하여 설명하는 것은 더 이상 중요하지가 않다. 미발이발을 인심도심에 관련시키는 것 또한 주희의 견해로부터 거리가 먼 것이다.

98 黃宗羲, 『宋元學案』 권42, 「五峯學案」(『黃宗羲全集』(4), 693쪽). "'心有知覺之謂仁.' 此上蔡傳道端的之語, 恐不可爲有病."

유에 영향 받은 것이다. 주희는 호남학파의 지각 개념과 수양법에 대한 지속적인 비판을 통해서 대상적 인식으로서의 지각 개념을 체계적으로 정립하게 된다. 「관심설觀心說」은 주희가 호남학의 '성체심용설'과 '이발찰식법'을 비판하고 자신의 지각론을 정립하려는 구상을 단적으로 보여주는 대표적인 논설이다.[99] 주희는 이 글의 초반부에서 다음과 같이 말한다. "마음은 자신을 주재하는 것이요, 하나이지 둘이 아닌 것이며, 주체가 되지 객체가 되지 않는 것이고, 사물에 명령을 내리되 사물에 의해 명령받지 않는 것이다. 그러므로 마음으로써 사물을 보면, 사물의 이치를 알 수 있다."[100] 여기서 사물을 관찰하여 사물의 이치를 알 수 있는 마음의 인지 기능과 능력이 곧 지각이다.

그런데 본체론에 영향 받은 호남학파의 지각 개념은 "지금 다시 어떤 사물이 있어서 돌이켜 마음을 보는" 것이기 때문에 "이 마음의 밖에 다시 하나의 마음이 있어서 이 마음에 관여할 수 있다는 것"이 된다.[101] 즉, 관심

---

99 「관심설」에 관련하여 참고할 만한 근래의 분석으로는 다음을 참조. 이승환, 「찰식(察識)에서 함양(涵養)으로─호상학의 이발찰식 수행법에 대한 주자(朱子)의 비판」, 『철학연구』 37집, 고려대 철학연구소, 2009; 이정환, 「주희의 수양론에서 실천주체와 실천의지─두 마음의 이율배반을 중심으로」, 『철학사상』 40, 서울대 철학사상연구소, 2010. 이승환은 주희의 비판을 수양론의 틀 안에서 존재론, 인식론, 실천철학의 세 측면에서 분석하고 있다. 한편 이정환은 주희의 비판이 비단 불교나 호남학뿐만 아니라 양시의 도남학까지 포함하는, 지각과 의지의 대상이 되는 "또 하나의 실체가 우리 마음에 존재한다는 것을 전제로 하는 수양론 일체"를 겨냥한 것이라고 말한다(35쪽). 여기서 의식 속에 "또 하나의 실체"를 상정하는 수양론 일체는 저자가 말하는 본체론으로서 지칭될 수 있는 것이다. 그러나 이정환은 이 같은 본체론과 대비되는 주희의 비판적 관점을 분명하게 제시하지 못했다.

100 朱熹, 『朱文公文集』 권67, 「觀心說」(『朱子全書』(23), 上海 : 上海古籍出版社, 2002, 3278쪽). "心者, 人之所以主乎身者也, 一而不二者也, 爲主而不爲客者也, 命物而不命於物者也. 故以心觀物, 則物之理得."

101 朱熹, 『朱文公文集』 권67, 「觀心說」(『朱子全書』(23), 3278쪽). "今復有物以反觀乎心, 則是此心之外復有一心而能管乎此心也. 然則所謂心者, 爲一耶, 爲二耶? 爲主耶, 爲客耶? 爲命物者耶, 爲命於物者耶? 此亦不待較而審其言之謬矣."

법처럼 돌이켜 현상적 마음을 관찰하여 본체를 직관한다는 '이발찰식법'은 주체로서의 마음이 관찰하는 마음과 관찰되는 마음으로 나뉘게 된다는 것이다.[102] 이는 "눈이 눈을 보고 입이 입을 씹는" 것처럼 지각의 맥락에서는 성립될 수 없는 것이다. 마음의 지각 기능은 외부 사물을 인식하여 그 이치를 알 수 있을 뿐, 내적으로 도약하여 본체를 직관할 수는 없다. 화엄종과 선종의 본체론적 존재론과 수양론에 대한 주희의 비판이 함축하는 것은, 인간의 마음은 단지 본체가 발현된 수동적인 현상에 지나지 않는 것이 아니라, 인식과 실천에 있어 하나뿐인 주체라는 점이다. 인식 주체는 실천주체가 되기 때문에, 주체는 대상인식과 도덕실천을 통제하는 주재자가 된다. 이로써 본체와 현상의 관계를 중심으로 하는 본체론적 사유로부터 주체적 마음과 대상적 사물의 관계를 중심으로 하는 지각론적 사유로의 전환을 알 수 있으며, 또한 지각론이 인심도심론이라는 실천적 도덕철학으로 나아갈 것임을 예견할 수 있다.

「관심설」에 보이는 본체론에 대한 비판은 비단 호남학파뿐만 아니라 도남학파 및 불교의 본체론과 수양론에 모두 적용되는 것이라 하겠는데, 이 점에서 주희의 지각론은 우주의 일원적인 본체를 상정하고 나의 의식과 현상 세계가 본체의 일시적 현현이라고 보는 본체론적 사유와는 양립할 수 없는 것이다. 이로부터 주희는 본체론적 존재론을 비판하되, 체용 범주는 지각론의 틀 속에서 부분적으로 수용하는 방향으로 체계화하게 된다. 따라서 「관심설」은 호남학파와의 논쟁을 종지부 짓는 논설이기보다는, 오

---

[102] 여기서 주의할 점은 주희에 있어 '마음의 분열'이란 나 이외에 또 하나의 실체적 나(본체)를 상정하는 경우를 가리킨다는 것이다. 이정환은 이를 '두 마음의 이율배반'이라는 테마로 설정하여 논한다(「주희의 수양론에서 실천주체와 실천의지－두 마음의 이율배반을 중심으로」, 27~62쪽).

히려 인식론으로서의 지각론과 윤리학으로서의 인심도심론에 대한 철학적 구상을 구체적으로 착수하게 되는 시발점으로서 간주될 수 있다. 「관심설」에 나타난 인심도심론과 그 이후의 전개에 대해 살펴보기 전에 먼저 주희의 지각론 체계와 특징을 간략히 살펴볼 필요가 있을 것이다.

(2) 지각론의 체계와 성격

주희는 장재의 "마음은 성과 정을 통괄한다"는 명제와 정이의 "본성은 이치이다"라는 명제를 심성론의 두 기둥으로 삼는다.[103] 주희는 이러한 심성론적 전제 하에서 지각이라고 하는 마음의 인지적 기능에 관한 철학적 탐구를 행한다. 그에 의하면, 마음은 지각이라고 하는 앎의 기능과 능력을 가지고 있는데, 그것은 "본성의 원리를 이용하여 정情을 일으키는" 마음의 기능이라고 설명된다.[104] 즉, 인간의 본성은 마음 안에 내재하는 이치나 원리인 것이고, 이 본성의 선천적인 이치와 원리를 이용하여 사물들에 대한 감각이나 느낌, 즉각적인 감정, 더 나아가 추리적 사고 내용까지 포함하는 마음의 총체적 실정實情을 일으키는 기능이 곧 지각이다. '정'은 매우 포괄적인 외연을 지닌 것으로 확장된 것이라 하겠는데, 이러한 '정'을 일으키는 지각 기능은 세 단계로 구분할 수 있다. 먼저, 지각은 외부사물에 대한 단순한 감각지각sense perception을 의미한다. 그러나 지각은 이러한 감각지각

---

103 朱熹, 『朱子語類』 5 : 70. "伊川, 性卽理也, 橫渠, 心統性情, 二句, 顚撲不破!"
104 朱熹, 『朱文公文集』 권55, 「答潘謙之(柄)」(『朱子全書』(23), 2590쪽). "성은 단지 이 리이고 정은 그가 유출하여 운용된 곳이며, 마음의 '지각'은 이 리를 갖추어 이 정을 행하는 것이다. 智로써 말하면, 옳고 그름을 아는 까닭의 리는 지이고 성이다. 옳고 그름을 알아서 옳고 그르다고 하는 것은 정이다. 이 리를 갖추어 그것이 옳고 그름을 깨닫는 것은 마음이다(性只是理, 情是流出運用處, 心之知覺, 卽所以具此理而行此情也. 以智言之, 所以知是非之理則智也, 性也. 所以知是非而是非之者, 情也. 具此理而覺其爲是非者, 心也)." 이 서한은 나중에 조선성리학에서 지각의 문제를 논할 때 자주 거론된다.

의 의미에 한정되는 것은 아니며, 사물에 대한 원리적인 인식의 단계까지 의미한다. 원리적 인식으로서의 지각은 다시 '지'와 '각'의 두 단계로 나뉠 수 있다. 사물의 원리를 추리하여 인식한 상태가 '지知, knowledge'라면, 자기 내부에서 지식의 근거가 되는 근원적 원리를 반성적으로 자각한 것이 '각覺, self-awareness'이다.[105] 이 점에서 '지'와 '각'은 각각 소당연所當然의 인식과 소이연所以然의 깨달음으로서 설명되기도 한다.[106]

그런데 마음의 성과 정은 체와 용, 혹은 실체substance와 작용function으로 나뉘어 설명될 수 있다.[107] 마음의 본체나 실체는 본성의 이치라면, 마음의 작용은 이치들이 질료적 기氣와 결합하여 일어나는 현상들이다. 주희는 본체와 현상이라는 구분과 관련해서 마음을 다시 순수한 자기의식의 상태로서의 미발未發과 사물을 대상적으로 지각하는 상태인 이발已發로 나누어 설명한다. 미발은 외적 사물을 지각하지 않는 상태, 즉 자기 마음의 움직임을 내적으로 자각하는 상태를 의미하기도 하지만, 또한 이 같은 자기의식의 상태에 내재해 있는 본성을 가리킬 수 있다. 다시 말해서, 미발은 지각 작용이 일어나기 이전의 마음 상태를 가리키기도 하고, 그러한 마음의 미발 상태에 내재해 있는 지각의 본체로서의 본성을 지시하기도 하는 것이다.[108]

---

105 김우형, 『주희철학의 인식론』, 36~38쪽 참조.
106 朱熹, 『孟子集註』, 「萬章」上, 7장. "知謂識其事之所當然, 覺謂悟其理之所以然."
107 여기서 주희가 말하는 '體'는 노불이 말하는 것과 함의가 다르다. 노불의 본체는 일원론적인 일자라면, 주희는 이기이원론에서 太極의 理를 특별히 '本體'라고 칭한다. 이러한 본체는 현상계[用] 이면에서 그것을 주재하는 비감각적, 원리적 존재를 의미한다. 주희의 다음 언급을 참조. "태극이라 하는 까닭에 이르면, 애초에 말할 수 있는 소리나 냄새가 없으니 성의 본체가 그러한 것이다(至於所以爲太極者, 又初無聲臭之可言, 是性之本體然也, 『太極圖說解』, 『朱子全書』(13), 73쪽)". 태극의 본체는 하나이지만, 사물의 성으로서 내재할 때는 특수한 원리들로 변형된다. 마음은 이러한 태극의 본체를 내포하고 있다.
108 김우형, 『주희철학의 인식론』, 101쪽 참조.

한편, 주희는 지각의 방법으로서 격물치지格物致知에 관한 이론을 정이의 학설에 근거하여 새롭게 정립한다. 원래 『대학大學』은 『예기禮記』에 수록된 하나의 편이었다. 그런데 정호·정이 형제가 그것을 뽑아내어 중시했으며, 이후 주희가 북송 신유학자들의 주석을 모아서 『대학장구大學章句』라는 책으로 펴내게 된다. 즉, 주희에 의해 『대학』은 사서四書의 하나로서 정립된 것이다. 그런데 그는 『대학』의 원문을 이른바 3강령 8조목에 따라 경1장과 전10장으로 완전히 새롭게 체제를 재구성하였는데, 문제는 정이가 그토록 강조했던 격물치지에 관한 언급은 단지 "이것을 앎의 지극함이라 한다[此謂 知之至也]"는 구절 이외에는 발견할 수 없었다는 것이다. 이에 주희는 고민을 거듭한 끝에 『대학』에 격물치지에 관한 해당 원문이 있었지만 망실亡失된 것이라 결론짓고, 빠진 원문을 정이의 학설에 근거해서 자기가 직접 써 넣게 된다. 이것이 그 유명한 '격물보망장格物補亡章'이다. 공자의 "기술하되 창작하지 않는다述而不作"는 전통에 비춰볼 때 경전 원문을 직접 만들어서 채워 넣은 것은 매우 이례적인 사건이라고 말하지 않을 수 없는 것이다. 이후 주희의 '격물보망장'은 지속적으로 뜨거운 논란거리가 되었다. 왕수인王陽明은 '격물보망장'을 비판했던 대표적 인물이다. 어쨌든 '격물보망장'은 지각의 방법과 내용, 목적에 관해 전체적이고 압축적으로 설명하고 있다.

이른바 '앎을 확장하는 것은 격물에 달려 있다'고 한 것은, 나의 앎을 지극히 하고자 한다면 그것은 사물에 나아가 그 이치를 탐구하는 것에 달려 있다는 것을 말한 것이다. 생각건대 인간 마음의 영특함에는 앎의 능력이 있지 않음이 없고 천하의 사물들에는 이치가 있지 않음이 없지만, 오직 이치에 대해서 끝까지 탐구하지 못하기 때문에 마음의 앎에 완전치 못함이 있게 되는 것이다. 이 때문에 대학에서 처음 가르칠 때에 반드시 배우는 자로 하여금 천하의 모든 사물들에 나아가서 이미 알고 있는 이치로 말미암아 그것을 더욱 더 탐구하여 그 지극한 것에 도달할 것을 구하도록 했다. 노력한 것이 오래되어 하루아침에 시원하게 관통하는 데에 이르면 여러 사물들의 표면과 이면, 정밀한 것과 조잡한 것이 이르지 않음이 없고, 내 마음의 온전한 실체와 큰 작용이 밝아지지 않음이 없으니, 이것을 사물이 격해졌다物格라고 하고, 이것을 앎의 지극함知之至이라고 한다.[109]

주희에 따르면, 지각의 주체는 마음이고 지각의 대상은 외부 사물이다. 마음에는 지각 능력이 있고, 사물에는 이치理가 있다. 대상적 사물에는 인간사[事]와 자연만물[物]이 모두 포함된다. 마음의 앎이 불완전한 것은 사람들이 사물의 이치에 대해 끝까지 궁구하지 않기 때문이다. 따라서 마음이 사물을 궁리하여 지식을 넓히는 격물치지의 방법을 통해서 이치에 대해 끝까지 밝혀야 한다. 선종은 면벽수행面壁修行하면서 내적 관조를 통해 불성佛性을 갑자기 깨달으려고 하지만, 이러한 방법으로는 결코 지식을 얻을 수 없다. 지식은 반드시 사물에 나아가 그 이치를 궁구함으로써 얻을 수 있다. 사물의 이치는 '마땅히 그래야만 하는 법칙所當然之則'과 '그렇게 되는 이유所以然之故'로 구분되는데,[110] 이는 앞서 말한 원리에 대한 앎의 두 단계인 지知와 각覺에 각각 해당하는 것이다.

---

109 朱熹,『大學章句』전5장. "間嘗竊取程子之意, 以補之, 曰 : 所謂致知在格物者, 言欲致吾之知, 在卽物而窮其理也. 蓋人心之靈, 莫不有知, 而天下之物, 莫不有理, 惟於理有未窮, 故其知有不盡也. 是以大學始敎, 必使學者, 卽凡天下之物, 莫不因其已知之理而益窮之, 以求至乎其極, 至於用力之久而一旦豁然貫通焉, 則象物之表裏精粗, 無不到, 而吾心之全體大用, 無不明矣. 此謂物格, 此謂知之至也."
110 朱熹,『大學或問』0 : 6. "至於天下之物, 則必各有所以然之故與所當然之則, 所謂理也."

그런데 외부 사물을 보고 듣지 않을 때에도 보고 들을 수 있는 원리는 늘 마음에 존재해야 언제라도 보고 들을 수 있는 것처럼,[111] 격물궁리를 통해 사물의 이치를 지각할 때에는 그렇게 인식하는 것이 가능하도록 하는 지각의 원리[知覺之理]가 있어야만 한다. 따라서 사물의 '마땅히 그래야만 하는 법칙소당연지칙'을 알고 난 후에 '그렇게 되는 까닭이나 이유소이연지고'를 알기 위해서는 마음 내부의 지각의 원리를 통해 유추해볼 수 있을 따름이다. 왜냐하면 지각은 감각과 사유의 기능을 갖되, 지각 능력의 제약으로 인해 사물의 '소이연지고'와 본성을 곧바로 직관할 수는 없기 때문이다. 따라서 사물의 '소이연지고'는 그 '소당연지칙'을 인식하도록 하는 마음 내부의 지각의 원리를 통해 추론해볼 수 있을 뿐이다. 다시 말해서, 지각의 원리를 함축하고 있는 나의 본성에 대해 탐구할 때 비로소 사물의 궁극적인 '소이연지고'도 이해할 수 있다. 요컨대, 격물치지를 통해 얻은 지각의 내용은 사물의 '소당연지칙'과 '소이연지고'로 이루어지며, '소당연지칙'에는 인간사의 도덕법칙과 천지만물의 자연법칙이 모두 포함된다. '소이연지고'는 그러한 법칙들의 근거이자 그것을 지각할 수 있는 원리로서 본성의 이치들이 된다.

위와 같은 격물궁리에 있어 반드시 요청되는 것이 있다. 그것은 곧 주체의식을 함양하는 방법으로서의 거경居敬이다. 일찍이 정이는 "함양할 때는 반드시 경을 써야 하며, 학문을 진보시키는 것은 지식을 지극히 하는 데 달려 있다"[112]고 말한 바 있다. 격물치지가 학문의 방법이라면, 주체성을 기르는 방법은 경을 사용하는 것이다. 이 중 주체 의식이 가장 중요하기

---

111 程顥 · 程頤, 『二程遺書』 18 : 83. "雖耳無聞, 目無見, 然見聞之理在始得."
112 程顥 · 程頤, 『二程遺書』 18 : 28. "涵養須用敬, 進學則在致知."

때문에 정이는 "도에 입문하는 것은 경만한 것이 없으니, 능히 지식을 넓힐 수 있으면서 경에 의존하지 않은 경우는 없었다"[113]고 말한다. 격물궁리를 통해 지식을 넓히기 위해서는 경의 함양법이 필수적으로 전제되는 것이다. 주희는 정이의 이러한 경의 방법을 그대로 계승하되 좀 더 체계적으로 발전시켰다. 경이란 경건함이나 엄숙함과 통하며, 평상시 옷차림과 언행, 마음가짐 모두를 단정하고 엄숙하게 유지하는 것을 의미한다. 그러나 무엇보다도 경은 정이도 강조한 것처럼 "하나에 집중하여 다른 데 나아가지 않음[主一無適]"을 뜻한다. 이것은 어떤 일을 할 때 그 일에 집중하되 다른 데 한눈팔지 않는다는 것을 뜻한다. 이렇게 집중해서 일을 할 때 주체성이 길러지고 사물의 이치에 대한 인식이 증가된다. 요컨대, 경이란 격물치지하기 위한 마음가짐과 조건으로서 주체성을 기르는 수양법이다.

주희는 마음의 지각 작용과 그 방법에 대한 메타적이고 초월적인 탐구를 통해 무엇을 말하고자 하는가? 그에 따르면, 지각이 성립하기 위해서는 반드시 기와 리가 결합해야만 한다.[114] 이때의 리와 기는 모두 마음 내부적 맥락에 있는 것으로서, 기는 육체형기와 감각기관을 통해 얻은 질료들을 의미하고 리는 지각의 원리와 원리적 지각 내용의 근원을 가리킨다. 지각의 원리는 감각이나 추리의 과정에 필수적으로 요청되는 것으로서 동정과 음양 같은 대대對待 범주들categories이 이에 해당한다.[115] 이러한 대대 범주는 『주역』에서 연원하는 것으로서, 「계사전繫辭傳」에 나오는 "역에 태극이 있으니 이것이 두 형식을 낳는다"[116]는 말에서 기원한 것이다. 주돈이의 『태극

---

113 程顥·程頤, 『二程遺書』 3 : 98. "入道莫如敬, 未有能致知而不在敬者."
114 朱熹, 『朱子語類』 5 : 24. "問 : 知覺是心之靈固如此, 抑氣之爲邪? 曰 : 不專是氣, 是先有知覺之理. 理未知覺, 氣聚成形, 理與氣合, 便能知覺."
115 김우형, 『주희철학의 인식론』, 151~157·226~235쪽 참조.

도설』 앞부분에서도 이와 같은 대대 범주의 파생을 언급한 바 있다.[117] 주희는 이처럼 본체(리)로부터 발출한 동정음양 등의 선천적先天的 대대 개념들을 외물의 감각이나 이치들의 추리 과정에서 지각이 성립되도록 하는 지각의 원리들로 간주한 것이다. 이러한 형식적 범주와 원리에 의해 마음은 현상적 사물을 감각하고 원리적으로 인식할 수 있다. 다만, 그 과정에는 지각의 원리들을 파생시키는 본체가 내재할 것이지만, 그 자체는 지각할 수 없다. 본체는 지각의 가능 근거이자 원리적 지각 내용의 출처이지 지각의 대상이 아니기 때문이다. 주희는 다음과 같이 말한다.

> 이발한 곳에서 마음의 본체로써 헤아려 그 마음이 발현한 것을 살피면, 아마도 경중장단의 차이가 있을 뿐입니다. 이른바 '사물은 모두 그러하니, 마음은 더 심하다'는 것이 이것입니다. 만약 발현한 바의 마음으로써 마음의 본체를 따로 찾는다면, 이런 이치는 없습니다. 이것이 호씨의 허물을 관찰하여 인을 안다는 설이 행해질 수 없는 까닭입니다.[118]

만약 현상적인 마음을 대상으로 삼아 탐구하면 그 마음의 현상적 상태를 인식할 수는 있을 것이다. 객관적 탐구로서 심리학적 탐구는 가능한 것이다. 그러나 나의 현상적 마음 내부를 살피는 것으로부터 본체를 인식할 수

---

116 『周易』「繫辭上」11장. "易有太極, 是生兩儀, 兩儀生四象, 四象生八卦."
117 周惇頤, 「太極圖說」. "太極動而生陽, 動極而靜, 靜而生陰, 靜極復動. 一動一靜, 互爲其根, 分陰分陽, 兩儀立焉."
118 朱熹, 『朱文公文集』 권46, 「答黃商伯」(『朱子全書』(22), 2131쪽). "已發之處以心之本體權度, 審其心之所發, 恐有輕重長短之差耳. 所謂'物皆然, 心爲甚', 是也. 若欲以所發之心別求心之本體, 則無此理矣. 此胡氏觀過知仁之說所以爲不可行也." 이 편지가 주희 나이 69세 때의 글로 추정된다는 점을 감안할 때, 그가 말년까지 본체론 비판과 지각론의 정립에 힘썼음을 알 수 있다.

는 없다. 왜냐하면 본체는 현상적 사물의 인식에 사용되는 형식적 원리들의 출처이자 원리적 지각 내용의 근거이기 때문이다. 더구나 지각 기능에는 돈오와 같은 직관 능력은 없다는 것이다. 결론적으로, 심성에 대한 철학적 탐구는 지각의 능력이나 범위를 초월해서 수행하지 않으면 안 된다. 호남학파의 영수이자 장식의 스승이었던 호굉胡宏, 1106~1062, 호는 오봉(五峯)은 자신의 허물을 내적으로 관찰하여 본체(인)를 인식한다는 학설을 내세웠는데, 주희는 이와 같은 주장이 성립할 수 없다고 비판하고 있는 것이다. 마음은 내부의 본체(리)를 지각할 수 없지만, 지각 작용이 성립하기 위해서는 지각의 가능 근거로서 본체가 마음에 존재해야만 한다는 것을 이해할 수 있을 뿐이다. 그와 같은 본체는 사실적 지각의 가능 근거일 뿐만 아니라 도덕적인 지각 내용의 근원이기도 하다. 주희는 지각론적 사유의 연장선상에서 도덕의식의 문제, 즉 인심과 도심의 문제에 대해 고찰하게 된다.

2) 인심도심론의 형성

주희는 노불의 본체론을 비판함으로써 본체 인식의 문제를 해결하고 지각론의 체계화를 지향하게 되는데, 다른 한편으로는 인심과 도심 개념을 핵심으로 하는 새로운 도덕철학을 구상하게 된다. 중화논변과 인설논변에는 그와 같은 도덕철학적 구상이 이미 잠재해 있었다.[119] 유학이 탈가치적이고 탈도덕적인 형이상학으로서의 본체론과 차별되는 지점은 인심도심에 관한 도덕론적 논의에 놓여 있음을 주희는 처음부터 어렴풋이 자각하고 있었던 것이다. 앞서 언급된 「관심설」에는 이 문제와 연관된 주희의

---

[119] 중화논변과 인설논변에서 인심도심이 직접 거론되진 않지만, 그 개념에 대한 관심은 이미 동시기의 편지들에 나타난다. 『朱文公文集』 권39, 「答許順之」 19 참조.

발언이 보인다. 가상의 질문자는 다음처럼 묻는다. 주희 당신이 주장한 바대로 마음은 하나이고 외물의 이치를 인식하는 주체여서 "마음을 관찰한다"는 것이 불가능하다면, '정밀하게 하고 한결같이 함[精一]', '잡아서 보존함[操存]', '마음을 극진히 다하여 본성을 알게 됨[盡心知性]', '마음을 보존하고 본성을 기름[存心養性]', 그리고 공자가 말한 충신독경忠信篤敬의 이치가 "앞에 참여하고 [마차의] 손잡이에 기대 있는 것을 본다"고 할 정도로 늘 경계하고 공경하는 태도를 유지하는 것 등등 반성적이고 자각적인 성찰에 근거한 고전유학의 자기수양은 무엇을 말한 것인가?[120] 주희는 이 질문에 대해 탈가치론적인 노불의 본체론과 마음의 주체성에 바탕한 유가의 도덕수양론 사이의 미묘한 차이점을 잘 변별해야 한다고 주장한다.

이 말은 서로 비슷하지만 같지 않으니, 바로 벼와 강아지풀, 붉은색과 자주색의 차이와 같아서 배우는 자가 마땅히 변별해야 하는 것이다. 무릇 '인심의 위태로움'은 인욕의 싹이요, '도심의 은미함'은 천리의 심오함이다. 마음은 하나이니, 바르고 바르지 않음으로써 그 이름을 달리 할 뿐이다. '오로지 정밀히 하고 오로지 한결같이 한다'는 것은, 그 바름에 머물러 착오를 살피는 것이요 다름을 물리치고 같음으로 되돌아간다는 것이다. 이와 같이 할 수 있으면, 진실로 그 중中을 잡아서 과불급의 치우침이 없게 될 것이니, 도심을 하나의 마음으로 여기고 인심을 하나의 마음으로 여기되 다시 하나의 마음이 있어 그것을 정밀히 하고 한결같이 한다는 것이 아니다.[121]

---

120 朱熹, 『朱文公文集』 권67, 「觀心說」(『朱子全書』(23), 3278쪽). "或者曰 : 若子之言, 則聖賢所謂'精一', 所謂'操存', 所謂'盡心知性 · 存心養性', 所謂'見其參於前而倚於衡'者, 皆何謂哉?"

121 朱熹, 『朱文公文集』 권67, 「觀心說」(『朱子全書』(23), 3278쪽). "應之曰 : 此言之相似而不

주희에 의하면, 인심도심이 나오는 『서경』 「대우모」의 16자 심법心法의 도덕적 교설은 이후 공자와 자사, 맹자에게로 전수되었다가 끊긴 뒤, 천년 후에 다시 정호와 정이에게로 이어진다. 특히 정이는 인심은 인욕이기적 욕심의 발현으로, 도심은 천리보편적 도덕원리의 발현으로 해석하였다.[122] 주희는 인심도심에 대한 이 같은 정이의 견해에 주목했던 것인데, 나중에 인심과 인욕의 동일시를 비판하고 수정하게 되지만, 그럼에도 불구하고 정이의 통찰에 많은 영향을 받았다고 할 수 있다. 위의 인용문은 정이의 견해를 따르는 초기설로 볼 수 있는데, 즉 하나의 마음에서 인욕이 싹트는 것을 자각한 것이 인심이고 천리의 은밀한 발현을 자각한 것이 도심이 된다는 것이다. 유학의 자기수양은 궁극적으로 이와 같은 인심과 도심을 살펴 구별해야만 가능하기 때문에 반성적 자기성찰을 반드시 필요로 한다.

그런데 이와 같은 자기반성은 먼저 마음을 주체로 확립한 뒤에 도덕적 양심良心과 의욕意欲의 발현에 대해 자각하려는 실천적 차원에서의 성찰이지, 불교나 호남학처럼 마음을 내적으로 관찰하고 본체를 직관하기 위해 의식을 명료한 상태로 유지하는 본체론적 관조와는 다르다고 주희는 주장한다.[123] 성찰할 때 이발찰식법처럼 마음자아의 분열을 야기할 가능성이

同, 正苗莠朱紫之間, 而學者之所當辨者也. 夫謂'人心之危'者人欲之萌也. '道心之微'者天理之奧也. 心則一也. 以正不正而異其名耳. '惟精惟一'則居其正而審其差者也, 絀其異而反其同者也. 能如是, 則信執其中而無過不及之偏矣. 非以道爲一心人爲一心, 而又有一心以精一之也."
122 程顥·程頤, 『二程遺書』권11. "人心惟危, 人欲也. 道心惟微, 天理也."
123 주희는 '항상 또랑또랑한 의식의 상태를 유지(常惺惺)'한다는 불교적 수양법과 유가의 조존성찰(操存省察)을 다르다고 본다. 다음을 참조. "그러나 그 마음을 붙잡는다는 것 또한 말하자면, 아침과 낮에 행한 것이 인의의 양심을 질곡 시켜 없어지지 않도록 함을 말할 뿐, 한 덩어리의 바위처럼 앉아서 그 밝되 작용하지 않는 지각을 지키는 것을 '조존'이라 한 것이 아니다(然其操之也, 亦曰 : 不使旦晝之所爲得以梏亡其仁義之良心云爾, 非塊然兀坐以守其烱然不用之知覺而謂之操存也)".(朱熹, 『朱文公文集』권67, 「觀心說」(『朱子全書』(23),

없진 않지만, 주희는 유가의 실천적 반성이 마음의 실체를 찾는 것이 아니라 양심이나 의욕의 발현태가 어떠한지 살피려는 것이기 때문에 마음의 분열을 일으키지 않는다고 주장한다. 주희가 볼 때 호남학의 이발찰식법은 근본적으로 발현된 마음을 살펴 본체를 인식하려는 방법이기 때문에, 실체적인 마음의 분열이 야기된다는 것이다. 주희는 정호의 "먼저 인식함이 있어야 한다"[124]는 언급을 다음처럼 해석한다.

나는 명도의 이른바 '먼저 지식이 있어야 한다'는 것은 단지 삿됨과 올바름을 알고 나아가는 의향을 인식하는 것일 뿐, 앎의 지극함의 일에 갑자기 이르는 것은 아니라고 생각합니다. 상채上蔡, 謝良佐 : 1050~1103와 오봉五峰, 호굉은 그것을 너무 지나치게 추론하였습니다. 보내주신 편지에서 또 '지知'의 한 글자는 곧 성문聖門의 주고받은 기틀이라고 하신 것은 두 공의 허물로 인해 더욱 잘못된 것입니다. 시험삼아 성인의 말로 고찰해 보면, 모두 이러한 말의 뜻은 없는 것 같으며, 오히려 근세 선가禪家의 말들이 대부분 이와 같습니다.[125]

주희는 정호의 '먼저 지식이 있어야 한다'는 말이 어떤 특정 사안의 옳고 그름과 의욕의 향방을 자각하는 것을 말하지, 본체에 대한 인식과 같은 지식의 지극한 차원을 가리키는 것은 아니라고 말한다. 사량좌와 호굉 등 호남학의 주요 학자들은 이것을 너무 과장해서 해석함으로써 성인의 가

3278쪽))
124 이는 『二程遺書』 2상 : 28의 내용을 가리키는 듯하다.
125 朱熹, 『朱文公文集』 권42, 「答胡廣仲」(『朱子全書』(22), 1894쪽). "熹竊謂明道所謂先有知識者, 只爲知邪正識趨向耳, 未便遽及知至之事也. 上蔡五峰旣推之太過, 而來諭又謂'知'之一字便是聖門授受之機, 則是因二公之過而又過. 試以聖賢之言考之, 似皆未有此等語意, 却是近世禪家說話多如此."

르침의 기틀은 '지' 자에 놓여 있다고 주장하기에 이르렀는데, 이는 잘못
된 견해라는 것이다. 인을 깨달음과 자각할 수 있는 본성으로 해석하는 것
은 인에 대한 올바른 이해가 아니며, 오히려 선종에서 말하는 성론과 돈오
설에 합치된다는 것이다.

「관심설」에 나타난 인심도심론은 「중용장구서」[119]에서처럼 인심도심
을 지각 개념으로써 통합적으로 설명하고 있지는 않은데, 불교와 호남학
의 본체론과 수양론을 유가의 전통적 도덕철학과 대비시키면서 인심도심
론을 새롭게 재정립하려는 모색 단계에 있다고 할 수 있다.

당시 주희는 사물 인식적인 지각과 도덕철학적 자각을 구분했던 것으로
보인다. 이는 '마음을 극진히 함'을 '격물궁리'의 인식적 방법으로 해석하
되, '마음을 보존함'은 경敬과 의義, '정일'·'조존'의 실천적 방법으로 구분
한 것에서 단적으로 나타난다.[126] 마음이 하나의 주체 의식을 이룬다고 해
도 이론적이고 실천적인 앎은 나뉘어 있다는 것이다. 이러한 관점에서 주
희는 유가의 전통적 자기반성은 도덕적이고 실천적인 것이기 때문에 본체
직관을 위한 내적인 관조와는 다르다고 주장한 것이다. 「관심설」의 결론
부분에서 주희는 인식과 실천을 포괄하는 학문으로서의 유학과 본체 직관
을 추구하는 불교를 대조시키면서 다음과 같이 논의를 끝맺는다.

대저 성인의 학은 마음에 근본하여 이치를 궁구하고 이치를 따라 사물에
응대하니, 몸이 팔을 부리는 것과 같고 팔이 손가락을 부리는 것과 같아서, 그

---

126 朱熹, 『朱文公文集』 권67, 「觀心說」(『朱子全書』(23), 3278쪽). "若'盡心'云者, 則格物窮
理, 廓然貫通, 而有以極夫心之所具之理也. '存心'云者, 則'敬以直內', '義以方外', 若前所謂
'精一''操存'之道也. 故盡其心而可以知性知天, 以其體之不蔽而有以究夫理之自然也. 存心
而可以養性事天, 以其體之不失而有以順夫理之自然也."

도리가 평이하고 통하며 그 머무름이 넓고 편안하며, 그 이치는 참되고 행함은 자연스럽다. 석씨의 학은 마음으로 마음을 구하며 마음으로 마음을 부리니 입이 입을 씹는 것과 같고 눈이 눈을 보는 것과 같아서, 그 기틀은 위태하고 절박하며, 그 길이 험난하고 막혔으며, 그 이치는 공허하고 그 형세는 거슬린다. 생각건대 그 말은 비록 서로 비슷한 것이 있지만, 그 실상은 같지 않음이 대개 이와 같다. 그러나 저 깊이 살펴 생각하고 밝게 분변하는 군자가 아니면 또한 그 누가 이에 대해 의혹이 없을 수 있겠는가?[127]

「관심설」 이후 주희는 한편으로 지각론의 체계화에 힘을 쏟는 반면, 다른 한편으로는 인심도심론을 정립하는 일에 매진하게 된다. 지각론의 방향에서는 대상 인식으로서 지각 개념을 체계화하고 지각의 주체인 마음과 대상적 사물 개념, 그리고 지각이 가능한 근거나 원리로서 지각의 원리 등을 구명하는 일이 된다. 그리고 인심도심론을 새롭게 구축하는 측면에서는 어떻게 인심과 도심 개념을 정립하여 도덕이론을 구성할 수 있는지가 과제가 되는 것이다. 그런데 이 두 과제는 완전히 별개의 것이 아니라 연관되어 있다. 예를 들어, 호남학파와의 논변 과정에서 제기된 천리와 인욕의 대대 관계는 인심도심 개념의 정립과 더불어 마음의 분열 가능성을 원천적으로 해소할 수 있는 열쇠를 제공할 수 있다. 주희는 "천리와 인욕은 비록 동시에 함께 존재하는 것은 아니지만, 그 선후先後, 공사公私, 사정邪

---

127 朱熹, 『朱文公文集』 권67, 「觀心說」(『朱子全書』(23), 3279쪽). "大抵聖人之學, 本心以窮理, 而順理以應物, 如身使臂, 如臂使指, 其道夷而通, 其居廣而安, 其理實而行自然, 釋氏之學, 以心求心, 以心使心, 如口齕口, 如目視目, 其機危而迫, 其途險而塞, 其理虛而勢逆. 蓋其言, 雖有若相似者, 而其實之不同, 蓋如此也. 然非夫審思明辨之君子, 其亦孰能無惑於斯耶?"

正의 상반됨으로부터 말한다면 또한 상대되지 않을 수 없습니다"[128]라고 말한 적이 있는데, 이는 천리와 인욕의 상대적이고 대립적인 범주적 관계가 인심 속에서 도심을 자각하게 되는 원리가 됨을 암시한다. 즉, 도심이라는 실천적 인식도 외물의 지각과 마찬가지로 일종의 대대 개념이라 할 수 있는 천리-인욕의 상대성에 의해 가능하다는 것이다.

만약 천리와 인욕을 상대적인 대대 범주로 간주한다면, 그것들은 각각의 실체를 가지고 있어서 그 실체의 발현에 의해 도심과 인심으로 드러나는 것이 아니라, 천리-인욕의 범주적 대대성에 의해 도심이 발현된다고 볼 수 있게 된다. 다시 말해서, 감각적 지각이든 도덕적 자각이든 모든 마음의 의식 내용은 '지각의 원리'로서 대대 범주에 의해 현상적으로 드러나게 되는데, 시비是非, 사정邪正과 같이 천리인욕도 가치론적 함의를 지닌 대대 범주로서 작용하여 도심이 발현되도록 한다는 것이다. 반면 인심은 일반적인 대대 범주에 의해 발현되는 감각지각으로서 설명될 수 있다.[129] 인심은 일반적 대대 범주에 의해 현현하는 감각 지각인 반면, 도심은 단지 가치론적 범주에 의해 일어나는 것이라는 차이만이 있게 된다. 이러한 발상에서는 결국 "인심은 인욕이요 도심은 천리"라는 정이의 이론을 수정하지 않으면 안 될 것이다. 주희는 다음처럼 말한다. "만약 '도심은 천리이고 인심은 인욕'이라고 말한다면, 도리어 두 개의 마음이 있게 된다. 사람에게는 단지 하나의 마음이 있을 뿐이니, 다만 도리를 지각한 것이 도심이

---

128 朱熹, 『朱文公文集』 권42, 「答胡廣仲」 5(『朱子全書』(22), 1902쪽). "天理人欲, 雖非同時幷有之物, 然自其先後公私邪正之反而言之, 亦不得不爲對也." 이 말은 도심의 자각이 외물의 지각과 마찬가지로 대대 범주에 의해 성립될 수 있음을 함축한다.
129 주희가 「관심설」로부터 「중용장구서」에 이르는 기간 동안 인욕의 자각으로서 인심이 주로 육체적 형기에 관련된다는 점을 자각했을 것이다. 전현희, 「朱熹 人心道心說의 성립 과정」, 54쪽 참조.

고 소리와 색, 냄새와 맛을 지각한 것이 인심이어서 많은 것을 다투지는 않는다. '인심은 인욕이다'라는 이 말은 병통이 있다. 비록 상지上智라도 이 것이 없을 수 없으니, 어찌 완전히 옳지 않다고 말할 수 있겠는가."[130]

　도심은 천리를 자각한 것이요 인심은 인욕을 자각한 것이라는 정이의 설명은, 천리와 인욕의 실체를 찾기 위해 내부를 살피게 됨으로써 성찰의 대상이 되는 마음과 성찰의 주체가 되는 마음이라는 두 개의 마음으로 분열하게 된다. 따라서 이러한 견해는 수정되어야 하는 것이다. 마음은 하나이지만 대대 범주에 의해 지각이 이루어질 뿐인데, 가치론적 대대 범주에 의한 지각 내용과 그렇지 않은 일반적 지각 내용에 따라 인심과 도심으로 구분된다는 것이다. 달리 말하면, 가치론적 대대 범주에 의해 도덕적 도리를 지각한 것은 도심이라 하고, 일반적 대대 범주에 의해 대상을 감각적으로 지각한 것은 인심이라 칭한다는 것이다. 인심은 도덕적 차원을 떠난 단순한 감각 지각의 내용을 가리키기 때문에, 도덕적으로 악한 인욕의 상태와 동일시할 수 없다는 것이다. 요컨대, 도심과 인심은 마음이 지니는 하나의 지각 작용으로써 설명 가능해진다. 마음의 지각 기능이 대대 범주라고 하는 원리에 의해 어떤 것은 가치론적인 내용을 지니고 어떤 것은 가치론적이지 않은 일반적인 감각 내용만을 지닌 것으로 구분된다는 것이다. 다만, 모든 인간은 하나의 지각에서 비롯된 두 가지 지각 내용이 찰나의 시간차를 두고 혼재되어 나타날 수 있게 된다. 육체와 도덕성은 모두 인간에게 없어서는 안 될 필

---

130 朱熹,『朱子語類』78 : 193. "若說道心天理, 人心人欲, 卻是有兩箇心! 人只有一箇心, 但知覺得道理底是道心, 知覺得聲色臭味底是人心, 不爭得多. '人心, 人欲也', 此語有病. 雖上智不能無此, 豈可謂全不是?" 이 언급은 주희 65세 때의 말로 추정되는데, 이는 「중용장구서」 이후로 「관심설」에 상존했던 난점, 즉 '도심은 천리이고 인심은 인욕'이라고 할 때 마음 안에서 천리와 인욕의 실체를 살피게 되어 마음이 둘로 분열될 수 있다는 난점을 완전히 해결하게 되었음을 보여준다.

수적인 요소이기 때문에, 인심과 도심은 한 인간의 마음에 동시적으로 병존할 수밖에 없다. 「중용장구서」에서 주희는 다음처럼 말한다.

> 마음의 텅 비고 신령스러운 지각은 하나일 뿐인데 인심과 도심의 차이가 있다고 말하는 것은, 어떤 것은 형기形氣, 육체의 사사로움에서 생하고 어떤 것은 성명性命, 도덕성의 명령의 올바름에서 근원하여 지각된 것이 같지 않기 때문이다. 이 때문에 어떤 것은 위태로워서 불안하고, 어떤 것은 미묘하여 알기 어려울 뿐이다. 그러나 인간은 이 형기를 갖지 않은 사람이 없으므로 비록 상지上智, 상급의 지혜를 가진 자라도 인심이 없을 수 없으며, 또 이 본성을 갖지 않은 사람이 없으므로 비록 하우下愚, 하급의 어리석은 자라도 도심이 없을 수 없다. 두 가지는 마음속에 섞여 있는데, 그것을 다스리는 방법을 알지 못해서 위태로운 것은 더욱 위태롭고 미묘한 것은 더욱 미묘해지니, 공적인 천리는 마침내 저 사적인 인욕을 이길 수 없게 된다.[131]

주희에 의하면, 인간 마음의 '텅 비고 신령스러운' 지각 작용은 하나이지만, 인심과 도심의 구분이 생긴 이유는 지각된 내용이 다르기 때문이다. 여기서 지각된 내용이 다르다는 것은, 어떤 것인심은 감각적인 것인 반면 어떤 것도심은 도덕적이고 당위적인 내용이라는 뜻이다. 주희는 다음처럼 말한다. "단지 이 하나의 마음이지만, 지각이 귀나 눈의 욕구로부터 작용한 것은 곧 인심이고, 지각이 의리義理, 도덕적 원리로부터 작용한 것은 도심이

---

[131] 朱熹, 「中庸章句序」. "心之虛靈知覺, 一而已矣, 而以爲有人心道心之異者, 則以其或生於形氣之私, 或原於性命之正, 而所以爲知覺者不同. 是以或危殆而不安, 或微妙而難見耳. 然人莫不有是形, 故雖上智不能無人心, 亦莫不有是性, 故雖下愚不能無道心. 二者雜於方寸之間, 而不知所以治之, 則危者愈危, 微者愈微, 而天理之公, 卒無以勝夫人欲之私矣."

다."132 즉, 인심은 외물을 육체적 감각기관형기을 통해 즉각적으로 인지한 내용으로서 흔히 희로애락과 같은 감정들을 동반하는 것이다. 반면, 도심은 '본성의 명령성명'에 근원한 도덕적 원리를 자각한 의식 내용이다. 인심은 감각 지각의 내용이자 그에 동반되는 일반적인 감정들로 되어 있어서 일시적으로 가치중립적일 수 있지만, 이내 이기적인 의도나 욕심에 끌려 악에 빠지기 쉽기 때문에 '위태롭다'고 한 것이다. 성인도 육체적 욕구는 필수불가결한 것이므로 인심이 없을 수는 없다. 한편, '본성의 명령'은 미묘해서 자각하기 쉽지 않으므로 도심은 '은미하다'하다고 하지만, 가장 어리석은 사람도 도덕적 본성을 가지고 있기 때문에 양심의 목소리가 없을 수 없다는 것이다. 다시 말해서, 상지든 하우든 인간이라면 누구나 인심이 인욕으로 기울 때 양심의 목소리이자 당위 준칙에 대한 자각으로서의 도심이 생겨난다는 것이다. 이처럼 모든 사람의 의식 속에서 인심과 도심은 뒤섞여 나타나게 되는데, 사람들은 이를 다스릴 방법을 모르기 때문에 당위준칙이나 도덕법칙을 따르라는 양심의 목소리를 외면하고 마침내 사적인 욕심을 따라 악을 저지르게 된다는 것이다. 아래의 대화는 도덕적 원리에 대한 자각으로서의 도심이 어떻게 지각되는지, 그리고 그 내용은 구체적으로 무엇을 가리키는지 말해준다.

인심도심에 대해 물었다.

대답: 기쁨과 분노 같은 것이 인심이다. 그러나 이유 없이 기뻐하고 그 기쁨함이 지나쳐서 금할 수 없을 정도까지 이르며, 이유 없이 화를 내

---

132 朱熹, 『朱子語類』 78 : 194. "(或問人心道心之別.) 曰 : 只是這一箇心, 知覺從耳目之欲上去, 便是人心. 知覺從義理上去, 便是道心."

고 그 분노가 심하여 막을 수 없을 정도까지 이르면, 이는 모두 인심이 시킨 것이다. 반드시 마땅히 기뻐해야 할 것을 기뻐하고 마땅히 분노해야 할 것을 분노하는 것이 도심이다.

질문 : 배고프면 먹고 갈증 나면 마시는 것은 인심입니까?

대답 : 그렇다. 반드시 마땅히 먹어야 할 것을 먹고, 마땅히 마셔야 할 것을 마시는 것은 이른바 도심을 잃지 않은 것이다. 만약 도천盜泉의 물을 몰래 마시고 모욕적으로 주는 음식을 먹으면, 인심이 이겨서 도심은 없어질 것이다!

질문 : 인심은 없을 수 있습니까?

대답 : 어떻게 없을 수 있겠는가! 다만 도심을 주체로 삼으면 인심은 매번 명령을 들을 뿐이다.[133]

기쁨과 분노 같은 일반적인 감정들은 인심이라 하겠는데, 이것이 혹 지나쳐서 제어할 수 없을 정도가 된 경우는 이미 인욕人欲, 사욕의 상태에 빠지게 된 것이다. 이때 당위적인 준칙이나 기준에 따라 마땅히 기뻐해야 할 것을 기뻐하고 마땅히 분노해야 할 것을 분노하는 것이 바로 도심이다. 따라서 도심의 지각 내용은 "~해야 한다" 혹은 "~해서는 안 된다"라는 당위적 형식을 띠게 된다.[134] 예를 들어, 배고픔과 갈증을 느끼는 것은 인심이

---

133 朱熹,『朱子語類』78 : 196. "問 : 人心·道心. 曰 : 如喜怒, 人心也. 然無故而喜, 喜至於過而不能禁. 無故而怒, 怒至於甚而不能遏, 是皆爲人心所使也. 須是喜其所當喜, 怒其所當怒, 乃是道心. 問 : 饑食渴飮, 此人心否? 曰 : 然. 須是食其所當食, 飮其所當飮, 乃不失所謂'道心'. 若飮盜泉之水, 食嗟來之食, 則人心勝而道心亡矣! 問 : 人心可以無否? 曰 : 如何無得! 但以道心爲主, 而人心每聽命焉耳."

134 주희는 이러한 당위의식에 관한 착상을 맹자의 양지나 사단으로부터 얻은 것으로 보인다. 주희는 제자와 다음과 같은 문답을 나눈 적이 있다. "어떤 이가 물었다. 이치의 그침을 용납하지 않는다는 것은 무엇입니까? 대답 : 이치의 마땅히 해야 할 바는 스스로 그침을

지만, 아무리 배고프더라도 음식을 훔쳐 먹어서는 안 되며 모욕적으로 주는 음식도 먹어서는 안 된다고 생각하는 것은 곧 도심이다. 한마디로 도심이란 도덕적으로 부당한 것을 행해서는 안 되며 인간다운 존엄과 품위를 유지하면서 행동하라는 도덕성의 명령을 자각한 상태이다. 인간은 평상시 주로 인심의 상태에 있다가 이것이 당위적인 기준을 넘어 이기적인 욕심을 추구하는 쪽으로 빠져들 때, 곧 "그래서는 안 된다"는 도심을 자각하게 된다는 것이다. 이때 인심은 이미 인욕사욕으로 전변된 상태인 것이고, 도심과 갈등하고 대립하는 상황이 된 것이다.

그런데 앞에서 언급된 것처럼, 만약 하나의 마음속에 섞여 있는 인심과 도심을 어떻게 다스려야 할지에 대해 모른다면, 인심은 늘 인욕이 되어 도심을 눌러 이겨서 도덕적 행위로부터 멀어지게 될 것이다. 16자 심법에서 "오로지 정밀하게 하고 오로지 한결같이 하여 진실로 그 중을 잡으라"는 것은 곧 인심과 도심을 다스리는 공부의 요체가 된다. 주희는 이에 대해 「중용장구서」에서 다음처럼 말한다. "'정밀히 함'은 저 두 가지 사이를 살펴서 섞이지 않게 하는 것이요, '한결같이 함'은 그 본심의 바름을 지켜서

용납하지 않는다. 맹자가 이곳을 잘 드러내어 밝혔다. 예를 들어 '어린이는 부모를 사랑하지 않음이 없고, 커서는 형을 공경하지 않음이 없다'고 말했는데, 자연히 멈출 수 없는 곳이 있다(或問：'理之不容已者如何？ 曰：理之所當爲者, 自不容已. 孟子最發明此處. 如曰：'孩提之童, 無不知愛其親. 及其長也, 無不知敬其兄.' 自是有住不得處. 『朱子語類』, 18：91)". 또 주희는 진순의 다음 언급을 칭찬했다. "예를 들어, 어린 아이가 우물에 빠지려 할 때 마땅히 측은하게 여겨야 합니다. 대개 사람이 사람의 부류와 더불어 그를 대하는 이치는 마땅히 이와 같아야 하니, 이와 같지 않음을 용인하지 않습니다. 그렇지 않으면, 이는 천리에 어긋나고 인간의 부류가 아닙니다. 이것이 당연처입니다(又如赤子入井, 則合當爲之惻隱. 蓋人與人類, 其待之理當如此, 而不容以不如此也. 不然, 則是爲悖天理而非人類矣. 此當然處也. 『朱文公文集』 권57, 「答陳安卿」(『朱子全書』(23), 2736쪽)). 요컨대, 주희는 측은지심을 지각할 때 당위적이고 명령적인 형식으로 자각된다고 본 것이다. 즉, 측은지심은 "측은하니 구해야 한다"는 양태로 지각된다는 것이다.

떨어지지 않는 것이다. 여기에 종사하여 조금의 끊어짐도 없이 반드시 도심으로 하여금 항상 한 몸의 주재자가 되게 해서 인심이 매번 그로부터 명령을 들으면, 위태로운 것은 편안해지고 은미한 것은 드러나게 되어 움직이고 고요하며 말하고 행동하는 것에 자연히 지나치거나 모자람의 잘못이 없게 될 것이다."[135]

"그 중을 잡으라"는 것은 도심을 자신의 주재자로 삼고 인심이 항상 도심의 명령을 들어서 도덕적인 행위를 하도록 만들어야 한다는 것이요, 이렇게 되기 위한 수양 공부의 방법이 곧 "정밀하게 살피고 한결같이 지키는"것이 된다. 즉, 주희는 16자 심법에서 '정밀하게 함'은 인심과 도심의 차이를 분명하게 성찰해서 구분하는 것으로 해석하되, '한결같이 함'은 도심을 택하여 단단히 지켜서 잃어버리지 않는다는 것으로 본 것이다. 다만, 인심과 도심을 정밀하게 살피고 도심을 택하여 굳건하게 지키는 것이 어떻게 가능한지에 대해서는 여전히 보충적인 설명이 필요한 것처럼 보인다. 다시 말해서, 인심과 도심의 문제에는 지각된 것을 실천하려는 의지와 욕구의 문제가 중요한 요소로서 개입되어 있다고 할 수 있는데, 이에 대한 설명은 「중용장구서」에 자세히 나타나 있지 않은 것이다. 인심이 도심의 명령을 받도록 다스리는 방법은, 도심을 자발적이고 자율적으로 선택하고 지키는 주체의 의지나 의욕이 관건이 된다. 이 점에서 의지나 의욕을 성실하게 하는 성의誠意가 실천적 공부에 있어 가장 우선적인 것으로 간주된다.[136] 다음 절에서 이 문제를 중심으로 주희 인심도심론의 윤리학적

---

135 朱熹,「中庸章句序」. "精則察夫二者之間而不雜也, 一則守其本心之正而不離也. 從事於斯, 無少間斷, 必使道心常爲一身之主, 而人心每聽命焉, 則危者安, 微者著, 而動靜云爲, 自無過不及之差矣."
136 朱熹,『大學章句』, 전6장. "誠其意者自修之首也."

특성에 대해 살펴보자.

3) 인심도심론의 윤리학적 특징

지금까지의 고증학적 연구가 밝힌 바대로, 주희가 「중용장구서」에서도 인용하고 있는 『서경』 「대우모」의 16자 심법은 고문古文에만 나오고 금문 今文에는 없는 위작僞作이라 할 수 있다.[137] 정약용에 의하면 「대우모」 해당 구절은 동진東晉 사람 매색梅賾이 『논어』 「요왈堯曰」편에 나오는 '윤집기중允 執其中' 구절에 근거하여 요-순-우로 이어지는 도의 전수의 실질적 내용 을 구성하고자 『순자』 「해폐」편을 원용하여 쓴 것이다.[138] 이는 요-순- 우로 이어지는 '심법'의 전수가 실은 후대에 조작된 것으로서 역사적 사 실이 아닐 뿐만 아니라, 그 근원은 순자의 도덕철학임을 암시하는 것이다.

이러한 문제점에 대해서는 주희 역시 어렴풋하게나마 인지했던 것으로 보인다. 왜냐하면 주희도 『고문상서』에 대해 그 문헌적 순정성을 의심하 여 "『상서』 공안국孔安國의 전은 아마도 위진 때의 사람이 지어 공안국의 이 름을 가탁한 것이다"[139]라고 말한 적이 있기 때문이다. 그러나 주희는 심

---

[137] 이에 관해서는 다음을 참조. 정약용, 『역주 매씨서평』, 이지형 역주, 서울 : 문학과지성사, 2002, 597~628쪽.

[138] 이에 관련된 『荀子』 「解蔽」편은 다음과 같다. "옛날 순임금이 천하를 다스릴 때에는 일로 써 가르치지 않아도 만물이 이루어졌다. 마음을 전일하게 하여 위태롭게 여기면 그 영화 가 충만하고, 마음을 전일하게 하여 정미함을 기르면 영원하되 알 수가 없다. 그러므로 『도경』에 이르길, '인심은 위태로움이요 도심은 정미함이다'라 하였으니, 위태로움과 정 미함의 기미는 오직 밝은 군자가 이후에야 그것을 알 수 있다(昔者舜之治天下也, 不以事 詔而萬物成. 處一危之, 其榮滿側, 養一之微, 永矣而未知. 故『道經』曰, '人心之危, 道心之 微', 危微之幾, 唯明君子而後能知之)." 『道經』은 전해지지 않아 그 내용이 확실치 않으나, 道家類 계통의 전적일 것으로 추측된다.

[139] 朱熹, 『朱子語類』 78 : 29. "『尚書』孔安國傳, 此恐是魏晉間人所作, 托安國爲名." 이외에도 주희가 『고문상서』에 대해 의심하는 언급은 자못 많다. 또한 주희는 『순자』를 깊이 연구 했기 때문에 '인심'과 '도심' 개념의 출처가 道家 계통이라는 사실도 분명 인지하고 있었

법과 도통의 역사적 고증 문제보다는 인심도심이 함축하는 초역사적이고 윤리학적인 함의에 보다 더 주목한다. 인심과 도심이라는 개념과 16자 심법으로부터 보편적인 도덕학설이 도출될 수 있다고 본 것인데, 특히 '정밀히 하고 한결같이 하는' 수양법에는 도심을 선택하는 자유의지의 문제를 깊숙이 개입시키고 있다. 주희 도덕학설의 이와 같은 특징을 이해하기 위해 먼저 순자와 맹자, 그리고 정이의 윤리학에 대해 간략히 살펴보자.

원래 심법에서 말하는 '정밀하게 하고 한결같이 한다'는 수양법은 순자로부터 유래된 것이다. 그것은 마음의 전일專— 혹은 통일統—을 뜻하기 때문에,[140] 자발적인 선택으로서 의지의 문제는 개입되지 않는다. 순자는 「해폐」편에서 "'인심은 위태로움이요 도심은 정미함이다'라 하였으니, 위태로움과 정미함의 기미는 오직 밝은 군자인 이후에야 그것을 알 수 있다"[141]라고 말한다. 여기서 인심과 도심의 상대적인 대비와 선택의 의미는 보이지 않는다. 왜냐하면, '인심의 위태로움'과 '도심의 정미함'은 대립적이기보다는, 보통 인간의 마음은 위태로우니 항상 경계하고 두려워해야 도를 체득하고 덕을 이룰 수 있으며, 이미 도(덕)를 체득한 상태이자 자기 수양의 결과로서 도심은 정밀하고 신묘하다는 것을 말한 것이기 때문이다. 마음을 정밀하게 통일하고 전일하게 해야 도(덕)를 체득하여 도심의 상태가 될 수 있다고 본 것이다. 따라서 순자의 '정밀히 하고 한결같이 하

을 것이다. 주희는 「해폐」편을 비롯한 『순자』의 글들을 곳곳에서 인용하고 있다(『朱子語類』 16 : 86 등 참조).

140 순자에 있어 '精'은 어떤 것에 전문적이고 정밀함을 말하고, '一'은 專一함 혹은 종합·통일을 뜻한다. 양자는 대조되는 것이 아니라, 서로 상통하는 의미를 지닌다. 즉, 「해폐」편의 '虛壹而靜'에서 '壹'의 수양법과 통한다. 『荀子』, 「解蔽」. "人何以知道? 曰 : 心. 心何以知? 曰 : 虛壹而靜. (…중략…) 心生而有知, 知而有異, 異也者, 同時兼知也. 同時兼知之, 兩也. 然而有所謂一, 不以夫一害此一謂之壹."

141 『荀子』, 「解蔽」. 위의 각주 참조.

는' 수양법에는 인심과 도심 사이에서 하나를 선택하는 문제가 개입되는 것이 아니며, 후천적 학습과 수양을 통한 도(덕)의 체득을 주장하는 덕 윤리학적 입장이라고 할 수 있다.

맹자의 경우는, 그가 비록 요-순-우에서 탕왕-문왕-공자로 이어지는 도통의 계보를 언급하고 있기는 하지만,[142] 도심과 인심에 대해서는 말한 바가 없다. 단지 그는 인심에 대해 "인은 사람의 마음이요, 의는 사람이 가야할 길이다"라고 말했을 뿐이다.[143] 즉, 맹자에 있어 인심이란 인仁ㆍ의義ㆍ예禮ㆍ지智 같은 덕성으로 발전될 수 있는 선한 네 가지 단초[四端]를 지닌 인간의 일반적인 마음을 의미하는 것이다. 이 점에서 맹자의 도덕철학은 인심ㆍ도심의 대립적 상대적 의미와 관련이 없으며, 양자 사이의 선택적 의지 문제도 개입될 여지가 없다. 맹자는 덕을 이루기 위해 사유[思]와 더불어 의지[志]도 중시하지만, 이때의 의지는 선택의 의미보다는 도덕적 지향성을 나타낸다.[144] 여러 기질적 경향성들을 조율하고 통합하여 중용을 이루기 위해서는 도덕을 지향하고 추구하는 것이 필요하다. 요컨대, 맹자에는 인심과 도심 사이의 선택이라는 문제는 발견되지 않으며, 순자처럼 덕 윤리학적 성격을 띠되 그와 상반되게 선천적인 도덕적 인식ㆍ실천 능력(양지ㆍ양능)을 강조하는 입장이다.[145]

---

142 『孟子集註』, 「盡心下」, 38장 참조.

143 『孟子集註』, 「告子上」, 11장. "孟子曰, 仁, 人心也, 義, 人路也."

144 『孟子集註』, 「公孫丑上」, 2장. "夫志, 氣之帥也, 氣, 體之充也. 夫志至焉, 氣次焉. 故曰, 持其志, 無暴其氣."

145 이러한 상반된 성격을 근거로, 맹자는 도덕적 단초를 배양하여 덕을 이루는 계발형 (development model)이라 한다면, 순자는 타고난 인지ㆍ실천능력(知ㆍ能)으로써 본성을 변화시키고 사회적 덕목과 규범을 습득하는 재조형(re-formation model)이라고 구분할 수도 있을 것이다(아이반호, 신정근 역, 『유학, 우리 삶의 철학』, 서울 : 동아시아, 2008, 43쪽). 아이반호는 또한 주희를 회복형(recovery model), 왕수인을 발견형(discovery model)로 유형화하면서 다음과 같이 언급한다. "이 두 모형은 많은 유사한

정이는 인심도심 개념을 처음으로 천리와 인욕에 연관시켜 윤리학적으로 설명했다. 그는 "인심은 사욕이므로 위태롭고, 도심은 천리이므로 정미하니, 사욕을 없애면 천리는 밝아진다"[146]고 말한 바 있다. 또 정이는 다음처럼 말했다. "'인심은 위태롭고 도심은 은미하니,' 마음은 도가 있는 곳이요, 은미함은 도의 실체이다. 마음과 도는 혼연히 하나이다. 그 양심을 잃어버린 것에 상대시켜 말하면 도심이라 하고, 그 양심을 잃어버리면 위태롭다. '오직 정밀하게 하고 한결같이 함'은 도를 행하는 방법이다."[147] 그에 따르면, 인심은 사욕을 따르는 상태로서 위태롭고, 도심은 천리를 자각한 상태로서 은미한 것이다. 천리인 도를 간직한 상태는 양심을 유지하는 상태와 같으며 이를 도심이라 한다는 것이다. 자연히 도천리와 양심을 잃어버린 상태는 인심이 된다. '정밀하게 하고 한결같이 함'이란 도천리와 양심을 마음에 간직하면서 실천하는 방법이다.

그런데 도를 실천하는 방법으로서 '정밀하게 하고 한결같이 하는' 것이 무엇인지 정이는 자세히 밝히고 있지 않다. 다만, 정이의 윤리학적 견해에 미루어 볼 때, 그것은 아마도 사물을 정밀히 탐구하고 하나에 집중하는 것으로서 격물궁리와 거경으로 간주되었을 것이다. 정이는 사물의 이치를 탐구하면 특정한 상황에서 합당하게 대처할 수 있는 도덕적 원리들을 자

전제를 공유하는 반면, 그들은 도덕적 지식에 어떻게 다가갈 수 있으며, 이런 지식을 얻는 데 필요한 것은 무엇인가 또는 최선의 방법이 무엇인가 그리고 그것이 우리의 지각과 판단, 행동에 어떤 정보를 주는지 등 이러한 화제를 둘러싸고 견해가 나뉘곤 했다."(281쪽) 아이반호는 주희나 왕수인 등 신유학의 수양론이 공자, 맹자, 순자 등과 현격한 차이가 있다고 본다. 나는 고전 유학이 덕 윤리학(virtue ethics)을 나타내는 반면 주희는 의무론적 윤리학(deontological ethics)의 특징을 띤다고 생각한다.

146 程顥·程頤, 『二程遺書』 24 : 9. "人心私欲, 故危殆, 道心天理, 故精微, 滅私欲, 則天理明矣."
147 程顥·程頤, 『二程遺書』 21하 : 24. "'人心惟危, 道心惟微', 心, 道之所在, 微, 道之體也. 心與道, 渾然一也. 對放其良心者言之, 則謂之道心, 放其良心, 則危矣. '惟精惟一', 所以行道也."

각할 수 있다고 보기 때문이다. 정이에 의하면, 주체성을 가지고 하나에 집중하여 도덕적 원리들을 인식해서 실천하면 되지 별도의 수양법이 필요하지 않다. 인식론과 윤리학은 방법론상에 있어서 다르지 않다. 따라서 경과 격물로써 도덕적 원리를 자각하여 양심을 지키면 도심이고 그렇지 못하면 인심이 되는 것이므로 이 두 가지가 한 마음 안에서 대립하는 일은 생기지 않는다. 자연히 인심과 도심의 갈등 상황에서 어느 한쪽을 선택해야만 할 일도 없는 것이다. 요컨대, 정이의 인심도심 개념과 '정일'의 수양법에 대한 해석에는 인심과 도심 사이의 갈등, 이에 대한 도덕적 성찰과 선택의 문제가 개입되지 않는다. 이러한 도덕론에서 문제가 되는 것은, 주희도 한번 지적한 것처럼, 도심을 일으키는 천리의 본체를 내적으로 살펴서 찾게 됨으로써 마음의 분열을 야기한다는 것이다. 또한 인심을 사욕인욕과 일치시킴으로써 모든 생리적 욕구와 감정들을 멸절시켜야 비로소 도심이 밝아지게 된다는 오해를 야기할 수 있다는 것이다.

주희는 인심과 도심을 인욕사욕과 천리에 연관시킨 정이의 설명에 큰 영향을 받았지만, 그의 인심도심론에 함축되어 있는 낙관주의에 만족하지 못했고, 무엇보다 그것의 이론적 결함에 대해 점점 더 분명하게 깨닫게 되었다. "인심은 사욕이고 도심은 천리"라고 말하는 것은, 생리적 욕구나 감정을 멸절시키려 하고 마음속에서 도심의 실체로서 천리를 찾도록 만들 것이기 때문이다. 특히 정이의 이론에서는 대상을 탐구하여 도덕적 원리를 알았다고 하더라도, 인간은 그가 안 것을 반드시 행하는 것은 아니라는 사실에 주목하지 못했다. 말하자면, 지각 내용에 의해 인심과 도심이 정해지고 이 두 의식내용은 한 마음 안에서 뒤섞여 발생하는 것이므로, 인심도심의 문제에는 선택과 의지의 문제가 관련되지 않을 수 없는 것이다. 주희는 「중용장구서」에서 "'정밀히 함'은 저 두 가지 사이를 살펴서 섞이지 않게 하는 것이요, '한결같이 함'은 그 본심의 바름을 지켜서 떨어지지 않는 것"이라고 말한 것을 『중용』에 나오는 "선을 택하여 단단히 지킨다"는 구절과 연결시킨다. 그는 "'선을 택하여 단단히 지킨다'는 것은, 정밀하게 하고 한결같이 하는 것을 말한다"[148]고 한다. 즉, '정밀히 함'은 마음을 세밀하게 살펴서 인심과 도심을 구별하여 이 가운데 도심을 택한다는 것이고, '한결같이 함'이란 선한 도심을 굳게 지킨다는 의미로 해석한 것이다. 주희는 다음처럼 말한다.

> 인심과 도심은 본디 하나의 사물일 뿐이지만, 지각한 것이 같지 않다. '오직 정밀히 하고 오직 한결같이 한다'는 것은 두 가지 공부이다. '정밀히 함'은 이 사물을 변별하는 것이요, '한결같이 함'은 변별한 뒤에 또 그것을 단단히 지켜야 한다. 만약 변별하지 못할 때 다시 무엇을 단단히 지키겠는가? 만약 변별한 뒤에 다시 단단히 지키지 않으면, 길게 멀리 가지 못하니, 오직 이와 같아야 중도에 합할 수 있다. '오직 정밀히 하고 오직 한결같이 한다'는 것은 '선을 택하여 단단히 지킨다'는 것이다.[149]

주희에 따르면, '정밀히 함'과 '한결같이 함'은 두 가지 공부로 나뉜다.

---

148 朱熹, 「中庸章句序」, "擇善固執, 則精一之謂也." '택선고집'은 『中庸』 20장에 보인다. "誠者, 天之道也, 誠之者, 人之道也. 誠者, 不勉而中, 不思而得, 從容中道, 聖人也. 誠之者, 擇善而固執之者也."

149 朱熹, 『朱子語類』 78 : 193. "道心人心, 本只是一箇物事, 但所知覺不同. '惟精·惟一', 是兩截工夫. 精, 是辨別得這箇物事. 一, 是辨別了, 又須固守他. 若不辨別得時, 更固守個甚麼? 若辨別得了又不固守, 則不長遠. 惟能如此, 所以能合於中道. 又曰 : '惟精惟一', 猶'擇善而固執之'."

즉, 전자는 지적知的인 공부에 속하고, 후자는 행적行的인 공부에 속한다. '정밀히 함'은 '선을 택함'에 해당되는데, 이는 정밀히 살펴서 인심과 도심 사이를 간별해내는 것을 말한다. '한결같이 함'은 '단단히 지킴'에 해당되는데, 이것은 인심과 도심을 변별한 후 택하게 된 도심을 굳건히 유지하는 것을 의미한다. 요컨대, '정밀히 하고 한결같이 함'과 '선을 택하여 단단히 지킨다'는 것은 두 단계로 이루어져 있는데, 먼저 마음 내부를 성찰하여 인심과 도심을 구별하고 도심을 택한 뒤에, 그것을 굳게 유지하는 것이다. 여기서 '선을 택함'이 인심과 도심을 구별하고 도심을 택하는 과정을 가리키는데, 이때 도심에 대한 선택이 어떻게 가능한지는 여전히 분명하지 않다. 과연 두 가지를 다른 것으로서 간별하기만 하면 언제나 필연적으로 도심의 선택이 보장된다고 할 수 있을까? 이에 대한 해답을 얻기 위해 주희의 마음 이론을 잠시 살펴보자.

그에 의하면, 마음의 주요한 기능은 지각과 의욕으로 나뉜다.[150] 주희는 "지각은 구별하여 인식함을 주로 하고, 의욕은 경영하고 작위함을 주로 하는데, 지각은 본성과 본체에 가깝고, 의욕은 감정과 작용에 가깝다"[151]고 말한다. 즉, 앎지각이 먼저 있고 나서 그 인지된 것에 따라 감정도 발생하게 되는데, 이때 이러한 감정을 작위적으로 어떻게 해야 되겠다는 의욕이 발생하게 된다.[152] 따라서 지각 내용이 인심과 도심으로 나뉘는 것에 따라 의욕도 다음의 두 가지가 발생한다고 볼 수 있다. (가) 지각된 생리적 욕구나 일반적 감정을 따르려는 의욕, (나) 지각된 도덕적 원리나 당위

---

150 朱熹,『朱子語類』15 : 93. "知與意皆出於心. 知是知覺處, 意是發念處."
151 朱熹,『朱子語類』15 : 123. "知則主於別識, 意則主於營爲. 知近性, 近體; 意近情, 近用."
152 朱熹,『朱子語類』5 : 82. "情是發出恁地, 意是主張要恁地. 如愛那物是情, 所以去愛那物是意."

준칙을 따르려는 의욕. (가)는 자신의 이기적 욕심을 채우려는 의욕인욕, 사욕으로 쉽게 발전할 수 있으며, (나)는 도덕적 원리나 준칙을 따르려는 의욕이라 할 수 있다. 만약 어떤 상황에서 (가)와 (나) 사이에 갈등과 대립이 발생할 때, 이 두 마음 중에서 하나를 택하는 제3의 의욕이 있어야 할 것이다. 아래의 인용문은 이 제3의 의욕이 인심대신에 도심을 왜 택해야 하는지에 대해 암시해준다.

> 인심은 이 몸에 지각이 있고 의욕이 있는 것이다. (…중략…) 도심은 의리義理의 마음이니 인심의 주재가 될 수 있고, 인심은 그것에 근거하여 기준으로 삼는다. 먹고 마시는 것으로써 말하면, 배고프고 갈증 날 때 먹고 마셔서 배부르고 만족하도록 채우고 싶어 하는 것은 모두 인심이다. 그러나 반드시 의리가 거기에 있으니, 먹을 수 있는 것이 있고 먹어서는 안 되는 것이 있다. (…중략…) 또 부모가 자식을 사랑하고 자식은 부모에 효도하는 것은 일반 사람 또한 행할 수 있는 것이니, 이것이 도심의 바름이다. 그러나 부모가 한번 그 자식을 학대하면 자식은 반드시 소리지르며 부모에게 대들 것이니, 이것이 인심이 위험한 까닭이다. (…중략…) 그러므로 인심으로 하여금 매번 도심의 처분에 따르도록 해야 한다. 그러나 이 도심은 도리어 인심 사이에서 섞여 발출되어 미묘하여 보기 어려우므로, 반드시 그것을 정밀히 하고 한결같이 한 이후에야 중中을 잡을 수 있다. 그러나 이 또한 두 마음이 있는 것이 아니니, 단지 의리와 인욕의 변별일 뿐이다.[153]

---

[153] 朱熹,『朱子語類』62：41. "人心是此身有知覺, 有嗜欲者. (…중략…) 道心則是義理之心, 可以爲人心之主宰, 而人心據以爲準者也. 且以飮食言之, 凡饑渴而欲得飮食以充其飽且足者, 皆人心也. 然必有義理存焉, 有可以食, 有不可以食. (…중략…) 又如父之慈其子, 子之孝其父, 常人亦能之, 此道心之正也. 苟父一虐其子, 則子必狠然以悖其父, 此人心之所以危也.

현실의 인간은 육체라는 생물학적 조건을 반드시 필요로 하고, 그로부터 지각과 의욕도 가능하기 때문에 인심은 없을 수 없는 것이다. 이때 의욕은 덕을 지향하는 것도 있고 단순한 생리적 욕구를 추구하는 것도 있다. 그것은 지각 내용과 감정의 종류만큼이나 다양할 것이지만, 크게 대별해보자면 인심을 충족하려는 것과 도심을 따르려는 것으로 나뉠 따름이다. 그런데 인심 자체는 악은 아니지만, 그것을 통제하지 않을 때에는 이기적 욕심에 빠지게 되어 결국 악을 저지르게 된다. 따라서 인심은 행위의 기준이 될 수 없으며, 늘 도심이 그것의 주재처이자 행위의 기준으로서 상정될 수밖에 없는 것이다. 예를 들면, 배고플 때 먹고 싶은 욕구가 발생할 것인데, 이때 만약 음식이나 돈이 없다면 인심은 순간적으로 훔쳐서라도 먹고 싶다는 욕구가 생기게 된다. 그러나 이러한 이기적 욕구는 곧 "배가 고프더라도 음식을 훔쳐 먹어서는 안 된다"는 도심의 의욕과 충돌하게 된다. 이때 인간은 언제나 당위준칙을 따르지는 않는다. 예를 들어, 부모는 자식을 마땅히 자애롭게 대해야 하지만 오히려 자식을 학대하여 죽음에까지 이르게 하는 범죄가 일어나기도 하고, 반대로 자식은 부모에 효도해야 하지만 학대에 못 이겨 부모에게 반항하고 폭력을 행사하는 경우도 심심찮게 발생한다. 모든 사람이 당위의식으로서 도심을 항상 택하지는 않는다는 것이 현실적 인간의 모습인 것이다.

주희는 인간의 현실이 바로 이러하기 때문에 위태로운 인심을 따라서는 안 되며, 반드시 도심을 택하여 인심의 주재와 기준으로 삼아야 한다고 주장한다. 인심인욕과 도심의 대립 상황에서 도심을 택해야 할 이유는, 당위

(…중략…) 故當使人心每聽道心之區處, 方可. 然此道心卻雜出於人心之間, 微而難見, 故必須精之一之, 而後中可執. 然此又非有兩心也, 只是義理·人欲之辨爾."(강조는 인용자)

적인 도심이 단지 행위의 기준이기 때문에 그것을 택해야만 한다는 것이다. "정밀히 하고 한결같이 함"과 "선을 택하여 단단히 지킨다"는 것은 제3의 의욕이 도심을 택하여 당위준칙을 행하도록 하는 실천적 영역에서의 공부인 것이다. 요컨대, 인심과 도심 사이에서 선택권을 가진 제3의 의욕은 자유의지free will와 같은 함의를 지니며, 그것은 결정론적인 물리적 기의 세계 속에서도 자율적이고 자발적으로 도심을 택할 수 있는 것이기에, 그 의욕을 성실히 하는 '성의誠意' 공부가 요청되는 것이다. 그것은 육신으로부터의 욕구보다는 도덕적 본성을 참된 것[實]으로 여기고 그것에 따르고자 하는 노력이다. 몸의 욕구도 실재하는 기형기에 근거하는 것이지만, 궁극적으로 그것은 영원하지 않고 계속 변화하고 유동적이기 때문에 허虛한 것이지 실한 것은 아니다. 반면, 도덕적 본성성명은 본체로서의 리이므로, 시간에 대해 영원하며, 헛되지 않고 진실한 내용을 지니기에 도덕적 책임을 발생시킨다. 성의 공부는 제3의 의욕이 그와 같은 헛되지 않고 진실한 세계를 따르려는 도덕적인 노력을 의미한다. 도심을 택하는 제3의 의욕은 인심의 의욕과 도심의 의욕 등 여타의 의욕들과 본질적으로 다른 것이 결코 아니기 때문에, 의욕을 성실히 하고 참되게 하는 노력은 더욱더 요청된다. 다만 반복되는 말이지만, 의욕을 성실하게 하기 위해서는 논리적으로 격물궁리의 탐구가 선행되어야 하며, 그것에 앞서 주체성을 기르는 경의 함양이 다시 요청되는 것이다. 이러한 조건 하에서 인심과 도심에 대해 정밀하게 살피고 도심을 택하여 굳건히 지키며 의욕을 성실되게 하는 공부를 계속 한다면 도심을 택하는 의지와 욕구는 점점 더 강해질 수 있다.

지금까지의 논의로부터 주희 인심도심론의 윤리학적 특징은 다음처럼 정리할 수 있다. 첫째, 주희는 불의한 일은 행해서는 안 된다는 당위의식도심이 단지 당위적이고 인심에 기준이 되어야 하기 때문에 그것을 택해서 실천해야 한다고 본다. 이는 서양철학에서 칸트의 의무론적deontological 성격과 유사하다고 할 수 있다. 도덕성의 명령이자 당위준칙의 자각으로서 도심을 강조하는 것은 도덕적 행위에 있어 내적인 동기를 중시하는 입장을 나타낸다. 이때 도심을 택하는 내적 동기는 영혼과 같은 어떤 초월적인 실체에 근거해 있는 것은 아니며, 인심이나 도심을 운용하려는 마음의 일반적 의욕과 본질적으로 다르지 않은 것이다. 다만, 도심을 택하려는 의욕은 자신의 노력 여하에 의해 충분히 실행 가능하다고 믿어야 한다.

둘째, 주희의 인심도심론은 자율도덕ethics of autonomy의 성격을 나타낸다. 주희는 사회적 관습이나 예禮 등 역사적으로 형성된 외적 규율에 따라야 한다는 입장순자나 법가 등에 대해 비판적인 입장이며, 도덕의 기준은 궁극적으로 내부에서 찾아질 수 있다고 본다. 이때 그와 같은 도덕적 기준은 내적 동기나 당위 의식에 따라 자율적이고 주관적으로 규칙들을 구성할 수 있다. 인심과 도심이 대립하고 갈등할 때 도심을 택하여 단단히 지켜야 할 이유는, 그것이 단지 당위이기 때문이다. 도심을 택해서 인심의 기준으로 삼아야 한다는 것을 당위로서 받아들이는 것은 인간의 도덕적 자율성을 중시하는 입장을 나타내는 것이다.

그러한 자율성은 일종의 도덕법칙을 스스로 규정하고 규율하려는 성향을 나타낸다. 인간의 마음은 동일한 구조와 기능을 가지고 있고, 당위적인 준칙소당연지칙은 본성의 원리에 근거해 있기 때문에, 항상 "인심이 도심의 명령을 받도록 행위하라"는 원칙을 따른다면 누구든 특정한 상황에서 어떤 객관적 규범이나 지침 없이도 스스로 도덕적 행동을 할 수 있다는 것이다. 정이는 예와 같은 객관적 규범을 천리에 근거하는 절대적인 도덕율로서 간주하는 경향을 보이지만,[154] 이와 달리 주희는 예악형정禮樂刑政이라고 하는 관습이나 규범, 법과 제도 등을 도덕적 본성이나 그로부터 발출된 당위준칙들로부터 구별했다.[155] 예와 당위준칙의 이와 같은 구별은, 자신의 원칙과 기준에 따라 자율적으로 행위할 수 있다는 입장을 드러내는 것이다.

마지막으로, 주희의 인심도심론은 상지나 하우에 관계없이 모든 사람에게 적용되는 윤리적 보편주의의 성격을 띤다. 도심에 의해 자각되는 당위준칙과 도덕적 기준은 주관적이지만, 그 근거가 되는 본성(리)은 보편적이고 절대적이기 때문에 인심도심론은 보편주의를 지향한다는 것이다. 이러한 보편주의적 특성은 학문을 통해 성인의 경지에 이를 수 있다는 정이의 성학聖學의 이념을 계승한 것으로서 수양을 통한 덕의 함양을 주장하는 고전 유학에 비해 훨씬 더 평등주의와 보편주의를 나타낸다. 아래의 인용문은 주희의 인심도심론이 당시 결과론이나 공리주의와 대립하는 입장임을 말하고 있지만, 또한 사회에서 통용되는 덕을 근거지우는 보편적 원리에 입각해 있음을 말해준다.

요즘 사람들은 일을 함에 이 일을 마땅히 해야 하는지, 마땅히 해서는 안되는 것인지는 논하지 않고, 먼저 이 일에 어떤 공효가 있는지를 계산하고 비교한다. 이미 계산하고 비교하려는 마음이 있으면 이는 오로지 이익을 위하

---

154 程顥·程頤,『二程遺書』15:17."禮卽是理也."
155 朱熹,『中庸章句』제1장."性道雖同, 而氣稟或異, 故不能無過不及之差, 聖人因人物之所當行者, 而品節之, 以爲法於天下, 則謂之敎, 若禮樂刑政之屬是也."또한 김우형,『주희철학의 인식론』, 206~208쪽 참조. 주희는 禮와 같은 객관규칙은 궁극적인 도덕적 기준이 될 수 없으며, 오로지 도심의 당위준칙만이 기준이 되어야 한다고 본다.

여 하는 것이니, 마땅히 해야 할 일에 대해서는 다시 알지 못하는 것이다. 덕이라는 것은 이치가 나의 마음에 얻어진 것이다. 일반적으로 사람들이 마땅히 해야 할 것을 알아서 이익을 위하는 마음이 없다면, 이러한 생각은 저절로 높고 원대한 것이다. 작은 이익과 해로움을 따지고 작은 편의를 찾으면, 이러한 생각은 곧 비루하고 수준이 낮은 것이다.[156]

주희는 일의 결과와 이익만을 따지는 당시의 세태와 진량陳亮, 1143~1194과 같은 공리주의적 사공학파事功學派를 비판하면서, 도덕적 행위란 결과적 이익이 아니라 그 행위의 동기가 옳고 선했는가에 의해 결정된다고 주장한다.[157] 더 나아가 주희는 덕 개념을 도덕적 이치의 실천을 통해 체득되는 것으로서 새롭게 규정하고자 한다. 즉, 덕은 "이치가 나의 마음에 얻어진 것"으로서 설명되는데, 이는 덕보다는 원리나 규칙을 의미하는 리 개념이 윤리학의 핵심으로 부상하게 됨을 의미하는 것이다. 이것은 주희의 도덕이론이 공자와 맹자, 순자의 덕 윤리학을 포괄할 수 있음을 암시한다. 즉, 주희의 인심도심론은 공자의 충서忠恕의 방법이나 맹자의 "먼저 그 대체大體를 세우는" 방법 등을 포괄할 수 있다는 것이다.[158] 공자와 맹자의 도덕적 수양론은 인심과 도심을 정밀하게 살펴서 선을 택하여 굳게 지키는

---

156 朱熹, 『朱子語類』 42 : 93. "(陳希眞問'先事後得, 非崇德與'.) 曰 : 今人做事, 未論此事當做不當做, 且先計較此事有甚功效. 旣有計較之心, 便是專爲利而做, 不復知事之當爲矣. 德者, 理之得於吾心者也. 凡人若能知所當爲, 而無爲利之心, 這意思便自高遠. 才爲些小利害, 討些小便宜, 這意思便卑下了."

157 이승환, 「주자와 진량의 왕패논쟁」, 『유가사상의 사회철학적 재조명』, 서울 : 고려대 출판부, 1998, 286~321쪽; Tillman, H. C. *Utilitarian Confucianism : Chen Liang's challenge to Chu Hsi*, Cambridge, Mass : Harvard University Press, 1982, pp.133~152.

158 맹자의 大體小體論을 주희가 인심도심론으로 발전시켰다는 점은 장원태, 「군자와 소인, 대체와 소체, 인심과 도심」, 『철학연구』 81, 철학연구회, 2008, 18쪽 참조.

공부법에 의해 포섭될 수 있다.[159] 요컨대, 주희의 인심도심의 윤리학은 공자나 맹자에 비해 덕이나 공감의 중요성은 다소 축소되었지만, 도덕을 보편적인 원리에 근거 지음으로써 모든 사람에게 적용되는 보편적인 윤리학을 지향했다고 평가할 수 있다.[160]

---

[159] 朱熹, 『朱子語類』 8 : 11. "성현이 말한 공부는 모두 마찬가지이니, 단지 '선을 택해서 굳게 붙잡는' 것일 뿐이다(聖賢所說工夫, 都只一般, 只是一箇擇善固執)."

[160] 明末 양명학자인 黃宗羲는 인심도심설이 "순자 성악설의 종지"를 이룬다고 비판한 바 있다. 정약용, 『역주 매씨서평』, 「염씨고문소증초1」(이지형 역주, 서울 : 문학과지성사, 2002), 610쪽. 이에 대해 정약용은 황종희를 역비판하면서 주희를 다음처럼 칭송했다. "살펴보건대, 이 經(『도경』)의 이 해석(주희의 「중용장구서」)은 우리들의 性命의 公案으로서 천지에 세워도 어그러지지 아니하고 백세에 성인을 기다려도 의혹됨이 없으리라. 무릇 사람의 모습을 갖추고 천성을 가진 자는 마땅히 시시각각 외우고 익혀서 항상 자신을 성찰할 것이니, 어찌 『매서』가 거짓이라고 하여 조금이라도 그 높이고 신뢰하는 정성을 소홀히 할 수 있겠는가?"(614쪽)

제2장

한국성리학의 발단과 근본 문제

지각론적 도덕론의 태동

한국성리학의 철학적 근본 문제는 무엇인가? 이 물음에 답하기 위해서는 조선성리학의 발단과 근원에 대해 고찰할 필요가 있다. 제1장에서 북송 유학자들의 우주론과 인간학이 주희에 이르러 지각론과 인심도심론을 두 축으로 하는 심성론적 논의로 전환하게 되었음을 살펴보았다. 조선성리학에 이르면, 『천명도설天命圖說』에 의해 사단칠정논변이 일어나게 되는데, 그것은 우주론과 존재론적 논의들이 지각과 인심도심이라고 하는 심성론적 논의로 전환되는 직접적인 계기를 이룬다. 이 장에서는 『천명도설』을 둘러싼 논쟁과 입장들의 분화가 어떻게 사단칠정논변이라는 심성론적 논의로 발전되어 가는지 살펴볼 것이다. 이를 위해 『태극도설』과 『천명도설』의 우주론적 공통점과 관점에 있어서의 미묘한 차이 등을 검토하고 그로 인해 야기되는 인식론적이고 도덕론적인 입장의 분화를 해명해볼 것이다.

『천명도설』은 『태극도설』처럼 우주론 분야에 귀속되지만, 그 기초와 근저에는 『태극도설』과 다른 관점이 잠복해 있었다. 『태극도설』은 우주 조

화의 근본원리를 인간의 입장을 벗어나서 객관적으로 설명하고자 했다면,
『천명도설』은 개별자에게 주어진 천명天命을 나의 마음속에서 자각해야
한다는 관점을 함축하고 있다. 이는 '태극'과 '천명' 개념의 차이로 인해
야기된 것이라 할 수 있으며, 사칠논변에서 이황과 기대승의 상반된 입장
도 이와 관련되어 있다. 기대승은 천명을 객관적이고 경험적인 기준에 의
해 설명하려 했던 반면, 이황은 마음에서 자각되는 '리의 발현[理發]'이라는
주관적이고 선험적인 느낌을 주장의 근거로 삼았다.

1. 『천명도설』의 우주론과 인간론―『태극도설』과의 공통점

『천명도설』은 우주와 그 안에 존재하는 인간의 지위와 역할에 대해 집
약적으로 설명하고 있는 문헌으로서 추만秋巒 정지운鄭之雲, 1509~1561이 지
은 것으로 알려져 있다. 그러나 엄밀히 말하면, 이황과 함께 합작하여 수
정하는 과정을 거치게 되므로, 이 책은 두 사람의 공동저작이라고 볼 수
있다.[1] 특히, 초고에 비해 이황의 견해가 상당히 많이 반영되었을 것으로
추정되고, 또 나중에 이 저작으로 말미암아 유명한 사단칠정논변이 발발
하게 되는 것이기 때문에, 일찍부터 많은 연구자들은 『천명도설』을 이황

---

1   『천명도설』은 정지운이 1537년 초고를 완성해서 1543년 1월까지 수정되지 않았다가,
    1553년에 이황과의 토론을 거쳐 크게 수정되는 과정을 거친다. 현존하는 서울대 규장각
    소장본 『천명도설』과 한국학중앙연구원 장서각 소장본 『천명도설』, 그리고 『퇴계집』에
    수록된 판본은 공통적으로 1553년 작성된 이황의 「天命圖說後敍」와 정지운의 「天命圖說
    序」(1554), 그리고 1555년 봄 이후 수정된 圖說 전10절과 더불어 「天命舊圖」와 「天命新
    圖」 두 그림이 모두 수록되어 있다. 세 간본의 도설 원문도 몇몇 부분에서의 오차가 있을
    뿐, 내용상의 큰 차이는 발견되지 않는다. 여기서는 위의 세 가지 간본을 『천명도설』로
    통칭하되, 그것을 『태극도설』과 비교할 것이다.

의 철학 사상에 있어 매우 중요한 자료로 간주하여 연구해왔다.[2]

그런데 『천명도설』은 이황 스스로도 밝히고 있듯이 주돈이의 『태극도설』과 그것에 대한 주희의 해석에 상당 부분 근거해 있다. 이황은 『천명도설』을 처음 접하고 수정하게 된 경위, 그리고 그 내용에 대해 객懸과 논변한 것을 기록한 글인 「천명도설후서天命圖說後敍」에서 『태극도설』에 근거하여 『천명도설』을 크게 수정하였음을 다음처럼 밝히고 있다. "내가 마침내 〈태극도〉와 그 해

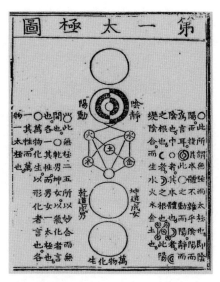

〈그림 1〉 주돈이의 〈태극도〉(이 그림은 『퇴계집』 권7, 『성학십도』의 「제1도」로서 수록된 것)

설을 증거로 대며 지적하여 어느 대목은 잘못되었으니 고치지 않을 수 없고, 어느 대목은 쓸모없으니 없애지 않을 수 없고, 어느 대목은 빠졌으니 보충하지 않을 수 없다. 내 말이 어떠냐고 하자, 정이靜而, 정지운는 모두 말이 떨어지자마자 수긍하면서 어기거나 고치기를 싫어하는 기색이 없었다."[3]

---

2 대표적으로 이상은(『퇴계의 생애와 학문』, 서울 : 예문서원, 1999, 원출판은 서문당 1973 년)은 『천명도설』을 "퇴계철학의 결정체"로 보았다. 또한 다음의 연구들을 참조. 유정동, 「天命圖說에 關한 硏究」, 『동양학』 제12집, 천안 : 단국대 동양학연구소, 1982; 유권종, 「退溪의 『天命圖說』 연구」, 『공자학』 제9호, 한국공자학회, 2002a; 강경현, 「退溪 李滉의 「天命圖」에 대한 분석—天命圈을 중심으로」, 『퇴계학보』 제131집, 서울 : 퇴계학연구원, 2012; 김우형, 「『天命圖說』에서 우주론과 도덕론의 문제—『太極圖說』과의 비교를 중심으로」, 『퇴계학보』 제139호, 2016; 김우형·이창일·김백희, 『성리학의 우주론과 인간학』.

3 李滉, 『退溪集』(韓國文集總刊本) 권41, 서울 : 民族文化推進會, 1990, 「天命圖說後敍」(附圖), 030_405a. "滉遂引證太極圖及說而指點曰, 某誤不可不改, 某剩不可不去, 某欠不可不補. 何如. 靜而皆言下領肯, 無咈吝之色."

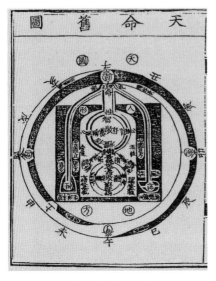

〈그림 2〉〈천명구도〉(『퇴계집』 권41, 소재)

이황은 『태극도설』에 근거해서 정지운이 애초에 지었던 〈천명도〉와 그 해설을 수정하였던 것이니, 『천명도설』의 우주와 인간에 대한 설명은 대체로 『태극도설』에서 벗어나지 않는다고 볼 수 있다. 따라서 『천명도설』을 정확히 이해하기 위해서는 『태극도설』에 대한 이해가 전제되지 않으면 안 되는 것이다. 이 점에서 『천명도설』을 『태극도설』과 비교한 이전의 연구들은 많은 도움을 준다고 하겠다.[4] 다만, 기존의 연구들은 〈천명도〉가 〈태극도〉에 상당 부분 근거하고 있다는 점과 세부적인 도상적 차이점,[5] 그리고 우주론과 심성론이라는 무게 중심의 차이 등 을 밝히긴 하였지만,[6] 도상적 차이만이 아닌, 도설까지 포함하는 좀 더 근본적이고 체계적인 비교가 여전히 요청된다고 말하지 않을 수 없다. 예를 들어, 금장태는 다음처럼 말한다. "퇴계는 〈태극도太極圖〉와 〈천명도天命圖〉의 사이에 리추理推와 류예類例는 같지만, 명의名義와 계분界分에서는 차이가 있음을 밝혔고, 〈태극도〉는 '리理·기氣의 본원本原'으로서 우주론의 문제라면, 〈천명도〉는 '인人·물物의 품부稟賦'로서 심성

---

4   다음을 참조. 박양자, 「退溪의 「天命圖說後敍」에 관하여─特히 「太極圖」와의 比較를 중심으로」, 『退溪學報』 제68집, 서울 : 퇴계학연구원, 1990; 금장태, 「退溪에 있어서 〈太極圖〉와 〈天命新圖〉의 解析과 相關性」, 『退溪學報』 제87집, 서울 : 퇴계학연구원, 1995.
5   박양자는 「천명도설후서」를 중심으로 〈태극도〉와 〈천명도〉의 세부적인 도상적 차이와 공통점을 밝히고 있다.
6   금장태는 『태극도설』과 『천명도설』을 우주론과 심성론의 차이에 초점을 맞추고 있다.

론의 문제이다. 그것은 중국성리학中國性理學의 근원根源으로서 〈태극도〉가 우주론적宇宙論的 문제인데 비하여, 한국성리학韓國性理學의 근원으로서 〈천인심성합일지도天人心性合一之圖〉와 〈천명도〉가 심성론적心性論的 문제였음을 말해 주며, 나아가 한국성리학의 특성이 심성론에서 출발하고 심성론으로 일관하고 있는 사실을 가장 잘 보여주는 것이라 하겠다."[7]

〈그림 3〉 〈천명신도〉(『퇴계집』 권41, 소재)

이러한 설명에서 『태극도설』은 우주론에 속하고 『천명도설』은 심성론을 의미한다는 설명은 양자의 차이를 너무 도식적이고 단순하게 대비시킨 것이라고 말하지 않을 수 없다. 즉, 양자를 모두 우주론적 맥락에서 살펴보되 우주론에 있어서의 관점의 차이를 좀 더 세밀하게 분석해 내고, 그로 인해 야기되는 사칠논변에서의 심성론적 입장의 분화 양상을 해명할 필요가 있다는 것이다. 다시 말해서, 『천명도설』은 『태극도설』에 근거하고 있기 때문에 양자는 우주론적 기본골격을 공유한다는 것을 전제로 하지 않으면 안 된다. 다만, 세부적인 우주론적 관점에 있어서 양자는 미묘한 차이를 나타내며, 이러한 차이는 근원적으로 사칠논변에서의 심성론적도덕론적 입장 분화와 관련되어 있다는 것이다. 이를 해명하기 위해 먼저 우주론의 맥락을 전체적으로 조망해본 뒤, 『태극도설』과 『천명도설』의 우주론

7   금장태, 「退溪에 있어서 〈太極圖〉와 〈天命新圖〉의 解析과 相關性」, 233~234쪽.

적 공통 기반에 대해 살펴보고, 이어서 양자가 지니는 세부적인 우주론적 관점의 차이를 분석해보기로 하자.

『천명도설』을 정확히 이해하기 위해서는 『태극도설』을 포함한 북송 시대의 우주론을 살펴보지 않으면 안 된다. 이미 앞에서 장재와 정이의 우주론에 대해서는 그 대략을 살펴본 바이지만, 여기서 다시 북송 우주론의 맥락을 대체적으로 검토할 필요가 있을 것이고, 이에 근거해서 『태극도설』과 『천명도설』의 우주론적 공통 기반에 대해 논하고자 한다. 일반적으로 우주론이란 우주의 생성과 진화에 관해 의문을 제기하고 그에 대해 해답을 제시하는 학문 분야라고 할 수 있다.[8] 일찍이 고대 중국에서는 노자가 유有로서의 우주만물은 도道라고 하는 무無의 본체本體로부터 생겨났다고 보았던 반면,[9] 공자는 끊임없이 생성하고 변화하는 역동적 과정으로서의 우주에는 음양陰陽의 생성과 변화의 중심축근거으로서의 태극太極이 존재한다고 생각했다.[10] 이러한 견해들은 모두 넓은 의미의 우주론에 속하는 것으로서 초기 동아시아 사상사를 장식했던 것이지만, 이 가운데 특히 노자의 우주론이 송대까지 주류를 이루게 된다.

11세기 중국 북송 시대의 신유학은 기존의 도가와 불교의 형이상학을 비판하면서 새로운 우주론과 형이상학을 모색하게 된다. 예를 들어, 주돈이는 도가의 우주론으로부터 많은 영향을 받았고 또한 『노자』 28장에 나

---

8 우주론(cosmology)은 "인간과 만물을 포함하는 우주의 기원과 진화 과정, 그리고 최종적 운명에 대한 연구"로 규정될 수 있다(https://en.wikipedia.org/wiki/Cosmology). 과학적 우주론의 역사는 물리학이나 천문학의 역사와 동일시되지만, 보다 넓은 의미의 우주론은 우주에 대한 과학적 접근뿐만 아니라 종교적 심미적 접근 모두를 포함한다. 여기서는 과학적 우주론의 맥락에서 『태극도설』과 『천명도설』에 접근할 것이다.

9 『老子』 40장. "天下萬物生於有, 有生於無."

10 『周易』, 「繫辭傳」上, 11장. "易有太極, 是生兩儀."

오는 '무극無極' 개념을 사용하고 있지만, 『노자』에서 말한 것과 주돈이가
말한 무극은 의미에 차이가 있다. 『노자』의 무극은 한계가 없는 무한한 근
원이자 有를 생하는 무無이고, 우주의 근본 실체로서 도를 의미한다. 『노
자』에 의하면, "만물은 유에서 생하고, 유는 무에서 생하며",[11] 이러한 무
의 본체(도)로부터 물리적 실재인 일기一氣가 생성되어 나오고, 다시 그것
의 음양으로의 분화와 재결합으로 인해 만물이 생성된다.[12] 이처럼 본체
(도)로부터 물리적 실재인 기가 생성되어 나오고, 다시 기로부터 우주만물
이 생성되어 나온다고 보는 견해를 과학적 우주론과 대비되는 '본체론적
우주생성론'으로 명명할 수 있다.[13]

　이러한 "무에서 유로의 생성"이라는 본체론적 우주생성론에 대해 북송
신유학자들은 대체로 비판적인 입장을 보였는데, 주돈이도 예외는 아니
어서 "유는 유에서 나온다"는 과학적 우주론의 입장을 취했다.[14] 즉, 주돈
이의 『태극도설』은 유를 낳는 초월적인 무의 본체가 따로 있다고 보지 않
고, 우주에는 기氣와 같은 유의 실재가 본래부터 존재해 있었다는 입장을
나타냈던 것이다. 합리적으로 설명할 수 없는 초월적인 존재를 상정하지
않는다는 점에서 주돈이의 우주론은 '과학적'이라고 말할 수 있는데, 이
는 송대 신유학적 우주론의 중요한 특징을 이룬다. 주돈이는 태극을 허무
虛無나 공空으로 표현되는 본체로 간주하지 않고 원리나 법칙적인 것으로서

11　『老子』40장.
12　『老子』42장. "道生一, 一生二, 二生三, 三生萬物."
13　나는 1장에서 노불의 본체론을 '본체론적 우주생성론'과 '본체론적 존재론'의 두 가지로
　　구분하여 명명한 바 있다. 전자는 도가의 우주론에서 잘 나타나고, 후자는 『대승기신론』과
　　화엄종에서 잘 나타난다. 그러나 이 흐름은 하나의 본체론적 사유에서 연원한 것이다.
14　이하의 해석은 주희의 『태극도설해』에 의거한 것이다. 『태극도설해』의 번역본은 곽신환·
　　윤원현·추기연 역, 『태극해의(太極解義)』 참조.

본다. 다시 말하면, 변화하는 우주 안에는 물질-에너지로서의 기와 더불어 그것에 법칙성을 부여하는 궁극적 원리로서의 태극이 있기 때문에, 기에 음양과 오행의 형식과 분화가 생겨나게 되고 인간과 만물도 형성되었다는 것이다. 주희가 해석한 것처럼, 태극은 "소리도 없고 냄새도 없는" 형이상의 실재로서 물리적인 형이하形而下의 기와는 본질적으로 다른 것이다. 즉, 리로서의 태극은 물리적 형체나 물질적 실체성이 없기 때문에 '무극'이라 칭하지만, 기와 결합하여 작용하는 방식을 통해 우주의 생성과 조화를 일으키는 원리나 법칙으로서 존재한다는 것이다. 무극과 태극은 유무를 초월한 것이지만, 기와 같이 실재한다는 점에서는 유라는 것이다.

만약 "무로부터 유의 생성"을 주요 특징으로 하는 노자의 본체론적 우주생성론과 대조시켜 본다면, 주돈이의 우주론은 "유로부터 유의 생성"을 주장한다고 말할 수 있다. 본체론적 우주생성론이 우주의 시작점에 해당되는 본체를 상정하는 것에 비해, 주돈이의 『태극도설』은 무형의 원리로서의 리와 물리적인 기가 결합된 상태로 태초부터 존재해왔다고 보기 때문이다. 『태극도설』은 기를 낳는 신비로운 어떤 우주의 근원적 실체를 상정하지 않는다는 것이다. 주돈이의 이 같은 견해를 주희는 정확히 간파했다고 여겨진다. 『태극도설』에 나오는 무극이 「계사전」에 나오는 태극과 다름이 없으며, 그것이 기를 낳는 우주의 본체가 아니라 원래부터 기와 결합하여 존재해 왔다고 해석했던 것이다. 이 때문에 주희는 『태극도설』이 주돈이의 저작이 아니거나 그의 정론이 세워지지 않았던 초기의 저작이라고 의심했던 육구연陸九淵, 1139~1193, 호는 상산(象山)과의 논쟁에서 무극이라는 말이 비록 『노자』에 근원하고 있고 태극은 공자가 『주역』 「계사전」에서 말한 것이지만, 무극과 동일한 태극 개념의 함의는 주돈이가 독창적으

로 체득한 것이라고 주장했다.[15]

〈태극도〉의 연원과 '무극'의 해석에 관련하여 지금도 학자들의 견해가 엇갈리고 있긴 하지만, 주희가 주돈이의 일생과 그 학설을 오랜 시간에 걸쳐 면밀히 연구했다는 점을 감안할 때, 주돈이가 태극 개념을 무극과 일치시킴으로써 자신의 독창적인 우주론을 제시했다고 보는 주희의 해석은 대체로 객관적이고 타당하다고 여겨진다. 일반적으로 과학이나 학문은 당대의 여러 전통에 기원하는 많은 사상 조류들이 결합하여 이루어지는 것이라고 할 수 있다. 예컨대, 근동지역에서 아라비아 숫자와 수학이 유입되지 않았다면, 근대 유럽의 고전역학이 과연 형성될 수 있었는지는 의문이다. 같은 맥락에서, 오늘날의 물리학과 우주론도 오로지 서양의 고전 역학과 우주론에서 기원한 것이라고는 볼 수 없는 것이다. 현대 우주론은 서양의 고전 역학과 우주론뿐만 아니라 종교와 예술, 철학 등 여러 분야로부터 영향을 받았을 뿐만 아니라, 동양 등 다른 문화전통으로부터도 일정한 영향을 받아 형성된 것이다. 마찬가지로, 『태극도설』의 우주론 역시 도교와 불교, 그리고 『주역』의 기론 등으로부터 일정한 영향을 받았지만, 그것들을 주돈이 자신의 독창적인 사유를 통해 종합하고 새롭게 재해석한 우주론이라고 보는 것이 타당하다. 요컨대, 주돈이의 『태극도설』은 리와 기의 이원론적 구조를 분명하게 천명하지 못했다는 일정한 한계가 있지만, 기존의 본체론적 우주생성론과는 판연히 다른 입장의 우주론이라고 할 수 있다.

『천명도설』은 이와 같은 『태극도설』의 우주론에 대체로 근거해 있기 때

---

15 朱熹, 『朱文公文集』권36, 「答陸子靜」4 참조. 주희와 육구연의 태극 논변에 대해서는, 호이트 틸만, 김병환 역, 『주희의 사유세계-주자학의 패권』, 파주 : 교육과학사, 2010, 289~298쪽 참조.

문에 그 우주론적 핵심 전제를 공유한다. 그렇다면 두 도설의 우주론적 공통점은 무엇인가? 먼저,『태극도설』과『천명도설』은 이기이원론을 우주론적 골자로 삼고 있다. 이기이원론이란, 물질－에너지를 의미하는 기 이외에 또 다른 우주론적 실체로서의 리가 있다는 것이다. 이러한 리는 '형체를 이루지 않는[形而上]' 것으로서, '형체를 이루는[形而下]' 물리적인 기에 대해 규칙성을 부여하는 원리나 법칙을 의미한다. 현상계의 사물들은 리와 기의 결합에 의해 생성되는 것이지만, 기로 이루어진 물질적 형체 안에 내재해 있는 형이상의 리를 인간은 볼 수 없다. 그러나 본체계인 리의 관점에서 보면, 현상계의 모든 사물들과 사태들의 운동과 변화의 원리는 이미 하나의 리 안에 모두 내재해 있다. 이러한 리와 기의 긴밀한 결합 관계에 대해 일찍이 정이는 "움직임과 고요함에는 시작점이 없고 음과 양에는 시초가 없으니, 도를 아는 사람이 아니면 누가 그것을 알 수 있겠는가?"[16] 라고 말했던 것이다. 즉, 원래부터 존재해 있는 기의 움직이고 고요하며, 음적陰的이고 양적陽的인 변화와 작용들은 그렇게 하도록 만드는 까닭이나 원리로서의 리에 의해 가능하지만, 그러한 리는 애초부터 기와 결합해 있는 것이기 때문에 우주의 시작과 끝을 말할 수 없다는 것이다.

　『천명도설』도『태극도설』과 마찬가지로 우주론적 이기이원론을 근간으로 삼는다. 오히려『천명도설』은『태극도설』에 비해 더욱 분명하게 리와 기에 대해 명시적으로 설명하고 있다. 이는 도설 제1절이 "천명의 리"에 대해 설명하고, 제2절은 "오행의 기"에 대해 말하였으며, 제3절은 "리와 기의 구분"에 관해 다루고 있다는 것에서 단적으로 드러난다.[17] 즉,『천명

16　程顥·程頤,『程氏經說』권1. "動靜無端, 陰陽無始, 非知道者, 孰能識之?"
17　리와 기의 이원론적 관계를 단적으로 말하고 있는 대목은 다음과 같다.『天命圖說』, 제3절

도설』은『태극도설』에 비해 훨씬 명료하고 직접적으로 리와 기의 개념과 구분 및 상호관계에 대해 설명하고 있는 것이다. 이는『태극도설』이 만들 어진 11세기 중국 송대가 기존의 본체론에 맞서서 이기이원론을 형성시 켰던 시기라고 한다면,『천명도설』이 그려진 16세기 조선에서는 이기이 원론이 이미 유력한 우주론적 학설 가운데 하나가 되었음을 암시한다. 『천명도설』은『태극도설』처럼 이기이원론을 근간으로 삼음으로써, 우주 의 시초로서 무의 본체를 상정하지 않는 우주론이다.

둘째,『태극도설』과『천명도설』은 공통적으로 우주를 대상화하여 객관 적으로 접근하는 입장을 나타낸다. 노불의 본체론은 일자로서의 본체를 주관 내부에서 관조하여 찾음으로써 일종의 신비주의적인 합일[18]을 추구 하는 반면,『태극도설』과『천명도설』은 기본적으로 우주를 대상으로 삼아 탐구하고 설명하려는 자세를 취한다.[19] 예를 들어, 이황은 "[『태극도설』에 서] '오행은 하나의 음양이요, 음양은 하나의 태극이다'라고 하였으니, 음 양의 조화는 바로 하나의 태극이 하는 것이요, 따라서 혼륜渾淪하여 말하면

「論理氣之分」. "리 밖에는 기가 없고 기 밖에는 리가 없으니, 진실로 잠시도 떨어질 수 없습 니다.(理外無氣, 氣外無理, 固不可斯須離也. 而其分則亦不可相紊而無其別也.)"

18 동양 신비주의에 대해서는 프리초프 카프라(Fritjof Capra), 김용정 · 이성범 역,『현대물 리학과 동양사상』(개정판), 서울 : 범양사, 2012, 249쪽. "동양 신비주의의 중요한 목적 은 이 세계의 모든 현상들을 동일한 궁극적인 실재가 현현하는 것으로서 경험하려는 것 이다. 이러한 실재는 우리가 관찰하는 잡다한 사물들과 사건들의 근거가 되며 통일을 이 루는 우주의 본질이라고 생각된다. 이러한 실재를 힌두교도는 '브라만(Brahman, 梵)'이 라 하며 불교도는 '법신(法身, Dhārma-kāya)' 혹은 '진여(眞如, Tathātā)'라 하고, 도교 도는 도(道)라 한다. 그들은 모두 실재는 우리의 지적 개념들을 초월하고 있으며 이루 다 표현할 수 없다고 확신하고 있다." 신비주의의 주요 특징 가운데 하나는, 화엄종과 선종 에서 말하는 것처럼, 현상세계와 일치시 되는 心 내부에서 本體를 직관하여 그것과 합일 을 이루고자 한다는 점에서 주객이 분리되지 않은 사유라 할 수 있다.

19 이와 같은 입장은 객관주의적 과학을 나타낸다.『천명도설』제1절「天命之理」의 첫머리 "하늘은 곧 이치이다(天卽理也)"라는 구절은 이런 맥락에서 하늘을 종교적 대상으로서가 아니라 이론적 탐구의 대상으로서 간주하고 있다는 의미로 이해될 수 있다.

단지 하나뿐"[20]이라고 하였는데, 이는 곧『태극도설』의 그림과 설명이 가리키는 것은 오직 실재하는 하나의 우주임을, 즉 리와 기의 결합과 그 작용으로서의 우주는 마음 외부에 실재하는 하나의 대상임을 말한 것이다.

『천명도설』 역시 우주 만물의 실재를 전제로 하고 그것에 접근하는 데 있어『태극도설』과 같은 입장이라 하겠는데, 다만 다시 자세히 논하겠지만,『태극도설』은 우주의 생성 과정을 말하기 위해 5개의 권역으로 나눠서 도해한 반면,『천명도설』은 5개의 동그라미 권역을 하나로 합쳐 그림으로써 우주 생성 과정을 생략하고 현전하는 우주를 대상으로 하고 있다는 점에서『태극도설』과 중요한 차이점이 있다.[21] 즉,『천명도설』은 하나의 동그라미 안에 인간과 만물이 부여받은 것을 현존재적 입장에서 추론하여 생각해 낸 것을 그려 넣은 것이다. 이는 우주론 내에서 진화 과정상의 과거와 미래보다는 현재를 우선시하는 사고, 혹은『태극도설』에 비해 상대적으로 인간의 관점에 입각해서 우주를 바라보는 입장에 속한다. 이러한 특징은『천명도설』의 또 하나의 근원이자 '천명' 개념의 출처가 되

---

20 李滉,『退溪集』권41,「天命圖說後敍」(附圖), 030_406b. "五行, 一陰陽也, 陰陽, 一太極也, 而二之化, 卽一之爲也. 故渾淪言之, 只一而已矣."

21 이러한 차이에 관해 유권종은 〈천명도〉가 "태극도의 다섯 단계로 묘사된 방식과 다르게 단 하나의 원으로 지방과 인형을 모두 포괄하게 된 데에는 당시 혼천이라는 천체 구조의 관념과 관련되었을 것"이라고 추정한다(「천명도 성립의 과학적 배경과 그 의의에 관한 추론」,『과학사상』, 서울 : 범양사, 2002c, 41호, 173쪽). 그러나 〈태극도〉를 비롯한 송대 우주론에서는 이미 渾天說을 주류 학설로 수용하고 있기 때문에, 양자의 차이를 혼천설로 설명할 수는 없다. 뒤에 다시 언급하겠지만, 天球를 다섯 개의 시간적 단계로 잘라 보는 것과 하나로 합쳐 보는 것의 차이는, 우주론적 맥락에서 우주와 시간을 바라보는 관점의 차이를 나타낸다. 즉, 〈태극도〉는 우주를 실체로서 존재하는 시간적 단계로 얇게 잘라 볼 수 있다는 입장(영원주의)을 나타내는 반면, 〈천명도〉는 현전하는 우주 안에 있는 존재자의 현재적 입장에서 과거와 미래는 재구성된 것이라고 보는 입장(현재주의)을 나타낸다고 생각된다. 우주론에 있어 시간에 대한 영원주의와 현재주의의 입장 차이에 관해서는 다음을 참조. 숀 캐럴(Sean Carroll), 김영태 역,『현대물리학, 시간과 우주의 비밀에 답하다』, 서울 : 다른세상, 2012.

는 『중용』과도 관련될 것이다.[22]

셋째, 『태극도설』과 『천명도설』은, 정도의 차이가 있긴 하지만, 인간을 바라보는 태도에 있어 인간중심주의보다는 인간과 만물을 존재론적으로 동일한 지평에서 바라보는 입장을 나타낸다.[23] 〈태극도〉에서는 비록 인간을 표시하지는 않았지만, 그림에 대한 설명도설에서는 인간 존재를 유연하게 설명한다.[24] 이 부분의 전체적인 요지는, 인간도 다른 만물과 마찬가지로 리와 기의 결합일 뿐 특별한 존재론적 지위를 지니지 않는다는 것이다. 인간은 존재론적으로 초월적인 존재가 아니라 만물과 동일한 요소의 구성물에 지나지 않는다는 것이다. 다만, 인간은 품부 받은 기질의 탁월성 때문에 인지능력[知覺]이 매우 뛰어나므로, 이 같은 인지 작용의 차원에서만 우주에 있어 만물의 영장이라고 하는 특수한 지위를 차지하게 된다. 즉, 오직 인간만이 리를 알아서 실현할 수 있다는 것이다.[25]

---

22 李滉, 『退溪集』 권41, 「天命圖說後敍」(附圖), 030_406a. "이제 이 〈천명도〉라는 것은 주자의 학설을 이용하고 태극의 본래 그림에 의거하여 『중용』에 있는 큰 뜻을 있는 그대로 나타내어, 그 현저하게 드러난 것에 연유하여 은미한 것을 알아서, 현저한 것과 은미한 것이 서로 발명하여 깨닫기 쉽게 한 것에 지나지 않습니다. 이와 같다면 심하게 잘못된 것이 뭐가 있겠습니까?(今是圖也, 不過用朱子說, 據太極之本圖, 述『中庸』之大旨, 欲其因顯而知微, 相發而易曉. 如斯而已, 何深過之有?)"

23 우주론의 맥락에서 이러한 입장은 인간 원리(anthropic principle)를 보다 유연하게 받아들이려는 태도를 나타낸다. "인간 원리"란 최근의 우주론에서 많이 논의되는 일련의 경향으로서, 우리를 둘러싼 우주에 관해 합리적인 설명을 하려면 인간 존재를 고려해야 한다는 우주론적인 입장을 말한다. 우주론에 있어 현재의 인간 존재는 단지 우연성만으로는 매우 설명하기 어려운 확률을 나타내기 때문에 가급적 인간 존재를 염두에 둔 설명을 하는 데 우주론의 초점이 맞추어져야 한다는 것이다. 이에 관해서는 숀 캐럴, 『현대물리학, 시간과 우주의 비밀에 답하다』, 339~340쪽 참조.

24 『太極圖說』의 "오직 인간만이 그 빼어난 것을 얻어서 가장 영특하다. 형체가 생겨나고 정신이 발현하여 알게 되니, 오성이 감동하면 선악이 나뉘어 만사가 나온다(惟人也, 得其秀而最靈. 形旣生矣, 神發知矣, 五性感動, 而善惡分, 萬事出矣)."라고 한 대목부터 인간론에 해당한다.

25 이러한 견해는 "우주는 인간을 위해 존재한다"는 순전한 인간중심주의도 아니요, 그렇다고 "인간은 물질-에너지의 요동에 의해 우연히 생겨났다"는 유물론적인 입장도 아닌, 제

『천명도설』도 그림에서 인간을 동물이나 식물과 함께 명시하되, 동물은 이치가 횡으로 트여 가로로 기어 살고 식물은 뿌리가 아래로 놓여 거꾸로 뒤집어져서 자라는 반면, 인간은 기질의 탁월성 때문에 직립하여 살면서 이치를 온전히 발현할 수 있는 존재로서 표시한다. 해설에서는 대체로 1절에서 5절까지가 우주론에 해당되고 6절부터 10절까지는 인간론에 해당되는 것이지만, 제5절「인간과 만물의 차이에 관한 논의」는 사실상 우주에 있어 인간의 지위에 관련된 부분이다. 이 점에서『천명도설』은『태극도설』에 비해 인간에 관한 논의가 훨씬 더 많은 비중을 차지한다. 그러나 기본적으로 인간을 만물처럼 리와 기의 결합물로서 간주하되, 단지 다른 만물에 비해 기질이 탁월하다고 보며, 이로 인해 지각인지 기능의 수월성을 지닌 존재로 본다는 점에서『태극도설』과 합치한다.

2.『천명도설』과『태극도설』의 관점적 차이

위에서 살펴본 것처럼,『천명도설』은 근본적으로『태극도설』에 입각해 있기 때문에 우주론적 기본 견해와 특징을 공유한다. 그렇다면『천명도설』이『태극도설』과 차이나는 점은 무엇인가? 앞에서 언급했듯이, 이황은「천명도설후서」에서〈태극도〉는 5개 층으로 되어 있는 반면〈천명도〉는 단지 하나의 층으로 그리게 된 이유와 관련하여 양자는 우주론의 세부적인 관점에서 차이가 있다는 점을 언급한다.『태극도설』은 5개의 층으로

3의 중간적인 입장에 속한다고 하겠다.

되어 있는 반면 『천명도설』은 1개의 층으로 되어 있기 때문에 다른 학설을 만들어낸 것이 아니냐고 따지는 상대방객의 공세에 대해, 뒤섞어서 말하면 태극과 음양오행의 조화 작용은 단지 하나의 우주적 현상과 실재일 뿐이지만, 주돈이가 〈태극도〉를 그리게 된 주된 취지는 사람들에게 우주를 설명해주려는 것이기 때문에 부득이 다섯으로 나누었던 것이라고 다음처럼 말한다. "과객께서는 진실로 태극, 음양, 오행이 세 개의 층으로 되어 있다고 말하는 것인가요? 기화와 형화가 또 이 세 층 이외로부터 나와서 또다시 두 층이 되었다고 하는 것인가요? [『태극도설』에서] '오행은 하나의 음양이요, 음양은 하나의 태극이다'라고 하였으니, 음양의 조화는 바로 하나의 태극이 하는 것이요, 따라서 혼륜渾淪하여 말하면 단지 하나일 뿐입니다. 생각건대, 주렴계 선생께서 그림을 그려 사람들에게 보여주신 것은 나누어 다섯을 만들지 않을 수 없었기 때문입니다."[26]

말하자면, 다른 사람에게 객관적으로 조리있게 설명하고 납득시키기 위해 하나의 우주와 그 생성과정을 다섯 층으로 나누어 그리게 되었을 뿐이라는 것이다. 이에 대해 과객은 "그렇다면 이것천명도설 역시 그림을 그려 사람들에게 보여주는 것인데, 어째서 주자周子, 주돈이처럼 하나를 나누어 다섯으로 만들지 않고 도리어 다섯을 합하여 하나로 합하였으니, 이것이 이설異說을 세운 게 아닙니까?"라고 다시 질문하자 이황은 두 도설의 미세한 차이에 대해 다음처럼 말하고 있다.

---

26 李滉, 『退溪集』 권41, 「天命圖說後敍」 030_406b. "客誠謂太極二五有三層耶? 氣化形化又 出於三者之外, 而別有二層耶? 五行, 一陰陽也, 陰陽, 一太極也, 而二之化, 卽一之爲也. 故 渾淪言之, 只一而已矣. 顧周子爲圖以示人, 不得不分而爲五爾." 또한 김우형 외, 『성리학의 우주론과 인간학』, 56쪽 참조

각각 주안점을 둔 바가 있어서입니다. 염계(주돈이)는 리와 기의 근본을 천명하고 조화의 기묘함을 드러내었으니 나누어 다섯으로 만들지 않으면 사람들을 깨우칠 수 없고, 이 그림(천명도)은 사람과 만물의 품부 받은 것으로 인하여 리와 기의 화생化生을 궁구하였으니, 합하여 하나로 만들지 않으면 그 위치가 제대로 되지 않기 때문입니다. 이는 모두 부득이하게 그렇게 한 것입니다. 더구나 사람의 위치에 나아가서 본다면, 이른바 '하나를 나누어 다섯으로 만들었다'는 것은 완곡하게 다 갖추어져 있으니, 그 의미는 이미 주렴계 선생의 『태극도설』에 구비되어 있습니다. 이것(『천명도설』)은 『태극도설』에 입각해서 그려낸 것에 불과한 것이지, 그것과 다른 뜻이 있는 것이 아닙니다.[27]

이황에 의하면, 주돈이의 『태극도설』은 우주생성의 근본이 되는 리와 기의 이원론적 실체를 분명하게 밝히고 그로부터 우주의 생성과 진화 과정의 신비한 메커니즘을 해명하기 위해서 하나의 실재하는 우주를 다섯 층으로 잘라서 나타내었던 반면, 『천명도설』은 인간과 만물이 품부 받은 것으로부터 추론하여 리와 기의 결합에 의한 우주의 조화작용을 궁구하려는 입장을 띤다는 것이다. 여기서 중요한 점은, 『태극도설』이 하나의 우주를 외부에서 감자를 썰듯이 다섯 개로 잘랐던 반면, 『천명도설』은 사람과 만물이 품부 받은 것을 자신의 마음속에서 주관적으로 추연推演해서 다섯 개의 층을 하나로 합하였다는 데 있다.[28] 비록 이황은 "사람의 위치에

---

27 李滉, 『退溪集』 권41, 「天命圖說後敍」 030_406b-c. "(客曰, 然則此亦爲圖以示人, 何不如周子分一而爲五, 乃反合五而爲一, 玆非其立異耶?) 滉曰, 各有所主. 濂溪, 闡理氣之本原, 發造化之機妙, 不分爲五, 無以曉人. 是圖, 因人物之稟賦, 原理氣之化生, 不合爲一, 不成位置. 皆不得已而爲之者也. 而況就人位而觀之, 所謂分一爲五者, 宛然畢具, 其義已備於濂溪圖說. 此不過卽圖說而畫出之耳, 非有異也."
28 이 점에 근거해서, 나는 시간에 대한 우주론적 관점에 있어 『태극도설』은 영원주의

나아가서 본다면, 이른바 '하나를 나누어 다섯으로 만들었다'는 것은 완곡하게 다 갖추어져 있다"고 하여 『천명도설』에 『태극도설』의 관점이 함축되어 있으므로 서로 근본적으로 다르지 않다고 말했지만, 세밀하게 분석해보면 『태극도설』과 달리 『천명도설』은 하늘로부터 인간과 만물이 품부 받은 것을 인간의 입장에서 내적으로 연역하고 추론해서 우주의 조화를 설명하려는 관점을 취하고 있는 것이다. 『천명도설』은 기본적으로 『태극도설』의 우주론을 근간으로 하지만, 그 이면에는 인간적 입장이라고 하는 미세한 관점의 차이가 잠복해 있는 것이다.

이황은 「천명도설후서」에서 이러한 견해를 피력하고 나서 한참 뒤인 1562년에 『천명도설』과 『태극도설』을 다음처럼 비교하여 말한 바 있다. "이 그림과 〈태극도〉는 원리나 지향점[理趣], 범주나 사례[類例]에 있어서 비록 동일하지만, 개념[名義]과 나눠진 경계[界分]에 있어서는 같지 않은 면이 있습니다."[29] 이를 해석하자면, 『천명도설』과 『태극도설』은 공통적으로 과학적 원리나 우주론을 지향한다는 점, 그 내용의 종류나 유형에 있어서 우주론에 속한다고 할 수 있지만, 각각 사용하고 있는 '태극'과 '천명'이라는 개념적 의미와 그것의 연관된 경계나 범위에 있어서는 다르다는 것

(eternalism)를, 『천명도설』은 현재주의(presentism)를 각각 나타낸다고 생각한다. 영원주의란 과거와 현재, 미래라고 하는 시간의 매 순간들이 실체로서 존재한다고 보는 입장인 반면, 현재주의란 과거와 미래가 실재하는 것은 아니고 단지 현재적 관점에서 재구성된 것에 불과하다고 보는 입장을 말한다. 영원주의는 시간대별 우주로 자를 수 있는 반면, 현재주의에서는 그럴 수 없다. 영원주의는 일관되게 과학적 객관주의를 표방하는 반면, 현재주의는 물리적 대상은 그 자체로 존재하는 것이 아니라 단지 감각된 자극이나 지각현상으로서만 존재한다고 보는 현상론(phenomenalism)이나 주관주의(subjectivism)의 경향이 함유되어 있다. 이에 관해서는 다음을 참조. 캐럴, 『현대물리학, 시간과 우주의 비밀에 답하다』, 49~51쪽.

[29] 李滉, 『退溪集』권38, 「答申啓叔」, 030_364d. "此圖與太極圖, 理推類例雖同, 而名義界分則有不同者." 원문은 '理推'로 되어 있지만, '理趣'의 오기로 보인다.

이다. '태극'은 변화의 중심축이라고 하는 우주론적 원리를 인간의 입장을 벗어나서 표현한 개념이라고 한다면, '천명'은 인간의 입장에서 인간과 만물이 하늘로부터 부여 받은 명령이라고 표현되는 품부된 어떤 것을 가리키는 것이다. 따라서 '나누어진 경계'란 태극과 천명 개념에 연관된 각각의 우주론적 관점의 미세한 차이를 지시한다고 볼 수 있다. 계속해서 이황은 그러한 차이점에 대해 다음처럼 설명한다.

> 생각건대 저것(태극도설)은 태극으로 이름하고 이것(천명도설)은 천명으로 이름 지었습니다. 태극으로 이름 한 것은 자연조화의 영역이라는 의미를 갖는 것이고, 천명으로 이름 한 것은 인간과 만물이 부여 받은 직분으로서의 도리가 있다는 것입니다. 자연의 영역을 점하고 있는 것은 진실로 수양의 일을 참여시키면 마땅하지 않습니다. 그러므로 공자도 태극을 논함에 '길흉吉凶이 대업大業을 낳는다'에 이르러 그쳤으니, 곧 염계가 〈태극도〉를 지은 뜻입니다. 받은 바의 직분이 있는 경우 수양의 일이 없다면 천명은 행해지지 않습니다. 그러므로 자사子思가 천명을 말함에 솔성率性, 수도修道, 존양存養, 성찰省察에서부터 중화中和의 지극한 공효에 이른 이후에야 그쳤으니, 곧 이 〈천명도〉가 근본하는 바의 뜻입니다.[30]

이황에 의하면, '태극'이라는 개념은 우주의 생성과 자연 조화의 영역에

---

30 李滉, 『退溪集』 권38, 「答申啓叔」, 030_365a. "蓋彼以太極爲名, 此以天命爲名, 名以太極者, 占造化自然之地分意思, 名以天命者, 有人物所受之職分道理. 占自然地分者, 固不當參以修爲之事, 故孔子之論太極, 亦至於吉凶生大業而止, 卽濂溪作圖之意也. 有所受職分者, 苟無修爲之事, 則天命不行矣. 故子思之言天命, 自率性修道存養省察, 以至於中和之極功而後已, 卽此圖所本之意也."

관련되는 것이기 때문에 도덕적 행위나 수양의 노력에 직접적으로 관계되는 것이 아니다. 반면 『천명도설』의 '천명'은 궁극적으로 "인간과 만물이 부여받은 직분으로서의 도리"를 의미하기 때문에 내적으로 "직분과 도리를 행해야 한다"는 당위적 수양의 필요성이 제기된다는 것이다. 이황은 이것이 『중용』에서 솔성, 수도, 존양, 성찰이라고 하는 구체적 실천과 수양법을 말하게 된 이유라고 본다. 도덕적 수양과 당위로 이어지는 직분과 도리는 결국 마음 내적으로 자각해야 하는 것이므로, '천명'은 '태극'에 비해 주체의식과 지각에 좀 더 직결되어 있는 것이다. 이 점에서 『천명도설』로 말미암아 드러나는 이황의 도덕적 사유는 사칠논변을 거치면서 지각된 당위의식에서 도덕적 선악의 기준을 찾는 방향으로 기울어지게 된다. '천명' 개념은 '태극'에 비해 인간적 입장에 친화적이다. 그것은 말 그대로 "하늘이 개별적 존재자에게 부여하는 명령"이라는 뜻으로서 인간과 만물이 부여 받은 직분과 마땅히 행해야 할 도리를 의미한다. 따라서 천명은 근본적으로 인간과 만물에 똑같이 부여된 것이지만, 특히 자신의 직분을 자각하고 마땅히 행해야 할 도리를 행하는 이른바 수양의 노력이 가능한 유일한 존재인 인간에게만 실현이 요구되는 도덕적 개념이기도 하다. 만약 이와 같은 천명의 도덕적 함의를 계속 미루어 나간다면, 천명은 마치 도덕적이고 당위적인 명령처럼 인간의 지각 작용에서 당위의식이나 의무감으로서 자각될 것이다. 나중에 이황은 사단칠정논변 과정에서 이와 같은 천명의 함의를 분명하게 인식하게 되면서 그의 호발설을 정립하게 된다. 사단과 칠정의 지각 내용을 리발理發과 기발氣發로 나눈 것은, 천명의 자각을 외물에 대한 일반적인 감각 내용과 구분하기 위함이었다.

『태극도설』은 인간 존재를 설명할 때 형체가 생기면 정신의 지각 기능이 작동하고 오성이 감동하여 선악이 나뉜다고 언급할 뿐, 선과 악이 어떤 기준에 의해 나뉘는지는 말하지 않았다. 다만, 전체적으로 볼 때 자연의 원리에 근거해서 도덕 수양을 이끌어 내는 입장이라고 할 수 있다.[31] 이에 비해 인간의 심성과 지각을 중시하는『천명도설』은 도덕을 설명하는 상반된 두 가지 입장이 가능하다. 즉, 하나는 우주의 리와 기를 인간의 영역에 그대로 적용하여 선악을 도출하려는 입장이다. 이러한 입장은『태극도설』처럼 자연주의를 나타내는데, 인간도 천지우주와 같은 방식으로 작용하므로 지각과 행위를 객관적 상황에의 부합中節, 절도에 맞음으로써 그것이 도덕적인지 아닌지 여부를 판단할 수밖에 없다는 객관주의와 결과주의로 귀결된다고 할 수 있다.

다른 하나는 선과 악이 나뉨에 있어 지각된 내용이 중요한 관건이 된다고 보는 입장이다. 즉, 인간의 주관적인 지각 내용이 하늘의 명령[天命] 혹은 그것의 내재적 양태인 도덕성의 명령[性命]에서 근원한 당위의식일 때, 이것이 선과 악의 근본적인 기준이 된다는 입장이다. 비록 일반적인 감정의 선악 여부를 모두 이러한 당위의식을 기준으로 판단할 수는 없지만, 선악의 궁극적인 기준은 당위적인 의식이어야 한다는 것이다. 이미 언급한 것처럼, 주희는 공리주의 입장을 나타냈던 사공事功학파를 비판한 적이 있는데, 그의 입장은 일의 결과나 공효를 따지지 말고 행위의 동기로서 당위

---

31 주돈이는 성인이 자연의 원리에 의거하여 인간의 법도로서의 人極을 仁義中正으로써 정했다고 설명하고, 그로부터 욕심을 적게 해야 한다는 主靜的 수양의 필요성을 제기했다. 다음을 참조. "성인은 중·정·인·의로 안정시키되〈성인의 도는 인·의·중·정일뿐이다〉고요함에 중심을 두어〈욕심이 없기 때문에 고요하다〉인극을 정립하였다. 그러므로 성인은 '천지와 더불어 그 덕을 합하고, 일월과 더불어 그 밝음을 합하며, 사시와 더불어 그 질서를 합하고, 귀신과 더불어 그 길흉을 합한다'(聖人定之以中正仁義,〈聖人之道, 仁義中正而已矣.〉而主靜,〈無欲故靜.〉立人極焉. 故'聖人與天地合其德, 日月合其明, 四時合其序, 鬼神合其吉凶'."(『태극해의』, 3장-7) 이는 도덕론에 있어 자연주의적 입장에 속한다.

의식이나 의무감을 기준으로 인심과 도심, 선과 악을 구분해야 한다는 것이었다. 이는 곧 천명 개념에 입각하되 주관적인 지각 내용을 중시하는 입장으로서, 내적인 동기를 중시하는 동기주의와 의무론적인 입장이라고 할 수 있다.

요컨대, 『천명도설』과 『태극도설』은 우주론에 있어 기본 원리와 지향점을 공유하지만, 우주와 시간에 대한 입장 차이가 함축되어 있다고 할 수 있는데, 그것은 태극과 천명 두 개념에서 단적으로 드러나는 것이다. 이러한 입장 차이는 상이한 도덕론적 관점도 야기하게 되는데, 『태극도설』의 자연주의와 객관주의적 입장에 비해 『천명도설』은 인간의 관점에서 지각된 당위적 내용에 근거해서 도덕을 설명하려는 입장으로 귀결되지 않을 수 없는 것이다.

3. 우주론에서 심성론으로–『천명도설』과 지각론적 도덕론의 입장들

사단칠정논변에는 『태극도설』과 『천명도설』에 함축된 도덕론의 세 가지 관점이 얽혀 있다. 첫 번째는 『태극도설』에 근거한 것으로서 도덕을 천지자연의 원리로부터 도출시키려는 우주론적·존재론적 도덕론이다. 두 번째는 『천명도설』에 입각한 것으로서 천지자연의 리와 기로 지각을 설명하지만, 지각과 행위의 도덕적 가치는 외적 상황과 규범에의 합치 여부로써 객관적으로 판단해야 한다는 입장이다. 세 번째도 『천명도설』에 입각하여 지각 내용을 중시하는 것으로서, 주관적인 당위의식을 선악의 궁극적인 기준으로 삼는 입장이다. 여기서 기대승은 두 번째 입장을 취하고, 이

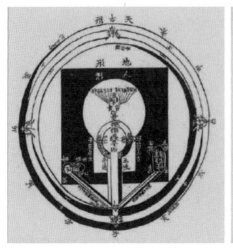
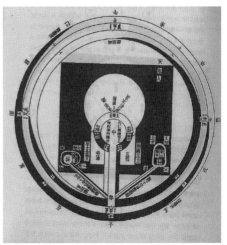

〈그림 4〉〈추만천명도〉(정지운, 『天命圖解』 소재)　　　　〈그림 5〉〈하서천명도〉(정지운, 『天命圖解』 소재)

황은 첫 번째에서 세 번째 관점으로 전환한 뒤 호발설을 정립하게 된다고
할 수 있다.

　먼저 언급할 것은, 애초에 정지운은 그가 처음 그린 〈천명도〉일반적으로 '천
명원도(天命原圖)' 혹은 '추만천명도(秋巒天命圖)'라 칭함에 사단과 칠정을 구분하여 표시
하지 않았으며, 단지 칠정을 선한 것과 악한 것으로 구분하여 표기했다는
점이다.[32] 이 점에 근거할 때 그는 처음에 사단칠정의 관계 문제나 그것을
리와 기로 분속分屬하는 문제에 대해서는 큰 관심을 갖지 않았던 것으로 판
단된다. 따라서 사단과 칠정을 언급하고 도시圖示하게 되는 것은 이황과 조
우한 이후 계속 토론하는 과정에서 비롯되었다고 볼 수 있다. 즉, 이황의
의견을 반영하여 수정한 그림, 즉 이른바 『퇴계집』 소재 〈천명구도天命舊圖〉

---

[32]　이 점에 대해서는 유정동, 「天命圖說에 關한 硏究」, 257~260쪽에서 언급하고 있으며, 또
　　　한 유권종, 「天命圖 비교 연구-秋巒, 河西, 退溪」, 『韓國思想史學』 제19집, 한국사상사학
　　　회, 2002b, 139쪽에도 이를 지적하고 있다.

에 이르러서야 비로소 사단과 칠정에 대한 언급이 처음으로 추가된 것이라고 보아야 한다.[33]

그런데 이황은 처음에 자신의 독창적 견해에 따라 사단과 칠정을 리와 기로 배분하여 말한 것은 아니었다. 사단과 칠정을 우주론적인 리와 기로 나누어 설명하는 방식은 이미 권근權近, 1352~1409, 호는 양촌(陽村)의 『입학도설入學圖說』에 나타났던 것이었다. 권근은 〈천인심성합일지도天人心性合一之圖〉에서 정情과 의意를 나누고, 이를 사단과 칠정에 연관시키되 각각 "리의 근원[理之源]"과 "기의 근원[氣之源]"에 배속시켰다. 그는 또한 〈천인심성분석지도天人心性分釋之圖〉에서는 마음의 두 작용[二用]인 정과 의를 도심과 인심에 각각 연관시켰다. 이황은 아마도 이와 같은 권근의 견해를 이미 알고 있었을 것이며, 정지운과 토론하는 과정에서 『천명도설』에서도 이 문제를 다루어야 할 것이라고 말했을 가능성이 높다. 이황의 조언에 따라 정지운은 그림의 상하上下를 뒤바꾸는 동시에 애초에 없었던 사단칠정설, 즉 "사단은 리에서 발현하고 칠정은 기에서 발현한다[四端發於理, 七情發於氣]"라는 설명을 추가하게 되었을 것이다. 이렇게 완성된 〈천명구도天命舊圖〉에 대해 1558년 기대승이 리와 기를 나누는 설이라 비판하였고, 이황이 이듬해 1월 기대승에게 편

---

33 김용헌, 「高峯 奇大升의 四七論辨과 天命圖」, 『전통과 현실』 제8호, 고봉학술원, 1996, 162~163
   쪽. 또한 고봉이 문제를 제기하게 된 그림은 「天命舊圖」라는 점에 대해서는 다음을 참조.
   방현주, 「천명도(天命圖)의 판본문제 고찰」, 『한국철학논집』 제40집, 서울 : 한국철학사연
   구회, 2014, 33~68쪽; 이정환, 「退溪 「天命圖說」과 〈天命圖〉에 대한 철학적·도상적 재검
   토」, 『퇴계학보』 제135집, 서울 : 이황학연구원, 2014, 5~53쪽; 김형찬, 『율곡이 묻고 퇴계
   가 답하다』, 서울 : 바다출판사, 2018, 85~87쪽. 방현주는 김용헌(1996)의 논문에 근거하
   여 기대승이 문제를 제기한 그림이 〈천명구도〉일 가능성이 높다는 점을 논증하고 있다. 또
   한 이정환은 더 나아가서 1560년 중반까지 『천명도설』의 저본은 〈천명구도〉였고 〈천명신
   도〉는 완성되지 않았을 뿐만 아니라 이황의 완숙한 사상을 반영하지 못한다는 견해를 밝히
   고 있다. 만약 이러한 추정이 옳다면, 제6절 「論人心之具」의 사단칠정에 대한 언급도 이황
   과의 토론 이후 추가되었을 가능성이 있다.

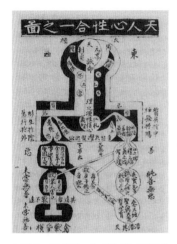

〈그림 6〉 권근『입학도설』수록 〈천인심성합일지도〉

지를 보냄으로써 사단칠정논변이 시작된 것이다.

당시 이황은 "리는 선하고 기는 악하다"라는 명제로 요약될 수 있는 우주론적존재론적 도덕론의 입장을 견지하고 있었고, 이것을 사단칠정에도 적용하였던 것이다. 다시 말해서,『천명도설』에 나타난 사단과 칠정의 구분과 그것을 각각 리와 기로 배속시켜 설명하는 것은『태극도설』로부터 도출된 우주론존재론의 연장선상에서 도덕의 문제를 바라보는 입장에 속하는 것이다. 이러한 입장에서는, 사단은 마음이 지닌 순수한 리로서의 본연지성本然之性이 기의 방해됨을 받지 않고 발현된 것이므로 "순선무악純善無惡하다"고 할 수 있는 반면, 칠정은 리가 기질과 섞여 있는 양태로서의 기질지성氣質之性이 기의 방해를 받아 발현된 것이므로 "선과 악이 있다[有善惡]"고 말할 수 있는 것이다. 이황은 이렇게 생각했기 때문에,『천명도설』이 사단과 칠정에 대해 말할 때 리와 기를 분리시켰다는 기대승의 비판을 전해 듣고서 "사단의 발현은 순수하게 리이므로 선하지 않음이 없고, 칠정의 발현은 기를 겸하므로 선과 악이 있다[四端之發純理, 故無不善, 七情之發兼氣, 故有善惡.]"라고 고치면 어떻겠느냐고 편지로 기대승의 의견을 처음에 물었던 것이다. 이에 대해 기대승은 이전의 설명에 비하면 조금 나은 듯하지만, 여전히 온당하지 않다고 비판했다.

그렇다면 과연 기대승은 어떤 입장에서 이황을 비판했는가? 기대승이 논변 초기에 "사람의 마음이 아직 발하기 전에는 그것을 성性이라 하고 이미 발한 뒤에는 그것을 정情이라 하는데, 성에는 선하지 않음이 없지만 정에는 선·악이 있는 것이 본디부터 그러한 이치입니다"[34]라고 하여 표면적으로는 이황의 우주론적존재론적 도덕론을 그대로 받아들이는 듯한 태도를 취한다. 그러나 이는 선한 본성은 하나인데 발현된 감정은 선한 것과 악한 것으로 나뉜다는 점을 강조하기 위한 것일 뿐, 선과 악이 우주론적존재론적으로 결정되어 있다는 것을 주장하려는 것이 아니었다. 그는 우주론적존재론적 도덕론과는 다른 설명 방식을 염두에 두고 있었는데, 그것은 곧 천명 개념과 관련된 것이다. 즉, 도덕은 천명에 대한 지각과 관련되기 때문에 지각의 문제로부터 선악을 설명해야 한다는 것이다. 리와 기는 선악이라는 도덕적 함의보다는, 오히려 "리는 기의 주재主宰이고 기는 리의 재료材料"라고 하는 우주론적존재론적 함의를 갖는다. 즉, 인간은 천지만물과 다르지 않으므로, 인간 존재와 마음의 작용지각도 "재료를 주재하는 원리"와 "사물의 바탕을 이루는 재료"라는 우주론적존재론적 요소로써 설명되는 것이다.[35] 이때 리와 기는 단지 마음의 지각 작용을 구성하는 요소일 뿐, 도덕적 선악이 어떻게 결정되는지를 설명하지는 못한다. 재료인 기와 작동 원리로서의 리는 지각 작용의 형식이 되는 것이지만, 그로부터 도덕적 기준이 발견될 수는 없다. 따라서 기대승은 선악을 가르는 도덕적 기준이 리와 기의 결합 작용에 의해 야기된 결과에 놓여 있다고 생각했던 것이다.

이와 관련해서는 정지운으로부터 〈천명도〉天命天命圖를 받아 보고 자신의 견해를 반영하여 직접 그림을 그리기도 했던 하서河西 김인후金麟厚, 1510~1560

---

34 奇大升, 『兩先生四七理氣往復書』(『高峯全書』 수록본, 서울 : 민족문화추진회, 2007; https://db.itkc.or.kr)上篇, 권1, 「高峯上退溪論四端七情說」, 1b. "盖人心未發, 則謂之性, 已發則謂之情, 而性則無不善, 情則有善惡, 此乃固然之理也."
35 奇大升, 『兩先生四七理氣往復書』上篇, 권1, 「高峯上退溪論四端七情說」, 2a.

로부터 일정한 영향을 받았던 것으로 보인다.[36] 김인후의 〈천명도〉하서천명도에 의하면, 추만천명도에서와 마찬가지로 인·의·예·지의 발현은 모두 칠정으로 나타나는 것으로 전제하되 선하고 악한 것은 조화[和]와 지나치거나 모자람[過不及]의 여부에 따라 결정된다. 즉, 선하고 악한 감정이 리와 기의 요소에 의해 마음속에서 이미 결정되어 있어서 그것이 발현할 때 인간이 스스로 자각할 수 있는 것이 아니라, 감정과 행위가 상황에 따른 적절한 규범으로서 예禮에 부합하여 조화를 이루면 선한 것이 되고, 반대로 예에 맞지 않아서 과함과 모자람이 있으면 악한 것이 된다고 보았던 것이다.

기대승은 김인후의 이러한 견해에 영향을 받았던 것이다. 기대승은 지각의 결과인 감정과 그에 따른 행위가 외적 규범이나 법도에 부합하느냐 그렇지 않느냐 하는 것을 선악의 기준으로 본 것이다. 다시 말해서, 중절中節, 예법의 절목에 맞음과 부중절不中節, 예의 절목에 맞지 않음 여부에 의해 선과 악, 사단과 칠정이 결정된다고 보았던 것이다. 따라서 사단은 칠정 바깥에 있는 별도의 도덕적인 감정이 아니라 칠정 가운데 예의 절목에 맞는 감정을 가리킬 뿐이라는 것이다. 기대승은 다음처럼 말한다.

이른바 칠정이란 것은 비록 기와 관련되는 것 같지만, 리 또한 그 안에 스스로 존재하지 않음이 없으니, 그 발동하여 절도에 맞는 것은 곧 천명의 성이자 본래 그러한 본체이며, 맹자의 이른바 사단과는 실질은 같되 이름만 다른 것입니다. 발동하여 절도에 맞지 않는 것에 이르면, 이는 곧 품수 받은 기질과 물욕이 작용한 것으로서 다시 성의 본연은 아닙니다. 이 때문에 저의 이전 설

---

36 유권종, 「天命圖비교 연구—秋巒, 河西, 退溪」, 147쪽.

에서 '칠정 밖에 다시 사단이 있는 것은 아니다'라고 한 것은 바로 이를 말한 것입니다.[37]

사단과 칠정은 각각 리와 기로 분속시켜 대립적으로 설명해서는 안 되며, 사단은 칠정에 포함되고, 칠정은 리와 기의 결합에 의해 일어나는 것으로 설명하되, 칠정 중에서 절도에 맞는 것을 가리켜 사단이라 칭할 뿐이라고 보아야 한다는 것이다. 이 주장에 따르면, 예의 절목에 부합하느냐 여부가 칠정과 사단을 구분하는 기준이 된다. 이러한 견해는 도덕에 있어 개인의 심리 작용과 사회 규범의 합치 문제를 중시하는 결과주의 입장이라고 할 수 있다.[38] 개인적인 지각 작용이나 그에 수반되는 감정은 자연적인 심리적 구조와 과정에 따라 이루어지는 것으로서 그 자체로 도덕적 선악이 결정되는 것은 아니며, 그 결과가 사회적인 규범에의 절목과 부합하는지 중절 여부에 달려 있다는 것이다. 기대승이 "그 선한 것은 천명의 본연이고 악한 것은 기품의 지나치고 모자람이다"[39]라고 말한 것도, 결국 본래 선한 본성이 어떻게 선하고 악한 감정으로 나뉘는가 하는 문제에 있어 중절과 과불급이라는 기준을 말한 것에 다름 아니다.

기대승의 첫 번째 편지를 받아 본 이황은 자신의 견해를 정돈하여 「사단칠정분이기변四端七情分理氣辨」을 쓰게 되지만, 그러나 엄밀히 말하면 이 글

37　奇大升, 『兩先生四七理氣往復書』上篇 권1, 「高峯答退溪論四端七情書」, 9b-10a. "然而所謂七情者, 雖若涉乎氣者, 而理亦自在其中, 其發而中節者, 乃天命之性, 本然之體, 而與孟子所謂四端者, 同實而異名者也. 至於發而不中節, 則乃氣稟物欲之所爲, 而非復性之本然也. 是故愚之前說, 以爲非七情之外, 復有四端者, 正謂此也."

38　성태용, 「고봉(高峯) 기대승(奇大升)의 사단칠정론(四端七情論)」, 『철학과 현실』 제26집, 서울 : 철학과현실, 1995, 137쪽.

39　奇大升, 『兩先生四七理氣往復書』上篇 권1, 「高峯上退溪四端七情說」, 2b. "然其善者, 乃天命之本然, 惡者, 乃氣稟之過不及也."

도 자신의 지각에 나아가 도덕적 본성을 자각하라는 천명의 함의를 분명히 깨닫고 쓴 것은 아니었다. 즉, 「사단칠정분이기변」도 여전히 우주론의 연장선상에 있다는 것이다. 왜냐하면 사단과 칠정을 지각의 차원에서 그 내용을 당위적인 것과 그렇지 않은 것으로서 구분하기 보다는, 리와 기의 결합에 있어 그 주가 되는 비중을 단순히 따져서 구분하고 있기 때문이다. 예를 들어, 성에 본연지성과 기질지성의 구분이 있는 것처럼, 본연지성이 발현한 사단은 순선무악한 리를 위주로 한다고 말할 수 있지만, 기질지성이 발현한 칠정은 외부 대상과 그것을 감응하는 형기육체가 중요한 요인이 되므로 기가 더 중요하고 비중이 높은 것이라는 것이다.

그러므로 저는 일찍이 망령되이 정에 사단과 칠정의 구분이 있는 것은 성에 본성과 기품의 차이가 있는 것과 같다고 여겼습니다. 그렇다면 성에 대해 이미 리와 기로 나누어 말할 수 있다면, 정에 이르러 유독 리와 기로 나누어 말할 수 없겠습니까? 측은·수오·사양·시비는 무엇으로부터 발현합니까? 인·의·예·지의 성에서 발현할 뿐입니다. 기쁨·분노·슬픔·두려움·사랑·증오·욕망은 어디로부터 발현합니까? 외물이 그 형기(육체)에 감촉하여 안에서 움직이니, 대상에 말미암아 나왔을 뿐입니다. 사단의 발현은 맹자가 이미 마음이라 하였으니, 마음은 진실로 리와 기의 결합입니다. 그러나 가리켜 말한 것은 리를 주로 하니 어째서입니까? 인·의·예·지의 성이 순수하게 안에 있으니 사단은 그 단서입니다. 칠정의 발현은 주자가 본래 당연의 법칙이 있다고 하였으니 리가 없는 것이 아닙니다. 그러나 가리켜 말한 것은 기에 있으니 어째서입니까? 외물이 다가옴에 쉽게 느껴서 먼저 움직이는 것은 형기만한 것이 없으니, 칠정은 그 묘맥입니다. 어찌 안에 있어서는 순수한 리였다가 발현하자마자 기와 섞이겠으며, 밖에서 느끼는 것은 형기인데 그 발현한 것이 리의 본체가 되겠습니까?[40]

위의 인용문에서 "칠정에 당연의 법칙이 있다"고 주희가 말한 것은 도심에 의해 자각되는 규율 원칙이 있다는 말인데, 이황은 이를 칠정의 성립 요소로서 작용하고 있는 것처럼 말하고 있다. 칠정도 리와 기의 결합에 의해 발현하는 것이지만, 이때의 리는 소당연의 법칙이 아니라 형식이나 요소로서 지각의 원리를 의미하는 것이다. 모든 칠정이 소당연의 법칙에 따라 발현한다면, 지나치거나 모자람 없이 모두 절도에 맞게 될 것이다. 따라서 이 언급은 이황이 사단과 칠정을 지각 내용 차원에서 당위적인 것과 그렇지 않은 것으로 구분하고 있지 못하다는 것을 말해준다. 그는 사단과 칠정을 이전과 마찬가지로 존재론적인 성분의 비중에 초점을 두어 설명하고 있는 것이다. 만약 존재론적인 구성 요소를 따진다면, 사단은 기의 방해 없이 대체로 순선한 리가 발현한 것이므로 리를 주로 한다고 말할 수 있는 반면, 칠정은 리도 개입하지만 외물에 대한 기의 감응에 의해 성립하는 것이므로 기를 위주로 한다고 볼 수 있다는 것이다. 즉, 사단은 주로 리에 기원하고 칠정은 주로 기에 기원하므로, 각각 리와 기로써 나누어 말할 수 있다는 것이다. "이로써 보면 두 가지가 모두 리와 기에서 벗어난 것은

---

40 李滉, 『退溪集』 권16, 「答奇明彦(論四端七情第一書)」, 029_408b. "故愚嘗妄以爲情之有四端七情之分, 猶性之有本性氣稟之異也. 然則其於性也, 旣可以理氣分言之, 至於情, 獨不可以理氣分言之乎? 惻隱羞惡辭讓是非, 何從而發乎? 發於仁義禮智之性焉爾. 喜怒哀懼愛惡欲, 何從而發乎? 外物觸其形而動於中, 緣境而出焉爾. 四端之發, 孟子旣謂之心, 則心固理氣之合也. 然而所指而言者, 則主於理, 何也? 仁義禮智之性粹然在中, 而四者其端緖也. 七情之發, 朱子謂本有當然之則, 則非無理也. 然而所指而言者, 則在乎氣, 何也? 外物之來, 易感而先動者莫如形氣, 而七者其苗脈也. 安有在中爲純理, 而才發爲雜氣, 外感則形氣, 而其發爲理之本體耶?"

아니지만, 그 나오게 된 근원으로 인하여 각각 주^主가 되는 것과 중^重한 것을 가리켜 말한다면 어떤 것을 리라 하고 어떤 것을 기라 한들 무엇이 불가하겠습니까?"[41]

그런데 만약 여기서 이황이 말한 '나오게 된 근원소종래'을 우주론적인 것이 아니라 마음의 차원에 한정시킨다면, 다시 말해서 지각 상에서 느껴지는 내용의 출처나 근원을 존재론적 영역에서 찾지 않고 마음 차원에만 국한시킨다면, 이는 우주론존재론에서 벗어나 나에게 부여된 직분과 도리로서의 '천명'을 내적 반성을 통해서만 자각하도록 이끌 것이다. 이러한 사고의 전환은, 내심으로는 「사단칠정분이기변」에 기대승이 승복할 것이라 기대하다가 오히려 더 과격한 반발에 부딪치게 되자, 놀라움과 충격 속에서 기대승의 천명에 입각한 관점을 심각하게 고찰하게 되면서 비롯되었을 것이다. 이황은 두 사람의 주장을 모두 폐기하고 『주자어류』에 있는 "사단은 리의 발현이요, 칠정은 기의 발현이다"라는 주희의 언명으로 대신할 것을 2차 수정안으로 제안하지만, 기대승은 끝내 받아들이지 않았다. 논변을 거듭하는 중에 이황은 기대승이 "마음속에 이 리가 없이 외물이 우연히 감응하여 움직이는 것이 아니니, 외물에 감응하여 움직이는 것은 사단도 그러하다"[42]라고 하는 지각론적 비판에 대해 다음처럼 3차 수정안을 제기하게 된다.

　　만일 칠정을 사단과 대립시켜 각각 구분되는 것으로 말한다면, 칠정과 기

41　李滉, 『退溪集』 권16, 「答奇明彦(論四端七情第一書)」, 029_408c. "由是觀之, 二者雖曰皆不外乎理氣, 而因其所從來, 各指其所主與所重而言之, 則謂之某爲理, 某爲氣, 何不可之有乎?"

42　李滉, 『退溪集』 권16, 「答奇明彦(論四端七情第二書)」, 029_419b. "辯誨曰, 非中無是理, 外物偶相感動, 感物而動, 四端亦然."

의 관계는 사단과 리의 관계와 같습니다. 그 발하는 것이 각각 혈맥이 있고, 그 이름이 다 가리키는 바가 있으므로 주가 되는 바에 따라 분속시킬 수 있는 것입니다. 나도 칠정이 리와 상관없이 외물이 우연히 모여들어 감응하여 움직인다고는 생각지 않습니다. 또 사단이 외물에 감응하여 움직이는 것도 실로 칠정과 다르지 않습니다. 다만 사단은 리가 발하여 기가 따르고, 칠정은 기가 발하여 리가 타는 것일 뿐입니다.[43]

이 3차 수정안이 나중에도 끝까지 유지되는 호발설의 정론이라 할 수 있는데, 여기에는 이전의 논변과 상당히 다른 관점이 감지된다. 즉, 천명의 함의를 우주론보다는 내적 지각 차원에 국한시켜서 감각적인 지각 내용으로서의 '기발'과 구분되는 직분과 도리에 대한 당위의식으로서의 '리발'이라고 설명하는 관점이 발견된다는 것이다. 이 지점부터 이황은 앞서 언급한 『천명도설』과 『태극도설』의 차이점을 확실히 인식하게 되었던 것이고, 이후 우주론존재론에서 심성론지각론으로 철학적 관점이 기울어지게 되었던 것이다.[44] 사칠논변을 거치면서 형성된 이황의 호발설은 주희가 「중용장구서」에서 인심과 도심을 오로지 지각 내용을 기준으로 구분하였던 도덕철학적 입장과 대체로 상통하는 것이다.

결론적으로, 『천명도설』을 둘러싸고 일어난 사단칠정논변은 '태극'과

---

43 李滉, 『退溪集』 권16, 「答奇明彦(論四端七情第二書)」, 029_419c. "若以七情對四端, 而各以其分言之, 七情之於氣, 猶四端之於理也. 其發各有血脈, 其名皆有所指, 故可隨其所主而分屬之耳. 雖滉亦非謂七情不干於理, 外物偶相湊著而感動也. 且四端感物而動, 固不異於七情. 但四則理發而氣隨之, 七則氣發而理乘之耳."
44 李滉, 『退溪集』 권38, 「答申啓叔」, 030_364d 참조.

다른 '천명'의 함의가 배경에 깔려 있었다. 태극은 객관주의적인 우주론의 성격을 띠는 반면, 천명은 하늘이 나에게 부여한 명령을 직분과 도리에 대한 당위의식으로서 주관적으로 자각하도록 이끄는 특성을 띠는 것이다. 이황은 처음에『태극도설』에서 유래된 우주론적존재론적 도덕론의 입장에서 정지운과 함께『천명도설』을 수정하였고, 이 과정에서 사단과 칠정을 우주론적존재론적 리와 기로 구분하여 설명하는 방식을 권고하였던 것이다.

이에 대해 기대승은 상대적으로 천명이 함축하고 있는 주관주의 입장에 입각해서 이황의 사단칠정에 대한 설명을 비판하였다. 즉, 우주론적인 리와 기 개념이 인간의 영역으로 확장될 때, 도덕적 선악의 문제는 우주론적 리와 기에 의해 결정되는 것은 아니고, 심성과 지각에 관련하여 다른 기준이 있어야 한다는 것이다. 우주론적인 리는 '재료를 주재하는 원리'요 기는 '사물을 구성하는 재료'의 의미를 지니는데, 인간도 우주의 다른 만물처럼 이러한 리와 기의 결합에 의해 이루어진다. 또한 인간의 지각 작용도 재료인 기와 그것을 주재하는 원리인 리가 결합하여야만 성립되므로, 사단과 칠정을 각각 리와 기로 배속시켜 설명할 수는 없다는 것이다. 즉, 리와 기라고 하는 지각의 형식은 사단이든 칠정이든 모두 필수적인 것이다. 반면, 도덕적인 선악은 리와 기가 결합하여 발생한 심리적 결과물이 외부 환경과 그에 대한 규범에 부합하는지 여부에 의해 결정된다는 것이다. 칠정 가운데 심성 작용의 결과물이 외적 규범의 절목에 부합하는 것을 특별히 사단이라고 지칭할 뿐이라는 것이다. 요컨대, 사단과 칠정, 선과 악이 나뉘게 되는 것은 절도에 맞음 여부에 달려 있는 것이다.

이황은 이와 같은 기대승의 반론에 대해 두 차례의 수정안을 제시하지만, 여전히 우주론적존재론적 도덕론의 틀에서 벗어난 것은 아니었다. 거듭

된 논변 끝에 이황은 칠정도 내적 본성에 의거하고 사단도 외물의 감응에 의존한다는 기대승의 주장에 대해 마침내 "사단은 리가 발하여 기가 따르고, 칠정은 기가 발하여 리가 타는 것"이라는 3차 수정안을 제시하게 된다. 이것은 사단이든 칠정이든 주재의 원리로서의 리와 재료가 되는 기가 결합하여 지각이 이루어진다는 지각의 형식적 측면을 수용하면서도, 지각 내용상 사단은 리의 발현으로부터 자각되는 당위의식이고 칠정은 기의 발현으로부터 감지되는 일반적 의식이라고 하는 내용적 차이를 주장한 것이다. 이러한 호발설의 최종 명제에 의해 이황은 마침내 직분과 도리에 대한 자각으로서 천명의 함의를 심성과 지각의 관점에서 설명하게 된 것이다. 호발설의 최종 명제에서의 리와 기는 지각의 형식이자 내용적 출처소종래라는 의미에 한정되는 것으로서, 우주론존재론과는 다른 맥락과 관점에 있는 것이다.

지금까지 논의에 의하면, 『천명도설』에 관련된 철학적 문제는 다음 두 가지로 집약된다. ① 천명 개념에 관련된 지각론의 두 가지 인식론적 입장의 분개와 해명, ② 지각의 관점에 입각한 도덕철학적 두 입장의 해명. 이른바 주리主理와 주기主氣라는 두 가지 관점은 첫 번째 지각론적 두 입장을 가리키는 말이라고 볼 수 있다. 그리고 지각론에 입각한 도덕론의 두 입장은 결과론외재론과 동기론내재론, 객관주의와 주관주의의 대립으로 볼 수 있다. 조선성리학은 주희 철학의 지각론과 인심도심론에 대해 주리와 주기의 입장에서 각각 분석하고 이론적으로 정립하려는 특성을 띠는 것이다. 이것은 주자학이나 성리학 일색으로서 단조롭다고 하기보다는, 중국이나 일본과 다른 독특한 철학적 특색으로서 간주될 수 있다. 조선성리학은 주희 철학의 체계 내부에서 사유한 것이 아니라, 그것을 대상화하여 특징을

밝히고 그로부터 파생되는 문제들을 해결하고자 함으로써 주희를 넘어서

철학적 사유를 전개시켰던 것이다.

제3장

주리론과 주기론의 분기

　오늘날까지 한국철학계에서 논란이 되고 있는 쟁점 가운데 하나는, 한국유학사에서 이황과 이이로부터 연원하는 두 철학적 입장과 학파를 어떻게 규정할 수 있는가 하는 것이다. 일반적으로 가장 널리 알려진 접근법은, 이황을 주리론主理論의 창시자로서 간주하되 이이는 주기론主氣論의 대표자로 보는 것이다. 이와 같은 접근법은 그 연원이 이황에게로까지 소급될 수 있는 것이지만, 근래에 접어들어서는 장지연이 이를 『조선유교연원』에서 부분적으로 사용하고, 다시 다카하시 도루高橋亨, 1878~1967가 확산시킨 이래로 '근대 학술'에 널리 파급되었다. 예를 들어, 현상윤은 『조선유학사』에서 다음처럼 말한다. "그리하여 조선 성리학계는 이황과 이이의 두 학파로 형성되고, 이 두 학파는 후일 당쟁의 영향을 받아, 남인南人은 이황의 리발기수설理發氣隨說을 좇아 받들고, 서인西人의 주류인 노론老論은 이이의 기발이승설氣發理乘說을 좇아 받들게 되어, 전자는 영남학파가 주가 되어 주리설主理說을 주장하는 학자가 많고, 후자는 기호학파가 주가 되어 주기설主氣說을 주장하는 학자가 많게 되었다. 그렇다면 300년간 대립되어 있던 '주리'와 '주기'의 두 학파의 출발은 실로 이황과 기대승의 사칠논변에서 시작되었다 말할 수 있는 것이다."[1]

현상윤은 주기설에 대해 영남학파가 그렇게 뒤집어 씌워서 칭한 것이지 자기들 스스로 승인하고 수용하지 않았으므로 부당한 측면이 있긴 하지만, 그럼에도 주리와 주기는 이황과 기대승 이래로 3백여 년간 지속된 학파적 흐름을 설명하는 용어로서 사용될 수 있다고 본다. 현상윤 이후에 배종호는 이황과 이이의 두 입장과 이후 조선성리학의 흐름을 크게 주리와 주기의 대립으로써 설명하면서 다음처럼 말한다. "한국성리학이 크게 주리와 주기의 양대兩大 조류潮流로 갈라짐으로써 각기 견해의 차이와 [그에] 따라서 그 중점을 달리하거니와, 그 견해 차이는 이기이원理氣二元을 보는 입장의 차이에서 유래하는 것이라 하겠다. 즉 인간을 먼저 보고 다음 자연을 해명하는 것과 자연을 먼저 보고 다음 인간을 해명하는 것과의 두 관점의 차이이다."[2]

배종호에 따르면, 이기이원론에 대한 존재론적 두 관점이 바로 주리와 주기라는 것이다. 주리는 인간을 먼저 보고 자연을 설명하는 방식이고, 주기는 반대로 자연을 먼저 보고 인간을 설명하는 관점이라는 것이다. 이황은 인간 심성의 리와 기를 자연으로 확장하는 방식의 주리론을 수립했다면, 기대승과 이이는 반대로 자연의 리기 개념을 인간에 적용하는 방식으로 주기론을 구성했다는 것이다. 그러나 앞서 살펴보았듯이, 이황은 처음에 우주론존재론적인 관점에 서 있었다가 기대승과의 사칠논변을 계기로 심성론지각론의 관점으로 전환했기 때문에, 위의 설명은 정확하다고 할 수

---

1 현상윤, 『조선유학사』, 이형성 校註, 서울 : 심산, 2010, 134쪽. 현상윤은 '주기설'에 대해 다음처럼 주석을 달고 있다. "엄정한 의미에서 보면, 이것을 주기설이라고 호칭함이 불가하나 영남학파들이 그렇게 뒤집어 씌워서 호칭한다."
2 배종호, 『한국유학사』, 71쪽.

없다. 무엇보다도 주리와 주기는 지각론과 도덕론의 맥락에서 나뉘게 된다는 것을 파악하지 못했다. 다만, 주리와 주기의 주요 특징에 관련하여, 전자는 인간 심성에 입각한 심성론 중심적인 관점이라고 할 수 있는 반면, 후자는 천지만물과 인간을 동일한 존재론적 연장선상에 놓고 보는 일종의 자연주의적 관점이라는 점은 대체로 잘 지적했다고 할 수 있다.

그런데 주리 · 주기 개념에 대해 비판적으로 보고 그것을 극복할 필요가 있다는 주장도 지금까지 많이 제기되어 왔다. 주리 · 주기에 대한 비판론의 핵심은, 이 도식이 개념적으로 정의되지 않았을 뿐만 아니라 역사적으로도 퇴계학파가 율곡학파를 주기론으로 지목하여 일방적으로 지칭한 것에 지나지 않으므로 조선유학사 전체를 포괄하는 것으로는 적절하지 않다는 것이다.[3] 이러한 비판의 저변에는 주리 · 주기 도식이 일제 강점기 어용학자였던 다카하시 도루가 조선유학사를 일본제국주의의 조선침탈에 대한 정당화에 이용하고자 하는 의도에 따라 고안한 것이라는 이해가 배경에 깔려 있다. 이러한 이해는 그것을 폐기하고 새로운 조선유학사 서술의 틀을 새로 짜야한다는 주장으로까지 이어졌던 것이다.[4] 이에 대해 주

---

3 이동희, 「조선조 주자학사에 있어서의 주리 · 주기 용어 사용의 문제점에 대하여」, 『동양철학연구』(12), 동양철학연구회, 1991; 조남호, 「주리 · 주기 논쟁」, 『논쟁으로 보는 한국철학』, 서울 : 예문서원, 1995; 최영진, 「조선조 유학사상의 분류방식과 그 문제점-'주리(主理)', '주기(主氣)'의 문제를 중심으로」, 『한국사상사학』(8), 한국사상사학회, 1997. 이동희와 최영진은 이 도식의 문제점을 제기하되 부분적인 사용을 인정했지만, 조남호는 완전히 폐기해야 한다고 주장한다.

4 조남호, 「역주자해설」, 『조선의 유학』, 서울 : 소나무, 1999, 19~20쪽. "조선 철학을 주리론과 주기론으로 가르고, 그것을 퇴계학파와 율곡학파로 규정지으려는 다카하시의 주장은 재고되어야 한다. 조선의 철학은 리를 목표로 기를 제어해야 한다고 확신한 철학이다. (…중략…) 주리 · 주기론이라는 다카하시의 도식을 비판하면서, 강조해 두고 싶은 것은 퇴계학파와 율곡학파를 '고유명사'로 정의해야 한다는 점이다. 이 점은 조선 철학 연구자들이 앞으로 반드시 해결해야 할 과제이다."

리·주기 도식은 다카하시가 고안한 것이 아니며 조선성리학의 입장과 흐름을 어느 정도 반영하기 때문에 폐기해서는 안 된다고 보는 찬성론도 제기되어 왔다. 주리·주기 도식에 대한 논란은 지금도 현재진행형이라고 할 수 있는 것이다.[5] 이와 같은 최근까지의 논란은 주리·주기가 간단하게 처리해버릴 수 없는 심오함을 지닌 개념이라는 점을 말해준다.

주리·주기 개념에 대한 비판론은 근거가 없는 것이 아니고, 또 문제제기 하게 된 배경이나 이유도 수긍할 만하다. 그러나 그럼에도 불구하고 전후 맥락을 살펴보면, 주리·주기 도식은 다카하시의 창작이라고 볼 수는 없으며 조선성리학에 원래부터 내재해 있던 고유한 분류법임을 알 수 있다. 다카하시는 최초의 근대적인 조선유학사라 할 장지연의 『조선유교연원』에서 사용된 용례를 참조하여 자신의 숨은 의도에 맞춰 활용했을 뿐이다. 따라서 그의 불순한 의도를 비판적으로 보면 되지, 주리·주기 도식 자체를 비판의 표적으로 삼아서는 안 된다. 만약 주리·주기 도식을 식민

5　근래의 주리·주기에 비판적인 연구들은 다음을 참조. 이종우, 「한국유학사 분류방식으로서 주리·주기에 관한 비판과 대안」, 『철학연구』(64), 철학연구회, 2004; 최영성, 「다카하시 도오루의 한국 유학관 비판」, 『오늘의 동양사상』(13), 예문동양사상연구원, 2005, 150~170쪽; 김태년, 「학안에서 철학사로─조선유학사 서술의 관점과 방식에 대한 검토」, 『한국학연구』 23, 인하대 한국학연구소, 2010, 41~84쪽; 정일균, 「다카하시 도루(高橋亨)의 '조선유학사'와 조선유학의 식민주의적 변용」, 『퇴계학보』(143), 퇴계학연구원, 2018, 5~69쪽. 이에 대해 주리·주기 도식을 옹호하는 근래의 연구로는 다음을 참조. 한자경, 「주리(主理)·주기(主氣)의 함의 고찰─'타카하시 토오루의 주리·주기'에 관한 비판과 대안의 검토」, 『대동철학』(55), 대동철학회, 2011, 153~172쪽; 한자경, 「다카하시 도루의 조선유학 이해의 공과 과─주리·주기 분류를 중심으로」, 『철학사상』(49), 서울대 철학사상연구소, 2013, 3~23쪽; 한형조. 「'주기(主氣)' 개념의 딜레마, 그리고 실학(實學)과의 불화」, 『다산학』(18), 다산학술문화재단, 2011, 307~335쪽. 나는 주리·주기 도식이 조선성리학의 모든 학파를 설명할 수는 없지만, 이황과 이이로부터 분기되는 주요한 두 학파는 설명 가능하므로 적절하고 유용한 개념이라고 본다. 또한 주리·주기 개념은 존재론에 관련된 것이 아니라, 지각 작용의 두 요소 가운데 선험적 원리(리)를 중시하느냐, 아니면 경험적 질료(기)를 중시하느냐의 지각론적 입장 차이로 설명될 수 있다고 본다.

사관에서 비롯된 것으로 보고 폐기한다면, 이는 아기를 씻기고 목욕물을 버릴 때 아기까지 함께 버리는 꼴이 된다. 근대 학술에 있어 이 같은 곡절의 빌미를 제공한 장지연은 조선유학사 서술에 있어 전통적인 용례를 그냥 답습했던 것인데, 그 도식을 방법론적으로 숙고하고 자각적으로 정확히 설명하지 못한 것은 끝내 아쉬움으로 남는다.

원래 '주리'와 '주기'라는 용어 자체는 사단칠정논변에서 이황이 처음으로 사용한 것이다. 그가 이 용어들을 사용한 맥락을 보면 그것은 심성론의 관점, 즉 지각의 차원에 놓여 있음을 알 수 있다. 리와 기라는 지각의 두 요소 중에서 사단의 도덕감은 '리를 주로 한 것'^{주리}으로, 칠정의 일반감정은 '기를 주로 한 것'^{주기}으로서 각각 설명할 수 있다고 보았던 것이다. 여기서 리는 선험적인 원리들을 함축하고 있는 이성일 뿐만 아니라, 지각상에서 자각되는 당위준칙의 출처로서 도덕적 이성을 의미한다. 기는 육체형기와 감각기관, 그리고 외물을 지각할 때 받아들이는 감각적 질료와 이것에 연결되어 있는 심리적 감성을 총체적으로 가리킨다. 이 점에서 주리와 주기는 존재론보다는 지각론적인 어휘라고 할 수 있다. 그런데 기대승과 이이는 사단과 칠정을 리와 기로 나누어 설명하는 이황의 입장에 반대하면서 칠정은 사단을 포함한다고 주장하였다. 이는 사단을 선험적인 리 위주로 설명하는 방식을 부정하는 것이고, 결과적으로 사단과 칠정을 모두 경험적인 방식으로만 설명하는 입장으로 귀착되는 것이다. 이 점에서 이황은 주리론이고 기대승과 이이는 주기론이라 볼 수 있으며, 지각론적 맥락에서 각각 '이성주의'와 '경험주의^{자연주의, 심리주의}'의 입장을 나타낸다고 할 수 있는 것이다.

이러한 주리·주기의 두 입장은, 비록 율곡학파가 스스로 주기를 표방하지는 않고 리를 중시한다는 것을 계속 변론하긴 했지만, 애초에 그것은 지각에 있어 사단의 도덕감정을 선험적인 리도덕이성로 설명할 수 있느냐 없느냐에 따라 구분한 것이므로, 단순한 리의 중시 여부는 중요한 관건이 되지 못한다. 이런 이유에서 이황 이후 조선성리학은 주리와 주기의 두 입장으로 나뉘어 대립하게 되었던 것이다. 학맥상 주리론에 속하는 정약용은 이황과 이이의 이와 같은 두 입장을 다음처럼 설명한다. "퇴계가 논한 리기는 오로지 우리 인간의 성정을 가지고 설명한 것이므로, 퇴계가 말씀한 리는 도심으로서 바로 천리와 성령性靈에 해당하고, 기는 인심으로서 바로 인욕과 혈기血氣에 해당합니다. (…중략…) 율곡이 논한 리기는 천지만물을 총괄해서 설명한 것입니다. 그러므로 율곡이 말한 리는 무형으로 사물의 소유연所由然이고, 기는 유형으로 사물의 체질體質입니다. (…중략…) 리기의 글자 뜻을 이미 서로 달리한 것이라면 율곡의 주장은 율곡대로의 논설이며 퇴계의 주장은 퇴계대로의 논설입니다."[6] 이황의 리기 개념은 인간 중심적인 심성론적 관점에서 말한 것이며, 반대로 이이는 천지만물의 존재론에 입각한 자연주의적 관점에서 리기 개념을 인간에게도 적용했다는 것이다. 정약용의 언급은 비록 지각론적 판단을 회피하는 양시양비론에 가까운 것이지만, 그러나 그는 "사단의 대체大體는 바로 리가 발동한 것이다"[7]라고 말함으로써 주리의 입장이 도덕론적 관점에서 볼 때는 옳다고 하였다. 나중에 정약용은 주리와 주기 어느 쪽도 아닌 제3의 입장이라 할 덕 윤리적 입장을 정립하게 되지만, 사실 도덕론의 맥락에서 볼 때 그것은 주리론에 친화적인 입장이라 할 수 있다.

6　丁若鏞,『詩文集』,「西巖講學記」(『與猶堂全書』 1집, 21권), 281_461a-b.
7　丁若鏞,『詩文集』,「理發氣發辨(二)」(『與猶堂全書』 1집, 12권), 281_258b.

한편 기학氣學으로 널리 알려져 있는 최한기崔漢綺, 1803~1879, 호는 혜강(惠崗)는 주리·주기에 대해 다음처럼 말한다. "주리는 추측의 이치로써 유행流行의 이치에 혼잡시키므로, 혹 유행의 천리天理를 추측의 심리心理로 알거나, 아니면 추측의 심리를 유행의 천리와 동일시한다. 그렇게 되면 천리도 순수하지 못할 뿐 아니라 추측도 참되지 못하다. 그러나 그 근본을 탐구하면 추측의 헛된 그림자에 불과하다. 주기는 기를 미루어 리를 헤아리므로, 미루는 것은 유행의 이치요, 헤아리는 것은 추측의 이치다. 유행을 기준으로 삼으면 추측이 틀리지 않고, 추측을 법으로 삼으면 유행이 자연히 추측과 맞아지니, 이것이 추측의 실천이다. 등불이 물체를 비추는 것에 있어서, 그 기를 따라 그 리를 탐구하면 자연히 실천할 수 있는 조리條理가 생기지만, 먼저 리를 가지고 물체 비추는 것을 탐구하려 하면 표준 없는 헛된 그림자를 면하지 못한다."[8] 최한기에 의하면, 주리는 내적인 '추측의 이치'로써 외부 사물의 '유행의 이치'를 연역적으로 추론하는 입장이기 때문에, 내적 심리와 외적 천리는 다른 것인데도 양자를 동일시하는 오류를 범한다. 그 결과는 자연의 참된 이치에 대해 정확한 인식에 이르지 못하고 헛된 그림자만 좇게 되는 것으로 끝난다는 것이다. 반면 주기는 기의 경험적 데이터에 근거하여 귀납적으로 외부의 이치는 물론 내적 심리까지 추론하는 입장이다. 따라서 유행하는 사물의 이치를 확실한 근거가 있는 추측의 원리들에 의거하여 정확히 알 수 있고, 반대로 확실한 유행의 이치에

---

8 崔漢綺, 『氣測體義』, 『推測錄』 제2권, 「主理主氣」. "主理者, 以推測之理, 渾雜於流行之理, 或以流行之天理, 認作推測之心理, 或以推測之心理, 視同流行天理, 非特天理之不得其純, 并與推測而失其眞. 然究其原, 則乃是推測之虛影耳. 主氣者, 推氣以測理, 所推者流行之理, 所測者推測之理也, 以流行爲準, 而推測要不違焉, 以推測爲法, 而流行自有合焉, 是乃推測之實踐也. 燭火之照物, 循其氣, 究其理, 自有可踐之條理, 先將理而究照物, 則未免無表之虛影."

의거하여 내적인 심리와 추측의 이치도 밝힐 수 있다. 최한기는 이와 같이 주기의 입장이 바람직하다는 점을 등불의 예를 들어서 설명한다. 등불이 사물을 비추는 것에 대해 그 비추는 원리에 초점을 맞춰서 추론해나가면 아무 소득이 없게 되므로, 반드시 등불의 기라고 하는 에너지나 물리적 실체에 나아가서 그 이치를 궁구해야 한다는 것이다. 최한기는 주리와 주기의 지각론적 성격에 대해 명쾌하게 설명하고 있다 하겠는데, 그럼에도 주기에 대한 선호와 편향성은 숨김없이 드러내고 있다. 그는 주기론과 경험 과학에 대한 신봉으로 인해 주리적이고 연역적인 수학과 물리학의 비약적인 발전이 가능하다는 것을 추측할 수 없었다.

이처럼 주리와 주기는 조선성리학 전통에 면면이 전승되어 내려온 것으로서 일정한 의미 맥락이 있는 것이다. 즉, 주리는 선천적이고 내적인 원리나 개념을 중시하는 입장을 가리킨다면, 주기는 경험적 데이터와 증험證驗, 감각 질료와 연결된 심리 상태를 중시하는 입장을 지시한다. 이러한 입장의 차이는 율곡학파가 자신들은 주기론이 아니라고 강변한다고 해서 철회될 수 있는 것이 아니다. 그것은 인식론적이고 논리적인 철학적 입장과 관점의 문제인 것이다. 이황과 이이에서 연원하는 주리와 주기라는 두 입장은, 정약용과 최한기에서 단적으로 드러나듯이, 조선 말기까지 유지되었던 철학적 사유의 두 가지 주된 흐름이었으며, 그것의 변증법적 상호작용에 의해 이른바 실학이라고 하는 실용을 중시하는 학문들의 분화와 발전이 촉진되었던 것이다. 이로부터 이른바 '근대'와의 거리는 그다지 멀지 않다고 보아야 할 것이다. 요컨대, 주리·주기를 민족주의 감정에 휩쓸려 비판하면서 폐기해야 한다고 보아서는 안 되며, 오히려 좀 더 철학적으로 접근해서 분석하고 고찰해야만 하는 것이다. 철학적 관점에서 볼 때, 주리·주기

도식은 성리학의 연구에 반드시 필요한 개념이라고 할 수 있다.[9]

지금까지의 연구는 주리·주기 개념을 주로 존재론적 관점에서 이해해 왔다. 그러나 본래 그것은 존재론보다는 심성론, 구체적으로는 지각론적인 맥락에서 생겨난 것이다. 이러한 주리·주기 도식은 조선성리학에서 도출된 것이지만, 인식론적 맥락에서 중국이나 일본의 철학사에도 적용할 수 있을 것이다.[10] 예를 들어, 주희 이후 양명학에 이르기까지 송명리학은 대체로 주리의 입장을 취하다가 청대 고증학考證學과 일본 에도시대 고학古學에 이르러 점차 주기론이 강세를 띠게 된다는 것이다. 경험적 실증을 중시하는 주기론의 입장이 문헌 고증의 방향으로 나간 것이다.[11]

제3장에서 나는 주리와 주기의 두 입장이 이황과 이이의 상반된 지각론적 견해에서 비롯되며, 이것이 이후 조선성리학의 주요한 두 흐름을 이루게 된다는 점을 밝히고자 한다. 이러한 지각론적 접근은 최근까지 주리·주기를 주로 존재론적으로 이해했던 것과는 다르다고 하겠다. 주리와 주기는 지각의 두 구성 요소로서 리와 기 어느 쪽에 중점을 두느냐의 입장 차이에서 생겨났다는 것이다. 그리고 이러한 지각론적 관점의 차이는 인심도심에 대한 윤리학적 견해 차이까지 야기시킨다는 것이 이 장의 요지이다.

---

9 이에 대해서는 다음을 참조. 김우형, 「장지연(張志淵)의 조선유학사 이해 과정과 그 특징—다카하시 도루(高橋亨)와의 논쟁과 상호 영향관계를 중심으로」, 『동방학지』(190), 2020, 271~295쪽. 본서의 결론에서도 이에 관해 개괄적으로 설명했으므로 참조하기 바람.

10 일찍이 아베 요시오(阿部吉雄)는 조선성리학의 주리·주기 도식을 중국이나 일본의 주자학에도 적용하여 설명을 시도한 적이 있다(『日本朱子學と朝鮮』, 東京 : 東京大學出版會, 1965, 489~561쪽 참조). 그러나 그 역시 다카하시와 마찬가지로 그것을 존재론적 해석의 틀로 간주하였지, 인식론(지각론)적인 의미를 가진 것으로 보지는 못했다.

11 그러나 19세기 한학(고증학)은 보수적 입장을 유지했고, 반면 송학의 계승자들은 서양 문화를 적극 수용하게 된다. 주기론은 사고의 혁명적 전환이나 그 대응에 있어 주리론에 비해 취약하다고 생각된다.

1. 주리론과 주기론의 지각론적 관점과 특징

1) 이황 주리론의 기본 관점과 특징

지금까지 이황의 철학에 관한 기존 연구는 주로 사칠논변과 관련하여 리理의 발현과 운동성 문제를 집중적으로 다루어왔다고 할 수 있다. 다만, 이처럼 이황의 철학을 리학理學으로서 조명하는 입장과 대조적으로 양명학과는 다른 독자적 심학心學으로서 파악하려는 시도도 있어 왔다.[12] 이와 관련하여 최근에는 이황의 철학이 이이와 비교할 때 주희를 보다 충실히 계승한 것인지, 아니면 그로부터 이탈하여 점차 심학으로 경도된 차별적인 사상인지에 관해 논쟁이 있었다.[13] 그러나 여기서 강조하고 싶은 것은, 정이나 주희가 리와 더불어 심을 가장 중요한 두 가지 철학적 개념으로 삼았고, 왕수인 역시 심과 더불어 리를 부정하지 않았기 때문에, 이른바 리학과 심학의 이분법으로 접근하는 것은 동아시아 철학사의 이해에 도움이 되지 않는다는 점이다. 특히 주희가 말하는 리는 주로 심에 관련된 것

---

12 杜維明은 이황의 사상이 주희를 재해석하면서 양명학에 접근한 것이라고 본다. 다음을 참조. 杜維明, 「李退溪의 心性論」, 『退溪學報』 19집, 1978; 杜維明, 「朱熹의 理哲學에 대한 退溪의 獨創的 解釋」, 『退溪學報』 35집, 1982. 友枝龍太郎은 「李退溪哲學의 特質과 그 現代的 意義」(『退溪學報』 39집, 1983)에서 이황을 "주자학적 심학"이라고 보았다. 이후 안병주의 「退溪의 學問觀-心經後論을 중심으로」, 『퇴계 이황』, 윤사순 편, 서울 : 예문서원, 2002(원출판 1987)에 의해 이황을 '심학'으로 보는 관점이 널리 퍼지게 되었다고 할 수 있다.

13 홍원식은 『오늘의 동양사상』 10호(예문동양사상연구원, 2004.봄가을) 「'퇴계학', 그 존재를 다시 묻는다」라는 글에서 이황의 철학은 주희와 달리 理發을 주장하는 차별적인 心學으로 보아야 한다는 의견을 밝혔다. 손영식은 이에 대해 반박하면서 이황은 전체적으로 주희철학을 계승한 것이고 오히려 이이가 주희와 다른 湖南學의 입장에 있다고 주장하였다(「존재물음에 내몰린 '퇴계학', 겨우 존재하는 리」, 『오늘의 동양사상』 11호). 홍원식은 손영식의 비판에 대해 다시 반박하는 주장을 폈다(「퇴계 이황의 리기호발설과 그 독창성」, 『오늘의 동양사상』 11호).

이므로, 리학을 심학과 대조되는 존재론 철학으로 이해해서는 곤란하다. 요컨대, 리학도 심학적 맥락 속에 있는 리학임을 기억할 필요가 있다는 것이다.

주희의 철학적 입장과 노선을 이황과 이이 중 누가 더 정통으로 계승하였는가 라는 도통론의 관점 역시 바람직하지 못하다. 철학에서는 독창성이 중요하지 누가 무엇을 더 충실히 계승하였는가는 그다지 중요하지 않기 때문이다. 더구나 도통론은 학문적 논리나 합리성이 기준이 되는 것이 아니라, 흔히 자신이 추종하는 인물이나 학파의 정치적 주도권을 획득하려는 의도를 배후에 지니고 있는 경우가 많다. 따라서 도통론은 철학에서 오히려 경계해야 할 대상이다.

그렇다면 우리의 관심사인 이황이나 이이의 철학을 해석하는 바람직한 관점과 방법은 무엇인가?[14] 그것은 정주성리학의 철학적 근본 문제, 즉 지각론과 인심도심론의 문제와 방법을 통해 접근하는 것이다. 그들의 철학적 관점을 이해하기 위해서는 지각론과 인심도심론의 문제와 접근법이 가장 적절하다.

이른바 주리와 주기라고 하는 조선성리학의 두 입장이 지각론적 맥락에 있다는 것은, 심성론에 있어 중국과 다른 한국만의 독특한 특성이 있음을 암시한다. 예를 들어, 중국에서는 나흠순羅欽順, 1465~1547, 호는 整庵이 주기론과 유사한 입장으로부터 왕수인의 양명학을 주관주의라고 비판했다. 이 점에서 나흠순이 왕수인보다는 좀 더 지각론적 성향을 나타냈다고 할 수도 있겠지만, 그러나 왕수인과 나흠순은 공통적으로 심학적 관점 속에서

---

14 이황과 이이의 학문적 교류와 사상적 대비에 대해서는 다음을 참조. 이광호, 『퇴계와 율곡, 생각을 다투다』, 서울 : 홍익출판사, 2013; 김형찬, 앞의 책, 2018.

도 본체론적인 사유 경향을 띠고 있다. 이황은 왕수인과 나흠순을 모두 비판했는데, 그들 모두 지각론적인 분석을 통해 리학을 제대로 밝히지 못했다고 보았기 때문이다. 대체로 중국 명대의 유학자들에 비해 조선성리학자들은 지각론적인 분석을 좀 더 중시하는 경향을 띤다. 이러한 성향적 차이에 근거해서 중국은 변증법적인 종합을 중시하는 반면, 한국은 논리적인 분석을 중시한다고 단순화시킬 수도 있을 것이다. 이황이 기대승과의 사칠논변에서 했던 다음 언급은 조선성리학의 이러한 특성을 잘 말해준다. "내 생각에는 다른 것 가운데 나아가 같은 것이 있음을 볼 수 있기 때문에, 사단과 칠정 두 가지를 하나로 뒤섞어서 말한 경우가 진실로 많습니다. 그러나 같은 것 가운데 나아가 다른 것이 있음을 알 수 있으니, 두 가지는 나아가 말한 것이 본디 주리와 주기의 같지 않음이 있습니다. 그러므로 리와 기로 분속시킴이 어찌 불가하겠습니까?"[15]

　여기서 이황은 기대승이 사단과 칠정을 하나로 혼륜渾淪하여 뒤섞어서 설명하는 태도를 지적한 것이다. 비록 기대승이나 이이도 이황 못지않게 분석적인 경향을 내보이고 있지만, 그들은 '혼륜'이라고 하는 뒤섞어 말하는 관점을 나타낸다는 점은 주목할 만하다. 이는 본체론적 경향과 사유가 기대승과 이이에게 내재해 있음을 암시하는 것이다. 어쨌든 이황은 사단과 칠정에 대한 분석에서 각각 나아가 말한 것에 주리와 주기의 다름이 있다고 주장한 것이고, 이에 대해 기대승은 그렇게 나누어 말할 수 없다는 입장을 견지했던 것이다. 여기서 '각각 나아가 말한다'는 것은 곧 마음의

15　李滉, 『退溪集』 권16, 「答奇明彦(論四端七情第二書)」, 029_418a. "滉意以謂就異中而見其有同, 故二者固多有渾淪言之, 就同中而知其有異, 則二者所就而言, 本自有主理主氣之不同, 分屬何不可之有?"

지각 차원에 나아가 말한다는 것을 의미한다. 지각은 마음의 인지 기능 일반을 지칭하는 것이지만, 사칠논변에서 논의 대상은 주로 사단과 칠정에 한정된다.

사단四端이란 맹자가 언급했던 네 가지 선한 도덕적 감정으로서 '측은惻隱, 불행에 빠진 사람을 불쌍히 여기는 마음'·'수오羞惡, 불의한 것을 미워하는 마음'·'사양辭讓, 양보하는 마음'·'시비是非, 옳고 그름을 가리는 마음'의 마음을 가리킨다. 어린아이가 우물에 빠지려는 순간 이를 우연히 보게 된 사람의 마음 상태에 관한 일종의 사고 실험으로써 맹자가 말하고자 했던 바는, 인간이라면 누구나 가슴이 철렁 내려앉고 그를 측은히 여겨서 구해줘야겠다는 마음이 생긴다는 것이다. 맹자는 이로부터 인간의 본성은 도덕적으로 선하다고 추정할 수 있다고 말한다. 칠정은 『예기禮記』「악기樂記」편에서 말한 기쁨[喜]·분노[怒]·슬픔[哀]·두려움[懼]·사랑[愛]·증오[惡]·욕망[欲]의 일곱 가지 일반적 감정을 말하는데, 이는 『중용』에서 말한 희로애락喜怒哀樂으로 줄여 말해지기도 한다.[16] 이황과 기대승 사이에서 벌어진 사단칠정논변이란 사단과 칠정에 대한 개념적 이해 문제와 더불어, 인간의 도덕감정사단과 일반감정칠정의 관계를 어떻게 보아야 할지, 더 나아가서 도덕적이고 윤리적인 행위는 어떤 근거에 의해 설명될 수 있는지에 관한 논쟁이다.

제2장에서 살펴본 것처럼, 논쟁의 발단은 정지운이 지은 『천명도설』에서 비롯된다. 이황이 이 저작을 입수한 뒤 직접 그를 방문하여 수정을 제

---

[16] 김형찬은 사단을 '도덕본성을 유추할 수 있는 네 가지 실마리' 혹은 '이상적인 도덕감정'으로, 칠정은 '일반적인 도덕감정'으로 간주한다(『율곡이 묻고 퇴계가 답하다』, 88~89·188쪽). 그러나 칠정을 도덕감정으로 보는 것은 일반적 견지에서 납득하기 힘들다. 비록 인간의 본성이 도덕적으로 선하다고 하더라도, 그것에 기인하여 발현된 감정들도 모두 도덕적으로 선하다고 볼 수는 없기 때문이다. 희로애락 같은 감정들은 우리의 도덕적 본성보다도 육체적인 감각이나 욕구에 보다 더 밀접한 것으로 여겨진다.

안하게 되고, 두 사람의 토론 과정을 거쳐서 도설이 수정되었다. 이때 수정된 그림에는 "사단은 리에서 발현하고 칠정은 기에서 발현한다"라는 언급이 있었는데, 이에 대해 기대승이 리와 기를 현격하게 나누었다고 비판했던 것이다. 기대승의 비판을 전해들은 이황은 "사단의 발현은 순수하게 리이므로 선하지 않음이 없고, 칠정의 발현은 기를 겸하므로 선악이 있다"로 수정하면 어떻겠냐고 제안하는 편지를 1559년에 보냄으로써 논쟁이 시작되었던 것이다. 이때 이황은 59세였고 기대승은 33세였다. 이황은 이후 두 차례의 수정안을 더 제안하게 되지만, 기대승은 그것들에 대해 모두 비판하였다. 8년간의 논쟁에서 이황이 처음 취했던 입장은 사실 우주론적·존재론적 도덕론이었지만, 논변 과정에서 천명 개념의 함의를 지각 차원에서 내적으로 자각해야 한다는 지각론적 도덕론으로 전회를 하게 된다. 즉, 도덕이란 우주론적·존재론적 실재에 의해 결정되는 것이 아니라, 마음의 주관적인 지각 내용에 의해 성립되는 것이다. 그런데 지각은 리와 기의 결합에 의해 이루어지기 때문에 이 가운데 어떤 요소를 중시하느냐에 따라 주리와 주기의 입장으로 나뉘게 된다.

　이황의 경우, 지각 상에서 직분과 도리에 대한 당위의식으로서의 사단은 일반 감정으로서 칠정과 명확히 구분되며, 이러한 상반된 지각 내용의 출처·소종래는 각각 리와 기가 된다. 이때 리는 지각의 재료를 주재하는 원리를 의미하기도 하고 특정한 지각 내용·사단의 근원이 되기도 한다. 기는 지각의 재료를 이루는 것으로서, 그 발생처인 육체·형기를 의미하기도 하고 감각기관이 외물로부터 받아들인 감각적 질료를 가리키기도 한다. 이황은 사단과 칠정의 서로 다른 지각 내용은 그 근원과 발생처가 다르다고 본 것이다. 즉, 사단은 리로부터 근원하고 칠정은 기로부터 나온다는 것이다.

사단의 당위적인 내용은 내부의 리에서 발출된 것이고, 칠정의 일반적 느낌과 감정들은 기에서 발생되었다는 것이다. 따라서 지각에 내용을 부여하는 리와 기는 각각 선험적 도덕이성과 경험적 감각을 의미하게 되는 것이다. 이러한 의미의 리와 기는 우주론과 존재론을 포함하는 본체론적인 리기 개념과는 다르다고 할 수 있으며, 인간의 지각 작용에 근거해서 규정한 지각론적인 의미 맥락을 지닌다. 이 점에서 이황은 "인간을 먼저 보고 다음 자연을 해명하는" 입장이라는 설명은[17] 주리론의 지각론적 성격과 형성 과정을 정확히 해명하지는 못했지만, 그의 리기 개념이 심성론에 근거한 것임을 밝힌 것이라고 하겠다.

이황의 주리론이 지각론의 성격을 띤다는 점은 완성된 호발설의 명제인 "사단은 리가 발하되 기가 따르는 것이요, 칠정은 기가 발하되 리가 올라타는 것이다"라고 말하게 되는 전후 맥락에서 잘 나타난다. 이황의 논쟁 상대인 기대승은 주기의 입장에서 사단과 칠정을 리와 기로 분속할 수 없으며 칠정은 사단을 포함한다고 주장한다. 그도 천명 개념이 내포하고 있는 지각의 입장을 수용하였으나, 그것은 단지 지각을 구성하는 형식적인 측면에 국한되었다. 천지만물의 리와 기는 인간에게도 적용되므로, 지각의 재료는 기로 이루어져 있는 반면 주재하는 원리는 리가 된다. 기대승은 이러한 지각의 형식에 초점을 맞춰서 사단과 칠정 모두 리와 기가 결합한 것이므로 리와 기로 분속시킬 수 없다고 주장한다.

그러나 제가 상고해 보건대 『악기』에 '사람이 나서 고요한 것은 하늘의 성이

---

17 배종호, 『한국유학사』, 71쪽.

고, 물에 감응하여 움직이는 것은 성의 욕이다'[18]라 하였고, 주자는 '성의 욕은 바로 이른바 정情이다'[19]라고 하였습니다. 그렇다면 정이 사물에 감응하여 움직이는 것은 자연의 이치입니다. 대개 그 속에 진실로 이 리理가 있기 때문에 밖에서 감동되는 것이 서로 부합하는 것이고, 그 속에 본래 이 리가 없는데 외물이 와서 우연히 서로 부딪쳐 감동되는 것은 아닙니다. 그렇다면 '외물이 오면 쉽게 감응하여 먼저 움직이는 것이 형기만 한 것이 없다'라고 하신 한마디 말씀은 칠정을 설명하는 데 맞지 않은 듯합니다. 만약 외물에 감응하여 움직이는 것으로써 말하면, 사단도 역시 마찬가지입니다. 어린아이가 우물에 빠지는 일에 감동이 되면 인仁의 이치가 바로 응하여 측은한 마음이 드러나고, 종묘宗廟를 지나고 조정을 지나는 일에 감동이 되면 예禮의 이치가 바로 응하여 공경의 마음이 드러나니, 사단이 외물에 감동되어 드러나는 것이 칠정과 다를 것이 없습니다.[20]

기대승은 심성론적 맥락에서 인간의 감정에 있어 리와 기가 모두 필수 요소로서 필요하며, 사단과 칠정은 공통적으로 외물에 대해 내부의 리가 반응한 결과라는 점을 지적한다. 여기서의 핵심은 바로 사단이든 칠정이든 모두 외물을 육체적 형기가 기로써 감각하되 마음 내부의 리가 반응하여 나온 지각 작용의 결과라는 점이다. 이는 명백히 지각론의 맥락에서 지각의 요소나 형식에 초점을 맞춰 이황의 리기 분속을 반박한 것에 해당된다. 이에 대해 이황은 다음처럼 말말하면서 호발설의 명제를 제기한다.

18 『禮記』, 「樂記」. "人生而靜, 天之性, 感物而動, 性之欲."
19 朱熹, 『朱文公文集』 권67, 「樂記動靜說」. "性之欲卽所謂情也."
20 奇大升, 『兩先生四七理氣往復書』上篇 권1, 「高峯答退溪論四端七情書」, 16a-b.

만일 칠정을 사단과 대립시켜 각각 구분되는 것으로 말한다면, 칠정과 기의 관계는 사단과 리의 관계와 같습니다. 그 발하는 것이 각각 혈맥이 있고, 그 이름이 다 가리키는 바가 있으므로 주가 되는 바에 따라 분속시킬 수 있는 것입니다. 나도 칠정이 리와 상관없이 외물이 우연히 모여들어 감응하여 움직인다고는 생각지 않습니다. 또 사단이 외물에 감응하여 움직이는 것도 실로 칠정과 다르지 않습니다. 다만 사단은 리가 발하여 기가 따르고, 칠정은 기가 발하여 리가 타는 것일 뿐입니다.[21]

사단이든 칠정이든 지각의 요소로서 리와 기가 모두 작용하므로 나누어 분속시킬 수 없다는 기대승의 비판은 사실상 지각론적 맥락에서 이황의 견해를 공격한 것이다. 이에 대해 이황은 사단과 칠정이 지각의 요소라는 측면에서는 다르지 않지만, 내용상에서는 다르다고 주장한다. 즉, 이황은 사단과 칠정을 주희가 지각된 내용으로써 구분했던 도심과 인심에 각각 해당시키면서 양자를 엄격히 구분했던 것이다.[22] 도덕감정으로서 사단은 도덕이성(리)이 발동하되 그것에 질료가 따라가서 그대로 당위의식(도심)이 성립되는 것이요, 일반감정으로서 칠정은 육체적 형기와 감각기관이 받아들인 경험적 질료가 발동하되 그 위에 지각의 원리가 작용함으로써 감각적 의식(인심)이 성립된다는 것이다. 사단의 도덕감정 역시 기의 질료를 필요로 하고 외물의 감각경험을 경유해야 성립 가능한 것이지만, 본

---

21 李滉, 『退溪集』 권16, 「答奇明彦(論四端七情第二書)」, 029_419c. "若以七情對四端, 而各以其分言之, 七情之於氣, 猶四端之於理也. 其發各有血脈, 其名皆有所指, 故可隨其所主而分屬之耳. 雖滉亦非謂七情不干於理, 外物偶相湊著而感動也. 且四端感物而動, 固不異於七情. 但四則理發而氣隨之, 七則氣發而理乘之耳."

22 李滉, 『退溪集』 권36, 「答李宏仲問目」, 030_310c. "人心, 七情是也, 道心, 四端是也. 非有兩箇道理也."

질적으로 그 당위적 내용 자체는 모든 감각적 질료를 초월하여 오로지 선험적인 도덕이성으로부터 나온 것이다. 또한 칠정의 일반감정도 도덕감정처럼 리가 필요하지만, 이때의 리는 지각의 재료를 주재하는 지각의 원리를 의미하는 것이다. 따라서 칠정의 내용은 육체적 형기(감각기관)가 외부와 감응하여 유입된 경험적 질료(기)로부터 온 것이다. 이황의 호발설의 명제는 지각의 차원에서 도덕의식과 일반의식을 리와 기로 구분하여 설명한 것이라고 하겠다.

반면 기대승의 경우 지각의 형식적 요소로서의 리와 기가 사단칠정에 공통적으로 개입되지만, 도덕적 선악을 결정하는 객관적 기준은 리와 기 이외에 따로 있어야 한다고 본다. 즉, 자연적인 심리적 결과인 칠정 가운데 외부 상황에 부합하고 예의 절목에 들어맞는 것을 사단이라 칭할 뿐이지, 칠정 이외에 별도의 사단이 있는 것은 아니라는 것이다. 사단을 도덕적으로 선하다고 규정할 수 있는 내적인 근거는 발견될 수 없다. 그러나 이것은 "자연 생명의 선만을 보고 도덕 생명의 선善·지선至善을 무시하는 것"[23]에 해당된다고 할 수 있다. 결국 "기가 지나치거나 모자람이 없이 자연히 발현한 것이 곧 리의 본체의 그러함이다"[24]라는 기대승의 주장은 지각한 상태가 객관적 규범에 부합하는지 여부가 선악의 기준이 된다는 것을 함축하는 것이다.

이황은 이러한 주장이 오류라고 보았다. 그것은 사단과 칠정을 리와 기의 결합이라고 하는 지각 형식상의 공통성 때문에 동일시하되, **지각된 내용**

---

23 이상은, 『퇴계의 생애와 학문』, 예문서원, 1999, 241쪽.
24 奇大升, 『兩先生四七理氣往復書』上篇 권1, 「高峯上退溪四端七情說」, 2b. "氣之無過不及 自然發見者, 乃理之本體然也."

에 대해서는 양자를 전혀 구분하지 못하고 하나로 뒤섞어 혼륜混淪시켜 보는 것이기 때문이다. 이러한 견해는 사단의 지각 내용의 근원이 되는 리를 마음속에서 자각하지 못하게 할 뿐만 아니라, 끝내 리와 기를 동일시하는 오류에 빠질 수 있다. 이황도 지각 작용에 있어서 도덕이성으로서 리와 경험적 질료로서 기가 모두 필수불가결한 두 형식이라고 본다. 그러나 이러한 형식적 공통점에도 불구하고 사단과 칠정의 **지각된 내용**은 서로 다르기 때문에 하나는 리를 주로 하고 다른 하나는 기를 주로 한다고 보아야 한다는 것이다. 사단의 지각 내용은 순수하게 선한 도덕이성으로부터 나온 당위의식이므로, 외부 대상에 의한 일반적 감각이나 감정과는 달라야 한다. 칠정이 경험적 질료인 기에 의해 촉발되는 수동적인 감정이라고 한다면, 사단은 경험을 통해서 지각하되 내용상 도덕이성(리)으로부터 발출되어 나온 능동적 감정이라고 보아야 한다는 것이다. 사단과 칠정의 지각 내용적 근원所從來을 날카롭게 구분하는 이황의 입장은 도덕적 선과 가치에 대한 선험적 인식의 가능성을 함축한다. 그것은 경험을 경유하되 경험적 질료의 감각 내용을 초월한 것으로서, 순전한 도덕이성의 발로라는 것이다. 요컨대, 이황의 도덕론은 주희의 인심도심론과 상통한다고 볼 수 있다.

2) 이이 주기론의 기본 관점과 특징

전통적으로 이이의 철학 사상은 주기론으로서 해석되어 왔는데, 근래에는 그것에서 탈피하여 '리기지묘理氣之妙, 리와 기의 신묘한 결합'의 측면에 초점을 맞춰 철학적 특성을 해석하려는 경향도 많아졌다. 그러나 주기론으로 보는 전통적 해석이나 '리기지묘'에 초점을 맞춘 해석 모두 율곡철학을 존재론적 맥락에서 바라본 것이다. 그런데 최근 연구에서 지각 개념을 둘러싼 일련의 논의가 진행되었는데, 주자학의 연장선상에서 바라보는 기존 통설에 대해 율곡철학은 근본적으로 주자학이 아니라 중국철학에서 외적 대상에 대한 경험적 인지와 반응을 중시하는 '지각설知覺說'의 전통에 유사하다고 보는 견해가 대두되었다. 이와 관련된 논쟁에서 성리학의 '지각' 개념과 '지각론'에 관한 합의가 필요하다는 의견도 제기되었다.[25] 이러한 논란은, 이황의 경우에서와 마찬가지로, 성리학의 지각론에 대한 해명을 통하여 정리될 수 있다. 즉, 이이의 주기론은 지각론에서 이황의 주리론과 상반된 하나의 포스트post를 수립했다는 것이다.

이황이 사망한 후 일어난 성혼과의 논쟁에서 이이는 "칠정은 사단을 포함한다七包四"는 기대승의 입장을 분명하게 지지했다. 그러나 기대승에 비해 이이의 주장은 좀 더 명확했다. 그는 이황의 호발설을 강하게 비판하면서 사단과 칠정 모두 "기가 발하여 리가 올라탄 것"일 뿐이라는 '기발이승일도설'을 주장했다. 기대승에 비해 이이는 체용 개념에 근거한 존재론적인 리와 기를 강조한다. 즉, 이이는 "발동하는 것은 기요 발동하는 까닭은

---

25 '지각' 개념과 관련된 일련의 논쟁은 정원재의 「지각설(知覺說)에 입각한 이이(李珥) 철학의 해석」(서울대 박사논문, 2001)에 대해 이상익이 반론을 제기하면서 시작되었다. 정원재는 이이가 호남학과 지각설의 노선에 가깝다는 새로운 견해를 제시했고, 이에 대해 이상익은 주자학의 정통 노선을 계승한 것이라는 입장에서 정원재의 설을 반박한 것이다. 일련의 논쟁에 대해서는 다음을 참조. 이상익, 「율곡 이이는 지각론자인가」(『오늘의 동양사상』, 예문서원, 2002.가을겨울호, 88~109쪽); 정원재, 「이이, 찬찬히 읽기와 체계로써 말하기」(『오늘의 동양사상』, 110~136쪽); 이상익, 「율곡 이이는 지각론자인가(II)」(『오늘의 동양사상』, 2003.봄여름호, 14~34쪽); 정원재, 「구절주의와 심판관의 태도」(『오늘의 동양사상』, 2003.봄여름호, 35~62쪽). 또한 이 논쟁에 대한 다음의 논평들을 참조. 김경호, 「율곡철학을 이해하는 두 가지 관점」(『오늘의 동양사상』, 2003.가을겨울호); 임원빈, 「정원재와 이상익의 논쟁에 대한 관전평」(『오늘의 동양사상』). 정원재의 견해는 참고할 것이 있지만, 경험론에 국한된 '지각설'의 규정은 지각론 일반의 인식론적 성격을 이해하는 데 오히려 방해가 될 수 있다. 다음을 참조. 김우형, 『주희철학의 인식론—지각(知覺)론의 형성과정과 체계』, 33~36쪽.

리이니, 기가 아니면 발동할 수 없고 리가 아니면 발동할 까닭이 없게"[26] 된다고 말한다. 이이는 "성인이 다시 나와도 이 말을 바꿀 수 없다"고 부언하기도 했다. "발동하는 것은 기요 발동하는 까닭은 리"라는 규정은 재료와 주재원리라는 우주론적인 인과 관계보다는 현상적 변화에 대한 이유나 까닭이라는 의미를 나타낸다. 이러한 존재론적 개념을 인간에 적용하면, 지각은 "기가 발하되 그 까닭으로서의 리가 올라타는" 하나의 경로로만 작용한다고 말해야 할 것이다. 이이는 이러한 존재론적 관점에 근거해서 천지만물과 인간의 존재론적 연속성을 강조한다. 이이는 다음처럼 말한다. "천지의 조화는 곧 우리 마음의 발동입니다. (…중략…) 만약 우리의 마음이 천지의 조화와 다르다고 말한다면, 이것은 내가 알 바가 아닙니다." 이어서 이이는 "이 대목이 가장 자세히 알아야 할 부분이니, 여기에서 의견이 일치하지 않는다면 아마도 하나로 귀착될 기약이 없을 듯합니다"[27]라는 언급을 남기고 있다.

인간도 천지만물과 똑같이 동일한 리와 기로 이루어진 존재이므로, 인간의 지각 작용도 기가 발동하여 현상화되는 것이되 그 이유나 까닭은 리라고 할 수 있다는 것이다. 이러한 자연주의적 입장은 본체론적 존재론의 성격이 나타난다고 할 수 있지만, 지각에 있어서는 기대승과 유사하게 지각의 재료와 주재적 원리라는 의미도 사용한다. 기는 외물의 감각과 감응을 담당하는 재료로서 발동하는 것이요, 리는 감각과 감응을 주재하는 원

---

26 李珥,『栗谷全書』(韓國文集總刊本) 권10, 서울：民族文化推進會, 1990,「答成浩原」(壬申), 044_200c. "大抵發之者, 氣也, 所以發者, 理也. 非氣則不能發, 非理則無所發(發之以下二十三字, 聖人復起, 不易斯言)."

27 李珥,『栗谷全書』권10,「答成浩原」(壬申), 044_200d-201a. "天地之化, 卽吾心之發也. (…중략…) 若曰吾心異於天地之化, 則非愚之所知也(此段最可領悟處, 於此未契, 則恐無歸一之期矣)."

리나 까닭일 뿐 발동할 수는 없는 것이다. 따라서 '리발'은 부정하고 '기발'만을 승인함으로써, '기발이승일도설'이라는 지각론적 입장을 정립하게 되는 것이다. 이러한 주기론의 입장은 주리론처럼 이성을 중시하긴 하지만, 육체적 감각 기관과 그것을 통해 유입되는 감각 질료, 그리고 그것들과 연결된 심리적 상태를 강조하는 경험주의와 심리주의를 나타낸다.

한편, 이이와 성혼의 논변에서는 인심도심의 문제가 사단칠정에 관련되어 논의되는데, 인심과 도심의 대립적 상대적 의미는 성혼이 이이를 비판하는 주요 근거이기도 했다. 성혼은 전통적으로 인심과 도심을 상대적인 것으로서 간주해 왔던 것처럼 사단과 칠정도 대립적으로 설명할 수 있다고 주장한다. 이에 대해 이이는 다음처럼 반박한다. 정情은 본성이 발현된 결과로서의 감정을 지시할 뿐이고, 심心은 정에 생각하고 헤아리는[計較商量] 의意의 작용28까지 겸하여 지시하는 말이다. 따라서 "인심과 도심은 정과 의를 겸하여 말한 것이지, 정만을 지시하는 것이 아니다".29 다시 말하면, 인심과 도심은 대립시켜서 말할 수 있지만, 사단과 칠정은 그럴 수 없다는 것이다. 사단은 칠정에 포함되지만, 정에 의의 사고 작용이 결합된 인심과 도심은 서로 대립되는 의미를 지닌다는 것이다. 다만, 이이는 인심도심도 지각의 형식과 작동 방식에 있어 사단칠정과 마찬가지로 '기발이승'의 경로를 따른다고 본다. 따라서 인심도심은 모두 외물을 내적 원리에 의거해서 지각한 것이라고 말한다. "생각건대 퇴계는 안에서 나온 것을 도심으로 여기고 밖에서 느낀 것을 인심으로 여긴 것이요, 나는 인심도심이 모두 안에서 나온 것이지만 움직임은 모두 밖에서 느낀 것에 말미암은 것이라

---

28 李珥, 『栗谷全書』 권9, 「答成浩原」(壬申), 044_194d. "發而計較商量則意也."

29 李珥, 『栗谷全書』 권10, 「答成浩原」, 044_194c. "蓋人心道心, 兼情意而言也, 不但指情也."

고 생각합니다."³⁰

　위의 언급으로부터 이이가 인심과 도심의 내용적 차이보다는 주로 지각의 형식적 측면에 주목하고 있음을 알 수 있다. 사단이든 칠정이든 모두 '기발이승'의 단일한 경로에 의해 지각이 성립하는 것처럼, 인심과 도심도 기가 외물을 감응하여 발동할 때 발동할 수 있는 이유로서의 내재적인 리에 근거하여 일어난다는 것이다. 따라서 인심과 도심을 구분하는 기준은 리와 기 이외의 다른 것이지 않으면 안 된다. 이이는 인심과 도심의 차이를 만드는 것은 비교하며 헤아리는 의의 기능에 의해 감정이 객관적인 예禮의 절목에 맞는지[中節] 그렇지 않은지[不中節]에 의해 결정된다고 본다. 인심과 도심은 선험적으로 지각 상에서 구분되는 것이 아니라, 감정이 일어난 후 계산하고 비교하며 헤아리는 사고 작용에 의해 그것이 인심인지 도심인지, 선인지 악인지가 결정된다는 것이다. "기가 아니면 능히 발할 수 없고, 리가 아니면 발할 까닭이 없어서, 선후도 없고 분리됨과 합함도 없으니 호발이라고 말할 수 없습니다. 다만 인심과 도심은 어떤 것은 형기를 위하고 어떤 것은 도의를 위하는데, 그 근원은 비록 하나이지만 그 유출된 것이 이미 갈라진 것이니, 진실로 양변으로 분리하여 설명하지 않을 수 없습니다."³¹

　"발하는 것은 기요 발하는 까닭은 리"라는 존재론적 두 요소의 결합에 의해 지각이 이루어지므로, 사단은 감정 일반을 지시하는 칠정과 다른 것

30　李珥, 『栗谷全書』 권10, 「答成浩原」, 044_212c. "蓋退溪則以內出爲道心, 以外感爲人心, 珥則以爲人心道心皆內出, 而其動也皆由於外感也."

31　李珥, 『栗谷全書』 권10, 「答成浩原」(壬申), 044_200b. "非氣則不能發, 非理則無所發, 無先後, 無離合, 不可謂互發也. 但人心道心, 則或爲形氣, 或爲道義, 其原雖一, 而其流旣岐, 固不可不分兩邊說下矣."

이 아니라 그것에 포함된다. 호발설은 성립될 수 없다는 것이다. 다만, 감정 차원에 있어 사단이 칠정에 포함되는 것과는 달리, 계산하고 비교하는 의념적 사고에 의해 어떤 감정은 도덕을 추구하여 객관적 예절에 들어맞는 행위로 이어지는 것이 있는 반면, 어떤 감정은 개인의 사욕만을 따른 나머지 객관 규범에 맞지 않고 과도하거나 미치지 못하는 행동으로 끝나는 경우도 있다. 이 때문에 사단칠정과 달리 인심도심은 서로 대립적인 것으로서 보지 않을 수 없다는 것이다. 도심과 인심, 선과 악이 나뉘는 지점은 감정과 행위가 객관적인 규범에 들어맞았는지 여부에 달려 있는 것이다. 도덕의 근거는 외부의 객관적 규범과의 합치 여부에 있다는 점에서 이이의 윤리학은 외재주의와 결과주의적 성격을 띤다고 할 수 있다.

요컨대, 이황이 지각론에 있어서 주리론^{이성주의}을 나타내는 반면 이이는 주기론^(경험주의)의 입장을 대표한다고 할 수 있다. 주리론은 지각의 두 요소에 있어 리로 지시되는 당위의 원천으로서의 선험적 도덕이성을 중시하는 반면, 주기론은 이성을 중시하되 감성의 원천이 되는 심리─육체적 에너지와 경험적 감각 질료를 의미하는 기도 주목하는 입장이라 할 수 있다.

그런데 여기서 부언할 필요가 있는 것은, 이이가 이황과 대립하는 지각론적 입장을 수립한 것과는 다른 측면도 내보이고 있다는 점이다. 그 측면은 지각론을 벗어나서 본체론에 근접하는 특성을 보인다. 그것은 곧 "리와 기는 신묘하게 결합해 있어서 알기 어렵고 또한 설명하기도 힘들다"[32]고 하는 '리기지묘론^{理氣之妙論}'이다. 여기서 리와 기가 신묘하게 결합해 있다는 것은 "하나이면서 둘이고 둘이면서 하나"인 관계로도 말해진다. 즉,

---

[32] 李珥, 『栗谷全書』 권10, 「答成浩原」, 044_206d. "理氣之妙, 難見亦難說."

인간이 사물을 지각 차원에서 리와 기로써 설명하는 것과 달리, 사물 자체는 실제로는 리와 기가 불가분리적 일체一體의 상태로서 존재한다는 것이다.[33] 달리 말하면, 리와 기는 인식의 차원에서 구분되는 것이지만, 존재의 차원에서는 실제로는 하나라는 것이다.[34] 의식 차원에서 리와 기의 구분에 근거해서, "리는 통하고 기는 국한된다[理通氣局]"거나 "기가 발하되 리가 올라탄다"고 말할 수 있지만, 우주 전체는 스스로 작동하는 기계[機]여서 그렇게 되도록 시키는 리가 따로 존재하는 것은 아니다.

'기가 발하면 리가 올라탄다'는 것은 무슨 뜻인가? 음陰이 고요하고 양陽이 움직이는 것은 기계적인 구조가 스스로 그러한 것이지 시키는 것이 있는 것이 아닙니다. 양이 움직이면 리가 그 움직임에 올라타는 것이요 리가 움직이는 것은 아니며, 음이 고요하면 리가 그 고요함에 올라타는 것이요 리가 고요한 것은 아닙니다. 그러므로 주자朱子는, '태극은 본연의 신묘함이고, 움직이고 고요한 것은 올라타는 바의 기계이다'라고 하였습니다. 음이 고요하고 양이 움직이는 것은 기계가 스스로 그러할 뿐이고, 음이 고요하고 양이 움직이는 까닭이 리입니다. 그러므로 주자周子, 주돈이는, '태극이 움직여서 양을 낳고 고요하여 음을 낳는다'고 말한 것입니다.[35]

---

33 李珥, 『栗谷全書』 권10, 「答成浩原」, 044_208d. "理氣之妙, 本無離合."

34 배종호, 「퇴율성리학의 현대적 의의」, 『율곡학연구총서(논문편1)』, 강릉 : 율곡학회, 2007, 362쪽. 배종호는 "율곡의 철학을 군이 서양철학적으로 말한다면 기일원론이라고 말할 수밖에 없는 것이다"라고 말한다.

35 李珥, 『栗谷全書』 권10, 「答成浩原」, 044_211b. "氣發而理乘者, 何謂也?陰靜陽動, 機自爾也. 非有使之者也. 陽之動則理乘於動, 非理動也. 陰之靜則理乘於靜, 非理靜也. 故朱子曰, '太極者, 本然之妙也, 動靜者, 所乘之機也.' 陰靜陽動, 其機自爾, 而其所以陰靜陽動者, 理也. 故周子曰, '太極動而生陽, 靜而生陰.'"

원래 '기자이機自爾, 기계가 스스로 그러함'는 기일원론자인 서경덕徐敬德, 1489~1546, 호는 화담(花潭)이 말했던 것인데,[36] 이이는 서경덕을 기일원론이라고 비판한 바 있지만 '기자이'의 개념은 수용하여 사용했던 것이다.[37] 그것은 "하나이 면서 둘이고 둘이면서 하나"인 리와 기에 대한 자신의 설명 방식에 유용한 아이디어라고 보았기 때문이다. 그가 볼 때, '리통기국'이나 '기발이승'은 이론적 차원에서 리와 기로 설명한 것이지만, 실제의 차원에서는 우주 전체는 스스로 작동하는 기계적인 구조를 지닌 것으로서 '그렇게 되도록 시키는' 초월적 신이나 원리 같은 것은 존재하지 않는다는 것이다. 이이는 주돈이의 『태극도설』과 이것에 대한 주희의 이기이원론적 해석을 서경덕의 '기자이'를 응용하여 일원론적인 본체론으로써 독창적으로 재해석하고 있다고 할 수 있다.

결론적으로, 이이에 있어 우주와 세계는 리와 기가 일체화된 하나의 본체가 스스로 작용하여 현상화된 것과 다르지 않다. 이 점에서 본체는 곧 작용현상이요, 작용현상은 곧 본체라고 할 수 있다. 이 부분은 이이의 철학이 전통적인 노불의 본체론과 상통하는 지점이다. 그러나 이이는 리와 기의 구분을 통해 현상계 사물들의 원리나 법칙을 알아낼 수 있고, 더 나아가

---

36 徐敬德, 『花潭文集』 권2, 「原理氣」, a024_305c. "易所謂感而遂通, 庸所謂道自道, 周所謂 太極動而生陽者也, 不能無動靜, 無闔闢, 其何故哉? 機自爾也."

37 이이는 다음처럼 서경덕을 비판했다. "장자(張橫渠)의 학설은 본래 어폐(語弊)가 있어 한 쪽으로 치우쳤고 화담(서경덕)의 주장은 더 지나쳐서 음양의 축(樞紐)의 묘한 것이 태극에 있는 줄을 모르고서 일양(一陽)이 생기기 전에 기의 음한 것을 음양의 근본인 줄로 생각하였으니, 성현의 뜻에 어긋나는 것이 아니겠습니까. 아, 음양은 시작도 없고 끝도 없으며 바깥도 없으니, 움직이지도 않고 고요하지도 않은 때란 없습니다. 한번 움직이고 한번 고요하며 한번 음이 되고 한번 양이 됨에 리는 어디나 있지 않은 곳이 없으므로, 성현의 본원을 추구하는 의론도 '태극이 음양의 근본이다'고 말한 것에 불과하지만, 실상 음도 양도 생기지 않고 태극이 독립하여 존재했던 때란 없습니다."(『栗谷全書』 권9, 「答朴和叔」, 044_186a)

그러한 추상적 원리들의 근원으로서 기와 일체화된 리의 본연을 인식해야 한다고 본다. 그런데 리의 본연으로서의 본체를 인식하기 위해서는 기질을 본연 상태가 되도록 변화시키는 수양공부가 요청되는데, 리의 본연 상태는 기의 본연과 연동되어 있기 때문이다. 인간은 우주에서 유일하게 이와 같은 리의 본연 상태본체를 회복하기 위한 기질변화 공부를 할 수 있다. 이이의 철학은 기존의 본체론과 달리 리와 기의 구분 속에서 사물의 원리들을 인식하고자 하고, 더 나아가 의식현상 속에서 본체리의 본연까지 인식하고자 한다는 점에서 현상학적 특징을 보인다고 할 수 있을 것이다.[38] 이러한 특징은 주희나 이황의 지각론과는 차이를 보이는 점이라고 생각된다. 그것은 현상 속에서 본체리의 본연를 인식하려는 측면이다. 즉, '리기지묘론'은 지각론의 구도를 벗어나되 노불의 본체론과도 다른, 율곡 철학만의 현상학적 관점과 특징을 나타낸다고 여겨진다.

2. 이황의 주리적 지각론과 인심도심론

15세기에서 16세기 무렵 향촌 지주층의 경제력과 새롭게 이해하기 시작한 성리학을 사상적 무기로 삼아 중앙의 훈구파勳舊派에 도전하기 시작한 사림파士林派는 군주와 사대부 계층의 자기 수양을 중시하였고, 그것으로써 올바른 정치를 실현해야 한다고 주장했다. 대표적 사림에 속했던 이황은

---

38 김형효는 "이이의 리통기국을 현상학적인 정신으로 풀이하면, 그 사상은 인간의 의식에 나타나는 존재의 학문을 뜻한다"고 언급한 바 있는데(「율곡과 메를로-뽕띠와의 비교연구」, 『율곡학연구총서(논문편1)』, 강릉 : 율곡학회, 2007, 537쪽), 율곡철학의 특성을 파악하는 데 도움이 된다.

사림파의 의리정신과 실천주의에 대해 높이 평가했지만, 학술적 저술의 부재에 대해서는 불만을 가지고 있었다. 그가 볼 때 초기 사림파들은 학문적 토대가 빈약했던 것이다. 이황은 문인인 우성전禹性傳에게 다음과 같이 말한 적이 있다. "우리 동방의 리학은 정포은을 조로 삼고 김한훤당과 조정암을 우두머리로 삼는데, 다만 이 세 선생은 저술이 드러난 것이 없어서 그 학문의 깊이를 살필 수가 없네. 근래에 『회재집』을 보니, 그 학문한 바의 바름과 얻은 바의 깊이가 거의 근세까지 제일이었네."[39]

이황은 정몽주鄭夢周, 1337~1392, 호는 포은(圃隱)와 김굉필金宏弼, 1454~1504, 호는 한훤당(寒暄堂), 조광조趙光祖, 1482~1519, 호는 정암(靜菴)를 조선성리학의 선구적 인물로 꼽으면서도 그들의 저술이 없음을 지적하면서 이언적李彦迪, 1491~1553, 호는 회재(晦齋)에 이르러야 비로소 조선성리학의 깊이가 있게 되었다고 말한다. 이황은 43세에 이르러서야 비로소 주희의 문집과 어류가 망라된 『주자전서朱子全書』를 읽기 시작했고, 이때부터 주희의 철학을 연구하여 50세 이후부터 본격적인 저술 활동을 시작하게 된다. 이는 그가 처음에 초기 사림파들처럼 실천적 수양에 치중하다가 점차 이론철학의 필요성을 자각하게 되었음을 암시한다. 이론이 없는 실천은 실패로 끝나기 쉽다고 생각한 것이다.[40] 이황의 학술적 공적 가운데 하나는 주희의 지각론과 인심도심론을

---

39 李滉, 『言行錄』 권5, 3b; 『역주퇴계전서(17)』, 서울 : 여강출판사, 1991, 203쪽. "吾東方理學, 以鄭圃隱爲祖, 而以金寒暄趙靜菴爲首. 但此三先生著述無徵, 今不可考其所學之淺深. 近見晦齋集, 其所學之正, 所得之心, 殆近世爲最也." 참고로 이황의 다른 언급들을 소개하면 다음과 같다. "한훤당의 학문이 실천에 비록 돈독하기는 하지만, 도문학 쪽 공부에는 미진함이 있지 않은가 하네(『역주퇴계전서(17)』, 206쪽)"; "조정암께서는 타고난 자질이 참으로 아름다웠으나 학문의 힘이 아직 충실하지 못하여 그 베푼 바가 적당한 곳을 지나침을 면하지 못하게 되었네. 그러므로 끝내 일을 실패함에 이르렀던 것이네(『역주퇴계전서(17)』, 206쪽)."
40 이광호, 「남명과 퇴계의 학문관 비교」, 『東方學志』(118), 2002, 259~260쪽.

조선성리학의 주요 주제로서 부각시킨 데 있다고 할 수 있다.

1) 주리적 지각론의 형성

1559년부터 1566년까지 이어졌던 사단칠정논변은 조선의 사상계를 일변시킨 사건이었는데, 이 논쟁이 있기 이전에는 주로 형이상학적 우주론이나 인간학이 유행하고 있었다. 단적으로, 사칠논변의 계기가 되었던 『천명도설』도 당시의 우주론과 인간학을 다룬 저서였다. 이 책은 원래 정지운의 저작이지만, 그림과 설명 모두 이황의 견해에 따라 수정·보완되었으니 공동저작이라 할 수 있다. 이황은 「천명도설후서天命圖說後敍」1553에서 스스로 그 전말을 기술해 놓았다. 그림에 대한 설명은 10개의 절로 되어 있는데, 제1절부터 제5절까지는 우주론에 해당하고, 제6절부터 제10절까지는 인간론을 다룬다. 전체적으로 『천명도설』은 우주과 인간을 연속선상에서 설명하는 구도로 되어 있다.[41]

제6절 사람 마음이 구비하고 있는 것을 논한 부분에서는 마음의 주재성에 관한 다음과 같은 설명이 나온다. "성이니 정이니 하는 것을 다 갖추어 운용하는 것에 이르면 이 마음의 신묘한 작용이 아님이 없으니, 그러므로 마음은 주재가 되어 항상 그 성과 정을 통괄합니다. 이것이 인간 마음의 대체적인 설명입니다."[42] 마음을 주재자로 설명한 것은 정주 성리학의 전통을 따른 것이지만, 이황은 마음과 성과 정을 말하면서도 지각에 대해서는 전혀 언급하지 않았다. 한편 '의意'에 대해서는 다음처럼 말한다.

---

41 『천명도설』에 대해서는 김우형·이창일·김백희, 『성리학의 우주론과 인간학』 참조.

42 李滉, 『退溪續集』 권8, 『天命圖說』 제6절, 031_212a. "至於曰性曰情之所以該具運用者, 莫非此心之妙, 故心爲主宰, 而常統其性情, 此人心之大槪也."

의는 마음이 발한 것이며, 마음은 성과 정의 주재입니다. 그러므로 이 마음이 발하기 전에는 마치 태극이 동정의 이치를 갖추고 있으나, 음양으로 나눠지지 않은 것과 같습니다. 하나의 마음속에 혼연히 하나의 성이 있으니 순선하고 악이 없습니다. 이 마음이 이미 발한 때에 이르러서는 마치 태극이 움직여서 양이 되고, 고요하여 음이 되어 나눠진 것과 같습니다. 이때 기가 활동을 시작하기 때문에 그 정의 발함에 선과 악의 구분이 없을 수가 없는데, 그 시초는 매우 미약합니다. 이에 의는 심이 발한 것으로, 또 그 정을 끼고 좌지우지하는데, 혹은 천리의 공정함을 따르고, 혹은 인욕의 사사로움을 따라 선과 악의 구분이 이로 말미암아 결정이 납니다. 이것이 이른바 의가 선과 악을 가르는 기미라는 것입니다.[43]

여기서 이황은 '마음의 발현[心發]'이 '의'가 된다고 보고, 이것이 아직은 미약한 선하고 악한 '정'을 좌지우지 한다고 말한다. 마음이 발현하기 전의 상태에서는 혼연하게 순수한 성의 상태이므로 순선무악하지만, 마음이 이미 발현한 이발 때에는 마음의 기가 작용하기 시작하므로 선한 정과 악한 정으로 나뉜다. 그러나 이때의 선악은 아직 미약하며, 그것을 본격적으로 드러내는 것은 "정을 끼고 좌지우지" 하는 '의'라는 것이다. 즉, 맑은 기가 작용하면 공적인 천리를 따르고, 탁한 기가 작용하면 성의 발현을 방해하여 이기적인 욕심을 따른다는 것이다.[44] 이렇게 볼 때, '의'는 선악의

43　李滉, 『退溪續集』, 권8, 『天命圖說』 제8절, 031_212c. "意者, 心之所發, 而心者, 性情之主也. 故當此心未發之前, 如太極具動靜之理, 而未判爲陰陽者也, 一心之內, 渾然一性, 純善而無惡矣. 及此心已發之時, 如太極已判, 而動爲陽, 靜爲陰者也, 於斯時也, 氣始用事, 故其情之發, 不能無善惡之殊, 而其端甚微, 於是意爲心發, 而又挾其情而左右之, 或循天理之公, 或循人欲之私, 善惡之分, 由玆而決焉. 此所謂意幾善惡者也."

44　이상은, 『퇴계의 생애와 학문』, 164쪽.

기미가 미미한 감정 상태를 보다 분명하게 선하고 악한 상태로 만드는 심기의 작용이다. 여기서 이황은 인심도심을 언급하지 않았지만, 정을 끼고 좌지우지 하여 혹 천리를 따르기도 하고 혹은 인욕을 따르기도 하여 선과 악의 구분이 판연하게 결정된다는 설명은 주희의 인심도심론을 연상케 한다.

그런데 자세히 살펴보면 이황의 이러한 설명은 주희의 인심도심론과 차이가 난다. 먼저, 본성이 발현하여 정이 되는 것을 '성발'이라 할 뿐 지각을 전혀 언급하지 않는다는 점을 들 수 있다. 이는 주희 철학과 거리가 있음을 말해준다. 그리고 마음이 발현한 '심발'으로서의 '의'를 '성발'과 대조시키는 듯한 설명도 차이나는 점이다. 주희에 의하면, 지각과 의는 마음의 주요한 두 가지 작용으로서 앎과 행위에 관련되는 것으로 대조시킬 수는 있지만, 하나는 '성발'이고 다른 하나는 '심발'이라고 할 수는 없다. 또한, 〈천명도〉에 나타난 것을 볼 때, 사단은 순선한 성(리)이 그대로 발현한 것이고, 칠정은 기의 활동용사에 의해 악의 기미가 들어간 발현이다. 따라서 사단과 칠정은 같은 감정이라 하더라도 '성발'과 '심발'로 각각 구분할 수가 있게 된다. 요컨대, 『천명도설』에서 이황은 지각에 대해 아직 뚜렷한 인식을 갖지 못한 반면, '성발'과 '심발'을 대립시켜 보는 경향을 띤다. 「천명도설후서」1553의 다음 구절은 이 점을 단적으로 나타낸다. "성이 발하여 정이 되고 심이 발하여 의가 됨은, 바로 [태극도설의] '오성이 느껴서 움직인다'는 것을 말한다. 선한 기미와 악한 기미는 '선과 악이 나뉜다'는 것이다. 사단과 칠정은 '만사가 나온다'는 것이다."[45]

---

45 李滉, 『退溪集』 권41, 「天命圖說後敍」, 030_408c. "性發爲情, 心發爲意, 卽五性感動之謂也. 善幾惡幾, 善惡分者也. 四端七情, 萬事出焉者也."

성발—선한 기미—사단과 심발—악한 기미—칠정이라고 하는 대립적 구분을 근간으로 하는『천명도설』의 설명은 주희의 지각론이나 인심도심론과 차이가 있는 것이다.[46] 주희도 "성이 발하여 정이 된다"고 말한 적은 있지만, 감정과 의욕이 대립되는 것은 아니다. 감정은 지각 작용에 의해 발동한 것이고, 이러한 감정을 어떻게 하겠다는 의욕이나 욕구가 곧 '의'이다. 그런데『천명도설』에서는 위에서 언급한 것처럼 성이 발현한 것은 선한 기미이고 사단에 해당되며, 이에 대조적으로 심이 발한 것은 악한 기미이고 칠정에 해당된다는 것이다.

이 같은 견해의 근원은 중국의 유학자 호병문胡炳文, 생몰 미상, 호는 雲峯에서 비롯된 것으로 보인다. 그가 일찍이 '성발위정'과 대비되는 '심발위의'를 강조하여 말한 이후 '정'과 '의'는 대립적으로 간주되기 시작했던 것이다.『대학장구』1장 세주에는 다음처럼 인용되어 있다. "운봉 호씨가 말하였다. (…중략…) 그렇다면 성이 발하여 정이 되니 그 처음은 선하지 않음이 없어서, 마땅히 그것을 밝히는 공부를 더해야 한다. 이는 본체를 통괄하여 말한 것이다. 마음이 발하여 의가 되니 곧 선함과 선하지 않음이 있게 되어, 그것을 성실히 하는 공부를 가하지 않으면 안 된다. 이는 생각의 실마리를 좇아 말한 것이다."[47]

한국에 이르러서는 권근權近이 이에 영향 받아『입학도설』의 〈천인심성

---

46 비록 주희도 정을 性發로 설명하고 의를 心發로 말한 곳이 있지만, 양자를 대립적으로 보지는 않았다. 朱熹,『朱子語類』5 : 82. "물었다. '의'는 마음이 운용하는 것입니까, 발동한 것입니까? 대답하셨다. 운용하는 것이 발동한 것이다. 물었다. 정 또한 발동한 것인데, 어떻게 구별됩니까? 대답하셨다. 정은 성이 발동한 것이다. 정은 그렇게 발동되는 것이고, 의는 그래야 한다고 주장하는 것이다. 예컨대 어떤 것을 좋아하는 것은 정이고, 어떤 것을 좋아하려고 하는 것은 의이다."

47 『大學章句』, 首章 細註. "雲峯胡氏曰, (…중략…) 然則性發爲情, 其初無有不善, 卽當加夫明之之功, 是體統說. 心發而爲意, 便有善不善, 不可不加夫誠之之功, 是從念頭說."

합일지도〉에서 '정'과 '의'를 나누고, 또 사단과 칠정을 '리의 근원理之源'과 '기의 근원氣之源'에 배속시켜 도해하였으며, 나아가 〈천인심성분석지도〉에서는 마음이 두 작용인 '정'과 '의'를 도심과 인심으로도 배분하고 있다. 권근의 설명은 다음처럼 되어 있다. "그 오른쪽 한 점은 성이 발하여 정이 됨을 상징함이니, 그것은 심의 작용이다. 그 왼쪽 한 점은 심이 발하여 의가 됨을 상징한 것이니, 그것도 심의 작용이다. 그러므로 심은 그 실체는 하나이나 작용은 두 가지가 있다. 그 성명에서 발원한 것은 도심이라 이르나니, 정에 속한 것으로서 그 처음은 불선함이 없다. (…중략…) 그 형기에서 생한 것은 인심이라 이르나니, 의에 속한 것으로서 그 기미는 선할 수도 악할 수도 있다."⁴⁸ 여기서 권근은 '정'을 사단이자 도심으로, '의'는 칠정이자 인심으로 간주했고, 이것의 근원을 각각 리와 기로 보았던 것이다. 『천명도설』을 수정할 당시 이황은 이러한 호병문에서 연원하고 권근에서도 나타나는 '정'과 '의'의 대립 구도를 따르고 있는 것이다. 이는 주희의 '지각' 중심의 심성론과 다른 맥락에 있으며, 마음과 도덕의 문제를 우주론존재론적 리와 기라는 두 실재를 그대로 적용하여 설명하는 입장이다.⁴⁹ 사칠논쟁 이전에 이황은 지각의 문제에 대해 주목하지 못한 상태에서 정과 의의 대립이라는 당시의 우주론과 존재론을 그대로 따랐다고 할 수 있다.

사칠논변을 전후하여 이황은 지각에 대해 점차 언급하기 시작한다. 논쟁 이전의 지각에 관한 언급들을 살펴보면, 거기에는 철학적으로 숙고한

48 　權近, 『入學圖說』 권1, 3b(裵宗鎬 編, 『韓國儒學資料集成』 上, 서울 : 연세대 출판부, 1980, 6쪽). "其右一點, 象性發爲情, 心之用也. 其左一點, 象心發爲意, 亦心之用也. 其體則一, 而用則有二. 其發原於性命者謂之道心, 而屬乎情, 其初無有不善. (…중략…) 其生於形氣者謂之人心, 而屬乎意, 其幾有善有惡." 권근의 『입학도설』과 이황의 『천명도설』과의 관계에 대해서는 이상은, 『퇴계의 생애와 학문』, 130~142쪽 참조.
49 　리기용, 「栗谷 李珥의 人心道心論 硏究」, 연세대 박사논문, 1995, 106쪽 참조.

혼적이 나타나 있지 않다. 예를 들어 1556년에 지각은 지智가 관할한다는 것에 대해 다음처럼 말하고 있다. "심체가 포함한 것은 갖추지 않은 것이 없습니다. 인仁은 진실로 마음의 덕이고 지도 마음의 덕을 벗어나지 아니하며, 지각은 지의 일이므로 마음의 덕이라고 하는 것이니 무슨 의문이 있습니까?"[50] 이것은 아마도 문인인 정유일鄭惟一이 지智가 마음의 덕이라는 점을 의심하자 이에 대해 비판한 것으로 보인다. 이것은 적극적으로 지각에 대해 논한 것이 아니라 관용적으로 인용한 사례에 속한다. 또 다른 예는 1557년의 다음과 같은 언급이다.

> 다만 마음의 주재가 여기에 우뚝 자리잡고 있으면서 모든 일의 강령이 되면, 즉시 대응할 일은 그 기미가 모두 나타나 사체가 말없이 깨달아서 낱낱의 것이 물샐 틈이 없을 것입니다. 능히 이렇게 될 수 있는 이유는, 생각건대 사람의 마음은 텅 비고 신령스러워 헤아릴 수 없고 온갖 이치를 본래 갖췄으며, [사물에] 감촉하기 전에도 지각은 어둡지 않으니, 진실로 평소에 수양하면 일마다 생각하지 않더라도 골고루 비추고 널리 응하는 신묘함이 있기 때문이지요.[51]

여기서는 마음의 주체성을 확고히 하기 위해서 경의 수양을 평소에 쌓으면, 몸도 자연히 수련이 되고 억지로 생각하지 않아도 인사에 잘 대응하게 됨을 말하고 있다. 이것은 바로 마음이 본래 온갖 이치를 갖추어 사물

---

50 李滉,『退溪集』권24,「答鄭子中別紙」, 031_379c. "心體包含, 無所不具. 仁固心之德, 智亦不外於心德, 知覺智之事, 故謂之心之德, 何疑之有?"
51 李滉,『退溪集』권28,「答金惇敍」, 030_154c. "只是心之主宰, 卓然在此, 爲衆事之綱, 則當下所應之事, 幾微畢見, 四體默喩, 曲折無漏矣. 所以能然者, 蓋人心虛靈不測, 萬理本具, 未感之前, 知覺不昧, 苟養之有素, 固不待件件著思, 而有旁照泛應之妙."

에 감응하면 그 이치를 지각하여 반응할 수 있는 능력이 있기 때문이라는 것이다. 여기서 지각은 마음이 가지고 있는 일반적인 인지 기능을 가리키고 있다. 「답정자중별지」에 보이는 지각에 관한 언급도 마음의 인지 작용이 미발시에 있는지 없는지 하는 정주 성리학의 문제를 단순히 언급한 것에 지나지 않는다.[52]

지금까지 살펴본 사칠논변 이전의 언급들에서는 지각에 대한 문제의식과 철학적 사유가 보이지 않는다. 이황이 지각의 문제를 숙고하게 되는 계기는 바로 기대승과 벌인 사단칠정논변이라고 여겨진다. 비록 논쟁에서 지각은 직접 거론되지는 않았지만, 논변 자체는 지각의 문제에 직결되는 것이었으며, 실제로 논쟁을 거친 후 이황은 지각을 좀 더 빈번히 언급하게 된다. 기대승은 『천명도설』의 천명 개념이 내포하고 있는 주관주의 혹은 지각론적 함의에 입각해서 이황의 호발설을 비판했던 것이고, 이황은 당시 널리 퍼져있던 『태극도설』과 이기이원론의 우주론존재론적 도덕론의 견해에 머물러 있었는데, 기대승의 지각론적 비판으로 인해 점차 천명 개념과 지각의 문제를 숙고하게 된 것이다.[53] 여기서 우주론존재론적 도덕론이란 우주론적 두 실재인 리와 기를 도덕론의 영역에까지 적용하여 도덕을 설명하는 견해를 말한다. 그것은 "리는 선하고 기는 악하다"라는 명제로 요약된다.

처음에 이황은 지각론적인 문제의식 없이 사단과 칠정, '정'과 '의'를 대립시키고 그 내용의 근원이 되는 것은 우주론적인 리와 기라고 보았다. 이

---

52 李滉, 『退溪集』 권24, 「答鄭子中別紙」, 030_074b. "論此心之未發, 則疑知覺之有無, 而深以把捉收拾爲難, 竊恐就此而習操心, 愈見紛擾, 而無寧息之期矣."

53 『천명도설』과 『태극도설』의 우주론적 차이와 천명 개념의 지각론적 함의에 대해서는 앞의 제2장을 참조할 것.

는 권근의 학설을 그대로 따른 것으로서, 위에서 말한 우주론적인 도덕론의 입장을 나타낸다. 이러한 견해에 따르면, 사단과 칠정의 구분은 성에 본연지성本然之性과 기질지성氣質之性이 있는 것과 같고, 사단은 본연지성이 발현한 것이라면 칠정은 외부 대상으로 인해 이미 기가 촉발하여 기질지성이 발현된 것이다. "측은·수오·사양·시비는 무엇으로부터 발현합니까? 인·의·예·지의 성에서 발현할 뿐입니다. 기쁨·분노·슬픔·두려움·사랑·증오·욕망은 어디로부터 발현합니까? 외물이 그 형기에 감촉하여 안에서 움직이니, 대상에 말미암아 나왔을 뿐입니다."[54]

사단은 리로부터 발출하였으므로 순선한 반면, 칠정은 리에 기의 활동이 겸해졌으므로 선악이 있게 된다. 결국 선악의 기원 문제로 볼 때, 사단은 리에 기원하고 칠정은 리와 기가 같이 작용하지만 주로 기로부터 나온다고 할 수 있다. 따라서 이황은 다음처럼 주장한다. "이로써 보면 두 가지가 모두 리와 기에서 벗어난 것은 아니지만, 그것이 나온 근원所從來으로 인하여 각각 주로 하는 바와 중하게 여기는 바를 가리켜 말한다면 어떤 것을 리라 하고 어떤 것을 기라 한들 무엇이 불가하겠습니까?"[55] 말하자면, 이황은 우주론적인 리와 기에 의해 사단과 칠정의 선악이 결정된다고 본 것이다. 그는 우주론존재론적인 도덕론의 관점에 서 있었던 것이다.

반면 기대승은 우주론존재론적 두 실재를 마음과 지각의 두 형식이나 요소로서 적용한다. 즉, 기는 재료이고 리는 재료를 주재하는 원리이다. 인

---

54 李滉, 『退溪集』 권16, 「答奇明彦(論四端七情第一書)」, 029_408b. "惻隱羞惡辭讓是非, 何從而發乎? 發於仁義禮智之性焉爾. 喜怒哀懼愛惡欲, 何從而發乎? 外物觸其形而動於中, 緣境而出焉爾."

55 李滉, 『退溪集』 권16, 「答奇明彦(論四端七情第一書)」, 029_408c. "由是觀之, 二者雖曰皆不外乎理氣, 而因其所從來, 各指其所主與所重而言之, 則謂之某爲理, 某爲氣, 何不可之有乎?"

간도 천지만물처럼 이 같은 우주론적인 리와 기로 구성된 것이므로, 마음의 지각은 재료인 기와 주재적 원리인 리에 의해 성립되는 것이다. 다만, 도덕적 선악은 지각의 두 형식에 의해 결정되는 것이 아니다. 리와 기는 지각의 형식일 뿐 도덕적인 선악을 결정하지는 못한다는 것이다. 기대승에 의하면, 도덕적 선악은 지각의 결과가 외적 규범인 예의 절목에 들어맞는지(중절) 그렇지 않은지(부중절)에 의해 나뉜다. 즉, 사단과 칠정은 모두 리와 기의 결합에 의해 성립한다는 점에서 본질적인 차이는 없으므로, 사단은 칠정에 포함된다. 다만, 결과론적으로 칠정 가운데 예의 절목에 들어맞는 것을 특별히 지목하여 사단이라 칭할 뿐이라는 것이다. 이는 주희의 인심도심론과 다르지만, 지각론에 입각한 일종의 결과론적 윤리설이다. 기대승은 사단이든 칠정이든 모든 감정은 기에 의해 마음이 외물을 감응하되 내부의 본성에 말미암아 지각이 이루어진다고 본다. "그정이가 '안에서 발동한다'고 하고, 또 '그 안이 움직인다'고 한 것은 곧 마음의 느낌입니다. 마음이 느끼되 본성이 욕구하는 것이 여기서 나오니, 바로 이른바 정입니다. 그렇다면 정이 밖으로 나타남은, 비록 대상에 말미암아 나오는 것 같지만, 실제로는 안에 말미암아 나오는 것입니다."[56]

사단과 칠정은 모두 '정'에 포섭되고, 모든 '정'은 외물에 감응하여 나오되 근본적으로는 내부의 본성에서 발동한 것이 된다. 외부 대상에 대한 감응은 재료적 기에 의해 가능하고, 내적 본성은 기를 주재하는 리이다. 리와 기의 합으로서 지각 작용이 일어나게 되는 형식적 과정만을 본다면, 사

---

[56] 奇大升, 『兩先生四七理氣往復書』上篇 권1, 「高峯上退溪論四端七情書」, 15b-16a. "其曰 '動於中', 又曰'其中動'云者, 卽心之感也. 心之感而性之欲者出焉, 乃所謂情也. 然則情見乎 外, 雖似緣境而出, 實則由中以出也."

단과 칠정은 본질적인 차이가 없다. 사단 또한 칠정과 마찬가지로 외물의 감각에 내적 본성이 발하여 성립되기 때문이다. "그러한즉 '외물이 오면 쉽게 감하여 먼저 발동하는 것은 형기만한 것이 없다'는 한 마디는 아마도 칠정이라고만 말할 수 없을 것입니다. 만약 '사물에 감하여 발동한다'는 것으로써 말한다면, 사단 또한 그러합니다."[57] 칠정 가운데 상황과 규범에 적합한 것을 골라내어 사단이라 칭할 뿐이지만, 지각 형식에 있어서 양자는 구분되지 않는다. 지각의 결과가 절도에 맞는지 여부만이 사단과 칠정, 선과 악을 구분하는 유일한 기준이 되므로, 사단과 칠정을 리와 기로 분속시켜 구분할 수 없다고 주장한 것이다.

기대승의 반론에 대해 이황은 기대승의 제2서 주장 가운데 상당부분을 수용하게 된다. 이황은 기대승의 제2서를, ① 자신이 잘못 본 곳, ② 자신의 말이 마땅하지 않은 곳, ③ 서로 의견이 같아 문제가 없는 곳, ④ 근본은 같으나 나아간 것이 다른 곳, ⑤ 의견이 달라 합치될 수 없는 곳 등 다섯 부분으로 나누고, 앞의 ③까지는 재론하지 않고 그대로 수용한다. 이 가운데 ④에 해당하는 논변 중에서 주목할 대목이 있다. 즉, 기대승이 "마음속에 이 리가 없이 외물이 우연히 감응하여 움직이는 것이 아니니, 외물에 감응하여 움직이는 것은 사단도 그러하다"[58]라고 하는 비판에 대해 이황이 다음처럼 말한 대목이다.

내 생각에, 이 설은 확실히 옳습니다. 그러나 이 단락에서 인용한 「악기樂

---

57 奇大升, 『兩先生四七理氣往復書』 上篇 권1, 「高峯上退溪論四端七情書」, 16a-b. "外物之來, 易感而先動者, 莫如形氣一語, 恐道七情不著也. 若以感物而動言之, 則四端亦然."

58 李滉, 『退溪集』 권16, 「答奇明彦」(論四端七情第二書), 029_419b. "辯誨曰, 非中無是理, 外物偶相感動, 感物而動, 四端亦然."

記」에 대한 주자朱子의 설은 모두 이른바 혼합하여 말한 것인데, 이것을 가지고 분별하여 말한 것을 공격한다면 할 말이 없을까 걱정되지는 않습니다. 그러나 분별하여 말하는 것도 내가 전에 없는 말을 만들어 낸 것이 아니라 천지간에 원래 이 이치가 있고, 옛사람들도 원래 이런 말을 하였습니다. 이제 굳이 하나만 고집하고 다른 하나는 버리려고 한다면 너무 편벽된 것 아닙니까. 대개 혼합하여 말하면 칠정이 리와 기를 겸하는 것은 더 말할 나위 없이 명확합니다. 그러나 만일 칠정을 사단과 대립시켜 각각 구분되는 것으로 말한다면, 칠정과 기의 관계는 사단과 리의 관계와 같습니다. 그 발하는 것이 각각 혈맥이 있고, 그 이름이 다 가리키는 바가 있으므로 주가 되는 바에 따라 분속시킬 수 있는 것입니다. 나도 칠정이 리와 상관없이 외물이 우연히 모여들어 감응하여 움직인다고는 생각지 않습니다. 또 사단이 외물에 감응하여 움직이는 것도 실로 칠정과 다르지 않습니다. 다만 사단은 리가 발하여 기가 따르고, 칠정은 기가 발하여 리가 타는 것일 뿐입니다.[59]

위 인용문에서 마지막 부분은 이황이 기대승에게 제안하는 3차 수정안이라 하겠는데, 이는 나중에 끝까지 유지되는 호발설의 정론이 된다. 다만, 이 대목이 중요한 이유는, 여기에 이전의 논변과 다른 관점이 보이기 때문이다. 즉, 기대승이 칠정은 내적인 리본성가 없이 우연하게 외물을 감

---

[59] 李滉, 『退溪集』 권16, 「答奇明彦」(論四端七情第二書), 029_419b-c. "滉謂此說固然. 然此段所引樂記朱子之說, 皆所謂渾淪言之者, 以是攻分別言之者, 不患無其說矣. 然而所謂分別言者, 亦非滉鑿空杜撰之論, 天地間元有此理, 古之人元有此說. 今必欲執一而廢一, 無乃偏乎? 蓋渾淪而言, 則七情兼理氣, 不待多言而明矣. 若以七情對四端, 而各以其分言之, 七情之於氣, 猶四端之於理也. 其發各有血脈, 其名皆有所指, 故可隨其所主而分屬之耳. 雖滉亦非謂七情不干於理, 外物偶相湊著而感動也. 且四端感物而動, 固不異於七情. 但四則理發而氣隨之, 七則氣發而理乘之耳."

응하는 것이 아니요, 사단도 외물에 감응하여 발동하는 것은 칠정과 같다고 주장한 것에 대해 이황은 "확실히 옳다"고 동의한다. 이는 사단이든 칠정이든 기에 의한 외물의 감각과 내적인 리가 있어야 한다는 것을 승인한 것이다. 다시 말해서, 이황은 지각의 두 형식과 요소에 대해 확실히 수긍하고 있는 것이다.[60]

그러나 여기서 멈추지 않고 이황은 사단과 칠정을 대립시켜서 분석하는 관점을 제기한다. 이는 사단과 칠정이 공유하는 지각의 형식만을 볼 것이 아니라, 서로 다른 지각의 내용에 주목해야 한다는 주장이다. 즉, 지각 내용을 분석할 때 사단은 리에서 근원하므로 "리가 발하되 기가 따르는 것"으로, 칠정의 내용은 기에서 생겨난다고 할 수 있기 때문에 "기가 발하되 리가 타는 것"으로 각각 설명할 수 있다는 것이다. 이 대목에서 이황은 확실히 지각에 대한 인식을 분명히 드러내게 된 것이고, 더 나아가 지각의 형식만이 아니라 내용을 분석해서 봐야한다는 입장을 정립하기에 이른 것이다. 이는 우주론과 상관없이 지각의 차원에서 '기의 발현'과 구분되는 도덕적 도리에 대한 당위의식을 '리의 발현'이라고 설명하는 도덕철학적 입장을 나타내는 것이다. 그리고 이 점은 이황이 더 이상 우주론존재론에만 갇혀있지 않고 지각론의 관점에서 도덕을 사유하기 시작했음을 의미한다.

이황은 기대승에 「논사단칠정 제2서」를 보낸 후 1561년에 다른 문인에게 보내는 편지에서 주희의 지각에 관한 언설들을 검토한다. 그것은 지각

---

60 이 점은 이황이 1560년 「答朴澤之」에서 마음의 虛靈知覺이 理와 氣의 결합에 의해 성립된다는 것을 말한 곳에서도 나타난다. "그 허령하여 지각할 수 있는 것을 마음으로 삼는다는 것은, 곧 이 리와 기가 합하여 그렇게 될 수 있는 것이니, 리와 기 외에 따로 이른바 허령지각이라는 것이 그 사이에 있는 것이 아닙니다(而其所以能虛靈知覺而爲心者, 卽此理氣之合而能然爾, 非理氣之外, 別有所謂虛靈知覺者, 存乎其間也)."(『退溪續集』 권3, 031_128a.)

의 형식과 내용의 문제에 관련되어 있다. 이황은 다음처럼 말한다.

> 이 이치에 대해서는 주자 문하에서 논한 것이 남김이 없습니다. ① 주선생에게 묻기를, '지각은 마음의 신령이 본래 그런 것입니까, 아니면 기가 그런 것입니까?' 대답하기를, '전적으로 기만 작용하는 것이 아니라, 먼저 지각의 리가 있다. 리는 지각할 수 없지만, 기가 모여서 형체를 이루고, 리와 기가 합해지면 지각할 수 있다. 비유를 들면 이 등잔불은 이 기름이 있기 때문에 밝은 불꽃이 생기는 것과 같다'.[61] ② 또 말했다. '깨닫는 것은 마음의 리이고, 깨달을 수 있는 것은 기의 신령함이다.'[62] 나는 불이 기름을 얻어서 허다한 밝은 불꽃을 내기 때문에 깊고 어두운 곳을 밝혀주고, 거울이 수은을 얻어서 그 밝음을 내기 때문에 곱고 더러움을 비춰주는 것처럼, 리와 기가 합하여 마음이 되어서 그러한 허령하고 헤아릴 수 없는 성질을 갖기 때문에 사물이 오자마자 지각할 수 있다고 생각합니다.[63]

위의 편지는 주희의 언급 두 가지를 인용하고 있는데, ①은 '지각의 리知覺之理'가 기와 합해져야 비로소 지각이 성립된다는 것으로서 그것의 형식에 관해 말한 것이고, ②는 깨닫는 내용은 '마음의 리心之理'라고 함으로써 지각의 내용에 대해 언급하고 있다. 앞서 살펴본 것처럼, 지각의 형식은

---

61 朱熹, 『朱子語類』 5 : 24.
62 朱熹, 『朱子語類』 5 : 27.
63 李滉, 『退溪集』 권25, 「答鄭子中別紙」, 030_097a. "此理朱門所論, 無餘蘊矣. 有問於朱先生曰, '知覺是心之靈固如此, 抑氣之爲耶?' 曰 : '不專是氣, 是先有知覺之理. 理未知覺, 氣聚成形, 理與氣合, 便能知覺. 譬如這燭火, 是因得這脂膏, 便有許多光燄.' 又曰, '所覺者, 心之理也, 能覺者, 氣之靈也.' 滉因謂火得脂膏而有許多光燄, 故能燭破幽闇, 鑑得水銀而有如許精明, 故能照見妍媸, 理氣合而爲心, 有如許虛靈不測, 故事物纔來, 便能知覺."

사단과 칠정이 공통적으로 갖는 것이지만, 지각의 내용을 분석한다면 사단과 칠정은 구분되어야 한다. 이황은 이를 "사단은 리가 발하여 기가 따르는 것이고 칠정은 기가 발하여 리가 타는 것"이라는 명제로써 설명한 것이다. 즉 사단과 칠정은 모두 리와 기라는 두 형식요소의 결합에 의해 성립되지만, 사단의 지각 내용은 마음의 리로부터 나오되 감각질료적 기가 수반된다는 것이고, 칠정의 지각 내용은 감각질료로서의 기에서 생기되 '지각의 원리'가 그것에 작용하고 있다는 것이다. 이황에 있어 '발發'이란 지각 내용을 가리키는 것으로서, 사단이나 도심은 마음의 리가 발현하여 자각되는 것이다. 여기서 '리발'의 리와 '리승'의 리의 함의는 달라진다. 전자는 지각 내용을 이루는 도덕성인·의·예·지을 의미하고, 후자는 '지각의 원리'로서 지智의 형식을 뜻한다.

결론적으로, 이황은 사칠논쟁을 거치면서 지각의 문제를 인식하게 된다. 이황은 논변이 시작된지 10년째 되는 해 기대승에게 『성학십도聖學十圖』1568 제6「심통성정도心統性情圖」[64]에 관련해서 '심통성정'의 함의에 대해 선조에게 대신해서 설명해주라고 부탁하면서 다음처럼 말한다. "리와 기가 합하여 마음이 되니, 자연히 텅 비고 신령스러워 지각하는 신묘함이 있습니다. 고요하여 여러 이치를 갖춘 것은 성이고, 이 성을 담아서 싣고 있는 것은 마음입니다. 움직여 만사에 응하는 것은 정이지만, 이 정을 베풀어 발용시키는 것 또한 마음입니다. 그러므로 '성과 정을 통괄한다'고 말합니다."[65] 이 언급은 마음에 관한 술어로서 '허령지각'에 대한 단순한 언

---

64 제6「심통성정도」는 鄭復心(1279~1368, 호는 林隱)의 「심통성정도」에 이황 자신이 그린 中圖와 下圖 두 그림을 합쳐 만든 것이다. 중도는 사단과 칠정을 구분하긴 했지만 渾淪해서 종합적으로 그린 것이고, 하도는 양자를 나누어 분석적으로 나타낸 것이다. 금장태, 『「聖學十圖」와 퇴계철학의 구조』(서울대 출판부, 2001), 131~132쪽 참조.

급이기보다는 지각의 문제에 관한 심화된 사유와 인식을 보여주고 있다. 지각의 문제에 대해서는 나중에 이이와 생애 최후의 시기까지 토론을 하게 된다.[66] 사칠논변을 통해 이황은 천명의 함의와 지각의 문제를 깊이 사유하게 되었던 것이다.

2) 인심과 도심, 그리고 의意

『성학십도』제6「심통성정도」의 중도中圖와 하도下圖는 사단과 칠정을 각각 종합과 분석의 관점에서 그려 표기한 것인데, 공통적으로 본성으로부터 감정이 발현되는 것을 '허령지각'에 의한 것이라고 표시하고 있다. 특히, 하도의 사단에는 "리가 발하여 기가 따른다", 칠정에는 "기가 발하여 리가 탄다"는 그의 호발설의 최종적인 명제를 기입하였다. 이에 대해 그는 다음처럼 언급한다. "요컨대 리와 기를 겸하고 성과 정을 통괄하는 것은 마음이요, 성이 발하여 정이 되는 경계가 바로 마음의 기미이고 수만가지 변화의 지도리로서 선과 악이 여기에서 갈라집니다."[67] 이것은 리와 기가 결합해서 지각이 성립하되 그 내용은 리발과 기발로 구분되니 여기서 선악이 판가름된다는 것으로서, 종전의 '성발'과 '심발'을 대조시키되 상대적으로 '의'를 강조한 『천명도설』의 견해와는 다르다. 다시 말해서, 지각 단계에서 이미 그 내용상 선한 것과 악한 것이 구분되는데, 그 단적인 예는 사단과 칠정이 된다는 것이다.

---

65 李滉, 『退溪集』 권18, 「答奇明彦別紙」, 029_457d. "理氣合而爲心, 自然有虛靈知覺之妙. 靜而具衆理, 性也, 而盛貯該載此性者, 心也. 動而應萬事, 情也, 而敷施發用此情者, 亦心也. 故曰心統性情."

66 이에 대해서는 김형찬, 앞의 책, 146~149쪽 참조.

67 李滉, 『退溪集』 권7, 「聖學十圖箚(幷圖)」, 029_207d. "要之, 兼理氣統性情者, 心也, 而性發爲情之際, 乃一心之幾微, 萬化之樞要, 善惡之所由分也."

그렇다면 이황은 인심도심과 의에 대해서는 어떠한 견해를 지니는가? 앞서 살펴보았듯이, 초기에는 성발 – 리를 심발 – 기에 대립시키는 구도에 따라 정 – 사단 – 도심도 의 – 칠정 – 인심에 상대시켜서 보는 입장이었다. 그러나 사칠논변 이후에는 이러한 구도는 해체되고 지각을 중심으로 새로운 관점이 수립된다. 즉, 성이 발하여 정이 되는 것은 지각 작용에 해당되고, 지각은 리와 기가 결합하여 성립되지만 그 내용을 기준으로 구분하면 리가 발한 것은 사단과 도심에 해당되고 기가 발한 것은 칠정과 인심이 된다는 것이다. 이는 모두 심의 작용이니, 이것 밖에 따로 성발이 있는 것은 아닌 것이다. 기존 구도를 비판하는 새로운 관점은, 한 문인이 '성이 먼저 발동함性先動'과 '심이 먼저 발동함心先動'을 호발설에 연결시키고자 했던 시도에 대해 이황이 답한 글에서 발견할 수 있다.

　　심이 먼저 움직이고 성이 먼저 움직인다는 논설은 아마도 그렇지 않은 듯합니다. 대개 심에 이 이치가 갖추어져 있어서 운동하고 정지할 수 있으므로, 성과 정의 명칭이 있는 것이니 성정이 심과 상대하여 두 물건이 되는 것은 아닙니다. 이미 두 물건이 아니라면, 심의 움직임은 성의 그렇게 되는 까닭 때문이고, 성의 움직임은 곧 심의 능히 그럴 수 있는 것 때문입니다. 그렇다면 어찌하여 선후를 나눌 수 없는가? 심은 성이 아니면 그로 말미암아 움직일 수 없으니, 그러므로 심이 먼저 움직인다고 할 수 없습니다. 성은 심이 아니면 스스로 움직일 수 없으니, 그러므로 성이 먼저 움직인다고 할 수 없습니다. (…중략…) '리가 발하고 기가 따르며 기가 발하여 리가 탄다'는 설은 곧 심 가운데 나아가서 리와 기로 나누어서 말한 것이고, '심' 한 글자를 들면 리와 기 두 가지는 아울러 이 속에 포함되는 것이니, 보내온 편지에 심을 성과 대립하여

말한 것과 절로 같지 않습니다.[68]

이황에 의하면, 성은 마음이 발동하는 까닭이자 이유소이연인 것이고, 심은 성이 발동할 수 있도록 하는 것소능연이다. 이것은 마음을 이루는 두 요소인 리와 기를 각각 가리킨다고 할 수 있는데, 이들의 결합에 의해 마음의 주요 작용 가운데 하나인 지각도 성립된다. 성은 마음이 지닌 이치요 심은 이치가 구비되는 장소이니 선후를 말한다는 것은 아무 의미가 없는 것이다. 한편, 리발과 기발이라고 하는 것은 마음의 지각 내용을 리와 기로 구분한 것이니, 심과 성의 구분과는 전혀 다르다는 것이다. 이 같은 설명에 따르면, 호발설은 이전의 성발–정–사단–도심과 심발–의–칠정–인심의 대립이라는 구도를 해체하고 새롭게 제시된 지각 이론인 것이다.[69] 한편, 지각의 내용이 되는 사단과 칠정은 각각 도심과 인심으로 동일시될 수 있지만, 그러나 두 개념군 사이에서도 약간의 차이가 있다고 본다. 이황은 인심과 칠정, 도심과 사단 간의 관계에 관한 질문에 다음처럼 말한다.

인심은 칠정이고 도심은 사단이라는 것은, 『중용』 서문에 실린 주자의 설 및 허동양許東陽의 설 등으로 보면, 두 가지가 칠정과 사단이 되는 것은 참으로

---

68 李滉, 『退溪集』 권29, 「答金而精」, 030_173a-b. "心先動性先動之說, 竊恐未然. 蓋心具此理, 而能動靜, 故有性情之名, 性情非與心相對, 而爲二物也. 既曰二物, 則心之動, 卽性之所以然也, 性之動, 卽心之所能然也. 然則何以不可分先後耶? 心非性, 無因而爲動, 故不可謂心先動也, 性非心, 不能以自動, 故不可謂性先動也. (…중략…) 至如'理發氣隨氣發理乘'之說, 是就心中而分理氣言, 擧一心字, 而理氣二者兼包在這裏, 與來喩心對性爲言者, 自不同也." 이 편지는 1564년경 쓰인 것이다.

69 性情/心意의 대립을 이황 철학의 특성이라고 보는 견해도 있지만(김종석, 『퇴계학의 이해』, 144쪽), 여기서 보이듯 만년의 이황은 지각론에 근거하여 성발/심발의 대립 구도를 부정했다.

불가할 것이 없습니다. (…중략…) 그러나 만약 각각의 이름과 실질에 나아가 자세히 논한다면, 인심이란 이름은 이미 도심과 상대하여 성립된 것이니 곧 자기 신체상의 사사로이 가진 것에 속합니다. 이미 사사로이 가진 것이라고 했으니, 벌써 한쪽에 떨어져 있는 것이어서 도심에게 명령을 들어야 하나가 될 수 있지, 도심과 혼륜하게 하나가 된다고 일컬을 수는 없습니다. 칠정의 경우에는 비록 기에서 발한다고는 하나 실은 공정하고 중립적인 이름이지 어느 한쪽에 떨어져 있는 것이 아닙니다. (…중략…) 무릇 도심과 사단의 관계가 인심·칠정의 설과는 같지 않지만, 도심은 심心으로 말한 것이어서 처음과 끝을 꿰뚫고 유와 무를 통하는 것이며, 사단은 단서로 말한 것이어서 발현한 데서 단서를 가리키는 것이니, 약간의 차이가 없지 않습니다. (…중략…) 그러나 잘 살펴보면 귀결점이 같다고 해도 무방합니다.[70]

대체로 인심과 칠정, 도심과 사단은 동일시해도 무방하다는 것이 이황의 견해이다. 그러나 이들 명칭에도 차이점이 있으니, 인심은 도심과 상대되는 것으로서 사사로운 육체를 가지고 있음을 함축하므로 인욕에 가까운 것으로 간주된다. 따라서 인심은 반드시 도심의 명령을 들어야만 도심과 합쳐서 하나로 칭할 수 있다. 반면 칠정은 인심에 비해 사욕에 치우쳐 있다는 의미는 없으며, 상대적으로 가치중립적인 의미를 나타낸다는 것

---

70 李滉,『退溪集』권37,「答李平叔」, 030_343a-c. "人心爲七情, 道心爲四端, 以中庸序朱子說及許東陽說之類觀之, 二者之爲七情四端, 固無不可. (…중략…) 但若各就其名實而細論之, 則人心之名, 已與道心相對而立, 乃屬自家體段上私有底. 蓋旣曰私有, 則已落在一邊了, 但可聽命於道心而爲一, 不得與道心, 渾淪爲一而稱之. 至如七情, 則雖云發於氣, 然實是公然平立之名, 非落在一邊底. (…중략…) 若夫道心之與四端, 雖與人心七情之說不同, 然道心, 以心言, 貫始終而通有無, 四端, 以端言, 就發見而指端緖, 亦不能無少異. (…중략…) 然善觀之, 則亦不害其爲同歸矣."

이다. 또한 도심은 당위적인 의식으로서 시간과 존재를 초월해 있는 보편성을 띠는 반면, 사단은 선한 본성이 발현된 현상에 나아가서 그 단서를 가리킨 것이기 때문에 차이가 있다는 것이다. 그러나 궁극적으로, 도심은 사단이고 인심은 칠정이라고 말해도 무방하다는 것이다.

이러한 구도에 의하면, '의'도 의미상 조정이 불가피해진다. '의'는 감정과 상대되는 의미를 지니기보다는, 지적인 지각에 비해 실천적인 작용을 가리키는 것이다. '지志'가 성인의 학문이나 도덕적 선을 향한 곧은 지향성이라면, '의'는 '지'에 비해 자의적이고 상황에 따라 가변적인 욕구나 의도를 뜻한다. 이황은 다음처럼 말한다. "그대가 어렵고 험함을 따지지 않고 이 먼 발걸음을 한 것과 같은 것이 '지'입니다. 이 마음은 일에 따라 한 생각念을 나타내는데, 어떻게 하려는 것이 '의'입니다."[71] '의'에 대한 이황의 이 같은 견해는 주희와 가깝다고 할 수 있다. '지'와 '의'에 대해 이황은 또 다음처럼 말한다.

지志는 바르고 크며 성실하고 확고하여 변하지 않고자 합니다. 그러므로 공자는 '학문에 뜻을 두라[志學]', '도에 뜻을 두라[志道]', '인에 뜻을 두라[志仁]'는 등의 교훈이 있었으며, 맹자는 '뜻을 고상히 하라[尙志]', '뜻을 견지하라[持志]'는 가르침을 두었습니다. 의意는 선과 악의 기미[幾]가 되어 털끝만큼이라도 어긋나면 벌써 악의 구렁 속으로 빠져 들어가기 때문에, 증자曾子는 '반드시 혼자만 아는 곳을 삼가라' 하였고, 주자는 '의意를 지키기를 성城같이 하라' 하였습니다.[72]

---

71 李滉,『退溪集』권29,「答金而精」, 030_178a. "如公之不計艱險, 作此遠遊, 志也, 此心隨事發一念, 要如何爲之, 意也."

지가 성인의 학문이나 도덕성을 향해 나아가는 일관된 의지를 뜻한다면, 의는 선과 악이 나뉘는 기미의 순간에 개입되는 것으로서 조금이라도 잘못되면 악에 떨어지게 된다는 점에서 지에 비해 위태로운 것이다. 이 때문에 증자의 "반드시 홀로 있을 때 삼간다[必謹其獨]"는 신독愼獨 공부가 요청되며, 또한 주희의 "의意를 지키기를 성城같이 하라"는 말을 인용하여 성의誠意 공부를 강조한 것이다. 이황에 있어서도 의는 인심이나 도심에 작용하여 어떻게 해야겠다는 욕구나 의욕을 나타내며, 인심과 도심이 충돌할 때 도심을 택하는 자유의지도 승인하는 입장이라고 할 수 있을 것이다.

결론적으로, 퇴계 철학의 발전 과정을 살펴보면, 그것은 한마디로 지각론과 인심도심론의 이해와 심화 과정이었다고도 볼 수 있다. 호발설은 그의 지각론을 대표하는 이론이라고 할 수 있다. 즉, 이황은 조선 성리학에서 지각과 인심도심에 관한 논의를 싹틔우고 발전하도록 이끌었던 선구자로 평가될 만하다. 이황의 철학적 지향성은 이이에게도 많은 영향을 끼쳤는데, 그는 이황에 맞서서 새로운 지각 개념과 인심도심론을 구상하게 되지만, 이는 이황이 선구적으로 개척하게 되는 지각론의 틀을 수용했다는 것을 암시한다. 그러나 다음 절에서 살펴보겠지만, 이이는 결코 지각론적 인심도심론에 갇혀 있지만은 않았으며, 그것을 벗어나는 새로운 철학적 방법과 비전을 모색하였다. 이는 율곡 철학이 정이와 주희, 그리고 이황과 다른 새로운 철학적 사유를 진척시켰음을 암시하는 것이다.

72　李滉, 『退溪集』 권29, 「答金而精」, 030_178b.

3. 이이의 주기적 지각론과 인심도심론

1) 주기적 지각론의 형성

이이가 본격적으로 성혼成渾, 1535~1598과 함께 사단칠정과 인심도심에 관한 논변을 시작하기 이전에 이미 그는 사단칠정논변에 대해 많은 관심을 가지고 지켜보고 있었으며 그것의 철학적 함의에 대해 주목하고 있었다. 아마도 그는 이황의 관점에 동의할 수 없었기 때문에, 자연히 기대승에 가까운 견해를 가지게 되었고, 마침내 이황에 맞서는 지각론적인 입장을 정립하고자 했던 것이다. 그와 같은 지각론적 구상을 이해하기 위해서는, 성혼과의 논변 이전에 그가 지녔던 지각 개념에 대해 살펴보는 것이 유익할 것이다.

첫 번째로 살펴볼 자료는 「사생귀신책死生鬼神策」인데, 이것은 23세 때 그에게 장원급제의 영광을 안겨준 유명한 「천도책天道策」과 비슷한 시기의 저작으로 추정된다. 책문은 대과大科에 합격한 사람들을 대상으로 왕과 고위 관료들이 내린 질문에 답한 글이기 때문이다. 「사생귀신책」은 죽은 후의 귀신에 앎지각이 있다면 불교의 윤회설이 타당성을 지니게 되고, 반대로 지각이 없다면 유교의 제사는 무의미해진다는 딜레마를 어떻게 해결할 수 있는지 질문한 것에 대해 대답한 글이다. 이 난제에 대해 이이는, 인간의 지각이란 정기精氣, 인간의 정신을 이루는 맑은 기(氣)와 육체를 구성하는 비교적 탁한 기로서의 정(精)에 의거해서 성립하는 것이기 때문에, 죽음의 상태 즉 정기가 분리되어 흩어진 상태에서는 지각이 성립되지 않는다고 말한다.

생각건대 사람의 지각은 정기에서 나옵니다. 눈과 귀가 총명한 것은 백魄

의 신령함이며, 마음의 기관이 생각하는 것은 혼魂의 신령함입니다. 그 총명하고 생각하는 것은 기이며, 그 총명하고 생각할 수 있는 까닭은 리입니다. 리는 지각함이 없고 기는 지각함이 있습니다. 그러므로 귀가 있은 후에야 소리를 들을 수 있고, 눈이 있은 후에야 색깔을 볼 수가 있으며, 마음이 있은 후에야 생각을 할 수 있는 것입니다. 정기가 한 번 흩어지고 나면 귀는 들을 수가 없고 눈은 볼 수가 없으며 마음은 생각할 수가 없는 것이니, 모르긴 하지만 어떤 것에 무슨 지각이 있겠습니까?[73]

위에서 말한 혼백이란 인간의 귀신鬼神을 가리키는데, 그것은 천지자연의 기 가운데서도 매우 정밀하고 신령한 것으로서 정기에 해당한다. 즉, 혼은 기와 같고 백은 정을 가리키는 것이다. 이이는 인간의 지각 기능이 정기혼백에 의거하되, 특히 오감 등의 감각은 백의 신령한 작용이요 마음의 사려 기능은 혼이 담당한다고 말한다. 이이는 감각지각과 사려의 작용을 하는 것은 기이고 그 감각하고 사려하는 까닭은 리라고 설명한다. 따라서 지각 작용 자체는 기에 놓여 있는 것이지 리에 있지는 않다는 것이다. 어쨌든 사람이 죽는다는 것은 정기혼백의 기가 분리되는 것을 말하고, 이미 정백과 기혼가 분리된 상태에서는 지각인지 기능이 유지될 수 없다는 것이다. 죽은 후의 정기에 지각 기능이 남아 있지 않다면, 천당의 복과 지옥의 고통도 알 수 없을 것이고 자연히 불교의 인과응보설과 윤회설도 성립될 수 없을 것이다. 다만, 인간이 죽으면 그 정기가 천천히 흩어지기 때문

---

73 李珥, 『栗谷全書拾遺』 권4, 「死生鬼神策」, 045_543b. "蓋人之知覺, 出於精氣焉. 耳目之聰明者, 魄之靈也, 心官之思慮者, 魂之靈也. 其聰明思慮者, 氣也, 其所以聰明思慮者, 理也. 理無知, 而氣有知. 故有耳, 然後可以聞聲, 有目, 然後可以見色, 有心, 然後可以思慮矣. 精氣一散, 而耳無聞目無見, 心無思慮, 則不知何物有何知覺耶?"

에 정성과 공경을 다하여 제사지내면 조상의 혼백과 감통感通할 수 있다는 것이다. 죽으면 지각이 없기 때문에 불교의 인과응보나 윤회설은 잘못된 것이라고 말해야 하지만, 유교의 전통적 제사는 나름대로 이치가 있기 때문에 지내야 한다는 것이다.[74]

위에서 말한 불교에 대한 비판, 그리고 혼백과 제사의 이치에 관한 이이의 설명은 주자서를 읽으면서 나름대로 깨우친 것이라고 할 수 있는데, 그 대체적인 내용은 주희와 상통하며 이황과도 공유하는 것이라 할 수 있다. 다만 주목할 점은, "듣고 보고 생각하는 것은 기이며, 듣고 보고 생각하는 까닭은 리"라는 설명이다. 이 말은 지각을 우주론적이고 존재론적인 리와 기로써 설명하는 방식을 나타내기 때문이다. 이이는 일찍이 「천도책」에서 "가만히 생각건대, 만 가지 변화의 근본은 하나의 음양일 뿐입니다. 이 기가 움직이면 양이 되고 고요하면 음이 되니, 한번 움직이고 한번 고요한 것은 기요, 움직이게 하고 고요하게 하는 것은 리입니다"[75]라고 하여 우주론존재론적 차원에서 운동 작용하는 것은 기요 그 원리나 이유가 되는 것은 리라는 견해를 밝힌 바 있다. 이이는 「사생귀신책」에서 그러한 우주론존재론적 이기 개념을 인간에 그대로 적용하여 지각 작용을 설명하고 있는 것이다. 즉 지각을 담당하고 수행하는 것은 기이며, 리는 그러한 지각이 가능한 원리나 까닭을 의미한다는 것이다. 이러한 설명은 우주론존재론적인 이기 개념을 인간의 영역으로까지 연장시켜서 지각 작용을 동일한 방식으로 설명할 수 있다는 입장을 나타내는 것이다. 지각에 대한 이이의 설명 방식은 우주

---

74 李珥, 『栗谷全書拾遺』 권4, 「死生鬼神策」, 045_543b.
75 李珥, 『栗谷全書』 권14, 「天道策」, 044_310a. "竊謂萬化之本, 一陰陽而已. 是氣動則爲陽, 靜則爲陰, 一動一靜者, 氣也, 動之靜之者, 理也."

론존재론적인 리와 기를 지각의 두 요소나 형식으로서 적용하고 있다는 특징을 내보인다. 인간의 인지 기능에 대한 이러한 자연주의적인 태도는 이후 성혼과의 사칠논변에서도 "리는 작위함이 없고 기는 작위함이 있다"[76]는 주장과 더불어 "발현하는 것은 기요, 발현하는 까닭은 리"[77]라는 논리로 반복된다.

이이는 「사생귀신책」 이후 지각에 관한 자연주의적인 견해를 계속 발전시킨 것으로 보이는데, 특히 편지를 통하여 말년의 이황과 토론하기도 했다는 점은 주목할 만하다. 『퇴계집』 권14에는 무오戊午, 1570년에 작성된 이이의 문목問目 가운데 지각에 관해 답한 글이 수록되어 있는데, 유감스럽게도 지금의 『율곡전서』 권9의 문목에는 남아 있지 않다.[78] 따라서 『퇴계집』에 수록된 문목을 통해 그 토론 내용과 이이의 견해를 살펴볼 수밖에 없다. 일찍이 주희는 「중용장구서」에서 "마음의 텅 비고 신령스러움과 지각 작용은 하나일 뿐이다"라고 말한 바 있는데, 이 구절에 대해 격암조씨格菴趙氏 조순손趙順孫, 1215~1277이라는 사람이 "지는 그 소당연을 인식하는 것이고, 각은 그 소이연을 깨닫는 것이다"[79]라고 주석을 달고 있다. 그러나 이 주석은 조순손의 창견이 아니라, 주희가 『맹자집주』에서 이미 언급했던 것을 조금 변형시켜 인용한 것에 지나지 않는다.[80] 어쨌든 이에 대해

---

76 李珥, 『栗谷全書』 권10, 「答成浩原」, 044_203d. "但理無爲, 而氣有爲."
77 李珥, 『栗谷全書』 권9, 「答成浩原(壬申)」, 044_195a. "發者氣也, 所以發者理也."
78 이황의 생애 마지막 해(1570)에 이이는 두 편의 「문목」을 보냈는데, 그 내용은 주로 『중용』과 『성학십도』에 관한 것이었다. 그 가운데 지각의 문제에 관한 것도 있는데, 현재의 『율곡전서』에는 이이의 「문목」이 누락되어 있다. 이에 대해서는 김형찬, 앞의 책, 135~149쪽 참조.
79 『中庸章句大全』, 「序」. "蓋嘗論之, 心之虛靈知覺一而已矣." 小註. "勿齋程氏曰, 虛靈心之體, 知覺心之用. ○格庵趙氏曰, 知是識其所當然, 覺是悟其所以然."
80 朱熹, 『孟子集註』, 「萬章」上, 7장. "知謂識其事之所當然, 覺謂悟其理之所以然."

이이는 비판하면서 다음처럼 말하고 있다. "지각은 아마도 이와 같이 해석될 수 없을 것입니다. 지금 보통사람부터 새와 들짐승에 이르기까지 모두 지각을 가지지만, 이것이 어찌 그 소당연을 인식하고 그 소이연을 깨달은 것이겠습니까?"[81]

이이가 볼 때, 격암조씨의 주석은 「중용장구서」에서 주희가 말한 '지각'과 의미가 다르다. 즉, 「중용장구서」에서 말한 지각은 일반 사람들의 차원에서 말한 것이되, 조순손의 주석은 『맹자집주』의 '먼저 알고 먼저 깨달은 사람[先知先覺]'[82]에 대한 주희의 주석을 인용한 것으로서 일반인이 아닌 성인聖人의 지각에 해당된다는 것이다. 성인의 지각은 소당연을 인식하고 그 소이연을 깨달을 수 있는 것을 말하지만, 일반인의 지각은 새나 들짐승보다 조금 우월하다고 해도 궁극적으로 리를 인식하고 깨달을 수는 없다는 것이다. 여기서 성인과 일반인을 엄격하게 분리시키고, 일반인의 지각은 이치를 인식하지 못하는 동물의 감각적 수준의 지각 능력과 근본적으로 다르지 않다는 이이의 자연주의적인 지각관을 발견할 수 있다. 이에 대해 이황은 다음처럼 비판한다.

이는 또한 보내주신 편지에서 본 것이 잘못되었습니다. 일반적으로 혈기가 있는 것은 본래 다 지각이 있습니다만, 새나 들짐승들의 치우치고 막힌 지각이 어찌 우리 사람들의 가장 영묘한 지각과 같겠습니까? 하물며 여기(「중용

---

81 李滉, 『退溪集』 권14, 「答李叔獻問目」, 029_376d, 註釋. "(來喩云) 知覺, 恐不可如此釋, 今衆人至於鳥獸, 皆有知覺, 此豈識其所當然, 悟其所以然者耶?"
82 朱熹, 『孟子集註』, 「萬章」상, 7장. "하늘이 이 백성을 낳음에 먼저 안 사람으로 하여금 뒤에 알게 되는 사람을 깨우치도록 하였고, 먼저 깨달은 사람으로 하여금 뒤에 깨닫는 사람을 깨우치도록 했다(天之生此民也, 使先知覺後知, 使先覺覺後覺也. 予天民之先覺者也. 予將以斯道覺斯民也, 非予覺之而誰也)."

장구서」)에서 지각을 말한 것은, 실제로 마음을 전하는 법이 위태롭고 은미하며 정밀하고 한결같다는 뜻에 말미암은 것이니, 이 [지각] 두 글자를 '허령(텅 비고 신령함)'과 함께 말하여 사람 마음의 본체와 작용의 신묘함을 밝힌 것임은 말하여 무엇 하겠습니까? 읽는 자는 마땅히 나의 마음의 지각처에 나아가 깊이 생각하고 체인하여 바른 의미를 도출해 내야만 비로소 이해한 것이 진실하여 착오가 없게 될 것입니다. 어찌 새와 들짐승의 지각을 멀리서 끌어들여 올바른 의미를 혼란시키고 의심하지 않아야 할 곳에 의심을 둘 수 있겠습니까? 저 보통사람들의 지각이 성현聖賢과 다른 까닭은, 곧 기가 구속하고 욕심이 어둡게 하여 스스로 잃어버렸기 때문입니다. 다시 어찌 이로 말미암아 사람 마음은 인식하고 깨달을 수 없다고 의심하겠습니까?[83]

이황은 일반인과 성현의 지각이 다르지 않으며, 인간의 지각은 동물과는 비교할 수 없을 정도로 신령한 특성을 지니기 때문에, 소당연과 소이연의 이치를 인식하고 깨달을 수 있다고 본다. 성현과 일반인의 차이는 지각 능력 자체에 있는 것이 아니라, 감각기관 같은 육체적 형기形氣에 이끌리고 그로 인해 야기되는 욕심에 사로잡혀서 지각 작용이 원활하지 못하게 방해받는다는 점에 있다. 요컨대, 이황은 인간의 지각을 동물과는 차원이 다른 것으로 구분하되, 인간은 일반인과 성현에 관계없이 모두 이치의 인식과 깨달음이 가능한 지각 능력을 지녔다고 본다. 반면, 이이는 성현의 지

---

83 李滉, 『退溪集』 권14, 「答李叔獻問目」, 029_376c. "(心之虛靈知覺, 格菴趙氏云云.) 此亦來喩看得差. 凡有血氣者, 固皆有知覺, 然鳥獸偏塞之知覺, 豈同於吾人最靈之知覺乎, 況此說知覺, 實因傳心之法, 危微精一之義, 而以此二字, 并虛靈言之, 發明人心體用之妙, 讀者當就吾心知覺處, 玩味體認, 出正意思來, 方見得眞實無差, 豈可遠引鳥獸之知覺, 以汨亂正意, 而置疑於不當疑之地耶, 若夫衆人知覺, 所以異於聖賢者, 乃氣拘欲昏而自失之, 又豈當緣此而疑人心之不能識與悟耶?"

각 작용이 이치를 인식하여 깨달을 수 있는 것과 달리 일반인의 지각은 동물과 마찬가지로 이치를 인식하거나 깨달을 수 없는 것으로서 저차원의 단순한 감각과 사고 기능에 불과하다고 본 것이다.

이이와 성혼 사이의 사단칠정·인심도심에 관한 논변은 실상 위에서 드러난 것과 같은, 인간의 지각을 동물적 인지 기능과 동일시하는 일종의 자연주의적 입장이 인식론과 윤리학의 맥락에서 본격적으로 개진되는 계기가 되는 것이다. 주된 논쟁점은 인간의 지각 기능의 구조와 과정은 어떻게 설명되고, 도덕적인 선악과 인심도심을 어떻게 관련지어 설명할 수 있는지 등의 문제였다. 이황에 의하면, 인간의 지각 기능은 하나이지만 그 지각된 내용에 있어 당위적인 것사단, 도심과 그렇지 않은 것칠정, 인심과의 차이가 있기 때문에, 이 같은 사단과 칠정, 도심과 인심의 대립을 각각 리발과 기발로써 구분해야 한다. 성혼은 1572년 이이에 보내는 편지에서 이 같은 상대적 설명을 거론하면서 다음처럼 질문한다. "'마음의 텅 비고 신령함과 지각 작용은 하나일 뿐'인데 인심과 도심의 두 이름이 있는 것은 어째서입니까? 그것은 혹 형기감각기관을 포함한 육신의 사사로움에서 생기거나 혹 성명본성의 명령의 바름에 근원하기도 하여, 리와 기의 발현이 같지 않으며 위태롭고 은미한 작용이 각각 다르기 때문에, 이름이 둘이지 않을 수 없는 것입니다."[84]

성혼은 이황의 주장을 그대로 다 수용하지는 않았지만, 전통적으로 상대적인 개념으로서 이해되어 왔던 인심과 도심처럼 사단과 칠정도 리와

---

[84] 李珥, 『栗谷全書』권9, 「答成浩原」(壬申) 附問書, 044_195c. "心之虛靈知覺, 一而已矣, 而有人心道心之二名, 何歟, 以其或生於形氣之私, 或原於性命之正, 理氣之發不同, 而危微之用各異, 故名不能不二也."

기의 발현으로서 대립시켜 설명하는 것이 가능할 수 있다는 견해를 가지고 있었다. 이이는 이 같은 질문을 받고 다음처럼 말한다. "대저 아직 발동하지 않은 것은 성이고 이미 발동한 것은 정이며, 발동한 뒤에 계산하고 비교하며 헤아리는 것은 의意이니, 심心은 성과 정과 의의 주재가 됩니다. 그러므로 미발, 이발 상태와 의는 모두 심이라고 이를 수 있습니다. 발동하는 것은 기이고 발동하는 까닭은 리입니다."[85] 성이 발현하여 정이 되고, 그것에 대해 계산하고 비교하는 기능은 의이며, 이는 모두 심에 통괄되는 것으로서 마음의 한 가지 작동 방식을 이룬다. 이것이 바로 심과 성, 정과 의의 작용에는 한 가지 경로만이 있을 뿐이라는 '심성정의일로설心性情意一路說'인데, 이러한 한 가지 작동 방식의 기초에는 발동하는 기와 발동하는 까닭으로서 리가 있다는 것이다. 이는 존재론적인 리와 기를 마음을 구성하는 두 요소나 형식으로 간주한 것으로서, 이후 이이에 의해 계속 반복되는 주장이다.

이이에 의하면, 호발설은 이와 달리 작동 방식이 하나가 아니라 두 가지이므로, 마음을 두 가지 근본으로 나누는 것이 된다. 호발설을 따른다면 "리와 기가 두 사물이 되어 어떤 것은 앞이 되고 어떤 것은 뒤가 되며, 상대하여 두 갈래로 각자 발출해 나올 것"이므로 마음의 근본을 둘로 나눈 것이 된다.[86] 주희도 말했듯이 "마음의 허령지각은 하나"이기 때문에 작용하는 방식도 "발동하는 것은 기이고 발동하는 까닭은 리"에 의해 단일하

---

85 李珥, 『栗谷全書』 권9, 「答成浩原」(壬申), 044_194d. "大抵未發則性也, 已發則情也, 發而計較商量則意也. 心爲性情意之主. 故未發已發及其計較, 皆可謂之心也. 發者氣也, 所以發者理也."

86 李珥, 『栗谷全書』 권9, 「答成浩原」(壬申), 044_195a. "今若曰四端理發而氣隨之, 七情氣發而理乘之, 則是理氣二物, 或先或後, 相對爲兩岐, 各自出來矣. 人心豈非二本乎?"

게 설명되어야 하는 것이다. 즉, 마음은 기로 이루어져 있고 이것이 지각의 원리인 리에 의해 발동하여 사단과 칠정, 인심과 도심 같은 모든 작용들이 이루어진다는 것이다. 이이는 호발설을 다음처럼 비판한다.

주자는 '마음의 텅 비어 신령하고 지각 작용하는 것은 하나일 뿐'이라고 말했습니다. 형은 어디로부터 이런 이기호발설을 얻었습니까? 주자의 이른바 '어떤 것은 성명에 근원하며 어떤 것은 형기에서 나온다'는 말은 이미 발현한 것을 보고 이론을 세운 것입니다. (…중략…) 무릇 발현하는 것은 기요 발현하는 까닭은 리입니다. 기가 아니면 발현할 수 없고 리가 아니면 발현할 근거가 없습니다('발지發之' 이하 23자는 성인이 다시 나와도 이 말을 바꾸지 못할 것입니다). 선후도 없고 분리됨과 합함도 없으니 호발이라고 말할 수 없습니다. 다만 인심과 도심은 어떤 것은 형기를 위하고 어떤 것은 도의를 위하는데, 그 근원은 비록 하나이지만 그 유출된 것이 이미 갈라진 것이니, 진실로 양변으로 분리하여 설명하지 않을 수 없습니다. (…중략…) 퇴계는 이것(주자의 말)으로 인해 입론하여 말하길, '사단은 리가 발현하여 기가 그것을 따르고, 칠정은 기가 발현하여 리가 그것을 탄다'고 하는데, 이른바 '기가 발현하여 리가 그것을 탄다'는 것은 옳습니다. 다만 칠정만 그러할 뿐 아니라 사단 또한 기가 발현하여 리가 타는 것입니다. 어째서인가 하면, 어린애가 우물에 빠지는 것을 본 후에야 이에 측은한 마음이 발현하는데, 그것을 보고 측은해 하는 것은 기이니, 이것이 이른바 '기가 발동한다'는 것입니다. 측은함의 근본은 인仁이니 이것이 이른바 '리가 그것을 탄다'는 것입니다. 다만 사람 마음만 그런 것이 아니라, 천지의 조화가 기화氣化하되 리가 그것을 타는 것이 아님이 없습니다.[87]

위의 설명에 따르면, 이이는 "마음의 허령지각은 하나"라는 것을 지각의 작동 방식이 하나라는 것으로 이해하며, 그것을 곧 "기가 발하되 리가 탄다"는 것으로 해석한 것이다. 즉, "사단은 리가 발하되 기가 따르는 것이요 칠정은 기가 발하되 리가 올라탄다"는 호발설은 지각 작용의 메커니즘을 두 가지로 설명한 것이 된다. 이는 잘못된 것이며, 지각은 오로지 "기가 발동하되 리가 올라타는" 방식으로만 작용한다는 것이 이이의 주장이다. 이처럼 '기발이승일도설'은 "발동하는 것은 기요 발동하는 까닭은 리"라는 지각의 형식이나 요소만을 주안점으로 삼아서 도출한 결론이다. 칠정과 마찬가지로 사단도 이 같은 지각의 메커니즘에 의해 이루어진다는 것이다. 예를 들어, 어린애가 우물에 빠지는 것을 본 후에 측은한 마음이 생기는데, 그 장면을 시각적으로 감각하고 측은함을 발동시키는 것은 기이지만 이때 측은함을 발동하는 까닭으로서의 리인가 그 안에 내재해 있다는 것이다. 외물의 감각으로서 '기발'은 육체의 감각기관이 외물의 감각자료sense data를 수용하고 이에 반응하는 것을 가리킨다. 그리고 '기발'에 지각의 원리principle of sense perception가 개입해 있음을 '리승理乘'이라고 칭한 것이다. 그는 '기발이승'이라는 지각의 작동 방식이 마음에만 있는 것이 아니라 천지만물 모두에 적용되는 자연적이고 보편적인 방식이라고 주장한다.

---

87 『栗谷全書』, 권10, 「答成浩原」(壬申) 044_200b. "朱子曰, 心之虛靈知覺, 一而已矣, 吾兄何從而得此理氣互發之說乎? (…중략…) 大抵發之者, 氣也, 所以發者, 理也. 非氣則不能發, 非理則無所發, (發之以下二十三字, 聖人復起, 不易斯言.) 無先後, 無離合, 不可謂互發也. 但人心道心, 則或爲形氣, 或爲道義, 其原雖一, 而其流旣岐, 固不可分兩邊說下矣. (…중략…) 退溪因此而立論曰, 四端, 理發而氣隨之, 七情, 氣發而理乘之, 所謂氣發而理乘之者, 可也. 非特七情爲然, 四端亦是氣發而理乘之也. 何則, 見孺子入井, 然後乃發惻隱之心, 見之而惻隱者, 氣也, 此所謂氣發也. 惻隱之本則仁也, 此所謂理乘之也. 非特人心爲然, 天地之化, 無非氣化而理乘之也."

지각에 관한 이이의 주기론적 입장은 천지자연의 리와 기를 체와 용, 형이상과 형이하의 관계에 의거하여 '발하는 까닭소이발자'–체–형이상과 '발하는 것발자'–용–형이하로 규정하고, 이를 인간의 마음에도 그대로 적용한 것으로서 천지자연과 인간을 연속적으로 설명하려는 자연주의적 입장을 나타낸다. 이러한 입장은 대체로 "자연에 있어서의 이기를 먼저 관찰 체인體認함으로써 그 원리를 가지고 인간을 관통한"[88] 것이라고 할 수 있다. 이러한 입장에서 볼 때, 지각은 "기가 발하고 리가 올라타는기발이승" 하나의 과정과 경로만을 가질 뿐이며, 사단과 칠정은 모두 이러한 과정으로 작용한 것이다. 이때 '기발'은 감각기관형기이 외물의 감각 자료를 받아들이고 이것에 심리–육체적psycho-physical 기가 반응함을 가리키되, '리승'은 이와 같이 반응하여 지각함에 그럴 수 있는 까닭이자 원리가 그것에 내장되어 있음을 의미하는 것이다. 이 점에서 이이의 주기론적 지각론을 경험론적empirical이라고 말할 수 있을 것이다.

이러한 주기론적 지각론의 일관성은 인심과 도심의 상대성과 선악의 근거를 설명하는 데 그 관건이 놓여있다. 이이는 인심이든 도심이든 마음의 지각이 '기발이승'이라는 하나의 방식에 의해 성립되지만, 발동된 감정에 대해 의意의 사고 작용이 도덕적 원리를 위하는 경우가 있고 일신一身의 몸의 안일과 쾌락을 추구하는 경우가 있으므로, 사단칠정과 달리 인심도심은 상대시켜 설명하지 않을 수 없다고 말한다. 이에 대해 성혼은 계속해서 인심과 도심의 지각 근원은 리와 기로써 구분된다고 이의를 제기했다. "주자의 설은 '어떤 것은 형기의 사사로움에서 생하고 어떤 것은 성명의

---

88 배종호,『한국유학사』, 82쪽.

바름에 근원한다'고 하였고, 진북계陳北溪, 陳淳(1159~1223)을 말함의 설은 '이 지각은 리로부터 발하는 것이 있고 기로부터 발하는 것이 있다'고 말했으니, 바로 퇴계의 호발설과 같습니다. 어째서이겠습니까? 사단칠정을 상대시켜 [리와 기에] 분속시키는 것은 진실로 그러한 것입니다. 인심도심 또한 정입니다."[89]

성혼의 주장은 지각의 근원소종래을 기준으로 할 때, 사단칠정뿐만 아니라 인심도심도 리와 기로 구분된다는 것이다. 이에 대한 이이의 궁극적인 답변은 사단칠정처럼 인심도심도 실제로는 마음의 지각 안에서 기원이 다른 것으로 구분되어 자각되는 것은 아니라는 것이다. 그것은 마음의 작용을 결과론적으로 변별한 것일 뿐, 지각 상에서 기원에 따라 선험적으로 대립된 것으로서 자각되는 것은 아니라는 것이다. 이제 이에 대한 이이의 해명을 살펴보기로 하자.

2) 인심도심과 기질변화

감각과 사고 기능으로 이루어진 일반인의 지각은 비록 동물에 비해서는 월등하지만, 성현과 달리 소당연과 소이연의 이치를 인식해서 깨달을 수 없다고 보는 이이는 처음부터 이황과 지각론적 관점이 달랐다. 이러한 차이는 결국 성혼과의 논변을 통해 "기가 발하고 리가 타는 한 가지 방식만이 있다[氣發理乘一途]"는 주기론적 지각 이론으로 귀착되었던 것이다. '기발이승'이라는 하나의 방식으로만 지각이 성립된다는 주장은, 외부 사물에

---

89 李珥, 『栗谷全書』 권10, 「答成浩原」, 044_203c. "朱子之說曰, 或生於形氣之私, 或原於性命之正, 陳北溪之說曰, 這知覺, 有從理而發者, 有從氣而發者, 正如退溪互發之說. 何耶? 四七之對擧而分屬, 固然矣. 人心道心, 亦情也."

대한 감각 경험으로부터 독립된 어떠한 내적 발동도 있을 수 없다는 것을 함축한다. 이이는 이에 대해 "생각건대 퇴계는 안에서 나온 것을 도심으로 여기고 밖에서 느낀 것을 인심으로 여긴 것이요, 나는 인심도심이 모두 안에서 나온 것이지만 움직임은 모두 밖에서 느낀 것으로 말미암은 것이라고 생각합니다"[90]라고 말한다. 이황 또한 사단도심을 포함한 모든 지각 작용에는 내적 원리의 발동 이전에 기에 근거한 외감外感이 필수적으로 전제됨을 부정하지 않는다. 그러나 지각 내용을 살펴보면, 사단도심 같은 도덕적 감정은 외감과는 별도로 내적 도덕이성이 발현한 것이라고 보지 않으면 안 된다는 것이다. 이렇게 주장할 수 있는 근거는 사단도심이 칠정인심과 달리 당위로서 자각된다는 점에 있었다. 이이는 바로 이 점을 부정한다. 즉, 마음의 지각 작용은 외물의 감응에 말미암되 지각하는 까닭이 개입한다는 형식만을 말할 수 있을 뿐, 사단과 칠정, 인심과 도심의 내용적 차이는 지각 상에서 구분되지 않는다는 것이다. 이 점에서 선과 악을 나누는 기준은 내부가 아니라 외부에 있다고 그는 말한다.

가만히 퇴계의 뜻을 상세히 살펴보니, 사단을 내부에 말미암아 발현한 것으로 여기고 칠정은 외부를 감응하여 발현하는 것으로 여긴 것입니다. (…중략…) 비록 성인의 마음이라도 감응 없이 스스로 움직이는 것은 없으니, 반드시 감응하여 움직이되 감응한 것은 모두 외물입니다. 무엇을 근거로 말하냐 하면, 부모를 느껴서 효성이 움직이고, 임금을 감응하여 충성이 발동하며, 형을 느껴서 공경이 움직이니, 부모·임금·형이 어찌 안에 있는 이치이겠습니

---

90 李珥, 『栗谷全書』 권10, 「答成浩原」, 044_212c. "蓋退溪則以內出爲道心, 以外感爲人心, 珥則以爲人心道心皆內出, 而其動也皆由於外感也."

까? 천하에 어찌 감응 없이 안에서 말미암아 스스로 발현하는 정이 있겠습니까? 다만 감응한 것에 바르고 삿됨이 있으며 움직임에 지나치고 모자람이 있어서, 이에 선악의 구분이 생길 뿐입니다.[91]

이황의 주장처럼 사단과 칠정, 인심과 도심은 도 내부의 지각내용에 의해 선험적으로 구분되는 것이 아니다. 모든 지각은 경험적이므로, 성인이라 하더라도 외물의 감응 없이 감정이 발동할 수는 없다. 예를 들어, 부모를 감지하고 느껴야 효도의 마음이 발동하게 되는데, 이때 효도의 원리는 내부에 있는 것이 아니라 외부에 있다는 것이다. 뿐만 아니라 임금에 대한 충, 형에 대한 공경의 원리는 모두 내부에 있지 않고 외부에 있다는 것이다. 그것은 곧 바르고 삿된 것을 가르는 기준으로서의 규범적 예禮이다. 부모에게는 효도해야 하고, 임금에게는 충성해야 하며, 형에게는 공경해야한다는 예의 절목節目이 곧 바르고 삿됨, 선과 악을 나누는 기준이 된다. 위에서 외물에 반응하여 움직인 결과가 지나치거나 모자람이 있다는 것은 곧 예의 절목에 맞지 않는다는 뜻이다. 부모에 대한 효도와 임금에 대한 충성, 형에 대한 공경은 이미 외부에 규정되어 있는 예의 절목을 따르는 것이다. 이 점에서 이이는 다음처럼 말한다. "그렇다면 천지는 성인의 준칙이며, 성인은 보통사람의 준칙입니다. 그 이른바 수양의 기술이란 성인이 이미 완성한 법도를 따르는 것에 불과합니다."[92] 성인의 만든 법도, 즉

---

91 李珥, 『栗谷全書』 권10, 「答成浩原」(壬申), 044_201a. "竊詳退溪之意, 以四端爲由中而發, 七情爲感於外而發. (…중략…) 雖聖人之心, 未嘗有無感而自動者也, 必有感而動, 而所感皆外物也, 何以言之, 感於父則孝動焉, 感於君則忠動焉, 感於兄則敬動焉, 父也君也兄也者, 豈是在中之理乎? 天下安有無感而由中自發之情乎, 特所感有正有邪, 其動有過有不及, 斯有善惡之分耳."

92 『栗谷全書』, 권10, 「答成浩原」(壬申), 044_199d. "然則天地, 聖人之準則, 而聖人, 衆人之

예의 절목에 맞는 경우는 선이 되고 그렇지 않고 지나치거나 모자라는 경우는 악이 된다는 것이다.

만약 선악을 구분하는 기준이 마음 내부에 있는 것이 아니라 대상에 대한 감정과 행동의 결과가 외적 규범에 부합하는가에 놓여 있다면, 마음에 내재해 있다고 말해지는 인·의·예·지의 원리들은 어떻게 설명해야 하는가? 이이의 어록에는 제자 한 명이 "마음의 지각이 기인지 리인지"에 대해 묻자 "능히 지각할 수 있는 것은 기요 지각하는 까닭은 리이다"라고 대답하는 대목이 나온다. 그런데 이어서 제자가 지각은 지[智]의 틀[間架]에 속하는지를 묻자 이이는 다음처럼 대답했다. "지각은 마음이니 인·의·예·지의 성을 싣고 있다. 그러므로 사단의 정은 머물러 있는 곳에 따라 발현하니, 이것이 마음의 지각이다. 만약 지각을 지의 틀에 배속시킬 뿐이라면, 인의는 작용할 곳이 없게 된다."[93] 말하자면, 이이는 인·의·예·지가 마음에 있긴 하되, 그것은 사단의 지각 내용적 근원이 되는 것이 아니라 모든 지각 작용이 일어날 수 있는 까닭이나 형식적 원리라고 본 것이다. 마음은 이러한 지각의 원리를 가지고 있기 때문에 마음이 머물러 있는 상황에 따라 발현하되 외적 예의 절목에 부합하면 사단이 되고 그렇지 않으면 칠정이 된다는 것이다. 선악을 판별하는 기준은 내적 원리에 있지 않고 외부의 규범에 맞는지 여부에 있는 것이다.

準則也, 其所謂修爲之術, 不過按聖人已成之規矩而已."

[93] 李珥,『栗谷全書』권31, 語錄上, 金振綱所錄, 045_246d. 曰:陰陽五行之論, 姑舍是, 而請以心性情論之可乎? 心之知覺, 氣耶理耶? 曰:能知能覺者, 氣也, 所以知所以覺者, 理也. 曰:知覺屬於智之間架耶? 曰:知覺卽心也, 該載仁義禮智之性, 故四端之情, 隨所寓而發見, 此其心之知覺也. 若以知覺, 只屬於智之間架, 則仁義無所用矣. 이이는 智뿐만 아니라 仁義禮가 모두 지각의 형식이 된다고 본다. 이는 이황이 지각의 원리를 智로 보는 것과 대조된다. 다음을 참조.『退溪集』권24,「答鄭子中別紙」, 030_073a."心體包含, 無所不具. 仁固心之德, 智亦不外於心德, 知覺智之事, 故謂之心之德, 何疑之有?"

그런데 마음의 감정이 예의 절목에 부합하는지 중절 여부를 결정하는 것은 계산하고 비교하며 헤아리는 의意의 작용[94]에 달려 있다. 즉, 정에 의의 작용이 부가될 때 비로소 심이라고 칭할 수 있게 된다는 것이다. "인심과 도심은 정과 의를 겸하여 말한 것이지, 정만을 지시하는 것이 아니다."[95] 칠정은 감정 일반으로서 정이 되고 그 가운데 절도에 맞는 것을 사단이라 칭할 뿐인데, 감정의 결과에 대해 의가 공적 규범인 도의를 위하면 도심이 되고, 개인적인 형기만을 위하면 인심이 된다는 것이다. 따라서 인심과 도심은 지각 내에서 선험적으로 대립하는 것으로서 자각되는 것이 아니라, 감정이 일어난 후 헤아려서 의도하고 목적하는 것에 따라 두 가지 중 어느 하나로 결정되는 것이다. "인심과 도심은 어떤 것은 형기를 위하고 어떤 것은 도의를 위하는데, 그 근원은 비록 하나이지만 그 유출된 것이 이미 갈라진 것이니, 진실로 양변으로 분리하여 설명하지 않을 수 없다."[96]는 것이다.

여기서 양변으로 분리하여 설명한다는 것은 인심과 도심이 지각 내에서 대립적으로 자각된다는 것이 아니라, 단지 선한 것과 악한 것으로서 결과론적으로 설명할 수 있다는 말이다. 다만, 처음에 인심이었다가 노력 여하에 따라 도심이 될 수도 있으며, 반대로 도심이었다가 다시 인심으로 전락할 수도 있게 된다. 이것이 "인심과 도심은 서로 처음과 끝이 될 수 있다[相爲終始]"는 설이다.[97] 이이는 비록 만년에 「인심도심도설人心道心圖說」에서 인심

---

94 李珥, 『栗谷全書』 권9, 「答成浩原」(壬申), 044_194d. "發而計較商量則意也."
95 李珥, 『栗谷全書』 권9, 「答成浩原」(壬申), 044_194c. "蓋人心道心, 兼情意而言也, 不但指情也."
96 李珥, 『栗谷全書』 권10, 「答成浩原」(壬申) 044_200b. "但人心道心, 則或爲形氣, 或爲道義, 其原雖一, 而其流旣岐, 固不可不分兩邊說下矣."
97 李珥, 『栗谷全書』 권9, 「答成浩原」(壬申), 044_194b. "人心道心, 不能相兼而相爲終始焉."

을 인욕과 다르게 보되 도심과의 대립성을 인정하고 도심의 주재主宰와 인심의 청명聽命을 강조하는 정론을 확립하게 되지만,[98] 전체적으로 종시설과 만년설 모두 도심과 인심을 지각된 내용에 따라 성명과 형기, '리발'과 '기발'로 구분할 수 있다는 주희와 이황의 입장과는 다른 것이다. 선악은 마음의 지각 차원에서 구분되는 것이 아니라, 객관적 규범에의 부합 여부에 의해 결정된다고 보기 때문이다.

정자는 '선과 악이 본성 가운데 두 사물로 상대하여 있다가 각자 나오는 것이 아니다'라고 말하였습니다. 대체로 선과 악은 분명히 두 가지이지만, 오히려 상대하여 각자 나오는 이치란 없습니다. (…중략…) 리의 본연이란 것은 진실로 순선하지만, 기를 타고 발용할 때 선악이 이에 나뉩니다. 다만 기를 타고 발용할 때 선한 것이 있고 악한 것이 있음을 보되 리의 본연을 알지 못한다면, 이는 대본大本을 인식하지 못한 것입니다. 단지 리의 본연만을 보되 기를 타고 발용한 것이 혹 흘러서 악이 됨을 알지 못한다면, 적을 자식으로 여기는 것입니다. 이 때문에 성인은 이를 근심하여 정이 곧바로 성명의 본연을 이루는 것으로써 도심이라 지목한 것이니, 사람들로 하여금 존양하여 그것을 확충하도록 한 것입니다. 정이 형기에 엄폐되어 곧바로 성명의 본연을 이룰 수 없는 것을 인심이라 지목한 것이니, 사람들로 하여금 그 지나치고 미치지 못함을 살펴서 절도 있게 통제하도록 한 것입니다. 그것을 절도 있게 통제한다는 것은 도심이 행하는 것입니다. 대체로 인간의 형체와 모양은 천성입니다. 인심 또한 어찌 선하지 않겠습니까? 그 지나침이 있거나 미치지 못함이 생기

---

98 리기용, 「퇴계학파의 율곡 인심도심론 비판」, 『율곡학연구총서(논문편1)』, 586쪽.

는 것으로 말미암아 악으로 흐를 뿐입니다.[99]

이이는 리의 본연이 순선하다고 함으로써 표면상 맹자의 성선설을 따르는 것처럼 보이지만, 실상 리의 본연은 선악을 떠난 가치적인 중립적 상태라고 봐야 한다. 만약 리가 순선하다면, 그것에 의해 선한 도심과 그렇지 않은 인심이 지각 상에서 구분되어야 할 것이다. 그러나 이이에 있어 그것은 부정되기 때문에, 선악의 기원은 리에 있는 것이 아니다. 리의 본연이 기를 타고 발용하여 현상화될 때 그 상태가 선한지 악한지, 인심인지 도심인지는 지각 차원에서 구별될 수 없는 것이다. 기가 유행할 때 선악을 결정하는 기준은 감정이 지나치거나 미치지 못함 없이 절도에 맞는가중절에 놓여 있다. 그러나 일반인은 지각 상에서 그것을 인지할 수 없기 때문에, 성인은 사람들이 선과 악, 인심과 도심을 분별하고 수양의 실천을 하도록 만들기 위해서, 인심과 도심을 규정하고 그것을 구분하는 객관적 기준으로서의 예를 제정했던 것이다. 리의 본연을 그대로 발현시킨 마음은 감정이 절도에 맞는 상태로서 도심이라고 명명하되, 육체적 형기에 가려진 마음은 감정이 지나치거나 미치지 못하여 절도에 맞지 않으므로 인심이라고 칭한 것이다. 일반인은 자신의 감정 상태를 객관 규범에 비추어 헤아려서 그것이 도심이면 존양하고 확충하며, 그것이 인심이면 그 과불급을 절도에 맞

---

99 李珥, 『栗谷全書』 권10, 「答成浩原」, 044_204b. "程子曰, '不是善與惡, 在性中爲兩物相對, 各自出來.' 夫善惡判然二物, 而尙無相對, 各自出來之理. (…중략…) 理之本然者, 固是純善, 而乘氣發用, 善惡斯分. 徒見其乘氣發用有善有惡, 而不知理之本然, 則是不識大本也. 徒見其理之本然, 而不知其乘氣發用, 或流而爲惡, 則認賊爲子矣. 是故聖人有憂焉, 乃以情之直遂其性命之本然者, 目之以道心, 使人存養而充廣之, 情之拚乎形氣而不能直遂其性命之本然者, 目之以人心, 使人審其過不及而節制之, 節制之者, 道心之所爲也. 夫形色, 天性也. 人心, 亦豈不善乎? 由其有過有不及而流於惡耳."

도록 통제해야 한다는 것이다. 이때 도심이 인심을 통제한다는 것은 둘의 병존과 갈등상태를 말한 것이 아니라, 어떤 하나의 심적 상태를 살펴서 성인이 만든 규범으로서의 예의 절목에 맞도록 제재함을 의미하는 것이다.[100]

그렇다면 마음의 발동이 객관적 예의 절목에 맞도록 주재하기 위해서는 어떤 수양법이 필요한가? 기가 유행하여 감정이 발동할 때 절도에 맞도록 하는 것은 의가 살피는 것에 달려 있으므로, 의를 성실하게 하는 성의誠意 공부가 자기수양에 있어 가장 우선적인 것이 된다.[101] 그런데 의의 작용이란 마음의 기에 의존해 있으며, 심리적인 기는 몸의 전체적인 '형체와 모양'을 결정하는 심리－육체적 기질氣質에 속한 것이므로, 기질을 변화시키는 공부가 가장 근본적인 것이 된다. 기질 변화가 가장 중요하고 근본적인 이유는, 인심과 도심을 구현하는 데 있어 리와 기의 본연과 유행의 상태가 직결되어 있기 때문이다. 이이는 다음처럼 말한다.

> 도심은 성명에 근원하였으나 발하는 것은 기이니, 이것을 리발이라고 하는 것은 불가합니다. 인심과 도심이 모두 기발이나 기가 본연의 리에 순한 것이 있으면 기 또한 본연의 기이므로 리가 본연의 기를 타서 도심이 되는 것이며, 기가 본연의 리에서 변한 것이 있으면 또한 본연의 기도 변하므로 리 역시 변한 바의 기를 타서 인심이 되어 지나치기도 하고 미치지 못하기도 하는 것입니다.[102]

---

100 李珥, 『栗谷全書』 권14, 「克己復禮說」(壬午冬○爲詔使黃洪憲作), 044_285d.
101 李珥, 『栗谷全書』 권9, 「答成浩原」(壬申), 044_195a. "精察與否, 皆是意之所爲, 故自修莫先於誠意."
102 李珥, 『栗谷全書』 권10, 「答成浩原」, 044_212a. "道心原於性命, 而發者氣也, 則謂之理發不可也. 人心道心, 俱是氣發, 而氣有順乎本然之理者, 則氣亦是本然之氣也, 故理乘其本然之氣而爲道心焉. 氣有變乎本然之理者, 則亦變乎本然之氣也, 故理亦乘其所變之氣而爲人

여기서 이이는 도심이 성립되려면 본연의 기와 본연의 리가 결합해야만 하며, 반면 인심은 본연의 리에서 변한 특수한 이치와 본연의 기에서 변하게 된 특정한 상태의 기가 결합하여 성립된다고 말한다. 말하자면, 리에 본연지성에 해당하는 본연의 리와 기질지성에 해당하는 분수分殊의 리가 있는 것처럼, 기에도 본연의 기와 특수한 상태로 변질된 기질의 기가 있다는 것이다. 본연의 리와 본연의 기가 결합하여 성립된 도심은 본연의 순수한 리(성)를 보전하고 있는 것이지만, 발동하는 주체는 여전히 심리적 기일 수밖에 없다. 일반인의 심리적 기는 항상 유동적으로 변화하여 불안정한 것이고, 더구나 "기가 리에게서 명령을 듣고 안 듣고는 모두 기가 하는 것이요 리는 작용함이 없기"[103] 때문에, 일반인의 경우에는 늘 인심의 불안정하고 편향적인 심적 상태에 머물지 않을 수 없다는 것이다. 반면, "성인은 형기가 리에게 명령을 듣지 않음이 없어서 인심 또한 도심이니, 이것은 마땅히 따로 의논해야 할 것이요 똑같이 한 가지 말로 뒤섞어서는 안 된다"[104]는 것이다.

요컨대, 성인의 기질은 순수하고 뛰어나서 심리─육체적인 기질이 본연의 기의 상태에 가깝기 때문에 항상 본연의 리를 곧바로 이루지만, 일반인의 기질은 성인과 달라서 항상 불안정하고 편향되어 있기 때문에 본연의 기의 상태를 회복하기 힘들다는 것이다. 따라서 일반인은 도심을 이루기가 사실상 불가능하다. 그러나 그럼에도 불구하고 인간은 텅 비고 밝은[虛明] 지각 능력을 가지므로 기질을 변화시킬 가능성이 있다고 말한다.[105]

心, 而或過或不及焉."
103 李珥, 『栗谷全書』 권10, 「答成浩原」, 044_212b. "氣之聽命與否, 皆氣之所爲也, 理則無爲也."
104 李珥, 『栗谷全書』 권10, 「答成浩原」, 044_212a. "但聖人形氣, 無非聽命於理, 而人心亦道心, 則當別作議論, 不可滾爲一說也."

즉, 일반인의 지각은 성인처럼 이치를 인식하고 실천할 수는 없지만, 동물과 달리 심리-육체적 기질을 성인과 같아지도록 노력할 줄 아는 인지 능력은 가지고 있다는 것이다. 따라서 오로지 인간만이 성인이 되고자 하는 수양 공부가 가능하다.

이이에 있어 기질의 변화란 이렇듯 일종의 심리학적 맥락에서 이해되어야 하는 것인데, 그렇다면 기질 변화에 있어 그 기준과 목표로서 성인의 기질은 어떤 것이고 무엇에 근거해서 변화시켜야 할 것인지가 문제가 된다. 이이에 의하면, 일반인은 심리적 기질의 가변성과 편향성으로 인해 리와 기의 본연 상태를 대부분 상실한 상태이고, 이황이 말한 리발과 같은 내적인 도덕성의 발동도 부정하기 때문에, 결국 기질을 변화시키기 위한 기준이나 모범은 내부가 아니라 외부에서 찾아질 수밖에 없다.

그런데 모범이 되는 성인의 기질은 구체적으로 설명될 수 없으며, 단지 일반론의 차원에서 본연의 기를 온전히 보전하고 있는 것이라고 말할 수밖에 없다. 다만, 성인은 책을 써서 중요한 가르침을 밝혀놓았으며, 여러 가지 예법들을 제정해서 사회질서를 유지하도록 했던 것이다. 따라서 일반인은 독서를 통해 예법을 궁리하는 지적 공부가 필요하며, 또한 극기복례克己復禮와 같이 예가 아니면 보거나 말하지도 행하지도 않는 실천적 공부도 필요하다. 실천적 공부는 특정한 상황에서 자신의 심리적 기질이 내보

---

105 李珥,『栗谷全書』권21,『聖學輯要』, 제6장「矯氣質」, 044_470c. "신이 생각건대, 一氣의 근원은 담연·청허하여, 오직 그 陽이 動하고 陰이 靜한 것이 상승하기도 하고, 하강하기도 하다가, 어지럽게 흩날리다 합쳐져 質을 이루어서, 드디어 고르지 못하게 되는 것입니다. 사물은 치우치거나 막히게 되면 다시 이것을 변화시킬 방법이 없으나, 사람만은 淸濁과 粹駁의 차이가 있다 하더라도 마음이 텅 비어 밝아서 변화시킬 수 있습니다.(臣按, 一氣之源, 湛然淸虛, 惟其陽動陰靜, 或升或降, 飛揚紛擾, 合而爲質, 遂成不齊, 物之偏塞, 則更無變化之術, 惟人則雖有淸濁粹駁之不同, 而方寸虛明, 可以變化.)"

이는 특정한 반응양태나 경향성을 살펴서 그 치우치고 편벽된 것을 예법에 비추어 교정하는 교기질矯氣質과 바람직한 기를 보양保養하는 양기養氣의 공부로 구분할 수 있다. 예법에 대한 지적인 공부와 실천적 공부 가운데 어느 것에 더 중점을 두고 행할지는 자신의 타고난 기질에 따라 결정해야 한다.

> 기氣가 맑고 질質이 순수한 사람은 지知와 행行을 힘쓰지 않고도 능하게 되어 더할 것이 없습니다. 기는 맑으나 질이 순수하지 못한 사람은 알 수는 있어도 행할 수는 없는데 만일 궁행躬行에 힘써서 반드시 성실해지고 독실해지면, 행실이 바로 서서 유약한 사람도 강해질 수 있습니다. 질은 순수하나 기가 탁한 사람은 행동할 수는 있으나 잘 알 수는 없는데, 만일 묻고 배우는 데 힘써서 반드시 성실하고 정밀하게 하면 지식에도 통달하여 우매한 자라도 명석해질 수 있습니다.[106]

기가 맑은 사람은 지각 능력이 뛰어나고, 질이 순수한 사람은 행동이 올바르니, 기질이 맑고 순수하면 궁리의 지적 공부나 거경·역행의 실천 공부에 힘쓰지 않아도 자연히 수양의 효과가 잘 나타나게 된다. 그런데 기는 맑지만 질이 순수하지 못한 사람은 알 수는 있지만 행할 수는 없으니, 궁행에 힘쓰면 기질을 변화시킬 수 있다. 반대로 질은 순수하지만 기가 탁한 사람은 행동은 잘 할 수 있지만 지각 능력은 떨어지니, 궁리에 힘써야 한

---

106 李珥, 『栗谷全書』 권21, 『聖學輯要』, 제6장 「矯氣質」, 044_470d. "氣淸而質粹者, 知行不勉而能, 無以尙矣. 氣淸而質駁者, 能知而不能行, 若勉於躬行, 必誠必篤, 則行可立而柔者强矣. 質粹而氣濁者, 能行而不能知, 若勉於問學, 必誠必精, 則知可達而愚者明矣."

214   한국유학의 철학적 탐구

다는 것이다. 요컨대 사람은 자기 기질의 단점이 되는 것을 예를 기준삼아 궁리와 역행 공부를 지속적으로 해나가면 기질을 점차 변화시켜서 성인과 같은 상태에 이를 수 있다는 것이다.[107] 그러나 그 가운데 좀 더 중요한 것은 역시 교기질의 실천적 궁행이다.

아, 그런데 절묘絶妙한 세상에 기예를 가진 백공百工은 있으나 학문을 하는 사람 중에 그 기질을 변화시킨 자를 보지는 못하였으니, 이는 다만 그 지식을 넓히고 언론에만 힘을 쏟는 데서 온 결과입니다. 그리하여 너무 굳센 자는 끝내 부드러운 선을 갖지 못하고, 부드러운 자는 끝내 강한 선을 갖지 못하여, 탐욕한 자가 청렴해지고, 참는 자가 자애로워지고 경박한 자가 신중해지는 것을 아직 볼 수 없는 것입니다. 그렇다면 사람의 실제 노력하는 일이 백공의 기예에만 있을 뿐이오, 학문에는 없다는 것이 되니, 얼마나 탄식할 노릇입니까.[108]

세상에 기예를 고도로 발전시킨 사람들은 흔히 있지만, 지금 학문하는 자들 중에서는 실질적으로 기질을 변화시켜서 성인의 수준에 이른 자는 없다는 것이 이이의 한탄이다. 학자들은 단지 지식을 넓히고 언론에만 힘

---

107 李珥, 『栗谷全書』 권21, 『聖學輯要』, 제6장 「矯氣質」, 044_469b. "신이 생각건대, 오랜 습관이 성품으로 이루어진다는 것은 습관을 오래 쌓아 그것이 성공하면 마치 천성에서 우러나오는 것과 같아지는 것을 이르는 것이며, 어려서 이루어진 것은 천성과 같다 한 것은 습관이 자연스러워진 것을 이르는 것입니다. 천성이란 애당초 품수 받고 태어난 기질의 성을 말하는 것이지, 본연의 성을 말하는 것은 아닙니다.(臣按, 習與性成, 謂積習成功, 則若出於天性也, 所謂少成若天性, 習慣如自然者也, 天性, 謂當初稟受氣質之性, 非謂本然之性也.)"

108 李珥, 『栗谷全書』 권21, 『聖學輯要』, 제6장 「矯氣質」, 044_471a. "嗚呼, 百工伎藝, 世或有妙絶者, 而學問之人, 未見其變化者, 只資其知識之博, 言論之篤而已, 剛者終不足於柔善, 柔者終不足於剛善, 貪者未見其爲廉, 忍者未見其爲慈, 輕者未見其爲沈重, 然則人之實功, 只在百工伎藝而已, 不在於學問也, 可勝歎哉."

을 쏟을 뿐, 자기의 기질적 단점과 편향된 부분들을 교정하고 바로 잡으려는 노력을 하지 않는다는 것이다. 이 점에서 교기질의 궁행 공부가 좀 더 중요하다는 것이다. 교기질 공부를 지속적으로 실천해서 조금씩 치우친 기질을 고쳐나가는 노력이 축적될 때, 비로소 기질은 중용의 덕을 습득하게 되어 원만해질 수 있다. 이와 같이 이이는 심리-육체적 기질 개념에서 출발해서 도덕 심리학적인 맥락에서 자신의 독특한 수양론을 구축하였으니, 그것은 곧 지적이고 실천적인 기질 변화의 공부로 귀착되는 것이다. 특히, 율곡은 외적인 예법이나 규범을 기준으로 자신의 편향된 기질을 교정하는 교기질과 양기의 실천공부가 학자들에게 가장 중요한 것으로서 요청된다고 보았던 것이다. 이제 율곡철학에 있어 지각론과 인심도심론과는 다른 맥락에 있다고 여겨지는 본체론적 현상학에 대해 살펴보자.

3) 리통기국理通氣局과 리기지묘理氣之妙

이이의 "리는 통하지만 기는 국한된다"는 명제는 일반적으로 성리학의 형이상학적 전제 가운데 하나인 "리는 하나이지만 나뉜 것은 다르다[理一而分殊]"는 것의 율곡철학적 버전으로 간주되어 왔다. 예를 들어, 배종호는 다음처럼 리통기국을 설명한다. "생각컨대 이일분수설은 리를 중심으로 리일理一과 리분수理分殊를 체용일체體用一體, 따라서 본체즉현상本體卽現象 현상즉본체現象卽本體의 입장에서 설파한 것이요, 리통기국설은 리일理一과 기분수氣分殊를 종합적으로 본 것이다."[109] 여기서 '현상즉본체, 본체즉현상'이라는 말은 '이일분수'보다는 오히려 '리통기국'에 더 적절한 것처럼 보이는데,

---

109 배종호, 『한국유학사』, 110쪽.

'리통기국'이 본체로서의 '리일'과 현상으로서의 '기분수'를 종합하고 있다는 점은 잘 말해주고 있다. 다만, '리통기국'은 리의 보편성보다는 기의 특수성에 더 많은 강조점이 놓여 있다고 할 수 있다. 리와 기의 존재론적 특성에 관한 이이의 다음 언급을 살펴보자.

> 리와 기는 원래 서로 떨어지지 않아 한 물건인 것 같으나 다르다고 하는 까닭은, 리는 무형이고 기는 유형이며, 리는 무위이고 기는 유위이기 때문입니다. 무형과 무위이면서 유형과 유위의 주재[主]가 되는 것은 리이고, 유형과 유위이면서 무형과 무위의 그릇[器]이 되는 것은 기입니다. 리는 무형이고 기는 유형이므로 리는 통하고 기는 국한되는 것이며, 리는 무위이고 기는 유위이므로 기가 발하여 리가 타는 것입니다.[110]

이이에 의하면, 존재론적 관점에서 볼 때 천지만물은 리와 기의 두 측면으로 구분할 수 있다. 리는 형이상의 본체적 측면을 나타낸다면, 기는 형이하의 현상적 측면을 가리킨다. 천지만물은 실제로는 리와 기로 분리되지 않고 하나로 합쳐져 일체로서 존재하는 것이지만, 인간은 천지만물을 설명하기 위해서 리와 기로 구분한다는 것이다. 기는 물질-에너지로서 유형의 운동성이 있는 물리적인 실체인 반면, 리는 작용성이 없고 무형인 것으로서 물리적 실체를 주재하는 원리나 이유소이연에 해당된다. 리는 무형과 무위라는 속성에 의해 만물에 관통하는 초시공적 보편성을 지니는

---

110 李珥, 『栗谷全書』 권10, 「答成浩原」, 044_210d-211a. "理氣元不相離。似是一物。而其所以異者。理無形也。氣有形也。理無爲也。氣有爲也。無形無爲而爲有形有爲之主者。理也。有形有爲而爲無形無爲之器者。氣也。理無形而氣有形。故理通而氣局。理無爲而氣有爲。故氣發而理乘。"

반면, 기는 유형과 유위의 속성에 의해 특정한 시간과 장소에 국한되는 특수성과 개별성을 띤다. 이 점에서 "리는 통하고 기는 국한된다"고 말할 수 있다는 것이다.

리와 기의 이와 같은 존재론적 속성에 의해 천지만물은 예외 없이 "기가 변화하고 리가 그것에 타는"[111] 방식으로 작용하고 현상화한다. 인간도 예외가 아니어서, 마음과 지각은 "기가 발하고 리가 올라타는" 하나의 방식과 경로로만 작동한다. 이 점에서 '리통기국'은 '기발이승일도설'이라는 주기론적 지각론의 존재론적 근거라고 할 수 있다. 그런데 '리통기국'은 표면적으로는 리의 보편성을 말함으로써 우주론적 원리나 물리법칙 같은 것을 강조한 것처럼 보이지만, 실상 그것이 지시하는 바는 만물이 공통적으로 지니는 '소이연' 즉 현상적 그러함의 근본적인 까닭이나 존재의 이유에 가까운 것이다. 그것은 현상들 속에서 발견되어야 할 이념으로서 본체를 가리키는 것이다. 더구나 리의 본체를 인식하기 위해서는 유형 유위한 기에 전적으로 의존할 수밖에 없다. 다음의 인용문은 이 점을 잘 말해 주고 있다.

'리의 통함'은 무엇을 말하는가? 리란 것은 근본과 말단이 없고 앞과 뒤도 없습니다. (…중략…) 그러므로 기를 타고 유행하여 천태만상으로 고르지 아니하나 그 본연의 신묘함은 없는 데가 없습니다. 기가 치우치면 리도 역시 치우치나, 그 치우친 것은 리가 아니라 기입니다. 기가 온전하면 리 또한 온전하나, 온전한 것은 리가 아니라 기입니다. 맑고 탁한 것·순수하고 잡박한 것·

---

111 李珥, 『栗谷全書』 권10, 「答成浩原」(壬申), 044_200d. "天地之化, 無非氣化而理乘之也."

찌꺼기·재·거름·오물 가운데도 리가 있지 않은 곳이 없어 각각 그 본성이
되지만, 그 본연의 신묘함은 손상되지 않고 그대로임을 '리의 통함'이라 합니
다. '기의 국한됨'이란 무엇을 말하는가? 기는 이미 형체와 흔적에 관련되므
로, 근본과 말단, 앞과 뒤가 있습니다. 기의 근본은 담일청허湛一淸虛할 뿐이니,
어찌 일찍이 찌꺼기·재·거름·오물 등의 기가 있겠습니까. 오직 그것이 오
르내리고 날아올라 조금도 쉬지 않으므로, 천태만상으로 고르지 않아 수만
가지 변화가 생깁니다. 여기서 기가 유행함에 그 본연을 잃지 않는 것도 있고
그 본연을 잃는 것도 있으니, 이미 그 본연을 잃으면 기의 본연은 이미 존재하
지 않습니다. 치우친 것은 치우친 기요 온전한 기가 아니며, 맑은 것은 맑은
기요 탁한 기가 아니며, 찌꺼기·재·거름·오물은 찌꺼기·재·거름·오물
의 기요 담일청허한 기가 아니니, 이것은 리가 만물가운데서 그 본연의 신묘
함이 어디서나 그대로 존재하지 않음이 없는 것과는 같지 않습니다. 이를 일
러 기의 국한됨이라 합니다.[112]

위의 설명에서 눈에 띄는 점은 주도권이 리에 있지 않고 기에 있다는 것
이다. 이이에 의하면, 리는 항상 기에 의존하므로 "기가 치우치면 리도 역
시 치우치며 기가 온전하면 리 또한 온전"하여 기에 따라 수많은 현상적

---

112 李珥, 『栗谷全書』 권10, 「答成浩原」, 044_211a-b. "理通者, 何謂也? 理者, 無本末也, 無先
後也. (…중략…) 是故, 乘氣流行, 參差不齊, 而其本然之妙, 無乎不在. 氣之偏則理亦偏, 而
所偏非理也, 氣也. 氣之全則理亦全, 而所全非理也, 氣也. 至於淸濁粹駁, 糟粕煨燼, 糞壤汚
穢之中, 理無所不在, 各爲其性, 而其本然之妙, 則不害其自若也. 此之謂理之通也. 氣局者,
何謂也? 氣已涉形迹, 故有本末也, 有先後也, 氣之本則湛一淸虛而已. 局嘗有糟粕煨燼, 糞壤
汚穢之氣哉, 惟其升降飛揚, 未嘗止息, 故參差不齊而萬變生焉. 於是氣之流行也, 有不失其
本然者, 有失其本然者, 旣失其本然, 則氣之本然者, 已無所在. 偏者, 偏氣也, 非全氣也, 淸
者, 淸氣也, 非濁氣也. 糟粕煨燼, 糟粕煨燼之氣也, 非湛一淸虛之氣也, 非若理之於萬物, 本
然之妙, 無乎不在也. 此所謂氣之局也."

사물들의 본성으로 변형되는 것이다. 원론적으로, 사물을 격물궁리한다면, 그 본성적 원리나 법칙 따위를 지각할 수 있다. 그렇다면 '리의 통함' 즉 리의 '본연의 신묘함'은 존재하지 않는 곳이 없다는 것은 어떻게 이해해야 할까? 리가 기에 의존한다면 항상 기의 유행流行에 따라 변형된 상태로 정해져서 존재해야 할 것인데, 리의 '본연의 신묘함'은 기의 유행에 관계없이 어느 사물이든 그 안에 내재해 있다는 것이다. 그것은 사물의 본성이나 특수한 원리와는 다른 것으로서 만물에 대해 보편적이고 무차별적인 것이다. 기의 근본인 '담일하고 맑고 텅 빈' 것은 변형된 기에 전혀 남아있지 않는 것과 달리, 리의 본연은 잡다한 어떤 기에도 존재해 있다는 것이다.

이에 대한 가능한 하나의 해석은, 리의 '본연의 신묘함'이란 곧 기의 유행과 변형 상태에 제한을 받지 않는 것으로서, 기의 본래적 상태에 대해 일깨워주는 존재의 이유나 의미 같은 것을 가리킨다는 것이다. 다시 말하면, 리의 본체는 잡다한 수많은 현상들 안에서 그 현상들의 본연 상태는 어떤 것이라고 인간에게 말해주는 나침반이나 이정표의 역할을 한다는 것이다. 그러나 사실상 기의 본연 상태란 실재하는 것은 아니며, 과거에 실재했었는지도 매우 불분명한 것이라 하지 않을 수 없다. 어찌되었든 리의 본연은 특정한 현상들의 이상적인 모델이나 이상향을 의미하는 것이다. 만약 본체가 없다면 현상계의 잡다하고 변화무쌍함 속에서 인간은 나아갈 방향을 잃게 될 것이다. 다만 사물들은 이러한 이념적 본체를 자각할 수 없으며, 오로지 인간만이 그와 같은 본체가 있음을 확신하고 자신의 기질을 본래 상태로 만들려는 변화기질變化氣質의 수양공부를 할 수 있다. 다음의 인용문은 본체 속에 현상유행이 있고 현상유행 속에 본체가 있다는 '현상즉본체, 본체즉현상'의 사상을 말해준다.

'리는 통하고 기는 국한된다'는 것은 본체 상에서 말해야 할 것이요, 또한 본체를 떠나서 따로 유행을 구할 수 없습니다. 사람의 성이 사물의 성이 아니니, 이것은 기의 국한된 것이요, 사람의 리가 곧 물의 리이니, 이것은 리의 통한 것입니다. 모나고 둥근 그릇은 같지 않으나 그릇 속의 물은 한가지요, 크고 작은 병은 같지 않으나 병 속의 공기는 한가지입니다. 기의 근본이 하나인 것은 리가 통하기 때문이요, 리가 만 가지로 나누어진 것은 기가 국한되기 때문입니다. 본체 가운데 유행이 갖추어 있고 유행 가운데 본체가 존재하니, 이것으로 미루어 보면 리는 통하고 기는 국한된다는 설이 과연 한쪽으로 떨어졌습니까?[113]

위의 인용문을 보면, 이이가 '리통기국설'을 본체의 차원에서 거론한 것이며 현상적 사물들의 이치에 대한 인식은 부차적인 것으로 간주하고 있다는 느낌을 받는다. 사물들의 본성은 기의 유행과 국한성에 따른 결과로서 인간의 본성과는 다르다. 그러나 사물들의 리의 본연은 본성의 차이에도 불구하고 인간과 동일한데, 이것은 리의 본체의 관통성과 보편성 때문이다. 예를 들어, 둥근 그릇과 네모난 그릇은 다르지만 그 안에 담긴 물은 같으며, 큰 병과 작은 병은 다르지만 그 안의 공기는 동일하다. 여기서 그릇과 병의 다름은 기가 국한된 것으로 인한 결과요, 그 안의 물과 공기의

---

[113] 李珥, 『栗谷全書』 권10, 「答成浩原」, 044_218a. "理通氣局, 要自本體上說出, 亦不可離了本體, 別求流行也. 人之性非物之性者, 氣之局也, 人之理卽物之理者, 理之通也. 方圓之器不同, 而器中之水一也, 大小之瓶不同, 而瓶中之空一也. 氣之一本者, 理之通故也, 理之萬殊者, 氣之局故也. 本體之中, 流行具焉, 流行之中, 本體存焉, 由是推之, 理通氣局之說, 果落一邊乎?"

동일함은 리의 본체가 관통해 있음을 비유한 것이다. '리통기국설'은 본체에 기의 유행현상의 가능성이 함축되어 있고, 유행현상에는 본체가 내재한다는 것을 함축한다는 것이다. '리통기국설'의 이러한 함의가 가능하기 위해서는, 인간의 의식현상이 특히 강조될 필요가 있다. 리와 기는 실제로는, 존재의 차원에서는 일체로서 하나이기 때문이다. 본체 가운데 유행이 갖추어 있고, 반대로 유행 가운데 본체가 존재한다고 말할 수 있기 위해서는 인간의 현상적 의식 속에 기의 본연에 대해 상기시켜 주는 어떤 것이 단지 이념적으로 존재해야만 한다는 것이다. 본체와 현상을 강조한다는 점에서 이이의 존재론적 논의들은, 정이나 주희가 비판했던 노불의 본체론적 존재론과 유사한 성격을 지닌다고 할 수 있다. 그러나 이이는 인간의 지각과 의식현상을 중시하기 때문에, 노불의 본체론과 차별화시켜서 '본체론적 현상학benti phenomenology'이라고 칭할 수 있다고 본다. '리기지묘'도 이러한 본체 현상학의 맥락에서 이해될 수 있다.

> 리와 기의 신묘함(결합)은 알기도 어렵고 말하기도 어렵습니다. 무릇 리의 근원은 하나일 뿐이요, 기의 근원도 하나일 뿐입니다. 기가 유행하여 고르지 못하면, 리 역시 유행하여 고르지 못하니, 기는 리를 떠날 수 없고 리도 기를 떠날 수 없습니다. 이와 같다면 리와 기는 하나이니, 어디에서 다름이 있음을 보겠습니까? 이른바 '리는 리이고 기는 기이다'라는 말은 어디에서 그 '리는 리이고 기는 기이다'라는 것을 볼 수 있겠습니까?[114]

---

114 李珥, 『栗谷全書』 권10, 「答成浩原」, 044_206d. "理氣之妙, 難見亦難說. 夫理之源, 一而已矣. 氣之源, 亦一而已矣. 氣流行而參差不齊, 理亦流行而參差不齊. 氣不離理, 理不離氣. 夫如是則理氣一也. 何處見其有異耶? 所謂理自理氣自氣者, 何處見其理自理氣自氣耶?"

위의 인용문은 리와 기가 존재론적으로 일체이고 하나임을 말해준다. 즉, 리의 근원도 하나이고 기의 근원도 하나인데, 우주에는 두 개의 근원이 있지 않다는 것이다. 따라서 리와 기는 일체이고, 기의 유행에 따라 리역시 유행하여 수많은 원리와 본성들로 지각될 뿐이다. 결국 "리는 스스로 리이고 기는 스스로 기이다"라는 말은 단지 이론상에서만 가능할 뿐, 실제 세계에서는 성립되지 않는다. 실재하는 세계는 리와 기가 일체화된 본체와 그 유행현상만이 존재할 뿐이다. 다만, 앞서 말했듯이 의식 현상 속에는 기의 본연 상태를 일깨워주는 표지처럼 리의 본연이 존재하므로, 인간은 현상적 마음속에서 그와 같은 리의 본연을 인식할 수 있도록 자신의 기질을 변화시켜 나가야 한다. 의식 현상 속에서 본체를 인식해야 한다는 이이의 현상학적 견해는 노불의 본체론을 지각론과 결합시킨 독특한 사유라고 볼 수 있다. 이러한 본체 현상학적 특성은 율곡철학 속에서 주기론적 지각론이나 인심도심론에 비해 그 비중이 크다고는 할 수 없지만, 그럼에도 불구하고 지각론과는 다른 사유의 결을 지닌 것으로서 율곡철학의 독창적 일면을 이루는 요소라고 생각된다.

제4장

주리파와 주기파의 대립과 전개

제4장에서는 주리파와 주기파의 철학적 입장 대립의 양상을 살펴보고, 상호 접근의 경향에 대해서도 조명해보고자 한다. 조선의 성리학계는 이황과 이이 사후 주리파와 주기파, 퇴계학파와 율곡학파, 지역적으로는 영남학파와 기호학파로 나뉘어 대립하게 된다. 이러한 학문적 대립은 정치적 붕당이라 할 동인東人과 서인西人의 대립과 겹쳐지면서 더욱 격화되는데, 나중에 동인은 남인南人과 북인北人으로, 서인은 노론老論과 소론少論으로 나뉘게 된다. 주리파인 퇴계학파는 주로 남인에 속했고, 주기파인 율곡학파는 주로 노론에 해당된다.

애초에 이황의 주리와 이이의 주기라는 지각론적 입장은 서로 상반되며 양립 불가능한incompatible 관계에 있다. 즉, 이이도 말한 것처럼 호발설과 기발이승일도설은 "두 가지 설 중에 하나가 옳으면 하나는 그르니, 두 가지가 다 옳아 공존共存할 수는 없다"『율곡전서』 권10, 「답성호원」고 할 수 있으므로, 이황이 맞는다면 이이는 틀릴 수밖에 없고, 반대로 이이가 참이라면 이황은 거짓이 되는 것이다. 이황과 이이 중 어느 한 쪽만 참이며 양자가 동시에 참일 수 없다는 전제를 부정하게 되면, 이는 곧 지각론과는 다른 맥락의 철학적 논의로 진입하게 됨을 의미한다.

이황에서 이익에 이르는 주리파의 전개와 발전은 이이에서 김창협에 이르는 주기론의 흐름과 대립하면서도 서로 간에 상호 작용을 하고 있었다. 주리론 진영에서는 이현일李玄逸, 1627~1704, 호는 갈암(葛庵)과 이재李栽, 1657~1730, 호는 밀암(密庵) 부자, 그리고 정시한丁時翰, 1625~1707, 호는 우담(愚潭) 등이 율곡철학에 대해 비판을 이어갔다. 주리파는 자신들을 '분개分開, 분해'의 입장이라고 칭하되, 율곡철학을 '혼륜渾淪, 뒤섞임'의 관점이라고 지목하면서 비판하였다. '혼륜'의 입장에는 기발이승일도설이라는 지각론적 관점 이외에도 율곡철학 특유의 본체론적 현상학의 경향이 포함되어 있다고 볼 수 있다. 18세기에 이르면 일방적 비판 대신에 '혼륜'과 '분개'라는 두 관점을 종합해야 한다는 견해가 부상하게 되는데, 이상정李象靖, 1711~1781, 호는 대산(大山)에 이르러 이러한 경향은 분명해진다. 그러나 주리론적 지각론은 새로운 이론 정립을 추구했고, 이익에 이르러 그 정점에 도달한다.

한편, 송시열宋時烈, 1607~1689, 호는 우암(尤庵)과 권상하權尙夏, 1641~1721, 호는 수암(遂庵), 한원진韓元震, 1682~1751, 호는 남당(南唐)으로 이어지는 주기파는 자신들의 정치적 이념적 입장의 정당화에 몰두하면서 정통성을 주장하게 된다. 다만, 이러한 흐름에서도 주리파의 견해를 일부 수용하여 종합하려는 경향도 발견된다. 그러한 경향 가운데 하나인 김창협은 주기론의 이론적 단점을 보완하고 이황과 이이의 지각론을 이이 중심으로 통합하고자 새로운 지각론과 심리주의적 도덕학설을 구성하게 된다. 그의 지각론은 단지 주기파뿐만 아니라 주리파를 포함하는 조선 학계 전체에 걸쳐 광범위한 영향을 끼쳤다.

1. 주리파의 주기론 비판과 종합주의

1) 주리파의 율곡철학 비판

주리파는 이황의 지각론과 인심도심론을 기본 입장으로 삼아 이이의 주기론을 비판하였다. 여기서는 이현일과 정시한, 이익과 이상정 등을 중심으로 주리파의 율곡 주기론 비판의 대체적인 양상을 살펴보고자 한다. 주리파는 주로 이이의 인심도심상대종시설에 대해 비판하되 점진적으로 "차별이 아닌 다름을 객관적으로 서술하는" 방향으로 진전되었다.[1] 이러한 흐름은 주기파의 일부 관점, 즉 '혼륜'의 본체론적 경향을 수용하는 것으로 이어진다.

먼저 이황의 호발설을 공고히 하고 이이의 주기론을 비판하는 작업에 몰두했던 학자로는 이현일과 그의 아들 이재를 들 수 있는데, 그들은 호발설에 입각하여 이이의 기발이승일도설을 비판했다는 점에서 "이기 혼륜설 渾淪說을 배격하고 이기 분개分開의 천양을 임무로 생각하였다"[2]고 할 수 있다. 그러나 이들의 비판은 다소 편향적인 면이 보이는 반면, 이익은 인심도심론의 핵심을 논리적으로 잘 비판하였다. 한편, 이현일과 거의 동시대를 살았던 정시한은 호발설을 옹호하고 주기론을 비판하였지만, 여기에 머물지 않고 혼륜의 본체론적 관점을 부분적으로 수용하고자 하였다. 이러한 종합의 경향은 나중에 이상정과 정약용에까지 영향을 미치게 된다.

이현일은 주리론 진영에서 율곡 철학에 대해 처음으로 비판을 가했던 인

---

1 리기용, 「퇴계학파의 율곡 인심도심론 비판」, 『율곡학연구총서 논문편1(총류)』, 600쪽 참조.
2 최영성, 『한국유학사상사』(Ⅳ), 서울 : 아세아문화사, 1996, 282쪽.

물 가운데 한 사람이다. 그가 활동했던 숙종肅宗 연간은 조선조에 있어서 당쟁이 가장 치열했던 시기였다고 할 수 있는데, 이현일은 그 와중에 「율곡이씨논사단칠정서변栗谷李氏論四端七情書辨」1688을 지어서 19조목으로 나누어 이이의 견해를 비판하였다. 그는 율곡 철학에 대해 비판하게 된 이유와 배경에 대해 다음처럼 말한다. "지금 그의 설이 양호兩湖 지방에 많이 퍼져 '리와 기에는 호발함이 없다[理氣無互發]는 이론이 이전에 발명하지 못한 뜻을 드러내어 밝혔으니, 문자가 있은 이래 일찍이 없던 것이다'라 하면서 공공연히 전파되어 만연하고 횡행하여 학문이 끊어지고 도道가 쇠미해지니, 세상이 자못 그것에 미혹되고 있다. 그러므로 나 자신의 역량을 헤아리지 않고 그가 우계 성씨성혼에게 보낸 편지에서 말한 내용 중 특히 이치에 해가 되는 것들을 모아서 감히 조목마다 변론하여 논파함으로써 당세의 미혹을 깨닫도록 하고자 한다."[3]

치열했던 당쟁처럼 이현일의 언사도 매우 고조되어 있다고 하겠는데, 심지어 그는 율곡 성리학이 유행하는 것을 두고 "학문이 끊어지고 도가 쇠미해졌다"고 말한다. 이러한 말들은 학문적 비판을 넘어 비난에 가깝다는 느낌을 준다. 그러나 달리 생각하면, 이러한 극단적 언사는 주리론의 입장에 대한 이현일의 믿음이 매우 확고했음을 말해준다고 볼 수 있다. 그의 비판에는 이이의 학설이 지닌 난점을 정확하게 지적한 것들도 많다. 예를 들어, 이이가 "반드시 인심도심을 말하되 이기호발설을 주로 하고자 한다면, 차라리 나정암羅整庵의 인심도심을 체와 용으로 간주하여 보는 견해가 비록 개념에서는 뜻을 잃었지만 도리어 대본상에서는 심한 착오에

3 　李玄逸, 『葛庵集』(韓國文集總刊本), 서울 : 민족문화추진회, 1994, 「栗谷李氏論四端七情書辨」, 128_155b.

이르지는 않을 것입니다"4라고 한 대목에 대해 이현일은 다음처럼 비판을
가하고 있다.

나는 생각건대, 이 씨는 나정암의 인심도심이 체와 용이 된다는 설에 대해
분명히 그 설을 배척하되 음으로는 그 뜻을 주장하여 '대본상에서는 착오가
없다'고 한다. 무릇 이 씨가 말한 대본이라는 것은 무엇인가? 리와 기는 혼륜
하여 분개할 수 없다는 것을 말한다. 무릇 리와 기는 스스로 서로 의존하니,
음양을 떠나서는 진실로 리를 말할 수 없다. 그러나 이 상면에 나아가서 그 본
체가 원래 떨어질 수 없되 또한 섞일 수도 없다는 것을 보아야 한다. 지금 분
리될 수 없다고 여기기 때문에 다시 그 소종래에 각각 근거가 있음을 변별하
지 않고, 인심도심은 그 근원이 하나이며 이미 발하여 인욕으로 흐른 연후에
비로소 인심도심의 구별이 있다고 말할 뿐이다. 이는 미발일 때 리와 기가 뒤
섞여 하나의 사물이 되었다가 이미 발한 연후에 비로소 천리와 인욕을 구별
한다는 것이다. 이와 같다면 그 이른바 대본이라는 것은 장차 화니대수和泥帶
水, 간결하지 못하고 번잡함를 면하지 못하여 하나의 번쇄한 사물이 되니, 어찌 큰
오류가 아니겠는가?5

---

4   李玄逸, 『葛庵集』 권18, 「栗谷李氏論四端七情書辨」, 128_160d. "李氏曰, 必以人心道心爲
辭, 欲主理氣互發之說, 則寧如羅整庵以人心道心作體用看, 雖失其名義, 而却於大本上, 不
至甚錯也."

5   李玄逸, 『葛庵集』 권18, 「栗谷李氏論四端七情書辨」, 128_160d-161a. "愚謂李氏於羅整
庵人心道心爲體用之說, 顯斥其說而陰主其意, 以爲於大本上未錯. 夫李氏所謂大本者何? 理
氣渾淪, 不可分開之謂也. 夫理氣自相依附, 離了陰陽, 固不可以理言. 然就此上面, 當見其本
體元不相離, 亦未嘗雜耳. 今以不相離之故, 而不復辨別其所從來者各有根柢, 以爲人心道心
其源則一, 旣發而流於人欲然後, 方有人心道心之別云爾, 則是未發之際, 理氣混爲一物, 及
其旣發然後方揀別天理與人欲也, 如此則其所謂大本者, 將不免和泥帶水, 爲一箇汨董底物
事, 豈不大謬乎?"

이현일은 나흠순의 인심도심체용설과 관련하여 이이의 인심도심론을 비판하되, 그 형이상학적 근거가 되는 본체론적 경향에도 주목한다. 즉 마음의 본체를 리와 기로 나누어 말할 수 없는 혼륜한 일체로서 간주하는 것은 오류라는 것이다. 이이는 이황의 호발설은 틀렸고 오히려 나흠순의 인심도심체용설이 비록 개념상으로는 잘못되었지만 "대본상에서는 착오가 없다"고 하였는데, 이는 본체 현상학적 관점에서 마음의 본체를 혼륜한 일체로서 본 것이다. "리와 기는 하나이다"라는 명제로 널리 알려진 나흠순은 일찍이 인심을 작용으로 도심을 본체로 간주하여 설명한 바 있다. 도심을 이발의 현상이 아닌 미발의 본체로 간주함으로써 명목상에서는 잘못된 것이지만 대본상 착오가 없다고 말한 것은, 나흠순의 이기일물설에 이이가 본체론적 관점에서 동의하고 있음을 암시한다는 것이다. 이현일에 따르면, 리와 기는 마음이 아직 발현되지 않은 미발 상태에서 하나의 사물로서 존재하다가 마음이 발현된 이후에야 비로소 도심천리과 인심인욕으로 구별된다는 것이므로, 미발의 본체와 대본은 결국 천리와 인욕이 일물로서 뒤섞여 있는 것이 되어 오류라고 하지 않을 수 없다는 것이다. 비록 이현일의 이러한 비판은 인심과 도심, 선과 악을 가르는 근거에 대한 이이의 견해에 대해서는 언급하지 못했지만, 오히려 이이의 혼륜적인 본체론적 경향에 대해서는 적절하게 비판한 것이다.

또한 이현일은 이이가 "이기의 설과 인심도심의 설은 모두 하나로 관통한 것이니, 리와 기가 서로 분리될 수 없다는 것을 만약 적확하게 보았다면 인심도심이 두 근원이 없음도 이를 미루어 알 수 있을 것이다. 오직 리와 기에 투철하지 못하여 '혹 서로 분리되어 각각 한 곳에 있을 수 있다'고 여기기 때문에 인심과 도심에도 두 근원이 있다고 생각하는 것이다"[6]

라고 한 것에 대해서는 다음처럼 비판한다.

　　나는 생각건대, 마음의 텅 비고 신령하여 지각 작용함은 두 개의 본체가 있
는 것이 아니지만, 그 지각에는 의리상에서 나온 것이 있으니 도심이라 하고,
혈기상에서 나온 것이 있으니 인심이라 한다. 지각은 하나이지만, 따라 나온
것은 각자 주된 바가 있으니, 하나의 마음이되 두 양태가 있는 것을 방해하지
않는다. 그러므로 정자는 인심과 도심을 나누어 천리와 인욕으로 삼아 양쪽
으로 나누어 말했고, 주자 또한 인심이란 혈기와 화합하여 만들어지고 도심
은 품수 받은 인·의·예·지의 마음이니, 근본에서부터 이미 두 조각으로 잘
라 나누어 설명했다. 생각건대 천리와 인욕은 본체가 같되 작용을 달리 하는
것이 아니다. 지금 리와 기는 혼륜하여 나눌 수 없다고 여기기 때문에, 인심과
도심의 발현이 본래 하나의 경로일 뿐이라고 하니, 이는 천리와 인욕을 혼연
히 섞어서 한 개로 삼되 '성'과 '기' 두 글자를 변별해 내지 못하는 병통이 있
는 것이다. 이로써 이기에 대해 투철하지 못하다고 다른 사람을 비난할 수 있
는가? 이것이 이른바 자기의 어리석음은 놔두고 다른 사람의 어리석음을 말
한다는 것이다.[7]

6　李玄逸, 『葛庵集』 권18, 「栗谷李氏論四端七情書辨」, 128_161a-b. "李氏曰, 理氣之說與人
　　心道心之說, 皆是一貫, 理氣之不相離者, 若已的見, 則人心道心之無二源, 可以推此而知之
　　耳. 惟於理氣有未透, 以爲'或可相離, 各在一處,' 故亦於人心道心, 疑其有二源耳."

7　李玄逸, 『葛庵集』 권18, 「栗谷李氏論四端七情書辨」, 128_161b-c. "愚謂心之虛靈知覺非
　　有二體, 而其知覺從義理上去者, 謂之道心, 從血氣上去者, 謂之人心. 知覺則一, 而所從來者,
　　各有所主, 則不害其以一心而有兩樣也. 故程子以人心道心, 判爲天理人欲, 分作兩邊說, 朱
　　子亦以爲人心者, 血氣和合做成, 道心是稟受得仁義禮智之心, 自其根本而已劈做兩片說. 蓋
　　天理人欲, 不是同體而異用者也. 今以理氣渾淪不可分開之故, 而謂人心道心之發, 本是一途
　　云爾, 則是以天理人欲渾爲一區, 有辨別性氣兩字不出之病. 其可以此而譏別人於理氣有未
　　透耶? 所謂舍己髓頂而謂人髓頂者也."

여기서는 지각 작용은 하나이지만 그 내용에 있어 도심과 인심으로 나뉜다는 입장에서 이이의 주기론을 비판하는 것에 주된 초점이 맞춰져 있다. 비록 마음이 두 개의 본체로 나뉘어 있는 것이 아니지만, 마음의 발현된 지각 내용이 인심과 도심으로 구분되는 것은 그 출처가 도덕적 원리로부터 나온 것이 있고 육체적 혈기로부터 나온 것이 있기 때문이라는 것이다. 이현일은 정이와 주희를 인용하면서, 이들은 모두 인심과 도심을 두 가지 근원에서 비롯된 것으로서 내용상 대립적으로 구분했다고 한다. 이와 달리 이이는 천리와 인욕을 '본체는 같고 작용은 달리 하는 것'으로 간주하면서 인심과 도심이 하나의 근원과 경로에 의해 이루어진다고 말한다. 이는 천리와 인욕을 하나로 섞어서 혼륜한 일물로 여김으로써 지각에 있어 구분되는 내용을 성리과 기로 분별해내지 못한 것이다. 이것은 인심과 도심이 나뉘게 된 이유에 대해 정확히 설명하지 못한 것이라고 이현일은 생각한다.

　비록 이현일은 인심과 도심이 지각 내용에 있어서 구분된 것이라는 관점에 입각해서 이이의 주기론을 잘 비판하고 있고, 또 더 나아가서 이이의 본체 현상학적 경향까지 비판하고 있다고 할 수 있지만, 그럼에도 불구하고 인심도심이 사단칠정과 다르고, 선악을 구분하는 기준도 중절 여부에 있다는 것에 대해서는 비판하지 못했던 것이다. 사실 이이가 주장했던 것처럼, 마음의 본체는 하나이고 그것이 발현하여 정이 되며 여기에 의意의 사고 작용이 더해져야 인심과 도심이 나뉜다는 설명은 나름 타당성이 있다. 즉, 의의 사고에 의한, 객관적 규범을 따르느냐 아니면 개인적인 육체의 욕구를 위하느냐라는 규범에의 중절·부중절 여부에 의해 도심과 인심이 나눠진다는 설명은 그자체로 모순은 없다. 다만, 이와 같이 설명할 때

도심과 사단의 당위적인 의식내용보다는, 계산하고 비교하는 사고 작용이 중핵으로서 부상하게 된다. 이에 대해 이익은 사단칠정과 인심도심이 다르지 않다고 비판한다.

삼가 살펴건대, 도심은 다만 사단일 뿐이며 사단은 다만 정일뿐이다. 이것은 모두 주자설에 이미 나타나 있으니, 나는 아직 그것을 계산하고 비교함 여부로 구별하는 것을 보지 못했다. 인심과 도심에 모두 계산하고 비교하는 의를 찔러 넣어 말하는 것은 큰 착오임을 알겠다. 인심과 도심이 정과 의를 겸하고 의가 곧 계산하고 비교하는 것이라면, 인심도심 또한 계산하고 비교함을 겸하여 말하는 것이 된다. 인심의 배고프고 춥고 아프고 가려움과 도심의 측은히 여김과 불의를 미워함에 무슨 계산하고 비교함이 있겠는가?[8]

이익에 의하면, 도심은 즉각적인 감정으로서 사단과 다르지 않다. 도덕적인 의식이란 위기에 빠진 타인을 측은히 여기고 구해야겠다는 즉각적인 마음에서 단적으로 드러난다는 것이다. 이것은 이미 주희의 설에도 보이는 것으로서, 그는 계산하고 비교함의 사고 작용으로써 사단과 도심을 구별하지 않았다는 것이다. 실제로 주희에 있어서 의는 오히려 의욕이나 의도를 나타내지 계산하고 비교하는 사고 기능을 의미하지는 않는다. 어쨌든 이익은 인심과 도심의 내용이 사단이나 칠정처럼 즉각적으로 지각되는 것이지 계산이나 비교에 의해 결정되는 것은 아니라고 본다. 인심은

---

8 李瀷, 『四七新編』(국립중앙도서관소장본), 「讀李栗谷書記疑」. "謹按, 道心只是四端, 四端只是情也. 此皆已見於朱子之說, 愚未見其計較與否之別也. 以人心道心, 皆攙以計較之意而爲說, 則又見大錯. 人心道心兼情意, 而意乃計較, 則人心道心亦兼計較而言. 人心之飢寒痛痒, 道心之惻隱羞惡, 有何計較?"

배고픔과 추위, 고통 등을 즉각 느끼는 것을 말하고, 도심은 측은지심처럼 불행한 타인을 불쌍히 여기는 것이다. 따라서 계산하고 비교하는 것에 의해 인심과 도심이 결정된다는 주장은, 배고픔과 추위를 느낌과 타인을 측은히 여김에 계산과 비교함이 개입되어 있다는 말과 같다는 것이다.

이익은 또한 인심도심상위종시설에 대해 먼저 그가 인심을 사욕인욕으로 간주함으로써 오류에 빠지게 되었다고 지적한다. 주희도 처음에 인심을 사욕으로 간주하였다가 나중에 인심과 사욕을 구분하게 되었는데, 이이는 주희의 초기 견해를 받아들였기 때문에 인심과 도심을 리와 기로 분속하는 호발설을 비판하고 상위종시설을 주장하게 되었다는 것이다. 더구나 인심과 도심은, 이이가 말한 것처럼 인심의 한 가지 상태였다가 나중에 도심이 되고 반대로 도심의 한 가지 상태였다가 인심이 되는 것은 아니라고 한다. 즉, 인심과 도심의 관계는 "일의 마땅히 그러함이 서로 도와 발현하는 것과 같은 부류"로서 인심 내에서 발현하는 도심이 당위적인 준칙이나 도덕적 명령에 따라 인심이 인욕이 되는 것을 통제함을 말한다는 것이다.[9] 이이의 주기론에 대한 이익의 비판은 지각론적 맥락에서 좀 더 치밀하고 심화된 것이라고 할 수 있다.

이현일과 비슷한 시기 생존했던 주리파 학자들 가운데 한 사람인 정시한은 당시 환국換局 정치라는 격동기 속에서 평생 관직을 하지 않고 중앙을 떠나 강원도 원주에 거주하면서 학문 연마로 일생을 보냈다. 그는 말년에 이이의 주기론을 비판한 「사칠변증四七辨證」1696으로 널리 이름을 알리게 되는데, 흥미로운 점은 이현일이나 이익과는 달리, 율곡 성리학을 비판만

---

9   李瀷, 『四七新編』, 「讀李栗谷書記疑」.

한 것이 아니라 일부 견해는 받아들였다는 사실이다.[10] 정시한의 이러한 측면은 퇴율 양자의 관점을 종합하려 했다고 평가되는 이상정에게로 이어진다.[11]

정시한의 율곡 성리학 비판서인 「사칠변증」은 앞서 살펴본 이현일의 「율곡이씨논사단칠정서변」[1688]을 읽고 나서 쓴 것으로서, 이이가 성혼에게 답한 편지들을 발췌하여 총 42개 조목으로 나누어 비판하고 자기 견해를 붙여서 체계적으로 변론한 글이다. 일반적으로 정시한의 비판은 양과 질에 있어 이현일의 「율곡이씨논사단칠정서변」을 능가하고 있다고 평가된다. 「사칠변증」 본문 앞에는 서문인 「사칠변증서」와 사칠논변의 근원과 두 입장의 차이를 그림을 통해 요약한 글인 「사칠추원四七推原」이 수록되어 있다. 서문에서 정시한은 이글을 쓰게 된 배경을 언급하고 있는데, 성혼이 비록 이황의 입장에서 이이와 논쟁을 하긴 했지만, 이황의 견해를 정확히 인식할 수 없었을 뿐만 아니라 이황과 이이의 학설이 서로 양립할 수 없는 것임을 알지 못했다고 말한다. "[성혼은] 오직 그 학문과 재주와 변론함이 선생의 본의를 궁구할 수 없었고, 율곡이 말한 것의 득실을 꺾거나 논란할 수 없었다. 오히려 선생의 본의를 갖고 율곡의 설에다 끌어다 붙였으니, 퇴계와 율곡의 설이 마치 물과 불, 얼음과 숯처럼 서로 섞일 수 없음을 전혀 알지 못했다."[12] 정시한은 이황과 이이의 견해가 "마치 물과 불, 얼음과

---

10 다음을 참조. 리기용, 「우담 정시한과 원주」(『한국철학논집』 제22집, 2007); 최영성, 「17~18세기 한국유학과 愚潭 丁時翰」(위의 책); 김경호, 「우담의 호발설 옹호와 율곡 비판」(위의 책); 김낙진, 「愚潭 丁時翰의 理 주재의 철학」(위의 책).

11 최영성, 「17~18세기 한국유학과 愚潭 丁時翰」, 164쪽; 김낙진, 「愚潭 丁時翰의 理 주재의 철학」, 286쪽.

12 丁時翰, 『愚潭集』(韓國文集總刊本) 권7, 서울 : 민족문화추진회, 1994, 「四七辨證序」, 126_314a. "惟其學問才辨, 無以究極先生之本意, 而折難乎栗谷所言之得失. 反以先生之論, 援附栗谷之說, 殊不知其如水火氷炭之不可以相入." 이하 번역은 『국역우담전집』(서울 :

숯처럼" 서로 양립할 수 없다고 보았는데, 이는 그가 기본적으로 지각론적 관점에 서 있음을 의미한다. 즉, 지각론적 관점에서는 어느 한쪽이 참이라면 다른 한쪽은 거짓일 수밖에 없기 때문에, 그는 '호발설'이 옳고 이이의 '일도설'은 틀렸다는 것을 논증하고자 「사칠변증」을 쓴 것이다. 한편, 정시한은 「사칠변증 총론總論」에서 율곡 철학의 전체적인 개요와 비판의 골격에 대해 다음과 같이 말하고 있다.

> 이상 율곡서 중에서 표출한 말이 무릇 40여 조인데, 그 대략을 뽑아보면 처음은 '인심과 도심이 서로 처음과 끝이 된다'를, 중간에는 '발하는 것은 기요 발하는 까닭은 리이다'를, 끝에는 '리는 통하고 기는 국한된다'를 말하였다. 이 세 가지로써 미루어 많은 설들을 연역해 냈는데, 비록 말과 논변이 치달리고 종횡으로 변화하며 왕복한 말들이 많이 굴절되어 그 실마리가 하나가 아니지만, 그 귀결점을 고찰하면 모두 한 가지 의미일 뿐이다. 이 때문에 조목마다 변증하여 번잡하고 반복되는 것을 실증내지 않았던 것이다.[13]

정시한은 위와 같은 3가지 명제에 초점을 맞춰 율곡 철학을 비판하고 있는데, 「사칠변증」의 첫 머리는 "인심과 도심이 서로 처음과 끝이 된다"는 설에 대한 비판으로 시작된다. 정시한은 이것이 이황의 호발설을 비판했던 이이의 중요한 견해라고 본 것이다. '인심도심상위종시설'이란 말

정씨월헌공파종회, 2007)을 참조하되 저자가 부분적으로 수정한 것임.
13 丁時翰, 『愚潭集』 권7, 「四七辨證」, 126_351b. "以上所標出栗谷書中語, 凡四十餘條, 而撮其大略, 則首言'人心道心相爲終始,' 中言'發之者氣所以發者理,' 終言'理通氣局.' 以此三者, 推演多少說話出來, 雖其馳辭騁辯, 變化縱橫, 往復百折, 不一其端, 考其歸趣, 都只是一般意思. 是以逐條辨證, 不厭煩複者."

그대로 처음에 도심이었어도 성명의 바름을 완수하지 못하고 삿된 생각을 하게 되면 인심으로 끝나게 되고, 반대로 처음에는 인심이었어도 잘못을 고치고 욕심을 따르지 않으면 도심으로 끝맺게 된다는 설이다. 이에 대해 정시한은 다음처럼 말한다.

마음의 텅 비고 신령하여 지각 작용함은 하나일 뿐이다. 우순虞舜이 먼저 인심과 도심을 나누어 말하고, 주자는 그것을 '어떤 것은 형기의 사사로움에서 생기고 어떤 것은 성명의 바름에 근원하여 지각되어진 것이 다르기 때문이다'라고 해석하였다. (…중략…) 주자의 말은 곧 사람이 태어나면서 천지의 리와 기를 품수받기 때문에 리와 기로부터의 지각을 가리켜서 우순이 대립시켜 나누어 말한 본의를 밝혀 배우는 자들에게 기미를 살펴 공부하는 핵심 비결을 드러내 보인 것이다. 그런데 후세의 학자들은 도리어 대립시켜 나누어 말한 것이 마음에 두 근본이 있다는 것으로 의심하였으니, 이에 나정암이 인심도심이 서로 체와 용이 된다는 이론을 창안하여 주자의 혹원혹생설을 배척하였다. 오늘날 율곡이 다시 인심도심이 서로 처음과 끝이 된다는 이론을 창안하여 퇴계의 이기호발설을 공격하였다. (…중략…) 비록 혼륜한 것으로써 말한다 하더라도, 일심의 가운데에서 형기로부터 나온 인심은 성명에서 벗어나지 않으며, 성명에 근원한 도심은 형기에서 벗어나지 않는다고 말할 수 있을 뿐이다. 그런데 만약 인심과 도심이 서로 처음과 끝이 된다고 말한다면, 인심과 도심이 그 이름을 얻게 된 까닭과 다르다.[14]

---

14 丁時翰, 『愚潭集』 권7, 「四七辨證」, 126_317a-b. "心之虛靈知覺, 一而已矣. 而虞舜首以人心道心分言, 朱子釋之以'或生於形氣之私, 或原於性命之正, 而所以爲知覺者不同'. (…중략…) 朱子之言, 乃因人生稟賦天地之理氣者, 而指其從理從氣之知覺, 以明虞舜對擧分言之本意, 以示學者審幾用工之旨訣. 而後來學者反疑對擧分言之爲心有二本, 於是羅整菴倡爲

정시한에 의하면, 순임금이 처음으로 인심과 도심을 나누어 말한 뒤, 주희가 이에 대해 지각 기능은 하나인데 인심도심의 구분이 있는 것은 지각된 내용의 근원이 각각 형기육체와 감각기관와 성명도덕적 본성의 명령으로 다르기 때문이라고 설명했다는 것이다. 주희의 이러한 해석과 이론은 마음의 기미를 살펴 인심이 도심의 명령을 듣도록 공부해야 한다는 실천적 함의를 지닌다는 것이다. 이황의 호발설은 이러한 주희의 사상을 잘 이해하고 계승한 것이다. 문제는 나흠순이나 이이 같은 학자들이 주희와 이황을 "마음에 두 근본이 있다"는 설로 간주하여 비판했다는 것이다. "마음에 두 근본이 있다"는 비판은 리와 기를 지나치게 나누었다는 것인데, 이는 곧 자연의 리와 기가 혼연히 하나로 결합되어 있는 것과 달리 인간의 경우에는 그것을 분리시켰다는 비판을 함축하는 것이다. 물론 정시한은 이것이 잘못된 견해라고 반박한다. 즉, 주희나 이황도 천지로부터 품수 받은 리와 기에 의해 지각 내용이 결정된다고 생각한 것이므로 "마음에 두 근본이 있는" 것은 아니라는 것이다. 이러한 비판에서 정시한은 나흠순과 이이의 자연주의적 입장에 대해 정확히 이해하고 있었음을 알 수 있다. 그러나 주희나 이황이 실제로 자연과 인간의 연속적 관점에서 인심도심론을 말하고 있는 것은 아니기 때문에, 정시한의 반론은 그의 나름대로의 해석이라고 보아야 한다. 말하자면, 정시한은 나흠순과 이이로부터 자연주의적 관점을 일부 수용하고 있다고 할 수 있다.

'혼륜渾淪'이라는 말은 나흠순과 이이의 자연주의적이고 존재론적인 관

人心道心相爲體用之論, 以斥朱子或原或生之說. 今者栗谷又創爲人心道心相爲終始之論, 以攻退溪理氣互發之說. (…중략…) 雖以渾淪者言之, 只可言一心之中, 從形氣之人心, 不離於性命, 原性命之道心, 不外於形氣而已. 若謂之人心道心相爲終始云爾, 則殊非人心道心之所以得名者也."

점을 단적으로 가리키는데, 정시한은 존재의 차원에서 리와 기를 혼연渾然한 하나로 보는 이른바 '혼륜'의 본체론적 관점을 부분적으로 수용하고 있는 것이다. 그런데 '혼륜'의 관점을 부분적으로 수용한다 하더라도, 인심과 도심은 이이가 주장하는 것처럼 서로 처음과 끝이 되는 것은 아니라고 한다. 즉, 마음이 도심의 상태이더라도 육체적 형기로부터 발생된 인심이 없을 수 없으며, 반대로 인심이라 하더라도 동시에 도덕적 본성을 벗어나 있는 것은 아니라는 것이다. 인심과 도심은 동시 발생적이라는 것이다. 따라서 처음에 인심이다가 끝에는 도심이 되고, 처음에 도심이었다가 나중에 인심이 될 수 있다는 이이의 주장은 맞지 않는다는 것이다. 인심과 도심은 지각 차원에서 서로 상대적인 것으로서 동시적으로 자각되기 때문이다.

율곡 철학에 대한 두 번째 비판, 즉 "발하는 것은 기요 발하는 까닭은 리이다"라는 명제에 대한 비판은 가장 중요하고 핵심이 되는 부분이다. 이미 언급한 것처럼, 이이의 "발하는 것은 기요 발하는 까닭은 리"라는 말은 천지만물의 이기 개념을 인간에 그대로 적용한 것이다. 따라서 이 명제는 이이의 지각론에 있어 경험론적이고 자연주의적인 입장의 근거가 된다. 이러한 입장에 따르면, 리는 심기心氣가 지각 작용을 하는 이유나 까닭일 뿐, 그 스스로 발현하거나 작용할 수 없어서 항상 기에 의존해 있다. 이이는 이러한 존재론적 이기 개념에 의거해서 호발설의 반대 이론으로서 '기발이승일도설'을 제시하게 된 것이다. 이 명제에 대해 정시한은 다음처럼 말한다.

그 견해를 따져보면, 단지 흔적이 있는 기가 작용하여 발현하는 곳에서 중요성을 보았을 뿐, 조짐이 없는 리가 동정動靜 유행流行하는 신묘함에 대해서는 보는 것이 투철하지 않으니, 기를 주장함이 너무 심하여 사단칠정의 발현을 모두 기에 귀착시키는 데 이르렀다. 그러나 리를 단지 고요하여 움직이지 않는 성에 갖추어져 있을 뿐, 감응하여 마침내 이루는 정에서 발현되지 않는 것으로 여기므로, 그가 '발하는 까닭의 리'라고 말한 것은 안과 밖이 단절되고 리와 기가 서로 관계되지 않는다.[15]

정시한도 "저 리는 형체가 없고 기가 아니면 보기 어려우므로, 그 작용하여 유행하는 것은 모두 기가 행하는 것이어서 리는 거기에 참여함이 없는 것과 같다"[16]라고 하여 작용과 유행은 1차적으로 기에 있다는 점에 동의한다. 그러나 리는 본래 "지극히 없으면서 지극히 존재하며, 지극히 허虛하면서 지극히 실實한" 존재로서 움직이되 움직임이 없고 고요하되 고요함이 없는 '신비한 작용[神用]'을 지니고 있다. 특히 리의 그런 '신비한 작용'은 인간의 감응과 성정性情 작용에서 발현되는데, 사단은 그 대표적인 예이다. "성정이 고요하고 감응할 때 리의 신비한 작용은 뚜렷하게 드러나 가릴 수가 없으니, 사단이 순수하게 인·의·예·지의 성에서 곧바로 나오는 것을 어찌 혼연히 섞어 기발이라고 하되 리발이라고 말하지는 않는가?"[17]

이와 달리 이이는 기를 너무 중시한 나머지 리의 이런 '신비한 작용'을

---

15 丁時翰,『愚潭集』권7,「四七辨證」, 126_320d-321a. "原其所見, 則只於有跡之氣作用發現 之處見得重, 其於無眹之理動靜流行之妙看未透, 主張氣字太過, 至以四七之發, 皆歸之氣. 而認理爲徒具於寂然不動之性, 不發於感而遂通之情, 故其云所以發之理, 則內外斷絶, 理與 氣不相管攝."

16 丁時翰,『愚潭集』권7,「四七辨證」, 126_320c. "夫理之無形, 非氣難見, 故其所作用流行者, 皆若氣之所爲, 理無與焉."

17 丁時翰,『愚潭集』권7,「四七辨證」, 126_320c. "而性情寂感之際, 理之神用, 藹然呈露, 有 不可掩, 則四端之粹然直出於仁義禮智之性者, 何可渾謂之氣發而不謂之理發乎?"

전혀 알지 못하여 사단칠정을 모두 '기발이승'으로써 설명했던 것이다. 이로 인해 리는 결국 고요한 본성에 국한되어 존재하되 실제적인 정으로 드러나지 않는 한갓 관념적인 존재로 귀착되었다는 것이다. 정시한이 볼 때, 이것은 곧 리의 실재성과 주재성을 충분히 고찰하지 못한 것이며,[18] 특히 지각에 있어 리와 기가 '서로 관계하는' 것을 파악하지 못했다고 본다. 존재론적으로 말해서, 리와 기에는 앞과 뒤, 분리와 합함이 없지만, 리는 기의 동정음양이라는 기계적 운동의 까닭이자 주재자이기 때문에 기에 명령을 내리되 그로부터 명령을 받지는 않는다고 말한다.

리와 기의 사물됨은 본래 혼융하여 틈이 없어서, 앞을 미루어 보아도 그 처음에 합쳐져 있음을 볼 수 없고, 뒤로 당겨놓아도 그 끝에 분리됨을 볼 수 없다. 그런데 리는 조짐이 없되 기는 흔적이 있으니, 어찌 기 없는 리가 혹 앞서거나 혹 뒤에 있어서 일과 행위 사이에 발현하는 것이겠는가? 그러나 옛날 성현들은 혼연히 융합하여 틈이 없어서 선·후, 분리·합함을 나눌 수 없는 가운데에서 혹 끊어 말하기도 하고 혹 나누어 말하기도 해서, 이 리는 기에 명령을 내리되 기에서 명령을 받지는 않는다는 것을 밝혔다.[19]

---

18 丁時翰,『愚潭集』권8,「四七辨證」, 126_340d. "지금 '음양동정은 그 기틀이 스스로 그러할 뿐이며, 그 음양동정하는 까닭이 리이다'고 말하니, 끝내 동하고 정하는 까닭의 주재처를 보지 못하였고, 공적하고 허무한 것에 귀착됨을 면하지 못하였으니, 진실하여 거짓이 없어서 만 가지 변화의 근본이 될 수 있는 것은 어디에 존재하는가?(今謂'陰靜陽動, 其機自爾, 而其所以陰靜陽動者理也'者, 終未見所以動所以靜主宰之處, 而未免於空寂虛無之歸, 惡在其眞實無妄, 能爲萬化之根者哉?)"

19 丁時翰,『愚潭集』권7,「四七辨證」, 126_320a. "理氣爲物, 本混融無間, 推之於前, 不見其始之合, 引之於後, 不見其終之離, 而理無眹氣有跡, 安有無氣之理, 或先或後, 發見於事爲之間者乎? 然而終古聖賢於渾融無間, 不可分先後離合之中, 或截而言之, 或分而言之, 以明此理之命氣而不命於氣."

정시한에 의하면, 존재론적 차원에서의 리와 기는 선후나 분리·결합이 없는 일체의 상태이지만, 그럼에도 불구하고 리는 기에 명령을 내리는 작용을 한다. 그것은 앞서 말한 리의 '신비한 작용'으로서 주재라고 할 수 있는데, 이는 실상 지각의 인식론적 차원에서만 말할 수 있는 것이다. 그런데 문제는, 이러한 논리를 일관되게 밀고나갈 때 자연과 다른 인간의 특수성이 필연적으로 긍정됨으로써 자연주의의 입장과 상충되는 결과가 생긴다는 점이다. 비록 정시한도 "천지의 조화와 내 마음의 작용은 본래 두 가지 이치가 없다"[20]고 하여 이이의 자연주의적 입장에 1차적으로 동의하고는 있지만, 끝내 그는 이기호발설을 만물과 다른 인간만의 특수성으로 긍정함으로써 스스로 모순을 범하게 된다.

> 오직 사람만이 천지의 리를 품수 받고 천지의 기를 얻어서 리와 기가 합하여 마음이 되니, 리와 기가 내 마음에서 호발하는 것은 실제로 천지가 부여한 것에 근원하고 있다. 천지는 비록 두 근본이 없지만, 그 사람에게 부여한 것에는 이미 리가 있고 기가 있으니, 사람 마음에 비록 두 근원이 없지만 그 밖으로 발현한 것에 어찌 리를 주로 하고 기를 주로 하여 번갈아 말할 수 없겠는가?[21]

위에서 '천지의 리'와 '천지의 기'는 본연의 리와 기라는 의미로 사용된 것인데, 그런 본연의 리와 기는 인간만이 부여받았기 때문에 마음의 이기호발이 가능하다는 것이다. 즉, 다른 사물과 달리 인간의 마음은 천지로부

---

20 丁時翰, 『愚潭集』 권7, 「四七辨證」, 126_322c. "天地之化, 吾心之用, 本無二致."
21 丁時翰, 『愚潭集』 권7, 「四七辨證」, 126_322d. "惟人也稟天地之理, 得天地之氣, 理與氣合而爲心, 則理氣之互發於吾心, 實源於天地之賦與矣. 天地雖無二本, 而其所賦與於人者, 旣有理而有氣, 則人心雖無二源, 而其所發現於外者, 豈不可以主理主氣而互言之乎?"

터 부여된 본연의 이기에 의해 호발한다는 것이다. 이때 그는 천지의 근원
이 하나이듯 마음에도 "두 근원은 없으며", "천지의 조화와 내 마음의 작
용은 본래 두 가지 이치가 없다"고 하면서도, 호발이 인간에게만 적용되
고 다른 사물들은 해당되지 않는다고 봄으로써 논리적 일관성을 잃고 있
다. 천지와 인간만이 가진 이기호발의 작용은 만물과 어떻게 다른가? 이
러한 난점에 대해서 정시한은 충분히 자각하지 못한 것 같다.

이 문제는 세 번째 명제인 "리는 통하고 기는 국한된다"에 대한 비판에
서 더 잘 드러난다. 이이는 이 명제를 통해 본연의 리는 무형무위이므로
유형유위한 기에 의해 수동적으로 특수하게 현상화되지만, 여전히 본연
의 리는 현상적 사물 안에 잠존潛存한다고 주장했다. 이에 대해 정시한은
'리의 통함'이 본연의 리를 구비한 영특한 인간에게만 적용되는 것이며,
다른 사물들에서는 '리의 통함'을 말할 수 없다고 주장한다.

> 천지만물은 모두 하나의 리에 근원한다. 이 리는 있지 않은 곳이 없으며 장
> 애되는 바가 없으니, 만물의 일원처는 단지 동일한 리라고 할 수 있을 뿐이어
> 서 처음부터 '통'이라는 한 글자로 말할 필요가 없다. 그러나 기질에 떨어져
> 존재하여 각각 한 가지의 성이 되는데 이르면, 본연의 체는 유독 가장 영특한
> 사람에게만 구비된다. (…중략…) 그 나머지 초목은 완전히 막혀서 통하지 않
> 는 것은 이미 말하기에 부족하며, 금수가 혹 한 길로만 통한 것, 예를 들어 벌
> 과 개미가 군신 관계를 지키는 것은 단지 그 의義 상에서만 한 점의 밝음을 가
> 진 것일 뿐이고, 호랑이와 승냥이가 부자 관계를 지키는 것은 단지 인仁 상에
> 서만 한 점의 밝음을 가진 것일 뿐이다. 기타의 것들은 더 이상 추론할 필요가
> 없으니, 만물이 실체를 달리 할 때는 '리통'이란 글자는 쓸 수 없다.[22]

정시한에 의하면, 천지만물의 근원이자 본체로서의 리는 원칙상 어디든 존재하고 장애됨이 없기 때문에 굳이 '통'이라는 말을 할 필요가 없다. 그런데 리가 현상 세계에서 구체적 사물들의 기질에 놓이게 되면, 그것은 그 사물들의 본성이 됨과 동시에 그 근원이자 본체로서의 리의 성격이 상실된다. 다만, 오직 인간만이 우수한 기질을 가지고 있기 때문에 '본연의 체'를 온전히 유지할 수 있으므로 '리의 통함'을 말할 수 있다는 것이다. 호발은 이 같은 본연의 리와 기의 상호 발현에 의해서 가능해지는 것이다. 다른 사물들에는 '리의 통함'이 결여된 반면, 인간만이 '리의 통함'과 이기 호발이 가능하다는 주장은 인간 존재의 특수성을 함축한다.

그렇다면 '기국'은 어떻게 비판되는가? '리의 통함'과는 반대로 '기의 국한됨'은 본연의 기가 인간 이외의 사물들에게도 가능하다고 함으로써 비판된다. 즉 이이의 주장과는 정반대로, 기는 리와 달리 사물의 특수한 기질로 국한되더라도 그 본연성을 잃지 않고 유지한다는 것이다. 우주의 일기一氣의 유행에 의해 사물들의 국한된 기는 변화하여 자연의 생성작용에 참여할 수 있다는 것이다. 요컨대, 정시한은 '리통기국'을 다음처럼 비판한다. "생각건대 리는 비록 치우치고 탁한 찌꺼기 속에서도 어디든 있지 않은 곳이 없지만, 그 부여받은 리를 따라 각자 일정하여 바뀌지 않는 본성을 가지므로 본연의 신묘함이 존재하지 않는 곳이 없다고 말할 수 없다. 기는 비록 치우치고 탁한 찌꺼기를 본연의 기로 여길 수는 없지만, 일

---

22 丁時翰,『愚潭集』권7,「四七辨證」, 126_339a. "天地萬物, 皆原於一理, 而是理也無處不有, 無所隔礙, 則萬物一原之處, 只可謂之同一理也. 而初不必以通之一字爲言. 及其墮在氣質, 各爲一性, 則本然之體, 獨具於最靈之人. (…중략…) 其餘草木之全塞不通, 已不足道, 而禽獸之或通一路者, 如蜂蟻之君臣, 只是他義上有一點子明, 虎狼之父子, 只是他仁上有一點子明, 其他更推不去, 則萬物異體之時, 理通字亦著不得矣."

기가 유행함에 스스로 변화할 수 있으므로 기의 본연은 이미 존재하는 곳이 없다고 말해서는 안 된다."[23]

지금까지의 논의를 요약하면, 정시한은 이이의 "인심과 도심은 서로 처음과 끝이 된다"는 명제와 "발하는 것은 기요 발하는 까닭은 리이다"라는 명제, 그리고 "리는 통하고 기는 국한된다"는 명제를 이황의 주리론적 입장에서 비판하였다. 이러한 비판은 주리라는 지각론적 관점에 의거한 것이지만, 그러나 존재론적 관점에서도 논의를 하고 있다. 두 번째와 세 번째 명제에 대한 비판은 기발이승일도설의 존재론적 근거에 대한 비판임과 동시에 호발설에 대한 정당화 논증이라고 할 수 있다. 이 지점에서 그는 인간 존재의 특수성을 강조하면서 이이의 자연주의와 상반된 주장을 펼치게 된 것이다. 이러한 결과는 근본적으로 지각론적 입장에서 호발설을 변호하되, 이이의 "마음에 두 근원이 있다"는 공격을 방어하기 위해 인간 지각의 특수성에 입각한 존재론적 관점을 도입함으로써 야기된 것이다. 이러한 견해는 논리적 측면에서 애매한 것으로 보이는데, 이황의 분개의 관점을 고수하되 이이의 혼륜의 관점도 부분적으로 수용하려는 경향을 나타내기 때문이다.

2) 분개分開 · 혼륜渾淪의 종합주의

정시한은 지각론적 관점에서 이이를 날카롭게 비판하였고, 심지어 왕수인과 나흠순에 필적하는 이단으로서 지목하기도 했지만,[24] 한편으로 그는

---

23 丁時翰,『愚潭集』권7,「四七辨證」, 126_340a. "蓋理則雖於偏濁糟粕之中, 無處不有, 而隨其所賦之理, 各有一定不易之性, 故不可謂本然之妙, 無乎不在. 氣則雖不可以偏濁糟粕爲本然之氣, 而一氣流行, 自能變化, 故不可謂氣之本然者, 已無所在也."

24 丁時翰,『愚潭集』권7,「四七辨證」, 126_326c-327c.

"칠정이 사단을 포함한다"는 이이의 주장을 수용하기도 하였다. 그는 "도심은 인심 상에서 발현하고 사단은 칠정 안에 포함되어 있어서, 비록 상대시켜 설명하더라도 원래 상대하여 각자 나오는 일이란 없다"[25]고 말한다. 만약 사단이 칠정과 상대적인 것이 아니라 칠정에 포함된다고 말한다면, 이는 이황의 견해로부터 심각하게 이탈하는 것이 될 것이다. 그럼에도 불구하고 정시한은 왜 이와 같이 사단은 칠정에 포함된다고 말했을까?

정시한이 볼 때, 지각론적 관점에서는 사단과 칠정, 도심과 인심은 대립적인 것으로 보지 않으면 안 되지만, 존재론적으로는 양자가 상대하여 각자 발출하는 것이 아니라 마음의 구조상 도심은 인심 안에, 사단은 칠정 안에 포함되어 있다는 것이다. 정시한은 이황의 호발설이 실재하는 '혼륜한 마음'에 나아가서 사단과 칠정을 리와 기로 나누어 이원적이고 대립적인 것으로서 설명한 것일 뿐이지, '혼륜한 마음'에 있어 사단은 칠정 안에 포함되어 있다고 말한다.

> 우리 도가 이미 동쪽으로 오자, 퇴계선생이 이에 그것을 표장하고 조술하였는데, 그림을 그리고 설을 세우는 중에 주석을 나누어 달아 '사단은 리가 발하되 기가 그것을 따르고, 칠정은 기가 발하되 리가 그것을 탄다'고 말하였는데, 혼륜한 마음 가운데 나아가서 리와 기가 호발하고 서로 따르는 신묘함을 나누어 말함으로써 맹자와 주자의 남겨진 뜻을 드러내 밝혔으니, 칠정이 사단을 통괄하고 사단은 칠정 안에 포함됨을 알지 못해서 분개설을 창안하여 만든 것이 아니다.[26]

25 丁時翰, 『愚潭集』 권8, 「四七辨證·總論」, 126_352c. "然而道心發現於人心上, 四端包在七情中, 雖是相對說下, 而元無相對各出之事."

정시한은 이황이 분개의 관점에서 말한 "리가 발하여 기가 따르고, 기가 발하여 리가 올라탄다"는 명제도 이미 이이의 혼륜의 관점을 포괄하고 있다고 보았지만, 이는 이황의 본의로부터 멀어져 나간 것이다. 왜냐하면 이황은 사단을 칠정 안에 포함되는 것으로서 말하지 않았기 때문이다. 이황은 사단과 칠정이 나아가 가리켜 말한 것이 다르기 때문에 개념적으로 포함관계일 수 없으며, 무엇보다 자각된 내용의 근원[所從來]이 각각 주리와 주기로 구분된다고 보았던 것이다. 따라서 정시한이 "사단은 칠정 안에 포함된다"고 하는 견해는 이황과 양립할 수 없는 이이의 주장을 승인한 것이다. 간단히 말해서, 이황은 '7대4'를 말하고 이이는 '7포4'를 주장함으로써 양자는 양립할 수 없는 관계라 할 수 있는데, 정시한은 이 두 양립 불가능한 입장을 종합하여 포용하려는 것이다.

양립할 수 없는 견해를 종합하려는 정시한의 입장은 분개설에 입각하여 혼륜설을 극력 비판하는 이현일이나 이익과 대조된다. 이현일은 이이가 "지금 리와 기는 혼륜하여 나눌 수 없다고 여기기 때문에 인심도심의 발현이 본래 하나의 길일 뿐이라고 말하니, 이는 천리와 인욕을 섞어서 한 영역으로 삼되 '성'과 '기' 두 글자를 변별해 내지 못하는 병통이 있는 것이다"[27]라고 말한 바 있다. 이재 역시 아버지 이현일의 입장을 따라 혼륜설의 비판에 총력을 기울였다. 그는 다음처럼 말한다. "일반적으로 이 노인[율곡]은 '기'자를 너무 중시해서 보았고, 또 분별설과 혼륜설의 차이를 알지 못했으므로

---

26 丁時翰, 『愚潭集』 권7, 「四七辨證」, 126_318a. "吾道旣東, 退溪先生乃表章而祖述之, 分註於建圖立說之中, 而曰'四端理發而氣隨之, 七情氣發而理乘之', 就渾淪一心之中, 分言理氣互發相隨之妙, 以發明孟子朱子之遺意, 非不知七情之統四端, 四端之包在七情中, 而創爲分開之說也."

27 李玄逸, 『葛庵集』 권18, 「栗谷李氏論四端七情書辨」, 128_161b.

그 말은 매번 주기主氣 한 쪽으로 떨어지고, 또한 매번 칠정 안에서 사단을 구분한다. 시험삼아 살펴보면, 정주가 논한 것과 퇴계의 여러 설명 가운데 어찌 일찍이 이런 의미가 있었는가?"[28]

정시한이 이현일과 이재와 달리 혼륜설을 일방적으로 배제하지 않았다는 점은 이상정과 상통한다. 이상정은 정시한과 마찬가지로 "칠정을 혼륜하여 말하면 사단은 그 안에 포함된다"[29]고 말했다. 이 언급은 분명 이현일이나 이재와 차별되는 곳이고, 동시에 정시한과 연결되는 지점이다. 그리고 사단이 칠정에 포함된다는 것을 승인하는 것은 필연적으로 혼륜설을 분개설과 양립 가능한 것으로서 간주하려는 입장으로 이어진다. 이상정은 혼륜과 분개의 두 관점을 설명하면서 "칠정이 사단을 포함한다"고 말한다.

생각건대 칠정은 리와 기를 겸하고 선과 악을 합하였으므로, 혼륜하여 말하면 성은 대본大本이 되고 칠정은 대용大用이 되어 그 안에 사단을 포함하니, 곧 『중용』과 「악기」의 설과 정자가 말한 것이다. 분개해서 말하면 사단은 리를 주로 하여 선하지 않음이 없고, 칠정은 기를 주로 하여 혹 선하지 않을 수 있으니, 이는 「대우모」와 맹자의 뜻이고 주자가 설명한 것이다.[30]

---

28 李栽, 『密菴集』(韓國文集總刊本) 권5, 서울 : 民族文化推進會, 1996, 「答李仲舒」(乙未), 173_111c. "大抵此老看得氣字太重, 且不知有分別說與渾淪說之異, 故其言每落主氣一邊, 且每於七情中分四端. 試觀程朱所論及退陶諸說中, 何嘗有此等意思邪?"

29 李象靖, 『大山集』(韓國文集總刊本) 권32, 서울 : 民族文化推進會, 1999~2000, 「答韓士凝」, 227_109a. "七情渾淪言時, 包四端在其中."

30 李象靖, 『大山集』 권29, 「答金直甫」(辛未), 227_045b. "蓋七情兼理氣合善惡, 故渾淪而言, 則以性爲大本, 七情爲大用而包四端在其中, 卽『中庸』「樂記」之說而程子所以爲言也. 分開而看, 則四端主於理而無不善, 七情主於氣而或不善, 此「禹謨」孟子之意而朱子所以爲說也."

혼륜한 마음 전체를 가지고 볼 때, 하나의 성에서 발출된 감정 전체는 칠정이 되는 것이고 그러한 칠정 안에 사단이 포함되는데, 『중용』과 『예기』 「악기」 편, 그리고 정이의 「안자소호하학론」에서 말한 것은 바로 이런 혼륜의 관점이라는 것이다. 이것은 존재론적으로 마음의 구조와 기능에 초점을 맞추는 관점에 해당된다.[31] 반면 마음이 지각한 내용에 있어 감정은 대립적인 두 가지로 구분되지 않을 수 없는데,[32] 하나는 공적인 리가 주가 되는 사단이고 다른 하나는 사적인 기가 주가 되는 칠정이다. 『서경』 「대우모」 편과 맹자의 사단설, 그리고 주자의 리발기발설은 이러한 분개의 관점에서 말한 것이다. 이와 같이 혼륜과 분개의 두 관점을 설명한 이상정은 한 걸음 더 나아가서 이 두 관점이 서로 대립되고 모순적인 것이 아니라, 오히려 모두 포괄하고 종합해야만 하는 두 가지 이해 방식이라고 주장하기에 이른다.

또한 두 정의 발현에서 [리와 기가] 머리를 나란히 함께 운동하고 고삐를 함께 하여 같이 나오는 것은 아니며, 또한 각자 한 쪽을 점하여 스스로 운동하고 정지하는 것도 아니다. 사태에 따라 감응하되 서로 바탕과 타는 것이 되지만, 그 안에서 주리와 주기의 구분이 있을 뿐이니, 또한 어찌 두 갈래로 나뉜다는 의심이 있겠는가? 저 리와 기의 분리되지 않음을 보고 사단 역시 기발이라고 말하는 사람들은 진실로 하나를 보되 둘을 알지 못한 것이니, 그 폐단은

---

31 李象靖, 『大山集』 권39, 「四端七情說」, 227_241b.
32 李象靖, 『大山集』 권39, 「四端七情說」, 227_243a. "그러나 리는 공적이고 기는 사적이며, 리는 무형이고 기는 흔적이 있으며, 리는 선하지 않음이 없지만 기는 악으로 쉽게 흐른다. 그러므로 그 느낀 바의 올바름과 사적임을 살펴서 그 발한 것의 주된 것과 빈객을 궁구하면, 또한 구별이 없을 수 없다.(然理公而氣私, 理無形而氣有迹, 理無有不善而氣易流於惡, 故觀其所感之有正私而究其所發之有賓主, 則亦不能無分耳.)"

흐리멍텅하여 구별이 없는 것이다. 그리고 오로지 분개만을 주로 하여 서로 통일되지 못하고 '칠정을 성의 발현이라고 할 수 없다'고 말하는 데 이르면, 다시 다름은 보되 같음은 알지 못한 것이니, 그 폐단은 세상물정에 어두워 실정이 없는 것이다. 반드시 심기를 평이하게 하고 사방으로 평평하게 풀어놓아서, 하나로 모아 종합하되 간격이 없고, 그 정밀함을 극한까지 분석하되 혼란스럽지 않은 이후에야 비로소 두루 마땅하게 되어 한쪽으로 편향된 폐단에 떨어지지 않을 것이다.[33]

혼륜의 관점, 즉 존재론적으로 리와 기는 서로 분리되지 않는다는 측면만 앞세워 사단을 칠정처럼 기발이승일도로써 설명하는 것은 주기론의 노선을 옹호하는 사람들을 가리키는데, 이들은 하나만 알고 둘은 모르는 것이어서, 흐리멍텅하게 분별할 줄 못하는 폐단에 빠진 것이라고 한다. 반대로 분개의 지각론적 관점만을 주장하면서 리와 기를 통일시키지 못하고, 심지어 칠정을 성의 발현이 아니라고 보는 것은 청대淸臺 권상일權相一, 1679~1760을 비롯한 당시 주리론의 노선만을 묵수하는 사람들을 가리키는데, 이들은 다름만을 보되 같음을 모르는 것이어서 세상물정에 어두워 실제적인 정이 없는 폐단에 빠진 것이다. 존재의 차원에서 기는 재료이고 리는 그것을 주재하는 것으로서 양자는 일체로서 결합해 있지만, 지각인식의 차원에서는 주리와 주기의 구분이 있다고 말함으로써 이황의 입장에 서

---

33 李象靖, 『大山集』 권39, 「四端七情說」, 227_243d. "且二情之發, 非齊頭俱動並轡偕出, 又非各占一邊而自爲動靜也. 隨事而感, 互相資乘, 而但於其中, 見其有主理主氣之分耳, 亦何有二岐之疑哉? 彼見理氣之不離而謂四端亦氣發者, 固見一而不知二, 其弊也鶻圇無別. 而其或專主分開, 不相統一, 至謂七情不可謂性發, 則又見異而不知同, 其弊也闊疎不情. 須是平心易氣, 四平放下, 合之會于一而無間, 析之極其精而不亂, 然後方是周徧停當, 不落於一偏之弊矣."

있음을 분명히 밝히고는 있지만, 이상정은 결국 사단칠정론에서 혼륜과 분개의 두 관점을 용인하고 종합함으로써 일종의 양시양비론으로 귀착되고 만 것이다. 앞서 언급한 것처럼, 두 관점의 용인은 곧 이상정이 지각론적인 관점에서 벗어나 있음을 암시한다. 왜냐하면 이황과 이이의 주장은 지각론적 관점에서 볼 때 양립할 수 없는 것이기 때문이다. 이러한 언급들은 지각론적 입장 안에 머물렀던 정시한에 비해 좀 더 존재론적 방향으로 나아간 것이다.

그렇다면 이상정의 혼륜과 분개의 양립성과 종합이라는 관점을 어떻게 이해해야 할까? 그는 당시 조선의 지배적인 철학적 경향인 지각론적 시각에서 탈피하여 존재론적인 조망을 시도하고 있는 것으로 보인다. 그는 사단칠정논쟁이라는 지각론적인 담론을 가능하게 하는 존재론적 토대를 모색하고자 했던 것이다. 이상정의 이런 존재론적 전망은 사칠논쟁을 양시론적으로 평가한 바 있는 정약용을 연상시킨다. 그는 다음처럼 말한 바 있다. "퇴계의 말은 비교적 정밀하고 자세하며, 율곡의 말은 비교적 확 트이고 간단하다. 그러나 의도를 주로 하여 가리켜 말한 것은 각각 다르니, 즉 두 선생 중 어찌 한쪽이 잘못된 것이 있겠는가? 일찍이 한쪽이 잘못된 것이 있지 않으니, 억지로 다른 한쪽을 그르다 하고 홀로 옳다고 하고자 하므로 분분하게 싸워서 정론이 없는 것이다. 요점을 구한다면, [퇴계는 인간 마음을] 전문적으로 논한 것이고 [율곡은 천지만물의 존재를] 총괄적으로 논한 것이다."[34]

---

34 丁若鏞, 『與猶堂全書』 第一集, 권12, 「理發氣發辨一」, 281_258b. "退溪之言較密較細, 栗谷之言較闊較簡. 然其所主意而指謂之者各異, 卽二子何嘗有一非耶? 未嘗有一非, 而強欲非其一以獨是, 所以紛紛而莫之有定也. 求之有要, 曰專曰總."

정약용의 이기론 해체와 초월적 상제귀신의 수용이라는 새로운 존재론은 혼륜·분개의 양립성과 종합이라는 발상에 기인한 것으로 볼 수 있을 것이다. 물론, 지각론을 반대하고 이기론을 해체했던 정약용과는 달리, 이상정은 지각론을 가능하게 하는 토대로서 이기이원론理氣二元論의 존재론을 정주 성리학의 틀 안에서 재조정하고 재규정하려 한 것으로 보인다. 이는 이상정과 정약용 두 사람의 현격한 차이점이라 할 것이다. 그럼에도 불구하고 지각론적 시비규명을 떠나 존재론적 전망을 모색했다는 점에서 두 사람은 상통하며, 이 같은 전망의 계기가 곧 정시한으로까지 소급될 수 있는 것이다.[35]

다만 정시한에 있어서는 여전히 지각론적 관심이 지배적이었기 때문에, 존재론적 혼륜의 관점과의 일관성 문제에 있어 문제점을 노출시켰다. 정시한은 혼륜의 관점을 일부 도입하면서 '리의 주재'라는 개념을 말하게 되는데, 이는 호발설을 정당화하기 위해서 인간만이 본연의 리를 부여받았다는 주장을 편 것과 조화되지 못한다. 성리학적 문맥에 있어 '주재'란 본디 마음이 몸을 통제하고 지배하는 작용을 가리키는데, 기대승이 이황과의 논쟁에서 "리는 기의 주재이고, 기는 리의 재료이다"[36]라고 주장하면

---

[35] 정약용은 정시한과 같은 羅州 丁氏일 뿐만 아니라, 그를 실제로 높게 평가한 바 있다. "우담선생의 학술은 바르고 논의는 공정하다. (…중략…) 생각건대 한강과 여헌으로부터 내려와서 진유와 순학은 오직 선생 한 분일 뿐이다. 의리가 안에 쌓이고 출처가 세상에 표준이 되니, 모두 사문의 적전을 계승하기에 족하다(愚潭先生學術之正, 議論之公. (…중략…) 蓋自寒岡旅軒而降, 眞儒醇學, 唯先生一人而已. 義理之積於中, 出處之標於世者, 皆足以承嫡傳於斯文. 『與猶堂全書』第一集, 권17)."

[36] 李滉, 『退溪集』권16, 「附奇明彦非四端七情分理氣辯」, 029_410b. "대체로 리는 기의 주재요, 기는 리의 재료이니, 두 가지는 진실로 구분된다. 그러나 사물에 있어서는 진실로 혼륜하여 분개시킬 수 없다.(夫理, 氣之主宰也, 氣, 理之材料也, 二者固有分矣. 而其在事物也, 則固混淪而不可開.)"

서 '주재'란 말이 존재론적 맥락에서 기 작용의 근거로서 사용되었다. 이
이도 이런 의미에서 '주재'란 말을 사용했고, 그것은 결국 물질-에너지
로서의 '기가 작용하는 원리'를 의미했다.[37] 이러한 의미의 리는 궁극적으
로 대상의 경험을 경유하여 추상화된abstracted 원리를 가리킨다. 정시한
은 이런 함의를 지닌 '리의 주재' 개념을 수용하면서도, 동시에 그것을 마
음이 몸을 주재하는 것처럼 실재하는 리가 기를 비슷한 방식으로 통제한
다는 의미로 해석했다.[38]

이 문제에 대해 이상정은 '리의 주재'를 이이처럼 기의 음양 작용이라는
자동적이고 '기계적인 운동[機緘]'의 원리로 보면서도, 리는 관념과 지각 차
원에 국한되는 것이 아니라 실질적 주재를 행하는 존재라고 본다. 리는 기
와 더불어 이원론적 존재라는 것이다. 이상정은 마음의 호발 작용과 존재
세계의 기계적인 운동의 원리는 다르지 않다고 주장한다.

또 생각건대 리와 기는 서로 따르되 떨어지지 않는다. 기는 그 재료가 되고
리는 그 주재가 된다. 그 움직이고 고요한 기계적인 운동의 신묘함은 본래 두
이치가 없다. 그러나 그 나아간 것에 따라 주로 하는 바는 같지 않다. 예를 들
어 어린애[가 우물에 빠지는 사태]와 종묘[앞을 지나감]의 사태를 느끼면,
인과 예의 리가 발한다. 기는 진실로 그 재료이지만, 주로 하는 바는 리에 있
으므로 리발이라 한다. 소리 · 색깔 · 냄새 · 맛은 개인적인 느낌이니 형기의
욕구가 움직인 것인데, 리는 진실로 그것에 올라 타 있지만 주로 하는 바는 기

---

37 李珥,『栗谷全書』권10,「答成浩原(壬申)」, 044_199a. "夫理者, 氣之主宰也, 氣者, 理之所
乘也. 非理則氣無所根柢, 非氣則理無所依著."
38 丁時翰,『愚潭集』권5,「答李敬叔」, 126_285d. "리는 천지만물의 주재이고, 심은 인신백
해의 주재이다.(理爲天地萬物之主宰, 心爲人身百骸之主宰.)"

에 있으니 그러므로 기발이라 한다. 생각건대 기계적 운동의 신묘함은 하나 이지만 자연히 호발의 구분이 있고, 또 호발의 구분으로써 그 기계적 운동에 혹 다름이 있다고 의심해서도 안 된다.[39]

자연계의 기계적 운동의 원리와 인간 마음의 호발 구조가 다르지 않다 는 주장이 얼마나 설득력을 지니는지는 매우 의심스럽다. 다만 이상정의 이런 해석은 표면상 정시한에서 문제가 되었던 것, 즉 지각론적 이원론을 참된 진리로 표방하면서도 존재론적인 혼륜설을 부분적으로 수용할 때 발생하는 문제를 해결하려는 시도였다고 평가될 수 있다. 그러나 논리적 일관성은 떨어진다. 호발설을 옹호하면서도 그것을 혼륜이라는 존재론적 자연주의와 결합시키려는 시도는 양립 불가능한 지각론적 두 입장을 양 립시키려는 노력과 다르지 않다. 결국 이상정은 정시한에서 문제되었던 인간존재의 특수성을 해결하고 인심도심의 문제를 해결하기 위해 지각론 보다 오히려 존재론적 지평을 선호하게 된다.

3) 이상정의 종합주의와 존재론적 지평

이상정의 성리학에 대한 연구는 그를 주리론영남학파의 핵심 인물로서 '소 퇴계'라고 불릴 정도로 이황의 학설을 계승 발전시킨 인물로 평가해왔다. 그런데 앞서 논했듯이, 정시한에서 그 조짐이 나타나고 이상정에서 두드

---

39 李象靖, 『大山集』 권40, 「讀聖學輯要」, 227_263a. "又按理氣相循不離. 氣爲之材其而理爲 之主宰. 其動靜機緘之妙, 本無二致. 然隨其所就而所主不同. 如赤子宗廟之事感則仁禮之理 發焉, 氣固爲之材料, 然所主者在於理, 故曰理發. 聲色臭味之私感則形氣之欲動焉, 理固爲 之乘載, 然所主者在於氣, 故曰氣發. 蓋機緘之妙, 雖一而自有互發之分, 又不可以互發之分 而遂疑其機緘之或異也."

러지는 '혼륜설'과 '분개설'의 종합이라는 측면은 율곡 철학으로의 접근을 나타낸다.[40] 이상정은 일방적인 주리론을 지양하고 주기론의 혼륜적 관점을 부분적으로 수용함으로 인해 분개와 혼륜을 종합 지양하는 새로운 존재론적 지평으로 나아갔다.

이러한 종합주의적 경향은 사단칠정과 인심도심에 관한 그의 논설에도 나타난다. 이상정은 「사단칠정설」에서 이 문제에 관련된 경전이나 텍스트의 원문을 크게 혼륜과 분개의 관점으로 분류하여 인용하고 있다. 먼저 혼륜설에 대해서는 『중용』과 『대학』, 『예기』「악기」편, 주돈이, 정이, 주희의 『대학혹문』 등을 인용하면서 다음처럼 말한다.

> 살펴보건대 사람은 천지의 기를 받아 몸체로 삼고, 천지의 리를 얻어 성으로 삼으며, 리와 기가 합쳐지면 심이 된다. 그러므로 고요함과 감응함, 운동과 정지의 때에 서로 의존하여 본체와 작용이 되니, 아직 발하지 않은 때에는 하나의 성이 혼연하고 이미 발현한 때에는 칠정이 번갈아 작용한다. 이것이 바로 이 마음의 온전한 본체와 큰 작용이며 맹자가 말한 사단도 그 안에 포함된다. 이것은 『중용』, 『대학』, 「악기」의 뜻이고, 주 씨周氏, 정 씨程氏, 주 씨朱氏가 서로 이어서 설명한 것이며, 퇴계 선생이 말한 혼륜하여 말한다는 것이다.[41]

이상정은 천지의 리와 기를 인간이 품수 받아서 형체와 본성, 그리고 마

---

40 최영성, 『韓國儒學思想史(Ⅳ)』, 293쪽.
41 李象靖, 『大山集』 권39, 「四端七情說」, 227_241a. "按, 人稟天地之氣以爲體, 得天地之理以爲性, 而理氣之合則爲心. 故其寂感動靜之際, 相須而爲體用, 未發而一性渾然, 已發而七情迭用, 是乃此心之全體大用, 而孟子所謂四端者亦包在其中矣. 此『中庸』『大學』「樂記」之旨, 而周程朱氏相因而爲說, 退陶先生所謂渾淪言之者是也."

음도 이루게 된다고 봄으로써 이이와 같이 자연주의적 입장을 취하고 있다. 마음이 아직 발현하지 않을 때는 하나의 성이 혼연하게 본체로서 갖춰져 있다가 이발 때에 칠정으로 작용하는데, 사단도 그 안에 포함된다는 것이다. 이러한 존재론적 관점은 전통적으로『중용』,『대학』,『예기』「악기」편, 그리고 주돈이, 정 씨 형제, 주희에 이르기까지 계속 말해져 왔던 것으로 간주하면서, 이황도 기대승에 대해 '혼륜'의 관점이라고 칭했던 것이 이에 해당된다는 것이다. 그러나 주희철학의 핵심은 지각론과 인심도심론에 놓여 있을 뿐만 아니라, 이황의 경우에도 기대승의 관점을 설명하기 위해 거론한 것일뿐, 혼륜의 관점을 수용한 것은 아니기 때문에, 지각 차원에서 "사단은 칠정에 포함된다"고 말할 수 없는 것이다. 이 점을 인정하는 순간 이황의 주리론은 입론 근거가 와해되지 않을 수 없기 때문이다. 그런데 이상정은 이황도 이러한 혼륜의 관점을 용인했다고 본 것인데, 이는 그가 이미 이황의 주리론에서 벗어나서 새로운 철학적 관점, 즉 존재론적 지평에 서 있음을 말해준다.

한편, 이상정은 분개설에 대해서는 그 경전적 근거로서『서경』「대우모」와 이에 대한 주희의「중용장구서」및 여러 편지들을 인용하면서 다음처럼 말한다.

> 살펴보건대 리가 기 안에 떨어지면 성의 명칭이 생기는데, 운동하고 정지하며 또 기를 타고 유행함에 참으로 서로 분리된 적이 없다. 그러나 리는 공적이고 기는 사적이며, 리는 형체가 없지만 기는 자취가 있으며, 리는 불선함이 없지만 기는 악에 쉽게 빠진다. 그러므로 감응한 것에 바르고 개인적인 것이 있음을 살피고 발현한 것에 빈객과 주인이 있음을 궁구하면, 또한 구분이 없을

수 없다. 생각건대 측은·수오·사양·시비의 사단은 인·의·예·지의 성에서 발현하되, 그 재료로 삼아서 발현하는 것은 기이다. 그러나 주로 하는 바는 리에 있다. 기쁨·분노·슬픔·두려움·사랑·증오·욕망의 감정은 개인적인 육체에서 발현하되, 그 올라타서 유행하는 것은 리이다. 그러나 그 주로 하는 바는 기에 있다. 사단은 반드시 리발이지만, 아직 이루지 못하여 기에 의해 가려진 후에는 흘러서 악이 된다. 칠정은 반드시 발현하여 절도에 맞은 이후에야 선이 되지만, 그 이른바 선이라는 것은 또한 단지 리에 순응하여 조금의 막힘도 없는 것일 뿐이다. 이것이 주자의 리발 기발의 설이요, 퇴계 선생이 그림을 그리고 글을 써서 그 설을 밝혔으니, 이른바 분별하여 말한다는 것이다.[42]

여기서 말하고 있는 것은 『대우모』의 16자 심법과 이에 대한 주희의 지각론적 도덕론이라 할 인심도심론이다. 그것은 지각의 내용으로써 인심과 도심을 구분하는 관점을 나타내는데, 이황은 이러한 분개의 입장에서 호발설을 제시하였다는 것이다. 그러나 이상정은 위의 관점을 설명하면서 지각이라는 용어를 사용하지 않는다. 그는 혼륜과 분개의 두 입장을 존재론적 관점에서 설명하고 있는 것이다. 천지의 리와 기가 인간에 적용되어 본성과 그 작용이 일어나는 것에 대해 객관적 관점에서 마음을 논하고 있는 것이다. 즉, 사단과 칠정을 지각된 것에 나아가 그 내용을 당위적인 것과 그

---

42 李象靖,『大山集』권39,「四端七情說」, 227_241a. "按, 理墮在氣中而有性之名, 其動靜, 又乘氣而流行, 則固未嘗相離也. 然理公而氣私, 理無形而氣有迹, 理無有不善而氣易流於惡, 故觀其所感之有正私而究其所發之有賓主, 則亦不能無分耳. 蓋惻隱羞惡辭讓是非之端, 發於仁義禮智之性, 其所資而發者, 氣也. 然所主則存乎理. 喜怒哀懼愛惡欲之情, 發於形氣之私, 其所乘而行者, 理也. 然所主則存乎氣. 四端必理發, 未遂而爲氣所揜, 然後流而爲惡. 七情必發而中節, 然後爲善, 而其所謂善者, 亦只是順理而無一毫有礙焉耳. 此朱子理發氣發之說, 而退陶先生著圖爲書, 以發明其說, 所謂分別言之者也."

렇지 않은 것으로 나누고 있지 않다. 그도 비록 도심은 사단이고 인심은 희로애락의 감정에 해당한다고 보고 있지만[43] 위에 나타난 사단에 대한 설명은 이미 지각 내용에 근거하는 방식에서 벗어난 것이다. 이러한 맥락에서 이상정은 이이의 본체론적 설명 방식에 의거해서 다음처럼 말한다. "비록 그렇지만 사단에서 따르는 것은 바로 칠정의 기이며, 칠정이 타는 것은 곧 사단의 리이다. 묘하게 합쳐지고 혼융하여 원래 서로 떨어지지 않으니 어찌 피차간에 간격이 있겠는가. 다름에서 같음이 있음을 보기 때문에 혼륜하여 말한 것이 있으며, 같음에서 다름이 있음을 보기 때문에 분별하여 말해도 불가할 것이 없다. 이것이 이른바 하나이면서 둘이고 둘이면서 하나라는 것이다."[44]

그러나 이상정이 이이의 "리와 기는 하나이면서 둘이고 둘이면서 하나"라는 말을 차용했다고 해서 그의 본체 현상학적 관점을 수용한 것은 아니다. 즉, 이이에 있어 리와 기는 존재론적으로는 일물이고 하나의 혼연한 본체를 이루되 지각과 의식 현상에 있어서는 리와 기로 구분되는 것임에 반해, 이상정은 리가 기에 의존하여 존재하더라도 그것과 구분되는 작용성을 지닌 것으로 보기 때문에 리와 기를 모두 실재하는 것으로 보는 존재론적 입장이다. 이상정은 분개와 혼륜의 관점을 종합하는 과정에서 자신도 모르게 존재론적 관점으로 경도되어 버린 것이다. 이는 이황의 주리론

---

43 李象靖, 『大山集』 권39, 「四端七情說」, 227_241c. "살펴보건대 인심과 도심은 지각의 측면에서 말한 것이고, 사단과 칠정은 정의 측면에서 말한 것이다. 그러나 주자는 기쁨과 분노는 인심이고, 도심은 측은, 수오 등과 같다고 하였다.(按, 人心道心, 以知覺言, 四端七情, 以情言, 然朱子曰, 喜怒人心也, 道心, 如惻隱羞惡之類.)"

44 李象靖, 『大山集』 권39, 「四端七情說」, 227_243c-d. "雖然, 四端之所隨, 卽七情之氣, 而七情之所乘, 卽四端之理也. 妙合混融, 元不相離, 則又豈有彼此之間隔哉, 就異而見其有同, 故渾淪言之者有之, 就同而見其有異, 故分別言之而無不可, 所謂一而二二而一者也."

이 지니는 지각론적 관점을 이미 이탈한 것이다. 이상정은 지각론이 아닌 존재론적 지평에서 리의 작용성을 특히 강조한 이기이원론을 내세우게 된다. 천지의 리는 정결공활하지만 천지만물의 조화에 근거가 되는 작용성을 지닌다. 이상정은 다음처럼 말한다.

근세에 이기의 학설을 만드는 사람들 중에서 서로 떨어지지 않음을 위주로 하는 자들은 거의 리를 마른 나무가지와 죽은 사물로 인식하여, 모든 운동과 정지, 닫힘과 열림은 모두 기의 기틀이 스스로 그러한 것일 뿐이게 되니, 진실로 길을 잃음이 먼 것입니다. 그러나 이것을 병통으로 여겨서, 다시 리를 기와 상대시키되 각자 발용한다고 여기는 것도 굽은 것을 교정하다가 지나치게 곧게 한 것이어서 이 또한 굽은 것일 뿐입니다. 이로 인해 생각해 보았는데, 리는 기와 더불어 비록 도道와 기器라는 구분이 있지만, 그러나 실제로 섞여 합하여 간격이 없으므로 나누어 둘로 하여도 그것이 서로 떨어지지 않음을 해치지 않으며, 합하여 하나로 하여도 서로 섞이지 않음을 해치지 않습니다. 리는 기 없이 독립해 있을 수 없으며, 기는 리 없이 스스로 운행할 수 없으니, 천지의 조화와 내 마음의 성정은 진실로 모두 이와 같습니다. 그러나 또한 반드시 이 리는 정결하여, 운동하되 움직임이 없고 정지하되 정지함이 없으며, 단지 음양의 사물에 존재하되 또한 음양의 사물에 갇혀 있지 않으니, 처음부터 소리, 냄새, 그림자, 울림이 없지만 실제로 조화와 만물에 근원이 됨을 알아야 합니다. 반드시 이와 같이 두 가지로 헤아려 간파하고 대대對待적으로 이론을 세운 후에야 바야흐로 두루 원만하게 갖추어져서 물 샐 틈 없이 병폐가 없어질 것입니다. 아마도 각자 한 가지 견해를 위주로 하여 서로 도망가고 빗나가서 좌우로 칼을 차고 [대치하는] 형세처럼 되어서는 안 될 것입니다.[45]

이상정에 따르면, 주기파에서의 리란 아무런 작용성이 없는 '죽은 사물'과 같으며, 이것은 결국 리가 사실상 인간의 지각에 있어서 추상화된 관념에 지나지 않는다는 것을 의미한다. 주기파의 주장대로라면 이 세계는 스스로 작동하는, 기로 이루어진 자동 기계에 지나지 않는다. 여기서 리는 아무런 실제적인 기능을 하지 못한다. 그러나 이상정이 지적하듯이, 주기론의 이론적 결함을 병통으로 여겨서 이를 비판하기 위해 리와 기를 대립시켜 각자 발용을 가진다고 주장하는 것도 편향된 것이다. 리와 기는 두 가지로서 구분되지만, 존재론적으로 양자는 긴밀히 결합되어 있어서 "둘이면서 하나이고 하나이면서 둘"이라는 것이다. 리와 기의 긴밀한 결합 구조는 자연계와 인간에 있어 동일하게 적용된다. 이것은 표면적으로 주기파와 유사한 자연주의를 나타내지만, 그보다 훨씬 더 리의 작용성을 강조하는 입장이다.

리는 정결하여 "운동하되 움직임이 없으며, 정지하되 정지함이 없는" 일종의 신비스러운 작용성을 지닌 존재라고 이상정은 말한다. 리는 물질적 사물에 내재하지만 그것에 구속되지 않으며, 소리나 냄새, 형체와 같은 물질적 속성들도 지니지 않는다. 그러나 이러한 리는 실제세계에서 우주 만물의 조화에 근본이 된다. 그가 말하는 리는 사물들에 대해서 초월해 있다고 말할 수는 있겠지만, 결코 기를 초월해 있다고 말할 수는 없다. 이 입장

---

45 李象靖,『大山集』권6,「答權淸臺」, 226_134a. "近世爲理氣之說者, 其主於不相離, 則殆認理爲枯槁死物, 凡動靜闔闢, 皆氣機之自爾, 固失之遠矣. 而病其爲此, 則又若以理爲與氣相對而各自發用, 恐是矯枉過直, 是亦枉而已矣. 是以嘗竊妄意理之與氣, 雖有道器之分, 而其實混合而無間, 故分而爲二而不害其不相離, 合而爲一而不害爲不相雜. 理不可外氣而獨立, 氣不能外理而自行, 天地之造化, 吾心之性情, 固皆如此. 而又須見得此理潔潔淨淨, 動而無動, 靜而無靜, 只在陰陽事物, 而亦不囿於陰陽事物, 初無聲臭影響而實根紐於造化品彙. 必如是兩下勘破, 對待立論, 然後方是周徧圓備, 絶滲漏無病敗. 恐不可各主一見, 互相逃閃, 如左右佩劒之勢也."

은 존재론적인 이기이원론이라고 말할 수 있다. 이상정은 분개와 혼륜의 관점을 포괄하는 관점을 수립하기 위해 리의 존재론적 위상을 강화하고 있는 것이다. 그리고 이러한 존재론적 리로부터 수양의 정당성이 도출된다. 리는 마땅히 이루어야 할 도리로서 인간에게 부여된 것이기 때문이다. "하늘은 온전히 이 도리를 인간에게 부여하였으니, 원래부터 부족하거나 흠이 없다. 일곱 척의 육체는 모두 이 사물일 뿐이다. 만약 [도리를] 유지하고 지켜서 보양하여 일상의 동정에서 넓게 넘치듯 유행하도록 할 수 있다면, 곧 하나의 형해形骸를 지니고 말을 할 수 있는 하늘이 된다. 어찌 쾌활한 것이 아니겠는가?"[46]

결론적으로, 주리파 내에서 이상정의 종합주의와 존재론적 지평은 율곡 학파와의 대치를 지양하고 일부 견해를 수용하려는 입장을 나타낸다. 다음에 살펴볼 이익이 지각론적 입장에서 서학西學의 수용을 마다하지 않는 급진적 경향을 나타낸다고 한다면, 이상정이 주로 비판한 바 있는 권상일 등의 현상유지파는 이황의 주리적 노선을 그대로 따르고 유지하려는 입장이라고 할 수 있다. 이에 비해 이상정은 주기론의 혼륜적 관점을 부분적으로 수용해야 한다는 절충주의적 입장인 것이다. 그러나 이상정의 종합주의와 존재론적 지향성은 절충파와 똑같지는 않다. 왜냐하면 그것은 주리론의 지각론적 분석을 은연중 내포하고 있기 때문이다. 이상정의 종합주의와 존재론은 당시 성리학계가 지각론과 인심도심론을 근본적으로 재검토하도록 하는 데 일정한 기여를 했다고 볼 수 있다.

---

46 李象靖, 『大山集』 권39, 「晩修錄」, 227_248c. "天全以此道理付與人, 元無虧欠. 七尺軀殼, 都只是這物事. 若能持守保養, 使日用動靜洋洋流行, 便是一箇有形骸解言語底天. 豈不是快活?"

2. 이익의 새로운 지각론과 인심도심론

지금까지 이익은 조선 후기의 대표적 실학자로서 많은 조명을 받아왔지만, 여기서는 성리학 특히 주리론의 계보에 있는 그의 지각론과 인심도심론을 분석해볼 것이다. 지각론과 인심도심론을 포함하는 그의 심성철학은 "주희 철학의 계열상에서 그 문제와 이론들을 발전시킨 것"[47]이라 볼 수 있다. 조선 후기 새로운 학풍이란 철학과 과학이 점차 전문화되어 가는 경향을 의미하는데, 그러한 흐름에 따라 이익은 당시의 과학적 성과를 반영하여 새로운 지각론과 인심도심론을 제시하게 되었다는 것이다. 적어도 이 점에서 "성호는 전통적 관점을 완전히 포기하지 않으면서 서양이론을 끊임없이 접목시키려 했다"[48]는 평가도 가능하다. 따라서 당시 서학西學[49]의 영향을 지나치게 과장하지 않는 범위 내에서 고려할 필요가 있다.

문석윤의 연구[50]는 성리학과의 연속성이라는 관점에서 이익을 바라보되 서학의 영향까지 고려한 균형 잡힌 관점을 내보이고 있지만, 이익의 심성론과 주기파의 심성론의 유사성에 관해서는 단지 언급만 했을 뿐이다. 나는 이익의 심성론과 당시 주기파와의 연관성에 좀 더 주목하고자 하며, 특히 지각론에 초점을 맞출 것이다. 지각론은 이익의 심성론에서 핵심을 이룰 뿐 아니라, 주리파와 주기파의 이론적 차이를 드러내는 데 있어서도

---

47 류인희, 「星湖僿說의 철학사상-程朱理學과의 比較硏究」, 『震檀學報』(59), 1985, 175쪽.

48 안영상, 「星湖 李瀷의 四端七情說」, 『동양철학』(11), 2004, 526쪽.

49 '서학'이란 서양으로부터 전래된 천주교와 과학기술을 통칭하는 말이었다. 이익은 천주교에 대해서는 비판적이었던 반면, 서양의 과학기술에 대해서는 호의적이었으며 적극적으로 수용하려는 입장을 나타냈다.

50 문석윤, 「星湖 李瀷의 心說에 관하여-畏庵 李栻의 「堂室銘」에 대한 비판을 중심으로」, 『철학연구』 86, 2009.

결정적인 관건이 되기 때문이다. 먼저 지각론적 맥락에 대해 전반적으로 살펴보고, 당시 지각론적 논의의 중심에 있었던 김창협의 견해도 간략히 살펴볼 필요가 있다.

이익의 새로운 지각론과 인심도심론은 김창협이 심기心氣와 형기形氣의 구분을 통해 주리론을 공격하고 지각과 지督를 분리하여 새로운 주기론적 지각론과 인심도심론을 구성하려 했던 것에 대한 반론으로서의 성격을 띤다. 이 과정에서 도입되는 서양 과학지식은 그러한 대응에 필요한 도구와 단초를 제공하는 역할을 했다. 본론에서는 ① 이익이 심기와 형기의 구분을 수용하고 이를 의학적 지식과 결합함으로써 호발설을 이론적으로 보완하고 체계화하려 했다는 점과 ② 김창협에 의한 지각과 지덕의 구분에 의한 인식과 도덕의 분열을 비판하고 이를 다시 통합함으로써 통합적 지각론의 체계를 재구축했다는 점에 초점을 맞춰 논할 것이다.

1) 지각론적 도덕론의 맥락

우리가 이미 앞서 살펴보았듯이, 이황과 기대승, 이이와 성혼 사이의 유명한 사단칠정과 인심도심에 관한 논변들은 근본적으로 지각 개념에 관련되어 있다. 그러한 논변들은 윤리학적 성격을 나타냄과 동시에 인식론적 연관성을 지닌다는 것이다. 이는 사단칠정논변이 윤리학과 인식론의 상호 긴밀한 연관 구조를 지니고 있음을 말해준다. 일찍이 주희는 「중용장구서」에서 인심과 도심을 마음의 인지cognition 기능을 뜻하는 지각 개념으로써 설명했다.[51] 즉, 주희는 도덕적 의식으로서 도심과 일반적 감각과 감정으

---

51 朱熹, 『朱文公文集』 권75, 「中庸章句序」.

로서의 인심은 지각된 내용의 차이 때문에 구분되는 것이라고 설명했던 것이고, 이로써 도덕철학으로서의 "인심도심론을 지각론적으로 정립함으로써 인식론과 윤리학의 통합적 구조를"[52] 이루게 되었던 것이다.

주희에 의하면, 지각이란 구비하고 있는 본성으로부터 실제적 의식을 일으키는 마음의 인지 기능 전체를 가리킨다. 지각 기능에 의해 주체인 마음은 외부 대상을 감각하고 감정이나 느낌을 일으키며, 또 이성적 추리를 통해 도덕적 규칙이나 자연법칙까지 인식할 수 있다.[53] 지각이 생길 때 곧 발생하는 의도나 의욕[意]이 마음의 실천적 기능이라면, 지각은 마음의 인식적 기능에 해당된다. 이러한 지각 기능은 리와 기라는 두 요소의 결합에 의해 이루어지는데, 이때 리는 지각의 합리적 형식과 내용을 부여하는 요소인 반면 기는 육체와 감각기관, 그리고 외물로부터의 감각적 질료sense data를 모두 의미한다. 주목할 점은, 주희가 이와 같은 지각 작용을 전체적으로 운용하는 원리나 덕은 지智, 지성라고 설명했다는 것이다. 이는 주희가 리와 기라는 지각의 두 요소 중에서 궁극적으로 리를 중시하는 입장임을 말해준다. 이 같은 지각론적 맥락은 사단칠정논변에서도 지속되는데, 이황은 지가 지각 작용을 총괄적으로 관장한다고 봄으로써 리를 중시하는 이성주의적주리적 입장을 계승한 반면, 기대승과 이이는 심기心氣의 지각 능력에 주목함으로써 기를 중시하는 경험론적주기적의 입장을 새로이 정립했던 것이다.

52 　김우형, 「주희 인심도심론의 윤리학적 성격에 대한 고찰」, 184쪽.
53 　이 점에서 '지각' 개념은 감각지각(sense perception)에 한정되지 않는다는 점에 유의할 필요가 있다. 지각은 인지(cognition) 작용 일반을 폭넓게 가리키며, 그것에는 사물의 법칙에 대한 인식과 그 가능 이유에 대한 자각 같은 고차원적인 기능까지 모두 포함된다. 이에 대해서는 다음을 참조. 김우형, 『주희철학의 인식론』, 36~37쪽.

이황은 사단과 칠정을 근원적으로 다른 감정이라고 구분한 뒤 이를 각각 도심과 인심에 해당시켰다. 그는 지각 내용이 서로 다른 것으로서 자각된다고 보았기 때문에, 사단도심과 칠정인심을 근원소종래에서부터 다르다고 주장했다. 즉, 사단도심은 내적 도덕이성에서 발출된 양심양지이나 법칙을 따라야 한다는 당위의식이기 때문에, 대상에 대한 감각 질료로부터 촉발된 육체적 감각과 감정으로서의 칠정인심과는 구별되어야 한다는 것이다. 이런 맥락에서 이황은 지각의 도덕적 내용은 도덕이성의 원리로부터 나오고 그 밖의 일반적 감각과 감정의 내용은 육체적 형기形氣로부터 나온다는 것을 함축하는 명제, 즉 "사단은 리가 발하여 기가 따르고, 칠정은 기가 발하여 리가 탄다"는 호발설을 제창했던 것이다.

반면 이이는 모든 지각은 "기가 발현하고 리가 타는 하나의 경로"를 통해서만 성립되는 것이므로, 사단과 칠정의 지각 내용의 차이는 자각될 수 없다고 주장한다. 이에 대해 성혼이 주희의 「중용장구서」의 인심도심의 윤리학과 이황의 호발설의 상통성을 지적하자, 이이는 칠정이 사단을 포함하는 것과 달리 인심과 도심은 '계산하고 비교하여 따지는' 의意의 기능이 더해져야 성립되는 것으로서 대립적 관계로 설명 가능하다고 답했다. 리는 단지 기가 발동하여 지각 작용을 일으키는 형식적 원리일 뿐 도덕적 당위의식을 일으키는 원인이 되지 못하기 때문에, 결국 발현된 감정이 외적 규범[예]에 부합하는지의 중절과 과불급의 여부에 의해 인심과 도심, 선과 악이 결정된다는 것이다. 이는 일종의 결과주의적 윤리학의 입장으로서, 선험적인 도덕성을 신뢰하고 내적 동기나 의무감을 중시하는 주희나 이황의 입장과는 양립 불가능한 것이다. 동기주의와 결과주의라고 하는 이러한 두 윤리학적 입장은 근본적으로 상반된 지각론적 입장에서 야기된 것이라 하겠다.

조선 후기에 이르러 송시열은 두 차례의 전란을 치룬 조선사회를 이념적으로 통일시키고자 주자주의朱子主義라는 이데올로기를 구축해야 할 필요성을 느꼈고, 그것을 이룰 관건으로서 지각의 문제에 주목하게 된다. 즉, 이황과 이이의 상반된 입장의 통일은 지각론에 달려 있음을 깨달았던 것이다. 그러나 송시열은 이이의 결과론을 일관되게 확장하였을 뿐 통합적 지각론을 세우는 데 실패했다. 김창협은 송시열의 이 같은 문제의식을 계승하여 지각론의 두 입장을 통합하는 과제를 부여받았다. 그것은 이이의 '마음의 지각[心知]'을 중심으로 이황의 '지의 작용으로서의 지각[智知]'을 통합하는 일이다. 김창협은 기본적으로 이이나 송시열처럼 지각을 "기가 발하여 리가 올라타는" 하나의 경로를 따라 일어나는 마음의 작용으로 간주한다. 다만, 김창협은 심기心氣와 형기形氣의 구분을 최초로 언급함으로써 이황을 비판하는 새로운 전기를 마련한다.[54]

생각건대 퇴계가 말한 리와 기는 심중에 보존된 리와 기로써 말한 것이고, 주자가 말한 성명과 형기는 사람이 태어나서 갖춘 본성과 형체로써 말한 것이다. 리와 성명은 다름이 없다. 그러나 저 기氣와 형기形氣의 경우는 크게 같지 않다. 이른바 형기란 오로지 이목구비·사지백체 따위를 가리킨다. 퇴계의 이른바 리발·기발이라는 것은 사단칠정이 생함에 어떤 것은 마음속의 리에서 발하고 어떤 것은 마음속의 기에서 발한다는 것을 말하며, 주자가 말한 혹생或生·혹원或原은 마음의 텅 비고 신령하여 지각 작용할 때에 어떤 것은 형기

---

54 김창협이 심기와 형기를 구분한 것에 대해서는 문석윤, 「星湖 李瀷의 心說에 관하여-畏庵 李栻의 「堂室銘」에 대한 비판을 중심으로」, 28쪽 참조.

를 위해서 발하고 어떤 것은 성명을 위해서 발한다는 것을 말한다. 율곡은 일찍이 이와 같이 명백하게 설파하지 못했기 때문에 끝내 우계의 의심을 풀어줄 수 없었던 것이다.[55]

심기와 형기의 구분을 통해 김창협은 이황의 호발설이 주희의 지각론과 미묘하게 다르다는 점을 말하고 있다. 이황의 호발설이 가리키는 것은 마음의 리와 기이고, 반면 주희가 「중용장구서」에서 말한 성명과 형기는 인간의 본성과 육체를 지시한다는 것이다. 여기서 마음의 리와 본성은 같은 것이지만, 심기와 형기의 차이는 명백히 다르다고 보아야 한다. 호발설은 마음 차원에서 말한 것이지만, 주희의 설명은 이이가 말한 것처럼 지각 작용이 형기를 위하거나 성명을 목적으로 하여 발동하는 경우를 의미한다는 것이다. 말하자면, 이황의 호발설은 주희의 지각론과 인심도심론을 올바로 이해하지 못한 것이다. 그런데 김창협은 위의 인용문을 통해 그 이상의 것을 암시하고 있다. 즉 심기가 관련되는 인식의 영역과 형기에 관련된 도덕의 영역은 구분되어야 한다는 것이다. 김창협에 의하면, '텅 비고 신령하여 지각 작용함'은 심기가 스스로 작동하는 것이므로 지각의 원리를 따로 설정할 필요가 없다. 따라서 지智는 더 이상 지각을 관장하는 원리로 간주될 수 없으며, '지의 작용으로서의 지각'은 부정된다. 김창협은 "허령한 기는 스스로 지각할 수 있으니, 처음부터 인·의·예·지의 일과 관계

55 金昌協, 『農巖別集』(韓國文集總刊本), 서울 : 民族文化推進會, 1996, 「語錄」, 162_559b. "蓋退溪所謂理氣, 以心中所存之理與氣言之也, 朱子所謂性命形氣, 以人生所其之性與形言之也. 理與性命則無以異矣. 若夫氣與形氣則大不同. 所謂形氣者, 專指耳目口鼻四肢百體之屬也. 退溪之所謂理發氣發者, 謂四端七情之生, 或發於心中之理, 或發於心中之氣也, 朱子所謂或生或原者, 謂心之虛靈知覺, 或爲形氣而發, 或爲性命而發也. 栗谷未嘗如此明白說破, 故終不能解牛溪之所疑也."

되지 않는다"[56]고 말함으로써 지각과 인·의·예·지의 원리를 분리시켰던 것이다. 그리고 이는 곧 "인식과 도덕의 분열"을 함축하는 것이다.

다만, 김창협은 선천적으로 내재하는 도덕적 본성을 승인하고 그 원리를 자각할 수 있다고 봄으로써 이이나 송시열의 결과주의와 외재주의로부터 거리를 둔다. 여기서 결과주의란 심적 발현의 결과물이 외재하는 객관적 규범으로서 예의 절목에 부합하느냐中節 그렇지 못하느냐不中節에 따라 도덕적 선악이 결정된다는 것을 말하며, 이 점에서 외재주의란 도덕의 기준이 외부에 있는 규범이나 규칙예에 있다는 것을 뜻한다. 결과주의와 외재주의로부터 거리를 둔 김창협의 견해는 '퇴율절충론'이라고도 칭해지는데, 그 핵심은 이황과 이이의 지각론적 두 입장을 통합함으로써 새로운 도덕학설을 수립하려는 데 있다. 다시 말해서, 김창협은 궁극적으로 이이의 주기론을 완전히 벗어나지 않았으며 그것에 입각해서 새로운 심리학적 인심도심론을 수립하게 되는 것이다. 요컨대, 심기와 형기의 구분은 이이의 주기론적 관점을 중심으로 이황의 호발설을 흡수하고 통합하기 위해 고안된 것이며, 결과적으로 지각과 지, 인식과 도덕의 분열이 야기되었던 것이다. 김창협의 견해는 당시 사상계에서 뜨거운 감자로 떠올랐는데, 주리파인 이익의 심성론은 기본적으로 김창협의 보강된 주기론에 대한 대응을 의미한다.

2) 지각의 인식적 작용

근본적으로, 이익은 사단칠정에 대한 논의가 인심도심에 관한 논의에

---

[56] 金昌協, 『農巖集』 권13, 「與李同甫」(丙戌), 161_560d. "蓋曰氣之虛靈, 自會知覺, 初不干仁義禮智事也."

포함된다고 보며, 그것을 지각의 관점에서 다룬다. 사단과 칠정의 차이를 인심과 도심처럼 지각된 내용의 차이로써 구분하기 때문이다. 예를 들어, 사단은 칠정 중의 선한 감정과는 본질적으로 다른 것으로서 순수하게 천리가 발현된 것이라고 주장하면서 사단과 칠정의 차이를 지각 내용의 차이로써 논증하고 있다.[57] 그는 사단은 도심에 속하고 칠정은 인심에 속한다고 보되, 사단도심은 리발로 칠정인심은 기발로 구분할 수 있다고 주장한다.[58] 그것들은 모두 즉각적인 감정이나 심적 상태이지만, 사단도심과 칠정인심의 차이는 공적인 도덕이성이 그대로 발현했느냐 아니면 사적인 형기가 개입되었느냐에 달려 있다.[59] 즉, 리발로서의 사단도심은 마땅히 그래야 하는 공적 원리나 법칙을 자각한 당위의식에 해당되고, 기발로서의 칠정인심은 개인의 육체적 감각이나 욕구, 감정을 자각한 상태이다. 따라서 지각 내용에 따라 사단도심은 리발, 칠정인심은 기발로서 구분되어야 한다는 것이다. 이 점에서 이익의 견해는 이황의 호발설을 추종하고 계승한 것임은 말할 필요도 없다.

57　李瀷, 『四七新編』, 제7편 「四七有異義」. "孟子所謂四端, 別是一說, 除七情善一邊, 又有粹然天理之發. (⋯중략⋯) 彼蠢蠢飛走者, 莫不有知覺之情, 知覺非獨氣之爲也. 其亦必在中之理, 感於形氣, 而能成此知覺也. 然而謂之塞者, 理因形氣之私而發, 故非復粹然天理之發也." 이익은 35세경 『사칠신편』을 지었는데 만년까지 공개하지 않았으며, 계속 수정을 거듭했다. 번역은 이상익 역주, 『사칠신편』, 서울 : 다운샘, 1999를 부분적으로 참조하였다.

58　李瀷, 『四七新編』, 제8편 「七情便是人心」. "『서경』에서 '인심은 오직 위태롭고 도심은 오직 은미하다'라 하였으니, 이는 사단칠정이 말미암아 나오게 된 이유이다. 인심도심은 정이 아님이 없고, 사단칠정도 정이 아님이 없다.(『書』曰, '人心惟危, 道心惟微,' 此四七之所由起也. 人心道心莫非情也, 四端七情莫非情也.)"; 이상익, 「星湖 李瀷의 四端七情論-「사칠신편」을 중심으로, 퇴계·율곡과 관련하여」, 『한국사상과 문화』4, 1999, 245쪽 참조.

59　李瀷, 『四七新編』, 제8편 「七情便是人心」. "나의 본성이 외물에 감응하여 움직이되 나의 형기와는 상관없는 것은 리발에 속하고, 외물이 나의 형기에 접촉한 이후 나의 본성이 비로소 감응하여 움직인 것은 기발에 속한다(吾性感於外物而動, 而不與吾形氣相干者, 屬之理發, 外物觸吾形氣, 而後吾性始感而動者, 屬之氣發)."

그러나 이익은 한편으로 이황과 다른 측면을 내보인다. 이황이 인간의 지각을 일종의 초월적인 능력처럼 보는 데 비해, 이익은 자연적이고 심리적인 특성을 중시하는 경향이 있다.[60] 예를 들어, 이익은 "칠정은 배우지 않고도 능하다. (···중략···) 그러나 사단의 경우는, 배우지 않고도 능한 것이 아니다"[61]라고 말한다. 비록 이 말은 자기 계발에 있어 학습과 수양의 필요성을 강조한 것이지만, 일반적인 지각 작용의 자연적인 성격을 말하고 있기도 하다. 만약 자연적인 지각이 계속 억압되고 속박당한다면 즉각적 도덕감정인 사단조차 끝내 사라질 것이다. 지각의 보다 발전된 양상으로의 구현은 학습과 수양에 달려 있지만, 근본적으로 지각은 신체에 연결된 심리적 구조에 의존해 있다.[62] 이익은 주기론의 자연주의와 심리학주의를 상당한 정도로 수용하고 있다.

더구나 이익은 지각의 과정에 대해서도 근본적 재검토를 통해 이황과의 차별성을 드러낸다.[63] 즉 리와 기의 결합에 의해 성립되는 지각의 과정은 반드시 "리가 발현하되 기가 따른다"라고 하는 한 가지 경로를 통과한다. 이는 칠정이든 사단이든 모두 사유와 인식의 기초로서 지각의 원리에 의해 심기심리학적 기운가 통제되는 과정을 거쳐서 마음의 리가 자각됨을 의미한다.

---

60 이익은 종종 機栝(심리적 기제라는 뜻)이라는 말을 사용하는데, 이는 율곡학파로부터의 영향이다.

61 李瀷, 『四七新編』, 제4편 「聖賢之七情」; 이상익 역주, 『사칠신편』, 33쪽.

62 이익 심론에서 개체성과 신체성을 중시하는 경향은, 37세 때 李栻(1659~1729, 畏庵)과의 논쟁에서 이미 드러나고 있다. 이에 관해서는 문석윤, 「星湖 李瀷의 心說에 관하여-畏庵 李栻의 「堂室銘」에 대한 비판을 중심으로」, 5~20쪽 참조.

63 안영상은 이를 "互發說과 相須說의 지양"이라는 관점에서 다루고 있다(「星湖 李瀷의 四端七情說」, 41쪽). 그러나 지각 과정에 관련하여 호발설을 정합적으로 설명함으로써 논리적 일관성을 보강하려는 것이 이익의 근본 의도였다.

사단과 칠정은 어느 것이 리발이 아니겠는가? 말미암는 이유의 구분으로써 말하면, 외물이 감하여 이 리가 곧 응하니, 처음에 형기의 매개가 없는 것은 사단이라 한다. 외물이 형기에 접촉하여 형기가 매개가 되고 리가 이에 반응한 것은 칠정이라 한다. 리가 반응한 이후부터 보면, 모두 리가 기를 제어하여 움직인다. 리가 반응하기 이전으로부터 보면, 칠정은 본디 형기가 매개가 되는 것으로 말미암으니, 사단은 그렇지 않다.[64]

이익의 '리발기수일로설'은 "기가 발현하되 리가 올라타는 하나의 경로만이 있다"는 것을 종지로 하는 주기론과는 완전히 상반되는 입장을 나타낸다. 사단이든 칠정이든 모두 원론적으로는 리가 발하여 심기가 그것을 따르는 하나의 과정을 통해 지각이 이루어진다는 것이다. 다만, 유의할 점은, 칠정의 경우 이에 앞서 육체적 형기가 매개가 되어 감각적 욕구에 휘말리는 과정이 추가된다는 것이다. 이익은 "사단에는 없고 칠정에 있는 것으로부터 보면, 칠정의 근본은 다만 형기의 사사로움에서 발한 것"[65]이라고 말한다. 즉, 칠정은 감각적 욕구의 충동이 주된 내용이 되어 기발이라고 칭할 수 있다는 것이다. 나중에 다시 설명하겠지만, 서양의학을 수용하면서 형기의 '매개'는 감각 지각sense perception에 필수적인 것으로서 용인되지만, 형기의 매개 과정에서 감각적 욕구에 휩싸이는 단계는 칠정에서만 이루어진다고 보는 견해는 유지된다. 요컨대, 사단은 형기의 방해 없

---

64 李瀷, 『四七新編』, 附錄 「讀李栗谷書記疑」. "四端七情, 孰非理發? 以其緣由之分言, 則外物感, 而此理便應, 初無形氣之媒者, 謂之四端. 外物觸於形氣, 形氣爲媒, 而理於是應者, 謂之七情. 自理應以後看, 則均是理御氣而動, 自理應以前看, 則七情本因形氣之爲媒, 而四端不然矣."

65 李瀷, 『四七新編』, 제7「四七有異義」; 이상익 역주, 『사칠신편』, 56쪽.

이 발한 것으로서 '리발'이라고 하는 반면, 칠정은 형기의 충동이 개입된 것이므로 '기발'이라 말할 수 있다는 것이다. 이는 김창협의 심기와 형기의 구분을 받아들였음을 의미한다. 이 점은 이익이 61세 때 신후담愼後聃, 1702~1762의 제안을 전격적으로 수용해서 이황의 호발설의 명제를 심기와 형기로써 나누어 설명했던 「중발重跋」에 분명하게 드러나 있다.

> 사단과 칠정의 리발과 기발은 지극하다. 사단은 형기에 말미암지 않고 곧바로 발하므로 리발에 소속시킨다. 칠정은 리가 형기로 인하여 발한 것이므로 기발에 소속시킨다. 저 기발은 또한 어찌 일찍이 리가 발한 것이 아니겠는가? 퇴계에 이르러서 리발기수·기발이승의 논의가 있었다. 기수의 기는 심에 속하는 것이고, 기발의 기는 형기에 속하는 것이다. (…중략…) 그러므로 나는 '리발기수는 사단과 칠정이 같은 것이다. 그런데 칠정은 리발 위에 다시 한 층의 묘맥이 있는 것이니, 이른바 사사로운 형기가 이것이다'라고 말했던 것이다. 이러한 뜻은 내 친구 신이로愼耳老, 신후담가 얻었다.[66]

위의 인용문에서 이익은 형기를 끌어들임으로써 사단과 칠정을 도덕적으로 명료히 구분하고 있음을 알 수 있다. 그는 1715년 『사칠신편』의 초고를 완성한 이후 줄곧 수정하였는데, 심기와 형기의 구분 문제는 그 주요 이유 가운데 하나였을 것이다. 이익은 1741년 신후담에게 보내는 답신에서 『사칠신편』의 원고를 쓸 때 이 문제를 고려했음을 거듭 밝히고 있기 때문이다.

---

[66] 李瀷, 『四七新編』, 「重跋」; 이상익 역주, 『사칠신편』, 167~168쪽.

이 단락[67]은 알아낸 것이 탁월하니 깊이 공경하고 감탄하는 바입니다. 그러나 나의 설을 [퇴계와] 똑같이 귀결된다고 여기신 것은 아마 살피지 못한 것일 것입니다. 내가 주장한 것의 경계는 오로지 여기에 달려 있습니다. [『사칠신편』에서] '리가 발하여 기가 따른다는 것은 사단과 칠정이 똑같이 그러하다. 칠정의 기발의 경우는, 리가 발하여 기가 따른다는 것 위에 다시 한 층의 묘맥이 있다'라고 말한 것이 이것입니다. 여기서의 기는 형기이니, 리가 발하여 기가 따르는 과정에 의한 '기'와는 같지 않습니다. [칠정은] 리가 발하여 기가 따른다의 지각이 형기로 인하여 발현했다는 말입니다. 근래에 어떤 이에게 답한 편지에서 '기에는 대소가 있다. 형기의 기는 몸에 속하고 기수氣隨의 기는 심에 속한다. 형은 크고 심은 작다'라 한 바 있습니다.[68] 이는 이전에 비해 더욱 정밀해진 것이니, 원컨대 다시 들어가 생각해보시기 바랍니다.[69]

이익은 신후담이 문제를 제기하기 이전부터 이미 이황의 호발설의 명제를 심기와 형기로 구분하여 설명할 필요를 느끼고 있었으며, 이는 김창협의 견해를 일찍이 인지하고 있었음을 암시한다. 그러나 이익은 심기와 형기의 구분을 단순히 받아들이는 것에 그치지 않고, 김창협의 주장에 대해

---

67 李瀷, 『星湖全集』(韓國文集總刊本) 권23, 서울 : 民族文化推進會, 1997, 「答愼耳老(辛酉)」, 198_472b. "보내주신 편지에서 말하였습니다. '사단의 발한 곳에서 타는 바의 기는 지각의 기이고 칠정의 기발은 형기의 기이니, 두 氣자가 주로 하는 것은 본디 다릅니다. 그러나 퇴계의 이기 상수의 설로부터 혼란됨을 면치 못하였습니다'(來諭云, '四端發處所乘之氣, 是知覺之氣, 七情氣發, 是形氣之氣, 兩氣字所主本異, 而自退溪理氣相須之說, 未免混淪')."
68 李瀷, 『星湖全集』권17, 「答吳汝謙(庚申)」을 말한다.
69 李瀷, 『星湖全集』권23, 「答愼耳老(辛酉)」, 198_472b-c. "此段見得卓然, 深所欽歎, 又以鄙說爲同歸, 抑其未察矣, 瀷所主張分界, 專在乎此, 其曰理發氣隨, 四七同然, 若七情之氣發則於理發氣隨上更有一層苗脈者是也, 這氣也是形氣也, 與理發氣隨之氣不同, 謂理發氣隨之知覺, 因形氣而發也, 近有答人書云氣有大小, 形氣之氣屬之身, 氣隨之氣屬之心, 形大而心小也, 比前加密, 願更入思議焉."

반박하는 논증을 개발해나갔다. 예를 들어, 그는 심기와 형기의 구분을 '기에 크고 작음이 있다'는 자신의 학설에 연계시킨다. 즉 형기는 온 몸을 유행하는 '큰 기大氣'라면 심기는 심장에 근거하되 지각 기능을 담당하는 '작은 기小氣'라는 것이다. 흥미로운 점은, 작은 기로서의 심기가 큰 기인 형기와 상호 연결되어 있어서 형기를 매개로 외부 세계와 감응한다는 점이다. 이익은 말한다. "기란 일신 안에서 혼륜한 기가 있고 심장에서 운용하는 기가 있으니, 비록 동일한 기이지만 크고 작은 구별이 있으니, 단지 심장만이 아니라 머리나 눈 따위도 모두 그러합니다."[70] 심장의 기만 '작은 기'가 되는 것이 아니라, 인체의 장기들이 모두 '작은 기'가 될 수 있다. 장기들의 '작은 기'는 형기 안에서 '혼륜하게' 뒤얽혀 상호 연동되어 있으면서도 각각 개별적인 기능을 갖는다는 발상을 나타낸다.[71] 즉, 육체의 감각 기관들은 감각 지각을 담당하되 심기와 연결되어 있는 것이다. 따라서 이익이 윤리학적 맥락에서 칠정을 형기의 매개로써 설명했을 때, 인식론적 맥락에서는 형기의 매개에 의한 감각 지각의 과정을 상정하고 있었던 것이다. 다시 말해서, "리가 발하여 기가 따른다"는 지각 형성 단계에 앞서 "기가 발하여 리가 올라탄다"는 육체적 욕구와 감정의 촉발 단계가 있을 수 있는데, 이에 앞서 형기의 매개로 인한 감각 지각의 단계를 설정하고 있다는 것이다. 이익은 다음처럼 설명한다.

---

70 李瀷, 『星湖全集』 권17, 「答李汝謙(庚申)」, 198_358B. "氣者有一身混淪之氣, 有心臟運用之氣, 雖同一氣也, 而有大小之別, 不但心也, 凡頭目之類皆然."
71 김선희, 「신체성, 일상성, 실천성, 공공성 – 성호 이익의 심학(心學)」, 『한국실학연구』(28), 2014, 84쪽. 단, 김선희는 이를 서양의학에만 연결시켜 파악하였는데, 사실 이익은 김창협이 형기와 심기를 구분한 것을 반박하기 위해 서양의학을 끌어들인 것이다.

귀는 듣고, 눈은 보고, 마음은 지각함이 있다. 들으면 소리인 줄 알고, 보면 무슨 색인 줄 알지만, 사랑하고 미워하는 정情에 흔들리지 않으면, 이런 마음은 정靜이라 해도 무방하다. 고요함은 미발未發이다. (…중략…) 마음이란 본래 영명靈明하여 마치 사물이 거울에 비치는 것과 같으니, 어찌 흑백黑白과 방원方圓을 알지 못하게 할 수 있겠는가? 그 흑백과 방원임을 알지만 사랑하고 미워하는 정情이 싹트지 않는다면 미발이 됨에 무슨 방해가 있겠는가? 사물事物이 와서 곧 이발已發을 이루면, 마음에 미발의 때는 없는 것이다. (…중략…) 어떤 사물이 오지 않은 경우도 마땅히 지각의 이치가 원래 있다고 말해야 하며, 어떤 사물이 이미 닥쳐왔다면 백白은 백임을 알고 흑黑은 흑임을 아는 것은 모두 움직이기 전에 있으며, 그 이후에 바야흐로 백과 흑이 무슨 물건이며 무슨 명칭을 가졌고 어떻게 존재하고 어떻게 처리할지 생각하는 것을 곧 발현發이라 이른다. 발은 동動인데, 무엇을 생각하고 헤아리기 전에는 비록 알고 깨닫는 것이 있다 하더라도 마음은 그대로 고요할 뿐인 것이다.[72]

위의 인용문에 따르면, 마음의 '발동[發]'이란 어떤 대상의 순수한 감각적 인지에 근거해서 느낌과 감정이 일어나고 생각이 생겨나는 작용에 해당한다. 전체적인 마음의 지각 기능은 발동하지 않은 단계인 '미발'과 이미 발동한 단계인 '이발'의 두 국면으로 나뉠 수 있다. '미발'이란 어떤 사물이 하얗다든가 검다든가 하는 것을 아는 것과 같이 단순히 감각적으로

---

72 李瀷, 『星湖僿說』 권24, 「知覺」, 7a. "耳有聞, 目有見, 而心有知覺. 聞而知其爲聲, 見而知其爲色, 心未甞動愛惡之情, 如此者不害爲靜. 靜便是未發. (…중략…) 心本靈明, 如物之照鏡, 寧可使不知其白黑方圓耶? 知其爲白黑方圓, 而不萌愛惡之情, 何害爲未發? 物來而便成已發, 則是心未有未發時節矣. (…중략…) 如物之未來, 當云知覺之理自在, 物既来矣, 白便知白, 黑便知黑, 皆在未動之前, 然後方始思量白黑之何物何名何以有何以處, 是之謂發. 發者動也, 當其未思量之前, 雖有知覺, 心固寂然矣."

지각하는 것을 가리킨다. '이발'은 다시 감각 지각에 근거해서 감정이나 욕구가 촉발하는 단계와 생각에 의해 개념화 혹은 원리적 인식이 형성되는 단계로 나뉠 수 있다. 전자는 기가 발동한 것이고 후자는 리가 발동한 것이다. '미발'을 육체적 감각 기관의 매개에 의해 대상을 인지하는 감각 지각의 단계로 간주한 것은 독특한 견해이다.[73]

이처럼 이익이 '미발'을 형기로서의 감각 기관들의 중매에 의한 감각 지각의 단계로 설정했다는 점은 당시 그가 접한 서양 의학 지식과 관련되어 있다. 일찍이 이익은 아담 샬Adam Schall, 중국명 湯若望, 1591~1666의 『주제군징 主制群徵』에 소개된 서양의학에 관심이 많았으며, 『성호사설유선』에 실려 있는 「서국의西國醫」라는 글에서 그 일부를 소개하고 설명한 바 있다. 거기서 이익은 '동각지기動覺之氣'[74]라는 반사적 운동과 감각 지각에 관련되는 형기가 뇌에 의해 총괄된다는 학설에 주목하면서 그것을 받아들이고 있다. 이익은 다음처럼 말한다. "힘줄과 신경의 힘은 몸의 수 백가지 부분을 운용할 수 있으니, 그 운동의 기는 뇌에서 말미암는 것이 분명하다. 다만 하나의 '각'자를 첨가한 것은 유가의 설과는 같지 않다. 그러나 육체는 힘

---

73 비록 주희도 '이발'로서의 지각을 얕은 단계의 감각 지각과 깊은 단계의 인식 두 단계로 나눈 바 있지만, 이익처럼 '미발'을 감각지각으로 생각하지는 않았다. 주희는 미발이 의식 불명의 상태는 아니지만 대상의 지각은 일어나지 않은 상태로 보았다.

74 '동각지기'는 'psychic pneuma'의 번역어인데, 반사 행동이나 감각에 관련된 생리적인 물질이나 에너지를 뜻한다. '프네우마'는 고대 그리스어로 '숨'을 뜻하며, 심리학적 실체를 가리키는 '프쉬케(psyche, 마음)'와는 구별된다. 이 점에서 프네우마와 프쉬케의 구분은 형기와 심기의 구분과 유사하다. '동각지기'는 뇌에 의해 형성되고 통제되는 반면, '체성지기'(體性之氣, 'natural pneuma'의 번역어)와 '생양지기'(生養之氣, 'vital pneuma'의 번역어)는 각각 간과 심장에 관련된다. 아담 샬은 다음처럼 번역하고 있다. "이 액(프네우마)의 약 10~20%는 중추 신경으로부터 뇌로 들어가는데, 다시 변하여 더욱 미세해지고 더욱 정밀해져서 동각지기가 된다. 그것은 다섯 감각 기관과 사지가 감각하고 운동하도록 하여 각각 나뉜 기능을 행한다(又此露一二分, 從大絡升入腦中, 又變愈細愈精, 以爲動覺之氣, 乃令五官四體動覺, 各得其分矣)."(『主制群徵』卷上, 五「以人身向徵」)

줄과 신경에 연결되어 있고 힘줄과 신경은 육체에 묶여있으니, 외물이 육체와 접촉할 때 육체가 곧 놀라 움직이는 것은 힘줄과 신경이 하는 것이 아니라면 무엇이겠는가? 힘줄과 신경은 스스로 느끼는 것이 아니라 뇌가 있기 때문이니, 사물이 접촉할 때 생각함을 기다리지 않고 곧 놀라 움직이는 것은 뇌가 하는 것이다. 사물이 접촉하여 그러한 사태가 있음을 아는 것은 마음이다. 그러한 즉 감각은 뇌에 달려 있고 지각은 마음에 달려 있으니, 그 이치는 또한 마땅할 뿐이다."[75] 즉 감정과 사유 이전의 즉각적 감각이나 반사운동을 담당하는 기관은 뇌라고 봄으로써 그는 육체적 형기가 미발의 지각 단계를 담당한다고 생각했던 것이다. 그럼에도 불구하고, 이익은 반사 운동과 감각 지각을 포함한 총체적인 지각 작용을 심장에 근거한 심기가 주재해야 한다고 주장했다.

오늘날 반사 운동은 척수가 담당하되, 감각 지각을 종합하고 사유하는 고차원적인 의식은 모두 뇌에 의존해 있다는 사실이 밝혀졌지만, 형기와 심기의 관계 문제에 골몰해 있던 이익에게 당시 『주제군징』의 의학적 학설들은 과학적 근거로 여겨졌음이 분명하다. 이익은 서양의학 지식에 근거하여 '미발'을 형기에 의해 매개된 감각 지각의 단계로 해석했던 것이다. 리에 의한 개념적 원리적 인식으로서 '이발已發'의 지각은 두 단계로 이루어지는데, '기발'이 형기의 개입에 의한 사적인 감정과 욕구의 촉발인심을 가리키는 반면, '리발'은 형기가 방해하는 단계를 건너뛰어서 곧바로 도덕이성에 근원한 준칙을 자각하는 당위의식道心에 해당된다고 설명했던

---

75 李瀷, 『星湖僿說類選』(京城 : 文光書林, 1929) 권5下, 「西國醫」, 23. "筋之力可以運用百體, 則其動氣之由乎腦, 明矣. 但添一覺者, 與儒家說不同. 然肉連於筋, 筋爲肉繫, 外物觸肉, 肉便惕動者, 非筋而何? 筋非自覺, 有腦故物觸之時, 不待思量, 便卽惕動者, 腦之爲也. 知其有物觸而然者, 心也. 然則覺在腦, 而知在心, 其理亦宜耳."

것이다. 이와 같은 지각의 전 과정은 심장에 근거한 심기가 이성적 원리에 따라 총체적으로 주재하기 때문에, 결국 심기와 형기의 구분은 김창협처럼 인식과 도덕의 분열 대신에 양자 사이의 긴밀한 통합 구조로 귀결된다. 다음 소절에서는 이러한 통합적 지각의 토대이자 도덕적 내용의 근원으로서의 지智에 대해 살펴볼 것이다.

3) 통합적 지각의 토대로서의 지智

이익의 심성 이론의 대략을 알 수 있는 「심설」에서 그는 '심'을 생장지심生長之心, 지각지심知覺之心, 그리고 의리지심義理之心 등 세 가지로 나누어 설명한다. 식물은 생겨나고 성장하며 늙고 죽는 등의 생물학적인 작용만을 가지기 때문에 생장지심만을 지닌다. 반면, 동물은 그러한 생명 작용에 추위와 더위를 알며 살기를 원하고 죽기를 싫어하는 동물적 감각과 욕구로서의 지각이 부가된다. 마지막으로, 인간은 생명 작용과 지각 기능에 다시 도덕적인 마음을 가진다.[76] 마음에 대한 세 가지 분류 방식은 순자荀子의 관점을 수용한 것이고,[77] 지각론에 있어 자연주의와 심리학적 성향은 율곡학과 주기론의 영향임은 이미 언급한 바이다. 그러나 그럼에도 불구하

---

76 李瀷, 『星湖全集』 卷41, 「心說」, 199_240d-241d. 이익에 의하면, 生長之心은 엄밀한 의미에서 심이라 할 수 없다. 마음은 동물 이상의 감성적 존재가 지니는 심장과 이에 연관된 意가 있어야 하기 때문이다. 같은 이유에서 이익은 天地之心도 심이라 할 수 없다고 본다.

77 李瀷, 『星湖全集』 卷41, 「心說」, 199_241b. "荀子曰, '草木有生而無知, 禽獸有知而無義, 人有生有知亦有義', 此已經先儒勘定之論, 見性理大全." 또한 다음을 참조. 『星湖集』, 卷54, 「跋荀子」, "如荀氏此說, 可以表出, 不當以性惡禮僞之謬戾而並掩之也." 안영상은 三心說이 천주교의 三魂說에 많은 영향을 받았다고 보며(「동서문화의 융합・충돌 과정에 나타난 성호학파의 철학적 특징의 일단면-인체관에 나타난 pneuma와 心氣論을 중심으로」, 508쪽), 김선희는 삼혼설을 "수용했다"고까지 말한다(「신체성, 일상성, 실천성, 공공성-성호 이익의 심학(心學)」, 92쪽). 그러나 이익은 삼혼설에 약간의 자극을 받았다고는 할 수 있어도, 그것을 결코 수용한 적이 없다. 그는 영혼불멸을 부정하기 때문이다.

고 그의 지각론과 마찬가지로 이익의 도덕철학적 견해는 율곡학파와 현격히 다르다. 이익은 도심을 천명 혹은 도덕이성의 명령성명에 대한 자각으로 봄으로써 근본적으로 주희와 이황을 따르고 있다.

지각하는 마음은 그것을 알고 그것을 깨달으면 그치므로, 그 작용은 이로움에 나아가고 해로움을 피하는 것에 지나지 않으니, 사람에 있어서는 인심이 이것이다. 사람이 반드시 천명의 소당연을 주재로 삼되 하고자 함이 혹 생존욕구보다 심하고 싫어함이 혹 죽기보다 심한 것은 도심이 이것이다. 그러므로 사람은 초목에 비교하면 똑같이 생장하는 마음을 가지며, 금수에 비교하면 또한 똑같이 지각하는 마음을 가지지만, 그 의리의 마음은 저 초목과 금수가 가지지 못한 것이다. (…중략…) 그러므로 말하길, 사람이란 초목이 생장하고 금수가 지각하는 것은 모두 가지고 있되, 다시 의리의 마음으로 그것을 제어해야 한다.[78]

한편으로 지각 작용은 기본적으로 "이로움에 나아가고 해로움은 피하는" 동물적 성향이나 심리 작용으로서의 인심으로 드러난다. 다른 한편으로 이러한 동일한 지각 기능이 마치 하늘의 명령 같은 '마땅히 그러해야 하는소당연' 준칙을 자각하고 이런 의무감을 일과 행위에 있어서 주재하는 힘으로 삼는 경우가 있으니, 이것이 곧 도덕적 마음으로서의 도심이다. 사

---

[78] 李瀷, 『星湖全集』 卷41, 「心說」, 199_241a-b. "知覺之心, 知之覺之而止, 故其用不過乎趨利避害, 在人則人心是也, 若人者必以天命所當然者爲主宰, 而欲或甚於生, 惡或甚於死則道心是也, 故人者較之於草木而均有生長之心, 較之於禽獸而亦均有知覺之心, 其義理之心則彼草木禽獸所未有也, (…중략…) 故曰人也者, 草木之生長, 禽獸之知覺, 並有而又御之以義理之心焉."

람은 이러한 도심으로 인심을 통제해야 한다는 것이다. 당위의식으로서 도심의 내용은 심리적인 작용으로서의 인심과는 본질적으로 다른 근원을 가진 것이다. 이익은 하나의 심리적인 기제에서 어떻게 상반된 의식의 두 양태가 성립될 수 있는지 다음처럼 설명한다. "인심과 도심은 진실로 이 두 양태가 있는 것이지만, 이것 외에 다른 마음은 없다. 심心은 본디 오장 가운데 하나이다. 오직 사람과 금수는 그것을 가졌지만, 초목은 처음부터 가지지 않는다. 심은 성을 싣고 있는 것이다. 성은 리이고 심은 기이다. 그 러므로 리가 기를 제어하면, 지각은 리를 따라 리의理義의 마음이 된다. 기 가 치우치고 리가 어두우면 단지 지각하는 마음만이 있어서 금수와 같아 진다."[79]

마음의 지각 기능은 심장에 근거한 심기의 동물적 심리적 작용을 가리 키지만, 심기는 도덕적 함의를 지닌 성리을 싣고 있기 때문에 리로부터 발 현하는 당위준칙을 자각하면 곧 도심이 된다. 반면, 형기에 의해 야기된 심기의 치우침과 어두움 때문에 당위준칙을 자각하지 못하면, 지각은 단 순한 동물적이고 심리적인 작용에 지나지 않게 된다. 당위준칙의 자각 여 부가 인심에서 도심으로의 도약에 관건이 된다고 하겠다. 한편 "성은 리 이고 심은 기"라는 언급에서 주기파의 영향을 발견할 수 있지만, 이익은 심기를 제어할 수 있는 리를 마음의 본체이자 당위준칙의 근원이며 지각 능력을 운용하는 초월적 주재자이자 덕으로 본다는 점에서 그들과 현격 히 다르다.[80] 특히 지智를 지각을 운용하는 덕으로 본 것은 김창협과 대조

---

79 李瀷, 『星湖全集』 卷41, 「心說」, 22a. "人心道心, 固有此兩㨾, 外此無心也, 心本五臟之一, 惟人與禽獸有之, 草木未始有也, 心者載性者也, 性理而心氣, 故理御于氣則知覺循乎理而爲 理義之心, 氣偏理昧則只有知覺之心而同乎禽獸."
80 李瀷, 『星湖僿說』 권14, 「心體」, 49. "성은 하늘에서 나오고 하늘의 주재는 상제라 한다.

된다. 일찍이 지에 대해 호병문胡炳文, 1250~1333, 호는 雲峯은 "지는 마음의 신비롭고 밝음이니, 수많은 이치를 신묘하게 운용하여 만물을 주재하는 것이다"라고 주석을 달았으며, 심귀보沈貴寶, 생년미상는 "지는 천리가 동정하는 기틀을 함유하고 있으며 인사의 시비의 거울을 구비하고 있다"[81]라고 해석을 한 바 있다. 이에 대해 김창협은 다음처럼 비판을 가했다. "내가 생각건대, 이 두 설은 단지 마음의 지각만 말한 것으로서, 지와는 아무 상관이 없다. 지는 곧 마음의 시비의 이치로 확연하여 준칙이 있는 것이고, 지각은 이 마음의 텅 비고 신령한 작용으로서 신묘하여 측량할 수 없는 것이다."[82] 호씨와 심씨의 주석은 단지 마음의 지각을 말한 것이지 지에 대한 설명으로는 적절하지 않다는 것이다. 지는 단지 옳고 그름을 판단하는 데 기준이 되는 도덕적 원리나 준칙일 뿐 지각을 담당하는 원리나 덕이 되는 것이 아니며, 단지 사물을 인지하는 마음의 지각능력이 구현해야 할 목표가 되는 것이다.

이와 달리 이익은 호병문의 주석에 대해 호의적으로 비평하였다. 이익의 문인 중 한 명이 지가 지각의 원리가 아니라 지각 작용처럼 해석되는 문제를 호병문의 주석이 가지고 있다고 질문하자[83] 이익은 다음처럼 답했

인간은 천지의 중을 받아서 태어나니, 일반적으로 동작과 위엄 있는 의례는, 지류가 근원에서 나오는 것과 같이 [거기서] 본체가 드러나니, 잠깐이라도 이것에 소홀하면 한때의 노력이 끝내 실제로 존재하지 않게 된다(性出於天, 天之主宰曰上帝. 人受天地之中以生, 凡動作威儀, 如枝流之於根源, 本體呈露, 少忽於此, 則一時勉行, 終非實有)." 이익은 주희나 이황처럼 마음을 리와 기의 합으로 보되, 그 본체를 리로 간주한 것이다.

81 『大學章句大全』「序」, 小註. "雲峯胡氏曰, '智則心之神明, 所以妙衆理而宰萬物者也.' 番易沈氏云, '智者, 涵天理動靜之機, 具人事是非之鑑.'"

82 金昌協, 『農巖集』 권14, 「答閔彦暉」(丁丑), 162_004b. "竊謂兩說, 只說得心之知覺, 與智字不相干涉. 智乃人心是非之理, 確然而有準則者也. 知覺則此心虛靈之用, 神妙而不可測者也."

83 李瀷, 『星湖全集』 권16, 「答睦士懋」(乙卯(1735)), 198_338b. "질문 : 일찍이 『대학』 서

다. "원래 지각의 원리는 있다. 그러므로 군자는 그것으로부터 그 지각을 다하게 된다. 능히 극진히 하여 지각하는 것은 마음이다. 그러나 그 이치는 성이라 하니, 호운봉의 해석은 그 그릇된 바를 알지 못하겠다."[84] 김창협이 지각의 원리를 부정하는 것과 달리, 이익은 지가 다름 아닌 지각의 원리라고 본 것이다. 이때 지는 형식적인 범주나 원리에 지나지 않는 것은 아니다. 그것은 지각 기능을 운용하여 이치들을 변별하고 당위준칙을 자각하여 행하도록 함으로써 마음의 주재의 근거가 된다.

　　호씨와 심씨의 '지'자에 대한 해석에 이르면, 김창협의 설은 또한 견해가 있는 것 같다. 대개 지란 곧 구별의 이치이니, '별別'자는 또한 사물의 이치를 분별하는 것이다. 호운봉이 말한 '여러 이치들'이란 곧 사물의 이치를 가리키니, 김창협이 '리로써 리를 신묘하게 한다'라고 말한 것은 생각건대 서로 부합하지 않는 것 같다. (…중략…) 호운봉이 말한 '신묘함'과 '주재함'은 비록 지각의 작용이지만, 신묘하게 하고 주재하는 까닭은 지이다. '소이所以' 두 글자를 살펴보면, 또한 공정하고 적절한 듯하다. 그 요체는 단지 '신명' 두 글자에 있다.[85]

문에 나오는 인·의·예·지에 대한 소주를 보았는데, 운봉 호씨가 주자의 뜻을 취하여 '지'자는 이러이러한 의미라고 해석해 놓은 것이 있습니다. 이것은 치지(致知)의 지(知)자를 뜻풀이하는 자리에서 지(智) 자를 풀이한 것으로서, 심(心)과 성(性)의 구분이나 체(體)와 용(用)의 구별이 있을 듯하여 늘 의문을 가져 왔습니다만 그 해답을 찾지 못했습니다. 그런데 근래에 우연히 김창협의『농암집』을 보니 거기에도 이 말을 가지고 사람들과 논변을 한 것이 있었는데, 저의 의견과 아주 똑같았습니다. 그 논변에 대해 어떻게 생각하십니까?(嘗見序中仁義禮智小註雲峯胡氏, 取朱子之意釋智字曰云云, 此是訓致知之知字, 而此乃訓智, 似有心性之分體用之別, 未嘗不致疑, 而亦不得究其說矣. 近來偶見金農嚴集則亦有以此說, 與人辨難, 而適有契於愚見, 未知其所論說何如?)"

84　李瀷,『星湖全集』, 권16,「答睦士懋」(乙卯), 198_338b. "原有知之理, 故君子從而致其知焉, 能致而知者心也, 而其理謂之性, 雲峯之釋, 未見其非."

이익은 김창협이 지를 '변별의 이치'로 해석한 것에는 동의한다. 다만, 김창협은 변별의 원리로서 지에 의해 일반적인 지각 작용이 일어나는 것이 아니라 근본적으로 심기 스스로 지각할 수 있다고 보는 반면, 이익은 변별을 포함한 지각의 모든 작용이 지에 의해 가능해진다고 본다. 이때 지는 외물의 이치와 동일한 것이 아니기 때문에, 호병문의 주석에 대해 "리로써 리를 신묘하게 한다"는 의미로 간주하여 비판했던 김창협은 잘못이라는 것이다. 즉, 지는 지각 작용이 신묘하게 사물의 이치를 변별하고 분류하는 '근거所以'가 되기 때문에, 단순한 외물의 원리에 국한되지 않고 '신명'한 특성을 지닌다는 것이다. 말하자면, 지는 지적인 덕이다. 이런 맥락에서 이익은 『대학혹문』의 지知에 관한 구절도 사실상 지智에 관해 말하고 있는 것이라고 본다.

> 지知와 지智는 비록 분별됨이 있지만, 그 (『대학혹문』의) '여러 이치들을 신묘하게 하고 만물을 주재한다'고 말한 것은[86] 어찌 사덕四德 가운데 하나가 아니겠는가? 『대학혹문』 한 조목은 분명히 '지智'자의 명확한 해석이니, 글자 획의 덧붙이고 빠지는 것으로써 그것을 의심해서는 안 된다.[87]

요컨대, 이익은 지각 능력을 운용하는 근거나 까닭은 바로 초월적인 신

---

85 李瀷, 『星湖全集』, 권16, 「答睦士懋」(乙卯), 198_340c. "至於胡沈智字之釋, 金說亦似有見, 蓋智者卽別之理, 別字亦分別事物之理也, 雲峯所謂衆理者, 乃指事物之理, 則彼所謂以理妙理者, 疑若不相契矣. (…중략…) 雲峯所謂妙與宰者, 雖知覺之用, 而所以妙所以宰則智也, 看'所以'二字, 亦似稱停, 其要只在'神明'二字."

86 朱熹, 『大學或問』 0-6. "若夫知則心之神明, 妙衆理而宰萬物者也."

87 李瀷, 『星湖全集』, 권16, 「答睦士懋」(丙辰), 198_345c. "知與智雖有分別, 其曰'妙衆理而宰萬物者', 豈非四德之一耶? 或問一條, 分明是智字之明釋, 不可以字畫添刪而疑之也."

명한 지혜로서의 지라고 본 것이다. 이익은, 김창협과 달리, 지를 자각해야 할 도덕적 원리에 한정시키지 않고 인식과 도덕을 통괄하는 지각의 원리이자 지적인 덕으로 보았던 것이다. 이익의 지각론적 도덕론은 주기론의 자연주의와 심리학주의를 일부 수용하긴 했지만, 지智가 당위의식의 근원이자 지각 작용 전체를 주재하는 지적인 덕intellectual virtue이라고 보았다는 점에서 그들과 날카롭게 대립되며 주리론의 특성을 단적으로 보여준다고 하겠다. 이익의 이러한 견해는 대체로 주희와 이황의 견해와 궤를 같이 하는 것이며, 지각을 도덕과 분리시켰던 김창협에 대한 구체적 반론이라는 철학사적 위상을 지닌다고 하겠다. 이익에 이르러 주리론적 지각론과 인심도심론은 가장 높은 수준에 이르렀다고 생각된다.

결론적으로, 이익은 18세기 조선에서 철학적 논쟁의 핵심 주제였던 지각과 인심도심의 문제에 대해 새롭고 독창적인 이론을 제시하였다. 김창협은 심기와 형기의 구분을 통해 이황을 비판하고, 이이의 입장을 중심으로 지지智知, 지의 작용으로서의 지각와 심지心知, 심의 작용으로서의 지각라는 지각론의 두 입장을 통합하려 했다. 그는 더 나아가서 지각과 지, 인식과 도덕을 분리시켰다. 이에 대해 이익은 심기와 형기의 구분을 수용하면서도 그러한 구분을 통해 호발설을 좀 더 정합적이고 체계적으로 설명할 수 있었으며, 지각과 지의 분리에 대해서는 지를 지각의 원리이자 운용하는 덕으로 설명함으로써 주희의 이론을 계승하였다.

이황의 호발설에 대해 이익은 '기수'에서의 기는 심기이고 '기발'에서의 기는 형기를 가리킨다고 설명한다. 모든 지각은 일종의 개념화 과정을 의미하는 '리발기수'의 한 가지 경로를 통해서만 성립한다. 그러나 칠정인 심은 그에 앞서 심층에 형기로 인해 야기된 개인적 감정과 욕구의 방해가 개입하는 단계를 갖는다. 이때 형기의 방해에 앞서 형기의 매개에 의한 순수한 감각 지각의 단계 또한 설정된다. 마음이 아직 발현되지 않은 '미발'의 때가 곧 감각 지각이 이루어지는 단계라는 것이다. 당시 『주제군징』을 통해 전해온 서양의학적 지식에 근거하여 이익은 육체적 형기에 속하는 뇌가 반사 운동과 함께 감각 지각을 수행할 수 있다고 보았다. 다만, 감각 지각은 심기에 근거한 마음에 의해 총괄적으로 주재된다. 요컨대, 이익에 있어 지각은 세 단계를 포함하는 두 국면으로 나뉜다. '미발'의 국면은 감각 지각의 단계에 해당하고, '이발'의 국면은 육체적 형기에 의한 감정적 촉발 단계기발와 개념화 단계리발를 가진다.

비록 이익의 지각 이론은 주기론의 자연주의와 심리학주의를 일부 받아들였지만, 하나의 지각의 기능에서 일반적 감각과 감정으로서의 인심과 도덕적 원리에 대한 자각으로서의 도심이라는 두 가지 양태의 마음이 발생할 수 있다는 점을 역설함으로써 주리론을 발전시켰다. 본성의 지智는 도덕적 당위의식의 근원이자 지각 능력을 전체적으로 운용하는 지적인 덕으로 보았다는 점에서 그는 주희와 이황의 주리론적 입장을 계승한 것이다. 이익의 이러한 지각론적 도덕론의 견해는 지각과 지, 인식과 도덕을 통합하는 성격을 지닌 것으로서 김창협과 날카로운 대조를 이루는 것이다. 전체적으로, 이익의 주리론적 심성론은 김창협의 주기론에 대한 퇴계학파의 대응으로서 이황 이후 가장 정합적이고 체계적인 이론이라는 사상사적 지위를 지니며, 인식과 도덕을 통합하는 독창적인 이론으로서 평가될 수 있다.

3. 주기파에서 지각과 인심도심의 문제

주기파에 있어 송시열의 지위는 매우 중요하다고 할 수 있는데, 율곡철학을 계승해서 이후 주기론의 흐름과 전개에 막대한 영향을 미쳤기 때문이다. 그런데 지금까지 송시열에 대해서는 그의 심성론보다는 정치사상적 측면에 더 많은 조명이 비춰졌다고 할 수 있는데, 이는 정치적 측면에서 그의 지위와 역할이 상대적으로 더 중요한 것으로 간주되었기 때문이다. 일부 주기파효론에서는 정치사상이 심성론의 형성에 일정한 영향을 미친다고 여겨지므로, 여기서는 송시열과 주기파의 심성론을 살펴보기에 앞서, 그의 정치사상을 주희와 이황, 이이에 관련시켜 그 대체적인 특징을 먼저 살펴볼 것이다.

1) 성리학의 정치사상과 송시열의 정치론

일반적으로 성리학의 담지자인 사대부士大夫는 문화적 엘리트로서의 특성을 강하게 나타내는데, 이와 더불어 정치적 측면에서도 군왕의 전제권을 견제하고 통치에 참여하는 정치 세력으로서의 성격을 띤다. 송대 신유학자들은 이전의 정치에 있어 가장 큰 문제점은 군주 1인이 통치권을 전횡했던 데 있다고 보았으며, 이로 인해 전제 권력을 제한하는 것에 주된 관심을 두었다는 것이다. 신유학을 제창했던 사대부 계층은 자신들이야말로 군왕의 전제 권력을 제어할 수 있고 또 제어해야만 하는 위치에 있는 사람들이라는 의식을 지니기 시작했던 것이다. 이러한 정치의식은 왕안석王安石의 신법당新法黨과 정이가 속한 구법당舊法黨을 막론하고 모두 공통된 것이었다. 전체적으로 볼 때, 군주권의 견제와 백성의 안위를 목표로 한다는 점에서 신유학의 정치사상은 당시 혁신적이고 진보적인 위치에 있었다고 평가된다. 주희는 이 같은 북송대 사대부의 정치사상을 계승하여 발전시켰다.[88]

주희 정치사상의 특징은 그의 인심도심론과 예치禮治 사상에 유기적으로 연계되어 있다는 것이다. 그의 인심도심론에는 도덕적 자기수양의 강조와 평등주의가 나타나 있는데, 고전유학의 수기치인修己治人 사상을 계승하여 정치를 도덕적 자기수양의 연장선상에서 바라본다. 자기수양을 할 수 있어야 비로소 정치를 할 수 있다는 것이다. 또한 도덕 수양은 모든 사람에게 무차별적으로 적용된다는 점에서 평등주의를 함축한다. 주희는 인심과 도심의 두 양태를 생이지지生而知之, 태어나면서 아는 사람인 성인으로서의 상지上智로부터 지적으로 가장 어리석은 부류라 할 하우下愚에 이르기까지 누구나 예외 없이 지니고 있다고 말한다.[89] 뛰어난 지혜를 가진 성인이든 그렇지 못한 어리석은 부류든 모든 인간은 육체형기와 더불어 "하나의 성을 완전하게 갖추고 있기"[90] 때문에, 사적인 감각적 의식과 공적인 도덕적 의식을 모두 예외 없이 가지게 된다. 따라서 인심이 이기적인 욕심에 의해 인욕사욕이 될 때, 도덕이성에 의한 도심이 발동하여 인욕과 대립하는 것을 경험하게 된다.

이때 중요한 것은 공적인 도심을 나의 주재로서 택하여 인욕으로 변할 수 있는 사적인 인심을 통제해야 한다는 것이다. "정밀하게 하고 한결같

---

88 송대 도학의 정치문화와 주희의 정치사상에 대해서는 다음을 참조할 것. 위잉스(余英時), 이원석 역, 『주희의 역사세계』(상·하), 서울: 글항아리, 2015; 볼(Bol, P.), 『역사 속의 성리학』, 187~246쪽.

89 朱熹, 『中庸章句』, 「序」. "然人莫不有是形, 故雖上智不能無人心, 亦莫不有是性, 故雖下愚不能無道心."

90 朱熹, 『朱子語類』 12 : 34. "人之一性, 完然具足."

이 하는" 공부는 도심을 택하여 지키는 자율적 의지를 강화시키는 수양법이다. 이러한 수양법은 군왕으로부터 일반인에 이르기까지 모든 인류人類가, 비록 이 용어의 외연에 있어서 제한이 있는 것처럼 보이지만,[91] 행하지 않으면 안 되는 것으로서 요청된다. 특히, 사대부는 군왕에게 도심을 택하는 자율적 의지를 길러야 할 이유와 구체적인 수양법을 알려주어야 하며, 군왕은 그것을 배우고 자각하여 스스로 실천해야 한다. 요컨대, 도덕철학적 맥락에서 주희의 인심도심론은 인간이라면 누구나 동일한 조건 속에서 동일한 방법으로 자기수양을 해야 한다고 보며, 같은 연장선상에서 군주 또한 하나의 통치 기관으로서 사대부나 일반인에게 요청되는 학문과 도덕 수양을 통해 도덕 정치를 하지 않으면 안 된다. 예禮를 통한 통치는 이러한 도덕정치에 수반되는 제도적 장치이다. 주희의 윤리-정치철학은 이후 중국과 동아시아 사상사에서 지속적으로 개인에 입각한 학문과 도덕 수양, 그리고 평등주의를 전파시켰다.

이황은 주희의 윤리-정치사상을 대체로 따른다고 할 수 있다. 다만, 주희의 지각론에 대한 인식과 유사하게 인심도심론에 대해서도 거의 말년에 이르러서야 비로소 자각하기 시작했다고 볼 수 있다. 원론적으로, 이황은 임금과 사대부를 포함한 모든 사람은 평등하고 똑같이 자기수양을 해야 한다고 말하지만, 그러나 실제로는 평등주의에 입각해서 당시 조선사회에 존재했던 불평등한 제도나 관습을 폐기하거나 고쳐야 한다는 생각

---

91 주희에 있어 '人類'는 天子에서부터 사대부는 물론 庶人에까지 이르는 넓은 범위를 지칭하는데, 도덕적 당위준칙으로써 대해야 하는 同類 집단을 뜻한다(『朱文公文集』 권57, 「答陳安卿」(『朱子全書』(23), 2736쪽 참조). 다만, 夷狄의 오랑캐는 이 같은 '인류'에 포함되지 않는다(『朱文公文集』 권95하, 「少師保信軍節度使魏國公致仕贈太保張公行狀下」 참조).

에는 이르지 못했다.[92] 그에 있어 학문과 자기수양, 정치참여가 가능한 평등한 '인간'이란 소수의 사대부에 한정되는 것이었다. 그럼에도 불구하고, 이황은 「성학십도를 올리는 글」에서 주희와 마찬가지로 임금의 마음 수양에 대해 다음처럼 강조한다. "임금의 마음은 만 가지 징조가 연유하는 곳이요 백 가지 책임이 모이는 곳이며, 온갖 욕심이 공격하고 온갖 간사함이 서로 침해하는 곳입니다. 만약에 조금이라도 태만하고 소홀하여 방종이 따르게 되면 마치 산이 무너지고 바다가 들끓는 것과 같을 것이니, 이것을 누가 막겠습니까."[93] 마음 수양에 있어서는 특히 경敬이 중요한데, 그것은 인심과 도심의 구분을 명료하게 하고 선을 택하여 굳건히 지키는 데 결정적으로 중요한 방법이다.

배우는 사람이 진실로 경을 견지하는 데 한결같이 하여 천리와 인욕에 어둡지 않고, 더욱 이에 삼가서 미발 상태에서는 존양하는 공부가 깊어지고 이발 상태에서는 성찰하는 습관이 익숙해져서 참을 쌓고 힘씀이 오래되어 그치지 않으면, 이른바 '정밀히 하고 한결같이 하여 중정한 도리를 잡는' 성학聖學과 본체를 보존하고 작용을 응용하는 심법心法을 다른 데에서 구할 필요 없이 모두 여기에서 얻게 될 것입니다.[94]

---

92 전세영, 「퇴계 인본주의와 노비관(奴婢觀)의 상치성(相馳性)」, 『한국동양정치사상사연구』, 17(2), 2018, 27쪽. "퇴계는 조선 최고의 성리학자이자 교육자이기는 했으나, 당시 사회의 제도적 문제점을 비판하고 그 틀을 깨려고 한 개혁론자는 아니었다. 그런 점은 앞에서 살펴본 바와 같이 노비에 대한 그의 관점에서 잘 나타나고 있다. 즉 그는 '독립된 인격적 주체성을 가질 수 없는 존재'로서의 노비라는 당시의 시각을 교정하기보다는, 오랜 기간 고착화된 노비제도를 수용해온 인물이었다."

93 李滉, 『退溪集』 권7, 「進聖學十圖箚」(幷圖), 029_198a. "而況人主一心, 萬幾所由, 百責所萃, 衆欲互攻, 群邪迭鑽, 一有怠忽, 而放縱繼之, 則如山之崩, 如海之蕩, 誰得而禦之."

94 李滉, 『退溪集』 권7, 「進聖學十圖箚」(幷圖), 029_208a. "學者誠能一於持敬, 不昧理欲, 而

누구나 배워서 성인에 이를 수 있다는 성학의 이념과 이상주의는 그 누구보다 특히 군왕에게 가장 필요하고 절실한 공부가 된다. 왜냐하면 군왕은 나라의 중추이기 때문에 그 마음의 수양 여부에 국가의 안위와 흥망이 달려 있기 때문이다.[95] 이러한 맥락에서 이황은 『성학십도』를 비롯한 임금에게 올리는 글들에서 경을 중심으로 하는 마음 수양을 강조했던 것이다. 비록 이황은 예법의 복원과 시대에 따른 수정에도 많은 관심을 내보이고 있지만, 사회 개혁을 위해 제도나 법을 혁신하려는 의식은 미약했다고 할 수 있다. 이는 이황 개인의 성장 환경이나 인생에서 겪었던 특수한 경험에 기인하는 것이겠지만, 주희의 철학에 대해 인식이 늦었다는 점도 주된 이유 가운데 하나라고 할 수 있다. 그러나 여기서 언급하지 않으면 안되는 것은, 이황의 인심도심론과 수양론적 견해에는 주희 정치사상의 기본 골격과 이상이 함축되어 있기 때문에, 이후 주리파에서 출현하는 이익이나 정약용을 비롯한 제도적 개혁을 주장하는 진보적 사상가들에게 일정한 영향을 미쳤다는 점이다.

이이는 호발설과 대립되는 '기발이승일도설'이라는 지각론을 정립했던 것과 마찬가지로 인심도심론에 있어서도 새로운 견해와 이론을 표방했다는 점은 이미 앞서 살펴본 것과 같다. 이황에 있어서는 경을 통해 인심과

尤致謹於此, 未發而存養之功深, 已發而省察之習熟, 眞積力久而不已焉, 則所謂精一執中之聖學, 存體應用之心法, 皆可不待外求而得之於此矣."

95　이 점에서 이황의 정치론을 군왕 중심주의로 간주하되, 도통에 기반한 현인인 신하들이 왕권을 보좌하고 견제하는 역할이 더 중요하다는 이이의 정치론과 대비시킬 수 있을 것이다. 김형찬, 앞의 책, 221~242쪽. 그러나 저자는 단순한 왕권주의와 신권주의의 대비보다는, 인심도심론의 차이에서 두 사람의 정치론이 도출될 수 있다고 본다. 즉, 양자 모두 사대부의 정치 참여를 중시하되, 이황은 인심도심의 마음수양론을 중시하고 이를 군왕에게도 적용하려 했다면, 이이의 인심도심론의 결과론과 객관주의는 그로 하여금 禮治체계를 강화하는 쪽으로 나아가게 했다는 것이다.

도심을 구분하고 도심을 택하는 의지를 기르는 것에 주안점이 있다면, 이이는 상대적으로 성誠, 참됨, 진실함이라는 격물궁리를 통한 앎의 진정성을 중시하였다. 인심과 도심은 한 마음 안에서 대립적으로 갈등하는 것이 아니라, 의意의 작용을 통해 하나의 상태에서 다른 상태로의 전환이 가능할 뿐이다. 이때 인심의 도심으로의 전환을 위해서는, 기질을 변화시키는 공부가 가장 중요하다. 이이는 선조에게 올린 『성학집요』에서 다음처럼 기질 변화를 강조한다. "가만히 생각하옵건대, 제왕의 학문은 기질을 변화시키는 것보다 절실한 것이 없고, 제왕의 정치는 정성을 미루어 어진이를 등용하는 것보다 우선하는 것이 없사옵니다. 기질을 바꾸는 데는 병을 살펴 약을 쓰는 것이 성과를 거두고, 정성을 미루어 어진 이를 쓰는 데는 상하上下가 틈이 없는 것이 좋은 결과를 얻습니다."[96]

여기서 '제왕학'이라는 말을 사용하긴 했지만, 그것은 제왕학의 특수성을 말한 것이라기보다는 오히려 제왕의 특수한 지위만을 승인한 것에 지나지 않는다. 즉, 제왕의 지위는 특수하지만 자기수양의 방법은 사대부와 동일하며, 그 중요한 내용은 기질을 변화시키는 것에 있다는 것이다. 각자가 지닌 기질적 병폐를 살펴서 그에 맞는 처방과 수양을 하는 것이 기질을 변화시키는 방법이고, 정치에 있어서는 왕과 사대부 사이에 간격이 없이 친해야 사대부 가운데 어진 이를 등용할 수 있다는 것이다. 그런데 여기서 기질 변화를 강조한다는 점은 이미 사람마다 기질적 차이와 그에 따른 차별을 전제로 하고 있다는 것에 주목할 필요가 있다. 말하자면, 현실적으로 사람들 사이의 기질적 차이를 인정해야 하며, 이 때문에 인간의 등급적 구

---

96 李珥, 『栗谷全書』 권19, 『聖學輯要』, 044_420d. "旣而竊思, 帝王之學, 莫切於變化氣質, 帝王之治, 變化氣質, 當以察病加藥爲功, 推誠用賢, 當以上下無閒爲實."

분은 불가피하고, 같은 등급 안에서도 기질적 병폐에 대한 처방이 다를 수밖에 없다. 인간은 상급의 지혜를 가진 성인과 현인상지, 중간 레벨의 지적 능력을 가진 일반인중인, 그리고 인지 능력이 가장 떨어지는 하우로 분류된다. 성현은 변화시켜야 할 나쁜 기질이 없으며, 반대로 하우는 지각 능력이 너무 떨어지기 때문에 기질이 변화될 가능성이 없다. 따라서 오직 일반인중인만이 기질을 변화시키는 공부가 필요하게 된다. 이러한 인간 이해는, 기질적 차이에도 불구하고 모든 인간은 도덕적 맥락에서 평등하다는 주희나 이황의 입장과는 일정한 거리가 있는 것이다.

주희에 있어 기질 변화는 도심의 선택에 방해가 되는 심리−육체적 장해 요인을 변화시켜야 한다는 점에 주된 초점이 맞춰져 있는 것에 비해, 이이에 있어서는 심리−육체적 기질의 총체적 변화를 의미한다. 인간의 심리−육체적 에너지는 항상 활성적이고 유동적인 상태에 있으므로, 기의 본연의 상태를 유지하고 회복할 수 있도록 훈련하고 노력하는 것이 곧 기질 변화의 공부이다. 그런데 기의 본연 상태로서 기질의 이상적인 모델이나 표준을 말해주는 표식으로서의 리는, 심적 기질이 항상 유동적이고 변화무쌍하기 때문에 내적으로 발견하기가 사실상 불가능하다. 따라서 기질을 변화시키기 위한 모범이나 모델을 성인의 기록에서 찾아야 한다. 성인의 기질은 천지자연의 본연의 기와 통하고 합치하기 때문에 본연의 리를 지각할 수 있고, 그것을 근거로 예법들을 제정하고 문헌으로 남겼다는 것이다. 일반인은 그것을 학습하고 실천함으로써 기질을 변화시키는 수양의 노력을 할 수 있다. 그러한 기질 변화의 노력은 마치 초보자가 처음 음악을 익히는 것처럼 지속적인 훈련과 노력을 통해 가능해진다.[97] 기질 변화라고 하는 자기수양과 보조를 맞춰서, 예치의 체계를 완비해나가야 한다는 것은 주희나 이황과 같다. 다만, 이이에 있어 시대와 상황에 따른 법의 경장更張이 무엇보다 중요해진다. 시대적 상황은 변하기 마련이고, 때에 맞는 조치도 달라질 수밖에 없기 때문이다.

정치는 시의時宜, 때에 맞는 마땅함를 아는 것이 귀하고 일은 실제적인 공효에 힘쓰는 것이 중요하니, 정치를 하면서 시의를 모르고 일을 당하여 실제적인 공효에 힘쓰지 않으면, 비록 성군과 현신이 서로 만난다 하더라도 공효는 이루어지지 않을 것입니다. (…중략…) 대체로 이른바 시의라고 하는 것은 수시로 변통하여 법을 마련해서 백성을 구제하는 것을 말합니다. 정자程子가 『주역』을 논하기를, '때를 알고 형세를 아는 것이야말로 『주역』을 배우는 큰 방법이다'라고 하였고, 또 말하기를 '수시로 변혁하는 것이 곧 상도常道이다' 하였습니다. 대체로 법은 시대 상황에 따라 만드는 것으로서 시대가 변하면 법도 달라지는 것입니다.[98]

---

97 李珥, 『栗谷全書』 권19, 『聖學輯要』, 044_470d-471a. "또 세상의 모든 기예(技藝)에 대해 나면서부터 아는 자가 누가 있겠습니까. 시험 삼아 음악을 배우는 일 한 가지를 가지고 말씀드리겠습니다. 어린 사내아이나 계집아이가 처음에 거문고와 비파를 익히면서 손가락을 놀려 소리를 낼 때는 듣는 사람이 귀를 막고 안 들으려 하지마는, 쉬지 않고 노력하여 점점 그 아름다운 음률을 이루고 그 지극한 경지에 도달하게 되면 그 소리가 맑고 조화로우며 막힘이 없어 정묘함을 말로 다 표현할 수 없는 것이 있습니다. 저 어린 사내아이와 계집아이가 어찌 음악을 나면서부터 잘 했겠습니까. 오직 실제로 노력하고 학습한 것이 쌓여 익숙해졌을 뿐입니다. 모든 기예가 그렇지 않은 것이 없습니다. 학문이 기질을 변화시킬 수 있는 것도 이것과 무엇이 다르겠습니까?(且世間衆技, 孰有生知者哉? 試以習樂一事言之, 人家童男穉女, 初業琴瑟, 運指發聲, 令人欲掩耳不聽, 用功不已, 漸至成音, 及其至也, 或有淸和圓轉, 妙不可言者, 彼童男穉女, 豈性於樂者乎? 惟其實用其功, 積習純熟而已. 凡百伎藝, 莫不皆然. 學問之能變化氣質者, 何異於此哉?)"

98 李珥, 『栗谷全書』 권19, 「萬言封事」(甲戌), 044_098b-d. "政貴知時, 事要務實, 爲政而不知時宜, 當事而不務實功, 雖聖賢相遇治, 效不成矣. (…중략…) 夫所謂時宜者, 隨時變通, 設法救民之謂也. 程子論 『易』曰, '知時識勢, 學易之大方也.' 又曰, '隨時變易, 乃常道也.' 蓋法因時制, 時變則法不同, 夫以舜繼堯, 宜無所不同."

마음의 발현이 객관적인 규범으로서 예의 절목에 중절하는지 여부에 의해 인심과 도심이 결정된다는 견해는 곧바로 법과 제도에 대한 중시로 이어지는 것이다. 기질 변화에 상응하여 객관적인 제도나 법의 경장을 중시하는 태도는 주희나 이황에 비해 두드러진 특징이라고 할 수 있다. 당시 신분제를 비롯한 법과 제도에 대해 많은 비평을 하고 있다는 점은 이이가 이황보다 더 진보적이라는 느낌을 주기에 충분하다. 그러나 전체적으로 볼 때, 이이의 견해는 온건하고 점진적인 개혁론에 속한다.[99] 그는 이황과 더불어 당시 성장세에 있었던 사대부 계층을 대변했지만, 기질적 측면에서 인간을 세 종류상지·중인·하우로 나누는 것이 적절하다는 견해는 현실적이고 보수적인 성향을 나타내는 것이다. 사대부 계층은 독서 공부를 통해 기질을 변화시킴으로써 성인의 기질에 접근할 수 있으며, 군왕을 보필하여 법제의 수시변통을 통해 인민대중을 통치하고 지도할 수 있다는 것이다. 이 같은 정치철학적 입장은 이상주의적이고 급진적인 혁신보다는 현실주의적이고 점진적인 개량이라는 성격을 띤다.

송시열이 율곡철학을 계승했다는 점은 그의 정치적 입장이 현실적 점진적 개량을 지향하는 보수적 입장임을 의미한다.[100] 다만, 송시열의 정치사상과 심성론을 평가함에 있어 당시의 특수한 시대적 상황은 특별히 고려해야 할 필요가 있다. 즉, 왜란과 호란이라는 두 차례의 전쟁을 치룬 뒤 극심한 혼란을 맞은 조선 사회는 무엇보다 사회를 안정시키고 국론을 통일시켜야 할 필요성이 제기되었는데, 이에 송시열은 정치적 이데올로기의

---

99 이동인, 「율곡의 신분관과 신분제도개혁론」, 『율곡학연구논총』(논문편8), 강릉 : 율곡학회, 2007, 745쪽.

100 송시열의 정치사상에 대해서는 김준석, 『조선 후기 정치사상사 연구-국가재조론의 대두와 전개』, 서울 : 지식산업사, 2003, 227~340쪽 참조.

구축을 통해 이념적으로 사상 통일을 꾀함으로써 이에 응답했던 것이다. 송시열은 왜란 때 원군을 보내준 명나라에 대해 의리를 지켜야 한다는 이른바 대명의리론對明義理論을 내세우고, 더 나아가 복수설치復讐雪恥 즉 청나라에 대한 북벌北伐을 통해 명나라에 은혜를 갚고 조선이 당한 치욕도 씻어버려야 한다고 주장했다. 그렇게 해야 하는 이유는, 주자학에서 말하듯이 그것이 자연적으로 정해진 도덕적 의리와 명분을 따르는 것이기 때문이라는 것이다. 비록 주자학의 존숭과 친명사대주의는 조선의 개국부터 유지되던 정치 체제와 이념이었지만, 주자학을 자기 정당의 이해에 맞게 재해석하고 이데올로기의 구축을 통해 사상을 통일하려는 경향은 이미 서인이 주축이 되어 인조반정을 일으키고 정권을 잡았던 시기부터 시작된 것이었다. 서인은 삼전도의 굴욕 이후 주자학의 이른바 존화양이론尊華攘夷論, 중화를 높이고 오랑캐를 몰아낸다을 주요 화두로 제기하면서 대명의리의 이념을 공고화하기 시작했던 것이다. 이러한 사상적 지형은 이미 이황과 이이의 시대와는 상당히 다르다고 할 수 있다.[101]

이러한 시기에 송시열은 존화양이론을 견지하면서 조선이 중화문명의 보전국이라는 소중화小中華의 논리를 폈다. 그는 학문적 측면에서 정학正學과 이단異端을 명백하게 구분하고, 정통 주자학은 퇴계철학이 아니라 율곡철학에 계승되었으며, 이를 수호하는 진리의 담지자는 자신을 중심으로 하는 노론이라고 주장하였다. 이황의 주리론은 비판하되 이이의 주기론을 주자학의 정통적 입장이라고 주장했던 것이다. 그러나 송시열과 노론 일파의 주장은 주희철학을 자신들의 대명의리론이라고 하는 정파적 이념

---

101 이선열, 『17세기 조선, 마음의 철학』, 서울 : 글항아리, 2015, 17쪽.

적 노선에 맞춰 작위적으로 해석한 것에 불과하다. 송시열과 노론은 주희 철학이 무엇을 의미하는지 철학적으로 탐구하기보다는 일방적으로 자신들의 입장에서 이러해야 한다고 이념적으로 규정하는 쪽을 택했던 것이다. 만약 임진왜란에서 조선을 도운 명나라의 은혜를 잊지 말고 의리를 지켜야 한다는 노론의 이 같은 주장에 대해 반기를 든다면, 그것은 반도덕적이고 인륜에 어긋나는 패륜에 가담하는 것이 된다.[102] 주희의 지각론이나 도덕철학은 정치적 이념으로서 대명의리론이나 조선의 북벌론과 직접적 관계가 없음에도, 주희를 대명의리론의 사상적 근거로서 원용한 것은 어디까지나 송시열과 노론의 이데올로기적 성향에 따른 것이었다. 주희의 「무신봉사戊申封事」는 주희가 처한 남송사회의 역사적 환경 속에서 정치적 문제와 해법을 제시한 것이었다. 그런데 송시열은 조선이 남송과 유사한 상황에 처해 있다고 주장하면서 「무신봉사」 등 주희의 언설을 자기의 관점에서 의도적으로 악용했던 것이다. 주희의 정치적 문제와 해법은 17세기 조선의 문제와 해법과 다를 수밖에 없는데도, 송시열은 양자를 연결시키면서 당시 지배적인 체제 이념을 자신들의 작위적인 이데올로기로 고착화시켰던 것이다.

송시열이 사대부가 국정 전반을 장악하는 세도재상世道宰相 중심의 정치운영방식을 주장한 것은 물론 성리학의 기본 사상을 따른 것이다. 그러나 그는 당시 조선사회의 부나 사회적 권리의 불평등에 대해서는 보수적인 입장을 취하였다. 당시 유형원柳馨遠, 1622~1673, 호는 반계(磻溪) 등 남인 일각에서는 부의 불균등을 해결하기 위해 토지공유제로서의 정전제井田制에 바탕한 급

---

102 그것은 마치 6·25 전쟁 이후 남한 정부가 체제유지를 위해 반공 이데올로기를 유포시키고 이에 반대하는 이들을 반체제인사로 몰고간 것과 유사하다고 하겠다.

진적 토지개혁을 주장하였다.[103] 반면 송시열은 근본적이고 급진적인 토지개혁보다는 조세나 신분에 관련된 법제의 점진적 경장을 주장하였다. 예를 들어, 그가 종모법從母法[104]을 실시하자고 한 것은 이이의 견해를 계승한 것이다. 송시열은 다음처럼 말한다.

> 양녀良女가 출산한 아이는 그 아비에 따라 사천私賤에 소속시키고, 양정良丁이 출산한 아이는 그 어미에 따라 역시 사천에 소속시키고 있으니, 이는 실로 사사로이 굽은 것이고 편벽됨이 심한 법입니다. 일찍이 선정先正 이이가 이 문제를 극언하여 변통하기를 힘써 청하였으나 시정되지 않았습니다. 그러므로 신이 그 변통을 시험해 볼 것을 무릅쓰고 청하여 다행하게도 윤허를 받았으므로 그 균평하고 공정한 도에 만분의 일이나마 도움이 있기를 바랐고 양정의 수효가 이로부터 늘어날 것으로 여겼습니다. 그러나 그 제도가 사대부들의 장획臧獲, 사내종과 계집종의 수효에 불리하기 때문에 매도罵倒하는 것을 어찌 이루 다 말할 수 있겠습니까.[105]

이는 노비의 수는 줄이는 대신 양인의 수적 증가를 도모한 것으로서, 사대부의 재산과 권익을 제한함으로써 국가 전체의 재정을 건전하게 하려는 것이므로, 법안 자체는 현실적 개선을 추구한 것이라고 볼 수 있다. 그러나 궁극적으로 신분제의 모순에 대한 근본적 문제제기에 이르지는 못

---

103 유형원의 정치론에 대해서는 김준석, 『조선 후기 정치사상사 연구』, 93~223쪽 참조.
104 종모법이란 공천(公賤)이나 사천(私賤)을 불문하고 생모가 양인(良人)이면 그 소생 자녀는 양역(良役)에 배당시켜야 한다는 법규를 말한다. 송시열이 양역의 증가책으로 제안하여 1669년 시행하였으나, 남인의 반대로 번복되기를 반복하다가, 1731년(영조7)에 종모법 실시가 확정되었다.
105 宋時烈, 『宋子大全』(韓國文集總刊本) 권13, 서울 : 民族文化推進會, 1993, 「擬疏」, 108_351d.

하고, 단지 현상유지적 대안을 택한 것이라 말하지 않을 수 없다.[106] 이와 대조적으로 신분제에 대한 비판의 목소리도 없지 않았다. 이익은 다음처럼 말한다. "우리나라 노비의 법은 천하 고금에 없는 법이다. 한번 노비가 되면 백세토록 고역을 겪으니 그것도 불쌍한데 하물며 법에 있어서는 반드시 어미의 신역을 따름에 있어서랴? (…중략…) 더구나 남의 집에 붙어 우러러 신역하는 자를 학대하고 괴롭혀 살아갈 수 없게 하니 이처럼 궁한 백성은 천하에 없을 것이다."[107]

이익은 노비제가 중국이나 일본에서도 찾아볼 수 없는 비인륜적인 것이라 본다. 제도 자체가 문제가 있으니 종모법 시행도 잘못이라는 것이다. 문제가 심각한 관습이나 법규는 폐기해야 하는데, 그렇지 않고 현상을 유지하되 조금 개선하는 법안을 시행하는 것은 근본적인 해법이 못 된다는 것이다. 일찍이 주희는 인간이 같은 인류를 대하는 도리는 측은지심과 당위준칙도심을 따르는 것이라고 보았는데,[108] 이익은 이 같은 도덕철학을 계승하고 실천하려 했던 것이다. 주희철학을 입으로만 암송하는 것이 아니라, 그것을 바탕으로 자기의 생각과 의지를 통해 철학하기를 했다고 볼 수 있다. 반면, 송시열은 말마다 주자를 언급하지만, 그의 견해는 사실상 주희의 도덕철학과 거리가 있었던 것이다. 그에게는 자기가 획정한 주자주

---

106 김준석, 『조선 후기 정치사상사 연구』, 326쪽. "'양녀소생종모역법'은 이렇게 양역(良役) 부담인구 증대라는 국가재정운영상의 필요에서 추진된 것이었다. (…중략…) 송시열은 이와 같은 맥락에서 서얼방한(庶孽防限)도 철폐하자고 주장하였다. 부세제도 변통방안을 모색하는 과정에서 신분에 따른 제한과 부담규정을 어느 정도 완화해야 할 불가피성을 인정하고 있는 셈이었다."

107 李瀷, 『星湖僿說』 12권, 「奴婢」. "我國奴婢之法, 天下古今之所無有也. 一為臧獲, 百世受苦, 猶為可傷, 況法必従母役. (…중략…) 又況其仰役于家中者, 其虐使勞困, 將無以為生, 天下之窮民, 莫有如此者也."

108 朱熹, 『朱文公文集』 권57, 「答陳安卿」(『朱子全書』(23), 2736쪽).

의에 부합하는 것만이 주자의 사상이고 진리였으며, 그 외에는 주자학이 아닌 사문난적에 불과할 뿐이었다.

다만, 송시열의 경장론 가운데 약간의 평등주의를 발견할만한 것이 있는데, 호포제戶布制가 그것이다. 호포제란 주희로부터 기원하는 제도로서 조선 당시에는 서인 집권층에서 논의하던 군역軍役 개선안인데, 1654년 영의정 김육金堉, 1580~1658, 호는 잠곡(潛谷)이 직역이 없는 양반 자제에게 베 1필을 징수하자는 제안을 하였지만 실행되지 못했다. 송시열의 호포론은 이러한 견해를 따르는 것으로서 "경작지가 있으면 조세租稅가 있고 몸이 있으면 용역庸役이 있는 것이 사리에 당연한 것으로서, 유사儒士에게서도 징포하는 것은 당연한 일"[109]이라는 논리에 기반한 것이었다. 호포제는 사대부의 군역 면제 특권을 사실상 폐기하는 것으로 당시 사대부층의 많은 반대로 실현되지는 못했다. 송시열도 당시의 형세로는 호포제가 실시될 수 없음을 알고 있었다. 그는 그것의 실시 불가능성을 다음처럼 언급한다. "지금의 세도世道로는 결코 시행할 수 없다. 그러므로 시남市南, 유계(兪棨, 1607~1664)를 말함도 일찍이 '위에 있는 자가 먼저 시행하여 아래에 있는 자들이 부러워하게 한 다음에야 시행할 수 있다'고 했다."[110]

이에 송시열은 호포제의 실시를 강하게 밀어붙이지 않았던 것이다. 그러나 1750년영조 26에 균역법이 실시되어 종래 2필이던 양정良丁의 군포를 1필로 반감하고 그 부족분을 사실상 면역 대상자인 일부 양반들의 부담으로 보충하였고, 1871년고종 8에 마침내 종래의 군포를 '호포'로 개칭하고

---

109 宋時烈, 『宋子大全』 권18, 「語錄」, 115_564a. "有田則有租, 有身則有庸, 事理之當然, 儒士徵布, 豈非當然之事乎?"
110 宋時烈, 『宋子大全』 권14, 「語錄」, 115_494b. "先生曰, 以今日世道, 決不可行. 是以市南則嘗謂在上者先行, 使在下者歆羨, 然後可行云."

균등과세의 원칙 아래 양반들의 면세특전을 폐지하고 신분 계층의 상·하를 막론하고 호당 두 냥씩을 부과함으로써 호포제는 변형된 형태로나마 실현되기에 이른다.[111] 이렇게 볼 때, 호포론 자체는 다분히 진보적이고 평등주의적인 성격을 지닌 것이라고 할 수 있다. 만약 이를 강하게 주장했다면, 좀 더 일찍 시행될 수도 있었을 것이다. 다만, 송시열에 있어 호포론은 급진적인 토지제도의 개혁을 통한 부의 불평등 해소가 사실상 어려운 것처럼 매우 급진적인 정책으로 간주되었던 것이고, 이 점에서 국가재정의 보충방안이자 현상타개책으로서 논의되었을 뿐이었다. 요컨대 송시열의 정치사상은 전체적으로 보수적인 입장이며 이이와 같이 점진적 경장을 위주로 하는 것이었다고 할 수 있다. 지금까지 살펴본 송시열의 정치론적 특성과 입장은 율곡철학의 주기론을 계승한 그의 지각론과 인심도심론을 살펴볼 때 유념해야 할 요소인 것이다.

2) 송시열의 지각론과 인심도심론

송시열은 정치적으로 '대명의리론'과 '존화양이론'이라고 하는 이데올로기를 구축함과 동시에, 학문적으로 정학과 이단을 명백하게 구분해야 한다고 보았다. 즉, 주자학은 학문에 있어 정학이 되며, 주자학의 정통은 이이에게 계승되었으며, 율곡철학을 계승한 노론이야말로 진리의 수호자라는 것이다. 다만, 이황의 호발설과 주리론은 비판하되 그를 완전히 배제시키기는 힘들었는데, 아마도 그것은 자신들의 이념과 입지 확보에 도움이 되지 않는다고 판단한 듯하다. 이황은 이미 조선 학계에서 주류의 입지

---

111 『민족문화대백과사전』, 「호포(戶布)」 항목 참조(http://encykorea.aks.ac.kr/).

를 획득했고, 무엇보다 사칠논변에서 주희를 학문의 기준이자 정통으로 끌어들였던 장본인이었기 때문이다. 따라서 송시열은 이황을 포용하되 이이가 그를 포함한 조선전기의 성리학을 계승하여 종합했다는 논리를 폈던 것이다. 송시열은 "우리나라 유학자는 누가 정종正宗입니까?"라고 하는 이희조의 질문에 대해 다음처럼 답했다. "택당澤堂, 이식(李植, 1584~1647)을 가리킴의 말에 '율곡은 정암과 퇴계의 자질과 학문을 겸하고, 또 경제經濟의 재주가 있다' 하였는데, 이 말이 마땅한 듯하다."[112]

송시열은 이이를 단지 퇴계철학의 주리론과 상대되는 주기론으로서 보는 대신에, 조광조와 서경덕, 이언적과 이황의 성리학적 견해를 종합하되 경세까지 겸한 인물로 보았던 것이다. 따라서 그는 이이를 계승한 자신의 학문적 입장을 단순히 주기론으로서 파악하는 것은 결코 승인하지 않았다. 그러나 당시부터 그에 대해 주기의 입장으로서 보는 견해가 있었고, 특히 근대에 이르러 "우암의 학문은 오로지 기를 주로 하고 리를 주로 하지 않았다"[113]고 보는 장지연의 설이 유포된 이후, 이이에서 송시열을 거쳐 한원진으로 이어지는 계보를 일반적으로 주기론으로서 파악해왔던 것이다.[114] 송시열의 임금에게 올리는 상소문에는 그의 주기론적 입장이 함축되어 있음을 볼 수 있다.

엎드려 바라건대 전학典學에 성심誠心을 두시어 이제二帝 · 삼왕三王 · 공자 ·

---

112 宋時烈,『宋子大全附錄』권14,「語錄」, 115_485c. "又問 : 我國儒者, 孰爲正宗乎? 先生曰 : 澤堂之論, 以爲栗谷兼靜退資質學問, 而又有經濟之才云, 此言似當矣."
113 장지연, 이민수 역,『조선유교연원』, 서울 : 명문당, 2009, 303쪽.
114 현상윤,『조선유학사』, 335쪽; 배종호,『한국유학사』, 181~183쪽. 그러나 나중에 살펴볼 것처럼, 송시열 이후 주기론적 지각론을 계승해서 좀 더 발전시킨 인물은 김창협이라고 할 수 있다.

맹자·증자·자사·이정·주자의 도를 체득하시어 하나로 관통하신다면, 성학聖學이 고명해지고 성감聖鑑이 통철해져서 홀로 의리의 근원을 보게 되고, 사람들의 말의 같고 다름에 현혹되지 않을 것입니다. 또 리와 기 두 물건이 하나이면서 둘이고 둘이면서 하나가 되어, 신묘하게 뒤섞여 합해지더라도 끝내 뒤섞여지지 않는 실상을 안다면, 이이가 논한 바는 도체道體를 환히 보고 이전 성인들이 발견하지 못한 것을 발견했음을 알 수 있을 것입니다. 이른바 '리와 기가 한 물건이라 하며 기를 리로 인식한다'라고 하는 병통은 크게 맞는 제목이 아니며, 육씨陸氏의 도道와 기器에 어두운 것과 석교釋敎의 작용作用에 대한 말은 흑과 백과 얼음과 숯처럼 절로 분별될 뿐만이 아니어서, 더욱 고명하고 순정한 이이의 학문이 보통 사람보다 훨씬 뛰어남을 알 수 있습니다. 옛날의 성현들이 의리를 논설하되 익숙히 강명하기를 싫어하지 않았고 일찍이 구차하게 뇌동하지 않은 것을 안다면, 이이가 호발설의 틀린 점을 논변한 것은 뜻이 도를 밝히는 데 있었고, 일찍이 이황을 공격하려는 데 뜻이 있지 않았다는 것을 알 수 있습니다. 또 성현들이 마음을 논한 데는 지각을 위주로 하였는데 지각이 바로 기임을 안다면, 이이의 '심은 바로 기이다'란 말은 설득이 명쾌해서 성훈聖訓에 신묘하게 들어맞고 후학에게 공이 있음을 알 수 있습니다.[115]

송시열에 의하면, 요·순堯舜에서 시작되는 도통의 계보는 삼왕(우·탕·문)을 거쳐 공자에 이르렀고 다시 증자·자사·맹자에게 전해졌다가 끊긴 후 천년 뒤에 이정과 주자에게 이어졌는데, 그 뒤로 도통은 바다를 건너 조선에 이르러 이이에게 전해졌다. 성학의 정통은 이황이 아니라 이이라

---

115 宋時烈, 『宋子大全』 권21, 「擬兩賢辨誣疏 (辛卯爲太學生等)」, 108_487c-d.

는 것이다. 이이의 '리기지묘' 사상은 도체를 분명하게 깨달아서 말한 것으로서 이전 성인들이 보지 못한 바를 전한 것이다. 이이가 이황의 호발설을 비판한 것도 단지 도체를 밝히기 위한 것일 뿐, 이황을 공격하려는 의도는 아니라는 것이다. 이러한 설명들은 이황과 이이 사이의 이론상의 대립보다는 이이의 학문적 정통성과 통합성을 주장한 것이다. 그럼에도 불구하고 송시열은 성현들이 마음을 논한 것은 지각을 중심으로 삼았다고 하면서 지각론적 맥락에서 이이의 주기론이 이황의 주리론에 비해 옳고 타당하다고 주장한다. 이는 호발설은 그릇된 반면 이이의 '마음은 기이다'는 설과 '기가 발하고 리가 올라타는 한 가지 경로만이 있다'는 설이 옳다는 견해를 함축하는 것이다. 이처럼 송시열은 이황의 호발설을 비판하면서 이이의 '기발이승일도설'과 '심시기설'을 지지했던 것이다.[116] 송시열은 호발설에 대해 다음처럼 말한다.

> 퇴계가 말하기를 '정의 발현에는 어떤 것은 리를 주로 하고 어떤 것은 기를 주로 하는데, 기의 발현은 칠정이 이것이요 리의 발현은 사단이 이것이다. 그러니 어찌 두 갈래가 있어 그렇게 되는 것이겠는가' 하였다. (…중략…) 이미 '리의 발현' '기의 발현'이라 하고서 다시 '어찌 두 갈래가 있겠는가'라 한 것은 이해할 수가 없다. '인심은 칠정이고 도심은 사단이 된다'는 것은 자잘한 논의가 아닌데, 침착하고 면밀한 퇴계 선생이 이와 같이 대략 말했을 리가 없다. 아마 기록이 잘못된 듯하다.[117]

---

116 宋時烈, 『宋子大全』 권21, 「擬兩賢辨誣疏 (辛卯爲太學生等)」, 108_479d. "至於成渾, 理氣之說, 大抵與珥往復論辨, 其天道人心氣發理乘一道之說, 則與珥契合."
117 宋時烈, 『宋子大全』 권133, 「退溪四書質疑義二」, 112_465b-466a. "曰, '情之發, 或主於理, 或主於氣, 氣之發, 七情是也, 理之發, 四端是也, 安有二致而然耶?'(…중략…) 旣曰

위에서 송시열은 사단은 리발이고 칠정은 기발이라 해놓고 "두 갈래가 있지 않다"고 한 것은 서로 모순된다고 지적하면서 이황의 호발설을 비판했다. 또한 이황이 사단은 도심에 칠정은 인심에 해당시켰던 것에 대해서도 비판하면서 잘못 기록된 것이라고 주장했다. 이는 사실상 이황의 사단칠정과 인심도심에 관한 견해를 잘못된 것으로 반박한 것에 다름 아니다. 다만, 이이가 "사단은 칠정 가운데 절도에 맞는 것일 뿐"이라는 견해에 대해서도 잘못된 것이라 본다. 송시열은 사단칠정은 정이고 인심도심은 정에 의意의 '계산하고 비교하며 도모하고 운영함[計較謀爲]'의 작용이 더해져서 이루어지는 것이라는 이이의 견해를 수용하면서도, 사단에도 부중절한 것이 있을 수 있다고 봄으로써 차이를 보인다. 말하자면, 송시열은 사단과 칠정은 모두 본성에서 발현된 것으로서 의의 사고 작용을 거쳐 객관적 예의 절목에 부합하는 것[중절]은 공적인 도심이 되고 부합하지 않는 것[부중절]은 사적인 인심이 된다고 본다.

> 만일 '사단과 칠정은 다 성에서 나왔는데 거기에는 모두 절도에 맞는 것과 절도에 맞지 않는 것이 있다. 그 절도에 맞는 것은 다 도심의 공변된 것이요, 그 절도에 맞지 못한 것은 다 인심의 위태로운 것이다. 사단에서 절도에 맞는 것을 확충하면 사해를 보존하는 경지에 이를 수 있고, 칠정에서 절도에 맞는 것을 미루어 나가면 만물을 화육하는 경지에 이를 수 있다. 그러니 자사와 맹자가 일찍이 주고받은 것이 한 가지 법도이다'라고 한다면 거의 이치에 합당할 것이다.[118]

'理之發氣之發,' 而又曰'安有二致'者, 未能領悟矣. 人心爲七情, 道心爲四端, 此非小小議論也, 以退溪先生之沈潛縝密, 不應立說如是率爾. 豈記錄之誤耶?"

위에서 보듯 송시열의 인심도심론은 중절과 부중절을 기준으로 인심과 도심, 선과 악을 구분해야 한다고 주장함으로써 이이에 비해 논리적으로 일관성을 강화시킨 것이라 할 수 있다. 즉, 사단이든 칠정이든 모두 본성에서 발출된 것이지만, 본성이 발현된 감정에는 객관적 규범에 부합하는 것이 있고 그렇지 못한 것이 있다는 것이다. 따라서 사단이 발현하여 객관적 규범과 비교하고 헤아려서 절도에 맞는 것은 확충하고, 또 칠정 중에서도 객관적 규범에 비추어 비교하여 헤아려서 절도에 맞는 것을 미루어 실천하면, 인심을 모두 도심의 명령에 따르도록 할 수 있으며 나아가 사해를 보존하고 만물을 화육하는 경지에도 이를 수 있다는 것이다. 자사와 맹자가 도를 전수한 것은 바로 이를 가리킨다는 것이다. 송시열의 인심도심론은 객관적 규범에의 합치中節 여부를 도덕적 선악의 유일한 기준으로 삼은 것으로서 이이의 주기론을 계승하되 논리적으로 더 일관되게 밀어붙인 것이라 할 수 있다. 또한 그는 다음처럼 말한다.

주자의 이른바 '동처動處는 마음이고 동저動底는 성性이다'[119]에서 '처處'와 '저底' 두 글자는 당시에 두 갈래로 설명하여 내려가는 어세이네. 대체로 동하는 것은 마음이고, 동하게 하는 것은 성이네. (…중략…) 마음이 먼저 동하느냐 성이 먼저 동하느냐 하는 이 말은 함께 섞어서 말할 것이 아니네. 마음은 기이고 성은 이치이며, 기는 곧 음양이고 이치는 곧 태극이기 때문에, 기로부

---

118 宋時烈, 『宋子大全』 권133, 「退溪四書質疑疑義二」, 112_465b~466d. "如曰'四端七情皆出於性, 而皆有中節不中節. 其中節者, 皆是道心之公, 而其不中節者, 皆人心之危也. 擴充四端之中節者, 則至於保四海, 推致七情之中節者, 則至於育萬物. 子思孟子所嘗授受者其揆一也'云爾, 則庶幾得之矣."
119 朱熹, 『朱子語類』 5:49. "問, 心之動·性之動. 曰:動處是心, 動底是性."

터 말하면 '기가 형체를 이루고 이치 또한 부여되었다' 하였고, 또 '인심은 감각이 있고 도체는 무위無爲이다' 하였으며, 이치로부터 말하면 '태극이 움직여서 양을 낳고 고요하여 음을 낳는다' 하였고, 또 '만일 이치에 동정이 없다면 기에 어떻게 동정이 있을 수 있겠느냐' 하였네. 성현들의 말씀에는 각기 타당한 바가 있으니 오직 그 소견이 무엇인가를 보아야 할 것일세.[120]

주희의 "동하는 곳은 마음이고 동하는 근거는 성이다"라는 언급에 근거해서 송시열은 마음은 기로 이루어져 있고 그것이 발동하는 소이所以나 근거가 되는 것이 곧 성이라고 말한다. 즉, 이이처럼 "발하는 것은 기이고 발하는 까닭은 리"라는 존재론적 리기 개념을 인간의 심성에 그대로 적용한 것이다. 마음이 발동하는 것은 기일 뿐이고, 그러한 발동의 근거나 까닭이 곧 리로서의 성이라는 것이다. 위에서 '마음이 먼저 발동하고 성이 먼저 발동한다'는 것은 이황 때 논의되던 것으로서 정과 의의 구분과 개념 규정에 관련된 문제였다. 송시열은 이 문제를 기발이승일도설과 섞어서는 안 된다고 말한다. 중요한 것은, 그에 의하면, 마음은 기이고 음양이며, 마음을 발동하게 하는 것은 리이고 태극인데, 리는 무위하지만 동정의 이치를 지니기에 음양의 기가 발동하도록 할 수 있다는 점이다. 요컨대, 심과 성의 존재론적 구분을 기준으로 삼아 선유의 말들을 분별하고 참작하여 이해할 필요가 있다는 것이다.

그럼에도 불구하고 『주자어류』에 기록되어 있는 '사단은 리의 발현이고 칠정은 기의 발현'이라는 주희의 언급은 송시열의 견해에 큰 장애물과 두

---

120 宋時烈, 『宋子大全』 권90, 「與李汝九(壬子正月二十九日)」, 111_182a-b.

통거리였다. 늘 주자를 인용하여 자신의 설을 주장하였던 송시열로서는 이 문제를 어떻게든 해결하지 않으면 안 되었기 때문이다. 결국 그는 주희의 모든 언설을 조사하여 우연히 말한 것과 정설로서 말한 것을 구분하고 해명하기 위해 『주자언론동이고朱子言論同異攷』의 저술에 착수하게 된다.[121] 이러한 작업을 통해 송시열은 이황이 호발설의 근거로서 제시했던 『주자어류』의 언급이 기록자의 잘못에서 나온 것이라고 주장하기에 이른다.[122] 그러나 송시열은 생전에 『주자언론동이고』를 완성하지 못하였고, 대신 제자들에게 과제로 남겨졌다가 재전제자인 한원진에 의해 마무리되었다. 이러한 장기간의 연구가 사실 규명이라고 하는 순수한 학술적 동기에 의해 수행되었다기보다는, 이황의 호발설이 잘못된 기록에 의거한 것임을 입증하고 자기들의 학설이 옳음을 증명하려는 의도에서 이루어졌다는 점은 그것이 이미 결론을 정해놓고 수행한 연구였음을 말해준다.

어쨌든 송시열은 주희 학술의 정통이 이이로 이어졌고, 자신을 중심으로 한 노론이 도통을 이었기 때문에 진리를 수호해야 할 임무를 맡지 않으면 안 된다고 보았다. 그런데 노론의 이 같은 주자주의를 확립하기 위해서는, 위에서 말한 고증적 작업 이외에도 이론적 차원에서는 이황과 주리파의 지각론을 무력화시키거나 흡수-통합하지 않으면 안 되었다. 이에 송시열은 사단칠정과 인심도심에 관한 주리·주기 논쟁이 궁극적으로 지각론에 관련된다는 점을 깨닫고 지속적으로 이 문제의 해결에 주력하게 된다. 그의 지각론적 통합의 구상은 「간서잡록看書雜錄」에 나타난다. 그는 다음처럼 말한다.

---

121 현상윤, 『조선유학사』, 332쪽.
122 宋時烈, 『宋子大全』 권130, 「朱子言論同異攷」, 112_418d-419a.

지각이 심에 속한다는 것은 주자 일생의 학설이었다. 그러나 한 곳에서는 지각을 智에 속하는 것으로 보았으니, 이 부분은 자세하게 변석하지 않으면 안 된다. 내 생각에 앞에서 말한 지각은 마음이 텅 비고 밝아 어둡지 않음을 일반적으로 말한 것이고, 뒤에 말한 지각은『맹자집주』에서 말한 '그 일의 소당연을 알고 그 리의 소이연을 깨닫는 것'이다.[123] 그러므로 심에 속하는 경우와 지에 속하는 경우의 차이가 있다(상세한 것은『주자대전』「답반겸지」에 보인다).[124]

지각을 심에 속하게 한 것은 주자 평생의 가르침이다. 그런데「오회숙吳晦叔에게 답한 글」에서는 지각을 智의 작용이라 하였다. 그러나 이것은 전후로 말이 달라진 것이 아니다. 대저 지각은 두 가지가 있다. 텅 비고 신령한 운용으로 배고픔·배부름·추위·따뜻함을 아는 것은 마음의 작용이니, 이것은 주자周子와 정자程子가 말한 지각이다. 또 일의 소당연을 알고 이치의 소이연을 깨닫는 것은 智의 작용이니, 이것은 이윤伊尹이 말한 지각이다. 두 가지는 각각 따로 가리키는 바가 있어 섞어서 논할 수 없다. 대개 마음은 기이고, 智는 性이며, 성은 곧 이치이다. 그러므로 기와 리 두 가지는 서로 떨어질 수도 없고 서로 섞일 수도 없다.[125]

---

123 朱熹,『孟子集註』,「萬章」上, 7장. 주자주. "知謂識其事之所當然, 覺謂悟其理之所以然."
124 宋時烈,『宋子大全』권131,「看書雜錄」, 112_428a. "以知覺屬心, 此朱子一生說, 而一處又以知覺屬智, 此處不可不仔細分辨, 竊謂前所謂知覺, 是泛言心之虛明不昧, 後所謂知覺, 是孟子註所謂識其事之所當然, 悟其理之所以然者, 故有屬心屬智之異也."(詳見『大全』「答潘謙之」)
125 宋時烈,『宋子大全』권131,「看書雜錄」, 112_429a. "以知覺屬心, 此朱子一生訓說也. 其答吳晦叔書則乃以知覺爲智之用, 此非前後異說也. 夫知覺有二, 其虛靈運用, 識飢飽寒煖者, 心之用也. 此周程所謂知覺也. 識事之所當然, 悟理之所以然者, 智之用也. 此伊尹所謂知覺也. 二者各有所指, 不可混淪說也. 蓋心氣也智性也. 性則理也. 氣與理二者, 不可離, 而亦不

위의 언급은 기존 연구에서 많이 인용되었던 것이고 송시열의 심론의 전후 맥락에 대해서도 어느 정도 잘 해명되어 있는 상태이다.[126] 따라서 여기서는 송시열의 지각론적 구상에 대해 그 핵심적 개요와 약간의 부연 설명만을 하기로 한다. 송시열에 의하면, 주희의 지각 개념은 두 가지 종류가 있는데, 하나는 기로 이루어진 마음의 기능이자 작용으로서의 지각이고, 다른 하나는 마음이 가진 덕 가운데 지智의 작용으로서의 지각이다. 전자인 '심에 속하는 지각心知'은 감각과 감정, 욕구에 관련된 마음의 일반적 인지 작용을 가리키며, 후자인 '지에 속하는 지각智知'은 소당연지칙이나 소이연지고 같은 이치들의 앎에 해당하는 고차원적인 지각이다. 주희는 이 두 가지 지각 개념 가운데 전자를 더 일반적이고 중요한 것으로 간주했다는 것이다.

송시열의 이 같은 설명은 율곡철학을 중심으로 이황과 이이 사이의 논쟁을 종식시키려는 그의 지각론적 구상이 함축되어 있다. 즉, '심에 속하는 지각'은 이이의 주기적 견해를 암시하며, '지에 속하는 지각'은 이황의 주리적 입장을 가리키되,[127] "지각이 심에 속한다는 것은 주자 일생의 학

可雜也."

126 송시열의 심론에 관한 연구는 다음을 참조. 문석윤, 『호락논쟁, 형성과 전개』, 120~121쪽; 조남호, 「조선 후기 유학에서 허령지각과 지의 논변―송시열, 김창협, 한원진을 중심으로」, 『철학사상』(34), 서울대 철학사상연구소, 2009, 9~15쪽; 이선열, 『17세기 조선, 마음의 철학』, 213~217쪽.

127 이황의 『退溪集』 권14, 「答李叔獻問目」, 029_376c에는 보통사람은 금수와 마찬가지로 소당연과 소이연을 지각할 수 없다는 이이의 견해가 피력되어 있다. 즉, 「중용장구서」의 '허령지각'은 일반 사람들의 차원에서 말한 것이되, 『맹자집주』 주희의 주석은 성인의 지각에 해당된다는 것이다. 이에 대해 이황은 다음처럼 비판했다. "이는 또한 보내주신 편지에서 본 것이 잘못되었습니다. 일반적으로 혈기가 있는 것은 본래 다 지각이 있습니다만, 새나 들짐승들의 치우치고 막힌 지각이 어찌 우리 사람들의 가장 영묘한 지각과 같겠습니까? (…중략…) 저 보통사람들의 지각이 성현과 다른 까닭은, 곧 기가 구속하고 욕심이 어둡게 하여 스스로 잃어버렸기 때문입니다. 다시 어찌 이로 말미암아 사람 마음은 인식하고

설"이라고 함으로써 이이가 주자의 정통설에 가깝다고 주장하려는 것이다. 다만, '지에 속하는 지각' 혹은 '지의 작용으로서의 지각'도 주희의 언설에서 많이 발견되는 것인데, 송시열은 이러한 지각 개념을 '심에 속하는 지각'에 어떻게 체계적으로 통합시켜서 설명할 수 있는지에 대해서는 분명하게 설명하지 못했던 것이다. 다만, 주희의 정론은 「답반겸지」에 보이고, 그 외의 '지에 속하는 지각'을 말한 곳은 정설이 세워지기 이전의 미정설이라고 할 수 있다는 것이다. 송시열은 이 문제에 대해 『주자대전』의 체계적 연구를 통해 해결하려 했지만, 『주자대전차의朱子大全箚疑』는 완성하지 못한 채 사망하게 된다. 결국 이 문제는 송시열의 후학들에게 과제로서 남겨졌고, 급기야는 주기파 내에서 낙학洛學과 호학湖學이라는 두 학파의 분열로까지 이어지게 되었던 것이다.

3) 지각의 문제와 호락 분열

송시열의 심성론을 다시 요약하면, 그는 이이의 '기발이승일도설'과 '심시기설'을 기본 전제로 삼지만 "사단에도 부중절이 있다"고 봄으로써 약간 견해를 달리한다. 즉, 사단과 칠정을 포함한 모든 심적 발현은 중절이라고 하는 외적 규범에의 합치 여부로써만 그 선악 여부, 말하자면 인심인지 도심인지를 결정할 수 있다는 결과론적 논리를 보다 더 일관되게 주장했던 것이다.[128] 이러한 마음 이론은 오로지 인지적인 지각 작용만을 중시할 뿐 실천적인 자율적 의지는 주목하지 않는다. 다만, 지각 과정에서 결

깨달을 수 없다고 의심하겠습니까?" 아마도 송시열은 이에 근거하여 이이의 견해를 心知로, 이치를 인식하고 깨달을 수 있다는 이황의 지각 개념은 智知로 구분하여 본 듯하다.
128 송시열의 사단칠정론에 대해서는 임부연, 「송시열의 사단칠정론(四端七情論)」, 『종교와 문화』(21), 2011, 49~75쪽 참조.

과를 계산하고 비교하며 헤아리는 사고 기능인 의념[意]이 마음의 주재성을 담당하는 중요한 기능으로서 강조된다. 그러나 그것은 실천적 기능뿐만 아니라 인지적인 기능도 지닌다. 송시열은 이러한 인지주의적 심론이 주희 일생의 학설이라 본 것이요, 소당연과 소이연의 고차원적 인식인 '지에 속하는 지각'은 마음의 지각에 포함되는 부수적인 기능이라고 해석한다. 따라서 일반적으로 지각이라고 하면 곧 마음의 작용 전체를 가리키는 셈이 된다.

송시열은 주희의 두 가지 지각 개념에 관한 그의 견해를 『주자대전차의』에서 피력하고 문제를 해결하고자 했다. 이 책은 이황의 『주자서절요』이후 나온 주희의 문집에 관한 전문적인 연구서라고 할 수 있는데, 『주자언론동이고』처럼 주기론의 해석적 입장과 견해를 관철하기 위해서 저술한 것이라는 정치 이데올로기적 성격이 강하다. 어쨌든 그는 초고가 완성된 후 그것을 문인들에게 배포하여 문제점을 함께 토론하고 수정하고자 하였다. 이러한 『주자대전차의』의 수정 작업에 깊이 관여한 이가 곧 김창협인데, 그는 자신의 견해를 첨가하여 『주자대전차의문목朱子大全箚疑問目』이라는 책을 썼다. 본래 김창협은 이것을 저서로 기획했던 것은 아니고, 단지 『주자대전차의』의 완성을 위해 송시열에게 보낸 문목들을 모은 것이었다. 그런데 김창협도 결국 『주자대전차의』를 완성하지 못하고 사망하자, 그의 문인 어유봉魚有鳳, 1672~1744, 호는 순서(舜瑞)이 스승 김창협의 학설을 보존하기 위해 정리하고 편집한 것이다. 이 『주자대전차의문목』에는 송시열의 지각론적 견해와 그에 대한 김창협의 의견이 나타나 있는데 반해, 현존하는 『주자대전차의』에는 그와 같은 부분들은 보이지 않는다. 이는 김창협의 지각론에 반대 의사를 표명했던 권상하에 의해 이 책이 1716년

에 이르러서야 완성되었기 때문이다.[129]

앞서 말했듯이, 송시열에 의하면 주자의 지각 개념에는 두 가지 종류가 있는데, 하나는 '심에 속하는 지각'이요 다른 하나는 '지에 속하는 지각'이다. 그는 "지각이 심에 속한다는 것은 주자 일생의 학설"이라고 말함으로써 전자를 정론으로 삼되, 후자는 정설 이전의 미정설이라고 본다. 주자의 정설은 「답반겸지」에 이르러서 정립되었고, 여기서 '심에 속하는 지각'을 중심으로 '지에 속하는 지각'이 부수적인 것으로서 통합된다. 먼저 문제의 「답반겸지」 해당 구절을 살펴보자.

성은 단지 이 리이고, 정은 그 리가 유출하여 운용된 곳이며, 마음의 지각은 이 리를 갖추어 이 정을 행하는 것이다. 지智로써 말하면, 옳고 그름을 아는 까닭의 이치는 지이고 성이다. 옳고 그름을 알아서 옳고 그르다고 하는 것은 정이다. 이 리를 갖추어 그것이 옳고 그름을 깨닫는 것은 마음이다.[130]

---

129 이에 관해서는 강문식, 「金昌協의 朱子書 연구와 『朱子大全箚疑問目』」, 『한국사연구』 (160), 2013, 83~111쪽 참조. 이에 따르면, 김창협은 1686년경부터 본격적으로 『주자대전차의』에 대한 의문점을 問目의 형식으로 송시열에게 보냈는데, 그도 김창협의 의견을 많이 수용하였다고 한다. 그러나 송시열은 끝내 완성하지 못하고 1689년 사망하자, 김창협이 그의 뒤를 이어 『주자대전차의』의 완성에 주력하였다. 그런데 김창협 역시 완성을 보지 못하고 1708년 사망하였고, 결국 이 책은 권상하에 의해 1716년 완성된다. 이 책을 수정할 때, 권상하는 자신의 견해에 맞지 않는 김창협의 설을 상당수 삭제했던 것으로 보이며, 이에 대해 어유봉 등 김창협의 문인들이 師說을 보존하기 위해 『주자대전차의문목』을 정리하여 보존했던 것이다. 이를 볼 때, 송시열의 문하에는 김창협과 권상하를 필두로 하는 두 계파가 『주자대전차의』를 둘러싸고 치열한 주도권 경쟁을 벌였음을 알 수 있다.
130 朱熹, 『朱文公文集』 권55, 「答潘謙之(柄)」(『朱子全書』(23), 2590쪽). "性只是理, 情是流出運用處, 心之知覺, 卽所以具此理而行此情也. 以智言之, 所以知是非之理則智也, 性也. 所以知是非而是非之者, 情也. 具此理而覺其爲是非者, 心也."

사실 주희의 이 구절은 평이하고 융통성 있게 해석할 필요가 있다. 즉, 마음에는 인지 기능으로서의 지각이 있는데, 그 작용의 원리는 성(리)이고 작용의 결과물은 정이라 한다는 것이다. 본성 가운데 인지적이고 도덕적인 옳고 그름을 가릴 수 있는 지智를 예로 들면, 지는 옳음과 그름을 가릴 줄 아는 원리가 되고, 옳다 그르다고 한 결과적 상태는 정이 되는 것이며, 이러한 옳음과 그름의 원리를 갖추어 옳다 그르다고 하는 주체는 마음이 된다. 이것이 위 인용문에서 주희가 말하고자 하는 바의 골자이다. 요컨대, 지각은 마음의 주요한 기능이요, 지각 작용의 원리는 성이고 작용한 결과는 정이며, 성과 정을 통괄하는 것이 마음이다. 그런데 송시열은 이에 대해 주희는 처음부터 두 가지의 지각 개념을 가지고 있었고 어느 것이 중요한지 결정하지 못하다가, 이 「답반겸지」에 이르러서야 비로소 '심에 속하는 지각'에 '지에 속하는 지각'이 속한다고 봄으로써 양자를 통합했다고 해석한다. 송시열은 다음처럼 말한다.

> 살펴보건대, 선생(주희)이 지각을 지智의 작용으로 말한 곳이 많이 있다. 이미 마음의 지각이 있고 또 지의 지각이 있으니, 이는 두 가지의 지각이 있는 것이다. 여기(「답반겸지」)에서 비로소 지각을 마음에 속하게 하고, 시비의 변별을 지각[知]에 속하게 했으니, 이것이 아마도 만년에 확정한 것인 듯하다. 마땅히 이것으로 정론을 삼아야 한다.[131]

---

131 金昌協, 『朱子大全箚疑問目』 권6. "五十五卷 一板, 心之知覺 止 心也. 箚疑 : 按先生以知覺 爲智之用者, 多矣. 旣有心之知覺, 又有智之知覺, 是有二知覺矣. 於此始以知覺屬心, 以辨是 非屬知, 此恐是晚年所定, 當以此爲正."

김창협은 송시열의 이러한 견해에 원론적으로는 동의한다. 다만, 주자에 있어서도 지각을 지의 작용처럼 말한 것은 시비지심의 정이 오성 중 하나인 지의 작용이라는 의미에서 한 것일 뿐이기 때문에, 원래부터 두 가지 종류의 지각 개념을 가지고 있었다고 보는 것은 무리라는 견해를 밝히고 있다. 따라서 '심에 속하는 지각' 외에 '지에 속하는 지각'이 양립하여 두 가지 지각이 있다고 한 대목은 수정할 필요가 있다고 말한다.

> 지각을 지의 작용이라고 한다면, 마음의 지각은 곧 지가 발하여 작용한 것이 됩니다. 지는 오성五性의 하나로 그 발함은 한 마음의 신묘한 작용을 오로지 담당하니, 인仁이 오성의 하나로서 일심의 덕德을 오로지 담당하는 것과 같습니다. 그러나 성이 발한 것이 정이 되고, 마음의 신령한 것이 지각이 되니, 정은 리가 기를 탄 것이요 지각은 기의 신묘한 작용입니다. 이런 까닭에 시비의 정을 지의 작용이라고 하는 것은 가능하지만, 지각을 지의 작용이라고 하는 것은 불가합니다. 두 가지의 구분이 비록 지극히 미묘하지만 뒤섞어 한가지로 삼아서는 안 됩니다. 여기(「답반겸지」)의 지금 설이 정밀하고 확실하다고 여겨 『차의』에서 이것을 정론으로 삼은 것은 옳습니다. 그러나 이전 설의 뜻에도 두 가지 지각 개념의 혐의가 있는 것은 아닙니다. 『차의』에서 '이미 마음의 지각이 있다'부터 '두 가지의 지각'까지의 한 단락은 마땅히 다시 생각하심이 어떻습니까?[132]

---

[132] 金昌協, 『朱子大全箚疑問目』권6. "按 : 以知覺爲智之用, 蓋曰心之知覺, 卽智之發用也. 夫智爲五性之一, 而其發專一心之妙用者, 猶仁爲五性之一, 而專一心之德也. 然性之發爲情, 心之靈爲知覺, 情者, 理之乘氣者也, 知覺者, 氣之妙用也. 是故 以是非之情爲智之用, 則可, 以知覺爲智之用, 則不可. 二者之分, 雖極微妙, 而有不可容混而一之也. 此今說之所以爲精確, 而『箚疑』以爲定論者, 得之矣. 然前說之意, 亦非有二知覺之嫌. 『箚疑』自旣有心之知覺 至二知覺矣一段, 似當更商如何?"

김창협이 볼 때, 만약 지각을 지의 작용이라고 한다면 지각 작용 전체는 지가 발용하는 것이 된다. 이것은 인이 오성과 사덕 가운데 하나이지만 마음의 덕 전체를 포괄하고 대표할 수 있는 것과 마찬가지로, 지가 마음의 신묘한 작용 전체를 주재한다고 보는 것이다. 그런데 김창협은 이 견해에 대해 비판적이다. 성이 발현하여 사단의 정이 되는 것과 마음의 기가 발현하여 지각 작용을 일으키는 것은 구분되어야 한다는 것이다. 즉, 도덕적 시비를 가리는 마음은 오성 가운데 지에 의해 이루어지지만, 이 도덕적 판단을 담당하는 지를 확장시켜서 그것이 작용하여 지각이 일어난다고 말하면 안 된다는 것이다. 지각은 별도의 원리가 필요하지 않으며, 마음의 신령한 기가 가지고 있는 능력이기 때문이다. 따라서 「답반겸지」를 주자의 정론으로 보는 것은 옳지만, 주자에 있어 원래부터 지각은 마음의 기의 작용으로 간주되었지 '지의 작용으로서의 지각'은 없었다는 것이다. 이런 이유에서 김창협은 "이미 마음의 지각이 있다. (…중략…) 두 가지의 지각이 있다"라는 한 단락을 재고할 것을 요구하고 있는 것이다.

최근까지의 연구는 호락논쟁에서 지각이 주요 주제로서 관련된다는 점은 잘 해명하였지만, 호학과 낙학 두 학파의 분기에 있어 지각론의 문제가 주요한 원인 가운데 하나였다는 점은 좀 더 부각될 필요가 있다.[133] 지각의 문제에 대한 견해 차이가 호·락 두 학파의 분열에 매우 중요한 계기가 되기 때문이다. 그리고 그러한 분열의 계기는 이미 김창협과 권상하에서 나타나는 것이다. 앞서 보았듯이 김창협은 '심에 속하는 지각'을 중심으

---

133 문석윤, 『湖洛論爭 – 형성과 전개』, 120~163쪽; 이선열, 『17세기 조선, 마음의 철학』, 211~278쪽. 이외에도 다음의 연구들을 참조할 것. 이천승, 『농암 김창협의 철학사상 연구』, 서울 : 한국학술정보, 2006; 조성산, 『조선 후기 낙론계 학풍의 형성과 전개』, 서울 : 지식산업사, 2007; 이경구, 『조선, 철학의 왕국』, 서울 : 푸른역사, 2018.

로 지각론을 통일하고자 했던 반면, 권상하는 김창협이 비판했던 '지의 작용으로서의 지각' 개념을 주장하면서 그의 견해에 찬동하지 않았던 것이다. 여기서는 먼저 김창협의 지각론적 입장을 살펴본 뒤, 이에 대한 권상하의 견해를 다루기로 한다.

앞서 살펴본 송시열의 지각론적 구상에 관련하여 김창협은 "심에 속하는 지각은 주자 일생의 학설"이라고 보는 입장을 발전시켰다. 즉, 지각은 지의 작용이라고 볼 수 없으며 심기는 스스로 인지할 수 있는 기능을 지니기 때문에, '심에 속하는 지각'이 근본적이라는 것이다. 그는 '심에 속하는 지각'을 중심으로 지각론의 통합을 꾀했던 것이다. 김창협은 다음처럼 말한다. "지각은 범범하게 말한다면, 살펴서 인식하고 변별함과 같은 것도 또한 지각이라 할 수 있다. 이것을 지智에 배속시키는 것은 진실로 불가함이 없다. 그러나 그 올바른 풀이는 반드시 신묘하고 영명한 것으로써 말해야 하니, 이것은 끝내 지의 작용으로 간주하여 설명할 수는 없다."[134] 그에 따르면, 인간의 지각이란 사물을 변별하고 인식하는 기능을 포함하므로, 그것을 지의 원리에 배속시키는 것도 틀리지는 않다. 다만, 지각의 근본적 의미는 외물의 감응과 인지를 포함하되 마음의 신묘하고 영명한 작용 전체를 포괄해야 한다는 것이다. 마음은 기로 되어 있고, 그 마음의 기는 신묘하고 영명한 성격을 지니는데, 지각은 그런 속성을 지닌 심기의 실체와 작용 전체에 해당된다는 것이다.

지각에 이르면 본래 이 마음의 전체가 밝고 신령한 것을 가리켜 말한 것이

---

134 金昌協, 『農巖集』 권32, 「內篇(二)」, 162_340a-b. "知覺, 若泛言, 則如察識辨別, 亦可謂知覺. 以此而屬之智, 固無不可, 而若其正訓, 須以神妙靈明者爲言, 此則終不可作智之用說矣."

니, 비록 사물이 이르지 않고 사려가 싹트지 않지만 마음 안에는 진실로 항상 뚜렷하여 어둡지 않다. 일반적으로 눈과 귀의 총명함과 신체의 용모와 의식은 모두 주재하고 관섭하되 어둡지 않고 혼란스럽지 않은 것이 있으니, 모두 이것이다. 지금 지각을 말함에 오로지 이 마음이 사물에 감응하여 움직인 것으로만 말한다면, 어찌 지각의 의미를 극진히 한 것이겠는가? 대체로 마음의 텅 비고 신령하여 지각 작용함은 동정을 관통하고 체용을 겸한다. 텅 비고 신령한 실체는 지각이 미발에 보존되어 있는 것이고, 텅 비고 신령한 작용은 지각이 이발에 나타난 것이니, 두 가지가 있는 것이 아니다. 순서舜瑞, 魚有鳳을 가리킴의 설은 텅 비고 신령함에 동정의 구분은 없지만, 지각은 단지 동動의 영역에서만 말할 수 있을 뿐 정靜에서는 말할 수 없다고 여긴 것이다. 그 하나만 알지 둘은 모른다고 할 만하다. 미발에 지각의 원리가 없는 것이 아니라고 말한 데 이르러서는, 비록 근사한 것 같지만 그 인식에 착오가 있는 곳은 바로 여기에 있다.[135]

김창협에 의하면, 지각은 사물을 감각하고 그에 반응하는 감각적 인지 기능만을 뜻하는 것이 아니라, 마음을 이루는 기의 신령하고 밝은 속성과 기능 전체를 가리킨다. 외물을 감각하고 반응할 때, 마음은 그러한 작용 전체를 주재하고 관리하는데, 지각은 이러한 마음의 주재와 관리 작용의

---

135 金昌協, 『農巖集』 권19, 「答道以(丁亥)」, 162_107a-b. "至於知覺, 本亦指此心全體昭昭靈靈者而爲言, 是雖事物未至, 思慮未萌, 而方寸之中, 固常了然不昧. 凡其耳目之聰明, 身體之容儀, 皆有以主宰管攝而不昏不亂者, 皆是物也. 今說知覺, 專以此心感物而動者言之, 則又豈足以盡知覺之義哉? 大抵心之虛靈知覺, 貫動靜而兼體用, 虛靈之體, 卽知覺之存於未發者, 虛靈之用, 卽知覺之見於已發者, 非有二也. 舜瑞之說, 以爲虛靈無分於動靜, 而知覺只可言於動而不可言於靜, 可謂知其一而不知其二矣. 至其謂未發也, 非無知覺之理者, 雖若近之, 而其所認得差處, 正在於此."

총체를 의미한다. 이 점에서 지각은 마음의 운동과 정지 두 국면을 관통하며, 실체substance와 작용function을 겸한다는 것이다. 이에 대해 어유봉은 심기가 동정을 관통하긴 하지만 지각은 단지 운동과 작용의 영역에서만 말할 수 있다는 전통설에 의거한 반론을 펀듯하다. 그러나 김창협은 마음의 실체와 작용을 지각의 실체와 작용과 일치시 함으로써, 미발과 이발에서도 지각의 실체와 작용은 모두 존재한다고 말한다. 또한 어유봉의 "미발 상태에 지각의 원리가 있을 것"이라는 말에 대해서는, 이것이 지각에 관한 잘못된 인식의 근원이라고 주장한다. 김창협은 "허령한 기는 스스로 지각할 수 있으니, 처음부터 인·의·예·지의 일과 관계되지 않는다"[136]고 말함으로써, 지를 지각의 원리로 간주할 수 없다고 본다. 요컨대, 김창협은 지각과 지를 분리시키고, 지각은 마음의 기가 가진 본래적인 능력이라고 보며, 인·의·예·지의 원리를 함축하는 성은 지각의 원리가 아니라 인식하고 구현해야 할 대상이자 목표가 된다. 이러한 지각론적 입장은 사실과 가치의 분리를 함축하며, 인식과 도덕의 영역 구분을 나타낸다고 할 수 있다.

한편 권상하는 김창협과는 정반대로 '심에 속하는 지각' 대신에 '지의 작용으로서의 지각'을 중심으로 지각론을 통합하고자 한다. 그는 송시열이 『주자대전차의』에서 밝힌 견해가 결코 두 가지 지각을 말하려는 데 근본 의도가 있는 것이 아니라, 오히려 두 가지 지각 개념은 있을 수 없음을 밝히려 한 것이라고 본다. 그는 박광일朴光一, 1655~1723, 호는 사원(士元)에게 보낸 편지에서 다음처럼 말한다. "주신 글에, 심지心知와 지지智知 두 개의 면

---

136 金昌協, 『農巖集』 권13, 「與李同甫」(丙戌), 161_560d. "蓋曰氣之虛靈, 自會知覺, 初不干仁義禮智事也."

모에 관한 설은 사람들로 하여금 알아들을 수 없게 하는데, 누가 이런 견해를 만들어냈는지 모르겠습니다. 성 속에 지가 있기 때문에 마음에 지각이 있어 옳고 그름을 분별한다고 하신 말씀에서 고견의 적확하고 마땅함에 깊이 탄복할 만합니다."[137] 권상하에 의하면, 애초에 송시열도 한 가지의 지각 개념을 말하려 했는데, 그것은 김창협의 주장과는 반대로 '지에 속하는 지각'이라는 것이다. 본성의 지에 근본해서 지각 작용이 이루어지므로, 마음의 지각은 근본적으로 지의 지각과 다르지 않다는 것이다. 그는 박광일에게 보내는 다른 편지에서 다음처럼 말한다.

『차의』에 '이미 심의 지각이 있는데 또 지의 지각이 있다면 이것은 두 개의 지각이 있는 것이다'고 한 이 문법文法이 바로 『맹자』에 '순舜이 이미 천자가 되었는데 또 천하의 제후를 거느리고서 요堯의 삼년상을 치뤘다면, 이것은 두 명의 천자가 있는 것이다'[138]고 한 것과 같으니, 반드시 그렇지 않다는 것을 밝힌 것입니다. 그런데 보는 이들이 오해하여 참으로 두 개의 지각이 있다고 여기니 한탄할 만합니다.[139]

위에서 나타나듯, 송시열도 두 개의 지각 개념은 불가하다는 견해를 가지고 있었다는 것이 권상하의 주장이다. 즉, 『주자대전차의』에서 송시열

---

137 權尙夏, 『寒水齋集』(韓國文集總刊本) 권10, 서울 : 民族文化推進會, 1995, 「答朴士元」(己卯十月), 150_192a. "所示心知智知兩箇面貌之說, 令人不能解聽, 不知何人刱出此見也. 性中有智, 故心有知覺, 而別其是非云者, 深歎高見之的當也."
138 『孟子』, 「萬章上」, 4장. 맹자는 여기서 순이 섭정을 하다가 요임금이 죽은 후에 비로소 천자에 즉위했음을 말하고 있다.
139 權尙夏, 『寒水齋集』권10, 「答朴士元」(辛巳元月), 150_192b. "'箚疑' '旣有心之知覺, 又有智之知覺, 是二知覺矣,' 此文法正如 『孟子』 '舜旣爲天子矣, 又率天下諸侯, 以爲堯三年喪, 是二天子矣,' 所以明其必不然矣. 見者誤解, 以爲是眞有二知覺, 可勝歎哉."

이 말한 대목도 이 점을 밝히기 위해 표명한 것으로서, 그것은 마치 『맹자』 「만장상」에 나오는 구절, 즉 순임금이 요임금에 의해 왕위를 선양받고 요임금의 사후 제후를 거느리고 그의 삼년상을 치렀다는 것은 두 명의 천자가 있게 되는 것이니, 이는 불가하다고 말한 대목과 어법이 같다는 것이다. 요컨대, 송시열도 두 개의 지각이 있다는 것은 성립할 수 없음을 완곡하게 말했다는 것이다. 물론, 두 가지 지각은 있을 수 없다는 것은 김창협도 동의하는 점이다. 다만, 김창협은 '심의 지각'을 중심으로 통합하고자 했다면, 권상하는 정반대로 '지의 지각'을 중심으로 지각 개념을 통합하려 했다는 점에서 두 사람의 입장은 완전히 상반된다. 그는 김창협의 설에 동의할 수 없다는 점을 다음처럼 분명히 밝히고 있다.

> 지각의 논의는 보내온 편지의 말이 모두 타당하네. 『차의』에 선사의 해석도 과연 지각을 두 가지로 여긴 것을 그르다 하셨네. 저 지각을 심에 속한 것과 지에 속한 것으로 세세하게 나눔이 이와 같지만, 그러나 이른바 주리고 배부르고 춥고 더운 것을 아는 것도 성 밖의 일이 아니니 지각을 지에 소속시키는 것도 무엇이 해롭겠는가? 대체로 나의 생각에는, 성은 마음의 이치인데 심과 성을 쪼개어 두 갈래로 만드는 것은 결단코 옳지 않으니, 농암의 설은 끝내 따르기 어렵다고 생각되네.[140]

권상하에 의하면, 김창협의 설은 심과 성을 나누어 분리시키는 것이다.

---

[140] 權尙夏, 『寒水齋集』 권16, 「答郭景文」, 150_296b. "知覺之論, 來示皆當. 先師箚疑之釋, 果以二知覺爲非矣. 若夫屬心屬智, 細分則如此, 而所謂飢飽寒暖之識, 亦非性外之事, 屬之於智, 亦何妨也? 大抵愚意性是心之理, 剖判心性而爲兩岐, 斷斷不可, 農巖之說終覺難從."

왜냐하면 김창협은 지각이 지를 위시한 본성과 관련 없이 전적으로 심기의 신묘한 작용에 의해 이루어지는 것이라고 주장하기 때문이다. 이것은 지각과 본성의 분리에 의해 "심과 성을 쪼개어 두 갈래로 만드는 것"으로서 옳지 않다. 김창협이 주로 근거로 삼는 지각 개념인 "주리고 배부르고 춥고 더운 것을 아는" 것도 역시 성을 벗어나서 일어나는 것은 아니기 때문에, 그러한 감각적 인지 작용도 본성의 지에 의해 가능하다고 보는 것은 타당하다는 것이다. 심과 성을 분리시키지 않고 심의 지각 작용을 성과 관련시키기 위해서는 지각이 지의 작용이라고 보아야 한다는 것이다.

한원진은 스승인 권상하의 이 같은 견해를 이어받아 김창협의 지각론을 비판하면서 '지의 작용으로서의 지각'을 중심으로 통합하고자 하였다. 일반적으로 한원진은 호락논쟁의 당사자로서 유명한데, 이 논쟁에 대해서는 일찍이 장지연이래로 현상윤, 이병도, 배종호 등에 의해 이간李柬, 1677~1727, 호는 외암(巍巖) 사이에 벌어졌던 인성人性과 물성物性의 동이同異 문제나 미발未發 심체心體의 유선악有善惡 문제에 관한 논변들에 주된 초점이 맞춰져왔다.[141] 그러나 지금까지 살펴본 것처럼, 호락논쟁의 형성과 전개 과정의 저변에는 지각 개념과 근거를 둘러싼 지각론적 문제가 놓여 있다고 보아야 한다. 호락논쟁의 기원은 김창협과 권상하의 지각론적 견해 차이로까지 소급될 수 있으며, 이후의 한원진과 이간 사이의 인물성동이나 미발심체 논변도 결국 지각론과 관련되어 있다고 보아야 하는 것이다.[142] 여기서는 한원진과 이

---

141 장지연, 『조선유교연원』, 344~349쪽; 현상윤, 『조선유학사』, 406~457쪽; 배종호, 『한국유학사』, 204~240쪽. 인성과 물성의 동이 문제는 인간 본성과 사물의 본성이 같은가 다른가에 관한 것이고, 미발심체 유선악 문제란 지각이 일어나지 않은 미발상태에서 마음의 본체가 순선한가 선악이 혼재하는가에 관한 것이다.

142 호락논쟁을 김창협과 권상하 사이의 논변을 포함하는 거시적 관점에서 바라볼 필요가 있으며, 기존의 관점처럼 한원진과 이간 사이의 인물성동이논쟁에만 국한해서는 안 된다는

간의 지각론적 입장의 차이에 대해 살펴볼 것이다.

기존 연구는 "동일계통으로서 주기적 입장이면서도 여기서 또 견해차가 생김으로써 호론은 주기적, 낙론은 주리적으로 되었던 것"[143]이라고 하여 권상하와 한원진의 호론이 주기적, 김창협의 낙론이 주리적이라고 보았던 것이다. 그런데 지각론의 맥락에서는 앞서 살펴본 것처럼, 김창협은 '심에 속하는 지각'이라는 주기적 입장을 발전시킨 것이다. 한원진은 김창협의 지각론을 비판하기 때문에, '지의 작용으로서의 지각'이라고 하는 주리적 지각론의 입장에 서게 되는 것이다. 그가 김창협의 지각론을 비판하는 주된 논거 가운데 하나는, 권상하와 마찬가지로, 그것이 "심과 성을 쪼개어 둘로 나누는 것"으로 귀착된다는 것이다.[144] 한원진은 「답반겸지」를 '지의 지각'을 주장하는 증거로 재해석하면서 김창협의 견해를 다음처럼 비판한다.

> 가만히 「답반겸지」의 취지를 자세히 살펴보니, 비록 심·성·정을 분별하는 데 주안점을 둔 것 같지만, 사실은 심·성·정에 두 가지 작용은 없다는 것을 미루어 밝힌 것으로서 지智의 편전偏專 또한 모두 거론되는 것입니다. 이는 바로 지각은 지에 속한다는 것의 증거로 삼아야지, 지각과 지를 나누어 말하는 것의 증거로 삼아서는 안 됩니다. 어째서이겠습니까? 편지 중에서 '옳고 그름을 알 수 있는 이치'라는 구절은 바로 '지'자를 해석한 것입니다. '시비'라고 말한 것은 사물에 있는 옳고 그름을 가리키는 것이지, 내 마음의 옳고 그

점에 대해서는 문석윤, 『호락논쟁, 형성과 전개』, 13~25쪽 참조.
143 배종호, 『한국유학사』, 229쪽.
144 한원진의 김창협 지각론 비판에 대해서는 문석윤, 『湖洛論爭－형성과 전개』, 157~163쪽; 이선열, 「남당 한원진의 김창협 지각론 비판」, 『한국철학논집』(36), 2013, 43~74쪽 참조.

르다고 하는 정을 가리킨 것이 아닙니다. 옳고 그름은 비록 외부 사물에 있는 것이지만, 그것을 지각하는 근거로서의 이치는 내 마음에 있으니, 이것이 곧 이른바 지라고 하는 것입니다. 그렇다면 '옳고 그름을 안다'는 말에서 '안다'는 글자는 바로 지의 작용인 것이며, '옳고 그름'은 지의 작용이 아닙니다. 위에서 이미 지각을 마음에 소속시켰고 여기서는 다시 지각의 원리를 지라고 하였으니, 마음의 지각을 지의 작용으로 간주하는 것은 바로 오吳·호胡·유游 등에게 보낸 여러 편지의 내용과 다르지 않습니다. 그러니 심과 성에 두 가지 작용이 없음을 밝힌 것이 또한 분명하지 않습니까?[145]

한원진에 따르면, 주희의 「답반겸지」는 심·성·정의 개념을 분별하여 설명하는 데 주된 목적이 있는 것이 아니라, 마음과 본성의 작용에 두 가지가 없다는 것을 말하려는 데 있다는 것이다. 비록 주희는 지각 외에도 의향[意]을 마음의 주된 작용으로서 간주했었지만, 김창협과 한원진을 비롯한 주기파에서는 지각을 마음의 주요 작용으로서 보았던 것이다. 어쨌든 한원진은 지각 작용이 두 가지가 아니라 하나이며, 지의 작용으로서 설명되는 지각이 바로 그것이라고 말한다. 위의 인용문에서 말한 '지의 편전'이 바로 마음의 지각을 총체적으로 가리키는 것이 된다. 즉, 인·의·예·지의 본성 가운데 하나로서의 지를 치우쳐 말하면[偏言] 그것은 도덕적

---

145 韓元震,『南塘集』(韓國文集總刊本) 권7, 서울 : 民族文化推進會, 1998,「上師門」(辛卯五月), 201_174d-175a. "竊詳潘書之指, 則雖若主於心性情之分別, 實則推明心性情之無二用, 而智之偏專者, 亦皆擧矣. 正恐當爲知覺屬智之證, 而不當爲知覺與智分言之證也, 何者? 一書中'所以知是非之理'一句, 正訓釋智字, 其所云是非者, 乃指是非之在事物者, 而非指吾心是非之情也. 是非雖在事物, 而其所以知之之理則在吾心, 是乃所謂智也. 然則'知是非'三字中知字, 正爲智之用, 而'是非'非爲智之用也. 於上旣以知覺屬心, 而於此又以知之理爲智, 則其以心之知覺爲智之用, 正與吳胡游諸書無異, 而明心性之無二用也, 不亦皎如乎?"

옳고 그름을 판단하는 작용시비지심을 지시하는 반면, 지를 오로지 말하면[專言] 그것은 인·의·예·지의 본성을 모두 포괄할 뿐만 아니라 지각이라는 인지 작용 전체를 커버할 수 있다. 이는 김창협의 "시비의 정은 지의 작용이라고 할 수 있지만 지각은 지의 작용이라고 할 수 없다"는 주장을 전면적으로 반박한 것이다. 즉, 시비를 가리는 정은 지의 작용일 뿐만 아니라, 지각 전체가 지의 작용이라고 말할 수 있다는 것이다. 이 점에서 한원진은 「답반겸지」를 김창협과 완전히 상반되게 해석하고 있다. 김창협이 '옳다' '그르다'고 하는 정을 지각과는 다른 독립된 일종의 도덕적 인식으로 따로 떼어놓으려 했다면, 한원진은 옳고 그름을 아는 것이 곧 지각이고 이와 다른 도덕적 인식이 따로 있는 것은 아니라고 해석한 것이다. 요컨대, 한원진은 지각과 지를 계속 연결시킴으로써 「답반겸지」의 주된 취지가 심과 성에 두 가지 작용이 없으며 그것은 곧 지의 작용으로서의 지각이라는 것을 강조한다. 「답반겸지」의 이 같은 논지는 주자의 다른 글들과 배치되지 않고 동일하다는 것이 한원진의 생각이다.

이후 한원진은 「농암사칠지각설변農巖四七知覺說辨」1717 같은 저작을 통해 지속적으로 김창협의 지각론을 비판하였다. 다만 김창협의 인심도심론에 대해서는 곳에 따라 적극 찬동하기도 하고 혹 칭찬하기도 한다. 예를 들어, 한원진은 인간의 도덕을 주로 심기의 청탁淸濁으로 설명하되 그것만으로는 안 되고 도덕적 본성과의 상호 관계를 통해 해명해야 한다는 김창협의 도덕 심리학적 입장에 대체로 동의하고 있다.[146] 그러나 전반적으로 한원진은 김창협이 심과 성, 리와 기를 두 갈래로 나누는[二岐] 병통에 빠져있

---

146 韓元震, 『南塘集拾遺』 권6, 「農巖四七知覺說辨」, 202_444c-446c 참조.

다고 비판하는 데 주력하고 있다. 특히, 한원진은 지각론에 있어서 지각이 지의 작용이 아니라는 김창협의 주장에 대해 집중적으로 비판하고 있다. 김창협이 "지각은 만약 범범하게 말하면, 살펴서 인식하고 변별함과 같은 것 또한 지각이라고 말할 수 있으니, 이로써 그것을 지에 속하게 하는 것은 진실로 불가함은 없다. 그러나 그 올바른 풀이는 반드시 신묘하고 영명한 것으로 말해야 하니, 이는 끝내 지의 작용으로 간주하여 말할 수 없다"[147]고 말한 대목에 대해 다음처럼 비판한다.

살펴서 인식하고 변별함과 신묘하고 영명함을 나누어 두 가지 지각으로 삼되 하나는 지의 작용으로 간주하고 다른 하나는 지의 밖에 있는 것으로 여기는 것은 그 설이 또한 엉성하다. 살펴서 인식하고 변별하는 것은 그 신묘 영명한 것이 행하는 것이니, 살펴서 인식하고 변별함과 신묘 영명함은 본래 두 사물이 아니다. 살펴서 인식하고 변별하는 것은 이미 지에 속하니, 신묘하고 영명한 것 또한 어찌 지에서 벗어나겠는가? 비록 오로지 신묘 영명한 것으로써 말하면, 신묘 영명한 것은 반드시 소이연의 이치를 가진다. 지로써 그 이치를 명명함이 다시 어찌 불가한가? 지각은 하나일 뿐이다. 원래 두 실체란 없는데 억지로 분별하여 말하길, 어떤 지각은 지에 속하고 어떤 지각은 지에 속하지 않는다고 하니, 끝내 어찌할 수가 없다. 지각은 지의 작용인 것이다.[148]

---

147 韓元震, 『南塘集拾遺』 권6, 「農巖四七知覺說辨」, 202_447d. "知覺若泛言, 則如察識辨別, 亦可謂知覺, 以此而屬之智, 固無不可, 而若其正訓, 須以神妙靈明者爲言, 此則終不可作智之用說矣."

148 韓元震, 『南塘集拾遺』 권6, 「農巖四七知覺說辨」, 202_447d-448b. "察識辨別神妙靈明, 分爲兩知覺, 而一以爲智之用, 一以爲智之外者, 其說亦疎矣. 察識辨別者, 卽其神妙靈明者之所爲, 則察識辨別之與神妙靈明, 本非二物也. 察識辨別者, 旣屬於智, 則神妙靈明者, 又豈外於智哉? 雖專以神妙靈明者言之, 神妙靈明者, 必有所以然之理矣. 以智名其理, 又何不可乎? 知覺一而已矣, 元無兩體, 而强生分別曰某知覺屬智, 某知覺不屬智, 而終無奈. 知覺之爲

김창협은 살펴 인식하고 변별하는 작용을 본성의 지에 배속시킬 수는 있지만 궁극적으로는 신묘하고 영명한 기의 지각 작용에 근거한 것이기 때문에, 모든 지각은 마음의 신령한 기의 작용이라고 말해야지 지의 작용이라고 해서는 안 된다고 주장한 것이다. 이에 대해 한원진은 살펴서 인식하고 변별하는 지각 작용은 기의 신묘하고 영명한 작용과 다르지 않으며, 양자는 공히 지의 작용으로 볼 수 있다고 반박한다. 두 가지 지각은 없기 때문에, 지의 작용으로서의 지각이 유일한 지각 작용이 된다는 것이다. 이 같은 한원진의 반론은 만년의 「지각설」1744이라는 글에 이르기까지 계속된다. 이 글에서 그는 김창협의 지각론을 다음처럼 요약하고 비판을 총결하였다.

어떤 사람은 말한다. "주자의 「답반겸지」에서 '마음의 지각은 곧 이 이치를 갖추어 이 정을 행하는 것이다'라 하였다. 『대학혹문』에서는 '지각[知]은 마음의 신명이니, 여러 이치를 신묘하게 운용하여 만물을 주재하는 것이다'라고 하였다. 여기에서 말한 지각은 단지 마음의 작용으로 간주할 수 있으며 지智의 작용으로 간주할 수는 없다." 나는 다음과 같이 생각한다. "마음의 작용은 곧 지智의 작용이다. 지는 또한 오상의 덕을 포함하되 하나의 마음의 작용을 전담할 수 있다. 그러므로 지각이 갖춘 이치는 통일하여 말하면 곧 지이다. 그리고 지는 지각의 원리이고, 지각이 행하는 바의 정情은 통일하여 말하면 지의 정이니, 지각은 지의 작용이다. '지각[知]이 여러 이치들을 신묘하게 운용함' 또한 이와 같이 미루어 보아야 하니, 지각이 신묘하게 운용하는 이치

_____

智之用矣."

는 곧 이 마음이 갖춘 바의 인·의·예·지신의 원리이며, 통괄하여 말하면 즉 지智이다. 생각건대 이치를 갖추고 있는 것은 마음에 속하지만 갖춰진 이치는 성性에 속하며, 신묘하게 운용하는 것은 마음에 속하지만 신묘하게 운용되는 이치는 성에 속한다. 비록 마음의 작용은 성의 작용이라 말하지만, 심성이기 의 변별은 또한 일찍이 없었던 적이 없었다. 일반적으로 사물은 모두 소이연 지리를 가지고 있으니, 지각은 어떤 사물이길래 홀로 소이연지리가 없겠는 가? 지각의 소이연지리는 곧 갖추고 있는 이치가 이것이다. 지각의 소이연지 리는 나누어 이름 지으면 인·의·예·지가 되고, 총괄하여 명명하면 곧 '지智' 자 하나만을 말해도 된다. 지와 지각의 개념은 본래 서로 관련되기 때문이다. 지각은 지의 작용인데, 혹자가 주자의 두 설이 서로 해석을 어렵게 한다고 여 기므로, 대략 그 뜻을 위와 같이 풀어서 말하노라."[149]

주희의 「답반겸지」와 『대학혹문』 구절은 애매한 점이 있는데, 이에 송대 학자 호병문운봉 호씨이 『대학혹문』 구절을 원용하여 지智에 대해 "여러 이치 를 신묘하게 운용하여 만물을 주재하는 까닭"으로서 설명한 바 있다. 호병 문의 이 설명에 대해 김창협은 지각에 관한 해설을 지에 잘못 적용한 것이

---

149 韓元震, 『南塘集』 권30, 「知覺說」, 202_150a. "或謂朱子「答潘謙之」書曰, '心之知覺, 卽所 以具此理而行此情者也,' 『大學或問』曰, '知則心之神明, 妙衆理而宰萬物者也,' 此言知覺, 只可作心之用, 不可作智之用看也. 余謂心之用, 卽智之用也. 智亦能包五者之德而專一心之 用, 故知覺所具之理, 統而言之則智也, 而智爲知覺之理, 知覺所行之情, 統而言之則智之情 也, 而知覺爲智之用矣. '知妙衆理', 亦當如此推之, 知之所妙之理, 卽此心所具仁義禮智信之 理, 而統而言之則智也. 蓋具之者屬心, 而所具之理屬性, 妙之者屬心, 而所妙之理屬性, 雖曰 心之用, 卽性之用, 心性理氣之辨, 則又未嘗無也. 凡物皆有所以然之理, 知覺是何物而獨無 所以然之理乎? 知覺所以然之理, 卽其所具之理是也. 知覺所以然之理, 分而名之則爲仁義禮 智, 摠而名之則單言智字, 亦可也, 智與知覺名義, 本自相屬故也. 知覺爲智之用, 或者以朱子 二說相難, 故略解其意如右云. 甲子孟秋日, 書于暘谷精舍."

라 비판했던 것이다. 즉, 「답반겸지」처럼 『대학혹문』 구절도 지智에 대한 설명이 아니라 지각에 관한 말로 보아야 한다는 것이다. 한원진은 이 같은 김창협의 지각론을 총체적으로 비판하고 있다. 마음의 유일한 작용이 지각이라는 점에서는 김창협과 의견이 같지만, 한원진은 지각이 본성 가운데 지의 작용에 다름 아니라고 말한다. 즉 마음의 지각 작용은 다름 아닌 지각의 원리로서 지의 작용에 지나지 않는다. 한원진은 「답반겸지」와 『대학혹문』 구절을 모두 이 같은 맥락에서 해석하면서, 지각의 원리인 지에 의해 지각 작용이 이루질 뿐만 아니라, 마음의 지각이 신묘하게 운용하는 이치란 본성의 인·의·예·지신이고, 이는 다시 지로써 통괄할 수 있다는 것이다. 즉 지각이 본성의 지를 신묘하게 운용하여 만물을 주재하게 된다는 것이다. 또 모든 사물은 소이연의 이치가 있는데, 지각도 예외는 아니므로 반드시 소이연의 이치가 있어야 한다. 이때 지각의 소이연의 이치는 바로 인·의·예·지신이 되고, 이것을 다시 지로 통괄해도 무방하다는 것이다. 이렇듯 지각은 지의 작용이어서 양자는 서로 긴밀히 관련되기 때문에, 김창협처럼 지각과 지를 서로 떼어놓고 말해서는 안 된다고 주장했던 것이다.

한원진과 더불어 인물성동이와 미발심체유선악 문제를 두고 논쟁하였던 이간은 김창협의 주기적 지각론의 입장을 따른다. 한원진과 같은 입장인 것으로 보이는 윤혼尹焜, 1676~1725, 호는 회보(晦甫)에게 보낸 편지에서 그는 다음처럼 말한다.

허령지각은 기이고, 사성사단四性四端은 즉 왕성하고 올라타는 바의 리이다. 허령은 사성을 갖추고 있고, 지각은 사단을 운용하니, 이것이 마음의 온전한 실체와 큰 작용이다. 나의 설의 종지는 이것에 지나지 않는다. 형이 말한 심성의 두 작용과 리기호발은 과연 나의 설인가? 보내주신 편지에서 말하였다. '지각에도 리와 기가 있고, 사단에도 리와 기가 있다. 어찌 지각과 사단으로 리와 기를 분리할 수 있는가?' 또 말했다. '지각으로써 그것을 기라 말하고 심에 배속시키며, 사단으로써 그것을 리라 하고 성에 배속시키기 때문에 지각을 사단의 그릇[器]으로 여기고 사단을 지각의 리로 여기는 것이다. 이것은 전에 듣지 못한 것이니 매우 놀랍고 의혹스럽다. (…중략…)' 나는 생각건대, 저것과 이것의 같고 다른 견해가 이 문단보다 상세한 것이 없다. 그러나 두 작용과 한 작용의 변별은 또한 그대 스스로 고안한 문안에서 벗어나지 않는다.[150]

윤혼이 이간에 대해 지각과 사성사단을 각각 기와 리로 구분하고 심성을 나누어 두 가지 작용으로 말하였다고 비판한 것은 한원진이 김창협의 지각론을 비판한 것과 매우 유사한 것이다. 이에 대해 이간은 김창협처럼 지각은 텅비고 신령한 심기에 의해 이루어지는 것이요, 사단은 네 가지 도덕적 본성에 의해 일어나는 도덕감이라고 구분하여 설명한다. 비록 지각은 사단을 운용하는 것이지만, 지각 자체는 네 본성과 관련 없이 심기 스스로 작용할 수 있는 것이다. 이 점에서 이간은 김창협의 '심에 속하는 지각'의 입장을 견지하고 있는 것이며, 이에 대해 윤혼은 한원진과 같이 '지의 작용으로서의 지각'의 입장을 나타낸다고 하겠다. 한원진과 이간의 논쟁에는 결국 권상하와 김창협 사이의 지각론적 관점 차이가 계속 유지되고 있

---

150 李柬, 『巍巖遺稿』 권8, 「與尹晦甫」, 190_371c. "虛靈知覺, 氣也, 四性四端, 卽所盛所乘之理也. 虛靈之具四性, 知覺之運四端, 此心之全體大用也. 鄙說宗旨, 不過如此. 兄所謂心性二用, 理氣互發, 果鄙說耶? 來諭曰, '知覺也有理氣, 四端也有理氣, 豈可以知覺與四端分理氣乎?' 又曰, '以知覺謂之氣而屬心, 以四端謂之理而屬性, 是以知覺, 爲四端之器, 而四端, 爲知覺之理也. 此前所未聞, 極爲驚惑, 云云.' 愚謂彼此同異之見, 莫詳於此段, 而其二用一用之辨, 亦不出於自家文案矣."

었던 것이며, 호학과 낙학 두 학파의 핵심적인 입장이 된다고 볼 수 있는 것이다.

　그렇다면 이와 같은 지각론적 관점 차이가 인물성동이와 미발심체 선악 문제에 어떻게 연관될까? 이미 언급한 것처럼, 기존 연구는 대체로 이 두 주제에만 초점을 맞추었는데, 지각의 문제와 연관시켜서 호락논쟁 전반을 재검토하는 일은 아마도 매우 흥미로울 작업이 될 것이다.[151] 여기서는 간단하게나마 그 연관성의 개략에 대해서만 언급하고자 한다. 한원진호학의 입장에서 볼 때, 지각을 '지의 작용'이라고 한다면 인간의 고차원적인 인식에 주안점을 두게 되고, 이는 인간의 본성과 지각 작용을 동물들과 차별적인 것으로 해석하는 인물성 이론異論의 방향으로 나아가게 된다. 이러한 견해는 송시열에서 비롯되는 정학正學과 이단異端, 중화中華와 이적夷狄의 이념적 구분을 정당화하는 데 주된 관심을 가진다고 할 수 있다. 반면, 이간낙학에 있어서 '심에 속하는 지각'의 입장은 인간과 동물 사이의 공통적인 저차원적이고 동물적인 지각의 강조로 인해 인물성 동론同論으로 나아가는 경향을 띠게 된다. 이러한 낙학의 입장은 율곡철학의 주기적 지각론과 자연주의, 심리주의적 측면을 계승한 것이라 하겠는데, 도덕성과 지각을 분리시키고 현실 인식지각을 윤리 – 정치적 이념으로부터 독립시키려는 경향을 지닌 것으로 생각된다. 이러한 차이는 마음이 대상에 대하여 지각 작용이 일어나지 않은 상태인 미발에 대해서도 상이한 견해를 낳는다. 한원진은 미발 상태에서도 여전히 구체적인 개인의 심리 – 육체적 기질의 차이가 존재하므로 심체心體, 마음의 실체에도 선악이 있다고 본다. 따라서 같은

---

151 근래의 연구들이 이를 시도했지만, 지각 문제의 전체적 연관성을 구명하기보다는 하나의 독립적인 주제로 다루는 데 그쳤다고 생각된다.

인간이라 하더라도 성인과 일반인의 미발 시 심체 상태는 다르다. 반면 이 간에 있어서, 심기는 형기와 구분되고 미발 상태의 심기는 본연지성본연의 리과 일치하므로, 미발 상태에서는 선하다고만 할 수 있지 선악을 같이 말할 수 없다. 미발 상태의 심체는 성인과 일반인의 구분 없이 선할 뿐이다. 선악은 마음이 외부대상을 지각하는 이발已發 상태에서만 말할 수 있다.

결론적으로, 호학과 낙학의 분열에는 지각의 문제가 깊숙이 개입되어 있다. 호학은 '지의 작용으로서의 지각'을 주장하되, 인간과 짐승, 정학과 이단, 중화와 이적의 구별을 중시하는 송시열의 정치 이념을 지향했으며, 주로 존재론적 입장에서 그것을 정당화하고자 했다. 이것은 율곡철학에서 본체론적 현상학의 측면을 새로운 방향으로 전개시킨 것이라 할 수 있다. 반면 낙학은 '심에 속하는 지각'을 주장하면서 주기적 지각론의 입장을 계승하고 발전시켰다. 이러한 주기적 지각의 관점에서는 성인과 일반인, 중화와 이적, 인간과 짐승의 구분은 인식론적으로 중요하지 않다. 좀 더 중요한 것은 현실을 올바로 인식하면서 윤리-정치적 이념을 제대로 구현하는 일이다. 호학보다는 낙학이 주기적 지각론을 좀 더 온전히 계승했다고 볼 수 있으므로, 낙학의 종장이라 할 수 있는 김창협의 지각론과 인심도심론에 대해 다음 절에서 좀 더 자세히 살펴볼 것이다.

4. 김창협의 주기적 지각론과 심리주의적 도덕학설

근래의 김창협의 지각론에 대한 연구는 성황을 이루고 있다고 할 정도로 활발히 진행되고 있으며 많은 성과를 거두고 있다.[152] 특히, 그의 지각론에 관련된 연구는 새로운 지평을 열었다고 할 수 있을 정도로 기존의 절충론적 해석[153]에 비해 많은 성과를 거두고 있다고 할 수 있다. 다만, 그럼에도 불구하고 여전히 김창협의 지각론과 인심도심론에는 해명되지 못한 면이 있다고 여겨진다. 예컨대 지각론과 인심도심론의 관계와 그의 '절충적' 입장이 서로 어떻게 연관되어 있는지에 대해서는 여전히 더 많은 연구가 필요하다고 할 수 있다.[154]

물론 이천승의 연구처럼 사단칠정론과 본성론, 지각론을 아우르는 김창협의 철학사상에 대한 전면적인 연구가 없었던 것은 아니지만, 그는 기존의 연구와 마찬가지로 지각론을 중심으로 하지 않고 그것을 단지 사단칠정론이나 본성론과 더불어 심성론의 한 가지 주제로서 간주하여 접근했기 때문에, 도덕철학으로서의 인심도심론과 인식론으로서의 지각론을 두 축으로 하는 나의 접근법과는 차이를 나타낸다. 특히, 김창협에 있어 지각과 지智의 분리에 대해 이천승은 도덕론의 문제와 연결시키지 않았을 뿐만 아니라 심과 성의 구분 이외에 특별한 의미를 부여하지 않는 입장을 취한다.[155]

---

152 김창협의 지각론에 대해서는 다음을 참조. 조남호, 「김창협 학파의 양명학 비판-智와 知覺의 문제를 중심으로」, 『철학』 39, 한국철학회, 1993; 이천승, 『농암 김창협의 철학사상 연구』; 문석윤, 『湖洛論爭 형성과 전개』; 김우형, 「김창협의 지각론과 퇴율절충론의 관계에 대한 일고찰-知覺과 智의 분리에 따른 도덕심리학적 견해」, 『한국철학논집』(40), 2014; 이선열, 『17세기 조선, 마음의 철학』.

153 다카하시 도오루(高橋亨)는 김창협의 사단칠정론에 대해 "남인과 노론 학술을 절충"한 것으로 보았다(『조선의 유학』, 175쪽). 그는 김창협을 영남학파나 기호학파와는 구별되는 '농암 문파'로서 독립적으로 다루고 있다. 다카하시 외에도 절충파로서 다룬 연구로는 배종호의 『韓國儒學史』가 있다. 한편 현상윤은 "당쟁시대 저명한 유학자"에(『조선유학사』, 373~382쪽) 분류했고, 이병도는 김창협을 西人學派 안에 포함시켰지만, 그 내용은 실상 절충파인 것으로 기술하고 있다.(『韓國儒學史』, 272~274쪽)

154 최근에 김창협의 절충론을 다룬 이상익의 연구에서는 지각론을 전혀 언급하지 않고 있다. 이상익, 「農巖 金昌協 學派의 退栗折衷論과 그 의의」, 『율곡사상연구』(23), 2011 참조.

155 이천승, 『농암 김창협의 철학사상 연구』, 227쪽. "농암이 지각논의를 통해 보여주었듯이, 理(性)는 주체인 심과 분리된 지향점이었다. 그가 시도했던 知覺과 智의 分離는 심과 성의

즉, 지각과 지의 분리는 단지 심과 성을 통합적으로 보았던 양명학과 일부 소론 학자에 대한 비판의 일환일 뿐이라는 것이다. 그러나 다른 연구들이 보여준 것처럼, 김창협에 있어 지각과 지의 분리가 심과 성의 구분을 강조한 것은 틀림없는 사실이나, 그 이상의 함의를 갖는 것이라고 보지 않을 수 없다.[156] 말하자면, 지각과 지의 분리는 인식과 도덕, 사실과 가치의 구분을 함축한다는 것이다.

이 점과 관련해서 여기서는 김창협의 지각론에 있어 지각과 지의 분리가 지니는 지각론적 함의를 살펴보고 이것을 그의 인심도심론과 이른바 '절충적' 입장에 관련시켜 고찰해 보고자 한다. 지각과 지의 분리는 김창협 지각론의 핵심을 이루는데, 그것은 이황의 '지의 작용으로서의 지각智知'과 이이의 '마음의 작용으로서의 지각心知'이라는 두 입장을 주기론에 입각해서 통합하려는 시도를 의미한다. 따라서 그의 '절충적' 입장이란 실상 이이와 이황의 지각론에 대한 통합보다도 오히려 그들의 인심도심론과 다른 제3의 도덕이론의 정립을 가리키는 말로 이해될 필요가 있다. 다시 말해서, 김창협의 지각론은, 전체적으로 볼 때, 이이와 이황의 지각론을 이이 중심으로 통합하려 했다는 점에서 주기론의 노선을 대체로 충실히 따른다고 할 수 있다. 반면, 윤리-정치론 방면에서는 당시 노론과는 다른 차별적인 새로운 수정주의 노선을 제시했다는 것이다. 지각와 지의

구분을 염두해 둔 것이요, 미발상태에서 지각의 본체가 가능태로 존재한다는 것은 심의 함양을 통해 본체와의 합일 가능성을 모색하는 것이다. 결국 농암은 지각논의 과정에서 '심의 측면에 나아가 성을 가리켜야 한다[卽心指性]'는 주장을 통해 심을 토대로 주자학을 재조명하였다고 할 것이다." 강조는 저자.

156 이선열, 『17세기 조선, 마음의 철학』, 241쪽. "그(김창협)의 독자성이 두드러지는 부분은 그저 智와 知覺이 별개임을 주장했다는 데 있는 것이 아니라 양자의 관계가 본질적으로 인과적이지 않음을 선언했다는 데 있다."

분리는 김창협의 윤리학으로 하여금 자연주의적이고 도덕심리학적인 성격을 강화하도록 만들었다고 할 수 있다.

1) 지각 원리 비판과 지각과 지의 분열

앞서 살펴본 것처럼, 김창협은 이른바 '주자 일생의 학설'이자 이이의 주기론적 입장이라 할 심지心知를 중심으로 이황의 지지智知개념을 흡수 통합하려는 송시열의 지각론적 구상에 대체로 동의하면서 지각론적 통합을 추구하였다.

김창협에 있어 지각이란 외적 자극에 대해 반응하는 마음의 주요 작용이다. "마음이 마음 되는 까닭은 단지 하나의 지각일 뿐이지 지각 외에 따로 마음이 있는 것이 아니며, 또한 마음의 지각 외에 따로 지각이 있는 것이 아니다."[157] 마음의 지각은 하나이고, '지에 속하는 지각' 또한 근본적으로 이러한 '마음의 작용으로서의 지각'과 다르지 않다는 것이다. 마음이 지각할 수 있는 까닭은 '텅 비고 신령한' 기로 되어 있기 때문이다. 이때 지각 작용이 일어날 수 있는 이유나 원리로서 본성이 마음에 내재해 있다고 본다. 지각이란 이러한 작동 원리에 따라 모든 마음의 작용 일체를 일으키는 실체와 작용을 지시한다는 점에서 그것은 실천적 의욕 작용과 대비되는 인지적cognitive 작용에 국한되지 않는다. 마음은 마치 하나의 인지적인 기계처럼 간주된다.

송시열처럼 김창협은 "성은 단지 이치이고 정은 이치가 유출되어 운용된 곳이며, 마음의 지각은 이 이치를 갖추어 이 정을 행하는 것이다"[158]라

---

[157] 金昌協, 『農巖集』 권19, 「與道以」, 162_106a-b. "且心之爲心, 只是一箇知覺, 非於知覺外別有心, 而亦非心之知覺外, 別有知覺."

는 주희의 「답반겸지」서의 설명을 지각에 대한 정론으로서 간주하지만, 사실 주희의 경우 마음의 작용은 지적인 지각과 실천적 의지로 크게 나눠기 때문에 김창협의 지각 관념과는 거리가 있다고 보아야 한다.[159] 다시 말해서, 김창협에 있어 의욕이나 의지는 지각과 대등한 작용은 되지 못하며, 지각이 마음의 주된 기능이자 특성이 된다고 할 수 있다. 의意는 계교상량計較商量이라고 하는 계산하고 비교하며 따지는 사고 작용을 나타내며, 실천적 작용을 일부 포함하기 하지만 지각의 기능 가운데 하나를 의미한다. 의는 지각의 전체 과정에서 어떤 것을 의도하고 목적을 이루기 위해 계산하고 비교하며 따지는 도구적인 기능을 주로 나타내기 때문에 주희나 이황의 실천적 의욕과는 차이가 나는 것이다.[160]

그런데 김창협은 지각의 작동 원리가 본성에 내재한 것임에도 불구하고 그것이 무엇인지 알 수 없기 때문에, 지각은 마음의 기가 스스로 작동하는 것이라고 말해야 한다고 본다. 김창협은 이희조에게 보내는 편지에서 주희가 "지각은 기의 텅 비고 신령한 곳"[161]이라고 말한 것도 지각이 단지 허령한 기에서 유래하는 것임을 말한 것이라고 주장한다.

보내온 자네 편지에서 다시 묻기를, '지각의 원리는 인인가 의인가 예인가

---

158 朱熹, 『朱文公集』 권55, 「答潘謙之(柄)」(『朱子全書』(23), 2590쪽). "性只是理, 情是流出運用處, 心之知覺, 卽所以具此理而行此情也."

159 朱熹, 『朱子語類』 15:93. "知與意皆出於心. 知是知覺處, 意是發念處."

160 金昌協, 『農巖集』 권16, 「答李顯益(庚辰)」, 162_051a-b. "의를 이미 발한 뒤의 가장 말단적인 일이라고 한 것은 매우 옳지 않다. 그리고 이른바 '정에 따라 견주고 따져 보는 것'도 정이 발하는 것을 인하여 이처럼 헤아리고 견주고 따져 보는 생각이 있는 것인데, 이 의가 싹트는 지점은 유독 기미가 아니란 말인가(以意謂已發後最末梢事, 大不是. 所謂緣情計較者, 亦謂因情之發而有此商量計較意思也. 此意萌動處, 獨非幾微乎?)"

161 朱熹, 『朱文公集』 권61, 「答林德久」(『朱子全書』(23), 2944쪽). "知覺正是氣之虛靈處, 與形器查滓正作對也."

지인가? 아니면 인·의·예·지가 아니라 따로 근원이 되는 원리가 있는 것인가?' 하였다. 이 질문은 진실로 중요하네. 작년에 박광일도 이미 일찍이 이런 질문을 했었네. 그러나 주자선생의 설에 의거하면, 이미 '지각은 기의 텅 비고 신령한 곳'이라 했고, 그대가 보낸 편지에서도 '그 텅 비고 신령함으로 인하여 이 지각이 있게 된다'고 하였던 것이네. 지금 지각의 근원을 알고자 한다면, 먼저 기의 텅 비고 신령함이 무슨 이치에 근원하는지를 찾은 이후에야 가능할 것이네. 청컨대 자네에게 다시 묻겠네. 이 텅 비고 신령한 기가 인에 근원하는가, 의에 근원하는가, 예에 근원하는가, 지에 근원하는가? 만일 이에 대해 설파할 수 있다면, 지각의 근원은 어리석은 나도 말할 수 있을 것이네.[162]

김창협에 의하면, 마음의 텅 비고 신령한 기는 육체적 형기形氣와는 대비되는 맑고 신비로운 기로서 지각을 스스로 할 수 있는 것이다. 비록 지각 기능은 마음의 본성에 근거하여 작동할 것이지만, 지각 작용을 일으키는 지각의 원리가 본성 가운데 어떤 것인지 구체적으로 알 수는 없다. 지각의 원리는 본성의 인·의·예·지 가운데 어떤 것인지 특정할 수 없으므로, 단지 텅 비고 신령한 심기가 스스로 지각한다고 말하는 것이 합당하다는 것이다. 만약 지각의 원리를 확정할 수 없다면, 지각을 '지의 작용'이라고 말할 수도 없을 것이다. 지각이 인에 근거하는지, 의에 근거하는지, 예에 근거하는지, 지에 근거하는지, 아니면 본성의 다른 어떤 원리에 근거하는

---

162 金昌協, 『農巖集』 권13, 「答李同甫(丙戌)」, 161_561a. "來諭, 又問'知覺之理, 是仁耶義耶禮耶智耶? 抑非仁義禮智而別有所原之理也?'此問, 誠似喫緊, 而前年朴生光一, 己嘗有此問矣. 然據先生說, 旣曰知覺是氣之虛靈處, 而來諭亦曰因其虛靈, 有此知覺. 今欲知覺之所原, 須先尋氣之虛靈原於何理而後可也. 愚請還問左右, 此虛靈之氣, 原於仁耶義耶禮耶智耶? 若於此道破, 則知覺之所原, 愚亦可得以言矣."

지 우리는 알 수 없다. 결국 지각은 단지 "허령한 기가 스스로 그럴 뿐이지 처음부터 인·의·예·지의 원리들과는 관계가 없다"는 결론에 도달하게 된다.[163] 인·의·예·지는 심기에 내재한 본성의 도덕적 원리를 크게 범주적으로 넷으로 나눈 것일 뿐이므로, 그것은 애초에 지각의 원리로서 말한 것은 아닌 것이다. 다시 말해서, 인·의·예·지는 마음 속 본성의 원리들을 대상화해서 추론해낸 도덕적 원리를 의미하지 지각 작용을 가능하게 하는 원리를 의미하는 것이 아니다. 다음 인용문은 김창협의 이 같은 생각을 말해준다.

주자가 말하기를, '깨닫는 대상은 심의 리요 깨달을 수 있는 것은 기의 신령함이다'[164]고 했다. 이 말은 반드시 자세하게 보아야 한다. 깨달을 수 있는 것은 기의 신령함이란 것은 진실로 이해하기 어렵지 않다. 오직 깨닫는 대상은 심의 리라는 것은 사람들이 잘못 이해하기 쉽다. 지금 우선 맹자의 양지설로 설명하겠다. 어린아이가 장성하면 [효제를] 알지 못함이 없는 것은 깨달을 수 있는 능력이다. 부모를 사랑하고 연장자를 공경하는 도리는 깨닫는 대상이다. 이 도리는 곧 심중의 고유한 것이므로 심의 리라 하였다. 사람들이 대부분 깨닫는 대상을 깨닫는 원리로 여기는데, 이는 주자의 뜻이 아니다. 내 기억에 『퇴계집』에도 이와 같이 말한 곳이 있는데, 아마 제대로 살피지 못한 것이다. 주자가 또 '지각하는 대상은 리이니, 리는 지각과 분리되지 않으며 지각은 리와 분리되지 않는다'[165]고 말한 것 또한 이 뜻이다. 지각과 리는 아마

---

163 金昌協, 『農巖集』 권13, 「與李同甫(丙戌)」, 161_560d. "蓋曰氣之虛靈, 自會知覺, 初不干 仁義禮智事也."
164 朱熹, 『朱子語類』 5 : 27. "所覺者, 心之理也, 能覺者, 氣之靈也."
165 朱熹, 『朱子語類』 5 : 25. "所知覺者是理. 理不離知覺, 知覺不離理."

도 주체와 객체의 구분이 있지만, 지각이 아니면 리가 어디서 발현되며 리가 아니면 무엇을 지각할 것인가? 리와 지각은 이처럼 서로 분리되어 있지 않은 것이다.[166]

위의 글에 의하면, 주희가 말한 "깨닫는 바의 리"란 깨닫는 대상으로서 마음속 도덕원리를 의미하지, 깨달을 수 있게 하는 원리가 아니라는 것이다. 마음의 리는 지각의 대상이 되는 것이지, 지각을 가능하게 하는 원리라고 볼 수 없다는 것이다. 즉, 마음에 내재한 본성의 원리들 가운데 도덕적 원리들은 대상으로서 지각하고 깨달아야 하는 것으로서, 인·의·예·지나 효도, 공경의 도리들이 바로 그와 같은 대상적 원리들이 된다. 지각과 리의 관계는 이와 같이 주체와 객체의 관계이지, 마음의 리를 지각의 원리라고는 할 수 없다. 김창협은 다음처럼 말한다.

가만히 생각해보니, 사람이 태어날 때 오행의 정밀하고 뛰어난 기가 모여서 마음이 된다. 이미 이 오행의 기가 있으면 곧 오행의 리가 있게 되니, 이것이 이른바 성이다. 그러나 기가 모인 것은 곧 스스로 텅 비고 신령하니, 이에 지각의 이름이 있게 된다. 그러나 지각 상면에 타서 실려 운용되는 것은 또한 이 리가 아님이 없으니, 진실로 리가 없는 지각은 있지 않다. 그것으로 하여금 리가 없게 하면 이른바 지각이란 또한 눈금 없는 저울과 같다. 그러나 지각보다

---

166 金昌協, 『農巖集』 권32, 「內篇二」, 162_336b-c. "朱子云, '所覺者, 心之理, 能覺者, 氣之靈.' 此言須子細看. 能覺者氣之靈, 固不難曉, 唯所覺者心之理, 人易錯會, 今且以孟子良知之說明之, 孩提及長而莫不知者, 是能覺也. 愛親敬長底道理, 是所覺也. 此箇道理, 乃心中所固有者, 故曰心之理也. 人多以所覺, 爲所以覺之理, 則非朱子之旨. 記得『退溪集』中亦有如此說處, 恐亦未察爾. 朱子又言'所知覺者是理, 理未嘗知覺, 知覺不離理', 亦是此意. 知覺與理, 蓋有能所之分, 然非知覺, 則理何所發見, 非理則知覺箇甚底? 此理與知覺不相離者然也."

귀한 것은 없으니, 이 때문에 지각의 큰 작용을 말하면 리를 제외하고 말할 수 없지만, 지각의 본색을 구한다면 또 기를 버리고 다른 것에서 구할 수 없다.[167]

위에서 "지각에 실려져 운용되는" 원리란 "기가 발하여 리가 올라탄다" 고 할 때의 리를 가리키는데, 이것도 앞서 말한 것과 같은 지각해야할 대상으로서 도덕적 원리를 의미하지 지각의 원리를 의미하는 것이 아니라고 한다. 즉, 김창협은 '기발이승'에 있어 리를 지각의 원리가 아니라 지각의 대상인 도덕적 원리로 해석한 것이다. 인간이 태어날 때 오행의 뛰어난 기가 마음을 이루는데, 이때 오행의 기에 의해 오성오상의 원리가 생겨나고, 이것이 곧 지각의 대상이 되는 도덕적 원리를 이룬다. 기가 발동하여 지각을 이룰 때 이 도덕적 원리들도 그 위에 올라타서 인지된 상황에 대해 옳고 그름을 파악하도록 하는 눈금이나 척도의 역할을 한다는 것이다. 즉, 발동한 기에 올라타는 리는 깨달아야 할 도덕적 원리들인 것이지, 발동하여 지각하도록 하는 원리는 아니다. 지각에 있어 리가 반드시 올라탄다는 점에서 리를 배제할 수는 없지만, 지각 자체는 심기에 의한 작용이라는 것이다. 이 점에서 김창협은 '기발이승'에 대해 자신의 독자적인 해석을 가하긴 하지만, 주기의 입장을 분명히 견지하고 강화했던 것이다.

요컨대, 지각의 원리로서의 지와 지각을 분리시킨 것은 곧 마음의 인지 기능과 도덕적 본성과의 분리로 이어진다. 그리고 이는 인식과 도덕의 분

---

167 金昌協,『農巖集』권32,「內篇二」, 162_336c-d. "竊嘗思之, 人之生也, 聚五行精英之氣以爲心. 旣有是五行之氣, 便有是五行之理, 是則所謂性也. 而氣之所聚, 便自虛靈, 於是乎有知覺之名. 而知覺上面所乘載而運用者, 又莫非此理, 則固未有無理之知覺矣. 使其無理, 則所謂知覺者, 亦同無星之秤, 而無貴於知覺矣, 是以言知覺之大用, 則雖不可外理而爲言, 求知覺之本色, 則又不可舍氣而他求."

열을 함축한다고 하겠다. 도덕적 원리로서의 본성의 리는 기가 발동할 때 그 위에 올라타지만, 그것은 지각의 대상으로서 시비판단을 하도록 하는 저울의 눈금과 같은 역할을 하는 것이지, 지각이 일어나도록 하는 원리는 아닌 것이다. 결국 지각 작용은 단지 텅 비고 신령한 심기가 본래 지니고 있는 기능이라고 보아야 한다. 그리고 인식과 도덕의 분열 경향은 시세時勢나 문물文物에 대한 사실적 인식이 도덕적 의리義理와는 별도로 성립 가능하다는 발상으로 이어질 수 있다.[168] 다음 절에서는 사단칠정론을 포함한 그의 인심도심의 도덕철학에 나타나는 '퇴율절충적' 입장과 도덕심리학[169]에 대해 분석할 것이다.

2) 퇴율절충론의 함의와 도덕심리학적 견해

김창협은 지각론에 있어서 주기론을 견지했던 것과 달리, 인심도심론에 있어서는 이이나 송시열과 견해를 달리한다. 즉, 외적 규범과의 중절 여부만으로 선과 악, 도심과 인심을 판별하는 송시열의 논리는 맹자가 말한 사단과 성선설을 위배하는 위험에 빠질 수 있기 때문에, 사단을 적어도 이론상 본성의 도덕적 원리에서 발출된 순선한 도덕감으로서 칠정과 구분되는 것으로 인정해야 한다고 주장한다. 그러나 이것이 이황의 호발설의 승

---

168 이경구, 「安東 金門의 문물수용론과 문예활동」, 『한국학보』(112), 2003 참조. 이러한 논리는 北學으로 이어질 수 있다.
169 일반적으로 도덕심리학(moral psychology)이란 "도덕적 맥락에서 인간의 기능을 탐구하고 이런 결과가 윤리이론에서의 토론에 어떻게 영향을 주는지 묻는" 학문을 가리킨다. 도덕심리학적 "작업은 필수적으로 상호분과적(interdisciplinary)인데, 인간 과학의 경험적 근거와 철학적 윤리학의 개념적 근거 모두에 의지한다."(*Stanford Encyclopedia of Philosophy*. http://plato.stanford.edu/entries/moral-psych-emp/ 참조) 김창협은 이황과 이이의 상반된 윤리학적 입장을 心氣의 작동 구조를 과학적으로 탐구함으로써 통합할 수 있다고 보는 일종의 도덕심리학적 관점을 나타낸다고 할 수 있다.

인을 의미하는 것은 아니다. 왜냐하면 이황이 말한 것처럼 지각 내용이 당위적인 것사단, 도심과 그렇지 않은 것칠정, 인심으로 확연하게 지각상에서 자각되는 것은 아니라고 보기 때문이다. 그도 이이나 송시열과 마찬가지로 지각은 기가 발하고 리가 올라타는 '기발이승'의 경로로만 작동한다고 본다. 다만 모든 감정과 심리적 내용물은 리와 기의 결합이고 그 중 주된 요소가 있기 때문에, 사단은 '리를 주로 하여[主理]' 말한 것이고 칠정은 '기를 주로 하여[主氣]' 말한 것으로 구분하는 것은 가능하다. 그러나 호발설은 마치 지각의 근원이 리와 기로 판연히 나뉘는 것처럼 분리시키는 폐단을 낳는다는 것이다. 김창협은 다음처럼 말한다.

> 사단은 리를 위주로 말한 것인데 기가 그 속에 들어 있고, 칠정은 기를 위주로 말한 것인데 리가 그 속에 들어 있다. 사단의 기가 곧 칠정의 기이고 칠정의 리가 곧 사단의 리이지, 두 가지가 별개로 있는 것이 아니다. 다만 이름 붙여 말할 적에 각기 주된 것으로 삼은 뜻이 있을 뿐이다. 『주자어류』의 '사단은 리가 발한 것이고 칠정은 기가 발한 것이다'라는 말은 그 뜻이 이러한 것 같다. 퇴계의 설도 이와 근사하다. 다만 퇴계의 설은 너무 지나치게 추론하고 너무 심하게 분석해서 마침내 두 갈래로 나눠 버린 병통이 생기고 말았다.[170]

지각은 텅 비고 신령한 심기에 의해 이루어지지만, 감정이나 심리작용은 인지적인 지각에 도덕적인 결합하여 형성된다. 즉, 감정이나 심리적 내용들

---

[170] 金昌協, 『農巖續集』 권下, 「四端七情說」, 162_517b. "四端, 主理言而氣在其中, 七情, 主氣言而理在其中, 四端之氣, 卽七情之氣, 七情之理, 卽四端之理, 非有二也. 但其名言之際, 意各有所主耳. 『語類』四端理之發, 七情氣之發, 其意似是如此, 退陶說亦近是, 但其推說太過, 剖釋已甚, 遂成二歧之病耳."

은 '기발이승'이라는 단일한 지각의 경로와 메커니즘에 의해서 일어나는 현상들인 것인데, 그 가운데 대표적인 것은 사단과 칠정이다. 이들 감정들은 구성성분상 지각 작용(기)과 도덕적 본성(리)의 결합물인데, 그것을 이론적 차원에서 사단은 리를 위주로 하여 '주리'로 칠정은 기를 위주로 하여 '주기'로 각각 구분할 수 있다. 주희의 『주자어류』에 나오는 "사단은 리가 발한 것이고 칠정은 기가 발한 것이다"라는 언급은 바로 이것을 나타내는 것일 뿐이다. 그런데 이황의 호발설은 이러한 구분을 너무 극단화시켜서 지각 내용의 근원을 두 갈래로 나누는 병통을 이루게 되었다는 것이다. 김창협은 이 점을 다음과 같이 설명한다.

사람 마음에는 리가 있고 기가 있으니, 외물에 감응할 적에 기의 기틀[氣機 : 메커니즘]이 발동하고 리는 거기에 올라탄다. 칠정은 기의 기틀이 발동하는 것을 가지고 명명한 것이고, 사단은 오직 그 도리가 드러난 것만을 가리킨 것이므로 기의 일과는 상관이 없다. '기의 일과는 상관이 없다'라는 말은 사단이 기가 없이 저절로 동한다는 뜻이 아니라, 그것을 설명할 적에 이 기를 사용하지 않는다는 것을 말할 뿐이다.[171]

사단이란 본디 맹자가 도덕적 감정의 근원이 되는 인간 본성을 밝히고자 고안한 것이므로 심기의 지각 작용과 관련시켜 말한 것이 아니다. 반면, 희로애락이나 칠정은 『중용』과 『예기』에서 심기의 지각 작용에 주안

---

[171] 金昌協, 『農巖續集』 권下, 「四端七情說」, 162_517b. "人心, 有理有氣, 其感於外物也. 氣機 發動, 而理則乘焉, 七情者, 就氣機之發動而立名者也. 四端則直指其道理之著見者耳, 不干 氣事. 所謂不干氣事者, 非謂四端無氣自動也. 言其說時, 不夾帶此氣耳."

점을 두어 감정을 네 가지나 일곱 가지로 추려서 언급한 것이다. 말하자면, 사단은 사단대로 이론적 유래가 있는 것이요, 칠정은 칠정대로 명명하게 된 맥락이 있는 것이다. 따라서 이 둘을 섞어서 혼동해서는 안 된다. 사단은 이론적 설명에 있어 심기의 작동 구조를 거론하지 않고 오로지 "도리가 드러난 것"만을 가리킨 것이다. 여기서 "도리가 드러난다"는 것은 '기발이승'의 지각 과정에서 '리가 올라탐^{理乘}'을 가리키며, 그것은 칠정과 대조적으로 사단은 지각 작용에 부가된 도덕적 원리의 발현에 초점을 맞춘 것이라는 의미로 해석한 것이므로 이황이나 이이가 말한 '기발이승'과는 다르다고 할 수 있다.

그런데 문제는 이 같은 의미의 '리가 올라탐'이 이황에 있어서의 '리의 발현'과 어떤 차이가 있느냐 하는 점이다. '리가 올라탐'이 지각에 있어 도덕적 본성을 전제하되 그 안의 도덕적 원리를 자각한다는 것을 의미한다면, 이는 곧 도덕적 원리가 발현되어 당위적 의식 내용으로서 자각된다는 '리의 발현'과 크게 다르지 않은 것처럼 보일 수도 있다. 이 점에서 지금까지 김창협을 '절충적' 입장이라고 해석해 왔던 것이다. 그러나 그에 있어 도덕원리의 자각은 이황에 비해 훨씬 복잡한 심리적 과정을 거쳐야 비로소 이루어지는 것이다. 주희나 이황에서는 도덕적 당위의식이 지각 상에서 뚜렷하게 선험적으로 자각되는 것이지만, 김창협은 이이나 다른 주기론자들처럼 심기의 경험적 지각 작용에 근거하여 도덕감정을 객관적으로 어떻게 설명할 수 있는가에 주된 관심을 가진다. 결론부터 말하면, 김창협은 본성의 도덕적 원리가 스스로 발현하여 당위의식으로 드러난다고 보지 않는다. 도덕원리는 단지 특정한 상황에서 지각 과정에 개입되어 심기와 섞여서 복잡한 감정으로 발현되기 때문에 선험적으로 당위로서 자각되는 것은 아니라는 것이다. 사단과 칠정은 맥락이 다르고, 또 사단도 '기발이승'이라는 심기의 메커니즘이 전제되어 있으므로, 도덕원리를 자각하기 위해서는 실제적인 심리 현상을 살펴서 따져보아야 한다는 것이다. 김창협은 다음처럼 말한다. "배우는 자는 성현의 말에 대해 각기 그 말이 가리키는 바를 따라 그 말의 의미를 간파하고 자기 마음에 적용시켜 보아 그 미세한 운용을 잘 살펴보아야 하지, 서로 다른 것을 억지로 꿰어 맞추어 [사단과 칠정의] 명칭과 수를 배정하는 것으로 일을 끝냈다고 생각해서는 안 된다."[172]

김창협은 심리적인 기운에 입각한다는 점에서 이이에 찬동했지만, 선과 악, 인심과 도심이 오로지 기의 청탁에 의해서 결정된다는 것에 대해서는 비판한다. 이는 내적인 도덕적 본성을 부인하고 외적인 기준에 의해서만 선악을 결정하는 결과론적 논리가 되기 때문이다. 리는 비록 감정이나 의념, 조작함이 없어서 발동을 말할 수 없지만, 필연必然, 능연能然, 당연當然, 자연自然의 의미가 있고 특히 심기가 발동하여 지각이 이루어질 때 도덕적 원리의 인식을 통해 마음의 주재를 돕기 때문에 도덕적 본성을 선악의 결정에 있어 반드시 변수로서 고려해야만 한다는 것이다.

리가 비록 감정과 의념도 없고 조작함도 없다고는 하나, 진북계陳北溪, 진순의 설처럼 필연, 능연, 당연, 자연의 속성이 있으니, 그렇다면 일을 주재함이 없이 공허하기만 한 것은 아니다. 그러므로 사람 마음이 동할 적에 리가 비록 기를 타고 발현되기는 하나 기 역시 리의 명령을 듣는다. 지금 만약 선하거나

---

172 金昌協, 『農巖續集』 권下, 「四端七情說」, 162_517d. "學者於聖賢之言, 要當各隨其所指而體認其名義意思, 反求諸吾心而審察其幾微運用, 正不必牽合同異, 排定名數以爲事了也."

악한 정을 오로지 기의 맑음과 탁함으로만 돌린다면 리의 실체이면서 성이 선하다는 것을 알 수 없게 된다.[173]

김창협에 의하면, 심기의 맑고 탁함에 의해 예의 절목에 대한 중절 여부가 결정되고 이로써 선악이 나뉜다고 보는 것은 선한 본성이 내재한다는 것을 부인하는 것이고, 본성의 도덕적 원리들이 마음의 주재에 관련되어 있음도 부정하는 것이 된다. 리는 자연, 능연, 필연, 당연 등의 함의를 지님으로써 기를 주재하는 데 참여할 수 있으므로, 도덕적 수양에 관련되어 있다고 보지 않으면 안 된다. 김창협은 또한 다음처럼 말한다.

그래서 감응하는 것의 경중과 맑은 기, 흐린 기의 비율에 따라 승부가 결정되어 선악이 나뉘는 것이다. 이른바 '경중'을 내가 앞에서는 천리 한 쪽에 대해서만 말하였는데 지금 다시 외부의 유혹을 가지고 천리와 상대하여 말하여야 더욱 분명히 의미가 드러나겠다. 만약 감응한 것이 천리 중에서도 중한 것인데 흐린 기의 비율이 그것을 이길 정도로 크지 않다면 발하여 선한 정으로 되고, 감응한 것이 외부의 유혹 중에서도 중한 것인데 맑은 기의 비율이 그것을 이길 정도로 크지 않다면 발하여 악한 정이 된다. 이렇게 해서 선과 악이 나뉘는 것이다.[174]

---

173 金昌協, 『農巖續集』 권下, 「四端七情說」, 162_519b-c. "理雖曰無情意無造作, 然其必然能然當然自然, 有如陳北溪之說, 則亦未嘗漫無主宰也. 今若以善惡之情, 一歸之於氣之淸濁, 則恐無以見理之實體而性之爲善也."

174 金昌協, 『農巖續集』 권下, 「四端七情說」, 162_520a. "於是乎隨其所感之輕重與淸濁之分數, 相爲勝負, 而善惡分焉. 所謂輕重者, 向吾只以天理一邊言之矣. 今更以外誘對說, 當益明備, 如所感者, 天理之重, 而濁氣分數, 不足以勝之, 則其發爲善情, 所感者外誘之重, 而淸氣分數, 不足以勝之, 則其發爲惡情, 此善惡之所由分也."

보통의 일반적인 경우 어떤 사람의 타고난 형기의 청탁과 분수는 일정하여 변하지 않지만, 그 사람의 심기는 몸의 형질形質과 달리 매우 활성적이고 가변적이어서 혹 맑고 또렷할 때도 있고 혹 흐릿하고 혼탁할 때도 있어서 매우 변화무쌍하다.[175] 즉, 타고난 형기의 정해진 청탁과 분수는 중요한 요소이지만, 심기의 가변성 또한 선악이 결정되는 데 있어 매우 중요한 요소로서 작용한다는 것이다. 그리고 선악의 문제에서 심기의 청탁만이 관계되는 것이 아니라 내적 본성도 관련되며, 감응한 대상과 감응할 때의 심기의 상태가 중요한 요소로서 관계된다고 한다. 즉, 감응하는 대상인 내적 본성천리의 경중과 외물의 감각적 자극의 정도, 그리고 감응할 때의 심기의 맑고 흐린 상태의 조합으로써 선과 악, 인심과 도심이 결정된다는 것이다. 예를 들어, '천리의 경중'이란 백성을 사랑하는 것, 친척을 사랑하는 것, 형제를 사랑하는 것, 부모를 사랑하는 것의 순서로 점점 더 중요해진다는 것을 말한다. 외물의 감각에서 유혹의 강도도 이와 동일하게 정도의 차이와 레벨이 있다. 만약 감응하여 느낀 것이 본성에 내재한 도덕률로서 그 중요성이 무거운데 감응할 때의 탁한 심기가 그것을 이길 정도로 흐리지 않다면, 본성의 도덕규범을 따르게 되어 선한 정과 도심이 발생한다. 반면, 외물의 유혹이 강하고 무거운데 감응할 때의 심기가 그것을 이길 정도로 맑지 않다면, 본성의 도덕규범을 자각하지 못하고 유혹을 따르게 되어 악한 정과 인심이 발생한다.

---

175 金昌協, 『農巖續集』 권下, 「四端七情說」, 162_520b. "다시 생각해 보니, 타고난 맑은 기와 흐린 기의 비율은 본디 일정하게 정해져 있다. 그러나 한 사람의 기는 맑을 때도 있고 흐릴 때도 있으니, 형질에 부여된 기가 비록 일정하게 정해져서 바꿀 수 없기는 하나 마음에서 운행하는 것으로 말하면 실로 유동하고 변화하여 구속할 수 없는 것이다(稟氣淸濁, 固各有本然之定分矣. 然而一人之氣, 宜亦有或淸或濁之時, 蓋氣之在形質者, 雖一定而不可易, 若其運行於心者, 則固亦流動變化而不可拘矣)."

여기서 비록 내적 본성으로부터 자각되는 천리의 경중을 말하고는 있지만, 그것은 언제 어디서나 명료하게 자각되는 것이 아니라 마음의 심리적 기운이 어떤 상태에 있느냐에 의존해 있다. 결국 인심과 도심, 선과 악의 구분 문제에 있어 도덕적 본성을 끌어들였다고는 하나 궁극적으로는 심기의 청탁에 크게 좌우된다고 말할 수 있다. 김창협은 다음처럼 말한다. "대체로 사람 마음은 모두 기에 따라 선하게 되기도 하고 악하게 되기도 한다. 그 요인은 세 가지이니, 본래 타고난 기품이 첫째이고, 때에 따라 맑거나 흐려지는 것이 둘째이고, 감응하는 대상의 경중이 셋째이다. 이 세 가지를 서로 참고하여 속속들이 따져 보면 그 뜻이 완전해진다."[176]

선악을 결정하는 세 가지 요인이란 ① 타고난 기질 ② 심리적 상태심기의 청탁 ③ 감응 대상도덕원리와 물욕의 경중과 강도라 할 수 있다. 이 세 가지의 조합에 따라 선과 악인심과 도심이 결정된다. 다만 여기서 두 번째 심기의 상태가 다른 요인보다 더 중요한 결정요인이 된다. 그러나 심적 기운의 청탁도 우연적일 뿐만 아니라 그 밖의 요인들과 그 결합도 모두 우연적인 것이라 하지 않을 수 없다. 즉, 타고난 기질이나 어떤 특정 시간의 심기 상태, 그리고 어떤 대상을 감응하여 어떤 욕구가 어떤 강도로 생겨날지는 모두 우연적인 요소들이라고 할 수 있다. 이러한 요소들의 조합을 계산하고 따져서 생겨난 감정이 선한지 악한지, 인심인지 도심인지를 결정한다는 것은 거의 불가능하다. 리와 기가 날줄과 씨줄[經緯]로 짜져 있다는 것은, 이 같은 조합은 너무 복잡해서 헤아려서 알 수 없다는 일종의 회의론적 태도를

---

176 金昌協, 『農巖續集』 권下, 「四端七情說」, 162_520c. "大槩人心善惡之分, 皆因乎氣, 而其端則有三焉, 本來稟賦, 一也. 隨時淸濁, 二也. 所感輕重, 三也. 以此三者, 參互而曲暢之, 其義盡矣."

반영하는 것이다.[177] 그러나 김창협은 지각론에 있어 주기론의 입장을 고수하였으며, 심기의 청탁과 도덕적 본성의 두 요소를 고려하여 선과 악, 인심과 도심을 설명할 수 있다는 도덕심리학을 제시하였다.

요컨대, 김창협은 인심과 도심을 어떤 필연적인 요인에 의해 결정되는 것으로 보지 않으며, 또한 인심과 도심의 동시적 발현과 선택적 의지도 인정하지 않는다. 인심과 도심은 우연적인 요소들의 결합에 의해 심리학적 구조 차원에서 결정되는 사안이라고 보았던 것이다. 이 점에서 김창협의 도덕심리학은 도덕적 본성의 내재를 인정함에도 불구하고 외물의 유혹이나 심리적 기운과 같은 우연적 요소들에 대한 강조로 말미암아 도덕적 문제를 경험적 심리학의 관점에서 설명하는 경향을 띤다고 할 수 있다. 다만, 경험적 심리학과 회의주의적 경향에도 불구하고 김창협은 일반감정칠

---

177 金昌協, 『農巖續集』 권下, 「四端七情說」, 162_521d. "리와 기는 씨줄, 날줄이 되어 서로 번갈아 가며 체와 용이 되어서 그 근원이 무엇인지 단정할 수가 없는 것이다. 이것이 또한 가지 설이다(蓋理氣經緯, 迭爲體用而不可定其所自來. 此是一說)." 리기경위설(理氣經緯說)은 일찍이 절충파로 분류되는 여헌(旅軒) 장현광(張顯光, 1554~1637)이 말한 것이다. 실재하는 모든 것은 직물이 씨줄과 날줄로 짜여 있는 것처럼 리와 기가 경위로 되어 있다는 주장은, 사물의 본질에 대한 인식 불가능성을 주장하는 경향을 띤다고 할 수 있다. 장현광의 다음 언급을 참조. "오직 나의 지각이 알아서 미칠 수 있는 것에 따라 알며, 나의 역량이 행하여 극진히 할 수 있는 것에 따라 행할 뿐이니, 어찌 알아서 미칠 수 없는 것에 대해 정신을 허비하고 생각을 다하겠으며, 행하여 극진히 할 수 없는 것에 대해 정력을 쓰고 증험하길 바라겠는가? 오직 인식하지 않으면 안 되는 것은, 도리가 무궁하다는 점뿐이다. 나의 지각과 역량이 미치지 못한다고 그것에 도리가 없다고 한다면, 크게 잘못된 것이다. 이 뜻은 우리들이 또한 알지 않을 수 없는 것이다."(張顯光, 『旅軒先生續集』 권6, 「究說」. "惟隨其吾知覺所能知得及者而知之, 吾力分所能行得盡者而行之而已, 豈可漫費精神於所不可知得及者而致思焉, 漫用心力於所不可行得盡者而望驗也哉? 惟其所不可不識者, 道理之無窮者爾. 若以吾知覺力分之所不及者, 而謂之無道理, 則大不可也. 此義則吾人亦不可不知也.") 이는 도리는 무한하고 인간의 지각은 유한하기 때문에 지각의 한계 안에서의 모든 이론은 인간의 주관에 국한된 가설일 뿐 절대적인 진리일 수 없음을 말하는 것처럼 보인다. 김창협은 이와 같은 지각론적 회의론에 동감하지만, 장현광과 달리 김창협은 자신의 독창적인 주기적 지각론에 근거하여 이황과 이이와 다른 새로운 심리학적 도덕론을 제시했던 것이다.

정 가운데서 사단을 발견하는 것은 불가능하지 않다고 말한다. "그렇다면 칠정을 가지고 사단을 찾는 것은 끝내 불가능한 것인가. 어찌 불가능하겠는가. 칠정에는 본디 리가 없지 않으니 발로된 것을 가지고 그것이 어디에서 발로된 것인지를 살펴보면 사단을 알 수 있다."[178] 김창협의 이 언급은 도덕적 본성에 근거한 감정과 행위를 경험적 심리학으로 분석하고 따져서 설명하는 것이 불가능하지 않다는 견해를 암시한다.

또한 김창협은 도덕적 원리를 인식해서 도심이 되는 것은 의념이 생각하고 계산하며 따질 때의 심기를 맑게 하는 것에 달려 있다고 말한다.[179] 이는 도심을 이루고 인심을 절제하기 위한 실천적 수양공부가 심기를 맑게 하는 것에 달려있음을 의미한다. 김창협의 인심도심론에서 이 같은 도덕심리학적 특징들은 이황과 이이를 종합하고 절충한 것으로 보이지만, 심기를 맑게 하는 수양법을 강조한다는 점에서 이이의 변화기질의 수양론에 좀 더 의존하고 있다고 하겠다.

결론적으로, 김창협은 송시열의 주자주의의 수립이라고 하는 이념을 계승하여 이황과 이이의 학설을 종합하는 과제를 부여받았다. 그 해결의 단초는 '마음에 속하는 지각'과 '지에 속하는 지각'을 정합적이고 일관되게 설명하는 것이다. 김창협은 이이나 송시열의 주기론에 입각해서 '마음에 속하는 지각'을 중심으로 '지에 속하는 지각'을 포섭하고자 했다. 마음의

---

178 金昌協, 『農巖續集』 권下, 「四端七情說」, 162_521d. "然則卽七情而覓四端, 終不可得乎? 曰, 何爲其不可? 七情, 固非無理, 而自發者, 觀其所發何自, 則四端於是乎見矣."
179 金昌協, 『農巖續集』 권下, 「四端七情說」. "또 다시 생각건대, 기의 작용은 오로지 공사(公私)를 생각할 적에 이루어진다. 선한 정이 갑자기 나오는 것이 반드시 모두 맑은 기를 타는 것은 아니다. 그러나 생각하여 이것저것 따질 적에 작용하는 기가 맑은 기가 아니면 의념에서 나오는 것이 선할 수가 없게 된다(又更思之, 氣之用事, 專在於意念公私之際. 蓋善情之驀然發出, 固未必皆乘淸氣, 而到得商量計較處, 苟非其氣之淸, 則其發於意念者, 無自以善矣)."

지각은 심기의 기틀이 스스로 작동하는 구조에 따라 이루어진다. 즉, 그는 마음을 기가 발하되 리가 올라타는 '기발이승'이라는 하나의 경로에 의해 작동하는 인지적인 기계처럼 보았다. 지각은 마음의 실체와 작용 전체를 특징화하는 용어로 확장된다. 김창협에 의하면, 지각의 원리는 알 수 없기 때문에 지각은 심기가 가진 작용이라고 말해야 한다. 따라서 인·의·예·지가 지각의 원리가 된다는 것은 부정되며, 대신 그 원리들은 지각의 대상으로서 자각해야 하는 도덕적 원리로 간주된다. 달리 말하면, 지는 지각의 원리가 아니라 대상으로서 옳고 그름에 대한 판단을 내리는 도덕적 원리이다. 따라서 '지의 작용으로서의 지각'은 부정되며 이로써 지각과 지본성는 분리된다. '기발이승'에서 '이승'은 지각의 원리의 개입이 아니라 본성의 도덕원리가 지각에 운용되는 것으로 해석되며, 인·의·예·지는 처음부터 지각에 관계되는 것은 아니라는 결론에 도달한다. 이는 곧 사실적 인식과 가치론적 도덕의 분열을 함축한다.

김창협의 지각론이 주기론의 성격을 띠는 것에 비해, 인심도심론은 퇴율절충론적 성격이 나타난다. '기발이승'에서 '이승'에 대한 김창협의 해석은 이황의 '리발'처럼 선한 본성에 대한 자각처럼 보이지만, 그러나 호발설과 달리 도덕원리의 발현은 당위의식으로서 선험적으로 자각될 수 없기 때문에 '리발'은 부정된다. 도덕원리는 일반 감정 가운데에서 희미하게 감지될 수 있는 것으로서, 심적 상태를 경험적 심리학으로 분석하고 따져봄으로써 선한 본성이 물욕과 탁한 심적 상태를 누르고 발현된 것으로서의 사단을 변별해 낼 수 있다. 도덕적 본성의 긍정은 이이와 송시열의 외재론으로부터 이탈함을 함축한다. 김창협의 인심도심론은 도덕심리학적 경향을 띠는데, 그것은 심기의 청탁과 함께 도덕적 본성의 조합 비율로써 인심과 도심, 선과 악이 결정된다고 본다. 내적 심리상태는 선천적 기질과 심기의 일시적 상태, 감응 대상의 경중과 강도라는 우연적 요소들의 조합으로 이루어지기 때문에 계산하고 따져서 알아내기가 어렵다. 그럼에도 불구하고 그는 감정을 살피고 분석하여 어떤 것이 도덕적 본성에서 근원한 것이고 그 비중이 높은지를 알 수 있다고 본다. 또한 의념이 작용할 때 심기를 맑게 하는 수양공부가 중요하다고 말한다. 결론적으로, 김창협의 지각론은 주기론을 새로운 수준으로 발전시켰으며, 그것에 기반해서 이황과 이이의 인심도심론을 절충하고 종합했다고 할 수 있다. 그의 지각론과 인심도심론은 독창성을 지녔으며, 오늘날 도덕심리학적 관점에서 볼 때도 흥미로운 시사점을 준다고 할 만하다.

제5장
절충론과 강화양명학의
철학적 입장과 특성

　제5장에서는 이른바 절충파라 분류되는 성혼成渾, 1535~1598, 호는 우계(牛溪)의 학설과 학맥에 있어 그를 따르는 소론계 학자들 가운데 양명학을 공식적으로 주창했던 정제두鄭齊斗, 1649~1736, 호는 하곡(霞谷)에 대해 살펴볼 것이다. 성혼은 일찍이 이이와 사단칠정, 인심도심에 관한 논변을 주고받았던 인물로서, 이후 서인이 노론과 소론으로 분열될 때 소론 학통의 연원이 된다. 성혼의 성리학적 특징은 리기일발설理氣一發說로 집약된다. 그것은 리와 기가 일체로 결합된 마음의 발현에서 도덕적인 원리의 비중이 높은 것은 '주리'로, 과불급을 일으키는 기질의 비중이 높은 것은 '주기'로 각각 명목 차원에서만 지목할 수 있다는 것을 의미한다. 또한 도덕적 시비선악의 판별은 지각과 다른 영역에 있는 반성적 헤아림의 능력에 의해 가능하다고 본다. 성혼의 절충적 입장은 이황과 이이의 지각론적 두 입장과는 다른 제3의 입장이라고 할 수 있으며, 지각론보다는 존재론적 성격을 띤다.

　소론계 학맥에 속하는 정제두는 청년기부터 양명학을 표방하기 시작하면서 친구인 민이승閔以升, 1649~1698, 호는 언휘(彦暉)과 논쟁하였고, 박세채朴世

朱, 1631~1695, 호는 남계(南溪)의 비판을 받고 난 후 『존언』과 『학변』이라는 저서를 지어서 자신의 독자적인 철학 체계를 구성하게 된다. 그의 철학은 주자학의 지각론적 관점과 양명학의 양지 형이상학을 절묘하게 결합한 형태를 띤다. 양지는 일반적 지각과 도덕적 직관에 근거가 되는 형이상학적 본체이다. 외부 사물의 법칙은 내적 양지에 의해 발현되고 구성된다는 점에서 주관주의적이고 관념론적인 성격을 띤다. 주자학과 양명학의 결합적 성격은 윤리학에 있어서도 나타나는데, 주자학의 예禮 중시적 측면과 양명학의 덕德의 형이상학적 입장이 결합된 양태를 보인다. 정제두의 양명학은 조선성리학의 철학적 배경 속에서 지각론과 결합된 독특한 특성을 띤다.

1. 성혼의 절충론과 존재론적 이기일발설

여기서는 성혼의 철학사상이 지니는 퇴율절충론적 성격이 지니는 특징과 함의를 새로운 관점에서 조명하고자 한다. 이른바 퇴율절충론이란 이황과 이이의 상반된 두 성리학적 입장을 절충하고 종합하여 제3의 견해를 세운 것을 말한다. 성혼의 성리학을 이와 같이 퇴율절충론적인 성격을 띠는 것으로 보는 견해로는 김충열과 유명종의 연구를 들 수 있으며,[1] 이러한 견해를 이어서 황의동은 우계학과 우계학파의 실체를 규명하는 일련

---

[1] 김충열, 「牛栗四七論辯 評議-牛溪學의 定立을 위한 試圖로서」, 『성우계사상연구논총』(증보판), 1991; 유명종, 「折衷派의 鼻祖 牛溪의 理氣哲學과 그 展開」, 『성우계사상연구논총』(증보판), 1991.

의 연구들을 내놓았다.[2] 그는 다음과 같이 우계학의 절충적 특징에 대해 말한다. "우계의 이기일발理氣一發은 발發 이전의 이기묘합理氣妙合구조를 철저히 지킨다는 점에서 율곡의 기발이승일도氣發理乘一途와 상통相通되고, 리발理發을 긍정한 점에서는 퇴계와 상통된다. 따라서 우계의 이기설理氣說은 절충적 성격이 강하다."[3]

위에서 언급된 '이기일발'의 '절충적' 의미는 차후에서 상론할 것인데, 다만 여기서 언급할 필요가 있는 것은 그것이 지니는 철학적 함의의 중요성이다. 일찍이 배종호는 성혼의 '이기일발'의 절충론이 지니는 사상사적 지위는 이이의 학설이 형성되는 데 기여했다는 점에 있다고 말했고,[4] 또 윤사순은 성혼의 입장이 일정한 독자성이 있긴 하지만 전체적으로 주리적 입장에 속하는 것으로 볼 수 있다는 견해 등을 제시한 바 있다.[5] 이러한 견해들은 주리와 주기로 대변되는 이황과 이이의 지각론적 두 입장에 비해 성혼의 역할과 지위는 보조적일 뿐 하나의 독립적인 입장으로서 보기 힘들다고 하는 관점으로 귀결된다고 할 수 있다.

그러나 성혼의 '이기일발설'은 이후 우계학파의 전개양상과 영향력을 고려할 때 나름의 독자적인 입장을 지닌다고 보는 것이 좀 더 타당할 것처럼 보인다.[6] 따라서 나는 이황과 이이의 두 대립적 입장과 다른, 나름의 독

---

2 황의동, 「牛溪性理學의 理解－退溪, 高峯, 栗谷과의 比較的 觀點에서」, 『우계학보』, 1992; 황의동, 「牛溪學의 傳承과 그 學風」, 『범한철학』(28), 2003; 황의동, 『우계학파 연구』, 서광사, 2005.
3 황의동, 「牛溪性理學의 理解－退溪, 高峯, 栗谷과의 比較的 觀點에서」, 24쪽.
4 배종호, 「韓國性理學에 있어 成牛溪의 位置」, 『성우계사상연구논총』(증보판), 1991.
5 윤사순, 「牛溪 哲學의 立場과 成格」, 『성우계사상연구논총』(증보판), 1991. 김기현, 「牛溪의 四端七情說에 대한 再照明」, 『우계학보』(19), 2000도 이러한 관점에 속한다고 할 수 있다.
6 유명종 「折衷派의 鼻祖 牛溪의 理氣哲學과 그 展開」, 356~363쪽; 황의동, 「牛溪學의 傳承과 그 學風」 참조. 황의동은 우계학파의 특징을 '개방적'이며 '육왕학적(陸王學的)'이고,

자적인 입장으로서의 '이기일발설'이 과연 무엇을 의미하는지 해명하는 것에 주된 초점을 맞추고자 한다. 우계학과 우계학파의 독자적인 입장의 성립 가능성은 곧 '이기일발설'로 귀착되는 성혼의 절충론적 성격과 함의를 해명하는 것에 달려있다고 생각된다. 이를 위해서는 먼저 사단칠정논변과 관련된 철학적 배경을 살펴볼 필요가 있을 것이다.

이황과 기대승 사이의 사단칠정논변은 조선성리학의 역사에 있어 지각론의 두 입장이 처음으로 대립하게 되는 사건이었다. 이황은 리를 중시하는 '주리'적 입장을 나타내고, 반면 기대승은 상대적으로 기를 중시하는 '주기'적 입장을 띤다. 지각론에 있어 지각은 리와 기라는 두 요소의 결합으로 성립되므로, 이 중 어느 것에 강조점을 두느냐에 따라 지각 작용에 대한 관점과 입장은 크게 달라질 수 있다. 사단칠정논변에서 기대승은 이 두 요소 가운데 기를 중심으로 삼아서 사단칠정 등의 감정을 설명하는 주기적 입장을 나타냈던 것이고, 이러한 기대승의 견해에 자극을 받아 이황은 리를 중심으로 하는 주리론적 입장을 정립하게 된 것이다. 지각론적 맥락에서 전자는 경험주의적 노선을, 후자는 이성주의 입장을 각각 나타낸다고 할 수 있다. 요컨대, 이황과 기대승 사이의 사단칠정논변은 표면적으로 '지각'이라는 개념이 논의되지는 않았지만, 그 심층에는 지각론의 문제가 근원적으로 관련되어 있는 것이다.

다만, 이황은 처음부터 주희의 지각론에 대해 정확히 인식한 것은 아니

'탈성리학적'이라는 세 가지 점을 들어 설명하였다. 한편, 근래의 연구 가운데 유연석, 「牛溪 후학의 栗谷 性理學 이해와 비판−朴世采·趙聖期·林泳을 중심으로」(『율곡사상연구』 23, 2011)은 우계 자신과 그 후학이 비록 이황의 입장에 동조하면서 이이의 '기발이승일도설'을 비판했지만 나름대로 독자적인 흐름을 띠는 것으로 간주하였다. 이들 연구들은 독자적인 우계학의 위상과 흐름을 나타낸다고 할 수 있다.

었으며, 사단칠정논변을 시작할 때까지도 오히려 존재론적인 형이상학에 경도되어 있었다.[7] 앞서 살펴본 『천명도설』에 나타나 있듯이, 성발/심발, 정/의, 사단/칠정, 도심/인심을 리와 기라는 두 존재론적 근원으로 대립시켜 나누는 당시의 주류적 견해를 이황은 대체로 따랐던 것이다. 그러나 1559년에 시작된 기대승과의 사칠논변은 이황으로 하여금 지각의 문제에 주목하도록 자극했고, 마침내 "사단은 리가 발하되 기가 따르는 것이고, 칠정은 기가 발하되 리가 올라타는 것이다"라는 호발설의 명제를 정립하기에 이른다. 이는 근본적으로 지각 내용을 '리발'과 '기발'로 나누어 구별하려는 지각론을 나타낸다. '리발'이란 도덕감정으로서의 사단이 도덕이성의 발동으로서 지각된 것을 말하고, '기발'이란 일반감정으로서의 칠정이 외적인 대상에 대한 감각으로서 지각된 것임을 의미한다. 이는 사실상 사단을 칠정과 다른 당위적 의식으로서 구분하고, 그것을 각각 도심과 인심으로 간주하여 설명한 것이다. 이황의 이러한 견해는 주희의 윤리학적 입장과도 상통한다고 할 수 있는데, 주희는 도심의 지각 내용이 성명性命, 본성의 명령에서 근원하고 인심의 지각 내용은 형기形氣, 육체에서 생겨난다고 설명했기 때문이다.[8] 요컨대, 이황은 사단칠정논변을 통해서 기존의 존재론적 관점을 폐기하고 지각의 문제를 접하게 됨으로써 주리론의 입장을 정립했던 것이다.

1572년 시작되는 성혼과 이이 사이의 논변도 이황과 기대승 사이의 논

---

7 여기서 존재론적 형이상학이란 리와 기의 두 실체를 존재론적으로 긍정하는 우주론적 이원론을 가리킨다. 다만, 당시의 형이상학은 우주론에 국한되지 않고 도덕적 선악의 문제를 리선기악(리는 선하고 기는 악하다)의 전제에 의해 존재론적으로 결정되는 것처럼 설명하기 때문에, 탈도덕적(amoral)인 성향을 보이는 노불의 본체론과 대비된다.
8 본서의 제1장 제2절 주희 부분을 참조할 것.

변과 마찬가지로 지각론의 문제가 깊이 개입되어 있었다. 즉, 성혼은 주희의 인심도심론을 근거로 이황의 지각론적 관점을 두둔하는 듯한 입장에서 이이에게 계속 질문을 던졌던 것이고, 이이는 이러한 공세에 응수하면서 자신의 주기론적 입장을 일관되고 세련된 형태로 가다듬으면서 기발이승일도설과 리통기국설 등을 정립하게 된 것이다. 다만, 성혼은 이황의 지각론적 입장을 정확히 이해하고 그에 동조한 것은 아니었으며, 나름대로 자신만의 독자적인 입장을 견지하려고 노력했던 것으로 보인다. 다시 말해서, 이황에게 전적으로 동조한 것도 아니고 그렇다고 기대승이나 이이에 합치되는 것도 아니기 때문에, 성혼의 기본 입장은 지각론과는 다른 맥락에 있었다고 볼 수 있다는 것이다. 성혼의 근본 입장은 지각론보다는 존재론적인 성격을 나타낸다는 것이 나의 핵심 논지이다.

1) 우율 논변에 나타난 성혼의 근본 입장

성혼과 이이 사이의 논변에서 성혼은 이황의 지각론적 입장을 표면적으로 취하게 되었지만, 그는 근본적으로 지각론이나 본체론 같은 이론철학에 큰 관심을 가졌던 것은 아니었다. 기존의 연구가 이미 밝혔듯이, 성혼은 부친인 성수침成守琛, 1493~1564, 호는 청송(聽松)의 '은거자수隱居自守, 숨어 지내면서 스스로 지킨다, 성현자기聖賢自期, 성현 되기를 스스로 기약한다'의 실천지향적 가학의 영향을 많이 받았기 때문에[9] 애초에 본체론이나 지각론에는 큰 관심을 가지지 않았던 것이다. 그에 있어 가장 큰 관심은 '실천을 돈독하고 확실하게 하는 것[踐履敦確]'에 있었던 것이다. 이 같은 정신적 배경 하에서 이황과 기

---

9 김충열, 「牛栗四七論辯 評議－牛溪學의 定立을 위한 試圖로서」, 16~18쪽; 황의동, 「牛溪의 道學思想」, 『우계학보』(16), 1997, 18~20쪽.

대승의 사단칠정논변에 대해 접하게 되자 비로소 이론적 관심도 점차 싹트게 되었으리라 본다.

그런데 성혼은 실천지향적이고 덕행에 있어 명성이 높았던 이황을 일찍이 존숭해왔었지만,[10] 흥미롭게도 사단칠정논변에 있어서는 기대승이 오히려 옳다고 여겼던 듯하다.[11] 아마도 성혼은 기대승처럼 사단과 칠정을 마음이 갖는 하나의 구조가 일으키는 하나의 정으로 간주해야지 이황처럼 두 가지의 완전히 다른 정으로서 간주하는 것은 잘못이라고 생각했을 것이다. 「제1서」의 다음 언급은 이러한 사정을 암시해준다.

> 그러나 '기가 따른다[氣隨之]'거나 '이가 탄다[理乘之]'는 말은 너무 장황하게 끌어대어 명분과 사리에 맞지 않는 듯합니다. 어리석은 저의 생각에는 사단과 칠정을 상대시켜서 말한다면 '사단은 리에서 발하고, 칠정은 기에서 발한다'고 하는 것이 옳겠으나 성정도性情圖를 만들 때에는 두 가지로 나누어서는 안 되고 다만 사단과 칠정을 함께 정情의 권내圈內에 두고서 '사단은 칠정 가운데 리의 한쪽이 발한 것만을 가리켜 말한 것이고, 칠정 중에 절도에 맞지 않는 것은 기가 지나치거나 미치지 못하여 악으로 흐른 것이다'라고 말한다면, 리발과 기발에 혼동되지 않고, 또한 두 갈래로 나누어질 염려도 없지 않겠습니까. 자세히 연구하여 알려 주시기를 아울러 바랍니다.[12]

---

10 유명종, 「折衷派의 鼻祖 牛溪의 理氣哲學과 그 展開」, 331~333쪽.

11 成渾, 『牛溪集』(韓國文集總刊本) 권4, 서울 : 民族文化推進會, 1990, 「第二書」, 043_090d. "저는 퇴계의 말씀에 대하여 항상 분명하지 못하다고 생각하였고, 고봉의 변설을 읽을 때마다 명백하여 의심이 없다고 여겼습니다(渾於退溪之說, 常懷未瑩, 每讀高峯之辨, 以爲明白無疑也)."

12 成渾, 『牛溪集』 권4, 「與栗谷論理氣第一書」 別紙, 043_089c. "愚意以爲四七對擧而言, 則謂之四發於理, 七發於氣可也, 爲性情之圖, 則不當分開, 但以四七俱置情圈中而曰, 四端指七情中理一邊發者而言也, 七情不中節, 則氣之過不及而流於惡云云, 則不混於理氣之發, 而

성혼은 기대승과 마찬가지로 사단과 칠정이 모두 하나의 정에 속하고 칠정은 정 일반을 통칭하기 때문에, 사단은 칠정에 포함된다고 보았다. 사단과 칠정은 모두 마음의 리(성)가 발현한 감정이지만, 그 가운데 리(성)가 기의 방해 작용[用事] 없이 순조로이 발현한 것을 순선한 사단이라고 명칭하기 때문에, 명목상 기가 작용한 칠정과 상대시켜서 '사단은 리에서 발하고 칠정은 기에서 발한다'고 말할 수는 있다는 것이다. 그러나 실제적으로는 사단과 칠정은 지각상에서 즉각적으로 분별되지 않기 때문에, 이황처럼 양자를 '리가 발하되 기가 따른다'와 '기가 발하되 리가 올라탄다'로 나누어 말할 수는 없다. 이황의 호발설의 명제는 사단칠정의 개념에 있어서, 그리고 실제적인 마음의 구조와 이치에 있어 모두 맞지 않는다고 본 것이다. 사단은 기의 방해 없이 리가 발현한 감정이라고 규정되므로 '리에서 발한다'라고 하여 칠정과 상대시켜 말하는 것은 괜찮지만, 실제로 사단은 칠정과 본질적으로 다른 정은 아닌 것이다. 요컨대, 사단과 칠정은 명목상 상대시켜 말할 수 있을 뿐, 실질적으로는 칠정에 사단이 포함되는 것이다.

그렇다면 성혼과 기대승의 차이점은 어디에 있는 것인가? 그것은 사단에 대한 성혼의 개념적 이해로부터 야기되는 것으로 보인다. 성혼은 1560년 송익필宋翼弼, 1534~1599에게 보내는 서신에서 사단을 중절中節과 부중절不中節의 문제로 간주하는 당시의 주기론적 관점을 비판하면서 '사단은 본질적으로 천리가 곧바로 발현된 순선한 감정이므로 중절과 부중절의 문제는 부차적'이라는 자신의 견해를 다음처럼 밝혔다.

亦無分開二岐之患否耶? 竝乞詳究示喩.″

사단에 대한 내용은 보내 주신 편지에 말씀하신 것이 예전의 말씀과 다소 다르니, 과연 이와 같다면 또 어찌 군더더기 말을 주고받을 것이 있겠습니까. 당초에는 다만 맹자가 말씀한 본지를 버리고 한갓 절도에 맞는가 맞지 않는가의 차이만을 깊이 탐구하였으니, 이는 이른바 '불선^{不善}함이 없다'는 것이 아니어서 근원을 잊고 흐름을 잃은 것입니다. 만약 '사단은 천리가 막 발함에 크게 나타나는 부분을 말한 것이다'라고 말하고, 또한 여론^{餘論}으로 절도에 맞는가 맞지 않는가를 반복하여 말해서 맹자가 미처 말씀하지 않은 것을 구비하였다면 또한 어찌 불가할 것이 있겠습니까. 대체로 맹자는 성선^{性善}의 이치를 발명하면서 사단으로 말씀하였고, 주자는 또 맹자가 이미 말씀하신 것을 가지고 미비된 것을 드러내 밝혀서 마침내 세밀한 부분까지 설명한 것입니다. 배우는 자가 이것을 미루어 펴 나간다면 이에 대한 설이 없음을 걱정할 필요가 없으나 그렇다고 또한 항상 말해야만 하는 것은 아닙니다.[13]

위에서 성혼은 사단을 개념적으로 천리가 발현된 순선무악한 감정이라고 간주하되, 주희가 세밀히 밝힌 것처럼 그것에 대해 비록 중절과 부중절을 말할 수 있다고 하더라도,[14] 근본적으로 사단은 중절여부에 관계없이

---

13 成渾,『牛溪續集』권3,「與宋雲長(翼弼)」, 043_187c. "四端之說, 來書所示, 稍異於前說, 果如此者, 又安有贅說之往復乎? 當初, 只爲舍孟子所言之本旨, 而徒深探於中節不中節之間, 則抑非所謂無不善者, 而忘源失委矣. 若曰, 四端是說天理之纔發藹然處, 而又以餘論, 反覆於中節不中節之地, 以備孟子之所未言, 則亦何不可之有耶? 大抵孟子發明性善之理, 而以四端言之, 朱子又就孟子之所已言, 發明所未備, 乃說到細密處也. 學者引而伸之, 不患無其說矣, 而亦非所當恒言者也."

14 朱熹,『朱子語類』53:36. "측은과 수오에도 중절과 부중절이 있다. 만약 측은해야 하지 않을 때 측은해 하고, 수오하지 않아야 할 때 수오한다면 이는 곧 중절하지 않은 것이다. (惻隱羞惡, 也有中節·不中節. 若不當惻隱而惻隱, 不當羞惡而羞惡, 便是不中節.)〈淳〉 그러나 주희는 부중절한 감정이라 하더라도 사단처럼 선한 동기에서 발현된 것은 그 자체로는 선하다고 보았다. 다음을 참조.『주자어류』59:59. "지금 어떤 사람이 허벅지를 잘

순선한 감정으로서 간주해야 한다고 주장한다. 성혼은 비록 사단을 직관적으로 칠정과 다른 것으로서 자각할 수 있다고 보지는 않았지만, 당시 송익필이나 기대승 등 주기론적 입장에는 반대한다는 견해를 분명히 한 것이다. 주기론적 입장에서는, 사단이란 단지 기의 발현이 지나치거나 모자람 없이 절도에 맞는 것을 의미하므로,[15] 사단과 칠정을 구분하는 유일한 기준은 발현된 결과의 상황적 적합성 여부, 말하자면 중절 여부가 된다. 송익필과 기대승은 이와 같이 사단은 칠정 가운데 발현된 것이 중절한 것만을 따로 떼어내서 가리킨 것이라는 입장을 취했던 것인데, 성혼은 이러한 주기론적 지각론에 대해 비판적인 견해를 표명했던 것이다. 즉, 사단과 칠정이 즉각적으로 다른 것으로서 자각되는 것은 아니라 하더라도, 사단은 개념적으로 리의 발현으로서 순선한 감정이라고 규정되어야 하기 때문에, 사단과 칠정을 구분하는 기준은 결과론적인 중절 여부에만 있다고 보아서는 안 된다는 것이다.

　이처럼 성혼은 율곡과의 논변 이전부터 이미 사칠논변에서 기대승이 이황보다 더 논지가 명확하다고 느꼈음에도 불구하고, 기대승의 주기론적 지각론에는 찬동할 수 없었다. 사단은 순선한 리의 발현으로서 칠정과 구분되어 자각되는 것은 아니지만, 칠정 가운데 발현한 결과가 중절한 것을 뽑아내어 가리킨 것일 뿐이라는 주장도 맞지 않다는 것이다. 이 같은 견해

　　라서 부모를 구한다면, 그 일은 비록 중절하지 않지만 그 마음의 발현은 매우 선한 것이어서 사람들이 모두 아름답다고 여긴다(今人割股救親, 其事雖不中節, 其心發之甚善, 人皆以爲美)."

15　奇大升, 『兩先生四七理氣往復書』, 上篇, 권1, 「高峯上退溪四端七情書」, 9b-10a. "然而所謂七情者, 雖若涉乎氣者, 而理亦自在其中, 其發而中節者, 乃天命之性, 本然之體, 而與孟子所謂四端者, 同實而異名者也. 至於發而不中節, 則乃氣稟物欲之所爲, 而非復性之本然也. 是故愚之前說, 以爲非七情之外, 復有四端者, 正謂此也."

들을 종합할 때, 성혼의 근본적인 입장은 지각론과는 거리가 있음을 알 수 있다. 다만, 그는 이황과 기대승의 논변을 검토하면서 사단칠정도 인심도심의 논의처럼 명목상 리와 기로 상대시켜 설명하는 것은 가능하다는 생각이 들었던 것이고, 이런 취지에서 이이에게 다음처럼 질문하게 된 것이다. "마음의 텅 비고 신령하여 지각하는 것은 하나일 뿐인데, 인심과 도심이란 두 가지 명목이 있는 것은 무엇 때문이겠습니까? 그것은 마음이 형기의 사사로움에서 생기기도 하고 성명의 바른 데에 근원을 두기도 하여, 리와 기의 발함이 같지 않고 위태롭고 미묘한 현상이 각각 다르기 때문에 명목을 둘로 하지 않을 수 없는 것입니다. 그렇다면 이른바 인심과 도심은 사단칠정과 같은 것입니까?"[16] 다시 말해서, 그는 「제1서」에서 주희의 인심도심론에 대한 이해에 근거하여 지각론적 입장에서 이이에게 이의를 제기한 것이 아니라, 단지 사단칠정을 인심도심처럼 명목상 리와 기로 상대시켜 말하는 것이 가능한지 어떤지의 문제를 논의하고 싶어서 질문을 했던 것이다.

그런데 성혼의 문제 제기에 대해 이이는 주지하듯이 기대승의 입장에 서서 단호하게 리발과 기발로 나누어 말할 수 없다는 견해를 피력하게 된다. 이러한 뜻밖의 단호한 답변에 성혼은 당황했음에 분명했지만, 그는 계속해서 사단칠정과 인심도심의 연관성을 주장하게 된다. 즉, 인심도심을 리와 기로 나누어 말할 수 있다면 사단칠정에서도 나누어 말하지 못할 이유는 없다는 것이다. "고봉의 사단칠정설에 이르기를, '인심과 도심을 논

---

16 成渾, 『牛溪集』권4, 「與栗谷論理氣第一書」別紙, 043_089b. "心之虛靈知覺, 一而已矣, 而有人心道心之二名, 何歟? 以其或生於形氣之私, 或原於性命之正, 理氣之發不同, 而危微之用各異, 故名不能不二也. 然則與所謂四端七情者同耶?"

한다면 혹 이처럼 말할 수 있겠으나 사단과 칠정은 아마도 이처럼 말할 수 없을 듯하다' 하였는데, 저의 생각에는 '인심과 도심을 논함에 있어 이렇게 말할 수 있다면 사단과 칠정을 논함에 있어서도 역시 이렇게 말할 수 있다'고 여겨집니다. 그런데 어째서 이렇게 말할 수 없다는 것입니까? (…중략…) 저의 생각에는 '성에도 주리와 주기를 나누어 말할 수 있다면 정으로 발함에 있어서도 어찌 주리와 주기의 다름이 없겠는가'라고 여겨집니다."[17]

다만 여기서 주목할 점은, 그가 여전히 사단과 칠정, 인심과 도심을 단지 명목상에서 상대시켜 구분할 수 있다는 것이지, **지각상에서 구별된다**고 보지는 않았다는 점이다. 성혼은 주리와 주기의 입장 구분에 관심이 있었던 것이 아니라, 단지 기대승과 이이의 주장대로라면 사단칠정도 인심도심처럼 리와 기로 상대시켜 나눌 수 있어야만 한다는 점을 말하고 싶었던 것이다. 그는 지각의 관점에 서 있지는 않으며, 단지 주기론의 논리적 불철저함과 비일관성에 대해 이의를 제기하고 싶었을 뿐이었다. 이러한 정황은 「제4서」에서도 계속 확인할 수 있다.

리를 살피는 자들은 이미 발한 뒤에 선과 악이 나누어짐으로 말미암아 구분하여 말하기를, '이런 것은 성이 발하여 불선함이 없고, 이런 것은 기가 고르지 못하여 악에 흐른 것이다'라고 합니다. 이것으로 음미해 보면 다만 막 동할 때에 주리와 주기의 다름이 있을 뿐, 원래 호발하여 각각 작용하는 것은 아니

---

17 成渾, 『牛溪集』권4, 「第二書」, 043_091b. "高峯四七說曰, 論人心道心則或可如此說, 若四端七情則恐不得如此說, 愚意以爲論人心道心可如此說, 則論四端七情亦可如此說也, 如何而不得如此說耶? (…중략…) 愚以爲於性亦有主理主氣之分言, 則於發於情也, 何以無主理主氣之異乎?"

니, 사람들이 리로 보고 기로 보는 것은 각각 그 중한 면을 가지고 말하는 것입니다. 이렇게 보면 형의 가르침에 위배되지 않을 듯합니다. 어떻습니까? 주자의 말씀에 '형기의 사사로움에서 나오기도 하고 성명의 바른 데에 근원을 두기도 한다' 하였고, 북계 진씨北溪陳氏, 陳淳의 말에 '이 지각이 리를 따라 발한 것이 있고 기를 따라 발한 것이 있다'[18] 하였는데, 이 말이 퇴계의 호발설과 같은 것은 어째서입니까? 사단과 칠정을 상대적으로 들어서 나누어 소속시키는 것은 당연합니다. 인심과 도심 역시 정情인데 어째서 도심을 리발이라 하고 인심을 기발이라 하였습니까?[19]

위의 인용문에 나타난 성혼의 근본적인 입장에 대해서는 다음과 같이 추정해볼 수 있을 것이다. 천지만물은 모두 리와 기의 결합으로 이루어지며, 마음 또한 존재론적으로 리와 기의 결합물이다. 마음의 리와 기는 긴밀히 결합되어 있어서 양자를 분리하기는 어렵지만, 막 발현한 뒤에는 선과 악의 싹으로서 명목상 지칭할 수가 있다. 즉, 리(성)가 곧바로 발현한 것은 순선무악하여 사단이라 칭하고, 기가 지나치거나 미치지 못한 것은 칠정 중의 악한 정이라 칭한다. 다만, 이것은 리와 기가 실제로 각각 발동한 것이 아니라, 사람들이 선한 것은 리를 주로 하여 말하고 악한 것은 기를 주로

---

18 陳淳, 『北溪字義』(四庫全書 전자판. 香港 : 迪志文化出版, 2002), 卷上. "大抵人得天地之理爲性, 得天地之氣爲體, 理與氣合, 方成箇心, 有箇虛靈知覺, 便是身之所以爲主宰處. 然這虛靈知覺, 有從理而發者, 有從心而發者, 又各不同也."

19 成渾, 『牛溪集』 권4, 「第四書」, 043_096c-d. "人之察理者, 由夫已發之後善惡之所由分者而名之, 曰, '如此, 性之發而無不善也, 如此, 氣之不齊而流於惡也.' 以此玩之則只於纔動之際, 而便有主理主氣之不同, 非元爲互發而各用事也, 人之見理見氣, 各以其重而爲言也. 如是求之, 與吾兄之誨不背焉矣. 奈何? 朱子之說曰, '或生於形氣之私, 或原於性命之正', 陳北溪之說曰, '這知覺, 有從理而發者, 有從氣而發者', 正如退溪互發之說, 何耶? 四七之對擧而分屬, 固然矣. 人心道心亦情也, 奈何以道心爲理發而人心爲氣發乎?"

하여 개념적으로만 구분한 것일 뿐이다.

성혼은 자신의 이러한 견해가 이이와 통할 것이라고 보았다. 그러나 이이는 리와 기를 선과 악의 싹으로 보지 않으며, 선과 악, 인심과 도심의 구분은 과불급과 중절 여부로써만 결정될 뿐이라고 생각한다. 사단은 칠정 가운데 중절한 감정을 가리킬 뿐이다. 이것이 바로 발현한 심기心氣의 과불급과 중절 여부를 선악의 기준으로 삼는 주기론적 인심도심론의 입장이다. 이러한 지각론과 인심도심론을 반박하고자 성혼은 주희와 진순의 지각에 관한 언급을 인용하고 이것이 이황과 상통한다고 주장했지만, 사실상 성혼은 주희와 진순, 그리고 이황의 지각론에 동의한 것이 아니라, 단지 인심과 도심, 사단과 칠정을 명목상 리와 기로 상대시킬 수 있다는 자신의 주장에 근거를 대기 위해서 끌어들였을 뿐이다. 이러한 정황은 「제5서」에서도 계속 이어진다.

'형기의 사사로움에서 생기기도 하고 성명의 바른 데에 근원을 두기도 한다'는 말과 '리를 따라 나오기도 하고 기를 따라 나오기도 한다'는 설에 대해서 저는 어리석고 둔하여 과연 형의 편지와 같이 보아야 하는지 모르겠습니다. 이른바 '여기에서 생겼다'느니 '여기에서 근원하였다'느니 하는 말과 '리를 따라 나온다'느니 '기를 따라 나온다'느니 하는 말은, 아마도 리와 기 두 물건이 먼저 여기에 있는데 인심과 도심이 혹은 여기에서 생기고 혹은 여기에서 근원하여 이로부터 발현된다고 말한 듯합니다. (…중략…) 전일에 대강 들은 도리가 다소 근거가 있기에 매양 퇴계의 설을 의심하였는데, 인심 도심의 해설을 보고 나서는 여러 차례 생각하니 사려가 혼란해지고 분분하여 매우 답답합니다. 그리하여 결단해서 퇴계의 말씀을 좇으려고 하면 난삽해서 온당치 못하고, 이것을 버리고 종래의 견해를 지키려 하면 오직 이 '형기의 사사로움에서 생기기도 하고 성명의 바른 데에 근원을 두기도 한다'는 설에 가로막혀 나아가지 못하니, 도리를 참으로 보지 못했기 때문에 이런 의혹이 있는 것입니다.[20]

이이는 주희의 인심도심설과 진순의 언급에 대해 "성性과 정情은 본래 리와 기가 호발할 이치가 없고, 성이 발하여 정이 될 적에 오직 기가 발하여 리가 이것을 탈 뿐이다"라고 하여 인심과 도심이 모두 리에 근원하되 기에 의해 발현하여 두 갈래로 나뉘게 된 것이지 각각의 근원이 따로 있는 것은 아니라고 설명했다. 이러한 설명은 오히려 성혼이 인심과 도심은 명목상 리와 기로 나눈 것일 뿐이라는 견해와 상통하는 것이다. 그런데 이이는 이제 자신의 견해를 정리하여 인심이든 도심이든 '기가 발하여 리가 올라탄다'는 경로만이 가능하다고 주장하자, 이에 대해 성혼은 주희와 진순의 본의는 인심과 도심의 근원이 명목상이 아니라 실제로 "리와 기의 두 물건이 먼저 여기에 있는데 인심과 도심이 혹은 여기에서 생기고 혹은 여기에서 근원하여 이로부터 발현된다고 말한 듯"하다 라고 반박하고 있다. 이는 곧 주희와 진순의 본의대로 지각의 내용으로써 인심과 도심을 나눈 것이고, 이황의 호발설도 같은 맥락에서 보아야 한다는 생각을 성혼이 가지게 되었음을 의미한다. 만약 이러한 견해를 확정짓는다면 성혼은 이황의 지각론적

---

20 成渾,『牛溪集』권4,「第五書」, 043_101d. "或生或原從理從氣之說, 鄙人駭鈍, 不知果如來喩看否也. 所謂生於此原於此, 從理從氣等語, 似是理氣二物先在於此, 而人心道心生於此原於此, 從此而發也. (…중략…) 前之粗聞道理, 粗有據依, 每以退翁之說爲疑, 而及見人心道心之解, 三思變亂, 念慮紛紜, 極爲憤悱, 欲決而從退翁之言, 則艱澁不穩, 欲棄而守舊見, 則唯此或生或原之說, 橫格而不去, 道理見不眞, 故有此搖惑也."

입장에 서게 될 것이다. 그러나 성혼은 곧 다시 기존의 견해를 버리지 못하고 이황의 호발설을 "난삽하여 온당하지 못한 것"이라고 말한다. 이것은 성혼이 끝내 이황의 호발설에 공감하지 못하고, 사단과 칠정, 인심과 도심을 리와 기로 구분하는 것은 지각내용에 의거한 것이 아니라 단지 명목상에서만 나눈 것일 뿐이라는 기존의 견해를 버리지 못했음을 말해준다.

요컨대, 성혼은 이이의 '기발이승일도설'에 반대하기 위해서 이황의 호발설을 지지하는 듯했으나, 근본적으로 호발설의 관점과 견해에 공감하고 동의한 것은 아니었던 것이다. 이는 성혼이 이이의 주기론적 지각론에 반대하기 위해 주희와 진순의 설명을 인용했을 뿐 근본적으로 지각론적 맥락에 근거하여 이황의 호발설을 이해하려고 하지는 않았다는 점을 말해준다. 성혼은 지각론과는 다른 입장에 있었던 것이고, 그러한 자신의 입장을 정립하기 위해 이기일발설을 제시함으로써 상반된 지각론적 두 입장의 절충을 시도하게 되었던 것이다.

2) 이기일발설과 심체론의 함의

성혼의 이기일발설은 이이와의 왕복서한 가운데 현존하는 가장 마지막 편지인 「제6서」에 처음 나타난다. 이를 두고 김충열은 "앞의 서신에서는 이황의 호발설을 지지하였으나 이기일발설에 이르러 절충을 시도하게 된 것"이라고 평가하였지만,[21] 나는 지금까지 논한 것처럼 이기일발설은 앞

---

21 김충열, 「牛栗四七論辯 評議－牛溪學의 定立을 위한 試圖로서」, 88쪽. "현존문헌 중 우계가 율곡에게 보낸 편지의 마지막 대목(이는 물론 사칠논변서를 두고 말함)인 이 글은 우계학설 연구에 상당히 중요한 위치를 점한다. 왜냐하면 앞에서 율곡이 호발상수(互發相須) 쪽으로 접근해 오는 수정을 보인 것과 같이, 우계도 이기일발(물론, 율곡과 같은 기발이승은 아니지만)을 들고 나와 미발시에 이기사칠(理氣四七)의 묘맥이 이미 잠재한다고 본 종래의 주장을 수정한 글이기 때문이다. 그렇다면, 우계의 사칠론은 앞에서는 퇴계설

의 서신에서 줄곧 퇴율 사이에서 어중간하게 처했었던 자신의 입장을 좀 더 확고하게 정립하려는 시도로서 해석되어야 한다고 본다. 다시 말해서, 성혼은 주리와 주기, 호발설과 기발이승일도설, 이성주의와 경험주의라는 이황과 이이의 지각론적 두 입장과는 다른 제3의 입장을 이기일발설로써 정립하고자 했다는 것이다. 성혼은 다음처럼 말한다.

다만 한번 읽는 사이에 갑자기 마음속으로 '리와 기가 똑같지 않은 까닭은 기는 잠시라도 형적에 관계되면 곧 과불급이 있게 되니, 그 똑같지 않은 까닭은 여기에 달려 있을 뿐이다'라고 생각하였습니다. (⋯중략⋯) 정이 발하는 곳에 주리와 주기의 두 가지 뜻이 있어 분명 이와 같다면 이는 말이 사람의 뜻을 따르고 사람이 말이 가는 대로 맡긴다는 설이요, 아직 발하지 않았을 때에 두 가지 뜻이 있는 것이 아닙니다. 또 발하자마자 리에 근원하거나 형기에서 나옴이 있는 것이요, 리가 발함에 기가 그 뒤를 따르고 기가 발함에 리가 그다음에 탄다는 것이 아닙니다. 곧 리와 기가 하나로 발하는데 사람이 그 중重한 쪽을 취하여 주리 또는 주기라고 말하는 것입니다.[22]

위에서 "기가 형적에 관계되면 과불급이 있다"는 것은 기의 과불급과 관계없이 리는 그 자체로 순선한 성격을 지닌다는 것을 함축한다. 리와 기

과 같았으나, 뒤에 와서는 퇴율을 절충한 것 같은 자기 특유의 이론으로 바뀌어졌다고 보아야 하겠다."

22 成渾, 『牛溪集』 권4, 「第六書」, 043_103d. "理氣之不同, 氣自涉形跡, 便有過不及, 其爲不同, 只在此處而已, (⋯중략⋯) 情之發處, 有主理主氣兩箇意思, 分明是如此, 則馬隨人意, 人信馬足之說也, 非未發之前有兩箇意思也. 於纔發之際, 有原於理生於氣者耳, 非理發而氣隨其後, 氣發而理乘其第二也. 乃理氣一發, 而人就其重處言之, 謂之主理主氣也." 여기서 "理乘其第二也"는 김충열이 지적한 것처럼(1991, 88쪽) "理乘其氣上也"의 誤字인 듯하다.

모두 가치론적 개념이되, 리는 선에 관련된다면 기는 악 자체는 아니지만 악을 야기할 수 있는 요소가 된다. 그리고 리와 기는 서로 결합하여 혼연한 일체—體로서 마음의 실체[心體]를 이루기 때문에, 마음에는 두 가지 속성 즉 리의 순선함과 과불급을 일으키는 기의 성향이 혼재하게 된다. 그런데 마음이 발현한 뒤에 그 정에 대해 '주리'와 '주기'라고 지칭하는 것은, 발하기 이전부터 마음에 리와 기 두 가지가 서로 대립해 있어서 각자 발한다는 것이 아니다. 예를 들어 리와 기를 각각 사람과 말에 비유한다면, 사람과 말이 서로 따로 있다가 집을 나설 때 비로소 사람이 나서고 말이 따르거나 말이 먼저 나서고 사람이 그 위에 탄다는 것이 아니라, 사람이 말을 탄 상태로 계속 있다가 나설 때 말이 사람의 뜻을 따르는 경우는 '주리'로, 사람이 말이 가는 대로 맡기는 경우는 '주기'로 지칭할 뿐이라는 것이다. 성혼은 이 같이 리와 기가 일체로 결합된 심체의 발현을 이기일발로 지칭한 것이고, 주리와 주기란 그 가운데 '중한 쪽'을 취하여 명목상 구분한 것이라 본다. 이때 '중한 쪽'이란 지각상에서 리에 근원한 것과 기에 근원한 것이 곧바로 구분되는 것이 아니라, 차후에 마음의 발현에 대해 고찰할 때 리와 기 중 어느 것이 더 비중 있게 관련되어 있느냐 하는 것을 헤아려서 결정함을 의미한다. 성혼은 이것이 바로 주희의 인심도심설과 진순의 "지각은 리로부터 발하고 기로부터 발한다"는 설, 그리고 이황의 호발설이 궁극적으로 귀착되어야 할 학설이라고 주장한다.

　　퇴계의 이른바 '호발'이 보내 준 편지에 '리와 기가 각각 다른 곳에 있어 서로 발용한다'는 말과 어찌 정말 같겠습니까. 다만 한 물건으로 같이 뭉쳐져 있으나 리를 주로 하고 기를 주로 하며, 안에서 나오고 밖에서 감응되어 먼저 두 가지 뜻이 있다는 것일 뿐입니다. 제가 '성정 사이에 원래 리와 기의 두 물건이 있어 각각 나온다'고 한 말도 역시 이렇게 본 것입니다. 어찌 이른바 '사람과 말이 각각 서 있다가 문을 나선 뒤에 서로 따라간다'는 말이겠습니까. (⋯중략⋯) 다만 '성정 사이에는 기발이승의 한 길만 있을 뿐이요, 이외에는 다른 길이 없다'고 말하였는데, 제가 이 편지를 받고서 어찌 그대로 수용하여 간편하고 깨닫기 쉬운 학설로 삼으려 하지 않았겠습니까마는, 성현들의 옛 말씀을 참고해 보면 모두 양변설兩邊說을 주장하여 형의 고견과 같지 않으므로 감히 따르지 못하는 것입니다.[23]

이렇게 볼 때 성혼의 이기일발설은 이황의 호발설과 같은 것이 아니요, 또한 이이의 기발이승일도설과도 다른 입장이라고 말하지 않을 수 없다. 지각의 차원에서, 이황은 지각내용을 기준으로 당위의식으로서의 사단도심을 도덕이성의 발현으로서의 '리발기수'로 설명하되 의식 일반으로서의 칠정인심은 경험적 감각작용으로서의 '기발이승'으로 구분하여 설명했던 반면, 이이는 사단과 칠정이 모두 '기발이승'이라는 하나의 경로를 통해서 이루어지므로 지각상에서 구분될 수 없으며, 단지 그 발현된 결과의 중절 여부를 따져서 인심과 도심으로 명목상 구분할 뿐이라고 보았던 것이다. 그런데 성혼은 이 두 지각론적 입장과는 달리, 지각이란 리와 기가 일체로 결합된 심체의 발현일 뿐이기 때문에 지각상에서 리와 기의 발현은 구분되지 않지만, 대상으로서 마음의 발현에 대해 리와 기의 비중을 고려하여 주리와 주기로 개념상 구별할 수 있다는 입장이다. 성혼에 있어서는

---

23 成渾, 『牛溪集』 권4, 「第六書」, 043_102d-103a.

오로지 심체의 발현을 말할 수 있을 뿐, 호발이나 기발이승일도를 말할 수 없는 것이다. 이렇게 볼 때, 성혼의 이기일발설은 지각론보다는 심체의 존재를 전제로 하는 존재론적 성격을 띤다고 할 수 있는 것이다.

리와 기의 이원적 요소의 결합물인 심체의 존재에 관한 성혼의 견해는 이미 이이와의 논변 과정에서 그 단초가 발견된다. 일실逸失된 성혼의 「제3서」에 대한 답신에서 이이는 "미발未發의 체體에도 선과 악을 말할 수 있는 점이 있다는 것은 매우 잘못되었습니다. 희로애락이 발하지 않은 상태를 중이라 하는데 중은 천하의 대본이니, 어찌 선과 악이 있다고 말할 수 있겠습니까"[24]라고 하여 성혼을 비판한 바 있다. 이는 성혼이 마음의 실체로서 '미발의 체에도 선악을 말할 수 있다'는 견해를 내비쳤음을 암시한다. 이에 대해 성혼은 「제4서 별지」에서 다음과 같이 해명한다.

> 사람이 형체를 받고 태어난 이후를 가지고 말하면 미발의 성 — 자주에 말하길, '기질을 겸하여 말한 것입니다' — 에도 응당 선과 악이 한 번 정해진 것이 있겠으나 이것을 미발의 중[未發之中]이라고 이를 수는 없습니다. 제가 말한 미발의 체[未發之體]라는 것은 기품이 한 번 정해진 것을 가리켜 말한 것이요 미발의 중을 말한 것이 아닙니다. '정만 이러한 것이 아니라 성 역시 그러하다'는 구절도 제가 지적한 말과 같습니다. 보내 준 글에 '미발의 중에는 악이 있다고 말할 수 없다'는 말씀은 매우 옳습니다. 저의 말은 다른 사람의 말을 답습한 것이 아니요 억측하여 처음으로 지어낸 소견입니다.[25]

---

24 成渾, 『牛溪集』 권4, 「第三書」(答書), 043_095a. "未發之體, 亦有善惡之可言者, 甚誤, 喜怒哀樂之未發謂之中, 中也者大本也, 安有善惡之可言耶?"

25 成渾, 『牛溪集』 권4, 「第四書」, 043_097b-c. "從人生受形以後而言, 則未發之性, (自註, 幷氣質言) 亦應有善惡之一定者矣, 然未可謂之未發之中也. 愚所謂未發之體者, 指氣稟一定而

성혼은 '미발의 체'를 리로 보지 않고 기질을 겸한 마음의 실체로 간주한다. 순선한 리는 '미발의 중'이라고 간주하되, 이를 '미발의 체'와 구분한 것이다. 즉, 그에 있어 '미발의 체'란 리와 기가 결합되어 있는 심체를 가리키기 때문에 선악이 잠재되어 있다는 것이다. 이는 성리학의 일반적 견지에서 볼 때, 스스로 자인한 것처럼, 그 자신의 독창적 견해라 할 수 있다. 일반적으로 정주성리학에서는 마음의 본체를 미발의 중으로서 성이자 리로 보기 때문이다. 성혼의 '미발의 체'에서 유래한 심체론은 표면상 이황이 마음을 리와 기의 결합으로 보는 것과 유사하게 보이지만, 이황에 있어 그것은 마음이 지각론적인 리와 기의 두 요소나 형식의 결합에 의해 성립됨을 의미한다.[26] 리와 기의 두 요소와 형식이 결합하여 지각이 이루어지되, 그 지각된 내용의 근원[所從來]에 따라 리발사단, 도심과 기발칠정, 인심로 구분하여 말할 수 있다는 것이다.

반면, 성혼은 이황과 달리 마음의 지각 작용보다는 존재론적인 리와 기의 일체적 결합으로서 마음의 실체를 중시한다. 성혼에 있어 심체가 발현할 때 지각 등 인간의 모든 의식 활동이 이루어지는 것이지만, 지각의 형식적 요소나 내용은 중요성을 지니지 못한다. 지각상에 있어서 리와 기의 발현은 근본적으로 구별될 수 없다고 보기 때문이다. 심체의 발현으로서 지각은 육체적 활동이나 식색의 욕구와 같이 과불급이 없을 수 없는 기의 발동 영역에 속한다.[27] 그러나 마음은 지각 작용의 과불급과는 상관없이

___

言也, 非言未發之中也. '非但情也, 性亦然矣,' 二句, 亦如鄙言之所指者矣. 來喩'未發之中未可以惡言'者極是. 鄙言無所因襲, 臆度創造之見也."
26 李滉, 『退溪集』 권25, 「答鄭子中別紙」, 030_097a.
27 成渾, 『牛溪集』 권4, 「第五書」, 043_101c. "從古議論, 何以仁義皆歸之理發, 而知覺運動食色形氣皆歸之氣乎?"

오로지 심체에 내재한 도덕적 의리에 의한 발현이 있을 수 있다. 비록 존재론적으로 기의 과불급한 발동과 도덕적 의리에 대한 발동이 혼재해 있더라도, 리가 마음에 내재해 있는 한 어떤 사안에 대한 도덕적 시비선악을 반성적 헤아림과 수양의 노력을 통해 가려낼 수 있다고 본다. 다음의 인용문은 성혼의 이러한 견해를 말해준다.

옛날 현명한 제왕들은 공손하고 검소하고 선을 좋아하며 마음을 화평하게 하고 기운을 온화하게 하여, 이것으로써 세상을 바로잡고 사물을 거느리는 근본으로 삼지 않은 이가 없었습니다. 군주가 공손하고 검소하면 욕심이 적어서 근본이 맑아지고, 선을 좋아하면 간언을 따라서 이치를 봄이 더욱 밝아지며, 마음이 화평하고 기운이 온화하면 마음이 담담하여 깊고 고요하며 깨끗하여 한가롭고 편안하여, 정신이 안을 지켜서 객기客氣가 요동시키지 못하고 기혈氣血이 순히 돌아서 함부로 기뻐하거나 노여워하지 않습니다. 그리고 일에 대응하는 즈음에 또 마음을 비우고 이치를 따라서 오직 옳고 그름을 볼 뿐이요 이해를 따지지 아니하여 의리를 저울[권형]로 삼고 자신의 사사로운 의견을 개입시키지 않습니다. 이와 같기 때문에 몸을 닦고 현자를 높이고 백성을 편안히 하여 교화가 일어났던 것입니다.[28]

위의 인용문은 군왕에게 올리는 글이지만, 군왕의 수양과 일반인의 수양은 다르지 않다고 성혼은 생각한다. 즉 마음을 화평하게 하고 기운을 온

---

28 成渾, 『牛溪集』 권2, 「辛巳封事」, 043_028c. "古之賢王, 莫不恭儉好善, 平心和氣, 以爲撥世御物之本焉, 恭儉則欲寡而本原澄淸, 好善則從諫而見理愈明, 心平氣和則湛然淵靜, 淸明閑泰, 精神內守而客氣不撓, 氣血順軌而喜怒不溢矣. 應事之際, 又能虛心順理, 唯見是非, 不見利害, 以義理爲權衡, 而己不與焉. 夫如是, 故修身尊賢, 安民而興化矣."

화하게 하며 담담하고 고요하게 하되 형기를 과격하거나 난폭하지 않도록 하고 감정을 조절하는 등의 심신 수양이 필수적이지만, 무엇보다 중요한 것은 도덕적 의리를 사물에 대해 헤아리는 '저울'로서의 기준이나 척도로 삼아야 한다는 것이다. 마음을 평안히 하고 형기를 과격하게 하지 않는 심신의 수양법은 도덕적 의리로써 사물을 헤아려서 시비선악을 판단하도록 하는 방법이 된다는 것이다.

요컨대, 성혼의 이기일발설이 지니는 함의는 다음과 같다. 마음은 존재론적 두 요소인 리와 기의 긴밀한 결합에 의해 이루어지는 것이기 때문에, '리와 기가 하나로 발현한다'는 것은 곧 리와 기가 결합한 심체마음의 본체가 아니라 이원적 요소로 구성된 실체 자체가 발현한다는 것을 의미한다. 이는 결국 호발설과도 다르고 기발이승일도설과도 다른 제3의 입장을 나타낸다. 이기일발설은 이황과 이이의 두 입장을 절충한 성격을 지닌 것이지만, 그러나 그들 두 사람의 입장이 지각론의 두 축을 이루는 것인 반면, 성혼의 입장은 지각론에서 벗어나서 존재론적인 관점에 많이 기울어 있다. 성혼에 의하면, 주리와 주기라고 지각론적 두 입장은 단지 명목상에서만 구분 가능할 뿐, 실제적인 지각 상에서 구분될 수는 없다. 따라서 도덕적 시비선악의 판별은 마음의 지각 작용과는 다른 별도의 실천적 수양과 도덕적 반성을 통해야만 비로소 가능해진다. 특히 도덕적 반성은 마음에 내재한 도덕적 의리를 저울의 기준으로 삼아서 어떤 사안을 객관적으로 살필 때 비로소 그 시비를 가려낼 수 있다. 이러한 헤아림의 작용은 과불급의 성향을 띠는 지각과는 다른 것으로서, 오로지 실천적 수양에 의해 함양될 수 있는 별도의 도덕적 능력으로 본 듯하다. 그것은 리와 기가 일체로 결합된 심체의 작용과 일의 사태에 있어 양자의 미묘한 비중의 차이와 중요도를 헤아릴 수 있는 능력이다. 이러한 견해들을 종합할 때, 성혼의 절충론의 핵심인 이기일발설과 심체론은 지각론과는 다른 맥락에 있으며, 실천적 수양을 강조하는 존재론적 성격을 띤다고 생각되는 것이다.

지금까지의 논의를 전체적으로 요약하면, 성혼은 사단칠정논변에 대해 처음부터 기대승의 입장에 동조한 것도 아니었고 그렇다고 이황의 입장에 선 것도 아니었다. 그는 이황에 대한 존숭에도 불구하고 오히려 기대승의 논리가 보다 더 분명하다고 느꼈지만, 주희의 인심도심설을 고려할 때 이황의 호발설에 타당한 근거가 있다고 보았으므로 이이에게 질문을 하게 된 것이다. 그러나 이이의 단호한 반대에 부딪치면서 외형적으로는 이황의 호발설의 입장에서 논변을 시작하게 된다. 그러나 이 같은 이황의 옹호는 단지 표면적인 것일 뿐, 실제로는 호발설을 지지한 것은 아니었다. 그는 사단과 칠정, 인심과 도심을 리와 기로 나누어 말하는 것은 단지 마음이 발현한 이후에 명목상의 차원에서 가능할 뿐이지, 실제로는 마음이 발현한 일반적 작용태로서의 칠정에 사단이 포함되며, 양자는 지각상에서 구별된다고 보지 않았다. 성혼은 이러한 자신의 입장을 이기일발설로 정립하면서 구체화시킨다. 이는 존재론적 리와 기가 일체로 결합된 마음의 발현에서 도덕적인 원리의 비중이 높은 것은 리에서 발현한 것으로, 과불급을 일으키는 기질의 비중이 높은 것은 기에서 발현한 것으로 각각 이론 차원에서만 지목할 수 있다는 것을 의미한다. 따라서 그의 최종적인 견해에서도 여전히 인심과 도심, 리와 기의 발현은 지각상에서 구분되는 것이 아니며, 단지 발현한 뒤에 심체의 작용태를 명목과 개념 차원에서 구분한 것일 뿐이라는 입장이 유지된다. 성혼에 있어 도덕적 시비선악의 판별은 지각과는 다른 영역에 있는 도덕적 반성 능력에 의해 가능하며, 그것은 실천적 수양에 의해서만 길러질 수 있다고 본 듯하다. 성혼의 이 같은 절충론적 입장은 이황과 이이의 지각론적 두 입장과는 다른 제3의 입장이라 할 수 있으며, 지각론보다는 존재론적 성격을 띠는 것이라고 생각된다.

2. 강화양명학－정제두의 지각론과 윤리학

정제두는 우리나라의 가장 대표적인 양명학자이자 한국의 양명학파인 이른바 강화학파江華學派를 창시한 사람이다. 정제두에 관해서는 일찍이 정인보鄭寅普, 1893~1950, 호는 위당(爲堂)가 한국의 가장 위대한 양명학자로서 선양한 이후로[29] 지금까지 상당히 많은 연구가 이루어졌으며, 현재에도 그의 철학적 특징과 사상사적 지위를 해명하려는 시도는 계속 이어지고 있다.[30] 그 가운데 정제두를 반주자학적反朱子學的이기보다는 오히려 "주자학과 양명학의 연계성" 위에서 바라보는 윤남한의 관점은 이후 연구경향의 주된 흐름을 결정했다고 할 수 있다. 윤남한은 "주자학과 양명학의 연계성"에 대해 다음처럼 말한다. "하곡학은 반정주적反程朱的이기보다는 오히려 주朱·왕王의 연계성 위에 있었고 개혁적이기보다는 개량적이었다. 이는 그의 시대나 개인적 위치로서는 그런 방향을 취할 수밖에 없었던 현실성이 전제되어 있었기 때문이다."[31] 윤남한은 강화학파에 대해 또한 다음처럼 말한다. "그러나 이들은 대개 정주학과의 대결이기보다는 평행平行에

---

29 鄭寅普, 『陽明學演論』, 서울 : 삼성문화재단, 1972, 163~171쪽.
30 정제두 연구의 현황에 대해서는 김교빈, 「한국양명학의 표상, 하곡 정제두」(『(한국의 사상가 10인)하곡 정제두』, 서울 : 예문서원, 2005)를 참조.
31 윤남한, 『朝鮮時代의 陽明學 硏究』, 서울 : 집문당, 1982, 41쪽.

서였고, 육왕학陸王學의 연계성 위에서이기보다는 오히려 주朱·왕학王學을 심성학이란 공통적 기반 위에 서서 그 연계성을 유지하고 통일성을 지향하였던 것이라고 할 수 있다. 그리고 여기에 조선시대의 양명학이나 하곡학의 독자성이 있었던 것이라고 할 것이다."[32]

정제두 사상이 지닌 이러한 "주자학과 양명학의 연계성" 혹은 결합적 특성은 한국 양명학의 독자성을 나타낼 뿐만 아니라, 더 나아가서 조선시대 성리학의 특성을 밝히는 데도 실마리가 된다고 생각한다. 이에 본서에서는 정제두를 거시적으로 절충론적 맥락에서 조명하되, 특히 주자학과 양명학을 독창적으로 결합시킨 철학자로서 해명해볼 것이다. 인간의 지각과 도덕에 관한 견해는 정제두의 사상적 특성을 밝히는 데 있어 중요한 열쇠를 제공할 것으로 생각된다. 지각 개념에 관한 정제두의 견해를 다룬 연구는 이미 존재하지만 정제두 철학의 특성과 관련하여 좀 더 상론할 필요가 있을 것이다.[33] 저자가 보기에, 주자학의 철학적 성격은 지각에 관한 이론적 논의로서의 '지각론'으로 특징 지워질 수 있는 반면, 양명학은 실천철학과 도덕형이상학의 입장에서 지각론에 대해 비판적인 관점을 취한다.[34] 이렇게 본다면 주자학과 양명학을 결합한다는 것은 결국 주자학의 지각론과 양명학의 도덕형이상학을 어떻게 절묘하게 종합하느냐에 달려 있다고 볼 수 있는 것이다. 나는 정제두가 이 과제를 적어도 이론적 정합

---

32 윤남한, 『朝鮮時代의 陽明學 研究』, 43쪽.
33 임홍태, 「霞谷 鄭齊斗의 人物性異論 研究－知覺說을 中心으로」, 『한국철학논집』(제17집), 2005. 임홍태는 "하곡은 그의 지각설을 통해 양명학의 폐단을 지적하며, 양지와 지각을 철저하게 구분하고 있다"(132쪽)고 지적함으로써 정제두가 자신의 지각론을 통해 주자학과 양명학을 결합했다고 보았지만, 양지와 지각의 관계에 대한 양명학과 정제두의 견해 등에 대해서는 재고할 필요가 있다고 생각된다. 본론에서 상론할 것이다.
34 김우형, 「주희와 왕양명에서 주체와 자아－인식」, 『동양철학』(22집), 2004, 참조.

성 측면에서는 훌륭하게 완수했다고 보기 때문에, 이에 대한 해명이 그의 철학적 특성과 한국 양명학의 독자성을 밝히는 관건이 된다고 생각한다. 주자학과 양명학의 종합이라는 정제두의 사상적 특성은 그의 지각론과 도덕철학을 분석함으로써 명료하게 드러날 것이다.

1) 정제두의 철학적 관점의 형성

정제두의 철학적 관점과 특성을 파악하기 위해서 먼저 논의의 배경을 이루는 주자학과 양명학에 대해 살펴볼 필요가 있다. 이미 언급한 바 있듯이, 주자학과 양명학을 각각 리학과 심학으로 구분하여 보는 관점은[35] 철학사의 이해에 그다지 도움이 되지 않는다. 일찍이 주희는 "사람이 학문하는 까닭은 마음과 리일 뿐이다"라고 하여 마음과 리를 모두 중시했다. 다만, 리는 주체 혹은 의식 주관에 의해 인식되어야 할 대상으로서의 성격을 지니기 때문에, 마음이 보다 더 근원적인 기초로서 간주될 수밖에 없다. 의식 주관으로서의 마음이 리를 알아서 실천하려는 노력과 그 과정으로서의 학문이란 결국 마음의 주체 의식 없이는 성립될 수 없는 것이다. 이 점에서 주자학은 근본적으로 마음의 주체 의식에 근거하는 주관주의 철학이다. 왕수인의 양명학은 주자학의 이 같은 주관성subjectivity의 원리를 더욱 확장시킨 철학이다. 다시 말해서, 주자학이든 양명학이든 모두 마음의 주체 의식을 기본적 토대로 삼는 학문이라는 것이다.[36]

---

35 대표적으로 펑유란(馮友蘭)은 정호 정이 형제의 철학을 구분한 뒤 전자는 '육왕심학'으로, 후자는 '정주리학'으로 분화―발전하게 된다고 본다. 이러한 견해에 대해 모우쫑산(牟宗三)은 찬성하는 입장을 취했으나, 치엔무(錢穆)와 윙칫찬(陳榮捷)은 바람직하지 않다는 견해를 내보였다.

36 이런 맥락에서 마음의 주체성에 기초하는 학문을 넓은 의미의 '주자학'이라고 지칭한다면, 양명학을 '주자학의 한 분파'라고 이해해도 실질적으로 크게 문제될 것은 없다고 본다.

그러나 주희와 왕수인은 그러한 마음의 주체 의식이 발현된 양상에 있어 서로 다른 측면에 주안점을 두기 때문에, 학문에 있어서도 차이가 나타나지 않을 수 없다. 즉, 주희는 마음이 외부 대상을 인식하는 인지 기능으로서의 '지각'에 특별한 관심을 두었던 반면, 왕수인은 '의意'라고 하는 실천적 의도나 의념에 주안점을 두었던 것이다.[37] 지각이나 의는 모두 마음의 기능이나 작용이지만, 지각이 대상에 대한 앎과 인식을 뜻한다면 의는 주체 자신의 실천적 의념이나 의도를 나타낸다. 비록 주희 역시 실천과 행함[行]을 무시하지 않았고 오히려 그것을 앎[知]의 목표로 간주하여 중시했지만, 행함에 앞서는 앎으로서의 지각에 그의 철학적 사유를 집중시키고 있기 때문에, 지각에 관한 이론적 논의로서의 지각론은 '주자학'의 주요 특징을 이룬다.

반면 왕수인의 양명학은 주자학의 대상 인식이라고 하는 지각론적 경향으로 인해 마음과 리가 분리되었다고 비판하면서, 마음의 도덕적 직관 능력으로서 양지良知를 강조하되 이것을 형이상학적 본체로서 천리의 레벨로까지 확장시킨다.[38] 왕수인은 지각론에 대해 비판적 입장을 취하면서 양지를 실천적 의意 작용의 본체로 승격시킨다는 점에서 양지 본체에 근거하는 형이상학과 수양론의 성격을 강하게 띠는 것이다. 지각론에 입각한 주자학자들은 양명학의 형이상학적 토대인 양지 개념을 인식론적 입장에서 주로 공격한다. 반대로 양명학자들은 도덕형이상학의 입장에서 인식

---

37 김우형, 「주희와 왕양명에서 주체와 자아–인식」, 147~159쪽.
38 王守仁, 『傳習錄』권上, 8조(정인재·한정길 역주, 성남 : 청계, 2001, 103쪽). "앎은 마음의 본체이며, 마음은 자연히 알 수 있다. 부모를 뵈면 자연히 효도할 줄 알고, 형을 뵈면 자연히 공경할 줄 알며, 어린아이가 우물에 빠지는 것을 보면 자연히 측은할 줄 안다. 이것이 바로 양지이니, 밖에서 구할 필요가 없다(知是心之本體, 心自然會知. 見父自然知孝, 見兄自然知弟, 見孺子入井, 自然知惻隱. 此便是良知, 不假外求)."

과 실천을 양지에 근거지우려는 경향이 있다고 하겠다. 요컨대, 본체론적 형이상학의 특징을 지니는 양명학과 구분되는 좁은 의미의 '주자학'이 지니는 주요 특징은 지각론이라고 할 수 있다.

그렇다면 정제두는 주자학과 양명학 사이에서 어떠한 철학적 구상을 하게 되는가? 정제두가 활동한 17~18세기의 조선은 주자학이 이미 주류 사상으로서 확립된 시대였다. 사단칠정과 인심도심에 관한 논변를 둘러싸고 이황과 이이가 수립한 지각론적 두 입장은 주리론과 주기론으로 정립되어 사상계를 양분하게 된다. 이황을 계승한 남인과 퇴계학파는 순수한 도덕감과 도덕이성의 발동을 옹호하는 선험주의적 주리론의 입장을 나타냈고, 이이를 계승한 서인은 현실적 규범이나 예법의 준수와 심기의 주도성을 부각시키면서 경험주의적 주기론의 입장을 띠었다. 그런데 당시 학파는 정치와 연계되어 학문적으로뿐만 아니라 정치적으로도 대립관계에 놓이게 된다. 1680년 경신대출척庚申大出陟으로 남인을 정치권에서 몰아낸 뒤 서인은 1683년 남인의 숙청문제로 다시 강경파인 노론老論과 온건파인 소론少論으로 분열된다. 앞서 살펴본 것처럼, 이이의 학설을 추종하는 노론의 학문적 노선은 정치적 차원에서 주자학을 통치 이데올로기로서 교조화 시키는 경향을 띠게 되는데, 이후 노론은 다시 이념적 노선을 강화하려는 호론과 지각론을 독자적으로 발전시키고자 하는 낙론으로 분열되기에 이른다. 그러나 그럼에도 불구하고 노론의 호론계와 낙론계뿐만 아니라 소론과 남인까지도 모두 주자학의 지각론적 주제들을 공유하고 있었다. 이 점에서 조선성리학의 여러 학파들은 뚜렷한 철학적 학문적 입장 차이에도 불구하고 공통적으로 '주자학'적 특성을 띤다고 말할 수 있는 것이다.

소론의 유력한 가문에서 태어난 정제두도 처음에는 주자학을 공부하지 않을 수 없었다. 그러나 청년기 때부터 점차 양명학에 관심을 갖기 시작했고, 나중에는 양명학을 대외적으로 표방하게 된다. 34세 때 스승으로 섬겼던 박세채에게 보낸 편지에서 그는 "가만히 생각건대 천리가 곧 성이지만인·의·예·지가 이것입니다, 심성의 뜻에 대해서는 아마도 왕양명의 학설이 바꿀 수 없는 것이 아닌가 합니다"[39]라고 말했다. 그는 이때부터 이미 왕수인의 형이상학적 심성양지 관념에 확신을 가지고 있었던 것이다. 정제두가 이 같이 양명학을 옹호하고 나서자, 박세채를 비롯하여 소론의 영수인 윤증尹拯, 1629~1714, 호는 명재(明齋), 그리고 민이승과 최석정崔錫鼎, 1646~1715, 호는 명곡(明谷) 등 여러 사우師友들로부터 비판과 회유를 받게 된다. 정제두와 이들은 모두 소론의 인사들로서, 공통적으로 이이와 논쟁했던 성혼成渾, 1535~1598의 학맥에 통했으며, 노론에 비해 상대적으로 학문적 관용성을 지니고 있었던 사람들이었다.[40] 이들이 양명학을 비판하면서 정제두와 논쟁을 벌인 것은, 그를 다시 주자학으로 복귀시키려는 생각에서였다.

이 가운데 정제두와 가장 치열하게 논쟁하였고 그의 독창적인 관점을 형성하도록 촉진시켰던 사람은 가장 친한 친구였던 민이승이었다.[41] 비록

---

39 鄭齊斗, 『霞谷集』(韓國文集叢刊本) 권1, 서울 : 民族文化推進會, 1995, 「擬上朴南溪書」(壬戌), 160_011d. "竊以爲天理卽性也, (仁義禮智是也) 心性之旨, 王文成說恐不可易也."
40 김교빈, 「조선 후기 주자학과 양명학의 논쟁 – 정제두와 박세채 · 윤증 · 민이승 · 박심 · 최석정의 논쟁을 중심으로」, 203~205쪽.
41 정제두는 39세(1687) 무렵부터 민이승과 본격적으로 논변을 시작한 것으로 보인다. 1687년 박세채에게 보낸 편지에서 그는 다음과 같이 말한다. "근일에 민언휘와 더불어 이것을 강론하였는데, 언휘는 바야흐로 뜻을 정돈하여 논변했습니다. 이것은 죽고 사는 갈림길이니 그대로 내버려 둘 수 있겠습니까? 한 번 철저히 변론하여 그 학설을 죄다 알아보고 그 밑바닥까지 쪼개어 보면 반드시 어떤 결론이 나올 것입니다. 또 한 가지 마음에 있는 바를 선생께 진술하지 않을 수 없는 것이 있습니다. 대개 제가 왕씨의 설에 애착을 가지는 것이 만약 남보다 특이한 것을 구하려는 사사로운 마음에서 나온 것이면 결연히 끊어 버리기도 어려운바 아닙니다. 그러나 우리가 학문하는 것은 무엇을 위한 것입니까? 성인의 뜻을 찾아서 실로 얻음이 있고자 할 뿐입니다(鄭齊斗, 『霞谷集』 권1, 「答朴南溪書」(丁卯), 160_013d)."

민이승의 문집이 남아 있지 않아서 논쟁의 전말을 정확히 파악할 수는 없지만, 정제두의 편지 내용에 의하면 양지와 지각의 문제가 가장 핵심적인 쟁점이었다.[42] 민이승은 주자학의 시각에서 천리를 본체로, 지각을 작용으로 각각 구분하고, 양지는 본체가 아니라 지각 작용에 속할 뿐이라는 견해를 가지고 있었다. 민이승의 이러한 관점은 전형적인 주자학의 지각론적 입장에 속한다. 정제두의 다음 언급에서도 이를 확인할 수 있다. "옛날 나정암도 일찍이 양명의 '양지는 곧 이른바 천리이다'라는 설을 그르다 하여 논변하였습니다. 그의 뜻은 대개 이렇습니다. '천리란 것은 사람의 본성에 갖추어 있는 것이요, 양지란 것은 우리 마음의 지각이다. 어찌 양지를 천리라 여길 수 있겠는가?' 이는 천리와 양지를 실체實體와 묘용妙用의 구분이 있다고 보기 때문입니다. 이제 보내주신 편지에 말한 양지는 바로 이와 대략 같은 것입니다."[43] 양지를 묘용에 국한시키는 민이승의 견해에 대해 정제두는 양지가 작용이면서 동시에 본체로서 성性이 된다는 양명학의 입장을 다음과 같이 분명히 밝힌다.

양지란 『대학』의 명덕이니, 즉 오상五常의 지知[44]이며 성性입니다. 만약 '지' 자만 말하면, 정情 한쪽에 떨어져 '지식'·'지각'의 '지'와 더불어 깊고 얕으며,

---

모든 번역문은 『국역 하곡집』(http://db.itkc.or.kr)을 참조하되 저자가 일부 수정하였음.

42 나중에 민이승은 정축년(1697) 전후로 김창협과도 지각과 지(智)의 관계 문제를 중심으로 논쟁을 벌인다.

43 鄭齊斗, 『霞谷集』 권1, 「與閔彦暉論辨言正術書」, 160_020b. "昔羅整庵亦嘗以陽明良知卽所謂天理之說, 爲非而辨之. 其意槩曰天理者, 人性之所具也, 良知者, 吾心之知覺也. 何足以良知爲天理? 以天理與良知, 謂之有實體妙用之分矣. 今來諭之說良知, 正與此略同矣." 민이승은 본체(智)와 작용(知覺)을 구분하는 주자학의 일반론적 입장에 서 있다고 할 수 있다.

44 정제두는 오상 중의 '智'와 지각으로서의 '知'를 구분하고 있지 않다. 이는 양지가 본체임을 주장하기 위해 의도적으로 혼용한 것으로 보인다.

정밀하고 조잡함을 구별할 수 없게 되므로, 특별히 '양지'라고 말한 것입니다. 그것은 성체性體의 지이며, 본연의 선善이며, 즉 오상의 지이며, 성이자 대본大本임을 밝힌 것입니다. 오상의 지는, 즉 오상의 인仁의 밝은 곳입니다. 그것을 측은의 정과 선후가 있다고 하겠습니까? 형은 또 양지는 정이요 성이 아니라고 하였습니다. 그러나 고요한 것을 성이라 하고 발현한 것을 정이라 하는 것도 대체적으로 편을 나눈 것이니, 어찌 참으로 성을 고요함 속에만 있고 발용하는 곳에는 없다고 하겠습니까? 어찌 동과 정을 두 단면으로 잘라 그 고요하고 적막한 것이 성이 되지만, 발현하여 작용하면 성체도 없고 대본도 없는 것이겠습니까? 여기야말로 본령이 되는 곳이니 살펴보시기 바랍니다.[45]

양지는 지각 작용으로서 정에 속할 뿐 본체나 성이라고 할 수 없다는 민이승의 비판에 대해 정제두는 양지가 명덕이자 오상의 지로서 본성과 성체가 되면서 동시에 작용도 된다고 주장한다. 본체이자 작용인 양지는 일반적인 지각이나 지식知識, 앎과 인식 작용과 구분된다는 것이다. 정제두는 양명학의 일반적 관점을 따라 양지와 지각을 구분하고 있는 것이다.[46] 왕수인은 양지를 본체이자 천리로 보았고, 또한 양지의 작용도 일반적 지각 가운데 시비선악을 아는 도덕적 직관으로서 간주한다. 정제두 역시 이러한 양

---

45 鄭齊斗, 『霞谷集』 권1, 「答閔彦暉書」 4, 160_027b-c. "良知者卽大學之明德, 而卽五常之知也性也. 若只言知字則恐落情一邊, 其與知識知覺之知, 淺深精粗, 無可以別, 故特曰良知. 正明其爲性體之知本然之善, 而卽五常之知也性也大本者也. 五常之知, 卽又五常之仁之明處. 其謂與惻隱之情有先後歟? 兄又謂良知是情非性. 然靜言性發言情, 亦只是大槩分邊, 豈眞以性爲只在靜中, 而不在發用處歟? 豈動靜截爲二端, 其靜寂者爲性, 而發用則無性體無大本者耶? 此誠本領處, 幸加察焉."

46 임홍태는 정제두가 "왕수인과 달리 지각과 양지를 구분하여 보고 있다"(「霞谷 鄭齊斗의 人物性異論 硏究－知覺說을 中心으로」, 147쪽)고 지적한다. 그러나 왕수인도 도덕적 본체이면서 작용인 양지를 일반적 지각 작용과 구분했다고 볼 수 있다.

명학적 입장을 따라 도덕적 본체이자 작용이기도 한 양지를 일반적 인지 작용으로서의 지각과 구분해야 한다는 점을 누차 강조하고 있다.[47]

그런데 정제두는 양지가 작용일 뿐만 아니라 본체이기도 하다는 점을 논변하는 과정에서 대상적 인지 작용으로서 지각의 중요성을 긍정하게 되고, 더 나아가서 양지를 그러한 지각의 가능근거로서 확장시켜 해석하게 된다. 민이승은 사물의 이치가 객관적이고 실재성을 지닌다고 본 반면, 정제두는 마음의 양지가 사물의 이치를 결정한다는 입장을 내보인다. 예를 들어, 소가 밭을 갈고 말이 달리는 것은 일반적 이치이지만, 때때로 인간은 소를 타기도 하고 말에 짐을 싣기도 한다. 이 점은 소나 말의 이치와 이에 대한 지식은 이미 정해진 것이 아니라, 인간이라는 인식주관에 의해 변할 수 있음을 의미한다는 것이다.

> 그러므로 천지만물에서 사람의 일에 관계될 수 있는 것은, 모두 그 이치가 원래 사물 차원에서 일체 정해져 있어서 사람이 그것을 배울 수 있는 것이 아닙니다. 사건마다 규제의 조목을 정하고 때에 따라 사물에 명령하는 것은 실로 오직 나의 한 마음에 달려 있는 것입니다. 어찌 마음 밖에서 다른 것을 구하는 이치가 있겠습니까?[48]

---

47 鄭齊斗, 『霞谷集』 권1, 「答閔彦暉書」 4, 160_024b. "今也見其到處皆言良知, 疑其有著意所執也. 且只看其知字之爲同於知覺, 而不見其良字之爲性體, 其可謂已見良知之說者乎?"; 『霞谷集』, 권1, 「答閔誠齋書」, 160_030c. "蓋知能二字不可二之, 其自能會此者, 是良知, 良知卽是良能, 非專屬知覺一邊之意也. 故凡其所謂良知之說, 不可只以知覺一端言之也."

48 鄭齊斗, 『霞谷集』 권1, 「與閔彦暉論辨言正術書」, 160_019a. "故天地萬物, 凡可與於人事者, 其理元未嘗有一切之定在物上, 人可得以學之也. 其逐件條制, 隨時命物, 實惟在於吾之一心, 豈有外於心而佗求之理哉?"

여기서 여전히 사물의 이치를 인사人事에 제한시켜서 논하고 있다는 점에서 정제두는 왕수인의 입장을 근본적으로 벗어나 있지 않다. 즉, 사물의 이치를 지각의 차원에서 말하고 있는 것이 아니라, 사물에 대응하는 인간의 도덕적 실천 차원에서 말하고 있는 것이다. 사태에 대해 인간이 해야만 하는 행위의 규범은 인간 스스로 정한다는 것이다. 그러나 도덕적 시비를 아는 것과 "아프고 가려운 것을 아는 것"이 근본적으로 하나의 본체적 양지에서 비롯된다고 한다면,[49] 양지는 단지 인사에 있어 도덕적 앎의 본체일 뿐만 아니라 일반적 지각의 본체도 되어야 할 것이다. 예를 들어, 거울이 사물을 비출 때 사물의 모양과 색깔은 그 사물에 있지만, 그 모양과 색깔을 비춰내는 것은 어디까지나 거울의 밝음에 의한 것이다. 거울의 상태에 따라서 모양과 색깔은 변형되어 나타난다. 이것은 마치 입이 있어야 맛을 알고 눈이 있어야 색을 볼 수 있는 것과 같다.[50] 입과 눈이 정상적일 때에야 비로소 온전한 맛과 색을 볼 수 있다. 따라서 도덕적 준칙이나 규범뿐만 아니라 객관적인 사물과 그 이치에 대한 인식 역시 주관적인 마음에 의

---

49 『霞谷集』, 권1, 「與閔彦暉論辨言正術書」, 160_020c-d. "사람의 몸이 능히 아파하고 가려워하는 것이 곧 양지・양능입니다. 양지가 없다면 누가 능히 아파하고 능히 가려워하는 것입니까? 오직 그 심체의 知가 저절로 아파하고 가려워하는 것이며, 이미 아파하고 가려워하면 이에 그 병들고 [벌레에] 물린 것을 능히 알 수 있는 것이 발현된 것이니, **이는 하나의 知일 따름이요 둘이 있는 것이 아닙니다.** 이것이 이른바 인의 이치[仁理]입니다."

50 鄭齊斗, 『霞谷集』, 권1, 「答閔彦暉書」4, 160_025b. "맑은 거울이 물건을 비출 때 곱고 추하고, 검고 희고 한 것이 어찌 그 물건 그대로가 아니겠습니까? 그 곱고 추하고 검고 흰 것에 따라 거울에서 나오는 것은 한결같이 그 밝은 체에서 나오는 것이요, 털끝만큼도 밖에서 빌리는 것은 없나니, 이야말로 '물마다 각각 그 물에 맡긴다'는 것이며, '물마다 각각 법칙이 있다'는 말 그대로입니다. (…중략…) 〈눈에 있어서의 색과 입에 있어서의 맛 같은 것도 이러하지 아니한 것이 없다. 입을 떠나서 맛을 말하거나 눈을 떠나서 색을 말하는 일은 천하에 없다.〉 (如明鑑燭物, 姸媸黑白, 豈不是其物也? 其隨姸媸黑白而出於鑑者, 一出於其明體, 無一毫假之於外矣. 此眞物各付物, 各有其則者也. (…중략…) 〈以至於如目之色口之味之類, 無不如此, 外口而言味, 外目而言色, 天下無之.〉"

해 발현되고 알려진다고 할 수 있는 것이다. 정제두는 다음과 같이 말한다.

> 그렇다면 말·소·개·닭의 이치와 늙은이·어린이·친구에 대한 도리도
> 비록 각자 그 사물은 있지만 그 법칙의 밝게 드러남은 마음의 본연이 아님이
> 없으니, 이것이 곧 그 법칙입니다. 진실로 능히 그 심체를 극진히 발휘하여 애
> 친愛親·경형敬兄하는 마음처럼 가려짐이 없이 한다면, 사물의 본연에 있어서
> 도 애친·경형의 이치처럼 밝게 드러나지 않음이 없을 것입니다. 사물마다 그
> 렇지 아니함이 없으므로, 어른을 어른 대접함과 흰 것을 희다 함과 말을 말로
> 다루고 소를 소로 부림과 늙은이를 편안하게 하고 어린애를 안아주는 것에 각
> 각 그 법칙이 있어 환하게 드러나 미혹되지 않으니, 이것이 곧 마음의 이치입
> 니다. 이것이 그 참되고 지극한 이치이면서 사물의 법칙이 되는 것입니다.[51]

정제두는 부모를 사랑하고 형을 공경해야 한다는 것을 양지에 의해 즉
각적으로 알 수 있는 것처럼, 소나 말 등 외부 사물들의 본연本然의 이치나
법칙도 인식주관의 양지에 근거해서 알게 되는 것이라고 생각한 것이다.
다시 말해서, 사물들의 이치는 사물에 있는 것이 아니라 그것을 인식하는
마음에 있을 뿐이다. 정제두는 객관적 사물들의 조리條理로서 당연지칙當然
之則이 마음의 양지에서 발현된다고 다음처럼 말한다. "대체로 이 마음은
사물들마다에 있어서 각각 조리를 가지니, 때에 따라 일에 따라 그 당연의
법칙을 가지지 않음이 없습니다. 앞 절에서 말한 소가 밭 갈고 말이 달리

---

51 鄭齊斗, 『霞谷集』 권1, 「答閔彦暉書」 4, 160_025b. "然則馬牛鷄犬之理, 老少朋友之道, 雖各
    有其物, 若其則之昭著焉則無非心之本然, 是其則耳. 苟能盡其心體, 無不如愛親敬兄之心之
    無蔽焉, 則其於物之本然, 卽無不如愛親敬兄之理之昭著矣. 無物不然, 故其長長也白白也馬
    馬也牛牛也老安也少懷也, 各有其則, 昭乎不迷, 卽心之理也. 此其眞至之理, 爲物之則者也."

는 것과 같은 것으로써 알 수 있습니다."[52] 소는 밭을 갈고 말은 빨리 달리는 것은 소나 말이 각각 가진 조리이자 당연의 법칙이 된다. 그리고 그러한 조리와 당연의 법칙은 사물에 실재하기보다는 마음에서 근원하는 것이라는 것이다.

이러한 견해는 양지를 도덕적 인식을 포함하여 모든 지각 작용의 근거이자 본체가 되는 것으로 확장시킨 것에 해당한다. 이는 실천적이고 도덕형이상학적인 관점에서 지각론을 비판했던 왕수인과 달리, 객관적 자연법칙이나 규범적 예禮에 대한 지각을 모두 포괄하는 일반적인 지각론에 근접한 것이다. 다만, 주자학과 비교할 때 정제두는 양지가 지각의 가능근거이며 사물의 이치는 외부에 실재하는 것이 아니라 양지에서 발현되는 것이라고 본다는 점에서 주관주의적이다. 요컨대, 정제두는 민이승과의 논쟁을 통해 왕수인의 양지심성 형이상학을 옹호하면서도, 주자학의 지각론적 관점을 은연중 수용하게 된 것이고, 이로써 그의 철학적 지향점은 양지 형이상학과 지각론을 독창적으로 결합하는 쪽으로 나아가게 되었다고 하겠다.

2) 양지에 근거한 주관주의적 지각론

정제두는 1688년 박세채에게 보내는 편지에서 민이승이 양명학에 무지하여 논쟁에서 얻은 소득이 없다고 푸념하는 한편, 양지 이외에 정말로 리理의 본체가 따로 있는 것인지 따져봐야 한다고 말한다.[53] 그는 은근히 박

---

52 鄭齊斗, 『霞谷集』 권1, 「與閔彦暉論辨言正術書」, 160_021b. "夫是心之於事物物, 各有條理, 隨時逐件, 無不有其當然之則, 如上節所謂牛耕馬馳等屬, 可以見之也."

53 鄭齊斗, 『霞谷集』 권1, 「答朴南溪書(戊辰)」, 160_014b "某前月與彦暉有數日之會於高陽, 以某私冗中僅圖一隙, 又迫表叔送行, 趁期趣歸, 未遂轉請於門下, 私恨耿結, 于今未已. 彦暉之言, 嘗謂良知之學, 不知心也性也天也. 正欲聞其說而破惑, 及夫講難, 竟無一言之直得肯綮, 與不講不異. 蓋彦暉未嘗見良知之說而然也. 獨其言曰良知之外, 別有一層性命源頭, 非

세채가 자기편에 서줄 것을 기대했던 것 같다. 그러나 박세채의 반응은 정반대였다. 몇 년 후 그는 양명학 비판서인 『왕양명학변王陽明學辨』1691을 저술하여 전면적으로 정제두를 비판하였던 것이다. 이 논변서는 같은 해에 정제두43세가 자신의 대표작인 『학변學辨』과 『존언存言』을 저술하게 되는 직접적 계기가 된 것으로 보인다.[54] 양명학에 대한 파상적 공격에 대해 정제두는 체계적 저술로써 방어하지 않으면 무너지고 만다는 절박함을 느꼈을 것이다.

정제두의 반론을 고찰하기에 앞서 『왕양명학변』의 개략적 내용을 살펴볼 필요가 있다. 이 논변서는 크게 왕수인의 「고본대학古本大學」, 「대학문大學問」, 「치양지致良知」, 「주자만년정론朱子晩年定論」 등 네 부분의 비판으로 이루어져 있다. 이 중 가장 많은 분량을 할애하고 있는 「치양지」 부분에서 박세채는 왕수인의 양지 개념을 논리적이고 인식론적인 관점에서 날카롭게 비판하고 있다. 그가 볼 때, 치지致知의 '지'는 사전적 의미에 있어 '인식하다[識]' '깨닫다[覺]'의 뜻이기 때문에, 주자가 '인식하다'로 해석한 것은 매우 상식적이고 일반적이다. 그리고 비단 글자의 뜻풀이 차원이 아니라 일반적으로 사물의 이치를 안다는 것은 모두 '인식'이라는 뜻의 '지'에 해당된다는 것이다. 박세채는 다음처럼 말한다.

대개 '치지'는 『대학』에서 나왔고, '양지'는 『맹자』에서 나왔다. 지금 『대학』으로 미루어 보면, 글자를 풀이한 책은 '지'를 풀어 말하길, '구□로 되어 있

特某所認吾心本然之體而已. 其然其不然乎? 此宜細推."
54 『학변』과 『존언』의 저술 연대는 불확실하지만, 정황상 43세 때 초고가 이루어지고 이후 계속 주석이 첨가된 것으로 추정된다. 43세 때 저술했다는 설에 대해서는 윤남한, 「국역 하곡집 해제」, 『국역 하곡집(Ⅱ)』, 민족문화추진회, 1977, 9쪽 참조.

고 시矢로 소리 난다' 하니, 이치를 아는 속도가 화살과 같이 빠르다는 뜻이다. 또 '깨닫다', '깨우치다'는 뜻이라고 하였다. '식識'은 '알다'라고 풀었고, '각覺'은 '[잠에서] 깨다', '알다'라고 풀었다. 고본古本 주석에서는 '지는 선악과 길흉이 시작하고 끝남을 아는 것을 말한다'고 하였다. 그렇다면 '식'자와 '각'자를 버리고 '지'를 해석할 수는 없다. 그러므로 주자는 오히려 '식'으로 해석하였으니 그 뜻이 순하고 그 말이 정직하다. 단지 이 풀이만이 그런 것이 아니라, 모든 천하의 일의 이치가 알려지고 인식되는 것은 모두 이러한 종류이다. (…중략…) 다만 그 이른바 앎과 인식이란 것은 실제로 마음에서 나온다.[55]

위 인용문의 내용을 요약하면, '지'자의 올바른 해석은 '알다'와 '인식하다', 그리고 '깨닫다'는 뜻으로 풀어야 한다는 것이다. 모든 사물들의 이치에 대한 인식과 깨달음은 '지각'의 개념으로써 포괄할 수 있고 이해될 수 있다는 것이다. 비록 박세채는 마지막 부분에서 "다만 그 이른바 앎과 인식[知識]이란 것은 실제로 마음에서 나온다"고 말함으로써 앎과 인식의 주체 의존성을 언급하긴 했지만, '격물치지'는 주체 의존성을 전제로 하되 반드시 사물에 나아가 그 원리를 탐구해야만 객관적인 지식을 얻을 수 있음을 의미한다고 본다. 양명학은 이와 달리 객관 사물을 무시하고 마음의 영명함만으로 앎과 지식을 얻으려고 하는데, 이는 잘못된 것이다.[56]

한편, 양지良知는 치지의 '지'와 다르다. 양지는 부모에 대한 사랑과 형에

55 朴世采, 『南溪集』(韓國文集總刊本) 권59, 서울 : 民族文化推進會, 1995, 「王陽明學辨(辛未七月三日)」, 140_220c. "蓋致知出於『大學』, 良知出於『孟子』. 今以『大學』推之, 字書知訓曰從口矢聲, 謂知理之速如矢之疾, 又曰覺也喩也, 識訓曰知也, 覺訓曰寤也知也. 古本註曰知謂知善惡吉凶之所終始也. 然則舍識字覺字, 無以釋知. 故朱子以猶識爲訓, 其義順其辭直. 非但此訓爲然, 凡天下事理之爲知爲識, 皆此類也. (…중략…) 但其所謂知識者, 實出於心."

56 朴世采, 『南溪集』 권59, 「王陽明學辨(辛未七月三日)」, 140_220d.

대한 공경처럼 자연적이고 선천적인 도덕적 앎이다. 맹자의 의도는 "어린 애의 양지를 특별히 들어서 사람들로 하여금 부모를 친애하고 연장자를 공경하는 도道가 마음에서 근원한다는 것을 알아서 천하의 마땅함에 통달하게 하려는 것일 뿐, 이 두 글자를 이동시켜 『대학』의 '치지' 공부를 하게 하려는 것이 아니다."[57] 앎을 확장하는 공부는 사물을 경험적으로 탐구하는 것이고, 양지 공부는 선천적인 도덕적 앎을 실천하는 공부이므로 양자는 서로 맥락이 다르다는 것이다. 다만 객관 사물에 관한 지식을 얻는 격물치지 과정에는 이미 이 양지의 작용이 포함되어 있다. 그러므로 학자들은 이 두 '지'를 구분하되, 격물치지의 방법을 행하여 극한의 원리에 이르도록 노력해야 한다. 박세채는 다음처럼 말한다. "다만, 『대학』에는 치지의 항목이 이미 있으니, 양지의 지는 처음부터 그 안에 있지 않음이 없다. 그런즉 총괄해서 논하면, 만약 이 '지'자는 단지 『대학장구』에서 말한 '이미 알고 있는 이치'에 해당될 뿐만은 아니다 라고 한다면, 실로 맹자가 말한 양지와 서로 참여하게 된다."[58]

이어서 박세채는 여러 경전들과 정주의 언명, 기타 문헌들을 근거로 왕수인의 양지에 관한 언급들을 조목별로 들어 비판하였고, 끝에서는 왕수인의 학이 육상산과 마찬가지로 선禪으로 흘렀다고 결론짓는다. 그러나 그의 논변의 핵심은, '지'는 결국 주체 의존적 인식으로서의 지각이지 본체로서의 리일 수 없다는 것이다. 이 때문에 인간은 주관적 양지의 확충에만

---

57 朴世采, 『南溪集』 권59, 「王陽明學辨(辛未七月三日)」, 140_221a. "孟子之意, 蓋欲特舉孩提之良知, 使人知親親敬長之道原於其心, 可以達天下之義而已, 非欲移此二字而爲『大學』致知之功也."

58 朴世采, 『南溪集』 권59, 「王陽明學辨(辛未七月三日)」, 140_221a. "但大學旣有致知之目, 而良知之知, 初亦未嘗不在於其中, 則總而論之, 若曰此知字非止爲『章句』所謂已知之理耳, 實與孟子所謂良知相參."

의존할 것이 아니라 계속 객관적인 사물의 원리를 탐구하고 지식을 확충함으로써 마음의 전체와 큰 작용을 밝히고 극대화시키는 노력을 해야 한다는 것이다.

대개 이른바 양지라는 것은 정자가 일찍이 양심이라 하였고, 주자 또한 양심·명덕이라 하였으니, 아마도 또한 특별히 들어서 먼저 지목하였을 뿐이다. 그러나 심·성·정·인도·천도·물리의 경계에 대해 모두 마땅히 가려냄이 있되 섞어서 말해서는 안 된다. 더구나 '치지'의 지는 이른바 '마음의 신명이 여러 이치들을 신묘하게 운용하여 만물을 주재하는 것'이고, 이미 이 마음의 지각이 되어 구별하고 인식함을 위주로 하는 것이다. 간간이 또한 참과 거짓의 착오를 면치 못할 것이니, 스스로 마땅히 이로 인해 사물의 이치를 궁구하고 나의 인식을 넓혀서 온전한 본체와 큰 작용의 공부에 근거해야 한다.[59]

박세채는 정이와 주희가 양지를 양심으로 표현한 것처럼 선천적이고 도덕적으로 선한 마음을 특별히 가리켜 지목했을 뿐이지만, 궁극적으로 마음의 지각 작용에 포함되어 있다고 본다. 다만, 일반적 지각과 양지의 차이를 잘 변별하여 말해야 하며, 지각이 좀 더 포괄적인 것이므로 반드시 사물의 이치를 탐구하고 나의 지식을 넓히는 공부를 통해서 마음의 전체와 대용을 밝히는 공부를 수행해야 한다고 말한다. 이렇게 함으로써 양지를 확충하고 실천하는 공부도 함께 이루어진다고 본 것이다.

---

59 朴世采, 『南溪集』 권59, 「王陽明學辨(辛未七月三日)」, 140_222b-c. "蓋所謂良知, 程子嘗謂之良心, 朱子又以爲良心明德, 則蓋是亦特擧而先指之耳. 然於心性情人道天道物理之際, 皆當有卞, 不可得以混說矣. 況如致知之知, 所謂心之神明, 妙衆理而宰萬物者, 旣爲此心之知覺而主於別識, 間亦不免眞妄之錯, 則自當因是格物之理, 致吾之識, 以底于全體大用之功矣."

정제두는 이 같은 공세에 맞서 자신의 견해를 변호하기 위해 체계적으로 대응해야 했다. 특히, 양지는 지각에 속하지 본체인 천리가 아니라는 비판에 대해 양지를 중심으로 하는 독자적인 지각론의 체계를 제시할 필요가 있었다. 이런 맥락에서 정제두가 장유張維, 1587~1638[60]의 「잡술雜術」에 주석을 달아 새롭게 재구성한 「이목구비설耳目口鼻說」을 『존언』에 수록한 것은 다분히 전략적인 것처럼 보인다. 이글은 『존언』에서 가장 지각론적 색채가 강한 부분으로서, 정제두 자신의 견해가 왕수인뿐만 아니라 조선의 지적 전통에도 근거해 있음을 항변하고 있는 글이다. 첫머리에서 정제두는 사물의 이치는 그것을 알 수 있는 주체에 의존적이라는 자신의 주관주의적 입장을 밝히는 것으로써 시작한다.

> 눈은 볼 수 있고, 귀는 들을 수 있으며, 코는 냄새를 맡을 수 있고, 입은 맛을 볼 수 있으며, 마음은 알 수 있는데 능한 것은 생각함이다. 천지만물의 색은 보는 데 달려 있고, 천지만물의 소리는 듣는 데 달려 있으며, 천지만물의 냄새는 맡는 데 달려 있고, 천지만물의 맛은 맛보는 데 달려 있으며, 천지만물의 이치는 앎(사유)에 달려 있다.[61]

사물의 색과 소리, 냄새, 맛 등은 그 사물의 속성을 구성할 것이지만, 그

---

60 장유의 자는 지국(持國), 호는 계곡(谿谷) 혹은 묵소(默所)이다. 김장생의 문인이다. 장유는 조선선비들의 편협한 정주학풍을 비판하고 양명학을 존숭한 것으로 유명하다. 정제두와 최석정 등은 그의 책을 통하여 양명학에 관심을 가지게 되었다. 「잡술」은 『계곡집』 권3에 있다. 정제두는 전후의 본문을 거의 다 수록하되 일부는 수정하였고, 자신의 견해를 본문과 주석에서 밝혔다.

61 鄭齊斗, 『霞谷集』 권8, 『存言』(上), 「耳目口鼻說」(上), 160_244b. "目能視耳能聽鼻能齅口能嘗, 心能有知所能者思, 天地萬物之色在於視, 天地萬物之聲在於聽, 天地萬物之臭在於齅, 天地萬物之味在於嘗, 天地萬物之理在於知 (思)."

것을 감각해서 그러하다고 알아주지 않는다면 그 사물은 그러한 것으로서 규정될 수 없을 것이다. 마찬가지로 사물의 이치 역시 주체의 지각 능력에 의해 알려지고 인식되어야만 비로소 그 사물의 원리로서 인지되고 규정된다. 즉, 사물의 속성과 이치는 모두 지각의 주체에 의존적이다. 그리고 주체인 마음의 핵심 기능은 사유이다. 마음은 사유를 통해서 사물의 이치를 알 수 있다. 정제두는 지각에 있어 사유의 중요성을 강조한 것이다. 지각에 있어 감각은 신체의 감각기관에 의해 행해지지만, '정신 작용과 생명의 원리[精神生理]'로서 마음이 주재하고 통제하지 않으면 감각은 성립되지 않는다.[62] 그러나 역으로 이치의 지각도 신체적 감각 작용이 없으면 성립되지 않는다. "마음의 작용은 [몸의] 형기로 말미암아 일어나고, 이치의 본체는 형기로 말미암아 발현하니, 귀·눈·코·입 등이 없다면 곧 마음의 작용은 상실되고 이치의 본체도 없어진다."[63] 마음이 사물의 이치를 지각할 수 있기 위해서는 신체의 감각이 필수적으로 요청된다. 따라서 감각의 대상인 사물의 실재 또한 부정될 수 없다. 그러나 가장 중요한 것은 그와 같은 사물들을 감응하여 통하는 마음의 본체의 존재이다. 정제두는 "천지만물을 감통하는 본체가 없다면 또한 이치에 대한 앎이 있을 수

---

62 鄭齊斗, 『霞谷集』 권8, 『存言』(上), 「耳目口鼻說」(上), 160_244c. "계곡(溪谷)의 잡술(雜述)에 이르기를, "눈은 볼 수 있는 것이나 보아서 그 빛을 아는 것은 눈이 아니다. 귀는 들을 수 있는 것이나 들어서 그 소리를 아는 것은 귀가 아니다. 코는 냄새를 맡을 수 있는 것이나 냄새를 맡고서 그 냄새를 아는 것은 코가 아니다. 입은 맛을 볼 수 있는 것이나 맛보고서 그 맛을 아는 것은 입이 아니다. 〈이것은 마음이요, 모두 마음이 알 수 있는 것이다. 즉 정신생리가 이것이다. ○ 대개 이목구비의 주인인 까닭에 그러한 것이다.〉(谿谷雜述曰, 目能視, 視而知其色者非目也. 耳能聽, 聽而知其聲者非耳也. 鼻能齅, 齅而知其臭者非鼻也. 口能嘗, 嘗而知其味者非口也. 〈是心也, 是皆心之能知者也. 卽精神生理是也. ○蓋耳目口鼻之主也故然.〉)"

63 鄭齊斗, 『霞谷集』 권8, 『存言』(上), 「耳目口鼻說」(上), 160_244c. "心之用, 由形而作, 理之體, 由形而發, 無耳目鼻口等則心之用喪而理之體亡."

없다"[64]고 말한다.

여기서 주목할 것은, 외부에 실재하는 기로 이루어진 사물을 감각기관을 통해 감응할 때 마음에 리의 본체가 있어야 비로소 가능하다는 점이다. 앞서 말한 "이치의 본체가 형기로 말미암아 발현한다"는 것은, 사물의 이치가 외부에 실재하는 것이 아니라 단지 마음에 있는 리의 본체가 몸의 형기를 경유하여 발현한 것일 뿐임을 의미한다. 사물의 이치는 외부에 실재하지 않으며, 단지 마음에 의해 발현된 조리일 뿐이다. 정제두에 있어 실재하는 리의 본체는 마음과 다르지 않으며, 사물에는 리가 실제로 존재하는 것이 아니다.

> 또 일반적으로 기에 조리 있게 통함이 있는 것도 역시 이 리이니, 그 신령하게 통하는 것에 실제로 이 조리 있게 통함이 있기 때문이다. 그러나 기도氣道가 조리 있게 통할 뿐인 것은, 비록 신령하게 통함이 없되 지극히 거칠고 둔한 것이라도 또한 모두 그것을 가지고 있다. 생각건대 사물이 있으면 모두 그것을 지닌다. 다만 이는 그 각각의 사물이 [마음에] 조리 있게 관통되는 것일 뿐이지, 통일적 본체와 본령本領의 종주宗主가 되는 것은 아니다.[65]

정제두에 의하면, 마음이란 생명 에너지로서의 생기生氣이자 동시에 '정

---

64 鄭齊斗, 『霞谷集』 권8, 『存言』(上), 「耳目口鼻說」(上), 160_245a. "無天地萬物感通之體, 亦不得以有其知於理也."

65 鄭齊斗, 『霞谷集』 권8, 『存言』[上], 「睿照明睿說」, 160_235a. "又凡氣之有條通, 亦是此理, 以其靈通者, 實有是條通故也. 然若其氣道之條通而已者, 則雖其無靈通而至粗頑者, 亦皆有之. 蓋有物則皆有之矣, 但是爲其各物之條貫而已, 非所以爲統體本領之宗主者也." 한편 김교빈은 정제두의 理를 條理, 生理, 眞理의 세 층차로 나누어 설명하고 있다. 김교빈, 『양명학자 정제두의 철학사상─존재론, 인성론, 사회인식에 대한 구조적 이해』, 한길사, 1995 참조.

신적 생명의 원리[精神生理]'이다. 이 생리는 신비하게 작용하여 수만 가지 이치를 발현시키고 주재하기 때문에 모든 사물들의 개별적인 원리에 대해 본체가 되며, 또한 나와 모든 만물의 생명의 근원이자 나의 본성이 되는 것이다.[66] 정제두는 이미 민이승에게 이 생리로서의 마음이 곧 양지이며, 이에 근거해서 지각이 성립된다는 견해를 다음처럼 밝힌 바 있다.

> 양명의 설에서는 '양지가 마음의 본체'[67]라 하고, 또 '양지의 성실하고 사랑하며 측은히 여기는 곳이 곧 인仁이다'[68]고 말합니다. 그가 양지라고 말하는 것은, 아마도 그 심체가 앎의 작용(사람의 생리)을 가질 수 있다는 것의 전체를 가지고 명명한 것일 뿐이요, 생각하고 살펴 인식함이라는 한 단서만을 말한 것이 아닙니다. 생각건대 사람의 생리는 밝게 깨닫는 바가 있으면 저절로 두루 통하여 어둡지 않을 수 있고, 그렇게 되면 능히 측은·수오·사양·시비가 일어나고, 능하지 못함이 없을 것이니, 이것이 그 원래 가진 덕이며 이른바 양지란 것이고, 또한 이른바 인입니다.[69]

---

66 鄭齊斗, 『霞谷集』 권8, 『存言』[上], 「一點生理說」, 160_234a. "한 덩어리의 생기의 원과 한 점의 신령하고 밝은 정은 그 한 개(어떤 판본은 '一' 자가 없다)의 생리(즉 정신과 생기가 한 몸의 생리인 것이다)란 것이 마음에다 집을 짓고 중극(中極)에서 뭉친 것이니, 그것은 신장에 뿌리를 내리고 얼굴에서 꽃을 피우며 그것이 확충되면 곧 한 몸에 가득하게 되고 하늘과 땅에 가득할 것이다. 그 신령하게 통함은 헤아릴 수 없으니 신묘한 작용을 다할 수 없으며, 만 가지의 이치를 주재할 수 있으니 참으로 이른바 육허에 두루 퍼지고 변동하여 한 군데에 있지 않는 것이다. 그 본체가 됨은 진실로 순수하게 본래 지닌 마음이 있어서 각각 법칙이 있지 않음이 없으니, 이것이 곧 내 몸을 낳아 준 생명의 근원인 것이며, 이른바 성인 것이다(一團生氣之元, 一點靈昭之精, 其一 (或無一字) 箇生理(卽精神生氣爲一身之生理)者, 宅竅於方寸, 團圓於中極, 其植根在腎, 開華在面, 而其充卽滿於一身, 彌乎天地, 其靈通不測, 妙用不窮, 可以主宰萬理, 眞所謂周流六虛, 變動不居也. 其爲體也, 實有粹然本有之衷, 莫不各有所則, 此卽爲其生身命根, 所謂性也)."

67 王守仁, 『傳習錄』 권상, 8조목.

68 王守仁, 『傳習錄』 권중, 190조목.

69 鄭齊斗, 『霞谷集』 권1, 「與閔彦暉論辨言正術書」, 160_020a. "陽明之說曰 '良知是心之本

정제두는 양지를 도덕적인 직관뿐만 아니라 생각하고 살펴서 인식하는 기능을 포함하는 모든 지각 작용의 본체로서 해석하고 있다. 따라서 정제두가 말하는 '마음의 앎'이라고 하는 것은, 사단의 도덕 감정 같은 양지의 작용까지 포함하되 객관적 사물의 이치에 대한 지각을 포괄하는 것으로서, 그와 같은 모든 앎의 작용과 그것을 가능케 하는 본체로서의 양지(=생리) 전체를 가리킨다. 이 같은 양지는 본체와 작용을 모두 포괄하므로 어느 한쪽으로 한정될 수 없으며, 본체와 작용의 혼융한 일체를 이룬다.[70] 이러한 맥락에서 정제두의 다음 언급이 잘 이해될 수 있다.

> 마음의 앎은 형기의 작용과 사물의 실체에 달려 있고, 사물의 실체와 형기의 기능은 모두 마음의 앎에서 나온다. 마음의 앎은 리이다. 귀·눈·코·입 등의 형기의 작용도 없고, 소리·형색·냄새·맛 등 물상物相, 사물의 표상의 실체가 없다면, 그 앎은 있을 수 없고 그 리는 있을 수 없다. 〈마음에 그 작용이 있지 않아서 귀·눈·코·입의 보고, 듣고, 냄새 맡고, 맛보는 것을 작용으로 삼으며, [마음에] 그 본체가 있지 않아서 천지만물의 소리와 형색, 냄새와 맛을 본체로 삼는다면, 이는 곧 마음에 앎이 없고 이치도 없는 것이다. 귀·눈·코·입의 작용 때문에 앎이 있게 되고, 천지만물의 감응 때문에 그 이치가 있게 된다.〉[71]

體', 又曰'良知之誠愛惻隱處便是仁'. 其言良知者, 蓋以其心體之能有知(人之生理)者之全體名之耳, 非只以念慮察識之一端言之也. 蓋人之生理, 能有所明覺, 自能周流通達而不昧者, 乃能惻隱能羞惡, 能辭讓是非, 無所不能者, 是其固有之德, 而所謂良知者也, 亦卽所謂仁者也."

70 최재목은 정제두의 良知體用論이 "한국적 양명학을 여는 중요한 지평"이라고 지적한 바 있다(「동아시아에서 하곡 정제두의 양명학이 갖는 의미」, 『양명학』(13호), 2005, 21쪽). 그러나 그가 말한 양지체용은 여기서 내가 말한 지각 작용까지 포함하는 양지체용과는 다르다. 정제두는 양지를 도덕적 직관뿐만 아니라 일반적 지각 작용까지 포괄하는 본체로 간주했다는 것이다.

위에서 "마음의 앎은 형기의 작용과 사물의 실체에 달려 있다"는 것에서의 '마음의 앎'은 지각 작용을 의미하고, "사물의 실체와 형기의 기능은 모두 마음의 앎에서 나온다"에서의 '마음의 앎'은 본체로서의 양지를 뜻한다. 즉, 지각은 감각 기관의 감각 작용과 사물의 실체에 의존할 것이지만, 그 같은 사물의 실체와 감각 기능은 모두 마음의 본체적 양지에 근거해 있다는 것이다. 그런데 지각은 본체적 양지의 작용에 다름 아니기 때문에, 그것은 둘로 나눌 수 없는 통일체를 이룬다. 또한 양지 본체가 없다면 사물의 실체적 존재와 그에 대한 감각은 무의미하여 없는 것이나 마찬가지가 된다. "소리·색·냄새·맛은 사물의 현상의 실체이고, 귀·눈·코·입은 형질의 기능인데, 마음의 앎이 아니면 그 실체는 있을 수 없고 그 기능은 있을 수 없다."[72]

만물의 여러 "조건條件·절목節目·형상形象·성정性情의 분수分數와 법도法度"가 일정하게 정해져 있음, 즉 사물의 이치를 지각하고 그것의 옳고 그름과 아름답고 추함을 판단할 수 있는 것은 오로지 본체와 작용이 통일된 마음의 양지에 의해 가능하다는 것이다. 다만, 정제두는 이 같은 주관주의적이고 관념론적인 입장에도 불구하고, 주자학에 비해 외적 사물의 실재성과 감각경험의 필수성을 덜 중시하는 것은 아니다. 정제두는 다음처럼 말한다. "리의 본체는 반드시 사물에 말미암아 있게 되고, 마음의 작용은 반드

---

71 鄭齊斗,『霞谷集』권8,『存言』(上),「耳目口鼻說」(下), 160_245b. "心之知, 在形之用物之體, 物之體形之能, 皆出心之知. 心之知, 理也. 無耳目鼻口形質之用, 無聲色臭味物相之體, 不得以有其知有其理.〈心未有其用, 以耳目鼻口之視聽齅嘗爲用, 未有其體, 以天地萬物之聲色臭味爲體, 則是卽心無知而無理也. 以其耳目口鼻之用而有其知, 以其天地萬物之感而有其理也.〉"

72 鄭齊斗,『霞谷集』권8,『存言』(上),「耳目口鼻說」(下), 160_245b. "聲色臭味, 物相之體也. 耳目鼻口, 形質之能也. 非是心之知, 不能以有其體有其能."

시 사물에 말미암아 일어나니, 소리·형색·냄새·맛의 사물이 없다면 리의 본체는 사라지고 마음의 작용은 없어질 것이다."[73] 외부사물의 실재성과 오감의 감각기관, 그리고 마음의 양지는 지각이 성립되는 3가지 성립요소로서 서로 필수적인 관계로 연관되어 있다. 단, 궁극적으로 "이 마음이 없다면, 또 형기에는 작용이 없고 사물에는 이치가 없을 것"[74]이기 때문에, 정제두의 지각론적 관점은 양지에 근거한 주관주의적 관념론이라 할 수 있다.

정제두가 도덕형이상학에 치우치지 않고 지각론적 관점을 수용하여 양지의 함의를 확장시킨 것은 이후의 학문적 전개에서도 드러난다. 주지하듯이, 정제두는 강화도 시기61~88세에 상당한 분량의 경전 주석서와 자연학적 저작들을 남기고 있다.[75] 이 점은 그가 형이상학적 양지 개념을 철학적 기초로 삼으면서도 경전주석학이나 자연학, 그리고 윤리학 등 여러 분과학문에도 관심을 갖는 지각론적 관점과 성향을 지녔음을 방증한다. 아래에서는 그의 독창적인 지각론적 관점이 반영된 도덕철학의 대체적 윤곽과 성격을 살펴볼 것이다.

3) 양지와 지각의 윤리학

정제두의 도덕철학은 근본적으로 양지에 근거하지만, 지각론의 관점을

---

73 鄭齊斗, 『霞谷集』 권8, 『存言』(上), 「耳目口鼻說」(下), 160_245b. "理之體, 必因物而有, 心之用, 必因物而起, 無聲色臭味之物則理之體泯而心之用廢."

74 鄭齊斗, 『霞谷集』 권8, 『存言』(上), 「耳目口鼻說」(下), 160_245c. "無是心則又形無用而物無理矣."

75 정제두의 자연학에 관한 연구는 최재목, 「하곡 정제두의 자연학에 대한 예비적 고찰」, 『양명학』(6호), 2001을 참조할 것. 또한 최재목은 정제두의 양명학이 갖는 사상적 의미에 대해 강화학파의 창시, 양지체용론과 더불어 자연학의 개척을 들고 있다.(「동아시아에서 하곡 정제두의 양명학이 갖는 의미」, 6쪽)

부분적으로 수용함에 따라 인심도심의 용어도 변형시켜서 도입하고 있다. 양명학에 있어 도덕의 기준이 되는 것은 마음의 본체인 양지에 의거한 것이냐 그렇지 않느냐에 달려 있다 하겠는데, 근본적으로 양지의 발현은 내적 도덕이성과 양심에 의거하는 마음이라는 점에서 공리적인 결과보다는 선한 동기를 중시하는 주희의 의무론적 윤리학과 본질적으로 다르지 않다. 문제는 주희의 윤리학에 있어서는 지각의 내용에 따라 도덕이성의 명령은 도심으로, 육체적 형기의 감각은 인심으로 구분되고, 양자의 갈등 상황에서 인심이 항상 도심의 명령을 받도록 '정일'과 '성의'의 수양 공부를 해야 한다는 것을 핵심으로 한다. 반면, 양명학은 이에 대해 '치양지'를 내세우면서 인심도심론의 틀을 비판한다.

그러나 정제두는 주희의 지각론과 왕수인의 양지 형이상학을 종합하는 경향을 나타내므로, 그의 윤리학에 있어서도 그러한 종합의 특징이 나타난다고 할 수 있다. 즉, 정제두의 윤리학은 양지의 발현과 실천에 궁극적으로 의존하는 특징을 띠면서도, 인심도심의 대립 구조를 대체로 승인하는 성격을 나타낸다는 것이다. 이때 문제가 되는 것은 지각을 양지 본체의 발현으로 규정하기 때문에, 도심과 인심이라는 서로 다른 지각 내용을 설명하기 어려워진다는 점이다. 이에 대해 정제두는 원론적으로 마음의 지각은 모두 양지로서 본심의 발현이기 때문에 인심과 도심으로 대립시켜 설명할 수 없지만, 육체적 형기에 의한 이기적인 '인욕'을 지칭하기 위해 '인심'이라는 용어를 사용할 수밖에 없다고 말한다. 즉, 인심을 단순한 중성적인 감각지각의 내용이 아니라, 악한 인욕을 가리키는 용어로서 제한하되 도심과 대립시키는 설명 방식을 취했던 것이다.

형기와 성리의 구별을 이름 붙일 수 있는 것은 그 항목에 다만 '지志'라고 하고 '기氣'라고 하면 옳지만, 인심과 도심이라고 말할 수 없으니, 이는 상대 시켜서 두 마음으로 여기는 것이기 때문이다. 어째서이냐 하면, 형기가 욕欲 으로 변하지 않았으면 곧 하나의 리일 뿐이어서, '인욕'이라고 할 수 없고, 또 심지의 주재도 아니니 아울러 그것을 마음이라고 부를 수도 없다. 그러므로 다만 그것을 기라고 말할 수 있을 뿐이다. (…중략…) 만약에 그 뜻을 잃고 변 하여서 인욕이 되었으면, 이는 인심이라고 말할 수 있는 것이니, 이른바 인심 이라는 것은 대개 이 때문이지, 그것이 모두 형기에 속했으니 그 삿되고 바른 것을 논하지 않고 모두 인심이라고 이를 수 있는 것이 아니다. 그러므로 『서 경』「우서虞書」의 '인심'의 명칭은 그것이 형기이기 때문에 인심이라고 여길 수는 없다는 것을 알 수 있다.[76]

　　정제두는 형기와 성리의 구별을 전제로 하되, 그것을 맹자적인 관점에 따라 '지심지'와 '기형기'로 지칭하면 되지 인심과 도심이라고 말해서는 안 된다고 본다. 이것은 마음을 두 개로 분열시키는 것이 되기 때문이다. 형 기의 감각내용이 사욕으로 변하지 않았을 때는 여전히 성리와 양지로서 의 본심의 작용에 속하기 때문에 '인욕'이라고 칭할 수 없다. 또한 마음의 의지가 주재하는 것도 아니기 때문에 '심'이라 칭할 수도 없다. 따라서 이 러한 감각지각의 상태는 그냥 '기'라고 하면 된다는 것이다. 그런데 감각

76　鄭齊斗, 『霞谷集』 권8, 『存言』(上), 160_237a. "形氣與性理之別, 可以名之者, 其目只可曰 志也氣也是已, 不可曰人心道心, 是相對爲兩心者也. 何者, 形氣之未變於欲也, 卽一理而已, 不可謂之人欲, 又非心志之主也, 不可並謂之心, 故只可謂之氣, (…중략…) 若其志之有失而 變而爲人欲則是可謂之人心, 所謂人心者, 蓋以此耳, 不是以其凡爲形氣之屬, 則不論其邪正 而悉可謂之人心也. 故虞書人心之名, 其以形氣, 不可以爲人心者可知."

지각이 이기적인 인욕으로 변했을 때는 '인심'으로 지칭할 수밖에 없다고 한다. 왜냐하면, 『서경』「대우모」에서 인심을 말한 맥락은 도심과 대립되는 의미로서 인욕을 뜻하기 때문이다. 즉, 인심을 도심과 대비되는 '인욕'으로서 해석하고 있는 것이다. 요컨대 정제두는 도심은 양지가 발현하고 심지가 주재하는 천리의 내용이지만, 도심과 상대되는 인심은 형기에 근원하되 인욕의 상태로 변한 것으로서 간주한다. 이는 인심과 도심을 천리와 인욕의 대립적 틀과 동일시하되, 양자를 지각 내용으로서 구분했던 주희의 설명 방식과는 거리를 두는 것이다. 다음의 인용문에서도 정제두는 천리와 인욕의 대립틀로써 인심과 도심 개념을 사용하고 있다.

대체로 각기 그 중重한 것에 대하여 말한다면 칠정은 인심이요 사단은 도심인 것이며, 형기는 인심이요 도의는 도심인 것이며, 운용은 인심이요 주재는 도심인 것이다. 나누어서 자세하게 말한다면, 칠정과 형기는 진실로 인심이라고 할 수 있는 것인데 형기와 칠정이 발한 것이 자연히 도道에서 나온 것도 있으니, 형기와 칠정은 이미 오로지 인심이라고만 가리킬 수는 없는 것이다. 사단과 예의는 진실로 도심이라고 할 수 있는데, 예의와 사단 가운데에도 또한 인심에 섞인 것이 있으니 예의와 사단에는 또한 오로지 인심이 없다고 할 수 없는 것이다. 운용運用과 주재도 역시 이와 같아서, 정미롭게 살피고 세밀하게 구하면 그렇지 않은 것이 없다. 그러므로 옛날에 인심과 도심을 논한 설들이 비록 많으나, 핵심 요점은 마땅히 그 천리와 인위人僞=인욕를 말하는 것이 올바르다고 여겨야 한다.[77]

---

77 鄭齊斗, 『霞谷集』 권8, 『存言』(上), 160_243a-b. "繫各就其重者言之, 七情人心也, 四端道心也, 形氣人心也, 道義道心也, 運用人心也, 主宰道心也. 分而細言, 則七情也形氣也, 固可

위에서 정제두가 말하고 있는 것은, 사단과 칠정을 각각 도심과 인심으로 크게 구분할 수는 있지만, 세분해서 보면 사단과 칠정 각각에도 도심과 인심이 뒤섞여 있을 수 있다는 것이다. 지금까지 인심도심을 관련시켜서 논한 설들은 많지만 그 구분은 분명하지 않기 때문에, 차라리 천리와 인욕으로써 말하는 것이 좋다는 것이다. 도심과 인심은 각각 천리와 인욕인위의 발현을 뜻하되, 사단칠정을 비롯한 모든 심적 주재와 활동, 육체적 운동운용에 섞여 있을 수 있다는 것이다. 따라서 정제두는 인심과 도심 개념의 사용을 승인하면서도, 근본적으로 천리(양지)와 인욕의 대립구도로써 설명하는 것을 선호했던 것이다.

정제두의 윤리학이 지니는 또 다른 특징 하나는, 양지 형이상학에 의거하되 예의 절목에 대한 궁리적 학습을 일정정도 긍정한다는 점이다. 정제두에 의하면, 인간의 마음과 본성은 하나이며, 그것은 도덕의 근원으로서 양지에 다름 아니다.[78] 양지는 또한 생기生氣이면서도 생리生理이며, 인간만이 가진 영체靈體이자 명덕明德이고,[79] 인·의·예·지신의 오상五常이며, 지선한 실체이다. 인간의 도덕과 윤리는 바로 이러한 지선한 양지에 근거해 있다. 인간은 누구나 어떤 사태에 직면하여 자신이 마땅히 따라야 할 도덕

以謂人心, 而形氣七情之發, 自有出於道者, 則形氣七情, 已不可以專指爲人心也, 四端也禮義也, 固可以爲道心, 而禮義四端之中, 亦有雜乎人心者, 則禮義四端, 又不可謂之專無人心, 運用主宰亦如此, 精以察之, 密而求之, 無所不然. 是以昔之論人心道心者, 其說雖多, 大要當以其言天理人僞者爲正."

[78] 鄭齊斗, 『霞谷集』 권9, 『存言』(中), 160_249b-c. "심은 리요 성 역시 리이니, 심과 성을 두 가지로 나눌 수 없다. (…중략…) 성이란 심의 본체요 (도덕이다) 심이란 성의 주재이니 (신명이다) 모두 리일 뿐이다(心理也, 性亦理也, 不可以心性歧貳矣. (…중략…) 性者心之本體, (道德) 心者性之主宰, (神明) 皆理耳)."

[79] 鄭齊斗, 『霞谷集』 권1, 「答閔彦暉書」4, 160_028a. "如草木禽獸亦有生氣充滿, 非無生生之惻隱, 非生生底道理, 無其靈體也, 無其明德也."

준칙을 양지에 의해 즉각적으로 자각할 수 있다. 따라서 양명학에서는 원론적으로 외적인 규범인 예로써 인간의 행위를 통제할 필요가 없다. 누구나 자율적으로 양지에 의해 도덕적 행위를 할 수 있다고 보기 때문이다. 정제두는 '사물四勿, 네 가지 하지 말아야 할 것'[80]과 '극기복례克己復禮, 자기 사욕을 이겨서 예를 회복함'를 해석하면서 다음처럼 말한다.

> 예와 예가 아닌 것은 이 마음에 달린 것이지, 이목구비와 사지에 있지 않다. 그 의義와 의가 아닌 것은 이 마음에 달린 것이지, 사물에 있는 것은 아니다. 이른바 '예를 회복한다'는 것은 보고 듣고 말하고 행동하는 차원에서 이 마음의 예를 회복한다는 것이며, '사물'과 '극기'란 예가 아닌 마음에서 보고 듣고 말하고 행동하는 것을 이겨내는 것이지, 그 예의 규칙을 가지고 보고 듣고 말하고 행동함을 규제하는 것이 아니다.[81]

위에 따르면, 인간은 양지라는 도덕본체에 따라 도덕적으로 행위할 수 있기 때문에, 외적인 규칙이나 규범으로써 인간의 행위를 타율적으로 통제할 필요가 없다는 것이다. 도덕적 앎과 실천은 내적인 양지를 자각하고 이를 실현하려는 치양지 공부에 의존해 있다. 이 점에서 정제두는 왕수인의 도덕철학적 기본 입장을 따르고 있는 것이다. 정제두는 자연법칙적 소이연의 이치와 도덕적 소당연지칙을 전략적으로 대조시키면서 다음처럼 말한다. "임금의 어짊과 부모의 자애로움은 소당연지칙이요 마음이 당연히 그

80　『論語集註』,「顏淵」, 1장.
81　鄭齊斗,『霞谷集』권8,「學辯」, 160_226b. "其禮與非禮, 在於此心, 非在於耳目口四肢也. 其義與非義, 在於此心, 非在於事物也. 所謂復禮者, 所以於視聽言動之上, 復此心之禮, 而四勿克己者, 視聽言動於非禮之心而克之, 非以其禮之則在於視聽言動而制之也."

러해야 하는 이치이니, 이는 천지만물이 일체인 것이고 의리를 태어나면서 아는 것이다. 하늘이 높고 땅이 두터운 것은 소이연의 이치요 사물이 당연히 그러해야 하는 이치이니, 이는 지식과 기능 기예에서 나오는 것이다."[82] 여기서 비록 자연법칙은 지각에 의해 습득되고, 도덕법칙은 양지에 의해 선천적으로 인식되는 것으로서 구분되지만, 양자 공히 양지 본체에 근거해서 '마땅히 그러해야 하는 이치'로서 구성된다. "그 리의 소이연과 소당연이 되는 것은 또한 차이가 없다. 그러나 '즉물궁리'의 설은 그 소이연과 소당연의 이치를 각각 사물에 있다고 여긴다. 이것은 본령이 없는 것이다. 양지의 학에서는 그 소이연과 소당연의 이치는 사물이 각각 가진 것이되 근원은 모두 마음에서 나온 것이라 여긴다. 즉, 마음에 말미암아 근본이 되니, 이는 도리어 통괄하는 본령이 있는 것이고 본원이 있는 것이다."[83]

그런데 문제는 양지에 의해 선천적으로 알 수 있는 도덕준칙이나 법칙으로서 소당연지칙과는 별도로, 사회에는 사람들을 통제하고 질서를 유지하기 위한 예법이나 제도가 존재한다는 점이다. 정제두 역시 현존하는 조선의 예치체계를 무시할 수 없었기 때문에 예법에 대한 학습과 탐구의 필요성을 긍정하지 않을 수 없었던 것이다. 예를 들어, 계성사啓聖祠, 당시 성균관에만 있던 사당과 그 제사에서의 예법 문제에 대해 임금에게 올린 글은 현실적 예법에 대한 정제두의 인식을 말해준다.

---

82 鄭齊斗, 『霞谷集』 권9, 『存言』(中), 160_256c-d. "君之仁父之慈, 所當然之則, 心所以當然之理, 是天地萬物一體者, 義理生而知之者. 天之高地之厚, 所以然之理, 物所以當然之理, 是知識技能藝之出者." 소이연을 자연법칙으로, 소당연을 도덕법칙으로 구분하되, 양자를 모두 심과 물의 '所以當然之理'로 설명하는 점이 독특하다.
83 鄭齊斗, 『霞谷集』 권9, 『存言』(中), 160_257b. "其理之爲所以然所當然者, 亦無異者. 然卽物之說, 以其所以然所當然之理, 爲各在於物, 是則無本領也. 良知之學, 以其所以然所當然之理, 物所各有者, 以其源皆出於心也. 卽由心而爲本, 是却有統領却有本源."

지금 계성사 예절의 일은 다시 아랫사람들에게 물으시는데, 신이 이런 방례邦禮에 대해 어찌 감히 함께 논하겠습니까? 그러나 엎드려 생각건대, 계성사가 세워진 것은 중조中朝에서 시작된 것인데, 당초 그 예는 또한 모르겠으나 『문헌비고』 등의 책에 중조의 옛 일이 있어서 그러한 것입니까? 신은 엎드려 국가의 예에서 일반적으로 사전祀典을 수록한 것을 살펴보니, 비록 여러 작은 제사 따위에 있어서도 모두 사배四拜를 사용하지 원래 재배再拜의 예란 없습니다. 생각건대 신도神道로써 예를 높임은 그 의절儀節이 하나같이 모두 이와 같습니다. 『오례의』 「길례」가 참고할 만합니다. 지금 이 계성사는 이미 국가의 사전이 되어 향원 향사의 사사로운 제사 따위와 같지 않으니, 마땅히 방례로써 행해야 할 것입니다.[84]

위의 인용문에 의하면, 정제두는 계성사의 제례가 방례에 속하는 국가적 행사라는 점을 중시하고 있고, 그러한 특수한 예법을 여러 문헌들의 고증과 궁리를 통해 입증하고자 하는 태도를 내보이고 있다. 말하자면, 정제두는 구체적 예법을 궁리하고 연구해야 할 필요성을 인정하고 있다. 만약 객관적인 예법을 무시한다면, 이는 오히려 그가 양명학의 약점으로 여겼던 '임정종욕任情縱欲, 감정에 맡기고 욕구를 따르다'의 폐단[85]에 빠질 우려가 있게 될

---

84 鄭齊斗, 『霞谷集』 권5, 「啓聖祠拜禮議對(甲辰十月禮官鄭再春)」, 160_167d. "今以啓聖祠禮節事, 復有下詢, 臣於此等邦禮, 何敢與議? 然伏念啓聖祠之立, 肇於中朝, 當初其禮, 抑未知『文獻續考』等書, 有中朝故事而然耶? 臣伏見國家之禮凡載祀典者, 雖在諸小祀之類, 皆用四拜, 元無再拜禮. 蓋以神道尊禮, 其儀節一皆如是也. 『五禮儀』 「吉禮」 可考. 今此啓聖祠旣爲邦家祀典, 非如鄕院鄕社私祀之類, 則所當以邦禮行之也."

85 鄭齊斗, 『霞谷集』 권9, 『存言』 (下), 160_264b-c. "내가 『양명집』을 보건대, 그 도에는 간요하면서도 몹시 정미로운 것이 있으므로 마음속 깊이 기뻐하여 이를 좋아했던 것인데, 신해(辛亥)년 6월에 마침 동호(東湖)에 가서 하룻밤을 유숙하다가 꿈속에서 갑자기 왕씨(王氏)의 치양지의 학이 몹시 정밀하지만 대체로 그 폐단은 혹 임정종욕의 병폐가 있을

것이다. 즉, 주관주의와 감성주의의 폐단을 방지하기 위해 예와 같은 객관적 통제 장치의 필요성을 승인한 것이다. 정제두는 "일반적으로 예제禮制는 반드시 등급과 위엄에 차별이 있으니 그 제도는 같지 않다"[86]고 보기 때문에, 많은 차별적 조목들과 규정들이 있음을 인정한다. 이런 예의 절목들이나 법과 제도 같은 것들은 태어나면서 아는 것이 아니기 때문에, 자연학적 소이연의 이치와 마찬가지로 반드시 격물궁리를 통해 지각해야 하는 것들이다. 정제두는 다음처럼 말한다.

> 명물名物 · 도수度數 · 율력律曆 · 상수象數는 반드시 배운 뒤라야 아는 것이니 성인도 반드시 능한 것은 아니다. 예악禮樂 · 형정刑政도 반드시 배운 뒤라야 아는 것이지만, 그 근본은 중화中和의 덕과 인의仁義의 마음이다. 실제로 예악이 되는 것은 절목節目이 수시로 변하는데, 마음은 절목이 수시로 변하는 것에 대해 마치 자나 컴퍼스의 척도와 같다. 오로지 이 절목만을 학으로 여겨서는 안 된다.[87]

예악형정은 자연적인 질서나 법칙과 달리 역사적 환경과 조건이 변천함에 따라 구체적 절목들이 변하게 마련이다. 정제두는 예악형정의 시대에

것을 생각하게 되었다. 〈이 네 글자는 참으로 왕학의 병폐를 지적한 것이다〉(余觀陽明集, 其道有簡要而甚精者, 心深欣會而好之. 辛亥六月, 適往東湖宿焉, 夢中忽思得王氏致良知之學甚精, 抑其弊或有任情縱欲之患. 〈此四字眞得王學之病〉.)" 이에 관해서는 최재목, 「霞谷鄭齊斗의 '致良知說의 弊'에 대한 재검토」(『양명학』(15호), 2005) 참조.

86 鄭齊斗, 『霞谷集』 권5, 「卒哭前後服色議對(十二月)」, 160_169a. "凡禮制必有等威差別, 而其制不同."

87 鄭齊斗, 『霞谷集』 권9, 「存言」(中), 160_256d. "名物度數, 律曆象數, 必學而后知, 聖人亦未必能之. 禮樂刑政, 必學而后知, 其本則中和之德仁義之心. 實爲禮樂也, 節目時變, 心之於節目時變, 如規矩尺度也. 未嘗專以此爲學."

따른 구체적 절목들의 변화가 마음과 덕양지에 근거해 있다고 보며, 이것을 사물을 측량하는 척도에 비유한다. 절목의 변화를 마음의 척도로 헤아려서 그 옳고 그름, 알맞음과 부적합함을 판단할 수 있다는 것이다. 절목만을 학문으로 여겨서는 안된다는 말은, 학의 근본이 양지의 자각과 도덕적 수양에 있음을 강조한 것이다. 그러나 예악형정의 세부적 절목들은 자연학적 명물·도수·율력·상수처럼 "배우고 학습해야 알 수 있다"고 한다. 그는 자연학처럼 예악형정의 절목에 대한 인문·사회과학적 격물궁리를 긍정하고 있는 것이다. 『하곡집』에 수록된 상소문과 조정으로부터의 예에 관한 질의에 대한 정제두의 답변서, 그리고 일부 경전에 대한 주석들[88]은 그가 스스로 예의 절목들에 대해 독서하고 격물궁리했음을 보여준다.

정제두의 예악형정에 대한 견해는, 도덕적 근거를 양지에 두는 점만 제외하면, 사실상 주리파나 주기파를 구분할 필요 없이 당시 주자학자들과 많은 공통분모를 지닌 것으로 보인다. 양지가 도덕적 당위준칙을 발출함으로써 자율적인 도덕적 행위가 가능하다 하더라도, 사회에서의 현실적 행위들은 객관적 예의 절목들에 의해 통제될 필요가 있다고 보기 때문이다. 이같은 예의 절목에 대한 규칙화와 형식화 과정에는 천지만물에 대한

---

88 정제두는 "예악이란 것은 도의 실제적 일이요, 성의 도는 이 예악일 뿐이다(禮樂者, 道之實事也, 誠之道, 卽此禮樂而已. 鄭齊斗, 『霞谷集』 권12, 中庸[二], 160_317b)"라고 하여 구체적인 예악과 제도를 중시하는 태도를 보인다. 또 '극기복례'에 관련하여 다음처럼 말한다. "생각건대 인은 천리의 전체요, 예는 전체 가운데 절문이니 모든 일의 당연한 것이 이것이다. 두 가지는 실제로 하나의 이치이지만, 전체는 넓고 넓어 어디서 착수하겠는가? 그 착수할 곳은 오직 일삼아 행하는 사이에 있다. 그러므로 인을 행하는 공부는 반드시 자기를 이겨서 예를 회복한 후에 인이 된다. 그러므로 자기를 이기면 이에 예를 회복하고, 예를 회복하면 이에 인이 된다(蓋仁是天理之全體, 禮則全體中節文也, 凡事當然者是也. 二者實一理, 而全體浩浩, 何可下手? 其可下手處惟在於事爲之間, 故爲仁之功, 必克己以復於禮而後爲仁也. 故克己斯復禮, 復禮斯爲仁矣)."(鄭齊斗, 『霞谷集』 권14, 160_383d)

자연학적 탐구와 마찬가지로 독서와 격물궁리 등의 탐구가 필요하다. 따라서 정제두의 윤리학은 양지에 근거한 것이면서도 형식화된 예절 조목의 필요성을 인정하는 형식적 규범 윤리학의 성격을 내포한다고 할 수 있다. 다만, 정제두 윤리학의 이러한 성격은 이론적 측면은 강화시킨 반면, 양명학의 특징이라 할 실천적 측면은 상대적으로 감퇴시키는 결과를 낳는다고 생각된다.

결론적으로, 청년기34세경부터 양명학을 표방하기 시작한 정제두는 친구인 민이승과의 논쟁을 통하여 주자학의 지각론적 관점을 일정 부분 수용하게 되었고, 박세채의 전면적인 비판을 받고 난 후에는 『존언』과 『학변』이라는 저서를 통하여 자신의 독자적인 체계를 구성하게 된다. 그의 철학적 체계는 주자학의 지각론과 양명학의 양지 형이상학을 절묘하게 결합한 형태를 띤다. 양지는 도덕적 시비선악의 직관뿐만 아니라 일반적 지각 작용을 일으키는 형이상학적 본체이다. 즉, 본체로서의 양지는 외물의 이치에 대한 지각과 내적인 도덕직관을 발생시킨다. 정제두는 외부 사물의 실재성과 감각경험을 인정하지만, 외물의 자연법칙도 도덕법칙처럼 양지에 의해 구성된다는 주관주의적 관념론의 성향을 띤다.

주자학과 양명학의 결합적 특성은 도덕철학에도 나타난다. 인심과 도심의 사용을 수용하되 인심은 인욕의 의미로 제한된다. 즉, 도심과 인심은 그 의미가 정확하지 않기 때문에, 그 대신 천리와 인욕으로 대체하는 것이 좋다는 것이다. 정제두는 기본적으로 천리 본체인 양지의 발용이냐 아니면 육체적 형기에 근거한 인욕의 발용이냐에 의해 도심과 인심을 구분한다. 그러나 정제두는 사회규제적인 예를 무시하지 않으며, 오히려 예의 절목에 대한 격물궁리를 통해 형식과 규범화 과정을 긍정한다. 도덕적 당위준칙은 양지로부터 발현하고 자각되는 것이지만, 현실적인 사회적 행동은 예악형정의 규범이나 법조목에 의해 통제될 필요가 있으며, 자연법칙처럼 경험적으로 격물궁리하고 학습해야 한다. 이러한 면모들은 주자학의 예 중시적 관점과 양명학의 덕 중심의 관점을 결합하여 지각과 양지를 두 축으로 하는 윤리학 체계를 수립했음을 의미한다. 요컨대, 정제두는 조선의 성리학으로부터의 비판에 대한 대응을 통해 자신의 독특한 지각론과 도덕철학을 수립함으로써 주자학과 양명학을 독창적으로 결합시켰다고 할 수 있다.

제6장
정약용의 성리학 비판과
탈지각론적 윤리학

제6장에서는 조선 후기 가장 중요한 철학자 가운데 한 사람으로 평가되는 정약용에 대해 살펴본다. 이를 위해 먼저 그의 귀신鬼神에 대한 견해로부터 시작해서 본체론적인 마음 이론, 그리고 덕 중심의 윤리학 체계를 차례대로 살펴봄으로써 그의 철학적 문제의식과 사유의 특성을 조명해 볼 것이다. 먼저 귀신론에서 논의를 시작하는 이유는, 귀신에 관한 정약용의 견해가 성리학의 핵심인 지각론에 대한 그의 비판의식을 살펴보는 데 유익하기 때문이다.

1. 정약용의 귀신론과 탈지각론적 마음 이론

일반적으로 '귀신'이란 인간 사후에도 존재한다고 여겨지는 초월적이고도 신비한 실체를 의미한다. 그런데 이처럼 초월적이고도 신비한 영적 실체로서의 귀신 관념은, 중국 송대의 신유학에 이르면 신비한 실체가 아니라 단지 천지자연의 자연스런 작용이나 현상일 뿐이라고 설명됨으로써 자연화되기 시작한다. 조선시대에 이르면 논의에 약간의 변화가 있긴 하지만, 대체로 자연주의적 귀신론의 골격은 그대로 유지된다. 이러한 자연주의적인 성리학적 귀신론에 정면으로 맞서서 그것을 해체하고 재구성했던 인물이 바로 정약용이다. 따라서 정약용이 주자학의 귀신론을 어떻게 비판하고 재해석했는지 살펴보는 것은, 그의 철학적 관점과 그 특징을 이해하는 데 많은 도움을 줄 수 있다.

정약용의 귀신론에 관련해서는, 조선시대 성리학에서의 귀신 관념과 대조시켜서 그의 새로운 견해를 해명한 연구들이 있다.[1] 그 요지를 간단히 소개하면, 성리학에서의 귀신론은 본체론과 인성론의 가교 역할을 하는 이론이라 할 수 있는데, 성리학에서 귀신은 하나의 실체로서 간주되지 않았던 반면 정약용은 그것을 리나 기로써 설명할 수 없는 하나의 독립적인 초월적 실체로서 상정하였는데, 그것은 다름 아닌 상제上帝와 같은 부류라는 것이다. 정약용이 초월적 존재로서의 귀신상제을 상정한 이유는, 성리학의 두 주류가 되는 도덕론이 당시 제대로 기능을 발휘하지 못했기 때문에 도덕성의 제고를 위하여 개인을 감시하는 초월적 존재가 필요하다고 생각했기 때문이다.[2] 기존 연구들은 조선시대 귀신론의 맥락과 흐름을 이

---

1 김현, 「조선 유학에서의 귀신 개념」(『조선 유학의 자연철학』, 한국사상사연구회 편, 서울 : 예문서원, 1998). 이 논문에서는 조선시대 남효온(南孝溫, 1454~1492)부터 시작해서 서경덕, 이황, 이이, 김원행, 임성주 등의 귀신에 대한 견해를 차례로 소개하고, 마지막으로 성리학적 귀신론과는 전혀 다른 양상을 보이는 정약용의 귀신론을 소개하고 있다. 또한 송대 성리학과 조선 성리학의 귀신 관념을 대략으로 정리하고 이와 대조되는 정약용의 귀신론이 지니는 의의를 다룬 글로는 다음이 있다. 김현, 「귀신-자연철학에서 추구한 종교성」, 한국사상사연구회 편, 『조선 유학의 개념들』, 서울 : 예문서원, 2002; 이민희, 「유학자들은 왜 '귀신'을 연구했나-성리학의 귀신 논의를 해체시킨 정약용의 『중용강의』」, 『조선을 훔친 위험한 책들』, 서울 : 글항아리, 2008.

해하고, 그 속에서 정약용의 귀신론이 지니는 참신성과 혁신성을 파악하는 데 유익하다.

다만, 기존 연구들은 정약용의 귀신론이 지니는 철학적 맥락과 연관성을 이해하는 데 일정한 한계가 있다는 생각이다. 정약용의 귀신론은 철학적 측면에서 좀 더 강조될 필요가 있다. 왜냐하면 귀신론은 정주성리학에 있어 철학적 자연주의와 합리주의적 성격을 단적으로 나타내므로, 성리학적 귀신론에 대한 정약용의 비판에도 그의 철학적 관점과 성격, 지향점이 농축되어 있다고 보는 것이 자연스럽기 때문이다. 이것은 반대로 정약용의 귀신론을 해명함으로써 성리학의 근본 성격이 어디에 있는지 가늠해 볼 수 있음을 함축한다. 아래에서는 먼저 송대 성리학과 조선 성리학에서의 귀신론에 대해 개괄적으로 살펴본 후, 이에 대한 정약용의 비판과 재해석을『중용강의보中庸講義補』를 중심으로 분석한 뒤, 그것이 지니는 철학적 함의를 탐색해볼 것이다.

1) 성리학에 있어 귀신론의 맥락

동아시아에 있어 '귀신'이란 일반적으로 제사의 대상이 되는 것으로서, 인간의 사후에도 존재하는 영혼이나 자연계의 자연신 같은 신비한 영적 존재를 의미하는데, '혼백魂魄'은 그 중에서도 특히 인간의 귀신이나 혼령을 가리킨다고 할 수 있다. 귀신론은 이 같은 자연과 인간의 귀신에 관한 철학적 논의를 뜻하는 것으로서, 서양철학 전통에서의 영혼론the theory of soul에 대체로 해당한다고 하겠다. 그런데 11세기 송대 신유학에 이르러

---

2   김현, 「조선 유학에서의 귀신 개념」, 417쪽 참조.

이러한 귀신 개념은 신비한 대상 혹은 피안의 세계에 존재하는 '어떤 것'이 아니라, 단지 천지자연의 조화작용 혹은 천지만물을 이루는 기氣의 특정한 작용이나 속성을 뜻하는 것으로서 합리화 자연화되기 시작한다.[3]

북송의 대표적 신유학자 가운데 한 사람인 장재는 "귀신은 [음양] 두 기의 양능이다"[4]라고 말했는데, 이는 귀신이 실체적 존재가 아니라 단지 음기陰氣의 굽혀지고[屈] 양기陽氣의 펼쳐지는[伸] 두 속성에 불과하다는 것을 의미한다. 이 두 속성에 따라 상호 감응이 이루어져서 천지만물과 인간이 형성된다. 이렇게 형성된 인간의 기질이 곧 혼백인데, 혼은 가볍고 상승하는 경향이 있는 기운이고 백은 무겁고 하강하는 경향의 기운이다. 한편 정이도 "귀신은 천지의 공용功用이자 조화의 자취이다"[5]라고 하여 귀신을 합리화 자연화시킨다. 귀신은 신비한 실체가 아니라 천지만물의 자연스런 작용이자 자연조화의 드러난 현상일 뿐이라는 것이다. 단, 정이는 장재와 달리 주관적 의식의 감통感通에 의해 귀신 현상을 설명하게 된다. 귀신은 실재하는 실체가 아니라 자연현상일 뿐이지만, 속세에서 말하는 귀신을 포함하여 모든 자연 현상은 궁극적으로 마음에 의해 인식될 때 비로소 의미가 있게 된다.[6] 정이에 의해 귀신은 존재론적 접근으로부터 의식 의존적 접근으로써 파악해야 될 대상으로 전환되기 시작한다.

주희는 장재와 정이의 합리적이고 자연주의적인 귀신관을 계승하되, 특

3 전통적 귀신 관념과 송대 귀신론에 대해서는 다음을 참조. 三浦國雄, 이승연 역, 『주자와 기, 그리고 몸』, 서울 : 예문서원, 2003, 65~131쪽; 김우형, 「공자와 주자, 그리고 귀신」, 『우리에게 귀신은 무엇인가?』, 서울 : 모시는 사람들, 93~122쪽.
4 張載, 『正蒙』, 「太和」. "鬼神者, 二氣之良能也."
5 이는 원래 다음 두 언급을 조합한 말이다. 程頤, 『伊川易傳』, 「乾」. "夫天, 專言之則道也, 天且不違是也. 分而言之, 則以形體謂之天, 以主宰謂之宰, 以功用謂之鬼神, 以妙用謂之神, 以性情謂之乾."; 程頤, 『伊川易傳』「乾·文言」. "天地者, 道也, 鬼神者, 造化之迹也."
6 程頤, 『二程遺書』 2상 : 217.

히 정이의 관점을 좀 더 체계적으로 발전시킨다. 『중용』의 일명 '귀신장' 의 한 구절은 다음처럼 말하고 있다. "공자께서 말씀하셨다. '귀신의 덕 됨은 지극하구나!'"[7] 이 구절에 대해 주희는 다음과 같은 주석을 달아서 설명하고 있다.

정자程子는 '귀신은 천지의 공용'이며 '조화의 자취'라고 했고, 장자張子는 '귀신은 두 기의 양능이다'라고 했다. 나는 생각건대, 두 기로써 말하면 귀라 는 것은 음의 신령함이고 신이라는 것은 양의 신령함이다. 하나의 기로써 말 하면 이르러 펴는 것은 신이 되고 반대로 돌아가는 것은 귀가 되니, 사실 하나 의 사물일 뿐이다. '덕 됨'은 성정(본성과 실정)과 공효(효과적인 작용)라고 말하는 것과 같다.[8]

정이와 장재처럼 주희도 귀신을 신비한 실체가 아니라 단지 음양 두 기 의 속성良能이나 천지자연의 현상적 작용功用, 자취라고 해석하고 있다. 즉, 주자학의 귀신론이 지닌 첫 번째 특징은, 귀신을 초자연적인 실체가 아니 라 자연적인 작용이나 현상으로 간주한다는 점이다. 그런데 위에서 주목 할 점이 또 있다. 다시 말해서, 주희는 귀신을 '두 기[二氣]'와 '하나의 기[一氣]'로 나누어 설명하고 있다는 점이다. 두 기로 말하면 "귀는 음의 신령함 이고 신은 양의 신령함"이라고 한 것은, 음기와 양기가 지닌 신비한 작용

---

7 『中庸章句』 16장. "子曰, 鬼神之爲德, 其盛矣乎." 이 구절은 나중에 귀신에 관한 논의에서 자주 거론된다.
8 『中庸章句』 16장, 주자주. "程子曰, 鬼神天地之功用, 而造化之迹也. 張子曰, 鬼神者, 二氣 之良能也. 愚謂以二氣言, 則鬼者陰之靈也, 神者陽之靈也. 以一氣言, 則至而伸者爲神, 反而 歸者爲鬼, 其實一物而已. 爲德猶言性情功效."

을 각각 귀와 신으로 말한 것이다. 그런데 실제로 음양의 두 기가 있는 것은 아니고, 하나의 기가 이르러 펼쳐질 때는 '신'이라 하고 반대로 굽혀서 돌아갈 때는 '귀'라고 지칭할 뿐이다. 즉, 실재하는 세계는 하나의 기가 두루 흘러 운행하는 것일 뿐이며, 그것을 인식 차원에서 우리가 음과 양의 두 범주로 구분하게 된 것이다. 다만, 이 두 인식의 범주음과양는 또한 실재하는 기에 내재한 속성이나 원리를 의미한다. 이 속성과 원리에 의해 자연만물의 현상적 변화가 가능해 진다. 주희는 정이의 의식 의존적 관점을 계승하여 귀신을 '굴신屈伸' 개념과 같은 인지 활동에 필요한 두 범주 혹은 원리[理]로 전환시킨 것이다. 주자학의 귀신론이 지니는 두 번째 특징은, 귀신을 기의 속성이나 인식의 범주로 해석함으로써 마음과 의식에 의존하는 것으로 본다는 것이다.

그런데 귀신 개념과 달리, 혼백은 일정정도 실체성을 가진 것으로서 간주된다. 존재론 혹은 인간학의 영역에서 혼백은 인간을 구성하는 정기精氣 혹은 기질氣質이라는 실체이자 그것이 지니는 작용이다. 정태적이고 수동적인 백정과질은 감각적 변별과 기억 작용을 가지며, 보다 활성적이고 능동적인 혼(기)은 계획하고 사유하는 작용을 지닌다. 혼백은 인간의 감각과 인지 기능에 관련된 실체와 그 작용에 해당하는 것이다. 다만, 주희는 이같은 혼백 개념보다는 마음의 지각 기능을 성과 정의 개념으로써 설명하는 것을 선호한다. 그 이유는 존재론적인 혼백 개념으로 의식의 문제를 설명하기보다는 그 반대의 관점으로 설명하기를 원했기 때문이다. 어떤 것을 안다는 것은, 나의 마음과 의식이 안다는 것을 의미하므로, 여기에 혼백을 개입시킬 필요는 없다. 단적으로 혼백을 대신해서 심성 개념이 중심에 서게 되었다는 것은, 철학적 관심과 무게중심이 존재론에서 인식론으

로 이동하게 됨을 암시한다.[9]

이 같은 귀신론이 실천면에서 부딪친 가장 큰 난관은 고대부터 전승되어 온 제사 문제였다. 만약 세계에 초자연적인 신비한 존재로서 귀신은 실제로 있는 것이 아니라면, 종교적 의례로서 귀신을 대상으로 하는 제사는 무의미한 행사로 전락할 것이기 때문이다. 이에 대해 주희는 귀신이 외부에 실체적 사물로서 존재하지 않더라도, 제사에서 정성[誠]과 공경[敬]을 다하면 제사 주관자의 마음속에서 귀신의 다가옴을 감지할 수 있다고 본다.[10] 이 점에서 귀신은 "진실로 한 사물로서 있다고 말해도 안 되고, 진실로 한 사물로서 있는 것은 아니라고 말해도 옳지 않다".[11] 여기서 성리학

---

9 주희는 마음의 지각 작용이 리와 기의 결합에 의해 형성된다고 설명하는데, 이때의 리와 기는 존재론적인 의미를 지니기보다는 마음 차원의 인식론적 구성 요소를 나타낸다고 보아야 한다.

10 주희의 다음 언급은 귀신의 존재 없이도 제사에서의 감응이 일어날 수 있음을 말해준다. "제사에서의 감격은, 혹 음에서 구하고 혹 양에서 구하여 각기 그 종류에 따르지만, 올 때는 [혼백이] 함께 온다. 그러나 어떤 사물이 허공 속에 쌓여 있다가 자손이 찾는 것을 기다리는 것은 아니다. 다만, 제사를 주관하는 사람이 그[조상]의 한 가지 기를 이어받았다면, 그 정성과 공경을 다하여 감격이 이루어질 때 이 기는 진실로 여기에 깃들 것이다(祭祀之感格, 或求之陰, 或求之陽, 各從其類, 來則俱來. 然非有一物積於空虛之中, 以待子孫之求也. 但主祭祀者旣是他一氣之流傳, 則盡其誠敬, 感格之時, 此氣固寓此也)."(『朱子語類』 3 : 62)

11 朱熹,『朱文公文集』권51,「答董叔重」5(『朱子全書』(22), 2359쪽). 이 말은 문인 동수(董銖)의 질문에 답한 것으로서 그 맥락은 다음과 같다. "질문 :『서경』「반경」은 선왕과 군신의 조상이 마치 저 위에서 진실로 어떤 물건처럼 재앙과 벌을 내리고 그들과 더불어 일상의 사이에서 두루 일삼는 것이 있는 것처럼 말합니다. 저는 생각건대 이것 또한 대체로 리의 소재는 귀신에게 질정해도 의심스러움이 없음을 말한 것일 뿐이라고 봅니다. 은나라 때 속세에서 귀신을 숭상하였으므로 깊이 믿는 자들을 계도하기 위해서이니, 무릇 어찌 진실로 하나의 사물이 있겠습니까? 가르침을 내려 주시기 바랍니다. 대답 : 귀신의 이치는 성인이 대개 말하기 어려워했다. 진실로 한 사물로서 있다고 말해도 안 되고, 진실로 한 사물로서 있는 것은 아니라고 말해도 옳지 않다. 만약 분명히 깨닫지 못하겠으면, 우선 제쳐두는 것이 좋다(「盤庚」言其先王與其群臣之祖父, 若有眞物在其上, 降災降罰, 與之周旋從事於日用之間者. 銖竊謂此亦大槪言理之所在, 質諸鬼神而無疑爾. 而殷俗尙鬼, 故以其深信者導之, 夫豈亦眞有一物耶? 乞賜垂誨. 鬼神之理聖人蓋難言之. 謂眞有一物固不可, 謂非眞有一物亦不可. 若未能曉然見得, 且闕之可也)." 주희의 이 입장은 정호와 정이에서 유

적 귀신론의 세 번째 특징이 드러난다. 즉, 성리학은 귀신의 존재에 대해 유무 중립적인 태도를 견지한다. 이는 귀신에 대해 애매한 태도를 보였다는 것이 아니라, 귀신이 관련된 괴이하고 신비로운 사건은 자연의 기에 의한 특이 현상으로서 설명함과 동시에, 그 초자연적 실체성은 부정하는 입장이라 하겠다. 귀신을 있음과 없음으로 잘라 말할 수 없다는 이정과 주희의 입장은 이후 성리학적 귀신론으로서 정착된다.

조선시대에는 비록 귀신의 유무와 관련하여 한쪽으로 치우친 입장들이 출현하긴 하지만, 대체로 위의 특징들을 갖춘 성리학적 귀신관이 주류 담론의 위치를 점하게 된다.[12] 이황이 서경덕의 기론氣論에 입각한 유귀론有鬼論을 비판하면서 "귀신은 있다 없다로 말할 수 없다"고 주장한 것[13]은 이정형제와 주희를 계승한 것이다. 이이 역시 이황을 따라서 귀신을 유무로 단정하여 말할 수 없다는 입장을 분명히 한다. "일반적으로 천하의 사물들은 있는 것은 있고 없는 것은 없지만, 오직 사람이 죽어서 된 귀신만은 있다고 말할 수 없고 없다고도 말할 수 없습니다."[14]

조선 후기에는 송시열을 중심으로 한 노론이 이러한 성리학적 귀신관을 묵수하지만, 여러 다른 입장으로부터 도전을 받게 된다. 예를 들어, 17세

래된 것이다. 다음을 참조. "귀신의 유무에 대해 물었다. 말하였다. '그대에게 없다고 말할 때는 옛사람이 도리어 무엇 때문에 이렇게 [귀신에 대해] 말했겠는가? 그대에게 있다고 말할 때는 또 도리어 그대는 나에게 물어 찾을 것이다'(問鬼神有無. 日待說與賢道沒時, 古人却因甚此如道? 待說與賢道有時, 又却恐賢問某尋)."(『二程遺書』 3 : 5)

12 김우형, 「조선 후기 귀신론의 양상 — 17·18세기 유귀론과 무귀론의 대립과 균열」, 『양명학』(19), 2007 참조.

13 李滉, 『退溪集』 권14, 「答南時甫」, 029_366a. "程子所謂道有來, 但去尋討者, 其意非謂眞有. 蓋以爲有亦不可, 以爲無亦不可, 當付之有無之間之意耳. 而花潭則以爲眞有. 其物聚則爲人, 物散則在空虛, 迭成迭壞, 而此物終古不滅. 此與一箇大輪迴之說何擇歟."

14 李珥, 『栗谷全書拾遺』 권4, 「死生鬼神策」, 045_542d. "凡天下之物, 有則有, 無則無, 惟人死之鬼, 則不可謂之有, 不可謂之無."

기에는 허목許穆, 1595~1682과 윤휴尹鑴, 1617~1680 등은 육경六經 중심의 고학古學적 유귀론의 입장에서 성리학의 귀신관을 위협했고, 18세기에는 한원진이 기를 중심으로 하는 유귀론을 주장함으로써 성리학적 관점에서 이탈했다. 이러한 분열과 혼란은 외부로부터 서학西學, 천주교의 천주영혼설이 유입되면서 더욱 심화된다. 이익은 초기에 천주교의 천주영혼설을 전통유교의 상제귀신설과 유사한 것으로 보아 긍정하였지만, 말년에 이르러 천주교를 불교와 같은 미신적 종교로 간주하여 비판하는 무귀론無鬼論의 경향을 취하게 된다.[15]

요컨대, 조선시대의 귀신론은 송대 이래 성리학적 귀신론이 주류를 이루되, 귀신을 실체로 간주하는 유귀의 경향과 이와 상반되는 무귀의 경향 등이 점점 난립하게 된다. 다만, 귀신의 실체성 여부와 유무의 문제, 리나 기중 어느 쪽에 중점을 두어 해석할지의 문제 등에 대한 다양한 견해 차이에도 불구하고, 귀신의 문제는 지각이나 인심도심의 문제에 비해 중요한 것으로서 자주 논의되지는 않았다. 즉, 조선시대 성리학자들은 귀신이 실체이든 현상이든, 있는 것이든 없는 것이든, 리이든 기이든, 약간의 편차와 관점 차이를 내보였지만, 이러한 문제들은 심각하게 다루어지지 못했으며, 지각론과 인심도심론에 비해 부수적인 담론을 이루었을 뿐이었다. 이처럼 주류적인 것에서 밀려나 거의 잊힌 주제로 묻혀 있었던 귀신론을 철학적 논의의 중심에 다시 놓게 되는 인물이 바로 정약용이었다. 이제 그가 귀신론의 문제를 어떻게 전면에 부상시켜서 비판하고 재해석하는지 살펴보자.

---

15 이상은 김우형, 「조선 후기 귀신론의 양상」 참조.

2) 귀신의 재해석 - 『중용』「귀신장」을 중심으로

정약용이 쓴 최초의 경전주석서는 1784년 여름 정조正祖가 『중용』에 관해 성균관 유생에게 내린 70여 조의 질문에 그가 답한 글들을 모은 『중용강의中庸講義』이다. 이 책은 1814년경 또 다른 『중용』 주석서인 『중용자잠中庸自箴』을 저술할 때 수정·증보되어 『중용강의보中庸講義補』로 완성되었다.[16] 앞에서도 언급했듯이 『중용』은 주자학의 귀신 논의에 있어 자주 언급되는 문헌 가운데 하나이다. 여기서는 『중용』「귀신장」[17]의 해석을 중심으로 성리학의 귀신론에 대한 정약용의 비판과 해체 작업이 어떻게 이루어지고 있는지를 살펴볼 것이다.

정약용이 23세 때였던 1784년 당시 정약용은 『중용』의 「귀신장」에 관한 자신의 새로운 관점과 해석을 이미 갖고 있었다. 『중용강의』가 『천주실의』를 통해 천주교를 그에게 전파해준 이벽李蘗, 1754~1786과의 토론을 통하여 저술되었다는 점은 그의 귀신관이 천주교의 영향을 일정하게 받았음을 암시한다.[18] 당시 논의의 쟁점 가운데 하나는, 귀신을 리와 기 중 어느 쪽에 비중을 두어 해석해야 할지의 문제였다. 대다수의 성리학적 귀신관을 유지했던 사람들은 리를 중심으로 귀신을 해석했으며, 또한 무귀론의 경향을 띠는 이익도 이러한 입장을 나타냈다.[19] 반면 한원진 등 유귀

---

16 이동환, 「다산 사상에서의 '상제' 도입경로에 대한 서설적 고찰」(박홍식 편저, 『다산 정약용』, 서울: 예문서원, 2005, 355쪽) 참조. 책의 저술 동기와 과정에 대해서는 「中庸講義補序」에 나타나 있다.

17 주희의 『중용장구』 16장에 해당된다.

18 이동환, 「다산 사상에서의 '상제' 도입경로에 대한 서설적 고찰」, 357쪽. 다만, 이동환은 『중용강의』가 천주교의 영향을 어느 정도 받았다는 점은 인정하지만, 근본적으로 정약용의 상제 개념은 유학 전통에서 기원한 것임을 주장하고 있다. 이와 반대로 『천주실의』의 영향이 깊다는 견해로는 송영배, 「다산 철학과 『천주실의』의 철학적 패러다임의 유사성」(『다산 정약용』, 85~134쪽)을 들 수 있다.

19 송시열은 이황과 이이를 계승하여 귀신을 리 중심으로 해석하면서 유무중립적 입장을 표

의 입장을 취했던 사람들은 기로써 해석하였다.[20] 당시 귀신관은 대체로 리와 기 개념에 의존해 있었던 것이다. 이와 달리 정약용은 귀신을 리도 아니고 기도 아닌, 제3의 초자연적이고 초월적인 존재라고 본다. 당시 정조는 "귀신의 덕 됨"이라는 구절에 대해 귀신은 기라는 입장에 견주어 볼 때 맞지 않는다고 다음처럼 질문했다. "귀신의 덕이라 하지 않고 '덕 됨[爲德]'이라 한 것은 무엇 때문인가? 귀신이란 리가 아니라 곧 기의 신령함이다. 그러므로 주자는 성정性情과 공효功效로써 '덕'자를 해석한 것이다. 그런데 만약 글의 흐름을 논한다면, 반드시 '귀신의 덕'이라고 말한 연후에 바야흐로 '귀신의 성정공효'라 말할 수 있으니, 이미 '덕 됨'이라 한다면 또한 마땅히 '귀신의 성정공효가 됨'라고 해석해야 할 것이다. 이는 도대체 무슨 말인가?"[21] 한 마디로 덕을 성정공효로 볼 수 있다면 '덕 됨'을 '성정공효가 됨'으로 해석해야 일관되는데, 주희가 주석에서 그렇게 말하지 않고 그냥 성정공효로써 설명한 이유가 무엇이냐는 질문이다. 이에 대해 정

방하였다. "귀신은 두 기로 말한 것도 있고, 實理로 말한 것도 있으니,『장구』를 보면 알수 있다. 이 장(16장)에서는 그 덕의 지극히 왕성함을 말하여 그 誠의 가릴 수 없음으로 종결지었으니, 理를 주로 삼아 말한 것임을 알 수 있다(鬼神有以二氣言者, 有以實理言者, 觀於『章句』可見矣. 此章言其德之極盛, 而以誠之不可掩結之, 則其主於理而言, 可知矣)." (『宋子大全』권95,「答李同甫」, 111_282a) 이후 다수의 서인 학자들은 이 입장을 따랐다. 한편 이익은 리 중심의 성리학적 귀신관에 기초하여 천주영혼설을 비판함으로써 무귀의 경향을 나타낸다.

20 예를 들어, 한원진은 "귀신은 기이다"는 입장을 취함으로써 귀신을 존재하는 사물처럼 간주하는 有鬼의 입장을 나타냈다. 『중용』 귀신설에 대해, 『장구』에서 인용한 정자설은 귀신의 조잡한 흔적으로써 말한 것이고, 장자설은 귀신의 영묘한 곳으로써 말한 것이다. 그 말한 것은 비록 정밀함과 조잡함의 같지 않음이 있지만, 요컨대 모두 기이며 형이하자이다." (『南塘集』권14,「答沈信夫」(辛亥正月), 201_333d)

21 丁若鏞,『中庸講義補』(『與猶堂全書』2집, 4권), 282_073c. "御問曰, 不曰'鬼神之德', 而曰 '爲德'者, 何也? 鬼神者, 非理也, 卽氣之靈. 故朱子以性情功效釋德字, 而若論文勢, 則必曰'鬼神之德', 然後方可謂'鬼神之性情功效'. 旣曰'爲德', 則亦當釋之以鬼神之爲性情功效, 此成甚說話耶?"

약용은 다음과 같이 대답했다.

> 귀신이란 진실로 리가 아닙니다. 그러나 또한 어찌 기라고 할 수 있겠습니까? 우리는 기질이 있지만 귀신은 기질이 없으니, 귀신을 두 기의 양능이라 함은 신으로서는 믿을 수 없습니다. 주자가 성정공효로 덕을 말한 것에 이르면, 이는 귀신이 두 기의 양능에 불과하니 그 덕을 찬미함은 성정공효에 나아가 설명하는 것만 못하다고 말한 것입니다. 그러나 신은 '몸과 마음을 깨끗이 하고 의복을 성대히 하여 제사를 받든다'는 것은 하늘에 교郊 제사를 올리는 것을 말한 것이라 생각합니다.[22]

정약용에 의하면, 귀신이란 리도 아니고 기도 아니다.[23] 그것은 기가 아니기 때문에 기질을 가진 유형의 사물이라 할 수 없다. 정약용은 귀신을 무형의 영적이고 신비로운 존재로 생각한 것이고, 이 때문에 귀신을 "음양 두 기의 양능"이라고 설명한 장재를 비판했던 것이다. 주희는 장재의 이 명제에 의거해서 "귀신의 덕 됨"에 대해 귀신이란 천지만물의 내적인 성정

---

22 丁若鏞, 『中庸講義補』(『與猶堂全書』 2집, 4권), 282_073d. "臣對曰鬼神固非理也. 亦豈是氣乎? 吾人有氣質, 鬼神無氣質, 鬼神之爲二氣之良能, 臣未之信. 至於朱子之以性情功效爲德者, 謂鬼神不過爲二氣之良能, 則贊美其德, 不如就性情功效上立說也, 然臣謂齊明盛服, 以承祭祀者, 郊天之謂也."

23 귀신이 리도 아니고 기도 아니라는 견해는 반복적으로 강조된다. 그는 다른 곳에서 다음처럼 말했다. "일반적으로 귀신이란 리도 아니고 기도 아닙니다. 어찌 꼭 리와 기라는 두 글자로써 좌우로 이끌리겠습니까? 『易』에서는 '음양의 헤아릴 수 없는 것을 신이라 한다'고 하였고, 또 '일음일양을 도라고 한다'라고 하였으니, 이는 모두 시괘(蓍卦) 강유(剛柔)의 뜻입니다. 어찌 귀신을 말한 것이며, 어찌 천도를 말한 것이겠습니까? 『초사』에서 '일음일양이여, 많은 사람들은 내가 하는 일을 알지 못한다'라고 했는데, 이는 그 왕래하여 빠름을 말한 것이니 어찌 마침내 음양을 귀신으로 여긴 것이겠습니까? 귀신은 리와 기로 말할 수 없는 것입니다."(『中庸講義補』, 282_073d)

의 작용과 외적인 공효일 뿐 어떤 초자연적인 실체가 따로 있는 것은 아니라는 의미로 설명한 것이다. 이에 대해 정약용은 장재와 주희의 해석을 모두 비판하되, 귀신을 어떤 신비한 존재로서 적극적으로 해석하고자 한다. 『중용』에서 말한 "몸과 마음을 깨끗이 하고 의복을 성대히 하여 제사를 받든다"는 것은 교郊제사를 말한 것인데, 이 교제사의 대상은 인격성과 지고의 덕을 지닌 존귀한 귀신으로서의 상제라고 본 것이다. 정약용은 말한다.

'천하의 사람들이 몸과 마음을 깨끗이 하고 의복을 성대히 하여 제사를 받든다'는 것에서 이 제사는 교제郊祭이고, 교제에서 제사 드리는 대상은 상제이다. 상제의 몸체는 형질이 없으니, 귀신과 같은 덕을 지니고 있으므로 귀신이라 한다. 이는 감응하여 굽어보는 것으로 말했으므로 '귀신'이라 한 것이다.[24]

천지귀신은 환하게 퍼져서 빽빽이 줄서 있는데 그 중 지극히 크고 지극히 높은 것은 상제입니다. 문왕文王이 조심조심 하는 마음으로 밝게 상제를 섬겼던 것과 『중용』의 '경계하고 삼가며 두려워함'이 어찌 [상제를] 밝혀서 섬기는 학문이 아니겠습니까?[25]

정약용이 볼 때, 귀신은 리도 기도 아닌 제3의 초월적 존재이므로 유무중립적인 것으로 간주하는 성리학적 입장은 비판의 대상이 된다. 귀신은

24 丁若鏞,『中庸自箴』권2(『與猶堂全書』2집, 3권), 282_054c. "箴曰天下之人, 齊明盛服, 以承祭祀, 則此祭郊祭也, 郊所祭者上帝也. 上帝之體, 無形無質, 與鬼神同德, 故曰鬼神也. 以其感格臨照而言之, 故謂之鬼神."
25 丁若鏞,『中庸講義補』(『與猶堂全書』2집, 4권), 282_074a. "臣謂天地鬼神, 昭布森列, 而其至尊至大者, 上帝是已. 文王小心翼翼, 昭事上帝, 中庸之戒愼恐懼, 豈非昭事之學乎?"

교제사의 대상이 되는 상제와 존재론적인 위상을 같이 하는 것이다. 귀신은 유와 무 어느 것으로 단정할 수 없는 것이 아니라 실재하는 것이라 보지 않으면 안 되는 것이다. 정약용은 다음처럼 성리학적 귀신관을 비판한다. "요즘 사람들은 이것에 대해 유와 무의 사이에 있는 것으로 의심하고 아득한 곳에 놓아두기 때문에, 인주人主의 공경하고 두려워하는 공부[敬畏]와 학자의 홀로 있을 때에 삼가는 공부[愼獨]의 의미가 모두 참되지 않은 것에 귀착됩니다."²⁶ 그가 보기에, 귀신을 유와 무 어느 한쪽으로 단정할 수 없다는 성리학적 귀신관 때문에 왕을 위시한 지도층 인사들이 『중용』에서 말한 바 "공경하고 두려워하는 공부"나 "홀로 있을 때에 삼가는 공부"를 실천하지 못하고 온갖 악행과 도덕적 비리를 저지르게 된다는 것이다. 홀로 있을 때라도 자신의 마음과 행위를 감시하고 있는 어떤 초월자, 특히 가장 존귀한 귀신인 상제는 신독 공부의 대상으로서, 그리고 유학적 도의 근본으로서 반드시 존재해야만 하는 것이다.²⁷

정약용은 비록 귀신을 유학적 도의 근본으로서 간주하고 있지만, 그것이 리나 기로 설명될 수 없는 무형의 초월적 존재자라는 점, 그리고 지고의 귀신으로서 인격적 상제가 항상 사람들을 감시하고 있다고 보았다는 점 등은 다분히 천주교의 영향을 받은 것으로 보인다. 말하자면, 천주교의 자극을 받아 고전 유학에 잔존해 있던 초월적 상제귀신 관념을 복원시키게 되었다는 사상적 의미를 지닌다. 이러한 사상적 경향은 『중용강의

---

26 丁若鏞, 『中庸講義補』(『與猶堂全書』 2집, 4권), 282_074a. "今人於此, 疑之於有無之間, 置之於杳茫之地, 故人主敬畏之工, 學者愼獨之義, 皆歸於不誠."

27 丁若鏞, 『中庸講義補』(『與猶堂全書』 2집, 4권), 282_074b. "중용의 덕은 신독이 아니면 이룰 수 없으며, 신독의 공부는 귀신이 아니면 두려워 할 대상이 없으니, 귀신의 덕은 우리의 도가 근본으로 삼는 것입니다(臣對曰中庸之德, 非愼獨不能成, 愼獨之功, 非鬼神無所畏, 則鬼神之德, 卽吾道之所本也)."

보』의 보충적 논설[28]에서도 계속된다. 예를 들어,『주례』에 근거하여 귀신을 천신天神, 지시地示, 인귀人鬼로 나누는 전통적 분류법[29]은 그의 문헌고증을 통해 비판된다. 즉, 땅의 귀신들은 인귀에 포함됨으로써, 귀신은 세 종류가 아니라 실제로는 천신과 인귀 두 가지로만 구분될 뿐이라는 것이다.[30] 이는 상제와 천상의 신들천신, 그리고 인간의 귀신인귀만을 귀신에 한정시킴을 의미한다.『논어』등 고대의 경전들에 나타난 귀신은 이와 같은 천신과 인귀만을 가리킨다.

그런데 신유학에 이르러 귀신의 해석은 이같은 고대 경전의 원의에 크게 어긋나기 시작했다는 것이다. 정이가 "귀신은 천지의 공용이요 조화의 자취"라고 하여 귀신을 초자연적인 실체가 아닌 천지만물의 작용이나 자연조화의 과정에서 드러나는 현상과 흔적으로 자연화 시킨 것에 대해 정약용은 다음처럼 비판한다.

자취란 걸어가는 곳에 남겨진 흔적이다. 거인의 자취가 있으면 거인이 먼저 이곳을 지나갔음을 알 수 있고, 어린애의 자취가 있으면 어린애가 먼저 이곳을 지나갔음을 알 수 있다. 그러나 자취란 걸어간 흔적이니 곧장 이 자취를 가지고 거인이나 소아라고 할 수 있는 이치는 없다. 오늘날 조화의 자취를 귀신이라고 말할 수 있겠는가? 천지는 귀신의 공용이며, 조화는 귀신이 남긴 자취인데, 오늘날 곧장 자취와 공용을 신이라고 말할 수 있겠는가?[31]

---

28 『중용강의보』에서 정조의 질문에 대한 대답 이외의 말들은 모두 1814년에 증보된 것이다.
29 예를 들어 다음을 참조.『周禮』,「春官 大宗伯」. "大宗伯之職, 掌建邦之天神人鬼地示之禮, 以佐王建保邦國. 以吉禮事邦國之鬼神示."
30 丁若鏞,『中庸講義補』(『與猶堂全書』2집, 4권), 282_072c. "제사의 질서에는 비록 삼품이 있지만, 사실 천신과 인귀가 있을 뿐이다.(祭祀之秩, 雖有三品, 其實天神人鬼而已.)"
31 丁若鏞,『中庸講義補』(『與猶堂全書』2집, 4권), 282_072d. "跡也者, 步處之留痕也. 有巨

정약용에 의하면, 귀신은 세계에 존재하는 실체일 뿐만 아니라, 더 나아가서 천지만물을 생성하고 자연조화를 일으키는 근본이나 본체에 해당된다. 즉, 귀신에 의해 천지만물의 생성 작용공용이 가능해지며, 또한 자연의 모든 조화 현상도 이루어진다. 따라서 정이가 말한 것처럼 "귀신은 천지의 공용이자 조화의 자취"가 아니라, 반대로 "천지는 귀신의 공용이며, 조화는 귀신의 자취"가 된다. 귀신의 존재론적 실체성과 자연조화를 일으키는 근본으로서의 초자연성을 주장하는 정약용의 관점은 귀신의 비실체화와 자연화라는 성리학의 기본 입장과 완전히 정반대되는 것이다. 같은 맥락에서 장재의 "귀신은 두 기의 양능이다"라는 명제에 대해서는 다음처럼 비판한다.

두 기란 음과 양이니, 그림자는 음이 되고 햇빛은 양이 된다. 비록 이 두 가지 사물의 가고 오며, 숨고 밝아짐으로써 낮과 밤, 추위와 더위가 이루어지지만, 그 사물됨은 지극히 아득하고 지극히 아둔하여 지각이 없어서 금수나 벌레 따위에도 미치지 못함이 멀다. 어찌 양능이 조화를 주장하고 천하 사람들로 하여금 마음과 몸을 깨끗이 하고 의복을 성대히 하여 제사를 받들게 할 수 있겠는가?[32]

정약용에게 있어 음과 양이란 응달과 햇빛에 불과하다. 즉, 음기와 양기

人跡則知有巨人先過此處, 有小兒跡則知有小兒先過此處. 然跡則是步痕, 直以此跡爲巨人小兒, 必無是理. 今以造化之跡, 謂之鬼神可乎? 天地者, 鬼神之功用, 造化者, 鬼神之留跡, 今直以跡與功用, 謂之神可乎?"

32 丁若鏞, 『中庸講義補』(『與猶堂全書』 2집, 4권), 282_072d. "二氣者陰陽也, 日影爲陰, 日光爲陽. 雖此二物往來隱映, 以爲晝夜, 以爲寒暑, 而其爲物至冥至頑, 無知無覺, 不及禽獸虫豸之族遠矣. 安有良能主張造化, 使天下之人, 齊明盛服, 以承祭祀乎?"

의 교차 작용에 의해 낮과 밤, 추위와 더위가 이루어지긴 하지만, 그것은 단순한 자연적이고 기계적인 순환 작용을 의미할 뿐, 거기에 어떤 정신이나 지각 활동이 있는 것은 아니다. 이 점에서 음양 두 기는 짐승이나 벌레보다도 못한 존재이다.[33] 성리학에서는 기의 굽히고 펴지는 두 속성에 의해 천지만물이 생성되고 귀신이란 것도 이 같은 기의 작용에 불과하다고 보지만, 정약용은 이러한 기의 형이상학을 거부한 것이다. 기의 음양 작용은 햇빛과 그늘을 의미하므로 그저 낮과 밤, 추위와 더위만을 야기할 뿐, 천지만물을 생성하는 근본이 될 수 없다. 이런 단순한 기계적인 작용을 어떻게 자연조화의 근원으로 간주하여 성스런 제사를 지낼 수 있겠는가? 따라서 두 기의 양능은 귀신이라 할 수 없으며, 천지만물의 근원이 되는 초자연적이고 영적인 존재가 따로 존재해야 한다는 것이다. 그 같은 초월적 감시자를 오늘날 사람들은 믿지 않고, 귀신을 단지 천지의 공용과 조화의 자취, 기의 양능으로만 여기므로, 고대 유교의 경전에서 말하는 경계하고 두려워하며 홀로 아는 것을 삼가는 공부를 성실하게 행하지 못하게 되었다는 것이다.

옛사람들은 진실한 마음으로 하늘을 섬기고 진실한 마음으로 신을 섬기면서 한번 움직이고 한번 고요할 때 하나의 생각이 싹틈에 진실한가 거짓인가, 선한가 악한가를 경계하여 말하기를 '날마다 여기에서 감시하신다'라고 하였으므로, 그 경계하고 삼가며 두려워함과 홀로 아는 것을 삼가는 공부가 참되고 독실하여 실제로 천덕天德에 이를 수 있었다. 오늘날의 사람들은 하늘을 리

---

33 정약용은 존재를 무생물과 생물로, 다시 생물은 식물, 동물, 인간으로 차등화시켜 본다.

라고 하고, 귀신을 공용, 조화의 자취, 두 기의 양능이라 여기면서 마음이 알고 있는 바가 아득하기만 하니 하나같이 지각이 없는 사람과 같다. 어두운 방에서 마음을 속이고 방자하여 거리끼는 바가 없으므로, 종신토록 도를 배우지만 요순의 영역으로 함께 들어갈 수 없으니, 모두 귀신의 설에 밝지 못하기 때문이다.[34]

위의 인용문에 의하면, 옛사람들은 상제가 위에서 자신을 날마다 감시한다고 여기면서 두려워하고 삼갔으므로 실제로 천덕하늘이 부여한 덕을 얻어 성인의 영역에 들어갈 수 있었지만, 지금 사람들은 성리학의 지각론적 관점에서 하늘과 귀신에 대해 리와 기로써 해석하며 떠들어 대지만, 실제로 그들은 아는 것이 하나도 없어서 "하나같이 지각이 없는 사람"처럼 보인다고 정약용은 조롱한다. 그들은 하나의 특정한 철학적 관점, 즉 지각론의 패러다임에 빠져서 헤어 나오지 못하고 있다. 도덕 실천면에서 사람들이 삼가고 두려워하지 않으며 방자해져서 도를 깨우치지 못하는 이유는, 근본적으로 지각론적 관점에 빠져서 귀신의 존재와 실상을 올바로 이해하지 못하기 때문이다. 정약용은 성리학의 관점이 귀신을 지나치게 사변적이고 추상적으로 설명하는 경향을 띠게 만들었다고 보았다. 그는 이러한 사변적이고 추상적인 지각론으로부터 상제귀신의 존재에 입각한 실제적이고 실천적인 철학으로 전환시키고자 했던 것이고, 그 첫 번째 관건은 귀

34　丁若鏞,『中庸講義補』(『與猶堂全書』2집, 4권), 282_073a. "古人實心事天, 實心事神, 一動一靜, 一念之萌, 或誠或僞, 或善或惡, 戒之曰日監在玆, 故其戒愼恐懼愼獨之切眞切篤, 實以達天德. 今人以天爲理, 以鬼神爲功用爲造化之跡爲二氣之良能, 心之知之, 杳杳冥冥, 一似無知覺者然. 暗室欺心, 肆無忌憚, 終身學道, 而不可與入堯舜之域, 皆於鬼神之說, 有所不明故也."

신의 재해석에 놓여 있다고 보았던 것이다. 이는 두말할 필요없이 리기심성의 지각론에 비해 부차적인 것으로 전락해 있었던 귀신론이 철학적 핵심주제로서 전면에 다시 부상하게 됨을 함축하는 것이다.

3) 귀신론에 입각한 새로운 마음 개념

정약용은 성리학의 지각론적 관점에 의해 자연화·합리화된 귀신론을 비판하면서, 초월적 상제귀신의 존재론에 입각해서 인간 존재와 마음에 대해 새로운 해석을 제시했다. 그에 따르면, 인간은 귀신과 형기가 신묘하게 결합된 존재이다. 귀신과 육체적 형기의 신묘한 결합체로서 인간은 마음을 지니게 되는데, 마음은 원래 육체와 구분될 수 없는 것이나, 사람들은 그것만을 가리키기 위해 '신神'이나 '혼魂', 심장을 의미했던 '심心' 같은 말들을 빌려서 사용하기 시작했다. 또한 맹자가 말한 대체大體나 불교에서 말하는 법신法身 같은 개념도 마음을 가리키지만, 그러나 이 명칭들은 마음을 온전하게 지시할 수 있는 개념은 못된다. 정약용은 다음처럼 말한다.

> 내가 생각하기에, 신神, 귀신과 형形, 형기가 신묘하게 결합하여 사람이 된다. 신은 형체가 없으며, 또한 이름도 없다. 그것은 무형이기 때문에 이름을 빌려 '신'이라고 부른다. (귀신의 신을 빌린 것이다.) 심心은 피를 주관하는 장기로서 묘합의 중추이기 때문에 이름을 빌려 '심'이라고 부른다. (심은 본래 오장이니, 글자상 간이나 폐와 같다.) 죽어서 형체를 떠나면 혼魂이라고 부른다. 맹자는 그것을 대체라 하였고, 불가에서는 그것을 법신이라 하였는데, 문자상에 있어 전문적인 명칭은 없다.[35]

여기서 정약용은 인간 존재를 귀신과 형기의 결합이라고 말하면서도, 말하고자 하는 논점은 귀신에 있기 보다는 육체적 형기와의 신묘한 결합 상태에 있는 그 어떤 것에 놓여 있다. 다시 말해서, 논의의 초점은 살아 있는 인간의 귀신으로서 마음에 있다. 그에 따르면, 귀신은 본디 형체도 없으며 이름도 없었다. 이에 사람들은 귀신에서의 '신'자를 빌려서 그것을 지칭했고, 또 육체적 장기인 심장心臟에서 유래된 '심'이라는 말을 써서 그것을 가리켰던 것이다. 살아있는 인간의 귀신은 죽어서 육체를 떠나면 '혼'이라고 한다. 그 밖에 맹자의 '대체'나 불교의 '법신'도 살아있는 인간의 귀신이자 마음을 지시하기 위해 빌려온 개념일 뿐, 귀신과 마음을 온전히 전문적으로 가리키는 말은 없었다는 것이다. 이 모든 이름들은 육체적 형기와 신묘하게 결합된 귀신, 즉 살아있는 인간의 마음을 지시한다. 인간은 귀신과 육체가 긴밀히 결합된 존재이기 때문에, 마음을 육체적 형기로부터 따로 떼어서 지각 작용을 하는 어떤 독립된 실체처럼 보아서는 안 된다는 것이다. 그런데 주희의 '텅 비어 신령하고 지각하는 것허령지각'이라는 말은 마음을 마치 육체로부터 독립된 실체가 존재하는 것처럼 간주하기 때문에 적절하지 않다고 본다.

신과 형이 신묘하게 합쳐져서 이에 사람이 되므로, 고경古經에서는 총괄하여 자신[身]이라 이르고 또 자기[己]라 이름 한다. 그러나 이른바 '텅 비어 신령하고 지각하는 것'은 한 글자로 전칭할 수 있는 것이 있지 않다. 후세에 그것

---

35 丁若鏞, 『孟子要義』(『與猶堂全書』2집, 5권), 282_112c-d. "鏞案神形妙合, 乃成爲人. 神則無形, 亦尙無名. 以其無形, 故借名曰神. (借鬼神之神) 心爲血府, 爲妙合之樞紐, 故借名曰心. (心本五臟, 字與肝肺同) 死而離形, 乃名曰魂. 孟子謂之大體, 佛家謂之法身, 其在文字, 無專名也."

을 구분하여 말하려는 사람들이 혹 다른 글자를 빌려 쓰기도 하고, 혹 몇 글자를 연속해서 쓰기도 했다.[36]

성리학에서 마음을 가리키는 말인 '텅 비어 신령하고 지각하는 것'은 육체적 형기에서 독립된 실체, 말하자면 '심기心氣'와 같은 존재를 전제로 한다. 그러나 이미 언급한 것처럼, 그것을 한 글자로 지시할 수 있는 용어는 있지 않으며, '심'·'신귀신'·'영'·'혼' 같은 개념들도 실상 형기로부터 귀신을 떼어내서 구분하기 위해 임의적으로 다른 말들에서 빌려온 명칭들에 불과하다. 고대의 경전들에서는 귀신과 형체의 결합을 뭉뚱그려서 단지 '자기'나 '자신'으로써만 말했는데, '자기 자신'은 지각 이외의 활동을 모두 포함하는 것이다. 즉, '자기 자신'은 단지 외물을 지각할 뿐만 아니라 수많은 실천적 활동을 수행하는 존재이다. 여기서 정약용은 인간 존재와 마음을 '허령지각'이라는 술어로써 규정하고 제한하는 성리학적 사고방식에 대해 비판적이었음을 알 수 있다.[37]

정약용은 비록 마음의 실체적 구성물 가운데 귀신을 '허령의 체'로써 지시하기도 했지만, 그것은 리나 기 그 어느 것도 의미하지 않는다. '허령의 체'는 리나 기로 되어 있지 않으며 어떠한 형체도 없다. 그것은 또한 지각 작용을 갖지만, 어떤 선천적이고 본유적인 원리를 가지고 있는 것은 아니

36　丁若鏞, 『心經密驗』(『與猶堂全書』 2집, 2권), 282_038a. "神形妙合, 乃成爲人, 故其在古經, 總名曰身, 亦名曰己. 而其所謂虛靈知覺者, 未有一字之專稱. 後世欲分而言之者, 或假借他字, 或連屬數字."

37　정약용은 『맹자』 「진심」 장의 "盡其心者知其性"에 대한 성리학적 해석을 비판하면서 다음처럼 말한다. "심은 우리의 대체에 대해 빌린 이름이요, 성은 심이 좋아하는 경향이다. 허령한 기와 지각은 또한 분명함이 결핍되어 있다(心者吾人大體之借名也, 性者心之所嗜好也. 虛氣知覺, 亦恐欠分曉.)."(『孟子要義』(『與猶堂全書』 2집, 5권), 「盡心第七」, 282_147a)

다. 귀신은 원래 외부 사물과 그 이치를 궁구하여 신묘하게 깨달을 수 있다. 외물의 지각에 의해 좋아함과 싫어함이 발생하고, 이로부터 인간의 모든 실천적 작용이 일어난다. 정약용은 귀신으로서의 '허령의 체'에 대해 다음처럼 말한다. "이것은 형체가 없는 실체이며, 혈육에 속하지 않는 것이고, 수 만 가지 사태를 포괄하며, 수 만 가지 이치를 신묘하게 깨닫고, 능히 좋아하며 능히 싫어할 수 있는 것이다. 이는 내가 태어나는 처음에 하늘이 나에게 부여한 것이다."[38]

위에서 하늘은 모든 인간에게 귀신을 부여하는 세계의 최고 지배자인 상제를 말한다. 주희에 있어 마음은 선험적인 원리를 본성으로서 구비하고 있고, 이로 인해서 사물의 지각과 반응이 가능해지지는데, 이러한 마음의 선험적 원리의 출처는 존재론적인 리와 등치되는 비인격적인 자연 존재로서 하늘이 된다.[39] 존재론적으로 말하면, 우주에 편재하는 이치가 마음에 본성으로서 내재하게 된다는 것이다. 이와 달리 정약용에 있어 하늘은 인격적인 상제이다. 상제는 인간에게 허령한 귀신을 부여하고, 인간의 귀신은 육체적 결합을 통해 외물을 감각하고 호오좋아하고싫어함의 느낌을 갖게 되며 이치까지 파악할 수 있다. 정약용은 지각이라는 인지 기능보다는 상대적으로 호오라는 실천적 성향을 좀 더 부각시키고자 한다.

지각보다는 호오 작용이 귀신의 중요한 기능으로 부각됨에 따라 인간의 '성'도 새롭게 규정된다. '성'이란 성리학에서 말하는 것처럼 본유적이고

---

38 丁若鏞, 『大學講義』(『與猶堂全書』 2집, 2권), 282_026b. "(戠曰虛靈不昧者, 是何物?) 鏞曰, 是無形之體, 是不屬血肉者, 是能包括萬狀, 妙悟萬理, 能愛能惡者. 是我生之初, 天之所以賦於我者也."
39 朱熹, 『孟子集註』, 「盡心上」, 1장. "心者人之神明, 所以具衆理而應萬事者也. 性則心之所具之理, 而天又理之所從以出者也."

선험적인 내재적 원리가 아니라, 단지 귀신이 지닌 좋아함[嗜好]의 욕구나 호오의 경향에 불과할 뿐이다. 다시 말해서, 귀신이 실체라면 '성'은 그것이 가진 속성이나 성향이다. "선유들은 성을 말함에 또한 크게 뒤섞어서 지금 사람들 또한 간혹 착오를 범하고 있다. 살아 있을 때는 성이라 하고 죽으면 혼이라 하는데, 실제로 성과 혼은 다른 것이니, 성은 우리의 대체의 온전한 명칭은 아니다. 나는 성이란 좋아함에 중점을 두고 말한 것으로 생각한다."[40] 다만, 귀신은 육체와 긴밀히 결합하여 마음을 이루기 때문에, 마음의 좋아하고 싫어하는 성향도 두 가지로 나뉜다. 즉, 하나는 선을 좋아하고 악을 싫어하는 '신령한 앎[靈知]'의 성향이고, 다른 하나는 생존본능 및 육체적 욕구 충족을 추구하는 이기적 성향이다.[41] 이 두 성향은 마음속에 혼재되어 있기 때문에 허령한 실체로서의 귀신은 선뿐만 아니라 악도 저지르게 되는 것이다.

지금 사람들은 텅 비어 신령함에 순수한 것은 의리의 성이고 형기에 말미암은 것은 기질의 성이라고 여겨, 수천 수만의 온갖 죄악들은 모두 식색食色과 안일安逸에 말미암기 때문에, 악은 모두 형기로 돌리되 텅 비고 신령하여 어둡지 않은 실체는 다만 여러 미덕을 구비하되 조금의 악도 없다고 생각하는데, 절대로 그렇지 않다. 텅 비고 신령한 사물이 악을 행할 수 없다면, 저 무형한 귀신에 또한 어찌 명신明神과 악귀惡鬼가 있을 수 있겠는가?[42]

---

40 丁若鏞, 『孟子要義』(『與猶堂全書』 2집, 5권), 「滕文公第三」, 282_112c. "先儒言性, 亦太渾融, 今人又或差誤. 生則曰性, 死則曰魂, 其實性與魂異, 性非吾人大體之全名也. 余謂性者, 主於嗜好而言."

41 丁若鏞, 『文集』(『與猶堂全書』 1집, 16권), 「自撰墓誌銘(集中本)」, 281_346c. "성은 기호이니, 육체의 기호가 있고 신령한 앎의 기호가 있다(性者嗜好也, 有形軀之嗜, 有靈知之嗜)."

42 丁若鏞, 『孟子要義』(『與猶堂全書』 2집, 5권), 「滕文公第三」, 282_112c. "今人以純乎虛靈

성리학에서는 리의 본체가 도덕의 근원으로서 지선至善 무악無惡한 의리의 성이 되고, 기질에 의해 변형된 것은 기질의 성이 된다고 본다. 그리고 심리-육체적인 기질에 의해 식욕과 성욕, 편안함을 구하는 욕구가 생기고, 이를 이기적으로 충족시키기 위해 사욕에 빠짐으로써 온갖 악행을 저지르게 된다는 것이 주리와 주기를 막론하고 인심도심에 관한 공통적인 전제가 된다. 이에 대해 정약용은 텅 비어 신령한 본체는 지선무악한 리가 아니라 악을 저지를 수 있는 귀신이라고 말한다. 성리학에서는 세부적 견해 차이가 있긴 하지만, 대체로 마음의 미발未發의 상태는 도덕적으로 순선한 본성과 이치로만 구성된다고 보지만, 정약용은 인간의 본체가 육체와 밀접히 연관되어 있는 혼백이나 귀신이라고 주장한 것이다. 이 귀신은 선과 악을 행할 수 있으며, 이 때문에 전통적으로 선한 명신과 악한 악귀의 존재가 말해져왔던 것이다. 정약용이 볼 때, 의식이란 성리학에서 말하는 본성의 발현에 의존하는 것이 아니며, 외부 대상에 대해 아직 반응하기 이전의 도덕적으로 순선한 미발 상태라는 것도 존재하지 않는다.[43]

요컨대, 정약용은 성리학과 다르게 귀신을 해석함으로써 성리학의 지각론적 관점에서 탈피하여 새롭게 심성 개념을 재규정하고자 시도하였다. 인간은 귀신과 형기의 신묘한 결합체인데, 이때 심은 형기와 긴밀히 연결된 귀신을 가리킨다. 귀신은 리도 아니고 기도 아닌, 제3의 실체이다. 성

者爲義理之性, 以由乎形氣者爲氣質之性, 千罪萬惡, 皆由於食色安逸, 故凡惡皆歸之於形氣, 而虛靈不昧之體, 認之爲但具衆美, 都無纖惡, 殊不然也. 虛靈之物, 不能爲惡, 則彼無形之鬼神, 又何以有明神惡鬼哉?"

43 정약용은 『중용』에 나오는 '미발'을 말 그대로 단지 희로애락이 '아직 발현되지 않은' 상태라는 의미로 해석한다. 다음을 참조. "미발이란 것은 희로애락이 아직 발현되지 않은 것이니, 어찌 마음의 지각과 사려함이 발현하지 않은 것이겠는가?(未發者, 喜怒哀樂之未發, 豈心知思慮之未發乎?『中庸講義補』(『與猶堂全書』 2집, 4권), 282_066c))

은 육체와 결합한 귀신으로서의 마음이 지닌 두 성향, 즉 선을 좋아하는 성향과 육체적 욕구를 좋아하는 성향을 의미한다. 이러한 심성의 재규정은 좀 더 실천적인 도덕사상을 제시하기 위한 것이었다. 정약용의 귀신론에 대한 부각은 추상적 이론보다는 구체적 실천에 용이한 마음 개념을 모색하는 데 있어 매우 효과적인 전략이었다고 할 수 있다. 정약용의 마음 개념의 존재론적 특징과 실천적 작용에 대해서는 다음 절에서 좀 더 살펴보기로 하자.

4) 마음의 본체론적 성격과 실천적 작용

정약용은 '심'의 의미를 세 가지로 나누어 설명한다. 첫 번째는 '오장 가운데 하나로서의 심장心臟'을 뜻하고, 두 번째는 '신령하고 밝은[靈明] 마음'이요, 세 번째는 '마음의 발현[心之所發]으로서의 심'이다.[44] 여기서 첫 번째는 마음이 아니라 육체에 속하는 것으로서, 단지 심의 어원에 관련된 것일 뿐 논의의 대상이 못된다. 두 번째의 '신령하고 밝은 마음'은 마음의 전체를 가리키는 말이라 할 수 있고, 세 번째의 '마음의 발현'은 마음의 작용적 측면으로서 수 만 가지 양태를 지시하는 말이라 할 수 있다. 이로써 정약용의 심 개념도 본체[體]와 작용[用]의 범주로써 설명 가능하다고 볼 수 있다.

마음의 본체에 대한 정약용의 견해를 이해하는 단서 가운데 하나는 맹자의 대체大體에 대한 그의 해석이다. 일찍이 맹자는 "몸에는 귀한 것과 천한 것이 있으며 작은 것과 큰 것이 있으니, 작은 것을 가지고 큰 것을 해치지 말며, 천한 것을 가지고 귀한 것을 해치지 말아야 하니, 작은 것을 기르

---

44 丁若鏞, 『詩文集』, 「答李如弘」(『與猶堂全書』 1집, 19권), 281_420c-d. 또한 다음을 참조. 금장태, 『다산실학탐구』, 서울 : 소학사, 2001, 88쪽.

는 자는 소인이 되고 큰 것을 기르는 자는 대인이 된다"[45]라고 말했다. 이는 수양론적 맥락에서 인간의 몸을 '크고 귀한 부분'인 정신적 마음과 '작고 천한 부분'인 육체로 나누어 말한 것이다. 이에 대해 주희는 "천하고 작은 것은 입과 배요, 귀하고 큰 것은 심지心志이다"[46]라고 주석을 달았는데, 입과 배는 육신 전체를 가리키는 말이요 '심지'는 마음의 의지를 뜻한다. 또한 맹자가 "그 대체를 따르면 대인이 되고 그 소체를 따르면 소인이된다"[47]고 말한 것에 대해 주희는 "대체는 심이요 소체는 귀와 눈 따위이다"[48]라고 해설하였다. 정약용은 주희의 주석에 대해 원칙적으로 동의하지만, 대체에 대한 구체적인 해석에 있어서 의견을 달리한다. 즉, 심은 심장에서 빌려온 말이기 때문에 신령하고 밝은 본체로서 대체에 대한 명칭으로는 적절하지 않다는 것이다. "주자를 따르는 것이 마땅하다. 다만 심은 오장 가운데 하나이며, 지는 마음이 지향하는 바이니, 모두 대체가 될 수 없다. 생각건대 이 신령하고 밝은 본체는 형기 가운데 깃들어 있다 하더라도, 순수하여 형기와 서로 섞이지 않는 것인데, 어찌 유형의 심장을 가리켜 대체라고 할 수 있겠는가?"[49]

주희가 심장을 언급한 적이 없음에도, 정약용은 '심'이라는 말이 원래 심장에서 연유된 것이기 때문에 대체를 가리키는 말로 적합하지 않다고 말한다. 정약용은 육체에서 연원한 '심'이라는 말에 만족하지 못했던 것

---

45 朱熹,『孟子集註』,「告子上」14장. "體有貴賤, 有大小, 無以賤害大, 無以小害貴, 養其小者, 爲小人, 養其大者, 爲大人."
46 朱熹,『孟子集註』,「告子上」14장. "賤而小者, 口腹也, 貴而大者, 心志也."
47 朱熹,『孟子集註』,「告子上」15장. "孟子曰, 從其大體, 爲大人, 從其小體, 爲小人."
48 朱熹,『孟子集註』,「告子上」15장. "大體, 心也, 小體, 耳目之類也."
49 丁若鏞,『孟子要義』(『與猶堂全書』2집, 6권), 282_142a. "但心者五臟之一, 志者心之所之, 皆不足以爲大體, 蓋此靈明之體, 雖寓於形氣之中, 粹然不與形氣相雜, 豈可以有形之心臟, 指之爲大體乎?"

이고, 이는 마음을 초자연적인 어떤 것으로 설명하고 싶어 했음을 암시한다. 어쨌든 그는 대체는 육체형기에 깃들어 있되 그것과 섞이지 않는 정신적 실체라고 본다. "대체는 형체가 없는 영명한 것이며, 소체는 형체가 있는 몸뚱이다."⁵⁰ 부연해서 말하면, 정약용은 소체를 육신 전체를 가리키는 말로 보되 대체를 육신의 형기에 깃들어 있지만 리나 기로 환원되지 않는 초자연적인 정신적 실체로서의 영체靈體로 해석했으며, 이는 앞서 논했던 귀신과 같은 것이다. 마음의 주재란 사실상 대체로 지시되는 이러한 '신령하고 밝은 본체'의 기능이라는 것이다. 정약용은 신령하고 밝은 본체에 대해 다음처럼 말한다.

대저 사람이 지각하고 운동하며 식색에 나아갈 수 있는 까닭은 금수와 조금도 차이가 없다. 오직 도심이 발현되는 것이자 형체도 없고 기질도 없는 신령하고 밝으며 통하는 지혜를 가진 것이 기질에 깃들어 있으니, 이를 주재로 삼는다.⁵¹

옛 경전의 경우, 텅 비고 신령한 본체의 측면에서 말하면 대체라고 말했고(『맹자』에 보인다), 그 대체가 발동한 측면에서 말하면 도심이라고 불렀으며(『도경』에 보인다), 대체가 좋아하고 싫어하는 것으로서 말하면 성이라고 불렀다. '하늘이 명한 것을 일러 성이라 한다'는 것은 하늘이 인간을 낳은 처음에 그 허령한 본체 안에 덕을 좋아하고 악을 부끄러워하는 속성을 주었음을 말하는 것이지, 성을 본체라고 명명할 수 있음을 말한 것이 아니었다.⁵²

---

50 丁若鏞, 『孟子要義』(『與猶堂全書』 2집, 6권), 282_142b. "鏞案大體者, 無形之靈明也, 小體者, 有形之軀殼也."
51 丁若鏞, 『孟子要義』(『與猶堂全書』 2집, 6권), 282_137c. "大抵人之所以知覺運動, 趨於食色者, 與禽獸毫無所異, 惟其道心所發, 無形無質, 靈明通慧者, 寓於氣質, 以爲主宰."

정약용에 따르면, 지각하고 활동하며 섭생하고 성욕을 충족시키고자 하는 까닭은 동물과 같으니, 바로 육체적 형기 때문이다. 그러나 육신의 형기와 다른 무형의 본체가 몸에 내재해 있는데, 그러한 본체는 기질과는 다른 것으로서 신령하고 밝은 지혜를 가졌으며 발현하여 의식에서 도심으로 드러나는 것이다. 맹자가 말한 대체는 바로 이러한 '텅 비고 신령하며 밝은' 본체를 가리키는데, 그러한 본체가 덕을 좋아하고 악을 싫어하는 속성이나 성향이 곧 '성'이 된다. 성은 마음에서 나타나는 두 성향 즉 영체의 덕을 좋아하는 성향과 육신의 식색의 성향을 가리킬 뿐이지, 성리학처럼 성을 본체로 명명해서는 안 된다는 것이다.

다만, 정약용은 하늘이 인간을 낳을 때 그러한 신령하고 밝은 본체를 부여한다고 말할 뿐, 일자一者로서의 상제와 다자多者로서의 영체귀신의 관계에 대해서는 자세히 설명하고 있지 않다. 그러나 상제와 영체귀신는 같은 존재론적 부류에 속하므로 함께 '본체'로서 지칭될 수 있다고 본 듯하다. 맹자의 대체에 대해 '영체'와 '귀신'으로 보는 이러한 해석은 마음과 의식을 뜻하는 '심'을 가리킨다고 보았던 주희와 차이를 보인다. 전체적으로 정약용의 이 같은 마음에 대한 해석은 본체론적인 성격을 지닌다고 할 수 있다. 본체론적 관점에서 이러한 마음의 실체성을 제시하기 위해 원시 유교나 성리학 이전의 전통으로부터 상제와 귀신 개념을 끌어 오는 데에는 아마도 그가 초년에 많은 관심을 가졌던 천주교의 천주영혼설이 일정한 영향을 미쳤을 것이다. 다만, 그가 생각하는 '체' 관념은 서학 이전의 본체론

---

52 丁若鏞, 『論語古今注』(『與猶堂全書』 2집, 15권), 282_339d. "其在古經, 以虛靈之本體而言之, 則謂之大體〈見『孟子』〉, 以大體之所發而言之, 則謂之道心〈見『道經』〉, 以大體之所好惡而言之, 則謂之性. 天命之謂性者, 謂天於人生之初, 賦之以好德恥惡之性於虛靈本體之中, 非謂性可以名本體也."

으로부터 도출될 수 있는 것으로 보인다.

정약용에 있어 마음의 본체[體]로서 대체나 영체보다 더 중요한 것은, 그것이 지닌 작용[用]이나 기능의 측면이다. 정약용이 '영지靈知'라는 말을 사용하고 있다는 점에서, 그도 마음에 신비로운 인식지각 기능이 있음을 승인했다는 것은 분명하다.[53] 그러나 앞서 살펴본 것처럼 일반적 감각과 같은 저차원의 지각 작용은 육체적 형기에서 비롯된 것으로 보기 때문에, 영체가 가진 고차원적인 앎과는 차별적인 것이다. 영지는 영체 본연의 기능이나 능력일 뿐, 그 가능 원리가 따로 있을 필요가 없으며, 무엇보다도 영지 기능은 도심이라는 도덕적 발현과 밀접한 관련이 있다. 이 점에서 정약용의 주된 관심은 이론적이고 인식적인 영역보다는 실천적이고 도덕적인 부분에 있었다. 도덕은 앎의 문제라기보다는 영체가 지니는 호오의 감정[情]이나 욕구, 의지[志]나 의념[意]과 같은 실천적 작용이 중요한 관건이 된다고 보았던 것이다.

영체의 작용 가운데 감정은 도덕감정과 일반감정으로 나뉘지만, 이 두 감정도 사단이나 칠정 등 몇 가지로 일정하게 정형화할 수는 없다. 예를 들어 맹자가 말한 사단도 발현된 선한 감정을 네 가지로 개괄하여 말한 것일 뿐, 모든 도덕감정을 사단에 국한시킬 필요는 없다는 것이다.[54] 욕구도 도덕적인 것과 비도덕적인 것, 선한 것과 악한 것으로 나뉜다. 올바른 이치를 따르려는 욕구는 선한 행위로 이어지고, 이기적인 의도를 따르려는 욕구는 악행으로 귀결된다.[55] 이 점에서 욕구는 의지와 밀접한 관계에 있

---

53 丁若鏞, 『大學講義』(『與猶堂全書』 2집, 2권), 282_026b.
54 丁若鏞, 『詩文集』, 「答李如弘」(『與猶堂全書』 1집, 19권), 281_420d.
55 丁若鏞, 『中庸講義補』(『與猶堂全書』 2집, 4권), 282_094d. "신이 대답하였다. 맹자의 이른바 이목구비사지의 욕구는 진실로 상지의 성인도 없을 수 없는 것입니다. 그러나 제가

거나 거의 동일한 것이다.

> 지금 인성을 논해 보건대, 사람에게는 항상 두 가지 의지가 상반되면서도 함께 일어나는 경우가 있습니다. 누가 선물을 주는데 의롭지 않을 경우 받고 싶기도 하지만 받지 않으려는 마음이 함께 일어나며, 환난에 처해 인仁을 이루어야 할 경우 피하고도 싶지만 아울러 피하지 않으려는 마음이 일어납니다. 선물을 받고자 하는 것과 환난을 피하고자 하는 것은 기질의 욕구요, 선물을 받지 않고자 하는 것과 환난을 피하지 않으려는 것은 도의道義의 욕구입니다.[56]

의지는 감정이나 욕구와 마찬가지로 인간 본성에 속하며 대상에 대한 지향적 작용이다. 이 세 가지 대상지향적인 실천 작용은 궁극적으로 인심과 도심이라는 두 종류의 발현된 의식으로 귀착된다. 즉 도덕적 대상道義에 대한 욕구와 의지는 도심으로, 심리-육체적 욕망 대상에 대한 욕구와 의지는 인심으로 각각 발현된다. 달리 말하면, 영체의 욕구나 의지는 도덕 감정을 일으키고 마침내 도심으로 발현되는 반면, 육체적 욕구나 의지는 식색에 관련된 이기적인 감정이나 욕심으로서의 인심을 이루게 된다. 그런데 이와 같은 대상 지향적인 욕구나 감정, 의지와는 다르게 의意는 오로지 내적 움직임에 대한 헤아림의 작용이다. 정약용은 의념에 대해 다음처럼 말한다.

이것은 욕구라고 답한 까닭은, 올바른 이치를 따르면 선을 행하는 데 방해되지 않고 오로지 사의를 좇으면 악에 빠지는 데 이르게 됩니다(臣對曰, 孟子所謂耳口目鼻四肢之欲, 固上聖之所不能無者. 然我之所以答是欲者, 能循正理則不害其爲善, 專循私意則乃至於陷惡)."

56 丁若鏞, 『孟子要義』(『與猶堂全書』 2집, 6권), 282_137a. "今論人性, 人恒有二志, 相反而竝發者. 有餽而將非義也則欲受而兼欲不受焉, 有患而將成仁也則欲避而兼欲不避焉. 夫欲受與欲避者, 是氣質之欲也, 其欲不受而不避者, 是道義之欲也."

주자朱子는 '마음의 발현'이라 했고, 채청蔡淸은 '의라는 것은 마음의 싹이다'
라 했다. 나는 생각건대, 국國로부터 가家, 신身, 심心에 이르기까지 모두 바깥에
말미암아 안에 이르는데, 지금 도리어 '의는 마음의 발현'이라 하고 '의는 마음
의 싹'이라 한다면, 다시 돌이켜서 바깥을 향하는 것이니 [『대학』] 저자의 뜻
이 반드시 이와 같지는 않을 것이다. 의란 마음속에서 은밀하게 헤아리고 운용
하는 것이다. 그러므로 일반적으로 은밀히 헤아리는 것을 의라 한다. 「예운禮
運」에서는 '그것을 의도한 것이 아니다'라 했으니, 의란 은밀한 것이요 심중의
은밀한 생각이어서 사思 · 상想 · 지志 · 려慮 등의 글자와는 같지 않다.[57]

정약용에 의하면, '의'란 "심중의 은밀한 생각"이기 때문에 대상적 사유
나 생각[思 · 想 · 慮], 의지[志]와는 다르다는 것이다. 넓은 의미에서 '의'는 생
각하는 작용으로서 사유에 속한다고 할 수도 있지만, 사유는 대상적 인식
에 관련되므로 '의'와는 구별된다. 또 '의'는 실천적 작용이라는 점에서
의지와 같지만, 의지는 대상을 지향하는 것인 반면 '의'는 그 같은 내적인
의지의 지향성 자체에 대한 것이다. 즉, '의'는 마음의 성향이나 지향성에
의해 나타나는 대상에 대한 의지욕구로부터 구별된다. 이 점에서 정약용은
욕구나 감정, 의지 같은 대상 지향적인 실천적 작용들의 근원으로서 성性
을 기호嗜好나 성향으로서 규정하는 한편, 의는 심의 기호와 성향에 따른
두 가지 종류의 발현태 가운데 어느 것이 더 중요한지 내적으로 헤아리고
저울질한다는 의미의 권형權衡 개념으로 대체한다. 다시 말해서, 심의 기호

---

57 丁若鏞,『大學公議』(『與猶堂全書』2집, 1권), 282_013c-d. "○朱子曰, 心之所發. ○蔡淸
曰, 意者, 心之萌也. ○鏞案, 自國而家而身而心, 皆由外而達於內, 今反云意者心之發, 意者
心之萌, 則又迴轉向外, 作者之意, 必不如此. 意者心中之所隱度運用者也, 故凡隱度者謂之
意. 「禮運」曰, 非意之也, 意者隱也, 中心之所隱念也, 與思想志慮等字不同."

와 성향은 도덕적인 것영지의 기호과 육체적인 것형구의 기호으로 나뉘고,[58] 그것이 각각 도심과 인심으로 발현되는데, 이때 마음 안에서 이 두 가지 기호와 발현 가운데 어느 것이 더 중요한지를 저울질하여 택하는 기능이 바로 권형이라는 것이다. 그는 다음처럼 말한다.

그러므로 하늘이 인간에게 자주自主의 권형을 주어 가령 선을 하려고 하면 선을 하고 악을 하려고 하면 악을 하여, 향방이 유동적이고 정해지지 않아 그 권형이 자신한테 있으며, 금수가 일정한 마음을 갖고 있는 것과는 같지 않다. 그러므로 선을 행하면 실제로 자신의 공이 되고 악을 행하면 실제로 자기의 죄가 되니, 이는 마음의 권형이지 이른바 성이 아니다.[59]

이 구절은 지금까지 권형을 자유의지 혹은 자율적인 선택을 할 수 있는 권리나 권한으로서 해석하는 근거로 많이 인용되어 왔지만, 이는 철학사적 맥락과 정약용의 의도를 모두 놓친 해석이다.[60] 위 구절만 보면 권형은

---

58 丁若鏞, 『文集』(『與猶堂全書』 1집, 16권), 「自撰墓誌銘(集中本)」, 281_346c. "性者嗜好也, 有形軀之嗜, 有靈知之嗜."

59 丁若鏞, 『孟子要義』(『與猶堂全書』 2집, 5권), 282_114a. "故天之於人, 予之以自主之權, 使其欲善則爲善, 欲惡則爲惡, 游移不定, 其權在己, 不似禽獸之有定心, 故爲善則實爲己功, 爲惡則實爲己罪, 此心之權也, 非所謂性也."

60 근래에 백민정은 권형을 '자유의지'로 해석하면서도 다음처럼 그것의 정확한 의미에 대해 언급하고 있다. "자유로운 선택과 결단으로서의 권형이란 사실 어떤 선결 조건도 갖지 않는 것이어야만 한다. 어떤 것을 내가 선택하더라도 내가 피해를 받거나 대가를 치를 염려가 없을 때의 선택만이 진정 자유로운 선택일 수 있기 때문이다. 그러나 정약용은 이런 의미의 무조건적인 선택을 말하려고 했던 것은 아니다. 그가 강조한 인간의 선택과 공로는 오직 상제라는 준엄한 존재와의 관계 속에서만 빛을 발하는 것이기 때문이다(『정약용의 철학─주희와 마테오리치를 넘어 새로운 체계로』, 이학사, 2007, 112쪽)." 정약용의 의도가 이와 같다면, 권형을 '자유의지'나 자유로운 선택이라고 말하는 것은 적절하지 않을 것이다.

인간을 금수와 구별하고 선과 악, 공과 죄를 가르는 관건처럼 묘사되고 있는 것이 사실이다. 그러나 정약용에 의하면, 인간을 금수와 구별하는 본질적인 차이는 영체에 부여된 선을 좋아하는 기호와 성향에 있지 권형에 있지 않다. 정약용은 선악의 행위가 나뉘는 권형에 착안하여 고자告子는 "인성에는 선도 악도 없다"고 주장했고 양웅揚雄은 "선악이 혼재되어 있다"는 주장을 폈다고 보았다.[61] 만약 권형이 자유의지로서 인간의 본질적인 특성이라면, 정약용은 마땅히 고자와 양웅을 맹자보다 높였어야 하지 않겠는가? 요컨대, 정약용이 의도하는 바는 권형이 두 가지 성향이라는 인간의 특수한 조건에 따라 어쩔 수 없이 부차적으로 부여된 기능이라는 것이다. 그는 인간에게 자유로운 선택권을 부여하고자 했던 것이 아니라, 주체적으로 권형의 기능을 발휘하면 마음은 자연히 선을 향하도록 기울어지게 되어있기 때문에, 권형의 올바른 사용을 위해 수양의 노력을 기울여야 함을 강조하고자 했을 따름이다.

만약 정약용이 진실로 인간에게 자유의지가 있다고 믿었다면, 굳이 자의적인 의도나 선택의 뜻을 지닌 성리학적 '의' 개념을 권형이라는 용어로 바꾸지 않았을 것이다. 일찍이 정이는 "마음이 도에 통한 뒤에야 시비를 변별할 수 있음은 마치 권형저울을 가지고 경중을 비교하는 것과 같을 것이니, 맹자의 이른바 지언知言이 이것이다"[62]라고 말한 바 있다. 여기서 정이는 권형을 시비를 명확히 판단하는 것에 대한 비유로 사용한 것이지

61　丁若鏞, 『心經密驗』(『與猶堂全書』 2집, 2권), 282_039c. "總之靈體之內, 厥有三理, 言乎其性則樂善而恥惡, 此孟子所謂性善也, 言乎其權衡則可善而可惡, 此告子湍水之喩, 揚雄善惡渾之說所由作也, 言乎其行事則難善而易惡, 行荀卿性惡之說所由作也, 苟與揚也, 認性字本誤, 其說以差, 非吾人靈體之內, 本無此三理也."

62　朱熹, 『孟子集註』, 「公孫丑上」, 2장. "程子曰, 心通乎道, 然後能辨是非, 如持權衡, 以較輕重, 孟子所謂知言是也."

만, 그 핵심 요지는 무게를 잴 때 그 어떠한 자의적인 선호나 판단도 필요치 않은 것처럼 시비에 대해 객관적으로 변별해야 한다는 것이다. 정약용이 권형이라는 용어를 사용한 것도 이런 맥락과 다르지 않다. 즉, 권형을 올바로 사용한다면 마음은 선(德)을 향한 영지의 기호를 택하도록 되어 있다고 본 것이다. 다만, 정이가 말한 권형은 지적이고 인식적인 측면에서 단지 비유로 사용된 반면, 정약용은 권형을 마음이 지닌 도덕적이고 실천적인 기능으로서 적극적으로 말했을 뿐이다. 그는 지각과 의意 · 지志라고 하는 인식적이고 실천적인 기능을 영지영체가 지닌 실천적 호오의 성형과 권형으로 대체하고 싶었던 것이다.

이 같은 권형의 의미는 정약용의 도덕철학이 지니는 덕 윤리학virtue ethics적 성격과 조화를 이룬다.[63] 정약용에 있어 영지가 추구하는 선이란, 선천적이고 내재적이며 내용이 있는 추상적인 원리나 도덕성morality이 아니라, 외재적인 인륜 규범에 관련된 효 · 제 · 자孝 · 弟 · 慈 즉, 부모에 효도하고 윗사람에 공손하며 자식을 자애함과 같은 덕목들이다. 그는 "덕이란 인륜에 독실한 것을 두고 명명한 것이니 효 · 제 · 자가 그것이다"[64]라고 말한다. 도심과 인심, 선과 악을 나누는 선천적이고 절대적인 기준이 따로 있는 아니라, 실천을 통해서 이루어지고 사회공동체 안에서 역사적으로 전승되어 온 인륜으로서의 구체적 덕목들이 선악의 기준이 될 뿐이다. 그 가운데 효 · 제 · 자는 모든 덕을 실질적으로 구현하도록 하는 대표적인 실천덕목이다. 이런 공동체적 덕목들을 실천하는 데 있어 개인의 자유의지와 실존적 결단을 그

---

63 정약용의 덕 윤리학적 성격에 대해서는 다음 절에서 상론할 것이다.
64 丁若鏞, 『論語古今註』(『與猶堂全書』 2집, 7권), 282_166a. "德者, 篤於人倫之名, 孝弟慈是已." 또한 다음을 참조. 이지형 역주, 『역주 논어고금주』, 사암, 2010, 161쪽.

다지 강조할 필요는 없을 것이다.

자유의지와 실존적 결단은 오히려 주희의 도덕이론에서 요청되는 것이다. 주희에 있어 도심의 내용은 본성의 당위적 명령에 대한 자각으로서 일종의 의무감 같은 것이다. 그러나 도심과 인심 사이에서 하나를 선택해야만 하는 도덕주체는 지각과는 독립된 자의적 의意, 의향, 의욕, 의념에 의존해야하기 때문에 당위의식과 양심에 호소할 수밖에 없다. 당위의식에 대한 자각에도 불구하고 개인의 의욕은 도심을 선택하지 않을 수 있는 것이다. 주희의 이러한 윤리학적 입장에 대해 이황과 그를 추종하는 주리파 학자들은 대체로 동의했다. 주재력을 지닌 마음의 주체성과 자유의지를 긍정했던 것이다. 반면, 이이와 그를 추종하는 주리파 학자들은 마음을 경험적 심리주의의 관점에서 설명했던 것이고, 인심과 도심의 구분도 그 같은 심리적 과정의 결과로써 설명하려 했다. 주기파는 자유의지를 인정하지 않았지만, 그러나 의意는 지각인지작용의 과정 내에서 목적이나 결과를 계산하고 비교하며 따지는 작용으로 간주되었다는 점에서 여전히 자의성이 함축되어 있다.[65] 그런데 만약 지각과 덕이 분리된다면, 지각이라는 인지 기능은 개인의 사사로운 의도나 목적을 이루기 위한 도구로 전락하게 될 것이다. 정약용은 인식과 도덕을 분리하는 당시 주기파 특히 김창협을 위시한 낙론계열의 이러한 경향을 받아들였지만, 심리주의적 마음 이론과 도덕학설에 대해서는 동의할 수 없었던 것이다. 특히, 도덕철학에 있어 주기

---

[65] 다음을 참조. "의를 이미 발한 뒤의 가장 말단적인 일이라고 한 것은 매우 옳지 않네. 그리고 이른바 '정에 따라 계산하고 비교한다'는 것도 정의 발현으로 인하여 이처럼 헤아리고 계산하며 비교하는 생각이 있게 됨을 말한 것이다. 이 의(意)가 싹트는 지점은 기미가 아니란 말인가?(以意謂已發後最末梢事, 大不是, 所謂緣情計較者, 亦謂因情之發而有此商量計較意思也. 此意萌動處, 獨非幾微乎?)"(金昌協, 『農巖集』권16, 「答李顯益(庚辰)」, 162_051a-b)

파가 말하는 주관적 사고 작용으로서의 의에 대해서는 매우 경계했던 것이다. 그렇다고 주희나 주리파가 견지하는 자유의지적 의·지에 의존하는 것도 너무 안이하고 낙관적인 태도로 여겨졌던 것이다. 이런 맥락에서 정약용은 의 대신 권형을 도입함으로써 남인과 노론을 절충한 제3의 입장을 수립하게 된 것이다.

요컨대, 권형은 마음의 두 가지 성향덕에 대한 성향과 육체적 성향을 가늠하여 택하는 기능이지만, 자유로운 선택의 의미가 주희나 주리파의 의 개념에 비해 감퇴된 것이다. 그것은 '내적 헤아림'의 의미 정도로 해석하는 것이 적절하다. 정약용은 자의성이 탈각된 권형 기능에 의해 덕(선)을 좇는 도덕적 실천이 가능하다고 주장함으로써 지속적인 수양공부의 필요성을 강조하고자 했다. 그러나 권형은 영지의 기호에 대한 자각 없이는 도심을 택하여 덕을 실천할 수 없기 때문에, 영지의 지적인 작용은 여전히 중요한 문제로 남지 않을 수 없다. 이제 정약용의 도덕론을 좀 더 자세히 살펴보기로 하자.

2. 정약용의 인심도심론과 덕 윤리학적 구상

근래의 다산 정약용에 대한 일련의 연구는 주자학과의 단절뿐만 아니라 연속성까지 고려하는 방향으로 나아가고 있다.[66] 여기서는 주자학과의 단

---

[66] 대표적으로 다음의 연구들을 들 수 있다. 한형조, 「다산과 서학西學 – 조선 주자학의 연속과 단절」, 『다산학』 2호, 다산학술문화재단, 2001; 이광호, 「退溪 李滉의 心學的 理學이 茶山 丁若鏞의 道德論 形成에 미친 影響」, 『한국실학연구』 12호, 한국실학학회, 2006; 백민정, 『정약용의 철학 – 주희와 마테오리치를 넘어 새로운 체계로』, 이학사, 2007; 백민

절과 연속이라고 하는 두 측면을 균형 있게 고려하면서 정약용의 윤리학
이 지니는 실천적 특성과 이론적 한계를 고찰해보고자 한다. 정약용의 윤
리학적 특징을 '실천적' 성격에서 찾는 근래의 연구로는 돈 베이커를 들
수 있다.[67] 그는 지금까지 상대적으로 덜 조명되어 왔던 정약용의 윤리학
이 현실적인 도덕심리학, 구체적 윤리처방, 그리고 실용신학이라는 측면
에서 '실천적practical' 성향을 띠기 때문에 '실학practical learning'적 성격을
잘 보여줄 수 있다고 말한다.[68] 그러나 정약용의 윤리사상을 '실천 윤리학
practical ethics'이라고 지칭하는 것은 적절하지 않다고 본다. 일반적으로
'실천 윤리학'이 의미하는 바와 주제나 접근 방식에 있어 정약용은 상당
한 거리가 있다고 여겨지기 때문이다.[69]

다산 윤리학을 '실천적'인 것으로 보는 또 다른 예로 장승구의 연구를
들 수 있다.[70] 그러나 이 경우에서의 '실천' 또한 '이론'과 대립적인 의미
로 규정된 것이 아니라, '행사行事'라는 개념과 관련이 있다. 즉, "주희의 윤
리학은 심心의 체體와 용用을 함께 고려하면서도 체의 수양을 우선적으로
중시하지만, 다산 윤리학은 생활에서의 응용과 실천을 위주로 한다"[71]는

정, 「茶山 心性論에서 도덕감정과 자유의지에 관한 문제」, 『한국실학연구』 14호, 한국실
　학회, 2007.
67　돈 베이커, 「실천 윤리학과 실학―도덕수양에 대한 다산의 접근」, 『한국실학연구』 18호,
　2009.
68　위의 글, 192쪽.
69　단적인 예로 오늘날 '실천윤리학'의 대표자라 할 수 있는 피터 싱어(Peter Singer)는 『실
　천윤리학』에서 동물에 대한 평등, 살생, 빈부의 문제, 내부인과 외부인, 환경문제 등을 다
　루고 있다. 말하자면 그의 '실천윤리학'은 '응용윤리학(applied ethics)'이라 하겠는데,
　이 점에서 정약용의 윤리학은 이러한 의미의 '실천윤리학'과는 거리가 멀다고 하겠다.
70　장승구, 『정약용과 실천의 철학―다산 철학의 근대성 탐구』, 서광사, 2001; 장승구, 「다
　산 정약용의 윤리사상 연구―주자 윤리사상과의 비교를 중심으로」, 『한국철학논집』 21
　호, 한국철학사연구회, 2007.
71　장승구, 『정약용과 실천의 철학―다산 철학의 근대성 탐구』, 106쪽.

것이다. 그렇다면 '행사'로서의 '실천'이란 마음의 정적靜的 수양과 대비되는 동적動的 행위를 가리킨다고 하겠다. 비록 정약용은 '행사'적 실천을 강조하긴 하지만, 그러나 경敬의 마음 수양에 상대되는 의미에서 그렇게 한 것은 아니었다.

분명 최근의 연구들이 보여주는 것처럼, 윤리학은 정약용의 사상에서 핵심을 이루고 있다고 할 수 있다.[72] 그러나 그것이 지닌 '실천적' 성격이 과연 무엇을 의미하는지는 아직 분명하게 해명되지 못했다고 생각한다. 나는 당시의 맥락에서 '이론'적인 것과 대비시켜야 비로소 '실천'의 의미가 분명해질 것이라고 본다. 당시 '이론'과 '실천'의 함의에 대한 역사적, 논리적 고찰이 요청된다는 것이다. 나의 가설은, 성리학의 이기심성론이 도덕의 이론적 인식론적 정당화를 함축하고 있는 데 반해, 정약용은 덕德 개념을 중심으로 하는 실천 지향적인 윤리학을 제시하게 되었다는 것이다. 이를 입증하기 위해 먼저 성리학의 윤리학적 두 관점과 이에 대한 정약용의 실천 지향적 덕 윤리학의 구상, 그리고 그의 윤리학의 특성과 한계에 대해 차례대로 논할 것이다.

1) 성리학의 윤리학적 두 입장－동기주의와 결과주의

우리가 앞서 이미 살펴보았지만, 주희의 윤리학적 입장은 한마디로 말해서 동기주의 혹은 의무론이라고 할 수 있다.[73] 주희는 일찍이 『서경』에 나

---

72 백민정은 저서 『정약용의 철학』에서 "새로운 윤리학의 가능성"을 모색했던 정약용이 주희와 마테오리치를 넘어 "새로운 체계"를 완성하게 된다는 견해를 밝히고 있다. 그러나 그녀의 책은 그것이 어떠한 체계인지 개념적으로 규정하는 데 이르지는 못했다고 생각된다.
73 '동기주의', '의무론', '결과주의' 등의 서양철학 용어로 동양 윤리사상을 규정하는 것에 대해 거부감이 들지도 모른다. 나도 서양의 대표적인 의무론자인 칸트(I. Kant)와 주희의 윤리 이론이 정확히 일치한다고 보지는 않는다. 그러나 윤리적 행위의 기준이나 근거에

오는 "인심은 위태롭고 도심은 미미하니, 정밀히 하고 한결같이 하여 그 중을 잡아라"[74]라고 하는 이른바 16자 심법이라고 하는 구절에 대해 「중용장구서」에서 인지 작용cognitive activity을 뜻하는 지각 개념을 사용하여 도덕론을 체계적으로 새롭게 제시한 바 있다.[75] 즉, 인심이란 개인의 육체로부터 생기는 욕구나 감정을 말하고, 도심이란 '본성의 명령[性命]'으로서 인지되는 일종의 의무감이라는 것이다. 여기서 '본성의 명령'이란 공적인 원리로서 천리에 따라야 한다는 주관적인 당위의식에 다름 아니다. 그것은 한 개인의 마음속에서 울리는 양심의 목소리 같은 것이며 실천이성의 명령에 해당된다 하겠다. 도덕적 행위란 곧 인심을 통제하고 도심을 따라야 한다는 의무감에 의해 촉발된 행동을 말한다. 이는 행위에 있어 결과를 따지지 말고 내적 동기의 선함 여부를 도덕의 기준으로 삼아야 한다는, 넓은 의미의 의무론적 입장에 속한다.

주희의 이러한 의무론적 입장은 진량陳亮, 1143~1194과의 의리義利 왕패王覇 논쟁을 통해서 형성되고 구체화된 것이다. 일찍이 이 논쟁을 동기주의와 결과주의의 대립으로서 파악한 연구가 있긴 하지만,[76] 성리학의 윤리학설

있어 결과를 중시하느냐 아니면 내적 동기를 중시하느냐의 관점 차이에 의해 결과주의 (consequentialism)와 동기주의(motivationalism)의 입장으로 나누어 보는 것은 신유학에 있어서도 상당히 적절하다고 본다. 즉, 성리학의 윤리학적 입장은 동기주의와 결과주의로 크게 양분될 수 있으며, 최근 서양윤리학에서 덕 윤리학이 부상하는 것처럼 조선에서도 제3의 입장으로서 정약용의 덕 윤리학이 두 윤리설에 도전하는 형국을 나타낸다는 것이다. 전지구적 관점에서, 세계에는 의무론이나 결과론, 덕 윤리학의 많은 입장들과 갈래들이 있고, 주희나 이이, 정약용의 윤리설은 각각의 갈래에 속한다고 생각하면 될 것이다.

74 『書經』, 「大禹謨」. "人心惟危, 道心惟微, 惟精惟一, 允執厥中."
75 본서의 제1장 제2절 주희 인심도심론 부분을 참조할 것.
76 이승환, 「주자와 진량의 왕패논쟁」, 『유가사상의 사회철학적 재조명』, 286~321쪽. 한편 틸만은 진량을 공리주의적 입장으로 보지만, 주희는 "개인의 덕과 동기의 도덕성(morality of personal virtue and motivation)"의 입장이라고 본다. Tillman, h. *Utilitarian Confucianism*

은 전체적으로 이 두 입장으로 양분될 수 있다는 인식은 그다지 보편화되어 있지 않다. 어쨌든 그 논쟁에서 주희는 진량의 공리주의적 학설에 대해 "결과적 성패로써 시비是非를 논하려는 것"[77]이라고 비판했다. 진량은 이른바 "정의와 이익은 함께 행해지고[義利雙行]" "왕도와 패도는 나란히 사용된다[王覇竝用]"는 학설로 알려져 있지만, 그것은 전면에 공리주의를 내세우지 않으려는 의도일 뿐 실상은 공리주의에 가까운 것이었다.[78] 이러한 공리주의에 대한 주희의 비판은 『논어』의 "일을 먼저하고 이득은 뒤로 미루는 것이 덕을 숭상하는 것이 아니겠느냐"[79]라는 구절에 대한 다음의 해설에 잘 나타나 있다.

요즘 사람들은 일을 함에 이 일을 마땅히 해야 하는지, 마땅히 해서는 안 되는 것인지는 논하지 않고, 먼저 이 일에 어떤 공효가 있는지를 계산하고 비교한다. 이미 계산하고 비교하려는 마음이 있으면 이는 오로지 이익을 위하여 하는 것이니, 마땅히 해야 할 일에 대해서는 다시 알지 못하는 것이다. 덕이라는 것은 이치가 나의 마음에 얻어진 것이다. 일반적으로 사람들이 마땅히 해야 할 것을 알아서 이익을 위하는 마음이 없다면, 이러한 생각은 저절로 높고 원대한 것이다. 작은 이해利害를 따지고 작은 편의를 찾으면, 이러한 생각은 곧 비루하고 수준이 낮은 것이다. 이른바 '숭상[崇]'이라는 것은 덕이 이로부터 점점 높아지는 것을 말한다.[80]

: Chen Liang's challenge to Chu Hsi, pp.133~152.

77 朱熹, 『朱文公文集』, 卷36, 「答陳同甫」. "若以其能建立國家, 傳世久遠, 便謂其得天理之正, 此正是以成敗論是非, 但取其獲禽之多, 而不羞其詭遇之不出於正也."

78 이승환, 「주자와 진량의 왕패논쟁」, 307쪽 참조.

79 朱熹, 『論語集註』, 「顔淵」, 21장. "先事後得, 非崇德與?"

80 朱熹, 『朱子語類』 42 : 93. 陳希眞問'先事後得, 非崇德與'. 曰 : "今人做事, 未論此事當做不

주희에 따르면, 결과적 이익을 따지는 마음은 저급한 것이고 마땅히 해야 할 일의 당위성에 대한 자각은 수준이 높은 것이다. 전통유학에서의 소위 덕이라는 것은 바로 이 같은 당위의식에 따르는 행위를 함으로써 체득하게 된 마음의 상태나 경지인 것이다. 다시 말해서, 모든 인간은 선천적으로 똑같은 이치를 부여받아 태어나지만, 나중에 어떤 사람은 덕 있는 군자가 되고 어떤 사람은 이익을 따지는 소인배가 되는데, 이는 그 사람이 일의 당위성에 충실했느냐 그렇지 못했느냐에 의해 갈리게 된 것이다. 결국 덕이란 당위적인 준칙이나 이치를 따라 행함으로써 마음에 체득되는 것으로 규정된다. 다만 당위적 의무감의 실행 여부, 다시 말해 도심을 선택하고 인심을 통제하는 것은 근본적으로 앎[지각]으로부터 독립적인 실천적 의욕[意]의 자의성에 의존해 있기 때문에[81] 「중용장구서」에서 말한 정일精一 공부, 즉 두 지각 내용 중 무엇을 택할지를 정밀히 살펴서 도심을 한결같이 유지하는 택선고집擇善固執의 실천적 수양 공부가 요청된다.[82] 성의誠意, 의를 성실히 함가 도덕실천에 있어 매우 강조되는 것은 의가 지닌 자의적 선택 기능 때문이다.[83]

조선조에서도 동기주의 대 결과주의의 대립은 이른바 사단칠정과 인심도심의 문제를 둘러싸고 벌어진 논쟁에서 다시 나타난다. 즉, 이황과 이이

當做, 且先計較此事有甚功效. 旣有計較之心, 便是專爲利而做, 不復知事之當爲矣. 德者, 理之得於吾心者也. 凡人若能知所當爲, 而無爲利之心, 這意思便自高遠. 才爲些小利害, 討些小便宜, 這意思便卑下了. 所謂崇者, 謂德自此而愈高起也."

81 주희는 意를 知로부터 독립적인, 마음의 또 다른 작용으로서 구분했다. 다음을 참조.『朱子語類』15 : 123. "致知, 誠意, 正心, 知與意皆從心出來. 知則主於別識, 意則主於營爲. 知近性近體, 意近情近用."

82 朱熹,「中庸章句序」. "精則察夫二者之間而不雜也, 一則守其本心之正而不離也. 從事於斯, 無少間斷, 必使道心常爲一身之主, 而人心每聽命焉, 則危者安, 微者著, 而動靜云爲, 自無過不及之差矣."

83 朱熹,『大學章句』, 전6장(朱子註). "誠其意者, 自修之首也."

가 각각 동기주의와 결과주의의 두 입장을 나타내는 것이다. 이황은 지각 내용에 근거하여 사단의 도덕감을 칠정의 일반감정으로부터 구분하고 그 것을 각각 리발理發과 기발氣發의 호발적 구조로써 설명하였다. 이로써 이황이 주장하려는 바는, 사단(=도심)은 칠정(=인심)과 마찬가지로 기라는 경험적 질료에 의해 촉발되긴 하지만, 그 지각된 내용으로서의 당위적 의무감은 결코 외부대상이나 그것에 대한 감각으로부터 온 것이 아니라 오로지 내적인 인·의·예·지의 도덕성의 발현이라 하지 않으면 안 된다는 것이다.[84] 그러한 도덕적 리의 지각으로서의 사단道心은 일의 당위성에 대한 자각으로서 의무감과 다르지 않다. 도덕적 선이란 근본적으로 도덕이성의 발현과 의무감이라는 내적 동기에 달려 있다는 것이다.

반면, 이이는 이황의 이러한 견해를 정면으로 반박한다. 지각은 '기가 발하되 리가 올라타는' 하나의 경로, 말하자면 외부대상에 대한 감각질료적 기의 촉발과 그러한 촉발과 감각경험을 가능하게 하는 원리의 결합이라고 하는 구조에 의해서만 성립되는 것이므로, 사단과 칠정, 인심과 도심은 지각의 과정이나 구조상 동일하므로 구분 불가능하다고 주장한다.[85] 이는 곧 지각상에서 사단과 칠정은 구분되지 않는다는 점을 함축하는 것이다. 또한 이황이 사단=도심, 칠정=인심으로 간주했던 것과는 달리, 이이는 사단칠정은 즉각적인 감정일 뿐이며 인심도심은 감정에 '계산하고 비교하며 따지는[計較商量]' 의意의 작용이 가해져야 성립되므로 서로 같지 않다고 한다.[86] 선과 악, 인심과 도심의 구분은 리발로 설명되는 내적 당

---

84 李滉, 『退溪集』 권16, 「答奇明彦(論四端七情第一書)」, 029_408b.
85 李珥, 『栗谷全書』 권10, 「答成浩原」, 044_212c. "蓋退溪則以內出爲道心, 以外感爲人心, 珥則以爲人心道心皆內出, 而其動也皆由於外感也."
86 李珥, 『栗谷全書』, 卷9, 「答成浩原」(壬申), 044_194d.

위의식이나 의무감을 기준으로 하는 것이 아니라, 외적인 기준에 비추어 '계산하고 비교하며 따진' 이후에야 판가름이 난다. 즉, 어떤 감정이나 행위를 예禮와 같은 규범에 들어맞았는지 그렇지 않은지 중절中節 여부를 따져본 뒤에 그것이 인심인지 도심인지, 선인지 악인지가 결정된다는 것이다. 비록 개인의 심리적 기운의 맑고 탁함에 따라 예절과 규범을 준수하는 것이 쉽고 어려워질 수 있지만, 근본적으로 선악의 기준은 상황에 맞는 예의 절목에 놓여 있는 것이다. 이러한 인심도심론은 리발을 부정하고 '기발이승'만을 주장하는 경험론적 주기론으로 인해 사단과 칠정의 선험적인 구분을 부정함으로써 야기된 결과론적 입장이다.

이황과 이이 사이의 사단칠정·인심도심 논쟁은 단지 개념 규정의 문제에 지나지 않는 것이 아니라, 도덕적 기준은 무엇인지에 관한 윤리학적 근본문제에 관련된 것이었다. 다시 말해서, 그것은 도덕을 인식적으로 어떻게 정당화할 수 있는가의 문제인 것이다. 지각론적 관점에서 이황과 이이의 두 입장은 서로 모순적인 것이므로 양립될 수 없는incompatible 것이다. 한 쪽이 맞으면 다른 한 쪽은 필연적으로 틀리게 된다는 뜻이다. 이런 맥락에서 주리파에서는 이현일, 정시한, 이익 등이 이이를 "틀렸다"고 비판하였던 것이다. 마찬가지로 주기파의 송시열, 김창협, 한원진 등도 상대를 오류라고 주장했다.

그런데 18세기에 이르러 이상정의 이른바 '분개分開와 혼륜渾淪의 종합설'이라는 견해에서 단초가 보이는 것처럼 이이의 견해를 일부 수용하는 경향이 나타나게 된다. 상대 진영을 용인하는 이런 경향은 주기파에서도 일부 나타난다. 17세기에는 주리와 주기 양 진영에서 일방적으로 상대방을 오류라고 비판하는 분위기가 대세였지만, 18세기에 들어와서는 그러한 대립을 비판하면서 두 학설의 양립 가능성과 절충을 말하는 학자들이 많아지게 되었다는 것이다. 이는 당시 이념적 대립과 학파적 분열을 넘어서 양립과 절충을 추구하는 새로운 사상적 조류가 싹트기 시작했음을 의미한다. 새로운 사상 조류는 서학의 유입에 의해 가속화되었던 것으로 보이는데, 그러나 본체론적 사유의 부상과 새로운 존재론의 모색과 더불어 지식지각과 도덕의 분열, 그리고 도덕적 정당화에 대한 회의를 부작용으로서 동반하게 된다.[87] 도덕에 대한 인식적 정당화를 약화시키는 사상 조류는 특히 전통적인 인륜 규범의 총체적인 붕괴를 초래할 위험성이 농후했다.[88] 정약용의 윤리학은 이런 위기감이 고조되는 분위기 속에서 태동했던 것이다.

2) 인심도심에 관한 다산의 덕 윤리학적 입장

지금까지 사단칠정에 대한 정약용의 견해에 주목하는 연구들이 이어지고 있지만,[89] 다른 관점에서의 분석이 요청됨을 느끼게 된다. 비록 이황과

---

87 도덕과 지각의 분열은 김창협의 지각론에 의한 결과였다. 그는 "생각건대 기의 허령함은 스스로 지각할 수 있어서 처음부터 인·의·예·지의 일과 관련되지 않는다(蓋曰氣之虛靈, 自會知覺, 初不干仁義禮智事也)"(『農巖集』 권13, 「與李同甫(丙戌)」, 161_560d)고 말했다. 즉, 지각은 지식에 관련되는 도구적 인지 기능일 뿐이고, 인·의·예·지는 지각과는 관련 없는 것이 된다. 이런 경향은 새로운 지식과 정보의 범람에 의해 점점 더 강화되었을 것이다. 다만, 지각과 도덕의 분열은 그 단초가 이이에게로 소급될 수 있다고 여겨진다. 이이의 결과주의적 입장은 사실상 도덕적 기준을 외적 규범에 두기 때문에 인·의·예·지의 성은 도덕이성이 아니라 단지 경험적 지각의 근거를 의미하기 때문이다.

88 정민은 『18세기 조선지식인의 발견』(서울 : 휴머니스트, 2007, 52~53쪽)에서 18세기 조선의 사상적 변화를 "자생적 근대화"의 가능성으로 보았지만, 동시에 사치풍조의 확산과 풍속의 타락, 민생의 참혹함으로 묘사하고 있다.

89 유초하, 「정약용의 사단칠정관」, 『四端七情論』, 서울 : 서광사, 1992, 367~388쪽; 한형조, 『주회에서 정약용으로』, 서울 : 세계사, 1996, 147~158쪽; 김영우, 「다산의 사단칠정론 고찰」, 『다산학』 6호, 다산학술문화재단, 2005; 이광호, 「退溪 李滉의 心學的 理學이 茶山 丁若鏞의 道德論 形成에 미친 影響」, 33~38쪽.

이이 두 입장의 "형식적〈이론적〉양립불가능성에 대한 실질적〈이론비판적〉무효화"가 언급되긴 했지만,[90] 그것을 구체적인 윤리학적 맥락 속에서 해석할 필요가 있는 것이다. 정약용의 관심은 무엇보다 윤리–정치적인 실천에 있었기 때문에, 도덕의 정당화 문제에 관련된 번쇄한 이기심성론은 그에게 지나치게 이론적으로 보였다. 다만, 정약용이 처음부터 이황과 이이의 양립가능성을 말하면서 양자의 공통적 기반에 대해 공격한 것은 아니었다. 34세 때의 「서암강학기西巖講學記」1795에서 처음으로 두 입장의 양립가능성을 언급하고 이후 「리발기발변理發氣發辨」1801에서 그의 견해를 발전시키기 전까지 그는 이이의 견해가 "옳다"고 밝힌 바 있다. 이는 이벽李檗, 1754~1786과의 토론을 통해 완성된 『중용강의中庸講義』1784에 수록된 정조正祖의 질문에 대한 답변에 나타나 있다. 그는 다음처럼 말했다. "신은 사단은 리발에 속하고 칠정은 기발에 속한다는 설에 대해서 오랫동안 의심을 가지고 있었습니다. 분분히 어지러운 설에 빠지지 않고 초연히 앉아서 공정하게 그것을 본다면, 혹 쉽게 변론하여 깰 수 있습니다. 대개 기는 스스로 존재하는 사물이요, 리는 무엇에 의존하고 부속되는 품목입니다."[91]

다만, 이 언급은 정약용이 초기에는 이황의 호발설을 비판하고 이이의 설을 수용했음을 의미하는 것은 아니다. 그는 도덕론의 맥락에서 이이의 결과주의 입장에 찬동한 것이 아니라, 단지 존재론적 관점에서 이이의 이기 개념에만 동의했을 뿐이다. 1784년 4월 이벽은 『천주실의』를 정약용에게 소개하였고, 이에 영향 받아 정약용은 리나 기가 아닌, 제3의 존재로

---

90 유초하, 「정약용의 사단칠정관」, 369쪽.
91 丁若鏞, 『中庸講義補』(『與猶堂全書』 2집, 1권), 282_095a. "臣於四端屬理發, 七情屬氣發之說, 有宿疑焉. 若不汩沒於紛紜之說, 超坐而公觀之, 則或易辨破. 蓋氣是自有之物, 理是依附之品."

서 상제귀신을 상정하게 됨은 이미 앞서 말한 바와 같다. 초월적 상제귀신의 존재는 도덕적 수양과 실천을 위해 인간 존재를 설명함에 있어 추상적인 원리의 대안으로서 수용된 것이다.[92] 이는 정약용이 처음부터 추상적 원리에 대한 회의와 반감을 가지고 있었음을 암시한다. 기는 실재하는 사물을 이루는 재료로서 '스스로 존재하는 사물'이지만, 리는 기에 부속된 '의존적인 품목속성'으로서 실상 존재하는 것이 아니다. 그런데 성리학은 이처럼 존재하지 않는 원리나 규칙에 의해 도덕을 설명하려하기 때문에 도덕적 실천을 어렵게 만든다는 것이다.

정약용의 이런 의문은 오래된 것이었지만 서학에 의해 매개된 새로운 존재관의 수립을 통해 보다 명확하게 된 것이고, 맥락의 차이에도 불구하고 이기 개념상에서는 서학과 이이가 서로 통한다고 본 것이다. 실제로 이이는 현상에 대한 지각과 이론의 차원에서 리와 기는 구분되지만, 본체의 실재 차원에서는 리와 기는 구분되지 않으며 일체를 이룬다고 보았다. 이같은 리 개념은 기의 조리條理의 의미를 강하게 나타냄으로써 그 실재성을 의심하도록 이끌기에 충분할 것이다. 이러한 이이의 견해는 정주성리학과 분명 차이 나는 것임에도 불구하고, 당시 조선 철학계의 또 다른 주요 흐름을 대변했던 것이다. 정약용은 성리학에 대한 전체적인 이해 부족과 불신의 상태에서 천주교로부터 영향 받은 존재관에 따라 이기 개념을 규정하였던 것이다.[93] 이러한 정황은 그에 대한 이벽의 비판적 조언에서도 확인된다. 이벽은 다음처럼 말하기 때문이다.

---

92 백민정, 『정약용의 철학-주희와 마테오리치를 넘어 새로운 체계로』, 90~91쪽.
93 이광호, 「退溪 李滉의 心學的 理學이 茶山 丁若鏞의 道德論 形成에 미친 影響」, 32쪽.

만약 '리'자와 '기'자의 원래의 뜻에 나아가서 공정하게 논한다면, 이 설은 진실로 그것에 가깝습니다. 만약 성리학자가 말한 바의 예에 나아가서 분석하여 그것을 논하면, 리는 단지 도심이요, 기는 단지 인심입니다. 심의 성령性靈으로부터 발하는 것은 리발이요, 심의 형구形軀로부터 발하는 것은 기발입니다. 이로써 말하면, 퇴계의 설은 매우 정밀하고 미세하니, 율곡의 설을 따라서는 안 됩니다.[94]

이기의 존재론적 규정만으로 본다면 정약용이 설명한 것처럼 말할 수도 있지만, 성리학의 심성론에서 인심도심의 윤리학적 맥락에서는 이황이 옳다고 보아야 한다는 것이다. 이벽의 이와 같은 견해는 천주교의 의무론이 도덕수양의 차원에서 성리학과 통한다고 보았던 성호학파 내부 신서파의 사상 경향을 대변한다고 하겠다.[95] 이벽의 조언에 따라 정약용은 이후 성리학의 윤리학설을 깊이 고찰하게 된다. 그리고 1795년 목재木齋 이삼환李森煥, 이익의 증손을 비롯한 남인 학인들과 가졌던 충남 온양 봉곡사鳳谷寺에서의 강학회 내용을 기록한 「서암강학기」에서 그는 이황과 이이 어느 한쪽이 맞고 틀리다고 할 수 없다는 양립가능성을 비로소 제기하기에 이

---

94 丁若鏞,『中庸講義補』(『與猶堂全書』 2집, 1권), 282_095b. "李德操曰, 若就理字氣字之原義而公論之, 則此說固近之. 若就性理家所言之例而剖論之, 則理只是道心, 氣只是人心. 心之自性靈而發者爲理發, 心之自形軀而發者爲氣發. 由是言之, 退溪之說甚精微, 粟谷之說不可從."

95 이러한 신서파의 견해는 이익에서 비롯된다고 할 수 있다. 그는 서양선교사 방적아(龐迪我, 1571~1618. 스페인 선교사 Diego de Pantoja의 중국식 이름)의 저술『칠극(七克)』을 논하면서 다음처럼 말하기 때문이다. "이 일곱 가지 악심[七枝] 가운데 다시 절목(節目)이 많고 조관(條款)이 순서가 있으며 비유하는 것이 절실하여 간혹 우리 유교에서 밝히지 못하였던 것도 있으니, 그 극기복례(克己復禮)의 공부과정에 도움이 크다고 하겠으나, 다만 천주귀신의 논설이 섞여 있는 것만이 해괴할 따름이니, 만약 그 잡설을 제거하고 명론(名論)만을 채택한다면, 바로 유가자류(儒家者流)라고 하겠다."(『星湖僿說』 권11 人事門,「七克」)

른다. 이는 그때 비로소 그의 윤리학적 입장의 대략이 형성되었음을 의미

한다. 전후 맥락을 보면, 참가자 중에 오국진吳國鎭이란 자가 성호 선생이

지은 『사칠신편四七新編』이 사단칠정에 관한 논의를 완전히 정리했음에도

여전히 "영남에는 퇴계의 본지를 이해하지 못하는 자들이 있다"고 언급한

다.[96] 그가 말한 것은 이상정 문파를 가리키는 듯하다. 이미 언급했듯이

이상정은 이황과 이이 학설의 공존을 모색했는데, 이것이 성호학파에게

는 이황 학설을 오해했기 때문에 이이 이론을 수용하게 된 것으로 비쳐졌

던 것이다. 실제로 이익은 주리론적 지각의 관점에서 이황이 옳고 이이는

틀렸다고 주장했으며,[97] 이삼환 역시 같은 관점에서 이익의 견해가 이황

뿐만 아니라 주희와 상통한다고 말했던 것이다.[98] 그런데 정약용은 이에

동조하지 않으면서 양자 중 어느 한쪽이 옳고 다른 한쪽은 틀렸다고 말할

수 없다고 주장한다.

　　퇴계가 논한 리와 기는 오로지 우리 인간의 성정을 가지고 설명한 것이므

로, 퇴계가 말씀한 리는 도심으로 바로 천리와 성령에 해당하고 기는 인심으

로 바로 인욕과 혈기에 해당합니다. 그러므로 사단을 리발기수理發氣隨라 하고

칠정을 기발이승氣發理乘이라 하였습니다. 대개 마음이 발하는 바가 천리나 성

96　丁若鏞, 『詩文集』, 「西巖講學記」(『與猶堂全書』 1집, 21권), 281_461a.

97　李瀷, 『星湖全集』 권29, 「答韓汝寬(世裕○丙辰)」, 199_007a-b. "저들의 말과 같이 단지
'기발이승'의 한쪽만 있다고 한다면, 이는 진실로 잘못된 주장입니다.(彼所謂只有氣發理
乘一邊者, 固不是矣.)"

98　丁若鏞, 『詩文集』, 「西巖講學記」(『與猶堂全書』 1집, 21권), 281_461a. "우리 종조(從祖
(이익)의 사단칠정에 대한 논설은 오로지 퇴계의 해석을 주로 하였으나, 주자의 뜻에도
깊이 부합되었다. 율곡의 기발설(氣發說)은 견해가 너무 치우쳐서 사단도 기발이라고 하
였으니, 이는 리와 기의 주객이 서로 바뀌어서 마음이 성정을 통솔할 수 없는 것이 된다.
이는 퇴계가 위대한 현자라고 해서 내가 퇴계에게 아첨해서 하는 말만은 아니다."

령으로부터 오는 것은 바로 본연지성의 발함이고, 인욕이나 혈기로부터 오는 것은 바로 기질지성의 촉발이라고 보셨기 때문입니다. 율곡이 논한 이기는 천지만물을 총괄해서 설명한 것입니다. 그러므로 율곡이 말한 리는 무형으로 사물의 소유연所由然이고, 기는 유형으로 사물의 체질體質입니다. 그러므로 '사단·칠정으로부터 천하의 만물에 이르기까지 기발이승이 아닌 것이 없다'고 하였습니다. 이는 대개 사물이 발동할 수 있는 것은 그 형질이 있기 때문인데, 이 형질이 없으면 아무리 리가 있다 하더라도 그 발동을 어떻게 볼 수 있겠습니까? 그러므로 발하기 전에 비록 리가 먼저 있다 하더라도 그 발할 때에는 기가 반드시 먼저 하는 것이라고 본 것입니다. 율곡은 이러한 생각에서 그렇게 말한 것입니다. 그렇다면 퇴계와 율곡이 바로 사단·칠정에 대하여 똑같이 논하였고 리와 기에 대하여 똑같이 말하였지만, 그 리와 기라는 두 글자의 주각注脚은 판이하게 다른 것입니다. 율곡의 문집에 대해 비록 이와 같이 들어서 말한 곳은 없으나, 그 본의는 반드시 이와 같을 것입니다. 이기 글자의 뜻을 이미 서로 달리한 것이라면, 율곡의 주장은 율곡대로의 논설이며 퇴계의 주장은 퇴계대로의 논설입니다. 제 생각에는 시비득실을 따져 귀일시킬 것이 아니라고 보는데, 어떤지 모르겠습니다.[99]

---

[99] 丁若鏞, 『詩文集』, 「西巖講學記」(『與猶堂全書』 1집, 21권), 281_461a-b. "退溪所論理氣, 專就吾人性情上立說, 理者道心也, 天理分上也, 性靈邊的也, 氣者人心也, 人慾分上也, 血氣邊的也. 故曰四端理發而氣隨, 七情氣發而理乘, 蓋心之所發, 有從天理性靈邊來者, 此本然之性有感也, 有從人慾血氣邊來者, 此氣質之性有觸也. 栗谷所論理氣, 總括天地萬物而立說, 理者無形之也, 物之所由然也, 氣者有形之也, 物之體質也. 故曰四端七情, 以至天下萬物, 無非氣發而理乘之. 蓋物之能發動, 以其有形質也, 無是形質, 雖有理乎, 安見發動? 故未發之前, 雖先有理, 方其發也, 氣必先之, 栗谷之言, 其以是也. 然則退溪栗谷, 雖同論四七, 共談理氣, 卽其理氣二字注脚判異, 栗谷集中, 雖無如是揭開處, 其本意所執, 必如是也, 理氣字義旣異, 則彼自一部說, 此自一部說, 恐無是非得失之可以歸一者, 未知如何?"

위에서 정약용이 말하고 있는 것의 핵심은, 리와 기에 대해 이황은 심성의 차원에 국한시켜 말하였고 이이는 천지만물을 총괄하여 논한 것이므로 두 사람의 리기 개념은 양립 가능하다는 것이다. 그가 말한 양립가능성을 다시 풀어 말하면, 두 사람의 리기 개념이 가리키는 바가 서로 다르기 때문에 어느 한쪽이 옳고 그르다고 시비득실을 따지기 보다는, 도덕철학 차원에서는 이황이 맞지만 존재론의 차원에서는 이이가 옳다고 보는 것이 좋다는 것이다. 그러나 바로 이어서 이삼환이 정확히 지적하고 있는 것처럼 "사단칠정을 논함으로 인하여 이기에 대한 허다한 설이 대두되었기 때문에 아마도 천지만물의 리와 기는 도리어 둘 곳이 없다"[100]고 보아야 한다. 이이 또한 사단과 칠정의 관계에 대해 '기발이승일도'를 주장한 것이므로, 그것은 인간 심성과 도덕에 관한 것이지 자연사물에 대한 것은 아닌 것이다. 비록 이이가 그와 같은 이기 개념을 먼저 천지만물의 일반적 존재론으로부터 착안하여 인간에게까지 적용한 것이라 하더라도, 사단칠정논변에서는 인간의 도덕과 관련되는 심성과 지각에 있어서의 요소를 지시하는 것으로 보아야 할 것이다. 이이가 이황의 '리발기수'는 부정하되 '기발이승'은 긍정했다는 사실은 그도 이황이 논하고 있는 지각론의 영역 안에 이미 들어와 있음을 의미하는 것이다. 그렇다면 정약용은 어떤 입장에서 그것이 시비득실을 따질 수 없는 문제라고 주장하는 것인가? 정약용은 다음처럼 말한다.

그러나 주장한 뜻이나 가리켜 말한 것이 각각 다를 뿐이지, 두 분 가운데 어찌 일찍이 어느 한 분에게 잘못된 것이 있겠는가. 일찍이 어느 한쪽에도 잘못이

---

100 丁若鏞,『詩文集』,「西巖講學記」(『與猶堂全書』1집, 21권), 281_461b. "木齋曰, '此說似好. 然原因論四七說, 起許多理氣字來, 恐天地萬物之理之氣, 却著不得.'"

없는데도 억지로 그 한쪽을 그르다 하여 홀로만 옳다고 하려 하니, 이 때문에 시비가 분분하여 결정이 나지 못한 것이다. 답을 찾는 데는 요령要領이 있으니, 한쪽은 전문[專]적인 것이요, 한쪽은 전체적인[總] 것일 따름이다.[101]

이황은 인간의 도덕적 심성을 '전문적'으로 논한 것인 반면, 이이는 천지만물의 일반적 존재를 '전체적'으로 말한 것일 뿐이어서 두 사람의 주장은 어느 한 쪽이 옳고 다른 한 쪽은 그르다고 할 수 없다는 것이다. 다시 말해서, 윤리학의 차원에서는 이황이 옳고 존재론의 차원에서는 이이가 옳기 때문에 양쪽 모두 옳다고 할 수도 있지만, 이는 동시에 존재론의 차원에서는 이황이 틀리고 윤리학의 차원에서는 이이가 그릇되었다는 것을 함축할 것이다. 양쪽 모두 옳다는 것은 양쪽 모두 그르다는 주장과 같은 말이다. 문제는 굳이 한 쪽의 잘못을 따지려하기 때문에 시비가 분분하여 끝이 없게 되었다는 점이다. 즉 정약용이 볼 때, 사칠논쟁의 저변에는 옳음과 그름을 가리고자 하는 인식적 태도가 깔려 있기 때문에 논쟁이 끝나지 않고 계속된다는 것이다. 여기서 정약용의 양립가능성 논증은 곧 그와 같은 인식적 태도를 버려야 한다는 것을 함축하고 있다. 그는 지각론과 다른 관점에서 사단칠정논쟁을 바라보고 있는 것이다. 도덕은 원리에 대한 인식의 문제가 아니며, 그것에 대한 인식론적 정당화도 불필요하다고 본 것이다. 따라서 해결의 열쇠는 인식지각의 관점이 아닌, 존재본체의 관점에 입각한 윤리학을 어떻게 건립할 수 있는가에 놓여 있는 것이다. 다시 말해

---

101 丁若鏞, 『詩文集』, 「理發氣發辨一」(『與猶堂全書』 1집, 12권), 281_258b. "然其所主意而指謂之者各異, 卽二子何嘗有一非耶? 未嘗有一非, 而強欲非其一以獨是, 所以紛紛而莫之有定也, 求之有要, 曰專曰總."

서, 그것은 정약용의 사상 속에서 이미 대체적 윤곽이 형성되어 있던 상제귀신의 존재관과 인간관에 입각해서 새로운 인심도심의 윤리학을 구성하는 일이다.

위와 같은 문제의식은 「리발기발변 2」에 단편적으로 드러나 있다. 그는 이황의 인심칠정과 도심사단의 대립 구도에는 근본적으로 공감하지만, 그것을 대하는 입각점에 있어서는 생각을 달리한다. 그는 "그러므로 사단도 내 마음에서 말미암아 나오고 칠정도 내 마음에서 말미암아 나오는 것이지만, 그 마음속에 리와 기 두 구멍이 있어서 각각 그 속에서 리와 기를 따로 내보내는 것은 아니다"[102]라고 하여 호발설에 대해 비판했다. 이황이 도심과 인심을 리발과 기발로 구분한 것은 결국 도덕을 리의 지각에 의해 설명하고 정당화하려는 것에 다름 아니다. 그와 같은 이론적 정당화는 도심을 설명할 수 있을지는 몰라도, 도덕적 실천으로 이어지지 못한다. 왜냐하면 도심의 선택과 실행에는 지각과는 별도의 자의적 의욕[意]이 개입되기 때문이다.

따라서 정약용은 지각과는 다른 차원에서 심성 개념을 재규정하고 이로부터 보다 단순하고 실천지향적인 존재론적 윤리학을 모색하게 되는 바, 그 돌파구는 덕德 개념에 대한 새로운 해석이었다. 성리학에서는 '명덕明德'을 "사람이 하늘로부터 얻어서 텅 비고 신령스럽되 어둡지 않으며, 여러 이치들을 갖추어 만사에 응하는 것"[103]이라고 설명한다. 한마디로 덕이란 심성에 내재된 인·의·예·지라고 하는 보편적 원리와 그 운용을 뜻한다.

---

102 丁若鏞,『詩文集』,「理發氣發辨二」(『與猶堂全書』 1집, 12권), 281_258b-c. "四端由吾心, 七情由吾心, 非其心有理氣二竇而各出之使去也."
103 朱熹,『大學章句』,「經一章」. "明德者, 人之所得乎天, 而虛靈不昧, 以具衆理, 而應萬事者也."

인·의·예·지의 '명덕'은 선천적인 원리로서 심성에 내재한다는 것이다. 반면, 정약용은 덕을 일과 행위[행사]를 통해 선을 쌓은 것이자 구체적으로는 인간의 기초적 인륜이라 할 오륜五倫 가운데 특히 효孝·제弟·자慈와 같은 가족 윤리적 덕목이라고 본다. 정약용은 다음처럼 말한다.

> 아, 선善이 쌓인 것이 덕이 되는 것입니다. 전傳에는 덕이란 얻음[得]을 말하는 것이라고 하였습니다. 이처럼 옛사람은 안에 있는 심성을 가리켜 덕이라고 말한 사람이 없었으니 대체로 일과 행위에 나타남이 없다면 덕이 될 수가 없는 것입니다. 사람이 선을 함에 있어 오륜의 범위 안에서 벗어나지 않는 것이고 보면, 역시 오륜을 버리고서 덕이라고 말할 수는 없는 것입니다. 그렇다면 『대학』의 명덕만이 효·제·자가 되는 것이 아니라 모든 경전에서 덕이라고 하는 것은 오륜에서 오지 않는 것이 없습니다.[104]

덕이란 오륜같은 구체적인 인륜을 벗어나지 않을 뿐만 아니라, 그 가운데 특히 부모에 대한 효도, 자식에 대한 자애, 손위 형제에 대한 공경 등의 인륜 규범이 곧 덕의 구체적인 내용이 된다고 그는 보았다. 고전유학에 있어서도 공자나 맹자는 실천적 인륜을 말했을 뿐인데, 성리학자들은 그것을 심성에 국한시켜서 이론적으로 설명하려고 한다고 정약용은 비판한다.

> 대저 후세의 학자들이 경經을 해석할 적에 언제나 일과 행위에 발현하는 것

---

104 丁若鏞, 『詩文集』, 「上弇園書(丙辰)」(『與猶堂全書』 1집, 18권), 281_404c. "噫, 善之積爲德. 傳曰德者得也. 古人未有以在內之心性稱德者, 蓋不顯於事爲則不可爲德也. 人之爲善, 不出於五倫之內, 則亦未有舍五倫而稱德者. 然則非但大學明德爲孝弟慈, 大凡經傳所稱德者, 莫非從五倫來."

을 심성이라 인정해 버렸으니, 명덕의 해석만이 그와 같은 것이 아닙니다. 예를 들어, '인仁'이라는 글자의 뜻에 있어서도 공자나 맹자는 모두 '인이란 인사이다'라고 하였는데도 (주자는) '심의 덕이요 사랑의 이치이다'라고 하였습니다. 『중용』에 나오는 희로애락의 미발도 다만 '희로애락의 미발'이라고 말했을 뿐인데 사려지각思慮知覺의 미발이라고 말합니다. 그리고 『맹자』의 측은·수오·사양·시비 등은 바로 안에서 발동했으나 행위에는 미치지 못하므로 다만 인·의·예·지의 단서가 될 뿐이며, 인·의·예·지는 바로 행동과 일에 나타나 이미 인이 되고 의가 되고 예가 되고 지가 된 것입니다. 그런데 (주자는) 인·의·예·지를 내부에 있는 성이라고 인식하고 반대로 측은·수오·사양·시비를 인·의·예·지에서 발현하는 것이라고 하고 있으니, 이것은 모두 심성을 너무 중요하게 본 데서 비롯된 것입니다.[105]

정약용이 볼 때, 성리학자들은 경전을 해석할 때 일과 행위에 발현되는 것을 덕이라 하지 않고 심성의 이치와 작용으로 해석해왔다. 즉, 인에 대해서도 성리학자들은 "마음의 덕이자 사랑의 이치"로 해석하고, 『중용』의 미발도 '희로애락'이 아닌 그보다 더 넓은 범주인 '사려지각'의 미발로 해석하며, 맹자의 사단도 마음 내부의 인·의·예·지라는 본성과 원리에서 발현한 것이라고 해석한다는 것이다. 이는 모두 본성의 원리와 마음의 작용을 중심으로 설명하는 것이다. 여기서 비판의 표적이 되고 있는 것은 심

---

105 丁若鏞, 『詩文集』, 「上弇園書(丙辰)」(『與猶堂全書』 1집, 18권), 281_405a. "大抵後世釋經, 每以發於事爲者, 認作心性, 非但解明德如此. 如仁字之義, 孔孟皆曰'仁者人也', 而乃云'心之德愛之理', 『中庸』'喜怒哀樂之未發', 只言'喜怒哀樂之未發'而已, 乃云'思慮知覺之未發', 孟子惻隱羞惡辭讓是非, 是動於內而未及於行爲, 只爲仁義禮智之端緖而已, 仁義禮智是見於行事, 已爲仁爲義爲禮爲智者也. 而乃以仁義禮智, 認爲在內之性, 反以惻隱羞惡辭讓是非, 爲發於仁義禮智者, 此皆看心性太重."

성의 원리와 작용으로써 지각과 인심도심뿐만 아니라, 더 나아가 유가의 경전 전체를 심성론적 관점에서 설명하려는 태도인 것이다. 다만, 위에서 사단을 '단서端緒'라고 한 표현에서 엿보이듯, 그의 덕 윤리학은 아직 구체화되지 않은 상태이다. 나중에 정약용은 '단'이 시始·수首·본本의 뜻으로서 인·의·예·지의 덕을 이루기 위한 시작점이나 발단으로서의 '단시端始' 혹은 '단초端初'를 의미하지 원리에 의해 발현된 의식의 말단[杪]이나 단서를 뜻하지 않는다는 견해를 정립하게 된다.

요컨대, 정약용은 도덕이 보편적인 이치나 규칙에 대한 인식지각의 문제가 아니라 호오好惡라고 하는 구체적이고 실천적인 성향의 문제이며, 궁극적으로는 유교 전통 속에서 형성된 인륜규범의 실천행사으로서 덕에 다름 아니라고 본다. 덕은 이처럼 전통 속에서 전승되어 온 인륜의 실천을 벗어나지 않는 것이다. 정약용의 윤리사상의 요체는 바로 여기에 있다. 도덕을 지각론의 맥락에서 상이하게 정당화하려 했던, 주리파와 주기파라고 하는 기존의 성리학적 두 흐름과는 다른 입각점에서 보다 실천 지향적인 윤리학을 모색한 것이야말로 다산을 다산으로 만드는 궁극적 소이가 되는 것이다.

3) 다산 덕 윤리학의 특징과 의의

정약용은 자신의 실천 지향적인 덕 윤리학적 구상을 『논어고금주』1813, 『맹자요의』1814 등의 저작을 통해 구체화한다. 그에 따르면, 덕은 "인륜에 독실한 것"[106]이다. 인·의·예·지의 덕은 사단이라는 "마음이 발현한 것

---

106 丁若鏞, 『論語古今註』(『與猶堂全書』 2집, 7권), 282_166a. "德者, 篤於人倫之名."; 이지형 역주, 『역주 논어고금주』(1), 서울 : 사암, 2010, 161쪽.

[心之所發]"을 잘 배양할 때 얻어진다. 덕은 심성에 머무르는 것일 수 없으며, 타인을 향해 실천되어야만 이루어진다. 그러한 실천은 마음의 '선을 좋아하고 악을 부끄러워하는[樂善恥惡]' 성향을 발휘한 것에 지나지 않는다. 다만 맹자가 말한 사단은 그러한 성향의 발현 가운데 네 가지 양태에 지나지 않고, 이에 근거하여 인·의·예·지의 사덕을 말하고자 한 것일 뿐이므로, 덕이 이 네 가지로 국한될 필요는 없다. 즉, 인·의·예·지 외에도 지智·인仁·용勇 등 수많은 덕들을 말할 수 있으며, 사덕을 인으로 수렴시켜 말할 수 있지만, 근본적으로 사덕을 포함한 모든 덕을 이루도록 이끄는 실천 덕목은 효·제·자로 귀착된다.107

덕의 개념에 있어 중요한 것은, 그것이 심성에 내재하는 것이 아니라 실천행사에 옮겨진 상태를 가리킨다는 점이다. 정약용은 "명命과 도道 때문에 성性이라는 명칭이 있게 되었고, 자기와 남이 있기 때문에 행行이라는 이름이 생겼으며, 그 성과 행 때문에 덕이라는 명칭이 있게 되었다. 그러므로 성만으로는 덕이 될 수 없다"고 말한다.108 그는 덕에 대해 "곧은 마음"109 혹은 "본심의 곧고 바른 마음"110이라고 말하기도 했지만, 근본적으로 덕은 그와 같은 마음을 행한 이후에 비로소 이루어진다. 그는 다음처럼 말한다. "마음에는 본래 덕이 없다. 오로지 솔직한 성향만이 있어서 나의 솔직한 마음을 행할 수 있는 것, 이것을 덕이라 한다[덕이라는 글자는 솔직한 마음

---

107 丁若鏞, 『詩文集』, 「原德」(『與猶堂全書』 1집, 10권), 281_212c-d.

108 丁若鏞, 『詩文集』, 「原德」(『與猶堂全書』 1집, 10권), 281_212c. "因命與道, 有性之名, 因己與人, 有行之名, 因性與行, 有德之名, 徒性不能爲德也."

109 丁若鏞, 『論語古今註』(『與猶堂全書』 2집, 7권), 282_164b. "德者, 直心也. 〈字義然〉"; 이지형 역주, 『역주 논어고금주』(1), 142쪽.

110 丁若鏞, 『論語古今註』(『與猶堂全書』 2집, 7권), 282_216c. "德者, 本心之正直."; 이지형 역주, 『역주 논어고금주』(2), 149쪽.

을 행한다는 뜻이다]. 선을 행한 뒤에야 덕의 이름이 이에 서게 되니, 행하기 전에 나에게 어찌 밝은 덕이 있겠는가?"[111]

정약용에 의하면, 도덕적 선이란 리와 같은 선험적이고 초월적인 기준이 따로 있는 것이 아니라 문화적 전통 속에서 전승된 인륜의 실천을 통해 공동체를 유지하는 활동에 다름 아니다. 덕은 그와 같은 인륜의 실천일 뿐이다. 이 점에서 덕은 공동체 구성원과의 관계를 전제로 한 것이며, 궁극적으로 효·제·자라는 혈연적 인륜으로 귀착된다.[112] 사실 효·제·자는 새로울 것이 전혀 없는 유교의 전통적 인륜 규범일 뿐이지만, 정약용으로서는 당시 무너져가고 있었던 윤리적 질서를 지키기 위해 고심 끝에 내놓은 결론이다. 그는 효·제·자와 같은 덕의 실천적 의미를 상실하게 된 것이 당시 윤리−정치적 위기의 근본 원인이라고 다음과 같이 진단한다.

요즘 사람들은 '덕'자에 대한 인식이 원래 분명하지 못해서, 성인의 경전을 읽다가 '덕'자를 만나면 멍하니 그것이 어떤 의미인지 모르고서 다만 순후하고 혼박渾朴하여 맑고 탁함을 구분하지 못하는 사람을 두고 덕의德意가 있다고 여겨, 이런 기상으로 가만히 앉아서 천하를 다스리면 거의 만물이 저절로 귀화한다고 바라고 있지만, 어떤 국면을 당하고 일에 임해서는 어디에서부터 손을 써야 할지를 알지 못하니, 어찌 세상 물정에 먼 것이 아니겠는가? 이것이 천하가 날로 부패하고 문드러져 새로워짐이 없게 된 원인이다. 덕이란 인륜에 독실한 것을 두고 명명한 것이니, 효·제·자가 그것이다.[113]

---

111 丁若鏞,『大學公議』(『與猶堂全書』, 2집, 1권), 281_006c. "心本無德. 惟有直性, 能行吾之直心者, 斯謂之德(德之爲字, 行直心). 行善而後德之名立焉, 不行之前, 身豈有明德乎?"
112 정약용은 원론적으로 효제자로부터 국가 사회의 질서도 유지될 수 있다고 본다.『大學講義』(『與猶堂全書』 2집, 2권) 참조.

당시 성리학자들은 이기심성론에 몰두한 나머지 덕의 실천적 의미를 상실하게 되었고, 이로 인해 덕을 모르면서도 단지 성품이 순박하기만 하면 그를 "덕을 실천할 의욕"이 있는 사람으로 본다는 것이다. 그러나 덕을 모르는 사람은 일을 어떻게 시작해야 할지 알지 못하기 때문에 실제로 덕을 얻을 수도 없다. 성리학자들은 규칙이나 원리에 대해 지각한 것을 의욕으로써 실천하게 된다고 설명하지만, 의욕은 자신이 목적하고 의도한 바를 택하기 때문에 안 것을 반드시 선택하지 않을 수 있다. 만약 지각 능력이 덕과 분리된다면, 지각은 자의적인 목적을 성취하기 위한 수단으로 쉽게 전락할 것이다. 그와 같은 도구적 지각 능력과 의욕의 자의성은 전통 규범의 붕괴와 용인될 수 없을 정도로 다양한 욕구나 가치의 확산을 야기할 것임에 분명했다. 따라서 지각과 의욕이라는 마음의 기능을 대체할, 덕이 무엇인지 알아서 그대로 실천할 수 있는 새로운 실천적 심성 개념이 필요했다.

정약용의 심성 개념에 대해서는 이미 살펴본 바와 같은데, 그가 의욕 대신 '권형'이라는 새로운 개념을 도입한 것은 이와 같은 실천적 지향성 때문이다. 지금까지 '권형'은 일반적으로 『천주실의』의 영향을 받아 형성된 '자유의지'로 해석되어 왔지만,[114] 그것이 자의적인 선택과 의지를 의미하는지는 매우 의심스럽다. 정약용에 의하면, 인간은 상제와 존재론적으로

---

113 丁若鏞, 『論語古今註』(『與猶堂全書』 2집, 7권), 282_165d. "今人認德字元不淸楚, 讀聖經遇德字, 茫然不知爲何物, 第以淳厚渾朴, 不辨淸濁者, 爲有德意, 欲以此箇氣象, 坐理天下, 庶幾萬物自然歸化, 而當局臨事, 不知從何處著手, 豈不迂哉? 此天下所以日腐爛而莫之新也. 德者, 篤於人倫之名, 孝弟慈是已."; 이지형 역주, 『역주 논어고금주』(1), 161쪽.

114 백민정은 정약용의 권형 이론이 천주교의 영향을 일부 받긴 했지만, 주자학과 유교 전통에 이미 내재해 있던 것을 발전시킨 것이라는 견해를 밝힌 바 있다.(「茶山 心性論에서 도덕감정과 자유의지에 관한 문제」 참조). 이는 매우 주목할 만한 견해이다. 저자 역시 천주교의 영향이기보다는 주자학의 심성론을 비판적이고 주체적으로 숙고한 결과라고 생각한다. 권형에 대해서는 본장 1절을 참조.

같은 차원에 있는 정신적 귀신[神]과 육체적 형기[形]의 신묘한 결합체이므로, 그러한 결합에 의해 형성된 마음에는 두 가지 성향, 즉 영체靈體의 덕을 좋아하는 성향과 육체의 감각과 안락함을 좋아하는 성향이 공존한다.[115] 도심이란 덕을 좋아하는 성향이 발현된 마음이고 인심이란 이기적인 성향이 발현된 것이다. 그런데 '영체'는 '영지靈知'라고도 지칭되듯 사물의 이치를 인식하는 작용을 하지만,[116] 여기에는 또한 도심과 인심을 저울질하여 한쪽을 택하는 권형의 실천적 능력이 부여된다. 도덕적 선택을 규율할 어떠한 원리도 마음에 내재해 있지 않기 때문에 권형은 "선을 하려고 하면 선을 하고 악을 하려고 하면 악을 하도록 하여 향방이 유동적이고 일정하지 않은"[117] 것이므로 그 자체는 위험한 것이다. 그것은 오로지 두 성향 가운데 강렬한 것으로 기울 따름이다.

그러나 권형은 자의적인 의욕과 달리 영지 안에 부여되기 때문에, 자신의 본체본질적인 자아가 선호하는 바를 자각함으로써 늘 '영지의 기호' 쪽으로 기울게 마련이다. 일반적으로 저울로 무게를 잴 때, 무게를 잰 후에는 결과에 따라 자신의 의도와는 상관없이 한 쪽을 선택하게 된다. 권형도 이와 같아서, 두 성향을 저울질 한 뒤에 어느 한 쪽을 자신의 의도와 상관없이 택하는 기능이다. 이 점에서 권형은 자유의지라 할 수 없다. 인간들이 악을 저지르는 것은 저울질 한 결과와는 관계없이 순전히 자의적으로 선택하기 때문이 아니라, 제대로 저울질하지 못하기 때문이다. 만약 권형의

---

115 丁若鏞, 『詩文集』, 「自撰墓誌銘【集中本】」(『與猶堂全書』 1집, 16권), 281_346c. "性者嗜好也. 有形軀之嗜, 有靈知之嗜, 均謂之性." 여기서 '영지의 기호'란 선(덕)을 좋아하고 악을 부끄러워하는 귀신(영체)의 도덕적 성향(道義之性)을 말하고, '형구의 기호'란 자신의 육신만을 위하는 성향(氣質之性)을 가리킨다.

116 丁若鏞, 『大學講義』, (『與猶堂全書』 2집, 2권), 282_026b.

117 이지형 역주, 『역주 맹자요의』, 현대실학사, 1994, 136쪽.

능력을 잘 발휘하게 된다면, 인간은 결코 악을 행하지 않을 것이다. 왜냐하면 '영지의 기호'가 인간의 본체적이고 본질적인 성향이기 때문에, 저울추는 '영지'의 기능과 작용에 의해 항상 '영지의 기호'로 기울 것이기 때문이다. '영지'의 기호와 실천적 자각이 온전히 유지되는 한 권형은 "선(덕)을 좋아하고 악을 부끄러워하는" 도심을 늘 선택하게 되어 있다는 것이다. 정약용은 이것이 곧 인간의 천성天性이라고 본다.[118] 그런데 이렇게 권형에서 자의성을 탈각시키되 본체적 성향에 대한 영지의 실천적 자각을 강조한 것은, 도덕이 앎지각의 문제가 아니라는 애초의 구상에서 조금 후퇴한 것이라 할 수 있다.

한편 도심의 위상에 관련하여 덕은 내재하는가 아니면 외재하는가의 문제는 정약용으로 하여금 주희나 이황의 인심도심론으로 접근하도록 만든다. 정약용은 덕이 마음에 내재해 있는 것이 아니라 인륜을 실천할 때 행사에서 이루어진다고 주장하지만, 만약 순수한 동기나 의향 없이, 다른 이기적인 의도를 숨긴 채 겉으로만 덕을 행할 경우에도 과연 덕을 지니게 된다고 말할 수 있을까? 만약 이 점을 용인한다면, 결과주의와 같게 될 것이다. 결과주의는 순수한 동기 없이도 행위가 예禮에 부합하기만 하면 된다고 보기 때문이다. 비록 정약용의 덕윤리학은 내적 동기와 행사적 결과를 모두 고려하는 입장이지만, 위와 같은 결과주의적 입장을 그대로 수용하

---

[118] 丁若鏞, 『詩文集』, 「答李汝弘【丙子九月日】」(『與猶堂全書』 1집, 19권), 281_427a. "무릇 물건에 한 가지씩의 성품을 갖추어 기호를 가지고 그 생명을 이루게 하는 것이 바로 천명입니다. 천명은 자연과 같기 때문에 모든 자연을 천성이라 하는 것이 또 고문의 原例입니다(凡物各具一性, 使有嗜好, 以濟其生, 此天命也. 天命每同於自然, 故凡自然者, 謂之天性, 此又古文之原例也)." 인간 존재의 특징은, '영지의 기호'를 통해 전승된 인륜을 실천함으로써 자신의 공동체를 유지시키는 천성을 부여받았다는 점이다. 그의 도덕론은 상제귀신의 초월주의와 본성의 자연주의가 결합된 양상을 띤다고 할 수 있다.

지는 않는다. 그렇다면 이른바 '덕의 역설'[119]이 시사하는 것처럼, 덕스런 행위를 통해 덕을 얻어야 한다면 그런 행위를 할 수 있기 위한 덕이 이미 내부에 있어야 한다는 결론이 도출된다.

정약용은 이재의李載毅, 1773~1839와의 논쟁에서 "인·의·예·지의 명칭은 밖에서 이루어지고, 인을 행할 수 있고 의를 할 수 있으며 예를 행할 수 있고 지를 할 수 있는 이치는 안에 갖추어져 있다"[120]고 말하게 되는데, 이는 도심이 도덕적 행위를 촉발하는 선한 동기로서의 덕임을 인정한 것이다. 그리고 이것은 주희나 이황의 동기주의적 인심도심론과 사실상 동일한 입장이 되는 것이다. 왜냐하면 주희에 있어서 마음에 있는 것은 덕의 이치일 뿐이고 이를 실천할 때 비로소 덕이 체득되는 것이지만,[121] 덕의 이치 또한 덕을 행할 수 있는 근원적인 덕이라 해야 하므로, 덕은 본래부터 "내가 스스로 가진 것"[122]이 되기 때문이다. 예를 들어, 효를 행할 수 있는 효의 이치는 내 마음에 선천적으로 부여된 것이고, 이 도리를 의무감에 따라 실천할 때 비로소 효의 덕을 얻게 된다.[123] 그러나 효의 덕을 체득한

---

119 "덕의 역설"은 니비슨(D. Nivison)이 다음처럼 제기한 것이다. "덕을 얻을 수 있는 행위를 하려면 이미 덕을 가지고 있어야 한다고 결론을 내려야만 할듯하다. 특히 우리를 덕으로 이끌어주는 가르침에 귀기울이기 위해서는 이미 '덕'을 가지고 있어야 한다."(김민철 역, 『유학의 갈림길』, 서울 : 철학과현실, 2006, 78쪽) 니비슨은 이러한 "덕의 역설"의 해결책으로서 맹자에 의해 인간은 사덕을 선천적으로 가지고 있다는 견해가 제시되었다고 본다.

120 丁若鏞, 『詩文集』, 「答李汝弘」(『與猶堂全書』 1집, 19권), 281_424c. "(文山曰, 仁義禮智之名成於外, 而仁義禮智之理具於內.) 茶山曰, 仁義禮智之名成於外, 而可仁可義可禮可智之理具於內."

121 朱熹, 『朱子語類』 34 : 43. "(『논어』 「술이」 의) '덕에 의거한다'에 대해 물었다. 답하였다. 예를 들어 효는 자기가 원래 이러한 효의 도리를 얻은 것이지 밖에서 갑자기 가지고 온 것이 아니다. '덕에 의거한다'는 것은 바로 마음에 이러한 기반을 얻은 것이다(問 '據於德'. 曰 : 如孝, 便是自家元得這孝道理, 非從外旋取來. 據於德, 乃是得這基址在這裏)."

122 朱熹, 『朱子語類』 34 : 45. 問 '據於德'云云. 曰 : "德者, 吾之所自有, 非自外而得也. 以仁義禮智觀之, 可見."

상태란 효의 이치를 체험을 통해 분명하게 자각하여 언제든 실천할 수 있게 된 상태일 뿐이기 때문에,[124] 결국 "효의 이치를 가지고 있다"는 것은 "효의 덕을 가지고 있다"는 것으로 보아도 무방한 것이다. 이 때문에 주희는 인·의·예·지를 기본적으로 본성의 이치라고 설명하지만, 그것을 '사덕'이나 '명덕'으로 지칭함을 용인했던 것이다.[125]

정약용이 말년에 주희의 인심도심에 관한 기본적 통찰과 이론적 골격을 수용하게 된 이유 가운데 하나는 이와 같은 덕의 원리 때문이라 할 수 있다. 비록 정약용은 덕을 행할 수 있는 이치란 '영지의 기호'일 뿐 도심을 촉발하는 본성과 원리가 따로 내재해 있는 것은 아니라고 보지만, 덕에 대한 선호와 그것의 자각은 그 자체가 덕으로서 간주되지 않으면 안 된다. 이와 같은 덕이 없다면 권형만으로 덕을 실천하기는 불가능하다. 결국 덕을 실천할 수 있는 근거를 '덕에 대한 선호'로 설명하든 '덕을 행할 수 있는 이치'로 설명하든, 똑같이 윤리적 행위를 촉발시키는 선한 동기動心로서의 덕을 가리킬 뿐이다. 이러한 이유 때문인지 정약용은 말년에 주희의 인심도심론에 대해 전폭적인 동의와 칭송을 표명하기에 이른다. 일찍이 중국 명말청조의 유학자 황종희黃宗羲, 1610~1695는 인심도심론을 『순자』 성악설의 종지로 간주하면서 다음처럼 주희를 비판한 바 있다. "후세의 학자들이 그래서 마음이 가지고 있는 것은 오직 이 지각이고 리는 천지만물에 있는 것이니 천지만물의 리를 궁구하여 내 마음의 지각에 합하게 된 연후에 도道라

---

123 朱熹, 『朱子語類』 34 : 48. "德, 是眞箇有得於己."
124 朱熹, 『朱子語類』 34 : 51. "덕은 자기 마음속에 이 도리를 얻은 것이니, 예를 들어 충성하고자 하면 충성하는 까닭을 얻게 되고, 효를 행하고자 하면 효도하는 이유를 얻게 된다(德, 是自家心下得這箇道理, 如欲爲忠而得其所以忠, 如欲爲孝而得其所以孝)."
125 朱熹, 『朱子語類』 14 : 65. 或問 : "明德便是仁義禮智之性否?" 曰 : "便是."

하는 것이라 하였으니, 이것은 모두 인심도심의 설이 그르친 것이다."[126] 양명학자들의 이 같은 비판에도 불구하고, 정약용은 오히려 주희를 변호했다. 그의 아래와 같은 옹호는 단순한 겉치레의 칭송을 떠나서 진심으로 자신의 윤리학설은 주희와 상통한다는 깨달음에 기인한 것이라 할 수 있다.

> 살펴보건대, 이 경經[127]의 이러한 해석[128]은 우리들의 성명性命의 공안公案으로서 천지에 세워도 어그러지지 아니하고 백세에 성인을 기다려도 의혹됨이 없으리라. 무릇 사람의 모습을 갖추고 천성을 가진 자는 마땅히 시시각각 외우고 익혀서 항상 자신을 성찰할 것이니, 어찌 『매서』가 거짓이라고 하여 조금이라도 그 높이고 신뢰하는 정성을 소홀히 할 수 있겠는가?[129]

지각론에 비판적이었던 황종희는 주희의 심성론이 순자로부터 유래된 것으로 보고 인심과 도심을 지각된 내용으로써 구분하여 도덕을 설명한 것을 비판한 것이지만, 이와 반대로 정약용은 주희의 도덕학설이 "천지에 세워도 어그러지지 아니하고 백세에 성인을 기다려도 의혹됨이 없을" 것이라고 단언하고 있다. 정약용이 볼 때, 주희가 말하는 도심이란 도덕적 원리의 자각에 근거해 있고, 이는 또한 도덕적 기준을 따져볼 때 '본성의

---

126 정약용, 이지형 역주, 『역주 매씨서평』, 「염씨고문소증초1」, 서울 : 문학과지성사, 2002, 610쪽.
127 『도경』을 가리킴.
128 주희의 「중용장구서」를 말함.
129 정약용, 이지형 역주, 앞의 책, 614쪽.『도경』은 "도가의 경전"으로서 『노자』 따위를 말한다. 정약용은 『고문상서』가 매색의 위작이라 판정하고, 「대우모」의 이른바 16자 심법에서 "人心惟危, 道心惟微"은 『도경』에서, "惟精惟一"은 『순자』에서, 그리고 "允執厥中"은 『논어』에서 가져와 한 문장으로 구성한 것이라 본다. 그럼에도 정약용은 그 윤리적 함의가 깊기 때문에 주희도 그것에 대해 「중용장구서」의 해설을 남기게 되었다고 본다.

명령'으로서 당위의식이 선한 행위의 근거가 되는 것인데, 덕에 대한 '영지의 기호'도 이와 다르지 않다고 보았던 것이다.

물론 주희의 인심도심설을 칭송했다는 점만으로 정약용이 주희의 윤리학설로 완전히 선회했다고 말할 수는 없다. 그는 끝까지 덕 개념을 자신의 윤리학의 핵심에 놓고 있으며, 주희가 선호했던 리의 지각이라는 설명틀 대신에 영지의 호오와 자각으로써 도심을 설명하기 때문이다. 정약용은 황종희처럼 지각론을 끝까지 거부했던 것이다. 그러나 그럼에도 불구하고 도심을 도덕적 행위의 동기로 인정한다는 점에서, 그리고 내적 동기를 도덕의 근거로 보는 이론적 정당화를 근본적으로 회피할 수 없었다는 점에서, 성리학과 완전히 다른 입각점에서 윤리학을 세우려했던 그의 구상은 완전히 성공적이었다고 평가하기 힘들 것 같다. 오히려 정약용의 윤리학은 인심과 도심의 대립 속에서 도심을 선택해야 할 필연성을 요청했던, 주희-이황-이익으로 계통화할 수 있는 윤리학적 계보에서 주장하는 바 리발을 통한 실천이성의 요청에 의존하고 있는 것처럼 보이기 때문이다.[130]

결론적으로, 정약용은 동기주의와 결과주의라는 성리학의 윤리학적 두 입장이 도덕에 대한 인식적지각론적 정당화 문제에 치중해 있다는 문제의식

---

[130] 주희와 이황, 그리고 이익은 공통적으로 도심을 선택해야 할 필연성을 '리의 지각'에 근거지웠다. 이 점에서 그들에 있어 '지각'은 단순한 이론이성에 국한되는 것이 아니라, 실천이성(도덕이성)을 함축한다고 하겠다. 정약용은 비록 '리의 지각'으로 도심을 설명하지는 않지만, 그것을 인간에 있어 본질적인 '영지의 기호에 대한 자각'으로 설명한다는 점에서 '영지'도 실천이성의 함의를 포함하는 것이다. 이 점에서 정약용은 주희와 이황, 이익과 마찬가지로 실천이성을 요청했던 것이라 할 수 있다. 반면, 이이와 주기파의 결과론자들과 심리주의자들은 도심이나 도덕성을 경험적 인지 작용으로서의 '지각'을 통해 유도되는(derivative) 것으로 보며, 이 때의 '지각'은 도구적 성격을 띠게 된다. 그러나 이와 같은 결과론과 심리주의 입장은 주리론의 의무론과 쌍벽을 이루는 지각론적 토대 위에 있다는 점 또한 주목할 필요가 있다.

속에서 실천을 강조하는 쉽고 용이한 새로운 윤리학을 모색한다. 정약용이 사단칠정논변에 대해 이황과 이이의 양립가능성을 주장한 것은, 양자가 공통분모로 가지고 있는 인식적 관점을 벗어나겠다는 그의 윤리학적 기본 구도를 나타낸다. 즉, 천주교에 의해 자극받아 수립된 새로운 상제귀신의 존재론에 입각한 윤리학을 건립하고자 했던 것이다. 그 해결책으로서 그는 덕 개념을 윤리학의 중심에 놓게 된다. 도덕은 원리나 규칙에 대한 인식지각에 관련된 것이 아니라, 자신의 호오의 성향에 달려 있다. 그것은 공동체의 역사적 전통에 의해 형성된 덕목으로서 인륜을 실천하는 것에 다름 아니다. 그는 효·제·자가 모든 덕들을 구현할 수 있는 가장 중요한 덕목이라고 본다. 효·제·자에 대한 강조는 다산 윤리학의 핵심이면서 가장 성공적인 부분으로 생각된다. 그것은 유교 전통윤리의 핵심만을 뽑아낸 것으로서, 주자학의 지나치게 부풀려진 이론적 거품을 제거함과 동시에 그 실천정신은 계승하되 좀 더 용이하고 단순한 형태로 변형시킨 것이다.

다만 이와 같은 실천적 덕 윤리학은 이론적 측면에서 논리적 완결성의 문제를 지니고 있다. 인간의 마음은 '영지'라 지칭되는 본체로서의 귀신이 육체와 결합하여 이루어진다. 따라서 마음은 영지의 덕을 좋아하는 성향과 육체적 감각과 쾌락을 좋아하는 성향을 모두 지닌다. 성이란 이런 두 가지 마음의 성향기호을 지칭할 뿐이다. 또한 영지에는 이 두 성향을 저울질하여 더 강한 성향과 욕구에 따라 행하도록 하는 '권형'의 기능이 부여된다. '권형'은 의욕[意]의 자의성이 상쇄된 것으로서 인간은 자신의 공동체를 유지하려는 인륜지향성으로서의 '영지의 기호'가 본질적인 본체적 성향임을 자각하기 때문에, '권형'은 덕에 대한 선호로 기울게 되어 있다. 그러나 전체적으로 볼 때 정약용은 덕을 실천할 수 있는 원리가 내재함을 인정함으로써 '영지의 기호'가 도덕적 동기로서 마음에 내재된 덕임을 승인하지 않을 수 없었다. 정약용은 도심을 '덕에 대한 선호의 자각'으로 설명하든 '리의 지각'으로 설명하든 양자는 모두 윤리적 행위의 근거로서 내적 동기가 된다는 점을 자각하게 되고, 결국 주희의 인심도심에 관한 기본 통찰과 이론적 골격을 수용하고 칭송하게 된다. 요컨대, 정약용은 현대 덕 윤리학과 상통하는 도덕론을 정립함으로써 의무론이나 결과론과 다른 제3의 윤리학을 제시했다고 말할 수 있지만, 그것은 성리학과 단절된 지평 위에 있기보다는 그것의 연장선상에 있는 새로운 버전의 윤리학이라고 평가될 수 있다.

한국유학에서 한국철학으로

    지금까지 정주성리학의 개요부터 시작해서 조선성리학의 이황과 이이에서 발원하는 주리와 주기의 지각론과 인심도심론의 입장 분개와 그 흐름, 그리고 이 같은 지각론에 기반한 심성론적 사유를 비판하면서 새로운 본체론과 윤리학을 제시한 절충론과 정약용의 철학까지 살펴보았다. 본서의 원래 계획은 한국유학의 근현대적 전개와 전환까지 다루려 했지만, 이 부분은 더 많은 시간과 연구를 필요로 하고 또 독립된 책으로 펴내는 것이 적합하다고 생각되어 제외시켰다. 다만, 근현대 한국유학의 연구에 있어 중요한 저작 하나를 간략히 본서의 핵심 주제와 연관시켜 논한 뒤, 한국유학에서 한국철학으로 전환할 필요가 있다는 본서의 최종적인 결론을 제시하고자 한다.

1.

    위에서 언급한 하나의 저작이란 장지연의 『조선유교연원』이다. 이 책은 우리나라 최초의 '근대적' 유학 통사라 칭해지는 것으로서, 이후 근현대

시기 한국유학의 연구에 많은 영향을 끼친 문제작이다. 이미 서론에서도 밝혔듯이, 현상윤의 『조선유학사』는 장지연의 이 저서로부터 큰 영향을 받았으며, 이후에도 『한국유학사』의 저술은 배종호, 이병도, 최영성, 윤사순 등 최근까지 이어졌다.[1] 적어도 이 점을 미루어 본다면, 장지연의 『조선유교연원』은 우리나라 근대 학술에 있어 한국유학사 저술이라고 하는, 하나의 지적 운동의 연원을 이룬다고 볼 수 있는 것이다.

한국유학사 서술의 연원을 이루는 『조선유교연원』을 논하기에 앞서, 먼저 저자인 장지연의 학문 세계에 대해 대략적으로 살펴보자. 장지연은 경상도 상주尚州에서 장용상張龍相과 부인 류 씨柳氏의 외아들로 태어났다. 그의 집은 조선 중기 학자 장현광의 가문에 속했지만, 그가 태어났을 때는 사실상 몰락한 향반이었다. 그는 14세부터 5년 동안 친척인 장석봉張錫鳳에게서 경학經學과 예학禮學 등 주자학을 배웠고, 장석봉이 별세한 후에는 퇴계학退溪學과 성호학星湖學을 전수한 허훈許薰, 1836~1907을 통해 실용성을 중시하는 학문을 연마하게 된다. 이때부터 그는 박학博學 지향의 학문적 성향을 보이게 된다. 이후 과거시험을 위해 1890년부터는 서울에 거주하며 경화京華 세계를 체험하게 되는데, 독립협회 등을 통해 서양 문명을 흡수하고 대한제국의 성립과 광무개혁을 경험하면서 이른바 '개신유학자'로서 성장하게 된다. 장지연의 학문관에서 주목할 점은 그가 사학史學을 중시했다는 것인데, 이는 허훈의 사학 정신을 계승한 것으로 볼 수 있다. 요약하자면, 장지연은 당시 전통 유학의 여러 학풍에 영향을 받으면서 성장했으며,

---

1   지금까지 언급된 책들의 서지사항은 다음과 같다. 張志淵, 『朝鮮儒教淵源』, 京城 : 匯東書館, 1922; 玄相允, 『朝鮮儒學史』, 서울 : 民衆書館, 1949; 裵宗鎬, 『韓國儒學史』, 서울 : 연세대 출판부, 1974; 이병도, 『韓國儒學史』, 서울 : 亞細亞文化社, 1987; 최영성, 『한국유학통사』, 서울 : 심산, 2006; 윤사순, 『한국유학사』, 서울 : 지식산업사, 2012.

성리학, 경학, 예학, 경세학을 두루 섭렵하되 특히 사학을 중시하는 학문
관을 지니게 되었고, 이러한 경향은 서울에서 접한 신문물과 신학문을 폭
넓게 수용하는 쪽으로 강화되었다. 한마디로, 그의 학문관은 전통과 근대
의 교착, 그리고 박학 지향으로 요약할 수 있다.

　장지연의 학문적 성향을 미루어 볼 때, 『조선유교연원』은 조선유학에
대한 그의 역사적·사상사적 관심에서 저술된 것임을 알 수 있다. 장지연
은 처음부터 유교를 학술사상보다는 하나의 종교로서 간주하였으며, 국
민의식을 개혁하기 위해 유교를 개혁하는 일에 관심을 지니고 있었다. 이
러한 관심에서 그는 1909년 박은식朴殷植, 1859~1925, 호는 백암(白巖)[2] 등과 더
불어 대동교大同敎를 창립하고 유교개혁 운동을 주도하게 된다. 그는 유교
개혁에 대해 다음처럼 말하였다.

　대동교라는 것은 지성선사至聖先師이신 공부자孔夫子가 가르침을 세운 것이
며, 자사子思와 맹자孟子가 통서統緖를 전수한 것이다. (…중략…) 대개 종교宗敎
의 신앙이 없는 자는 그 정신이 통일되지 못하고 그 마음과 의지는 확고하지
못하며 그 기백과 힘은 용감하지 않으니, 매번 외부의 침략과 구속을 받아서
쉽게 법으로 막을 수 있는 범위 밖으로 흘러가게 되어 스스로 돕고 자립할 수
있는 자가 드물다. 그러므로 철학가哲學家는 말하길 '종교는 실로 국민의 뇌를
주조하는 원료이고 한 나라의 강약과 흥폐가 거기에 달린 것'이니, 진실로 국
민의 인식능력을 증진시키고자 한다면 국민의 사상을 변화시키지 않을 수 없
고, 진실로 국민의 사상을 변화시키고자 한다면 습관과 신앙하는 것에서 구습

2　박은식도 대동교를 통한 유교개혁 운동에 동참했지만, 장지연과 달리 그는 유학을 철학
　으로 전환하는 것에 더 많은 관심이 있었던 것으로 보인다.

을 제거하고 새로운 것을 펴지 않을 수 없으니, 이는 바로 오늘날 종교개혁의
시기인 것이다.[3]

장지연은 유교가 조선의 주된 종교이므로, 유교의 개혁 없이는 개인과
국가의 발전이란 불가능하다고 보았던 것이다. 장지연이 이와 같은 유교
개혁 운동에서 한 걸음 더 나아가 유교를 대상화하여 고찰하고 우리나라
역사에서 유학자들의 사상과 행적에 관한 일종의 학술사로서『조선유교
연원』을 저술하게 되는 직접적 계기는, 바로 다카하시 도루라는 일제 어용
학자와의 논쟁이었다.[4] 장지연은 1915년 5월 15일자『매일신보每日申報』의
「경학사상經學史上의 운양집雲養集」이라는 기사에서 다카하시가 행한 강연 내
용을 보고 먼저 그에게 질의하였고, 이에 대해 다카하시가 응대하면서 논
쟁이 일어나게 되었던 것이다.

전체적인 논쟁은 다카하시가 제기한 "유자儒者, 유교 교리의 실천자와 유학자儒

---

3 장지연, 「大同敎育會趣旨文」,『張志淵全書』10책, 서울 : 檀國大學校附設 東洋學研究所,
   1979, 606쪽. "大同敎者, 至聖先師孔夫子之所立敎, 而子思孟子之所傳統者也. (…중략…)
   蓋無宗敎之信仰者, 其精神不統一, 其心志不確固, 其魄力不勇敢, 每被外界之侵束, 而易流
   於範圍之外, 能自助自立者, 鮮矣. 故哲學家謂, 宗敎者, 實鑄造國民腦質之原料, 而一國之
   强弱興廢系焉, 則苟欲增進國民之識力, 不得不變國民之思想, 苟欲變國民之思想, 不可不於
   其所習慣信仰者, 爲之除其舊而布其新, 此政今日宗敎改革之時期也."
4 다카하시 도루는 1898년 동경제대 문과대학에 입학하여 1902년에 한문학과(漢文學科)
   를 사학 전공으로 졸업하였다. 그는 장지연과 사학이라는 공통분모를 가지고 있었으나,
   철학, 사회학 등 서양학문을 배웠다. 이런 배경 때문인지 그는 유교를 '종교'보다는 '철학'
   으로 보는 경향이 있다. 그러나 그의 유학에 대한 철학적 견해는 상당히 왜곡된 측면을
   지니고 있는데, 그것은 당시 동경제대 철학과 교수였던 이노우에 테츠지로(井上哲次郎,
   1856~1944)의 국가주의적으로 顚倒된 '동양철학'에 영향을 받은 것으로 보인다. 다카하
   시와 장지연의 논쟁에 대해서는 다음을 참조. 김우형, 「장지연(張志淵)의 조선유학사 이
   해 과정과 그 특징 – 다카하시 도루(高橋亨)와의 논쟁과 상호 영향관계를 중심으로」,『동
   방학지』(190), 2020, 271~295쪽. 또한 다카하시의 논저를 번역한 조남호 편역,『조선의
   유학』, 서울 : 소나무, 1999의 「역주자해설」을 참조할 것.

學者, 유교를 대상적으로 공부하는 학자는 구별된다"라는 주장과 이에 연관하여 "조선 유학사는 창의적인 철학적 발전 없이 단조로운 성리학 일변도로 흘렀다"라는 주장을 장지연이 반박하는 양상으로 진행되었다. '유儒'란 본디 학자 學者를 뜻하니 유자와 유학자를 구분하는 것은 의미가 없으며, 조선유학은 공리공담에만 빠져있지 않았다는 것이다. 장지연은 다카하시와의 이와 같은 논쟁으로 인해 이론과 실천이 통일된 조선유학자들에 관한 역사서를 서술해야겠다는 생각에서 『조선유교연원』을 구상하게 된 것이다. 그런데 흥미롭게도 장지연은 다카하시에 대한 비판과 경쟁의식에도 불구하고, 그와의 논쟁을 통해서 유교를 대상화하여 역사적으로 고찰할 필요성을 자각하게 된다. 즉, 그는 다카하시와의 논쟁을 계기로 조선의 유교를 대상화시켜서 바라보고 그 흥망성쇠에 관한 역사적 서사로서 『조선유교연원』을 저술하였던 것이다.

장지연은 다카하시와의 신문 지상에서의 논쟁 이후 1917년 4월 5일부터 12월 11일까지 『매일신보』에 국한문 혼용체로 「조선유교연원」을 연재하였는데, 그의 사후 1년 뒤에1922년 그의 아들 장재식張在軾에 의해 같은 제목의 한문본으로 편집되어 출판되었다. 여기서 한 가지 언급할 필요가 있는 것은, 장지연이 영향을 받은 것만큼 그의 『조선유교연원』도 다카하시에게 영향을 미쳤다는 점이다. 다카하시의 「이조유학사에서 주리파·주기파의 발달」[5]은 장지연의 조선유학사에 대한 주리·주기의 도식을 빌린 것이었다. 두 사람 사이의 논쟁은 양자의 대표작에서 단적으로 드러나듯 서로에게 상당히 큰 영향을 끼쳤던 것이다.

---

[5] 高橋亨, 「李朝儒學史に於ける主理派主氣派の發達」, 『朝鮮支那文化の研究』, 京城帝國大學法文學會第二部論纂第1集, 1929. 번역본은 조남호 편역, 『조선의 유학』을 참조하였음.

『조선유교연원』이 지닌 주요 특징 가운데 하나는 그것이 전통적인 '연원록淵源錄'의 형식을 취하고 있다는 점이다. '연원록'이란 주희의 『이락연원록伊洛淵源錄』에서 기원한 저술 방식으로서, 유교적 도통道統의 전수라인을 밝히기 위해 관련 인물에 관한 생애와 사적, 주요 학설 등을 간략히 기술하는 것을 말한다. 『조선유교연원』은 이러한 방식에 의거하여 조선유교의 시초와 전파에 관해 총 3권에 걸쳐 기자箕子부터 조선 말기까지 유학자 190여 명을 학파나 학적 입장에 따른 분류 없이 시대순으로 인명을 나열하는 방식으로 간략하게 소개하고 있다. 이 점에서 『조선유교연원』은 도통의 연원을 체계적으로 밝힌 『이락연원록』에 비해 오히려 계통적인 구조가 부재한 것으로 보일 수 있다.

그럼에도 주목할 점은, 조선에서 도통이 시작되고 전파되는 것에만 그치지 않고 그 곡절과 쇠망에 이르는 과정도 언급하고 있다는 것이다. 즉, 『조선유교연원』은 전통적인 연원록의 양식에 그치지 않고 조선유교의 쇠망사라는 거대한 역사 서사를 창안했다는 점에서 사상사로의 지향을 내포하고 있는 것이다. 장지연은 「총론」의 말미에서 다음처럼 말한다.

> 대개 우리 조선의 유교는 조선 중엽 이전에는 사화로 인해서 참혹하게 짓밟혔고, 중엽 이후에는 붕당의 피해를 입어 스스로 결박당하였으며, 근세에 와서는 저절로 시드는 나무나 불 꺼진 식은 재처럼 점점 사라지고 스스로 부패하기에 이르렀다. 아, 조선의 유교가 그 본말이 대체로 이와 같을 뿐이니 회복되어 생기에 넘치고 왕성해질 날이 있겠는가?[6]

---

6 장지연, 이민수 역, 『조선유교연원』, 636쪽.

장지연의 위의 언급은『조선유교연원』이 도통의 전수계통을 밝힌 단순한 '연원록'이라기보다는 조선유교 전체를 대상화하여 회고적으로 그 흥망성쇠를 조명한 유학사상사에 가깝다는 것을 말해 준다. 장지연은 다카하시가 제시한 유교와 유학, 유자와 유학자의 구별을 비판했으면서도, 은연중 유교를 대상화하여 연구하는 유학자적 입장에서『조선유교연원』을 서술했던 것이다. 한편,『조선유교연원』이 연원록의 형식을 취하며 신문에 기고된 글이라는 점에서 학적 논리의 해명에 미흡한 면이 없지 않지만, 그러나 그의 학문적 안목이 드러난 곳도 적지 않다. 예를 들어, 장지연은 인물에 대한 소개 이외에도 사칠논변같은 학문적으로 중요한 부분이라고 생각되는 곳에는 관련되는 자료들을 발췌하여 적절히 인용하고 있다.[7] 그와 같은 인용문들은 전통적인 연원록이나 학안學案의 방식을 따라 저자의 설명 대신에 관련 원문을 직접 인용한 것이지만, 그것의 취사선택은 장지연의 견해를 대변한다. 즉, 장지연은 자료들을 통해 사칠논변이『천명도설』이라고 하는 우주론적 저작에서 비롯되었다는 점, 성혼과 이이의 논변이 이황과 기대승의 논변을 확대시켰고 이이의 입장은「심성정설」에 분명하게 드러난다는 점, 그리고 이익의 사칠이기설이 최종적인 해답이라는 자신의 견해를 밝히고 있는 것이다.

『조선유교연원』에는 성리학에 대한 부정적 인식이 은연중 노출되어 있다는 점도 주목할 필요가 있다. 성리학에 대한 부정적 견해는 장지연이 이

---

7 장지연은 사칠논변 부분에서 다음 자료를 인용하고 있다. ① 이황의 「천명도설후서(天命圖說後敍)」의 요약과 개요, ② 기대승과 이황의 사단칠정(四端七情)논변 왕복 서한 발췌, ③ 기대승의 「사단칠정후설(四端七情後說)」과 「총설(總說)」 및 관련 서한, ④ 성혼과 이이의 왕복 논변서의 개요, ⑤ 이이『성학집요(聖學輯要)』의 「심성정설(心性情說)」, ⑥ 이익의 사칠리기(四七理氣)에 관한 몇 가지 왕복 서한들.

전부터 갖고 있던 것이지만, 다카하시와의 논쟁을 통해 더욱 강화되었다고 할 수 있다. 장지연은 조선 멸망의 원인을 붕당의 해독으로 돌리되, 붕당은 유교 자체의 문제가 아니라 정치와 부유腐儒, 부패한 유학자에 그 원인이 있다고 함으로써 여전히 유교 내적 관점에서 유교를 옹호하는 입장을 나타냈다. 다음 언급은 이 점을 말해 준다.

전현의 이른바 오래도록 선한 정치가 없는 것은 어찌 붕당의 해독이 아니겠는가? 그러나 이런 것이 어찌 유교가 그렇게 한 것일까. 실은 바로 정치가 점차로 그렇게 길들여진 것이다. 그리고 또 유교의 이름을 빌려 세상을 속이고도 아닌 듯이 위장하여 부끄러운지조차 알지 못하는 자의 죄이다. 이는 다만 선왕의 죄인일 뿐만 아니라 바로 공맹의 죄인이거늘, 이것을 가지고 유교를 죄책하면 유교가 어찌 이를 수긍하겠는가?[8]

그러나 위의 주장은 유교에 있어 이론과 실천, 학문과 정치는 통일되어 있다는 장지연 자신의 유교 내적 관점과 견해에 자기모순을 내보이는 것이다. 조선의 몰락이 부패한 유학자와 그에 말미암은 정치권 때문이라는 주장은 유교 자체는 완전하므로 유교 외부에 그 원인이 놓여 있다는 논리라고 할 수 있다. 이러한 논리는 그에 따라 가설된 질문, 예를 들어 성리학 시대에 왜 부유가 득세하는 정치 구조를 띠게 되었는지, 그리고 왜 일본에 비해 조선에서만 부유가 많은 것인지 등의 질문에 근본적으로 반박과 해답을 제시할 수 없다. 결국 장지연은 유교는 완전하지만 성리학에는 문제가 있

---

8   장지연, 이민수 역, 『조선유교연원』, 645쪽.

다는 인식을 갖게 된 것이고, 이로 인해 끝까지 성리학을 철학으로 전환시키려는 발상을 가질 수 없었다. 그는 사칠논쟁에 관한 부분에서 결국 "당파싸움에 대해서는 이것이 유가의 불행인지라 기술하는 사람도 기술하고자하지 않으며, 독자들 또한 듣기를 원하지 않을 것이므로 언급하지 않겠다"[9]라고 말한다. 이는 곧 사칠논쟁이 정치적 붕당으로 이어졌음을 시인한 것이자, 성리학이 필연적으로 당파싸움과 망국으로 이어졌음을 승인한 것이다. 이는 조선유학은 창의성이 전혀 보이지 않는 단조로운 성리학 일색이라는 다카하시의 주장에 영향받아 성리학에 대한 부정적 인식이 강화된 것이라 하겠는데, 이러한 인식은 『조선유교연원』에 오늘날 양명학자나 실학자로 분류될 수 있는 학자들을 의식적으로 대거 수록하는 결과로 이어졌다.

『조선유교연원』에 관련하여 또 한 가지 주목할 필요가 있는 것은, 장지연이 이른바 주리·주기 개념을 사용해서 조선유학사에서 주요 학파인 퇴계학파와 율곡학파를 변별했다는 점이다. 말 그대로 '주리'는 '리를 주로하는 것'을 뜻하고, '주기'는 '기를 위주로 삼는 것'을 의미한다. 즉, '주리'는 사단칠정논변에 있어 이황의 입장을 나타낼 때 사용하며, '주기'는 기대승과 이이의 입장을 지시하는 용어인 것이다. 장지연은 송시열 항목에서 다음처럼 말한다.

상고하건대, 우암의 학문은 오로지 기를 주로 하고 리를 주로 하지 않았다. 그래서 그 말에 이르기를, '심은 기요, 성은 리이다. 기는 바로 음양이요, 리는 곧 태극'[10]이라고 했다. 또 말하기를, '대개 성은 작위함이 없는 물건이요, 심

9   장지연, 『조선유교연원』, 171쪽.
10   宋時烈, 『宋子大全』 권90, 「與李汝九(壬子正月二十九日)」.

은 운용하는 물건이며, 정은 부지불각에 튀어나와 사람의 헤아림[商量]을 경유하지 않는 물건이요, 의는 비교하고 따지며 꾀하는 물건이다'[11]라고 했으며, 또 말하기를, '여기에서의 심은 기器요, 성은 그릇 가운데의 물[水]이요, 정은 이것이 쏟아져 나온 것'[12]이라 했다.[13]

송시열은 "오로지 기를 주로 하고 리를 주로 하지 않았다"라고 함으로써 장지연은 노론의 학문 노선을 가리켜 '주기'로 지목했던 것이다. 즉, 장지연은 비록 이황을 주리로 이이를 주기로 명시하지는 않았지만, 송시열의 노론을 주기로 지목함으로써 동서東西 붕당 분립과 주리·주기의 학파적 구분이 모두 퇴계와 율곡의 사칠논쟁에서 연원하는 것으로 본다. 흔히 조선유학사에서 주리와 주기의 학파적 구분은 다카하시가 최초로 시도한 것으로 알려져 있는데, 이는 사실이 아니며 위에서 보듯 장지연이 조선유학사에 관한 '근대적' 서술에 있어서는 최초로 사용했던 것이다.

물론, 주리와 주기라는 용어 자체의 사용과 그것에 함축된 관점의 차이는 이황에서 처음 비롯된 것이다. 이황은 기대승과의 논변에서 사단과 칠정을 설명할 때 각각 "리를 주로 한 것"과 "기를 주로 한 것"이라는 의미로 '주리'와 '주기'라는 표현을 사용했다. 그러나 기대승이 정情 일반으로서의 칠정 안에 사단이 포함된다고 주장하면서 사단과 칠정을 리와 기 양변으로 나누어 상대시켜 설명하는 자신의 관점을 부인하자, 이황은 기대승의 입장을 '기를 위주로 하는 관점'이라고 여겼던 것이다. 다시 말해서, 이

---

11 宋時烈, 『宋子大全』 권104, 「答金直卿, 仲固 (丙辰三月二十七日)」.
12 宋時烈, 『宋子大全』 권104, 「答金直卿 (丙辰)」.
13 장지연, 『조선유교연원』, 303~304쪽.

황은 표면적으로 사단의 발동은 주리로, 칠정의 발동에 대해서는 주기로써 설명함으로써 이 용어들을 사단과 칠정을 설명하는 개념으로서 사용했던 것이지만, 이러한 상대적 설명에 반대하는 기대승의 입장 자체도 곧 리보다는 기를 위주로 사유하는 주기의 관점이라고 보았던 것이다. 이런 맥락에서 이황은 명나라 시대의 기론자氣論者인 나흠순을 거론하면서 기대승에게 그와 같은 입장인지를 물었다. 이에 대해 기대승은 부인하면서 자신도 이기론에 있어 리를 중시하는 입장임을 밝혔다. 그러나 사단과 칠정을 리와 기로 분속시켜 설명할 수 없다는 입장은 결국 '기를 주로 해서 설명하는' 관점으로 귀착될 수밖에 없는 것이었다. 왜냐하면 사단과 칠정을 각각 리와 기로 분속시켜 설명할 수 없다는 입장은, 궁극적으로 사단은 기가 주동이 되어 일어나는 칠정 안에 포함된다칠정은 사단을 포함한다[七包四]는 주장에 귀착되기 때문이다. 따라서 기대승 본인이 스스로 주기의 입장이라는 것을 부인하더라도, 논의의 맥락과 논리상 기대승은 주기의 입장에 귀결될 수밖에 없는 것이다.

이렇듯 주리와 주기라는 용어를 처음으로 만들고 그것의 인식론적[知覺論的] 관점의 차이를 규정한 것은 비록 이황에서 비롯된 것이지만, '근대적' 조선유학사의 서술에 있어서 그것을 최초로 활용한 사람은 다름 아닌 장지연이었다. 즉, 조선유학 전통에 내재되어 있던 주리와 주기의 학파적 구도를 조선유학사에 대한 근대적 서술에 적용한 것은 장지연에서 기원한다는 것이다. 장지연의 이 같은 주리 · 주기의 도식은, 이미 언급했듯, 다카하시에게 다시 깊은 영향을 주게 된다. 다카하시도 장지연처럼 조선유학사를 '주리파'와 '주기파'라는 용어를 가지고 파악하기 때문이다. 적어도 이 점에서 다카하시가 「이조유학사에서 주리파 · 주기파의 발달」의 서

언에서 "조선 유학의 2대 학파는 주리파와 주기파인데, 이 두 흐름이 나온 원천은 이황·기대승 두 사람의 사칠론이다"[14]라고 말했을 때, 이는 실상 그다지 참신한 견해라고 볼 수 없는 것이다.

다만, 다카하시는 장지연에 비해 주리·주기 개념에 관련된 문제를 좀 더 철학적으로 접근하는 시도를 했다는 점은 주목할 만하다. 그러나 궁극적으로 다카하시는 주리와 주기를 존재론적인 의미로 해석함으로써 온당한 견해를 얻지 못했다. 전체적으로 볼 때, 장지연 이후 한국유학에 대한 학술적 접근은 철학적 측면보다도 사상사적인 측면에 치중해 왔다고 할 수 있다. 철학계의 경우는, 최근까지도 조선유학사에 대한 인식에 있어 주리·주기 개념을 계속 사용해야 하는가를 둘러싸고 논란이 계속되고 있기도 하다. 주리·주기 개념에 대해 비판적인 입장은, 그것이 일제 어용학자인 다카하시에 의해 근대에 작위적으로 고안된 것일뿐더러, 조선유학사의 실제적 전개와 맞지 않고 전체를 포괄할 수도 없기 때문에 폐기해야 한다고 본다. 그러나 이러한 주장은 지금까지 살펴본 것처럼 그 유래와 전말에 대해 정확히 인지하지 못한 것에서 비롯된 것이다. 주리·주기 도식을 '근대적' 조선유학사 서술에 최초로 활용한 사람은 다카하시가 아니라 장지연이었다. 더구나 주리·주기 개념 자체는 이미 이황에서 기원한 것으로서 많은 철학적 함축을 지닌 용어라고 할 수 있다. 따라서 주리·주기 개념의 함의에 주목하고 철학적으로 탐구할 필요가 있는 것이다.

장지연의 『조선유교연원』이 오늘날 우리에게 주는 시사점은, 그것이 지난 1백 년 동안의 한국사상사와 철학사 연구를 반성하도록 이끈다는 것이

---

14 다카하시 도루, 조남호 역, 『조선의 유학』, 26쪽.

다. 장지연의 이 책에서 시작하여 최근까지 이루어지고 있는 한국유학사의 저술은 거시적인 한국사상사 탐구라는 맥락에서 진행되어 왔다고 할 수 있는데, 이에 비해 상대적으로 '한국철학'의 연구는 미미했다고 말할 수 있다. 아마도 그 이유 가운데 하나는, 다카하시에 대한 반감으로 인해 주리·주기에 대한 철학적 분석을 연구자들이 외면했기 때문이다. 더구나 근대 이래의 성리학에 대한 부정적 인식이 이러한 상황을 더욱 악화시켰는데, 지금까지도 그러한 경향은 여전히 불식되지 않고 있다고 할 수 있다. 비록 조선 패망의 책임에 있어 성리학이 완전히 자유로울 수는 없을 것이지만, '한국철학'의 근원이 되는 조선성리학 전통을 외면하면서 그것을 철학적으로 전환하는 것 없이 '한국철학'의 정립이나 발전을 기대하기는 힘들 것이라 생각된다.

2.

이제 본론의 내용을 회고하되 그것을 한국유학에서 한국철학으로 전환해야 한다는 나의 주장에 연관시켜 부연하는 것으로써 결론을 마무리할 것이다. 먼저 제1장에서는 정이와 주희의 성리학이 지닌 철학적 관점과 체계에 대해 그 개요를 살펴보았다. 정주성리학의 철학적 문제의식과 주요 특징은 지각론과 인심도심론이라는 두 축으로 압축될 수 있다. 그것은 주희 철학의 근본 구조를 이루는 것인데, 이전의 북송시대 유학자들의 우주와 인간에 대한 형이상학적 견해를 종합하여 새로운 철학적 체계로 재구성한 것이다. 기존의 노불의 형이상학이라 할 본체론존재론에 대해 비판적으로 대면하면서 주희는 북송시대 새로운 여러 유학사상을 종합할 수 있었다. 그리고 그 종합의 핵심축은 지각의 관점이었다. 주희에 의해 체용관계를 중심으로 하는 본체론적 사유는 심물 관계를 중심으로 하는 지각론적 사유로 전환되었던 것이며, 이에 따라 새로운 도덕철학으로서 인심도심론의 골격이 마련되었던 것이다.

어떤 사물에 대해 본체와 현상의 틀로써 현상 이면의 본체를 추구하던 태도로부터 곧 사물을 대상화하고 그 이치를 탐구하여 지식을 얻으려는 관점을 가지고 사물을 바라보게 된 것이다. 그러나 이러한 대상적 사유는 곧 주체인 마음 내부에 대한 반성적 탐구로 전환된다. 마음 내부에 대한 탐구를 통해 지각의 가능 근거가 무엇인지, 마음이 지닌 본성과 이치가 무엇인지에 대한 논의로 전개되었던 것이다. 그리고 이러한 지각론적 사유는 이전의 도덕철학과 완전히 다른 형태의 새로운 윤리학을 구성하게 된 것이다. 즉, 지각된 내용에 근거하여 마음을 인심과 도심이라는 두 양태로 구분하면서 도덕의식에 주목했던 것이다. 인심은 육체에서 생겨난 감각적 지각 내용이요, 도심은 도덕 본성의 명령에서 기원한 당위적 지각 내용이다. 인심 자체는 이기적인 인욕사욕은 아니지만 육체적 감각은 인욕사욕에 빠질 가능성이 높기 때문에 항상 도심의 통제와 명령을 받아야 한다는 것이 주희의 결론적 주장이다. 주희의 이와 같은 인심도심론에 의해 동아시아의 도덕철학은 신기원을 이룰 수 있었다.[15]

---

15 주희의 인심도심론은 그 자체 매우 단순하고 명쾌한 이론이지만, 지각론과의 연관성으로 인해 매우 복잡하고 어렵게 보이기 때문에 주목받지 못했던 것이라고 생각된다. 나중에 왕수인이 주희를 비판하고 양지 본체에 근거한 새로운 덕의 형이상학과 도덕론을 제시하게 되지만, 내적 동기를 중시하고 공리주의를 비판한다는 점에서 근본적으로 주희의 도덕철학적 패러다임을 벗어나지 못했다.

조선성리학에는 비록 잡다한 여러 가지 논의들이 많이 있지만, 주로 주희의 지각론과 인심도심론에 관련된 주제를 근간으로 철학적 논의를 전개시켜 나갔다. 단적인 예로, 사단칠정논변은 철학적 논의의 꽃을 싹틔우게 된 결정적 계기라 하겠는데, 그것은 『천명도설』로 말미암아 시작된 것이다. 정지운의 『천명도설』은 이황의 조언에 따라 『태극도설』의 우주론을 반영하도록 수정되었지만, 나중에 이황은 스스로 『태극도설』과 『천명도설』의 우주론에는 차이가 있음을 주장하게 된다. 즉, '태극'은 객관적 관점에서 우주를 바라볼 때 사용하는 용어라면, '천명'은 주관적 관점에서 마음 내부로부터 그것을 자각하고 체인해내야 한다는 의미를 지닌 말이다. 사칠논변은 이와 같은 천명의 관점에서 사단과 칠정이라는 감정을 지각과 도덕의 문제와 관련시켜 논한 것이다. 처음에 이황은 우주론존재론의 관점에서 사단과 칠정을 리와 기로 구분하는 입장에 있었으나, 기대승의 반론에 대응하는 과정에서 점차 지각의 관점에 입각해서 사단과 칠정을 구분하게 된다. 즉, 사단은 지각된 내용에 의해 칠정과 구분되기 때문에 사단은 '리가 발하되 기가 따르는' 것이라면 칠정은 '기가 발하되 리가 올라타는' 것이라고 설명할 수 있다는 것이다. 이러한 설명은 지각의 내용상 사단과 칠정은 선험적으로 구분된다는 견해를 나타낸다. 불행에 빠진 타인을 측은히 여기고 '그를 구해야 한다'고 여기는 당위적 지각 내용은 경험적으로 습득하는 것이 아니라 원래부터 내가 지니고 태어나는 리에 기인한 것이다.

이황과 달리 기대승은 사단과 칠정이 지각상에서 선험적으로 구분되는 것은 아니라고 본다. 그것은 지각 내용이 외적 규범禮의 節目에 들어맞느냐 안 맞느냐 라는 중절中節 여부에 의해 경험적으로 구분되는 것일 뿐이다.

지각에서 발현된 모든 감정은 칠정이라는 용어로 지시하되, 그 가운데 외적 규범에 들어맞는 경우는 특별히 도덕 감정으로서 '사단'이라고 칭하게 되었다는 것이다. 이이는 기대승의 이러한 관점과 주장을 지지하면서 이황과 대립하는 이론을 수립하였다. 그에 따르면, 사단과 칠정은 지각상 즉각적이고 선험적으로 구분되는 것이 아니라, 지각 내용에 대해 외적 규범과의 합치 여부를 따져본 후에야 비로소 경험적으로 구분 가능하다. 사단은 칠정에 포함되고, 칠정 가운데 예의 절목에 들어맞는 것을 사단이라고 칭할 뿐이다. 결국 이이는 이황의 호발설에 대해 '리가 발하여 기가 따르는' 경우는 있을 수 없으며, 오로지 '기가 발하여 리가 올라타는' 하나의 경로만이 가능하다는 '기발이승일도설'을 수립하게 된다. 이 주장은 이황의 입론 근거인 지각론을 승인하되 그와 다른 새로운 지각론적 입장을 수립하고자 하는 그의 의도를 암시한다. 즉, 이이는 이황의 주리론에 대립하는 주기의 지각론적 입장을 건립하고자 했던 것이다. 다만, 이이는 지각론에 국한되지 않고 본체론을 계승하여 새로운 현상학적 사유를 발전시키게 된다. '리기지묘론'은 그의 현상학적 사유를 단적으로 드러낸다.

이황과 이이 이후 조선성리학계는 대체로 주리론과 주기론의 두 흐름이 대립하는 양상을 나타낸다. 퇴계학파는 이황을 계승하여 호발설을 옹호하되 율곡철학을 비판했으며, 반대로 율곡학파는 이이를 계승하여 기발이승일도설을 주장하되 호발설을 비판했다. 주리파와 주기파는 모두 지각론의 맥락에 있기 때문에 한쪽을 지지하면 상대편을 옳지 않은 것으로 비판하지 않을 수 없게 된다. 왜냐하면 지각론의 관점에서 볼 때 이황의 호발설이 옳으면 이이의 기발이승일도설은 그르게 되고, 반대로 이이가 옳으면 이황은 그르게 되기 때문이다. 지각론에 있어 두 이론은 양립불가능한 것이다. 이러한 지각론적 사유는 이황과 이이 이후 한동안 계속 유지되었는데, 주리론에서는 이현일과 이재, 정시한을 거쳐 이익에 이르러 정점에 도달하게 된다.

이익은 주기론 비판에 머무르지 않고 서양 의학으로부터 새로운 정보와 과학적 지식을 수용하면서 자신의 새로운 지각론을 정교하게 발전시켰다. 이익은 김창협의 심기심리적 에너지와 형기육체적 에너지의 구분을 수용하되, 그것을 호발설에 결합시켜서 독창적인 지각론을 만들어냈다. 즉, 모든 지각은 원론적으로 모두 리발에 의해 개념화되고 심기의 수반隨伴이 그것을 이루게 되는 것이지만리발기수, 칠정의 경우 리발에 앞서 육체적 형기의 촉발이 개입되기 때문에 '기발'이라고 칭할 수 있다는 것이다기발이승. 이황은 당시 서양으로부터 유입된 의학 지식에 의거해서 호발설을 새롭게 재구축한 것이다.

한편 주기파에서도 송시열과 권상하, 그리고 김창협과 한원진에 이르기까지 계속 이황의 호발설을 비판하고 이이의 기발이승일도설을 변호하는 주장을 폈다. 다만, 김창협은 심기와 형기의 구분, 지각과 본성의 분리, 지智에 속하는 지각과 마음에 속하는 지각의 구분에 입각해서 주기론적 지각론을 새로운 방향으로 전개시켰다. 지각은 심기가 가진 고유한 기능으로서 도덕적 본성 없이도 작용 가능하다는 견해는 지각과 도덕의 분리를 함축한다. 이는 오늘날 팽배해져 있는 사실과 가치의 분열 경향의 전조에 해당한다. 또한 김창협은 자신의 독창적인 지각론에 입각해서 이황과 이이의 인심도심론을 절충하는 새로운 도덕심리학을 제시하였다. 윤리적 문제에 있어 기의 청탁 이외에도 도덕적 본성은 반드시 고려되어야 할 사항으로서, 심리적 상태와 도덕적 본성의 조합을 계산하고 따져서 선과 악을 결정할 수 있다는 견해를 내보였다. 그의 이러한 인심도심론은 주기론적 지각론에 근거한 것으로서 경험적 심리학에 기반한 도덕심리학적 특성을 나타낸다.

그런데 주리론과 주기론의 대립이라는 흐름과 달리 18세기 무렵부터 상대 진영의 일부 관점과 견해를 수용하는 경향도 발견된다. 퇴계학파에서는 정시한에게서 그러한 경향과 조짐이 발견되기 시작하지만, '혼륜'과 '분개'의 종합 경향은 이상정에게서 뚜렷하게 발견된다. 이러한 경향은 율곡학파에서도 마찬가지였는데, 김창협과 한원진에게서도 이러한 경향들이 발견된다. 그러나 이들은 절충파로 지목할 수는 없으며, 각각의 진영에서의 부분적인 경향을 나타낼 뿐이다. 뚜렷한 절충론은 성혼과 그를 따르는 소론 계열에서 발견된다. 성혼의 리기일발설과 심체론은 지각론보다는 오히려 본체론적 사유의 특징을 나타낸다. 또한 소론 계열에서는 일련의 양명학자들이 등장하게 되는데, 정제두는 그 대표적인 인물이다. 정제두는 한국양명학파라 할 강화학파의 시조를 이루는데, 그 주요한 철학적 특징으로는 주자학과 양명학을 통합하는 경향을 내보인다는 것이다. 즉, 정제두는 양지 형이상학과 지각론을 결합하여 독창적인 주관주의적 지각론과 윤리학을 제시했다.

그러나 무엇보다 절충론의 사유를 한 차원 높은 수준으로 끌어올려서 새로운 제3의 도덕철학적 입장을 수립한 사람은 정약용이라고 할 수 있다. 정약용은 서학의 천주영혼설에 영향을 받아서 동아시아의 전통적 상제귀신설을 새롭게 부상시킨다. 즉, 인간은 귀신과 형체의 신묘한 결합물이라 할 수 있는데, 이때 귀신이란 리도 기도 아닌 제3의 신비한 본체로서의 '영체영지'라 칭해진다. 마음은 영체와 육체형기의 두 가지 성향이 모두 내재해 있는데, 성性이란 이와 같은 영체와 육체의 두 가지 성향을 가리키는 데 지나지 않는다. 이러한 존재론본체론적 기초위에서 정약용은 이황과 이이의 리기심성론의 양립가능성 즉, 이황의 이기 개념은 인간의 심성론적 관점과 맥락에 있는 반면, 이이는 천지만물의 존재론적 관점과 맥락에서 말한 것이어서 서로 다르기 때문에 상호 모순적이지 않다는 것이다. 지각론의 관점에서 볼 때 이황의 호발설과 이이의 기발이승일도설은 양립불가능한 것이지만, 존재론본체론의 관점에서는 양립 가능하게 된다는 점을 고려할 때, 정약용의 양립가능성 논제의 배경에는 도덕에 대한 인식론적지각론적 정당화라고 하는 성리학적 패러다임에 대한 비판이 깔려 있으며, 이와 더불어 존재론본체론에 입각한 새로운 실천지향적 윤리학의 모색을 함축하고 있는 것이었다. 그리고 그의 새로운 윤리학의 핵심에는 덕 개념이 놓여 있다. 도덕은 원리나 규칙에 대한 인식지각에 관련된 것이 아니라 자신의 호오好惡의 성향에 달려 있다. 그것은 공동체의 역사적 전통에 의해 형성된 덕목으로서의 인륜을 실천하는 것에 다름 아니라는 것이다. 정약용은 효·제·자가 모든 덕들을 구현할 수 있는 가장 중요한 인륜적 덕목이라고 본다.

다만 정약용의 덕 윤리학은 실천적인 면에서 장점을 지니지만, 이론적 측면에 있어서는 기존의 인심·도심이라는 프레임과 동기주의적 입장을 근본적으로 벗어나지 못했으며, 더구나 상제와 귀신, 인간 존재의 위상에 있어서는 문제점을 드러낸다. 오늘날 과학적 관점에서 볼 때, 상제귀신의 존재론은 합당성을 인정받기 어렵다. 어쨌든 하늘상제이 부여한 영지영체에는 덕을 좋아하는 성향과 육체적 감각을 좋아하는 성향을 저울질하여 둘 중 더 강한 성향과 욕구에 따라 행동하도록 하는 권형權衡의 기능이 부여된다. 이때 권형은 자유의지를 의미하기보다는 오히려 자의성이 상쇄된 것으로서, 자기의 본체적본질적 성향이라 할 인류지향성으로서 '영지의 기호'를 선택하고 행하도록 되어 있다는 것이다. 다만, 덕을 실천할 수 있는 원리가 내재함을 인정함으로써 '영지의 기호'가 도덕적 동기로서 내재적인 덕임을 승인하였다. 이 점은 내적 동기를 도덕의 최종적 근거로 삼았던 주희의 윤리학적 입장과 일맥상통하는 것이다. 이런 이유에서 정약용은 말년에 주희의 인심도심에 관한 기본 통찰과 이론적 골격을 수용하고 높이 칭송하게 된다. 요컨대, 정약용은 현대의 덕 윤리학적 논의에 호응하는 도덕론을 선구적으로 제시하였으나, 그의 윤리학은 성리학의 인심도심론과 단절된 것이라기보다는 그 이론적 틀을 계승하되 새로운 형태로 업그레이드시킨 것이라고 평가할 수 있다.

지금까지의 논의와 관련하여 아래의 몇 가지 사항을 언급할 수 있을 것이다. 먼저, 본 논의를 통해 철학사적 맥락에서 지각론과 인심도심론, 본체론의 의미가 좀 더 분명하게 파악될 수 있었다. 송대 정주성리학에서 시작하여 조선성리학에서 꽃을 피운 지각론과 인심도심론의 여러 입장과 견해들은 조선성리학이 과연 무엇에 관한 어떤 성격의 학문인지를 보여준다. 그것은 곧 마음의 인지적 기능에 관한 포괄적인 인식론적 탐구였으며, 인지적 기능과 연관하여 도덕적 의식을 어떻게 설명할 수 있는지에 관한 윤리학적 탐색이었다. 특히, 성리학의 본질적 특성을 본체론존재론적인 것으로 간주하던 기존 시각에 대해 지각론과 인심도심론은 새로운 관점과 시각을 제시한다. 즉, 성리학은 본체론존재론보다도 오히려 지각론과 인심도심론의 정립에 더 많은 관심과 노력을 기울였다는 것이다. 특히, 조선성리학은 중국에 비해 지각론적 특성이 더 두드러진다는 점에 주목할 필요가 있다. 중국의 경우는 정주성리학이 본체론적 사유 경향을 띠는 양명학으로 발전해나갔다면, 한국은 성리학의 지각론과 인심도심론을 심화 발전시켜 나갔던 것이다.

두 번째로, 조선성리학이 지각론과 인심도심론을 주요한 특징으로 한다는 점은 주리와 주기 개념에 대한 인식을 새롭게 할 수 있다. 지금까지 주리와 주기는 조선성리학의 흐름을 파악하는 주요한 이론적 틀로서 사용되긴 했지만, 실상 그것이 지각론적 두 입장을 나타낸다는 점을 분명하게 파악하지는 못했다고 할 수 있다. 다시 말해서, 주리와 주기를 지금까지는 주로 본체론존재론의 맥락에서 파악해 왔지 지각론에 관련되는 것으로 보지는 않았던 것이다. 주리와 주기 개념을 본체론존재론의 맥락에서만 파악해왔기 때문에 주리·주기 도식에 관한 논쟁이 최근까지도 이어졌다고 볼 수도 있다. 즉, 주리·주기는 조선유학의 실제적 전개와 맞지 않는다는 주장은 조선성리학의 지각론과 인심도심론의 구조에 대해 정확히 인식하지 못한 것에서 비롯된 것이다.

조선성리학의 이러한 특징에 근거해서 한국철학의 주된 특성을 가늠해 볼 수도 있다. 중국철학은 성리학의 심성론을 종합-지양해서 본체론으로 나아가는 경향이 짙다고 한다면, 한국철학은 심성론을 지각론과 인심도심론으로 명료하게 체계화하는 방향으로 나갔다고 할 수 있다. 한편, 일본철학의 경우는 심성론 전통이 미약했기 때문에 역사적 접근만을 선호하거나 아니면 완전히 서양철학으로 대체하려는 경향이 있다고 생각된다. 궁극적으로 철학은 보편 지향적이지만, 동아시아 철학의 가족 구성원을 이루는 이들 3개 국가의 철학적 특징을 규명하는 일은 매우 흥미로운 주제임에 분명하다. 이 문제가 명쾌하게 해명될 때, 비로소 한국철학과 동아시아 철학은 세계철학 안에서 확고한 지위를 차지하게 될 것이다. 이와 관련하여 한 가지 더 부언하자면, 성리학의 철학적 이해가 이러한 문제의 해명에 있어 가장 중요한 관건이 될 것이라는 점이다. 이 점에서 중국과 한국, 일본에서의 성리학의 전개 과정과 양상을 비교하여 고찰하는 것이 필요하다.

세 번째로, 조선성리학은 정주성리학에서 시작된 철학적 문제들을 이어받아 철학적으로 탐구하고 토론해나갔다는 점을 볼 때, 그것은 활발하게 살아서 움직이는 '철학하기philosophizing'의 활동이었음을 알 수 있다. 이러한 활동은 '철학하기'라는 점에서 사실상 서양철학과 근본적으로 다르지 않다. 이 점은 매우 중요한데, 왜냐하면 지금까지는 유학과 성리학에 대해 대체로 구시대의 유물을 다루는 듯한 방식으로 그것의 비주체적이고 사대주의적인 부정적 측면만을 조명해왔기 때문이다. 비록 비주체성과 사대주의는 진실로 뼈저리게 반성해야 할 부분이지만, 이러한 부정적인 관점은 유학이 우리에게 더 이상 유의미하지 않다는 인식을 사람들에게 퍼뜨렸다. 물론 소수이기는 하지만, 이와는 정반대로 다른 한쪽에서는 장지연과 비슷하게 유학의 초시대적 가치를 설파해 왔던 것도 사실이다. 이들에 의하면 유학이야말로 이 시대와 인류를 구원할 유일한 해법이 된다.

이와 같은 양 극단의 이해를 넘어서 생산적이고도 미래지향적인 방향으로 나아가기 위해서는 성리학에 새롭게 접근하는 방법과 시야가 요청된다. 그것은 바로 조선성리학 전통에도 주체적인 철학자가 존재했고 '철학하기'가 있었음을 인정하면서 접근하는 것이다. 그것은 어느 지역의 특수한 '철학'을 대상적으로 탐구하는 것과는 다르다. 지금까지 성리학 연구에 있어 이러한 접근방식은 대체로 무시되어 왔다. 지금까지 성리학을 서양철학과 다른 '철학'으로서 다루었던 연구자는 있었지만, 그것은 대체로 '철학'을 대상화하는 역사적 접근과 크게 다르지 않다고 할 수 있다. 그러나 역사적 접근만으로는 성리학의 '철학하기'를 포착하기 힘들다는 점을 강조해두고 싶다.[16] 어쩌면 우리들의 철학적 안목이 준비되어 있어야 비로소 지난날 성리학의 '철학하기'가 보이는 것일지도 모른다. 과거의 '철학하기'는 오늘의 '철학하기'와 연동되어 있기 때문이다. 정주성리학의 지각론과 인심도심론은 전통적인 형이상학과 도덕론을 검토하고 새로운 체계를 모색한 '철학하기'였다면, 조선성리학은 지각론과 인심도심론의 문제와 한계를 검토하고 해결책이나 대안을 제시하려 했던 '철학하기'였던 것이다. 그렇다면 오늘날 우리들의 '철학하기'는 어떤 것이어야 할까?

마지막으로 한 가지 더 첨언하자면, 위 질문에 답하기 위해서는 오늘날 현대철학적 흐름을 파악하고 연계시켜 생각해보는 것이 필수적으로 요청될 것이라고 생각된다. 예를 들어, 지각론과 인심도심론은 현대철학에 있어서 덕 윤리학virtue ethics이나 덕 인식론virtue epistemology과 연관시켜서 고찰해보는 것이 도움을 줄지도 모른다.[17] 또한 성리학의 여러 도덕이론들과 본체론적 경향들은 오늘날 도덕 심리학moral psychology과 가치론적 형이상학axiological metaphysics에 연결시켜 볼 필요가 있다. 요컨대, 한국성리학은 '한국철학'이 세계철학의 한 축을 차지하도록 하기 위해 계속 발굴되어야 할 사상전통일 뿐만 아니라, 세계철학과의 연계를 통해 전지구

---

16 역사학과 철학은 학제간 협동 연구를 통해 이 점을 보완해나갈 필요가 있다.
17 지각론과 덕인식론의 비교에 대해서는 다음을 참조. 김우형, 「지성적인 덕에 관한 퓨전-철학적 고찰-도덕적인 덕과의 관계와 통합적 지식 개념을 중심으로」, 『철학연구』 101, 2013, 163~193쪽; 김우형, 「덕 인식론의 관점에서 본 지(智)와 지각(知覺)의 문제-성리학에서 지적인 덕에 관한 두 입장의 현대적 해석」, 『동서철학연구』 75, 2015, 115~145쪽.

적 '철학하기'의 대열에 동참하고 보편적인 입장과 관점에서 문제를 탐구하도록 만드는 자원으로서 생각할 필요가 있다는 것이다. 어쩌면 성리학 전통은 우리들의 '철학하기'가 어떤 것이어야 할지에 대해 열쇠를 줄 수 있을지 모른다.

참고문헌

강경현, 「退溪 李滉의 「天命圖」에 대한 분석 ─ 天命圈을 중심으로」, 『退溪學報』 131, 퇴계학연구원, 2012.

강희복, 『退溪의 마음(心)과 이치(理)에 대한 이해』, 서울 : 경인문화사, 2014.

강문식, 「金昌協의 朱子書 연구와 『朱子大全箚疑問目』」, 『한국사연구』 160, 2013.

고야스 노부쿠니(子安宣邦), 이승연 역, 『귀신론』, 역사비평사, 2006.

고지마 쓰요시(小島毅), 신현승 역, 『사대부의 시대 ─ 주자학과 양명학 새롭게 읽기』, 서울 : 동아시아, 2004.

고영진, 「조선시대 사상사를 어떻게 볼 것인가」, 『조선시대 사상사를 어떻게 볼 것인가』, 서울 : 풀빛, 1999.

구스모토 마사쓰구(楠本正繼), 김병화·이혜경 역, 『송명유학사상사』, 서울 : 예문서원, 2005.

權尙夏, 『寒水齋集』(韓國文集總刊本), 서울 : 民族文化推進會, 1995; https://db.itkc.or.kr.

권순철, 「다카하시 도오루(高橋亨)의 퇴계관」, 『퇴계학논집』 23, 영남퇴계학연구원, 2018, 7~40쪽.

금장태, 「退溪에 있어서 〈太極圖〉와 〈天命新圖〉의 解析과 相關性」, 『退溪學報』 87, 퇴계학연구원, 1995.

_____, 『聖學十圖』와 퇴계철학의 구조』, 서울 : 서울대 출판부, 2001.

奇大升, 『兩先生四七理氣往復書』, 『高峯全書』. 서울 : 민족문화추진회, 2007. https://db.itkc.or.kr

김경호, 「우담의 호발설 옹호와 율곡 비판」, 『한국철학논집』 22, 한국철학사연구회, 2007.

_____, 「율곡철학을 이해하는 두 가지 관점」, 『오늘의 동양사상』, 예문서원, 2003.가을겨울호.

김교빈, 「조선 후기 주자학과 양명학의 논쟁 ─ 정제두와 박세채·윤증·민이승·박심·최석정의 논쟁을 중심으로」, 『시대와 철학』 10, 1999.

_____, 「한국양명학의 표상, 하곡 정제두」, 『(한국의 사상가 10인) 하곡 정제두』, 서울 : 예문서원, 2005.

_____, 『양명학자 정제두의 철학사상 ─ 존재론, 인성론, 사회인식에 대한 구조적 이해』, 서울 : 한길사, 1995.

김기현, 「牛溪의 四端七情說에 대한 再照明」, 『우계학보』 19, 2000.

_____, 『조선조를 뒤흔든 논쟁(상)』, 서울 : 길, 2000.

김낙진, 「愚潭 丁時翰의 理 주재의 철학」, 『한국철학논집』 22, 한국철학사연구회, 2007.

_____, 「退溪 李滉과 栗谷 李珥의 心性論 비교」, 『율곡사상연구』 12, 2006.

김미영, 「타카하시 토오루(高橋亨)와 장지연의 한국유학사관」, 『대동철학』 55, 대동철학회, 2011.

김상준, 『맹자의 땀, 성왕의 피 ─ 중층근대와 동아시아 유교문명』, 서울 : 아카넷, 2011.

김선희, 「신체성, 일상성, 실천성, 공공성 ─ 성호 이익의 심학(心學)」, 『한국실학연구』 28, 2014.

김영우, 「다산의 사단칠정론 고찰」, 『다산학』 6, 다산학술문화재단, 2005.

김용헌, 「高峯 奇大升의 四七論辨과 天命圖」, 『전통과 현실』 8, 고봉학술원, 1996.

김우형, 『주희철학의 인식론 ─ '지각'론의 형성과정과 체계』, 서울 : 심산, 2005.

_____, 「이황의 마음 이론에서 '지각(知覺)'과 '의(意)'」, 『정신문화연구』 99, 2005.

_____, 「귀신(鬼神)과 지각(知覺)의 문제를 통해 본 율곡 성리학」, 『율곡사상연구』 15, (사) 율곡연구원, 2007.

_____, 「霞谷 鄭齊斗의 知覺論과 倫理學－주자학과 양명학의 독창적인 결합」, 『양명학』 20, 한국양명학회, 2008.

_____, 「정약용의 귀신론－귀신의 재해석과 새로운 마음 개념」, 『동양철학』 30, 한국동양철학회, 2008.

_____, 「愚潭 성리학의 특징과 大山 李象靖에 미친 영향」, 『한국철학논집』 26, 한국철학사연구회, 2009.

_____, 「우계 성혼의 퇴율절충론의 철학적 함의－리기일발설(理氣一發說)의 존재론적 해석」, 『유학연구』 31, 충남대 유학연구소, 2014.

_____, 「다산 윤리학의 실천적 특성과 이론적 한계－사단칠정과 인심도심, 그리고 덕德의 문제를 중심으로」, 『다산학』 20, 다산학술재단, 2012.

_____, 「주희 인심도심론의 윤리학적 성격에 대한 고찰－본체론 비판 및 '지각'론의 정립과 관련하여」, 『동서철학연구』 69, 한국동서철학회, 2013.

_____, 「지성적인 덕에 관한 퓨전-철학적 고찰－도덕적인 덕과의 관계와 통합적 지식 개념을 중심으로」, 『철학연구』 101, 2013.

_____, 「김창협의 지각론과 퇴율절충론의 관계에 대한 일고찰－知覺과 智의 분리에 따른 도덕심리학적 견해」, 『한국철학논집』 40, 한국철학사연구회, 2014.

_____, 「덕 인식론의 관점에서 본 지(智)와 지각(知覺)의 문제－성리학에서 지적인 덕에 관한 두 입장의 현대적 해석」, 『동서철학연구』 75, 한국동서철학회, 2015.

_____, 「『天命圖說』에서 우주론과 도덕론의 문제－「太極圖說」과의 비교를 중심으로」, 『퇴계학보』 139, 퇴계학연구원, 2016.

_____, 「장지연(張志淵)의 조선유학사 이해 과정과 그 특징－다카하시 도루(高橋亨)와의 논쟁과 상호 영향관계를 중심으로」, 『東方學志』 190, 연세대 국학연구원, 2020.

김우형·이창일·김백희, 『성리학의 우주론과 인간학』, 성남 : 한국학중앙연구원, 2018.

김종석, 『퇴계학의 이해』, 서울 : 일송미디어, 2001.

김준석, 『조선 후기 정치사상사 연구－국가재조론의 대두와 전개』, 서울 : 지식산업사, 2003.

김창협, 『農巖集』(韓國文集總刊本), 서울 : 民族文化推進會, 1996. https://db.itkc.or.kr

김충열, 「牛栗四七論辯 評議－牛溪學의 定立을 위한 試圖로서」, 『성우계사상연구논총』(증보판), 1991.

김태년, 「학안에서 철학사로－조선유학사 서술의 관점과 방식에 대한 검토」, 『한국학연구』 23, 인하대 한국학연구소, 2010.

_____, 「南塘 韓元震의 '正學' 形成에 대한 研究」, 서울 : 고려대 박사논문, 2006.

김 현, 「조선 유학에서의 귀신 개념」, 한국사상사연구회 편, 『조선 유학의 자연철학』, 서울 : 예문서원, 1998.

_____, 「귀신－자연철학에서 추구한 종교성」, 한국사상사연구회 편, 『조선 유학의 개념들』. 서울 : 예문서원, 2002.

김형찬, 「기질변화(氣質變化), 욕망의 정화를 위한 성리학적 기획－율곡(栗穀) 이이(李珥)의 심성수양론(心性修養論)을 중심으로」, 『철학연구』 38, 고려대 철학연구소, 2009.

_____,『율곡이 묻고 퇴계가 답하다』, 서울 : 바다출판사, 2018.

김형효, 「율곡과 메를로-뽕티와의 비교연구」, 『율곡학연구총서(논문편1)』, 강릉 : 율곡학회, 2007.

나카무라 순사쿠, 「근대일본의 학지(學知)와 유교의 재편-근대 "지(知)"로서의 "철학사(哲學史)" 성립」, 『사림』 32, 수선사학회, 2009.

노관범, 「연원록에서 사상사로-장지연의 『조선유교연원』과 현상윤의 『조선유학사』를 읽는 방법」, 『한국사상사학』 56, 한국사상사학회, 2017.

_____, 「청년기 張志淵의 학문 배경과 博學風」, 『조선시대사학보』 47, 조선시대사학회, 2008.

니비슨(Nivison, D.), 김민철 역, 『유학의 갈림길』, 철학과현실, 2006.

다카하시 도루, 조남호 편역, 『조선의 유학』, 서울 : 소나무, 1999.

杜維明, 「李退溪의 心性論」, 『退溪學報』 19, 퇴계학연구원, 1978.

_____, 「朱熹의 理哲學에 대한 退溪의 獨創的 解釋」, 『退溪學報』 35, 퇴계학연구원, 1982.

柳仁熙,, 「老·莊의 本體論」, 『東洋哲學의 本體論과 人性論』, 서울 : 연세대 출판부, 1982.

_____, 「주자철학과 중국철학」, 서울 : 범학사, 1980.

_____, 「星湖僿說의 철학사상-程朱理學과의 比較研究」, 『震檀學報』 59, 1985.

리기용, 「栗谷 李珥의 人心道心論 研究」, 연세대 박사논문, 1995.

_____, 「栗谷의 人心道心論에 나타난 知覺과 意志문제」, 『한국사상과 문화』 27, 2005.

_____, 「우담 정시한과 원주」, 『한국철학논집』 22, 한국철학사연구회, 2007.

_____, 「퇴계학파의 율곡 인심도심론 비판」, 『동서철학연구』 37, 한국동서철학회, 2005.

牟宗三, 『心體與性體』(全三卷), 臺北 : 正中書局, 1969(김기주 외역, 『심체와 성체』(1-7), 서울 : 소명출판, 2012).

문석윤, 「星湖 李瀷의 心說에 관하여-畏庵 李栻의 「堂室銘」에 대한 비판을 중심으로」, 『철학연구』 86, 철학연구회, 2009.

_____, 『湖洛論爭 형성과 전개』, 서울 : 동과서, 2006.

미우라 구니오(三浦國雄), 이승연 역, 『주자와 기, 그리고 몸』, 서울 : 예문서원, 2003.

朴世采, 『南溪集』(韓國文集叢刊本), 서울 : 民族文化推進會, 1995. https//db.itkc.or.kr

박양자, 「退溪의 「天命圖說後敍」에 관하여-特히 「太極圖」와의 比較를 중심으로」, 『退溪學報』 68, 퇴계학연구원, 1990.

_____, 「二程의 사상적 특성-본체론과 수양론을 중심으로」, 『孔子學』 창간호, 한국공자학회, 1995.

방현주, 「천명도天命圖」의 판본문제 고찰」, 『한국철학논집』 40, 한국철학사연구회, 2014.

배종호, 「東洋 本體論 序說」, 『東洋哲學의 本體論과 人性論』, 서울 : 연세대 출판부, 1982.

_____, 「한국사상사에 있어서의 주리와 주기의 문제」, 『한국사상사학』 2, 한국사상사학회, 1988.

_____, 「韓國性理學에 있어 成牛溪의 位置」, 『성우계사상연구논총』(증보판), 1991.

_____, 『韓國儒學史』, 서울 : 연세대 출판부, 1974.

_____, 『韓國 儒學의 哲學的 展開』 上·中·下, 서울 : 연세대 출판부, 1985.

裵宗鎬 편, 『韓國儒學資料集成』 上·下, 서울 : 연세대 출판부, 1980.

백민정, 「茶山 心性論에서 도덕감정과 자유의지에 관한 문제」, 『한국실학연구』 14, 한국실학학회, 2007.

_____, 『정약용의 철학-주희와 마테오리치를 넘어 새로운 체계로』, 서울 : 이학사, 2007.

베이커(Baker, D.), 「실천 윤리학과 실학－도덕수양에 대한 다산의 접근」, 『한국실학연구』 18, 한국실학학회, 2009.

볼, 피터(Bol, Peter K.), 김영민 역, 『역사 속의 성리학』, 서울 : 예문서원, 2010.

성태용, 「고봉(高峯) 기대승(奇大升)의 사단칠정론(四端七情論)」, 『철학과 현실』 26, 철학과 현실사, 1995.

성 혼, 『牛溪集』(韓國文集總刊本), 서울 : 民族文化推進會, 1990. https://db.itkc.or.kr

손영식, 「존재물음에 내몰린 '퇴계학', 겨우 존재하는 리」, 『오늘의 동양사상』 11, 예문동양사상연구원, 2004.

손흥철, 『鹿門 任聖周의 삶과 哲學』, 서울 : 지식산업사, 2004.

송시열, 『宋子大全』(韓國文集總刊本), 서울 : 民族文化推進會, 1993. https://db.itkc.or.kr

송영배, 「다산 철학과 천주실의의 철학적 패러다임의 유사성」, 박홍식 편, 『다산 정약용』, 서울 : 예문서원, 2005.

수징난(束景南), 김태완 역, 『주자평전』 상・하, 고양 : 역사비평사, 2015.

시마다 겐지(島田虔次), 김석근 역, 『주자학과 양명학』, 서울 : 까치, 1986.

阿部吉雄, 『日本朱子學と朝鮮』, 東京 : 東京大學出版會, 1965.

아이반호(Ivanhoe, P. J.), 신정근 역, 『유학, 우리 삶의 철학』, 서울 : 동아시아, 2008.

안병주, 「退溪의 學問觀－心經後論을 중심으로」, 윤사순 편, 『퇴계 이황』, 서울 : 예문서원, 2002.

안영상, 「동서문화의 융합・충돌 과정에 나타난 성호학파의 철학적 특징의 일단면－인체관에 나타난 pneuma와 心氣論을 중심으로」, 『민족문화연구』 41, 2004.

_____, 「星湖 李瀷의 四端七情說」, 『동양철학』 11, 1999.

王守仁, 『전습록』, 정인재・한정길 역주, 성남 : 청계출판사, 2001.

友枝龍太郎, 「李退溪哲學의 特質과 그 現代的 意義」, 『退溪學報』 39, 퇴계학연구원, 1983.

유권종, 「천명도 성립의 과학적 배경과 그 의의에 관한 추론」, 『과학사상』 41, 서울 : 범양사, 2002c.

_____, 「天命圖비교 연구－秋巒, 河西, 退溪」, 『韓國思想史學』 19, 한국사상사학회, 한국사상사학회, 2002b.

_____, 「退溪의 『天命圖說』 연구」, 『공자학』 9, 2002a.

유명종, 「折衷派의 鼻祖 牛溪의 理氣哲學과 그 展開」, 『성우계사상연구논총』(증보판), 1991.

_____, 「조선 후기 성리학사에서 大山 李象靖의 사상적 위치－渾淪說과 分開說의 통일」, 『東方學志』 113, 연세대 국학연구원, 2001.

유성선, 「密庵 李栽의 '認理爲氣'的 栗谷學 批判」, 『율곡사상연구』 16, 2008.

유정동, 「天命圖說에 關한 硏究」, 『동양학』 12, 단국대 동양학연구소, 1982.

유초하, 「정약용의 사단칠정관」, 『四端七情論』, 서울 : 서광사, 1992.

윤남한, 「국역 하곡집 해제」, 『국역 하곡집(II)』, 서울 : 민족문화추진회, 1977.

_____, 『朝鮮時代의 陽明學 硏究』, 서울 : 집문당, 1982.

윤사순, 「牛溪 哲學의 立場과 成格」, 『성우계사상연구논총』(증보판), 1991.

_____, 『退溪哲學의 硏究』, 서울 : 고려대 출판부, 1980.

_____, 『한국유학사』(상・하), 서울 : 지식산업사, 2012.

위잉스(余英時), 이원석 역, 『주희의 역사세계』(상・하), 서울 : 글항아리, 2015.

이경구, 「安東 金門의 문물수용론과 문예활동」, 『한국학보』 112, 2003.

_____, 『조선, 철학의 왕국』, 서울 : 푸른역사, 2018.

이광호, 「남명과 퇴계의 학문관 비교」, 『東方學志』 118, 연세대 국학연구원, 2002.

_____, 「退溪 李滉의 心學的 理學이 茶山 丁若鏞의 道德論 形成에 미친 影響」, 『한국실학연구』 12, 2006.

_____, 『퇴계와 율곡, 생각을 다투다』, 서울 : 홍익출판사, 2013.

이동인, 「율곡의 신분관과 신분제도개혁론」, 『율곡학연구논총』(논문편8), 강릉 : 율곡학회, 2007.

이동환, 「다산 사상에서의 '상제' 도입경로에 대한 서설적 고찰」, 박홍식 편저, 『다산 정약용』, 서울 : 예문서원, 2005.

이동희, 「다카하시 도루(高橋亨)의 조선조 주자학 연구의 허와 실 ─ 오늘날 철학적 관점에서의 비판적 고찰」, 『한국학논집』 60, 계명대 한국학연구원, 2015.

_____, 「장지연의 『조선유교연원』의 특징에 대하여 ─ 다카하시의 「조선유학대관」 과의 비교」, 『한국학논집』 35, 계명대 한국학연구원, 2007.

_____, 「조선조 주자학사에 있어서의 주리 · 주기 용어 사용의 문제점에 대하여」, 『東洋哲學硏究』 12, 1991.

이민희, 「유학자들은 왜 '귀신'을 연구했나 ─ 성리학의 귀신 논의를 해체시킨 정약용의 중용강의」, 『조선을 훔친 위험한 책들』, 서울 : 글항아리, 2008.

이병도, 『韓國儒學史』, 서울 : 아세아문화사, 1987.

이상은, 『퇴계의 생애와 학문』, 서울 : 예문서원, 1999(원출판, 서문당, 1973).

이상익, 「農巖 金昌協 學派의 退栗折衷論과 그 의의」, 『율곡사상연구』 23, 2011.

_____, 「성호 이익의 사단칠정론 ─ 「사칠신편」을 중심으로, 퇴계 · 율곡과 관련하여」, 『한국사상과 문화』 4, 1999.

李象靖, 『大山集』(韓國文集總刊本), 서울 : 民族文化推進會, 1999~2000.
https://db.itkc.or.kr

이선열, 『17세기 조선, 마음의 철학』, 서울 : 글항아리, 2015.

_____, 「남당 한원진의 김창협 지각론 비판」, 『한국철학논집』 36, 한국철학사연구회, 2013.

이승률, 「日帝時期 '韓國儒學思想史' 著述史에 관한 一考察」, 『동양철학연구』 37, 동양철학연구회, 2004.

이승종, 『동아시아 사유로부터 ─ 시공을 관통하는 철학자들의 대화』, 파주 : 동녘, 2018.

이승환, 「주자와 진량의 왕패논쟁」, 『유가사상의 사회철학적 재조명』, 서울 : 고려대 출판부, 1998.

_____, 「찰식(察識)에서 함양(涵養)으로 ─ 호상학의 이발찰식 수행법에 대한 주자(朱子)의 비판」, 『철학연구』 37, 고려대 철학연구소, 2009.

_____, 『횡설과 수설 ─ 400년을 이어온 성리 논쟁에 대한 언어분석적 해명』, 서울 : 휴머니스트, 2012.

李 珥, 『栗谷全書』(韓國文集總刊本). 서울 : 民族文化推進會, 1990(https://db.itkc.or.kr) ; 『국역 율곡전서』, 성남 : 한국정신문화연구원, 1984~1988.

李 瀷, 『星湖僿說類選』, 鄭寅普 校閱, 京城 : 文光書林, 1929.

_____, 『四七新編』, 국립중앙도서관소장본(https://www.nl.go.kr/) ; 이상익 역주, 『譯註 四七新編』, 서울 : 다운샘, 1999.

_____, 『星湖全集』(韓國文集總刊本), 서울 : 民族文化推進會, 1997(https://db.itkc.or.kr).

이 재, 『密菴集』(韓國文集總刊本), 서울 : 民族文化推進會, 1996(https://db.itkc.or.kr).

이정환, 「주희의 수양론에서 실천주체와 실천의지－두 마음의 이율배반을 중심으로」, 『철학사상』 40, 서울대 철학사상연구소, 2010.

_____, 「退溪 「天命圖說」과 〈天命圖〉에 대한 철학적·도상적 재검토」, 『退溪學報』 135, 퇴계학연구원, 2014.

이종우, 「한국유학사 분류방식으로서 주리·주기에 관한 비판과 대안」, 『철학연구』 64, 철학연구회, 2004.

이천승, 『농암 김창협의 철학사상 연구』, 파주 : 한국학술정보, 2006.

市川安司, 『程伊川哲學の硏究』, 東京 : 東京大出版會, 1964.

李玄逸, 『葛庵集』(韓國文集總刊本), 서울 : 民族文化推進會(1994; https://db.itkc.or.kr).

李 滉, 『退溪集』(韓國文集總刊本), 서울 : 民族文化推進會(1990; https://db.itkc.or.kr).

임부연, 「송시열의 사단칠정론(四端七情論)」, 『종교와 문화』 21, 2011.

임원빈, 「南塘 韓元震 哲學의 理에 관한 硏究－理와 知覺論을 中心으로」, 연세대 박사논문, 1994.

임홍태, 「霞谷 鄭齊斗의 人物性異論 硏究－知覺說을 中心으로」, 『한국철학논집』 17, 한국철학사연구회, 2005.

장승구, 「다산 정약용의 윤리사상 연구－주자 윤리사상과의 비교를 중심으로」, 『한국철학논집』 21, 한국철학사연구회, 2007.

_____, 『정약용과 실천의 철학－다산 철학의 근대성 탐구』, 서울 : 서광사, 2001.

장원태, 「군자와 소인, 대체와 소체, 인심과 도심」, 『철학연구』 81, 철학연구회, 2008.

張 載, 『張載集』, 北京 : 中華書局, 1978.

張志淵, 이민수 역, 『朝鮮儒敎淵源』, 서울 : 명문당, 2009.

_____, 『張志淵全書』, 서울 : 檀國大學校附設 東洋學硏究所, 1979.

장현광, 『旅軒集』(韓國文集總刊本), 서울 : 민족문화추진회, 1991(https://db.itkc.or.kr/).

전세영, 「퇴계 인본주의와 노비관(奴婢觀)의 상치성(相馳性)」, 『한국동양정치사상사연구』 17(2), 2018.

전현희, 「朱熹 人心道心說의 성립 과정」, 『동서철학연구』 45, 한국동서철학회, 2007.

_____, 「朱熹의 人心道心說」, 『한국철학논집』 31, 한국철학사연구회, 2011.

전호근, 『한국철학사』, 서울 : 메멘토, 2018.

정 민, 『18세기 조선지식인의 발견』, 서울 : 휴머니스트, 2007.

丁時翰, 『愚潭集』(韓國文集總刊本), 서울 : 民族文化推進會, 1994(https://db.itkc.or.kr);『국역우담전집』, 나주정씨월헌공파종회, 2007.

丁若鏞, 『與猶堂全書』(韓國文集總刊本), 서울 : 民族文化推進會, 2002(https://db.itkc.or.kr).

_____, 『역주 매씨서평』, 이지형 역주, 서울 : 문학과지성사, 2002.

_____, 『역주 논어고금주』, 이지형 역주, 서울 : 사암, 2010.

_____, 『역주 맹자요의』, 이지형 역주, 서울 : 현대실학사, 1994.

정원재, 「이이의 수양론」, 『철학』 55, 한국철학회, 1998.

_____, 「지각설(知覺說)에 입각한 이이(李珥) 철학의 해석」, 서울대 박사논문, 2001.

鄭寅普, 『陽明學演論』, 서울 : 삼성문화재단, 1972.

정일균, 「다카하시 도루(高橋亨)의 '조선유학사'와 조선유학의 식민주의적 변용」, 『退溪學報』 143, 퇴계학연구원, 2018.

鄭齊斗, 『霞谷集』(韓國文集總刊本), 서울 : 民族文化推進會, 1995(https://db.itkc.or.kr).

鄭之雲, 『天命圖說』, 한국학중앙연구원 藏書閣 소장본(K3-145).

_____, 『天命圖解』, 고려대 도서관 소장본.

程顥·程頤, 『二程集』, 王孝魚 點校, 北京 : 中華書局, 1984.

_____, 이향준·조우진·장복동·류근성 역, 『이정유서』 Ⅰ-Ⅲ, 광주 : 발해그래픽스, 2019.

_____, 이향준·정영수 역, 『이정외서』, 광주 : 발해그래픽스, 2019.

조남호, 「김창협 학파의 양명학 비판 - 智와 知覺의 문제를 중심으로」, 『철학』 39, 한국철학회, 1993.

_____, 「조선 후기 유학에서 허령지각과 지의 논변 - 송시열, 김창협, 한원진을 중심으로」, 『철학사상』 34, 서울대 철학사상연구소, 2009.

_____, 「주리주기논쟁」, 『논쟁으로 보는 한국철학』, 서울 : 예문서원, 1995.

조성산, 『조선 후기 낙론계 학풍의 형성과 전개』, 서울 : 지식산업사, 2007.

周惇頤, 『周子全書』, 臺北 : 廣學社, 1975.

朱熹, 『論語集註』, 성백효 역주, 서울 : 전통문화연구회, 1990.

_____, 『孟子集註』, 성백효 역주, 서울 : 전통문화연구회, 1991.

_____, 『朱子語類』, 黎靖德 編, 北京 : 中華書局, 1983.

_____, 이주행·김우형·정갑임·조원식·박현주 역, 『주자어류』 1~13권, 서울 : 소나무, 2001.

_____, 『朱子全書』, 上海 : 上海古籍出版社, 2002.

_____, 『태극해의』, 곽신환·윤원현·추기연 역, 서울 : 소명출판, 2012.

陳淳, 『北溪字義』(四庫全書, 전자판), 香港 : 迪志文化出版, 2002.

陳榮捷, 『朱子新探索』, 臺北 : 學生書局, 1987.

_____, "論朱熹與程頤之不同", 『新儒學論集』, 臺北 : 中央研究院 中國哲學研究所, 1994.

최영성, 「17~18세기 한국유학과 愚潭 丁時翰」, 『한국철학논집』 22, 한국철학사연구회, 2007.

_____, 「다카하시 도오루의 한국 유학관 비판」, 『오늘의 동양사상』 13, 예문동양사상연구원, 2005.

_____, 『한국유학사상사』(Ⅱ~Ⅴ), 서울 : 아세아문화사, 1995~1997.

_____, 『한국유학통사』, 서울 : 심산, 2006.

최영진, 「조선조 유학사상사의 분류방식과 그 문제점 - '주리(主理)', '주기(主氣)'의 문제를 중심으로」, 『한국사상사학』 8, 한국사상사학회, 1997.

_____, 「朱子 人心道心의 槪念과 分岐에 관한 分析的 探求」, 『철학』 130, 2017.

최재목, 「동아시아에서 하곡 정제두의 양명학이 갖는 의미」, 『양명학』 13, 한국양명학회, 2005.

_____, 「하곡 정제두의 '치양지설의 폐(弊)'에 대한 재검토」, 『양명학』 15, 한국양명학회, 2005.

_____, 「하곡 정제두의 자연학에 대한 예비적 고찰」, 『양명학』 6, 한국양명학회, 2001.

_____·이효진, 「張志淵과 高橋亨의 '紙上論爭'에 대하여」, 『일본문화연구』 32, 동아시아일본학회, 2009.

칸트(Kant, I.), 백종현 역, 『순수이성비판』 2, 서울 : 아카넷, 2006.

틸만(Tillman, H.), 김병환 역, 『주희의 사유세계 - 주자학의 패권』, 파주 : 교육과학사, 2010.

馮友蘭, 『中國哲學史新編』, 北京 : 人民出版社, 1988.

_____, 박성규 역, 『中國哲學史』 상・하, 서울 : 까치, 1999.

한국철학회 편, 『한국철학사』 상・중・하, 서울 : 동명사, 1987.

韓元震, 『南塘集』(韓國文集總刊本) 서울 : 民族文化推進會, 1998(https://db.itkc.or.kr).

한자경, 「다카하시 도루의 조선유학 이해의 공과 과-주리・주기 분류를 중심으로」, 『철학사상』 49, 서울대 철학사상연구소, 2013.

_____, 「주리(主理)・주기(主氣)의 함의 고찰-'타카하시 토오루의 주리・주기'에 관한 비판과 대안의 검토」, 『대동철학』 55, 대동철학회, 2011.

한형조, 「다산과 서학西學-조선 주자학의 연속과 단절」, 『다산학』 2, 다산학술문화재단, 2001.

_____, 『주희에서 정약용으로』, 서울 : 세계사, 1996.

_____, 「'주기(主氣)' 개념의 딜레마, 그리고 실학(實學)과의 불화」, 『다산학』 18, 다산학술문화재단, 2011.

헤겔(Hegel, F.), 권기철 역, 『역사철학강의』, 서울 : 동서문화사, 2008.

현상윤, 『조선유학사』, 이형성 교주, 서울 : 심산, 2010.

홍원식, 「'퇴계학', 그 존재를 다시 묻는다」, 『오늘의 동양사상』 10, 예문동양사상연구원, 2004.

_____, 「장지연과 다카하시 도오루의 '유자・유학자 불이・불일' 논쟁」, 『오늘의 동양사상』 13, 예문동양사상연구원, 2005.

_____, 「퇴계 이황의 리기호발설과 그 독창성」, 『오늘의 동양사상』 11, 예문동양사상연구원, 2004.

황금중, 「栗谷의 工夫論과 『聖學輯要』」, 『한국교육사학』 24(1), 2002.

황의동, 「牛溪性理學의 理解-退溪, 高峯, 栗谷과의 比較的 觀點에서」, 『우계학보』, 1992.

_____, 「牛溪學의 傳承과 그 學風」, 『범한철학』 28, 2003.

_____, 『우계학파 연구』, 서울 : 서광사, 2005.

黃宗羲, 『黃宗羲全集』, 杭州 : 浙江古籍出版社, 1990.

黃俊淵, 「退溪의 〈聖學十圖〉와 栗谷의 〈聖學輯要〉에 관한 比較研究」, 『성곡논총』 21, 1990.

Kim, Woo-Hyung, "Analysis of Seongho Yi Ik's Theory of Cognition", *Korea Journal* 56:3, 2016.

_____, "Moral Agent and Practical Functions in Cheong Yagyong's Theory of Mind", *Journal of Confucian Philosophy and Culture* 22, Institute of Confucian Philosophy and Culture, 2014.

Chan, Wing-tsit, "The Ch'eng-Chu School of Early Ming", In *Self and Society in Ming Thought*, edited by de Bary, Wm. T. N.Y. : Columbia University Press, 1970.

_____, *Neo-Confucianism, Etc. Essays*, Massachusetts : Harvard University Press, 1969.

Cheng, Chung-ying. "Ti-yung", In *Encyclopedia of Chinese Philosophy*, edited by Antonio S. Cua. New York : Routledge Publisher, 2003.

Craig, Edward(ed.), *Encyclopedia of Philosophy*, London : Routledge, 1998.

Cua, A. S.(ed.), *Encyclopedia of Chinese Philosophy*, New York : Routledge Publisher, 2003.

de Bary, W. T., "Neo-Confucian Individualism and Holism", In *Individualism and Holism :*

Studies in Confucian and Taoist Values, edited by Donald Munro, Ann Arbor : The University of Michigan, 1985.

_____, *The Liberal Tradition in China*, Hong Kong : The Chinese University Press of Hong Kong, 1983(표정훈 역, 『중국의 '자유' 전통』, 서울 : 이산, 1998).

Graham, A. C., *Two Chinese Philosophers*, London : Lund Humphries, 1958(이현선 역, 『정명도와 정이천의 철학』, 서울 : 심산, 2011).

Needham, Joseph, *Science and Civilisation in China*, vol. 3, Cambridge : Cambridge University Press, 1956.

Schall, Adam, *Zhuzhi qunzheng* 主制群徵(Evidences Testifying Divine Provi-dence), 1629 (http://archives.catholic.org.hk/Rare%20Books/EJC/index.htm).

Shin, Dongwon, "Korean Medical Discourses on Western Medicine, 1720-1876," *Dasanhak*(Journal of Tasan Studies) 15, 2009.

Stanford Encyclopedia of Philosophy.
http://plato.stanford.edu/entries/moral-psych-emp/

Tillman, H. C., *Utilitarian Confucianism : Chen Liang's challenge to Chu Hsi*, Cambridge, Mass : Harvard University Press, 1982.

Tu, Wei-ming, *Humanity and Self-Cultivation : Essays in Confucian Thought*, California : Asian Humanity Press, 1979.

Xu, Fu-guan, "A Comparative Study of Chu Hsi and the Ch'eng Brothers", In *Chu Hsi and Neo-Confucianism*, edited by Wing-tsit Chan. Honolulu : Univ. of Hawaii Press, 1986.

(재)한국연구원 한국연구총서 목록